ZHONGGUO SHEHUI ZUZHI NIAN JIAN

中国社会组织年鉴 2014

中国社会组织年鉴编委会 □ 编

中国社会组织年鉴2014

《中国社会组织年鉴》编委会　编

中国社会出版社

编 辑 说 明

一、《中国社会组织年鉴2014》是由中华人民共和国民政部主办，民间组织管理局组织、主持编纂，中国社会出版社编辑出版的全面反映我国社会组织事业发展历程和成就的大型权威性、资料性、综合性工具书。本书对社会组织登记管理机关干部、从事社会组织研究和教学的人员、社会组织各界人士，以及国际社会了解和研究我国社会组织事业的发展状况，具有重要的参考价值。

二、本书主要收录了2013年度中央及地方各级有关部门制定发布的有关社会组织登记管理的政策法规，同时收录了民政部及部分地方省市领导的重要论述，全国和各省、自治区、直辖市及计划单列市社会组织工作综述，有关社会组织建设、发展和管理的调查研究报告等。

三、本书大部分内容按照文件发布时间，各省、自治区、直辖市行政序列编排。在编辑过程中，得到了各省、自治区、直辖市、计划单列市的社会组织登记管理机关有关领导和同志的大力支持和积极协助，在此深表谢意。由于水平有限，难免有疏漏之处，敬请批评指正。

四、本书由“公平发展　公共治理”项目资助出版。

《中国社会组织年鉴2014》编辑委员会

2014年6月

《中国社会组织年鉴2014》编委会名单

目　录

第一编　政策法规

第二编　重要讲话和论述

第三编　工作综述

第四编　调研报告

附 录

·第一编·

政策法规

国务院办公厅关于政府向社会力量购买服务的指导意见

（国办发〔2013〕96号　2013年9月26日）

各省、自治区、直辖市人民政府，国务院各部委、各直属机构：

党的十八大强调，要加强和创新社会管理，改进政府提供公共服务方式。新一届国务院对进一步转变政府职能、改善公共服务作出重大部署，明确要求在公共服务领域更多利用社会力量，加大政府购买服务力度。经国务院同意，现就政府向社会力量购买服务提出以下指导意见。

一、充分认识政府向社会力量购买服务的重要性

改革开放以来，我国公共服务体系和制度建设不断推进，公共服务提供主体和提供方式逐步多样化，初步形成了政府主导、社会参与、公办民办并举的公共服务供给模式。同时，与人民群众日益增长的公共服务需求相比，不少领域的公共服务存在质量效率不高、规模不足和发展不平衡等突出问题，迫切需要政府进一步强化公共服务职能，创新公共服务供给模式，有效动员社会力量，构建多层次、多方式的公共服务供给体系，提供更加方便、快捷、优质、高效的公共服务。政府向社会力量购买服务，就是通过发挥市场机制作用，把政府直接向社会公众提供的一部分公共服务事项，按照一定的方式和程序，交由具备条件的社会力量承担，并由政府根据服务数量和质量向其支付费用。近年来，一些地方立足实际，积极开展向社会力量购买服务的探索，取得了良好效果，在政策指导、经费保障、工作机制等方面积累了不少好的做法和经验。

实践证明，推行政府向社会力量购买服务是创新公共服务提供方式、加快服务业发展、引导有效需求的重要途径，对于深化社会领域改革，推动政府职能转变，整合利用社会资源，增强公众参与意识，激发经济社会活力，增加公共服务供给，提高公共服务水平和效率，都具有重要意义。地方各级人民政府要结合当地经济社会发展状况和人民群众的实际需求，因地制宜、积极稳妥地推进政府向社会力量购买服务工作，不断创新和完

善公共服务供给模式，加快建设服务型政府。

二、正确把握政府向社会力量购买服务的总体方向

（一）指导思想

以邓小平理论、“三个代表”重要思想、科学发展观为指导，深入贯彻落实党的十八大精神，牢牢把握加快转变政府职能、推进政事分开和政社分开、在改善民生和创新管理中加强社会建设的要求，进一步放开公共服务市场准入，改革创新公共服务提供机制和方式，推动中国特色公共服务体系建设和发展，努力为广大人民群众提供优质高效的公共服务。

（二）基本原则

——积极稳妥，有序实施。立足社会主义初级阶段基本国情，从各地实际出发，准确把握社会公共服务需求，充分发挥政府主导作用，有序引导社会力量参与服务供给，形成改善公共服务的合力。

——科学安排，注重实效。坚持精打细算，明确权利义务，切实提高财政资金使用效率，把有限的资金用在刀刃上，用到人民群众最需要的地方，确保取得实实在在的成效。

——公开择优，以事定费。按照公开、公平、公正原则，坚持费随事转，通过竞争择优的方式选择承接政府购买服务的社会力量，确保具备条件的社会力量平等参与竞争。加强监督检查和科学评估，建立优胜劣汰的动态调整机制。

——改革创新，完善机制。坚持与事业单位改革相衔接，推进政事分开、政社分开，放开市场准入，释放改革红利，凡社会能办好的，尽可能交给社会力量承担，有效解决一些领域公共服务产品短缺、质量和效率不高等问题。及时总结改革实践经验，借鉴国外有益成果，积极推动政府向社会力量购买服务的健康发展，加快形成公共服务提供新机制。

（三）目标任务

“十二五”时期，政府向社会力量购买服务工作在各地逐步推开，统一有效的购买服务平台和机制初步形成，相关制度法规建设取得明显进展。到2020年，在全国基本建立比较完善的政府向社会力量购买服务制度，形成与经济社会发展相适应、高效合理的公共服务资源配置体系和供给体系，公共服务水平和质量显著提高。

三、规范有序开展政府向社会力量购买服务工作

（一）购买主体

政府向社会力量购买服务的主体是各级行政机关和参照公务员法管理、具有行政管理职能的事业单位。纳入行政编制管理且经费由财政负担的群团组织，也可根据实际需要，通过购买服务方式提供公共服务。

（二）承接主体

承接政府购买服务的主体包括依法在民政部门登记成立或经国务院批准免予登记的社会组织，以及依法在工商管理或行业主管部门登记成立的企业、机构等社会力量。承接政府购买服务的主体应具有独立承担民事责任的能力，具备提供服务所必需的设施、人员和专业技术的能力，具有健全的内部治理结构、财务会计和资产管理制度，具有良好的社会和商业信誉，具有依法缴纳税收和社会保险的良好记录，并符合登记管理部门依法认定的其他条件。承接主体的具体条件由购买主体会同财政部门根据购买服务项目的性质和质量要求确定。

（三）购买内容

政府向社会力量购买服务的内容为适合采取市场化方式提供、社会力量能够承担的公共服务，突出公共性和公益性。教育、就业、社保、医疗卫生、住房保障、文化体育及残疾人服务等基本公共服务领域，要逐步加大政府向社会力量购买服务的力度。非基本公共服务领域，要更多更好地发挥社会力量的作用，凡适合社会力量承担的，都可以通过委托、承包、采购等方式交给社会力量承担。对应当由政府直接提供、不适合社会力量承担的公共服务，以及不属于政府职责范围的服务项目，政府不得向社会力量购买。各地区、各有关部门要按照有利于转变政府职能，有利于降低服务成本，有利于提升服务质量水平和资金效益的原则，在充分听取社会各界意见基础上，研究制定政府向社会力量购买服务的指导性目录，明确政府购买的服务种类、性质和内容，并在总结试点经验基础上，及时进行动态调整。

（四）购买机制

各地要按照公开、公平、公正原则，建立健全政府向社会力量购买服务机制，及时、充分向社会公布购买的服务项目、内容以及对承接主体的要求和绩效评价标准等信息，建立健全项目申报、预算编报、组织采购、项目监管、绩效评价的规范化流程。购买工作应按照政府采购法的有关规

定，采用公开招标、邀请招标、竞争性谈判、单一来源、询价等方式确定承接主体，严禁转包行为。购买主体要按照合同管理要求，与承接主体签订合同，明确所购买服务的范围、标的、数量、质量要求，以及服务期限、资金支付方式、权利义务和违约责任等，按照合同要求支付资金，并加强对服务提供全过程的跟踪监管和对服务成果的检查验收。承接主体要严格履行合同义务，按时完成服务项目任务，保证服务数量、质量和效果。

（五）资金管理

政府向社会力量购买服务所需资金在既有财政预算安排中统筹考虑。随着政府提供公共服务的发展所需增加的资金，应按照预算管理要求列入财政预算。要严格资金管理，确保公开、透明、规范、有效。

（六）绩效管理

加强政府向社会力量购买服务的绩效管理，严格绩效评价机制。建立健全由购买主体、服务对象及第三方组成的综合性评审机制，对购买服务项目数量、质量和资金使用绩效等进行考核评价。评价结果向社会公布，并作为以后年度编制政府向社会力量购买服务预算和选择政府购买服务承接主体的重要参考依据。

四、扎实推进政府向社会力量购买服务工作

（一）加强组织领导

推进政府向社会力量购买服务，事关人民群众切身利益，是保障和改善民生的一项重要工作。地方各级人民政府要把这项工作列入重要议事日程，加强统筹协调，立足当地实际认真制定并逐步完善政府向社会力量购买服务的政策措施和实施办法，并抄送上一级政府财政部门。财政部要会同有关部门加强对各地开展政府向社会力量购买服务工作的指导和监督，总结推广成功经验，积极推动相关制度法规建设。

（二）健全工作机制

政府向社会力量购买服务，要按照政府主导、部门负责、社会参与、共同监督的要求，确保工作规范有序开展。地方各级人民政府可根据本地区实际情况，建立“政府统一领导，财政部门牵头，民政、工商管理以及行业主管部门协同，职能部门履职，监督部门保障”的工作机制，拟定购买服务目录，确定购买服务计划，指导监督购买服务工作。相关职能部门要加强协调沟通，做到各负其责、齐抓共管。

（三）严格监督管理

各地区、各部门要严格遵守相关财政财务管理规定，确保政府向社会力量购买服务资金规范管理和使用，不得截留、挪用和滞留资金。购买主体应建立健全内部监督管理制度，按规定公开购买服务相关信息，自觉接受社会监督。承接主体应当健全财务报告制度，并由具有合法资质的注册会计师对财务报告进行审计。财政部门要加强对政府向社会力量购买服务实施工作的组织指导，严格资金监管，监察、审计等部门要加强监督，民政、工商管理以及行业主管部门要按照职能分工将承接政府购买服务行为纳入年检、评估、执法等监管体系。

（四）做好宣传引导

地方各级人民政府和国务院有关部门要广泛宣传政府向社会力量购买服务工作的目的、意义、目标任务和相关要求，做好政策解读，加强舆论引导，主动回应群众关切，充分调动社会参与的积极性。

关于印发科技类民办非企业单位进口科学研究和教学用品免税资格审核认定管理办法的通知

（国科发政〔2013〕52 号 2013 年 1 月 29 日）

各省、自治区、直辖市及计划单列市、新疆生产建设兵团科技厅（委、局)、民政厅（局)、财政厅（局)、国家税务局，海关总署广东分署、各直属海关：

根据《关于科技类民办非企业单位适用科学研究和教学用品进口税收政策的通知》（财关税〔2012〕54 号）规定，科技部、财政部、民政部、海关总署和国家税务总局研究制定了《科技类民办非企业单位进口科学研究和教学用品免税资格审核认定管理办法》，现印发你们，请遵照执行。

附件：1. 科技类民办非企业单位进口科学研究和教学用品免税资格审核认定管理办法

2. 科技类民办非企业单位进口科学研究和教学用品免税资格审核表（略）

科技部　民政部　财政部　海关总署　国家税务总局

附件 1

科技类民办非企业单位进口科学研究和教学用品免税资格审核认定管理办法

为贯彻落实《关于科技类民办非企业单位适用科学研究和教学用品进口税收政策的通知》（财关税〔2012〕54 号）（以下简称《通知》)，特制定本办法。

一、《通知》第二条认定条件的说明

（一）科技类民办非企业单位的资产总额以上一年度审计报告中年末总资产数额为准。

（二）专业技术人员，是指从事基础研究、应用研究、试验发展、科技成果转化和技术推广服务等活动的人员。包括：直接参加上述科技活动的人员、相关专职科技管理人员和为上述科技活动提供资料文献、材料供应、设备等科研辅助的直接服务人员。专业技术人员须有大专以上学历或中级以上职称。

（三）专职人员是指与单位签订一年以上劳动合同的人员。兼职人员是指在本单位从事有报酬活动的外部人员。人员数量以上一年年末人数为准。

二、免税资格审核认定的程序

（一）民政部或省、自治区、直辖市和计划单列市民政部门登记注册的具有法人资格的科技类民办非企业单位，应在每年2月底前向科技部或省、自治区、直辖市、计划单列市、新疆生产建设兵团科技行政主管部门提出免税资格申请，科技行政主管部门会同同级民政部门按照《通知》所列条件和本办法进行审核认定，对符合免税资格条件的科技类民办非企业单位颁发免税资格证书，同时将合格单位名单抄送同级财政、海关和税务部门。

（二）获得免税资格证书的科技类民办非企业单位可按照《通知》第五条规定，在有关科教用品进口前，向其所在地直属海关申请办理减税备案和减税审批手续。

三、需要报送的材料

申请单位应当向科技行政主管部门提交以下材料：

（一）《科技类民办非企业单位进口科学研究和教学用品免税资格审核表》；

（二）加盖上一年度年检合格章的民办非企业单位（法人）登记证书（副本）原件和复印件及《民办非企业单位年检报告书》；

（三）上一年度的工作报告和审计报告原件及复印件；

（四）上一年年末专职和兼职人员名册（包括姓名、学历、职称、工作岗位、劳动合同期限、联系方式等），并对专业技术人员予以标注；

（五）审核部门要求提交的其他材料。

四、复审

（一）科技行政主管部门会同同级民政部门每两年对科技类民办非企业单位的免税资格复审一次。

（二）复审时重点对已获得免税资格单位的非营利性质、依法纳税及免税进口物品使用情况等进行实质性审查，申请复审的科技类民办非企业单位除提供本办法第三条所规定的材料外，还应当提供已享受进口科教用品免税政策执行情况的报告。

（三）对复审通过的单位，以公告形式公布名单，名单抄送同级财政、海关和税务部门备案。

（四）在资格审核认定和复审过程中，审核部门可到科技类民办非企业单位查阅有关资料，了解情况，核实申报材料的真实性。

五、监督检查

（一）财政部会同科技部、民政部、海关总署、国家税务总局，根据实际需要，随时对科技类民办非企业单位免税进口科学研究和教学用品的使用情况进行抽查。

（二）已经获得免税资格的科技类民办非企业单位，如经查实存在以虚报情况获得免税资格、违规分配资产或利润、偷税、骗税或者将免税进口物品擅自转让、移作他用或者进行其他处置行为的，按照《通知》第七条规定予以处罚。

民政部关于开展创建全国社会组织建设创新示范区活动的通知

（民发〔2013〕40号　2013年2月25日）

各省、自治区、直辖市民政厅（局），各计划单列市民政局，新疆生产建设兵团民政局：

为深入贯彻落实党的十八大精神和国家“十二五”规划纲要要求，进一步推动社会组织建设与发展，更好地发挥社会组织积极作用，民政部决定开展创建全国社会组织建设创新示范区活动。现将有关事项通知如下：

一、指导思想

以邓小平理论、“三个代表”重要思想、科学发展观为指导，认真贯彻党的十八大精神，鼓励地方推进社会组织建设改革创新，发挥先进典型示范带动作用，加快形成政社分开、权责明确、依法自治的现代社会组织体制，引导社会组织健康有序发展，为全面建成小康社会作出积极贡献。

二、范围和数量

开展创建全国社会组织建设创新示范区活动，重点在设区市和县（市、区）两级进行。有隶属关系的设区市和县（市、区）可同时申请。首批创建数量控制在70个左右。每个省份和计划单列市推荐数量原则上不超过2个。

三、创建标准

“全国社会组织建设创新示范区”创建标准主要包括社会组织的发展环境、服务管理、能力建设、作用发挥等四个方面内容。各地可依据《全国社会组织建设创新示范区创建标准》（以下简称《创建标准》，见附件1），结合本地实际组织实施。

四、认定和管理

（一）工作机构。民政部负责创建全国社会组织建设创新示范区活动的组织领导，成立"全国社会组织建设创新示范区评审委员会"（以下简称评审委员会）。评审委员会负责制订评审方案，组建评审专家组，对各地推荐的全国社会组织建设创新示范区候选对象进行评审。评审委员会的办事机构设在民政部民间组织管理局。省级和计划单列市民政部门负责全国社会组织建设创新示范区的筛选、初审、推荐工作，并对民政部批准命名的全国社会组织建设创新示范区进行跟踪指导和后续管理。

（二）认定方式。全国社会组织建设创新示范区的认定，实行创建单位申请、省级和计划单列市民政部门初审推荐、评审委员会验收、民政部批准的方式：

1. 自查申报。本着自愿申报的原则，各创建单位依据《创建标准》，逐项进行对照自查，达到创建标准的可以填写《全国社会组织建设创新示范区申报表》（见附件2，略），报送至省级或计划单列市民政部门。

2. 初审推荐。各省级和计划单列市民政部门对申报单位进行严格初审，签署意见后推荐至民政部。

3. 评审验收。民政部委托评审委员会组建评审专家组，采取材料核查与实地考查相结合的方式，对推荐对象进行综合评审，提出初评意见，经评审委员会讨论通过后，提出终评意见。

4. 民政部批准。民政部根据评审委员会评审意见，对推荐对象进行审议后予以确认，授予"全国社会组织建设创新示范区"称号并授牌。

（三）后续管理。全国社会组织建设创新示范区采取动态管理，有效期为4年，期满后按程序重新申报和认定。在有效期内所属社会组织发生重大不良影响事件的地区，由民政部撤销其"全国社会组织建设创新示范区"称号。

五、工作要求

（一）高度重视，加强领导。开展创建全国社会组织建设创新示范区活动，是贯彻落实党的十八大精神、推进我国社会组织健康有序发展的重要举措。各级民政部门要切实加强领导，精心组织，真正将这项活动作为推动社会组织改革发展创新的一件大事，抓紧抓好。

（二）严格标准，确保质量。要坚持优中选优、宁缺毋滥。各地可参照《创建标准》，结合本地实际，细化内容，严格把关，真正树立起善于创新、示范性强、成果显著、具有引领意义、可学习、可复制的典型和标杆。

（三）立足创建，推动工作。要以开展创建全国社会组织建设创新示范区活动为契机，进一步更新发展理念，转变发展思路，优化发展环境，破解发展难题，不断提高社会组织建设水平和服务能力。

此次创建活动自2013年初启动，2013年底确认首批全国社会组织建设创新示范区。各地开展创建活动进展情况和工作中的好经验、好做法及时上报民政部。

附件：

1. 全国社会组织建设创新示范区创建标准
2. 全国社会组织建设创新示范区申报表（略）

附件1：

全国社会组织建设创新示范区创建标准

发展环境	1. 社会组织建设纳入当地经济社会发展总体规划
	2. 党委政府推进社会组织建设管理政策到位、措施有力
	3. 工作协调机制健全，相关部门各司其职、协调配合
	4. 社会组织党建工作领导体制完善、顺畅
	5. 登记管理体制改革有突破
	6. 政府向社会组织转移职能、购买服务推进力度大
	7. 社会组织税收优惠政策得到落实
	8. 社会组织服务平台（中心、孵化器）健全完善
	9. 社会组织工作人员在党代会、人代会、政协会议代表中占有一定比例，并尝试建立单独界别
	10. 改革创新举措至少有一项在全国或全省具有示范意义
服务管理	1. 分类发展、分类指导、分类管理思路清晰，效果明显
	2. 年检工作规范有序，年检率达到100%
	3. 分类评估制度基本形成，评估率达到80%

续表

服务管理	4. 有2人以上的执法监察人员，执法工作规范、严格
	5. 城乡基层社会组织培育管理到位
	6. 登记管理工作有专门机构，人员配备强、经费有保障
	7. 信息化建设水平全省领先，行政效能和服务水平高
	8. 社会组织工作宣传力度大，社会影响好
能力建设	1. 社会组织布局合理，发展有序，每万人拥有社会组织数高于全省平均水平
	2. 社会组织党组织应建已建率达100%，发挥作用好
	3. 政社分开稳步推进，行业协会与政府部门在人员、经费、办公场所、职能等方面脱钩基本到位
	4. 社会组织法人治理结构完善、内部管理制度健全、民主办会水平高
	5. 社会组织办公场所、设施设备整体良好，满足工作需要
	6. 社会组织工作人员稳定，专业化、职业化水平高，人力资源制度健全落实
	7. 社会组织财务制度健全，资产管理规范，保值增值安全
	8. 社会组织公信度高，无造成不良社会影响事件
作用发挥	1. 有一批服务水平高、自身能力强、社会影响力大的品牌社会组织
	2. 城乡基层社会组织数量多、有活力，广大群众认可度高
	3. 社会组织增加值、吸纳就业人数对当地经济社会发展有贡献
	4. 行业协会、商会对推动经济发展方式转变，促进可持续发展作用突出
	5. 承接政府职能转移，参与社会管理和公共服务成效显著
	6. 扩大群众有序参与，增强社会自治，发挥桥梁纽带作用明显
	7. 推动公益慈善事业和文化繁荣发展，维护社会公平正义，促进社会和谐稳定取得积极成效
	8. 社会组织工作获得党政部门表彰和新闻媒体正面宣传较多

民政部关于开展民办非企业单位塑造品牌与服务社会活动的通知

（民函〔2013〕107号　2013年4月2日）

各省、自治区、直辖市民政厅（局），各计划单列市民政局，新疆生产建设兵团民政局：

民办非企业单位是民办社会事业的重要载体，在提供社会服务、促进社会和谐方面发挥着越来越重要的作用，已成为社会主义现代化建设事业的重要力量。为贯彻落实党的十八大和十八届二中全会精神，提升民办非企业单位服务能力和社会公信力，更好地发挥民办非企业单位在全面建成小康社会中的积极作用，民政部决定开展民办非企业单位塑造品牌与服务社会活动，现将有关事项通知如下：

一、指导思想和总体目标

（一）指导思想

以邓小平理论、"三个代表"重要思想、科学发展观为指导，贯彻党的十八大和十八届二中全会精神，落实中央关于公平对待社会力量提供公共服务的有关要求，以改善发展环境为基础，以能力提升为支撑，以塑造品牌为抓手，以服务社会为目的，进一步加强和改善民办非企业单位管理和服务工作，使民办非企业单位在全面建成小康社会，构建社会主义和谐社会中发挥更大、更积极的作用。

（二）总体目标

用三到五年时间，初步建立与经济社会发展相适应，结构合理、功能完善、作用明显的民办非企业单位组织体系；形成有利于社会力量兴办社会事业的制度环境和管理服务体系；培育一批符合现代社会组织体制要求的组织完善、管理科学、诚信自律、品牌良好的民办非企业单位；民办非企业单位服务社会能力显著增强，公益性更加凸显，成为提供社会公益服务、满足人民群众多元化服务需求的重要力量。

二、主要内容

（一）优化环境，培育扶持

优化政策环境。落实中央关于公平对待社会力量提供公共服务的要求，优化民办非企业单位发展和发挥作用的政策环境，破解制约民办非企业单位发展的制度障碍。鼓励各地结合实际开展有针对性的政策创制，积极协调相关部门，出台或落实购买服务、税收减免、票据使用、人事保障等配套政策，完善平等准入、公平竞争的政策环境，为民办非企业单位提供多方位支持。

加大培育扶持。积极推动直接登记，鼓励社会力量举办有规模、有特色的民办非企业单位。引导基金会等公益组织支持民办非企业单位，发挥各自优势，合作开展公益项目。结合政府职能转变，改革公共服务供给方式，推动政府向民办非企业单位购买公益服务。加快社会组织服务平台建设，通过社会组织孵化基地、服务中心、行业自律组织、城乡社区等为民办非企业单位提供资金、场地、人才、技术、项目、信息等服务。

（二）塑造品牌，服务社会

加强品牌塑造。各地可根据《民办非企业单位塑造品牌参考标准》（见附件），结合实际研究制定塑造品牌活动规划，引导民办非企业单位树立品牌意识，完善组织发展规划和品牌塑造计划，将塑造品牌贯穿于组织文化建设、人力资源建设、服务能力建设等组织发展和运作的全过程。引导民办非企业单位强化宗旨意识、使命意识和社会责任意识，加强诚信自律和信息公开，落实服务承诺，提升社会公信力，巩固品牌基础。鼓励民办非企业单位加强品牌宣传推广，提高品牌辨识度和社会知晓度。鼓励有条件的民办非企业单位申请注册服务商标，依法维护自身合法权益。鼓励有条件的民办非企业单位开展集团化服务，扩大经营规模，增强服务能力。开展集团化服务的民办非企业单位，其各个服务点可以使用同一字号、商标及服务集团标识。规范名称使用，加强对民办非企业单位品牌的保护。

加强能力建设。各地要结合登记审核、年度检查、社会评估等工作，督促民办非企业单位健全法人治理结构，完善以章程为核心的内部治理机制、民主决策制度、信息公开制度，增强自律性和诚信度。鼓励民办非企业单位提高服务能力，创新服务模式，强化服务特色，增强服务的规范化、精细化、标准化，形成核心服务竞争力。鼓励有条件的民办非企业单位申请ISO服务质量标准认证。鼓励民办非企业单位加强人力资源建设，提高人才队伍的专业化和职业化水平。

真情服务社会。各地要引导民办非企业单位发挥专业优势，积极回应民生热点问题，针对社会多元需求，提供多样化、专业化、高品质的社会服务，满足人民群众日益增长的社会服务需求。引导民办非企业单位根据组织宗旨，结合自身能力，积极履行社会责任，开展有规模、有影响的主题公益活动，为城乡基层社区、社会困难群体提供形式多样、内容丰富、减免收费的公益服务，展示组织品牌，树立公益形象。鼓励民办非企业单位将有关公益服务经常化、制度化。

（三）做好宣传，落实激励

营造良好氛围。各地要充分利用广播、电视、报刊、网络等新闻媒体，进行广泛的宣传活动，扩大塑造品牌与服务社会活动的社会影响，形成扶持、促进民办非企业单位发展的社会共识。对于在品牌塑造和服务公众方面表现突出的民办非企业单位及其公益活动给予积极宣传，弘扬公益精神，提高相关政府部门和社会公众对民办非企业单位积极作用的认识。

落实激励措施。各地要制定激励措施和办法，对在塑造品牌和服务社会活动中表现突出的民办非企业单位予以表彰和认定。将开展塑造品牌与服务社会活动的情况作为民办非企业单位规范化建设评估的重要内容。对积极参与塑造品牌和服务社会活动并取得实效的民办非企业单位，在政府补贴、购买服务、表彰奖励等方面予以优先考虑。

三、基本要求

（一）加强领导，落实责任

开展塑造品牌与服务社会活动，是引导民办非企业单位健康有序发展的重要举措。民政部已将此项活动列入对地方民政部门的年度考评计划，将适时对各地活动开展情况进行评估。各地要切实加强领导，明确领导责任和任务分工，精心组织实施，切实抓紧抓好。

（二）注重协调、保证实效

各级登记管理机关要加强与有关部门的联系，密切协作，形成对民办非企业单位的管理服务合力。要结合本地实际，制订塑造品牌规划和具体落实方案，引导民办非企业单位加强品牌建设，切实培育一批口碑好、影响大的知名品牌。

（三）认真总结，努力探索

各地要加强调研，及时发现典型，总结经验，创新管理，提高对民办非企业单位发展与管理规律的认识，努力探索民办非企业单位管理服务的长效机制。各地要对活动开展情况进行年度总结，并按要求将有关情况及下一步工作计划报民政部民间组织管理局。通过塑造品牌与服务社会活动，进一步解放思想，更新理念，优化环境，从整体上推进民办非企业单位管理服务工作。

附件：民办非企业单位塑造品牌参考标准

附件：

民办非企业单位塑造品牌参考标准

品牌建设	组织自身建设符合规范化建设评估相关要求
	组织宗旨、使命明确，有清晰的组织发展战略
	有较为详细的品牌塑造计划
	已申请注册服务商标
	围绕品牌建设形成服务特色
	组织理念、商标、标识充分体现品牌建设
	诚信度和公信力高
	围绕品牌建设开展组织文化建设
服务能力	在同行业中确立领先地位
	服务效果好，在本地区具备较高知晓度和美誉度
	承接政府转移职能，接受政府购买服务
	业务活动开展合法、合规，社会效益良好
	服务和收费标准合规、合理、公开、透明
	开展集团化（或连锁）服务
	服务规范化、标准化，申请 ISO 服务体系认证
	工作人员职业化专业化水平高、服务能力强

续表

品牌宣传与社会评价	积极在相关媒体进行品牌宣传推广
	积极参与各类公益活动
	组织字号、商标、标识等品牌元素的社会认知度高
	服务对象评价良好
	社会公众评价良好
	登记管理机关年检合格、评估等级较高
	行业管理部门评估、评价情况
	获得各类表彰、荣誉情况

民政部关于开展行业协会行业自律与诚信创建活动的通知

（民函〔2013〕111号 2013年3月28日）

各省、自治区、直辖市民政厅（局），各计划单列市民政局，新疆生产建设兵团民政局，各全国性行业协会：

推进行业协会行业自律与诚信建设，是提高行业协会社会公信力的重要举措；是加强和改进行业协会管理的有效途径；是发挥行业协会职能作用，促进社会主义市场经济健康发展的重要手段。为贯彻党的十八大精神，落实国务院机构改革和职能转变方案，民政部决定在全国范围开展行业协会行业自律与诚信创建活动。现就有关事项通知如下：

一、指导思想

以邓小平理论、“三个代表”重要思想、科学发展观为指导，通过开展行业协会行业自律与诚信创建活动，切实加强行业协会自身建设，提高行业协会规范化运作水平，建立健全行业协会行业自律与诚信工作体系，推动现代社会组织体制的构建，充分发挥行业协会在推进市场监管体系建设、完善社会主义市场经济体制和全面建成小康社会中的积极作用。

二、活动内容

（一）健全自律规约。广大行业协会要根据行业发展要求，制定行规行约并组织实施，行规行约的制定应召开会员（代表）大会进行审议；依据有关法律法规和政策，按照协会章程制定相应质量规范和服务标准，规范行业产品和服务质量，维护公平竞争的市场秩序；结合行业特点，探索建立社会评价、失信惩戒和“黑名单”等行业信用管理制度，研究制定行业职业道德准则，规范从业人员的职业行为，增强各类市场主体的诚信和守法意识；积极协调同行业会员企业之间的经营行为，协调会员企业与其他经济组织之间的关系，维护会员利益。鼓励行业协会设立专门自律与诚信工作机构，创新工作方式，完善工作手段。全国性行业协会要在活动中发挥带头作用，探索建立健全与国民经济行业发展相适应、覆盖全面、运行有效、作用明显的行业自律与诚信建设体系。

（二）推进信息公开。各地要积极引导行业协会主动向社会公开登记证书、章程、组织机构设置、负责人及理事会成员名单等信息；主动向会员公开重大活动情况、财务收支情况、出国（境）考察情况、接受捐赠和资助情况、年度工作报告等信息，增加透明度和社会公信力。行业协会可以将有关信息在新闻媒体、协会网站等进行公开，自觉接受社会和会员的查询、监督。行业协会公开的信息资料要做到真实、准确、完整，不能有虚假记载、误导性陈述或者重大遗漏。鼓励行业协会不断丰富信息公开内容，扩大信息公开范围，创新信息公开方式。

（三）开展诚信服务。各地要积极推动行业协会根据自身能力，为会员、行业、社会提供形式多样、内容丰富的服务活动，重点围绕服务内容、服务方式、服务对象和收费标准等进行公开承诺；要向社会承诺做到不强制入会、不摊派会费、不强行服务，不搞乱评比、乱培训、乱表彰和设立“小金库”，不超出章程规定的业务范围开展活动；积极履行社会责任，探索发布年度社会责任报告。引导行业协会积极培育诚信服务品牌，拓展诚信服务内容，创新诚信服务方式，不断提升诚信服务能力。

（四）加强规范化建设。各地要在活动开展过程中着力推进行业协会在职能、机构、人员、财务等方面与行政机关脱钩，逐步实现行业协会自我运作、自聘人员、自理会务。行业协会要有固定的办公场所和与开展业务活动相适应的资产、经费来源和专职工作人员。健全会员（代表）大会、理事会（常务理事会）、监事会制度，完善内部组织架构，科学合理设置理事会规模、负责人数量。以章程为核心，建立健全换届选举、议事决策、人事管理、财务管理、机构管理等内部管理制度。行业协会依法所得不能在会员中分配、不能投入会员企业进行营利。制定或修改会费标准，要通过会员（代表）大会以无记名投票方式表决通过。开展合作活动，要履行内部民主程序，根据合作事项重要程度，分别提交会员（代表）大会、理事会、会长办公会研究决定。要在活动开展过程中，不断提高专职工作人员的素质能力，增强服务水平。

三、几点要求

（一）加强组织领导。民政部把组织行业协会开展行业自律与诚信创建活动情况列入民政重点工作综合评估项目内容。各地要提高思想认识，加强组织领导，落实工作责任。各级民政部门要保证有专人负责此项活动，加强工作指导。要积极争取相关部门支持，通过转移职能、购买服务等方式，为行业协会行业自律与诚信创建创造良好条件和环境，推动活动取得实效。

（二）加大宣传力度。民政部将与中央媒体合作，集中开展系列宣传活动。同时，还将在《中国社会报》、《中国社会组织》杂志及网站开辟专栏，为行业协会提供宣传展示平台。各地要在活动开展过程中，积极培育、树立一批先进典型，及时总结推广创新做法和经验，探索建立行业协会行业自律与诚信创建长效机制。要利用广播、电视、报刊、网站等新闻媒体，进行广泛的宣传活动，提升行业协会社会形象。

（三）建立激励机制。对于活动中表现突出的行业协会，民政部将在执行中央财政支持社会组织参与社会服务项目和评选全国先进社会组织时予以优先考虑。各地要积极探索，研究制定不同形式的激励措施和办法，提高行业协会参与行业自律与诚信创建活动的积极性。

（四）加强督促检查。要将行业协会行业自律与诚信创建活动纳入年度检查内容和等级评估指标体系。要加强检查监督，对社会各界反映问题较多、信誉度不好的行业协会，进行重点检查和约谈，并限期整改。各地要在年底前对活动开展情况进行阶段性总结，将有关情况及下一步工作计划报部民间组织管理局。

各地在开展行业协会行业自律与诚信创建活动中遇到新的情况和问题，应当及时上报，以便研究解决。

人力资源社会保障部、民政部关于鼓励社会团体、基金会和民办非企业单位建立企业年金有关问题的通知

（人社部发〔2013〕51号　2013年7月15日）

各省、自治区、直辖市及新疆生产建设兵团人力资源社会保障厅（局）、民政厅（局）：

近年来我国社会团体、基金会和民办非企业单位（以下简称社会组织）发展迅速，为提升社会管理和公共服务，促进文化繁荣发展发挥了积极的作用。为进一步推动社会组织健康发展，更好地保障社会组织工作人员退休后的生活，根据《企业年金试行办法》（劳动和社会保障部令第20号）、《企业年金基金管理办法》（人力资源和社会保障部令第11号）、《关于企业年金方案和基金管理合同备案有关问题的通知》（劳社部发〔2005〕35号）、《关于企业年金集合计划试点有关问题的通知》（人社部发〔2011〕58号）有关规定，现就社会组织建立企业年金有关问题通知如下：

一、已经依法参加企业职工基本养老保险并履行缴费义务的社会组织，可以建立企业年金。其中工作人员较少的社会组织可以参加企业年金集合计划。

二、社会组织建立企业年金，应当由社会组织与本单位工会或职工代表通过集体协商确定，并制定企业年金方案。企业年金方案草案应当提交职工大会或职工代表大会讨论通过，并由集体协商双方首席代表签字后，形成拟报备的企业年金方案。

三、社会组织建立企业年金所需费用由社会组织和工作人员共同缴纳。社会组织缴费每年不超过本单位上年度工作人员工资总额的十二分之一，列支渠道按国家有关规定执行。社会组织缴费和工作人员个人缴费合计一般不超过本单位上年度工作人员工资总额的六分之一，工作人员个人缴费可以由社会组织从工作人员个人工资中代扣。

四、社会组织的企业年金方案应规定社会组织缴费计入工作人员企业

年金个人账户的比例，可以综合考虑工作人员个人贡献、年龄等因素确定不同的记入比例，但差距不宜过大。

五、社会组织的企业年金方案应当报送所在地区县级以上地方人力资源社会保障行政部门备案。全国性社会组织的企业年金方案，报送人力资源社会保障部备案。社会组织参加企业年金集合计划可以由集合计划受托人报人力资源社会保障行政部门备案。

六、社会组织的企业年金基金，应当按照《企业年金基金管理办法》的规定，签订受托管理合同和委托管理合同，委托具有企业年金基金管理资格的机构，实行市场化投资运营。受托管理合同和委托管理合同，应当按有关规定报人力资源社会保障行政部门备案。

七、为规范管理，本通知发布前已经建立补充养老保险的社会组织，可按照本通知要求，对原有计划进行调整，逐步将原补充养老保险存量资金纳入企业年金管理。

八、各级人力资源社会保障行政部门要做好社会组织企业年金方案及管理合同备案工作，并负责对社会组织加入企业年金计划后的实施情况进行监督检查。各级民政部门可将企业年金实施情况作为社会组织评估工作的考量指标之一。

境外非政府组织驻华代表机构建立企业年金参照本通知执行。

人力资源社会保障部　民政部

北京市民政局关于印发率先转移政府职能试点工作方案的通知

（京民社发〔2013〕202 号　2013 年 6 月 6 日）

局机关各处室，各二级、直属单位，局属社会组织：

《北京市民政局率先转移政府职能试点工作方案》已经 2013 年 6 月 3 日局长办公会审议通过，现印发给你们。请各试点单位和社会组织按照方案要求，认真组织落实。

北京市民政局

北京市民政局率先转移政府职能试点工作方案

为贯彻党的十八大精神，做好市民政局率先转移政府职能工作，改造提升局属社会组织，实现政府转移职能工作规范有序运作，特制订本方案。

一、指导思想

贯彻落实党的十八大精神，紧密结合政府职能转变和促进社会组织管理体制改革，在全市率先进行政府职能转移试验，为全市政府转移职能工作探索经验，在市民政系统社会组织中建立现代社会组织体制，培育扶持社会组织品牌，调动社会组织参与民政工作，促进民政工作社会化。

二、总体目标

建立率先转移政府职能的制度体系，创新民政社会管理和公共服务方式，充分发挥局属社会组织在民政事业发展中的积极作用。重点培育和发展与民政工作密切相关的社会组织，对与民政业务联系不紧密的社会组织，要逐步使其走向社会。加强局属社会组织品牌建设，逐步确定一批枢纽型社会组织。通过将职能转移给局属社会组织，使民政工作引领社会发展的职责更有力、更科学、更合理，形成民政工作社会化的整体布局。

三、基本原则

规范有序、平稳过渡。市民政局转移政府职能工作既是创新行政管理的过程，又是一项系统工程，必须建立相关的制度体系，严格履行相关手续。选择社区、福利、社工、婚姻、殡葬、区划等方面工作事项作为试点，取得经验后向全局推广。

费随事转、合约管理。局属社会组织承接政府工作职能进行合约式管理。市民政局转移的职能要事先核定工作量，明确工作标的和所需费用。在职能转移的同时，将资金拨付给提供该工作的社会组织。建立常态化的政府购买社会组织服务机制，所需费用纳入财政预算。

改造提升、规范发展。重点培育和发展与民政工作密切相关的社会组织。局属社会组织要按照权责明确、架构完善、管理规范、服务专业的要求，调整会员结构，依法换届选举，规范各项制度。通过专业评估，满足承接政府转移职能的要求。

强化监管、绩效考核。强化局属社会组织承接政府职能的过程监管和绩效考核。明确社会组织完不成转移职能工作任务的制约手段及退出机制。

四、试点单位、社会组织及任务

（一）试点单位及任务

市社团办、市老龄办、市军休办、市福彩中心，局社区工作处、组织人事处（社会工作人才登记教育管理处）、社会福利管理处、区划管理处、婚姻管理处、殡葬管理处、慈善工作处。主要任务：

1. 确定转移职能事项；
2. 主导对应社会组织的改造提升；
3. 负责项目的考核监督。

（二）试点社会组织及任务

市社区服务协会、市社会工作协会、市社会福利行业协会、市行政区划研究会、市婚姻家庭建设协会、市殡葬协会、市慈善协会、首都慈善公益组织联合会、市老年学学会、市军队离休退休干部文体联合会、市小帮手服务中心、首都见义勇为基金会等。主要任务：

1. 按要求改造提升；

2. 制定承接职能工作方案并组织实施；

3. 建立现代社会组织体制，拓展发展空间。

五、职能转移内容

（一）民政行业管理协调职能与基本公共服务事项。民政业务行业领域的行规行约制订、行业资格认定和准入审核、等级评定、公信证明、行业标准、行业评比、专业技术职称和职业资格评定等。适宜社会组织承担的部分基本公共服务事项。

（二）技术服务性职能。标准制订、评比表彰、调查研究、决策论证、学术和科技成果评审、民政业务咨询、法律服务、宣传培训等。

（三）社会事务管理与服务职能。社区事务、养老助残、社会救助、社工服务、殡葬事务、慈善救济、公益服务、社会福利、社会组织服务管理等管理服务事项。

（四）其他政府职能转移事项。

六、职能转移步骤

市民政局是向社会组织转移职能购买服务的实施主体。向局属社会组织转移职能实行项目式管理，通过授权、委托、资助、购买等方式转移。试点单位梳理出拟转移的职能经批准后，市民政局与承接的局属社会组织签订协议，明确工作任务的内容、标准、完成时间、资金额度等事项，由社会组织实施。资金由局计划财务处统一按照相关规定拨付。

向社会组织转移职能工作按照以下程序进行：

（一）确定转移职能项目。试点单位梳理自身职能，列出转移职能事项。合理测算项目所需费用。

（二）审核项目。局组织人事处、法制处对转移项目进行合法性审核备案，计划财务处对项目经费进行审核，并做预算安排。经市民政局讨论通过后发布转移职能目录。

（三）选择社会组织。市民政局转出的职能项目优先由局属社会组织承接，市民政局试点单位可以指定局属社会组织承接职能转移项目，局属社会组织承接不了的，向社会公布由其他社会组织承接。市社团办负责资质审查。

（四）订立购买服务合同。市民政局与社会组织签订委托职能项目合同，明确项目的范围、目标、任务、要求和服务期限、资金支付、违约责任等内容。订立合同后，即由局拨付合同额的一半项目资金。项目完成并作评估合格后，拨付余下资金。

七、项目监管

凡属民政职能转移的项目均应进行绩效考核。绩效考核结果将作为资金结算的重要依据。

（一）考核的标准及执行。制定《市民政局社会组织承接政府转移职能绩效考核管理办法》，由项目转移或委托的单位负责组织实施。按合同约定进行全程绩效考核。项目经费预算金额低于20万元的（以合同标的额为准），可由项目转移或委托单位自行考核；项目经费预算金额超过20万元的或专业性强的项目，项目责任单位可委托第三方专业机构进行考核。

（二）考核方式和内容。与承接项目的社会组织签订购买协议后，相关责任单位成立人数为5—7人的项目绩效考核小组，成员由项目责任单位、财务审计部门相关人员、部分专家以及项目涉及的服务对象代表等组成。项目绩效考核小组对委托项目进行过程监管和结果评估。项目完成后，由实施项目的社会组织提出评估申请和自查报告。项目评估小组采取查阅资料、听取情况汇报、实地查看、组织满意度测评、财政资金审计等方式进行绩效考核。项目评估小组进行综合考评后，提出绩效考核意见并形成书面评估报告。

（三）考核结果应用。项目责任单位根据绩效考核结果，提出是否进行全额资金支付费用或酌情扣减的意见。提出下一年度是否继续委托及委托事项的深化要求，报局转移职能工作领导小组审批。绩效考核结果作为市社团办社会组织等级评估的重要依据。

八、承接转移职能的局属社会组织标准

承接转移职能的局属社会组织，应当符合以下条件：

（一）具有健全的法人治理结构，完善的内部管理制度、信息公开制度和民主监督制度。

（二）具备承接政府职能事项所必需的场所、设备、专业技术资质和人员。

（三）功能完备、运作规范，社会信誉良好，且没有违法行为。

（四）经等级评估，获得3A级及以上等级（经改造提升的试点社会组织除外）。

九、职能转移的工作步骤及时间安排

第一阶段：2013 年 5 月底前。

成立机构，建立制度。成立市民政局向社会组织转移职能工作领导小组。拟定《市民政局向社会组织转移职能购买服务暂行规定》、《市民政局社会组织承接政府转移职能绩效考核管理办法》、《市民政局干部在社会组织兼职管理暂行规定》和《市民政局向社会组织转移职能购买服务财务管理规定》等内部文件。

第二阶段：2013 年 7 月底前。

梳理职能、分类规范。试点单位梳理出可以委托给社会组织承接的政府职能转移事项，汇总《市民政局第一批政府职能转移目录》。确定局属社会组织分类改造方案，组成局试点社会组织改造提升工作组，对试点社会组织进行改造提升，完成人员重组、修订章程、规范制度、换届选举及招聘专职工作人员等工作。

第三阶段：2013 年 9 月底前。

签订合同，启动试点。确定职能事项的执行标准、实施要求、工作时限、监督评估方式等内容。与承接职能的局属社会组织签订《政府转移职能协议书》。完成转移项目交接和资金拨付。

第四阶段：2013 年 12 月底前或至合同期完成。

加强监管，总结经验。对局属社会组织履行政府职能情况进行过程监督和绩效考核。总结试点经验，研究试点中出现的问题，完善管理制度，形成制度体系，适时在全局全面推开政府转移职能工作。

十、组织领导机构

（一）工作领导小组

组长：市民政局党委书记、局长李万钧。

副组长：市民政局巡视员、党委副书记李新京，局党委副书记、副局长孟钧，局党委常委、副局长谢延智。

成员：市社团办、局组织人事处、局办公室、局计划财务处、局法制处。

领导小组办公室由局组织人事处和市社团办组成，办公室设在市社团办。办公室主任为局组织人事处处长马可容和市社团办主任温庆云。

（二）成员单位职责分工

市社团办：承担领导小组的日常工作，督促落实领导小组议定事项和协调组织。

局组织人事处：组织对市民政局向社会组织转移职能事项进行审核。组建派驻局试点社会组织改造提升工作组，完成换届工作。

局办公室：发布《北京市民政局向社会组织转移职能目录》、承接政府转移职能社会组织及具体事项等相关信息发布工作。

局计划财务处：对政府委托职能和事项资金使用情况进行审核、安排和监督。

局法制处：相关文件的合法性审核和备案。

天津市民政局　天津市司法局关于印发《天津市社会组织人民调解工作（暂行）办法》的通知

（津民发〔2013〕20 号　2013 年 3 月 20 日）

各区县民政局、司法局，塘沽、汉沽、大港民政局、司法局：

现将《天津市社会组织人民调解工作〈暂行〉办法》印发给你们，请遵照执行。

天津市民政局　天津市司法局

天津市社会组织人民调解工作（暂行）办法

第一章　总　则

第一条　为规范社会组织人民调解活动，充分发挥社会组织人民调解在化解社会组织内部矛盾纠纷，促进社会组织健康发展，维护社会和谐稳定中的作用，根据《中华人民共和国人民调解法》和《天津市实施〈人民调解委员会组织条例〉细则》，制定本办法。

第二条　本办法所称社会组织人民调解，是指社会组织人民调解委员会通过劝说、疏导及说服等方法，促使当事人在平等协商基础上自愿达成一致协议，妥善解决矛盾纠纷的活动。

第三条　天津市市属社会组织、区县所属社会组织发生矛盾纠纷需要调解的，均适用本办法。

第四条　社会组织人民调解委员会调解工作，应当遵循以下原则：

（一）自愿原则。在当事人自愿、平等的基础上进行调解；

（二）不违背法律、法规和国家政策；

（三）充分尊重当事人的权利，不得因调解而阻止当事人依法通过其他途径维护自己的权利。

第五条　社会组织人民调解委员会调解社会组织内部矛盾纠纷，不收取任何费用。

第六条 天津市民政局、天津市司法局负责指导市属社会组织人民调解工作，区县民政局、区县司法局负责指导本行政区域所属社会组织人民调解工作。

第二章 社会组织人民调解委员会

第七条 社会组织人民调解委员会是依法设立的调解社会组织内部矛盾纠纷的群众性组织。

第八条 社会组织人民调解委员会应由三至九名委员组成，设主任一人，可设副主任四人以内，委员应有广泛的代表性，通过推选产生，每届任期三年，可以连选连任。

第九条 社会组织人民调解委员会应建立健全各项调解制度，广泛听取意见，接受各方监督。

第十条 市、区县民政局应当为各自负责指导的社会组织人民调解委员会开展工作提供办公条件和必要的工作经费。

第三章 社会组织人民调解员

第十一条 社会组织人民调解员应具备政策水平、法律知识，熟悉相关业务。

第十二条 社会组织人民调解员调解矛盾纠纷，应遵守下列纪律：

（一）不得拒绝当事人的调解请求；

（二）不得以冷漠推诿的态度对待当事人；

（三）不得徇私舞弊，偏袒一方当事人；

（四）不得泄露国家秘密、商业秘密或者当事人的隐私；

（五）不得侮辱、压制、打击报复当事人；

（六）不得接受请客送礼，索贿受贿；

（七）其他违反社会组织调解相关规定的行为。

第四章 调解程序

第十三条 社会组织内部矛盾纠纷当事人可以向社会组织人民调解委员会申请调解，社会组织人民调解委员会也可以主动调解。当事人一方明确拒绝调解的，不得调解。

第十四条 社会组织人民调解委员会根据调解矛盾纠纷类型和内容需要，指派两名人民调解员或由当事人选择两名人民调解员进行调解。

第十五条 申请社会组织内部矛盾纠纷调解应当符合下列条件：

（一）申请人是与该纠纷有直接利害关系的社会组织及社会组织工作人员；

（二）有明确的被申请人；

（三）有具体的请求、明确的事实、充分的理由；

（四）申请调解的矛盾纠纷与社会组织人民调解委员会的调解职权有关；

（五）矛盾属于社会组织内部矛盾，并具有可调解性。

第十六条 当事人在社会组织调解活动中享有下列权利：

（一）接受调解、拒绝调解或者要求终止调解；

（二）要求调解公开进行或者不公开进行；

（三）自主表达意愿、自愿达成调解协议或和解。

第十七条 当事人在社会组织调解活动中履行下列义务：

（一）如实陈述矛盾纠纷事实；

（二）尊重对方当事人行使权利；

（三）遵守调解现场秩序，尊重社会组织人民调解员。

第十八条 当事人申请调解，可以书面申请，也可以口头申请。当事人口头申请的，由人民调解员记录在案。

第十九条 社会组织人民调解委员会接到调解申请后，应当认真审查有关材料，符合条件的，应当在收到申请之日起五个工作日内征求被申请人是否同意调解的意见。在征得各方当事人的同意后，应当在三个工作日内启动调解程序，并将调解时间、地点和人民调解员名单通知当事人。调解终结时限为三十个工作日。如遇特殊情况，经人民调解委员会主任同意，可不受前款时效规定之限制。

第二十条 社会组织人民调解员有下列情况之一的，应当回避：

（一）是本纠纷的当事人或者与当事人、代理人有近亲属关系的；

（二）与本纠纷有利害关系的；

（三）与本纠纷当事人、代理人有其他关系，可能影响对矛盾纠纷公正处理的。

第二十一条 社会组织人民调解员调解矛盾纠纷按照下列程序进行：

（一）听取当事人陈述、要求及理由；

（二）询问当事人，核实证据材料，查明事实，分清责任；

（三）规劝疏导当事人，组织商定调解协议内容。

对事实清楚、权利义务关系明确、争议不大的矛盾纠纷，社会组织人民调解员可以即时就地调解。事关社会稳定的群体性事件、突发事件等需要及时有效化解的矛盾纠纷，人民调解员可以根据纠纷类型、特点就地或异地灵活进行调解，经人民调解委员会主任同意，可不受本调解程序的限制。

第二十二条 社会组织人民调解员调解矛盾纠纷应当制作调解笔录。调解笔录应当交当事人核对，由当事人和人民调解员签名或者按指印。

第二十三条 社会组织人民调解员在调解矛盾纠纷过程中，发现矛盾纠纷有可能激化引起治安案件、刑事案件或者发现当事人有违法行为的，应及时向公安机关或者其他有关部门报告。

第二十四条 社会组织人民调解员调解矛盾纠纷，调解不成的，应当终止调解，并告知当事人可以依法维护自己权利的途径。

第二十五条 社会组织人民调解员应当记录调解情况。社会组织人民调解委员会应当建立调解工作档案，将调解登记、调解工作记录、调解协议书等材料立案归档。

第五章　调解协议

第二十六条 经社会组织人民调解委员会调解达成调解协议的，可以制作调解协议书。当事人认为无需制作调解协议书的，可以采取口头协议方式，社会组织人民调解员应当记录协议内容。

第二十七条 调解协议书应载明下列事项：

（一）当事人的基本情况；

（二）矛盾纠纷的主要事实、争议事项以及各方当事人的责任；

（三）当事人达成调解协议的内容，履行的方式、日期。

调解协议书自各方当事人签名、盖章或者按指印，社会组织人民调解员签名并加盖社会组织人民调解委员会印章之日起生效。调解协议书当事人各执一份，社会组织人民调解委员会留存一份。

第二十八条 口头调解协议自各方当事人达成协议之日起生效。

第二十九条 经社会组织人民调解委员会调解达成的调解协议，具有法律约束力，当事人应当按照约定履行。

第三十条 社会组织人民调解委员会应当对调解协议的履行情况进行监督，督促当事人履行约定的义务。经人民调解委员会调解达成调解协议后，双方当事人认为有必要的，可以自调解协议生效之日起三十日内共同向人民法院申请司法确认，人民法院应当及时对调解协议进行审查，依法确认调解协议的效力；如确认调解协议有效，则权利人在对方拒绝履行或者未全部履行时可向人民法院申请强制执行；如确认调解协议无效，则当事人可以通过人民调解方式变更原调解协议或者达成新的调解协议，也可以向人民法院提起诉讼。

第六章　附　则

第三十一条　法律、法规、规章对社会组织调解另有规定的，从其规定。

第三十二条　市、区县两级业务主管单位、枢纽型社会组织及其他类型社会组织，根据需要可参照本办法设立社会组织人民调解委员会，负责调解所属社会组织内部矛盾纠纷。

第三十三条　本办法自 2013 年 5 月 1 日起施行。

天津市民政局关于加强社区社会组织建设的意见

（津民发〔2013〕35 号　2013 年 4 月 22 日）

各区县民政局：

社区社会组织是指以本社区为主的公民、法人和其他组织自愿组成，并在城乡社区地域范围内开展活动，满足居民多样化公共服务需求的非营利性社会组织。为深入贯彻落实党的十八大和市第十次党代会精神，规范和提升服务管理水平，加大培育扶植力度，加快社区社会组织发展，为共建和谐美丽天津做出更大贡献，现就加强我市社区社会组织建设工作提出如下意见。

一、指导思想

以邓小平理论、“三个代表”重要思想、科学发展观为指导，深入贯彻党的十八大和市第十次党代会、十届一次、二次全会精神，紧密结合我市实际，着眼于培育发展、规范管理、优化格局、健全体系，全面推进社区社会组织建设，积极促进“三社联动”，充分发挥社区社会组织凝聚居民的桥梁纽带作用、管理社区的参谋助手作用、服务社区的重要补充作用，推动基层社会管理创新，促进社区和谐发展。

二、基本原则

——坚持党的领导、政府引导；

——以人为本、依法自治；

——重点扶持、全面发展；

——城乡统筹、有序培育；

——基层发动、分类管理。

三、总体目标

到“十二五”末，基本形成布局合理、依法自治、各具特色、作用明显的社区社会组织体系；建立起权责明确、发展有序、制度健全、服务高效、监管规范的社区社会组织服务管理体制；健全政府引导、社会支持、广泛参与、互动互益的运行机制；构建起组织健全、广泛覆盖、运行顺畅、工作有效的党建工作体系，推动社区社会组织健康有序发展，努力实现走在全国前列的奋斗目标。

实施社区社会组织倍增计划，到2015年实现总量翻一番，达到每万人拥有社区社会组织（包括农村专业经济组织）18个以上；平均每个城市社区拥有社区社会组织不少于10个，每个农村社区不少于3个；市内六区社会组织总量在现有基础上要较大幅度提升。

四、主要任务

（一）统一组建模式。创建和推行“1+n+x”社区社会组织组建模式。其中“1”是指每个街、乡镇建立1个枢纽型社区社会组织联合会（或服务中心），负责对辖区内社区社会组织的引导、服务和管理；“n”是指每个社区建立若干个基本型社区社会组织，主要包括社区服务、社区事务、慈善救助、文化体育、社区维权等；“x”是指每个社区根据居民构成，建立具有本社区特点的特色型社区社会组织。

（二）强化扶持培育。重点培育发展社区服务、社会事务、慈善救助、文体娱乐和社区维权类等社区社会组织。建立孵化机制。各区县要指导、推动街、乡镇加强社区社会组织孵化基地建设，为新组建的社区社会组织提供办公场所、办公设备、政策引导、资金援助、现场指导等支持，优先孵化基本型社区社会组织。完善政府购买服务机制。出台我市相关实施意见和配套政策，建立社区社会组织承接政府购买服务长效机制。强化能力建设。加大领军型社区社会组织和领军型人才培养力度，完善专业人才库。建立轮训制度和专业社工现场指导机制，加强与大专院校、科研院所合作，建立社会组织人才资源合作共建基地，使专业人才培训、培养常态化、科学化。整合社会资源。搭建融资平台，发掘智力资源，提倡和调动有能力的企业、专家学者与社区社会组织共建共营，参与社区服务。

（三）规范管理体制。统一登记备案。对具备登记条件的社区社会组织，直接向所在区县民政部门申请登记注册；对不具备登记条件的社区社会组织实行统一备案。力争到2013年末，实现社区社会组织登记、备案率达到100%。将业主委员会纳入备案社区社会组织范畴。加大对社区虚拟社会组织的引导培育和服务力度，相对稳定、活动经常、影响积极、有负责人的社区虚拟组织也可以纳入备案范畴，加强对社区虚拟社会组织管理机制研究，适时出台相关办法。明确各级职责。对实行备案的社区社会组织，要降低门槛、简化手续，按照使用、服务与管理相统一的原则，实行一级主体，分级负责的模式。落实各级职责，市民政局负责总体规划、制定政策、规范管理、指导服务、督察落实、宣传典型、组织评优；区县民政局负责制定本辖区工作规划、创造性落实相关政策和规范管理要求，加强协调指导，加大培育力度，加强督促检查，搞好典型宣传，每半年向市社团管理局报备基础数据与基本情况；街、乡镇是备案服务与管理的主体，负责审核把关、指导引领、合理布局、协调各方，提供工作保障，每季度向区县民政局报备一次社区社会组织数据、类别与目录；社区居村委会受街、乡镇委托负责受理、初审备案并及时上报街、乡镇，进行日常业务指导，在组织运作、活动场地等方面为社区社会组织提供帮助。要积极推行信息化管理，努力实现相关数据、情况的即时提供。建立评价机制。制定全市社区社会组织评价实施办法，引入第三方社会组织评价机制，由区县民政局组织各街、乡镇对实行备案的社区社会组织进行评价，实现评价结果与扶持政策的有效衔接。加强监督管理。民政部门、街道办事处或乡镇人民政府、社区居村委会，对备案社区社会组织要加强管理和监督，确保其在国家宪法和法律法规允许的范围内，按照章程积极开展健康有益的活动。对于违法和政治导向错误的社区社会组织要坚决予以禁止和取缔。

（四）推动“三社联动”。社区社会组织要发挥自身优势，以社会工作者和社区志愿者为骨干，吸引和凝聚社区居民自愿加入，通过依法自治，推动“社区人”向“社区社团人”转变，实现服务社区、居民、社会的有机统一，成为社区建设管理、和谐稳定、人才成长的重要载体。

（五）增强服务效能。充分发挥社区社会组织的“草根”作用，在活跃社区居民文化生活方面，积极组织开展文化娱乐、体育健身、科普宣传等活动；在促进邻里和谐方面，积极开展矛盾调处、心理疏导、精神慰藉等活动；在扶危济困方面，积极组织居民开展为老年人、残疾人、孤儿、重病失能、优抚对象、外来人口等群体的爱心捐赠和志愿服务；在反映群众诉求方面，积极搭建社情民意沟通平台，畅通居民反映民生需求的渠道；在方便居民生活方面，积极组织开展与居民日常生产生活密切相关的公益性服务和互助服务；在维护社区稳定方面，积极组织开展预防犯罪和禁毒宣传、社区矫正、治安巡逻、法律咨询宣传和援助等活动；在促进精神文明建设方面，积极组织开展破除封建陋习、建立文明风尚、提高文明素质、塑造地域文化等活动。

五、保障措施

（一）加强组织领导。各级民政部门要高度重视社区社会组织服务管理工作，将其列入重要议事日程，建立例会制度，尽快摸清底数，抓紧制定本级社区社会组织发展规划，明确组织机构、部门职责、工作目标、主要措施，加强联动配合，确保社区社会组织健康有序快速发展。要加强枢纽型社会组织工作体系建设。建立健全市、区县、街乡镇三级社会组织联合会（或服务中心），形成政府宏观调控，登记机关直接管理，社会组织自我约束的工作格局。充分发挥社会组织联合会在承接政府服务项目、孵化社区公益性社会组织、公益性社会组织人才服务管理等方面职能。2013年底，各区县要全部建立社会组织联合会（或服务中心）；2014年底各街、乡镇要全部建立社区社会组织联合会（或服务中心），各社区要全部建立社区社会组织服务站。

（二）加大资金投入。要充分发挥财政资金和福利彩票公益金的引导作用，动员和吸纳社会资源参与社区社会组织建设，提升社区社会组织服务居民能力水平。对完成基本型社区社会组织组建的要以社区为单位，确保年度专项活动经费。通过政府购买服务项目运作，重点培育扶植公益慈善类、城乡社区服务类社会组织。通过以奖代补方式，重点支持年初有计划、活动影响大、居民反映好、考核效果佳的文体娱乐类等社区社会组织。

（三）充实工作力量。各街、乡镇枢纽型社区社会组织联合会（或服务中心）至少要配备一名专职社会组织社工人员，负责社区社会组织统筹协调管理和服务；每个社区要配备一名专（兼）职负责社区社会组织工作的社工人员，负责社区社会组织日常服务管理。要定期搞好社区社会组织专职社工的政治业务培训，并建立表彰激励机制。

（四）培育宣传典型。充分发挥滨海新区社会管理创新观察点的示范引领作用，广泛开展创建示范社区社会组织活动，到2015年底，市内六区和滨海新区每个街、乡镇平均培育树立示范社区社会组织不低于10%，其他区县每个街、乡镇平均培育树立示范社区社会组织不低于5%。开展优秀社区社会组织推介表彰活动，宣传、树立社区社会组织服务品牌，充分发挥典型的辐射带动作用。

（五）加强党建工作。社区社会组织党建工作纳入社区党建工作总体格局，社区党委领导社区社会组织党建工作，负责党组织审批，党员教育管理、组织活动和发展党员工作；依托街、乡镇社区社会组织联合会（或服务中心）成立社区社会组织党组织，对社区社会组织党组织加强指导、搞好服务。通过加强党建工作，确保社区社会组织健康有序发展。

附件：1. 社区社会组织备案、登记的条件和程序（略）

2. 社区社会组织备案表（略）

3. 社区社会组织成员花名册（略）

4. 社区社会组织备案证书（略）

天津市民政局关于开展社会组织直接登记工作的通知

（津民发〔2013〕60号　2013年7月16日）

各区县民政局，市社团管理局：

为加快推进我市社会组织服务管理创新步伐，促进社会组织健康、规范、有序发展，根据《国务院机构改革和职能转变方案》和民政部相关会议工作要求，结合我市实际，决定在全市开展社会组织直接登记工作。现将相关事项通知如下：

一、直接登记范围

本文所指社会组织包括社会团体、民办非企业单位和基金会。

（一）以促进经济发展和行业自律为主要目的的行业协会商会；

（二）从事科学技术研究普及和推广的科技类社会组织；

（三）从事扶贫济困、赈灾救援以及教育、卫生、文化、体育、环境保护等事业的公益慈善类社会组织；

（四）为社区居民提供服务的城乡社区服务类社会组织。

二、直接登记程序

（一）上述社会组织发起人直接向民政部门申请登记，不再需要业务主管单位出具审查同意文件。民政部门收到社会组织申请登记的全部有效文件后，按规定作出准予成立登记并颁发登记证书；作出不予成立登记决定的，要说明理由。

（二）法律法规、政策文件明确需要进行前置审批的社会组织，需取得相关许可证或审批文件后，再向民政部门申请成立登记。

三、日常管理

（一）各级民政部门对直接登记的社会组织履行登记管理和业务主管一体化职能，负责社会组织的成立、变更、注销登记；负责社会组织年检和评估工作；对社会组织开展活动进行日常监督；负责指导社会组织党建工作；对社会组织的违法行为依法实施行政处罚；对非法社会组织依法予以取缔。

（二）各级政府职能部门和经市、区县人民政府授权的组织，是直接登记后的社会组织的业务指导单位，原则上不再负责直接登记社会组织登记前的审查工作。民政部门应积极协调政府相关部门，督促其按照政府职责分工，继续履行对社会组织的工作指导，积极鼓励其通过制定导向性政策、实施资金扶持、转移职能、购买服务等方式支持社会组织发展，协助登记管理机关及其他有关部门查处社会组织的违法违规行为，促进社会组织依法、规范、有序发展。

（三）建立联合监管机制，通过制定社会组织负责人管理、资金管理、活动管理、信息公开、年度检查等制度，引导社会组织建立健全以章程为核心的内部治理结构和管理制度，逐步实现社会组织自愿成立、自我运作、自聘人员、自理会务，促进社会组织依法自治、健康发展。

四、工作要求

（一）加强组织领导。开展社会组织直接登记工作，是推进社会组织登记管理体制改革创新的重要举措。要切实加强领导，周密部署，精心谋划，明确责任，分工协作，确保直接登记工作按计划落到实处。

（二）明确责任分工。市社团管理局要加快制定社会组织直接登记的审批程序和日常管理办法，指导区县民政局积极稳妥地开展社会组织直接登记工作；各区县民政局要按照全市统一要求，认真组织开展社会组织直接登记工作，及时总结做法和经验，并及时与市社会团体管理局沟通直接登记情况。

（三）加强沟通协调。民政部门在审批社会组织成立登记后，要及时将社会组织有关信息抄送相关政府部门，并与相关部门加强沟通协调，做好工作衔接，形成有效的协调机制。

天津市民政局关于印发天津市社会团体内部管理制度指引的通知

（津民发〔2013〕83号　2013年9月27日）

市属各社会团体：

为进一步加强社会团体的民主自治机制建设，完善社会团体的法人治理结构，现将《天津市社会团体内部管理制度指引》，印发给你们。请结合实际，加强内部管理制度规范化建设，提升参与社会管理和社会服务的能力。

社会团体内部管理制度指引
社会团体民主选举制度

第一条　为规范本会的选举工作，保障会员依法行使民主选举权利，依据《社会团体登记管理条例》（以下简称《条例》）和《天津市××协会章程》（以下简称《章程》）制定本制度。

第二条　本会选举工作，接受天津市民政局监督。

第三条　本会理事、监事须经会员（代表）大会选举产生；会长、副会长、秘书长须依照本会《章程》的规定选举产生。

（注：协会理事人数达50名以上时，可从理事中选举产生常务理事，组成常务理事会。常务理事人数控制在理事总人数的三分之一以内。）

第四条　本会换届选举工作，由上一届理事会负责。新一届会长、副会长、秘书长、理事、监事候选人，由上一届理事会广泛征求各会员（单位）意见，在充分酝酿协商基础上，通过投票或举手表决方式产生。

第五条　本会换届选举，监票人由上一届监事担任，唱票人、计票人由上一届理事会提名，到会会员（代表）半数以上表决通过方可担任。正式候选人不得担任监票人、唱票人、计票人。

第六条　投票选举前，由上一届监事依据《条例》和本会《章程》规定，对会员（代表）进行资格确认和人数核实，核准大会有效性。选举理事会，应有三分之二以上会员（代表）参加方可进行；选举常务理事会，应有三分之二以上理事参加方可进行。

第七条 投票前，监票人应开箱示众后当众封箱。投票时，监票人、计票人、唱票人首先投票，然后监督其他代表依次投票。投票结束后，应当众开箱，并当场将投票人数和票数加以核对，做出记录。

（注：每次选举所投的票数，多于投票人数的视为无效；等于或者少于投票人数的方有效。每一选票所选的人数，多于规定应选人数的作废，等于或者少于规定应选人数的有效。选票无法辨认的，作废票处理，废票计入选票总数。）

第八条 计票结束后，监票人、计票人、唱票人应签字确认，并由监票人当场向大会宣布选举结果，并于会后报登记管理机关备案。选票当场封存，以备查验。

第九条 以威胁、贿赂、伪造选票等不正当手段当选的，一经查实，其当选视为无效。

第十条 本会理事、监事等候选人须获得到会会员（代表）半数以上同意，方能当选；常务理事候选人须获得到会理事会成员三分之二以上同意，方能当选。

第十一条 本会法定代表人由会长（副会长或秘书长）担任，并不得担任其他社会团体的法定代表人。

第十二条 副会长、秘书长、监事的变更和增补

本会副会长、秘书长、监事在任期内，因工作或个人原因不能继续担任该职务需作变更的，其变更结果应向全体会员公告，并及时填写《社会团体负责人备案表》或《社会团体监事备案表》，向登记管理机关备案；超过一年未提出变更申请的，视为自动放弃副会长、秘书长、监事资格。

（注：可参照以下两种方式产生新人选：1. 副会长、秘书长、监事单位选派其他相应人选继任，但应书面报告理事会批准；2. 按照协会《章程》相关规定，召开会议重新选举产生新的人选。）

本会副会长的增补参照第十二条进行，但总数原则上不得超过六人。本会届中，不受理监事的增补。

（注：异地商会的副会长总数不得超过常务理事会人数的三分之一，没有常务理事会的，可以参照理事会人数。）

第十三条 本会会长的变更

本会会长在任期内，因工作或个人原因不能继续担任该职务的，会长（单位）应在30天内书面报告理事会，并推荐其他相应人选作为会长继任

人选。理事会在收到会长（单位）报告后，应在30天内召开理事会讨论研究，并进行无记名投票选举。如无法推荐出新人选，协会须按照《章程》相关规定，召开会员（代表）大会选举产生新的会长。

新任会长选举产生后，本会应及时向登记管理机关报送变更法定代表人的相关材料，完成审批程序，并及时向全体会员进行公告。

第十四条 本会秘书处和会员有权对其他会员提出除名要求。除名要求写明除名理由，并由理事会审议表决。被提出除名的会员有权在理事会上提出申辩意见，也可以书面提出申辩意见。对会员的除名，须有半数以上理事通过方可除名。

第十五条 登记管理机关依据《条例》有关规定对严重违反法律、法规和国家政策、协会章程或严重失职的负责人，可以提出责令撤换直接负责人的罢免建议。理事会在接到登记管理机关提出的罢免建议后，应进行讨论并召开理事会对被提出罢免的负责人进行罢免动议。罢免建议须得到理事会的半数以上表决通过方为有效。

第十六条 本制度经×年×月×日会员（代表）大会审议通过后生效，由秘书处负责解释。

社会团体会员（代表）大会制度

第一条 为规范本会会员（代表）大会工作，根据《社会团体登记管理条例》和《天津市××协会章程》制定本制度。

第二条 本会由会员组成会员（代表）大会，会员（代表）大会是本会的最高权力机构，依照国家法律、法规和协会章程的规定行使职权。

（注：会员数量在100名以上时，可推选代表组成会员代表大会，会员代表由会员荐举，具体荐举方式由理事会研究后提交会员大会通过，并明确会员代表数和会员代表单位。会员数量在100个以上300个以下的，会员代表不得少于会员总数的1/2；会员数量在300个以上500个以下的，会员代表不得少于会员总数的1/3；会员数量在500个以上1000个以下的，会员代表不得少于会员总数的1/4；会员数量在1000个以上的，会员代表不得少于会员总数的1/5。会员代表届满后须重新推选。）

第三条 会员（代表）大会行使下列职权：

（一）决定协会在法律、法规规定范围内的业务范围和工作职能；

（二）决定协会会长、副会长、秘书长、理事、监事人选；

（三）审议理事会、监事会的年度工作报告、年度财务预决算方案；

（四）审议理事会吸收或除名会员的处理决定；

（五）对协会变更、解散和清算等事项做出决议；

（六）改变或者撤销理事会不适当的决定；

（七）制定或修改章程、组织机构的选举办法；

（八）决定协会其他重大事宜。

第四条 会员（代表）大会每届×年。因特殊情况需提前或延期换届的，须由理事会表决通过，报经登记管理机关批准同意，方可执行。延期换届最长不超过一年。

第五条 会员（代表）大会每年至少召开一次会议。理事会认为有必要或者三分之一以上的会员（代表）提议，可以召开临时会员（代表）大会。会员（代表）大会会议通知必须列出会议议题。

第六条 会员（代表）大会出席会员（代表）必须达到三分之二以上，方可召开；其决议须经到会会员（代表）半数以上通过方有效。凡是有选举事项的大会，会前监事必须对会员（代表）资格进行审核，确认选举的合法有效性。

第七条 会员（代表）大会应当对所议事项的决定制定会议纪要，并由监事签名确认。

第八条 本制度经×年×月×日会员（代表）大会审议通过后生效，由协会秘书处解释。

社会团体理事会制度

第一条 为规范本会理事会管理，依据《社会团体登记管理条例》和《天津市××协会章程》制定本制度。

第二条 本会设理事会，理事由会员（代表）大会选举产生，理事人数控制在会员（代表）人数的三分之一以内。理事可连选连任。

第三条 理事会为会员（代表）大会的执行机构，在会员（代表）大会闭会期间，依照会员（代表）大会的决议和协会章程的规定履行职责。

第四条 理事会的职权是：

（一）筹备和召集会员（代表）大会；

（二）执行会员（代表）大会的决议，并向会员（代表）大会报告工作；

（三）决定本会具体的工作业务；

（四）制定本会的年度财务预算方案、决算、变更、解散和清算等事项的方案；

（五）制定本会增加或者减少注册资金的方案；

（六）决定本会内部机构的设置，并领导本会内部各机构开展工作；

（七）决定新申请人的入会和对会员的处分；

（八）选举或罢免本会会长、副会长、秘书长及常务理事；决定本会分支机构主要负责人；决定其报酬事项；

（九）制定本会内部管理制度；

（十）审议通过本会专职工作人员聘用及工资福利待遇；

（十一）本会章程规定的其他事项。

第五条 理事会每年至少召开一次会议。理事会会议通知必须列出会议议题。理事会须有超过三分之二的理事出席、监事参加方能召开，其决议须经全体理事超过三分之二表决通过方能生效。理事会应当对决议形成会议纪要，并由监事签字确认，会后向全体会员公告，并存档备案。

第六条 理事会会议由会长召集和主持；会长因特殊原因不能履行职务时，由会长书面委托副会长或者秘书长召集和主持。三分之一以上理事可以提议召开临时理事会。

第七条 本制度经×年×月×日理事会审议通过后生效，由协会秘书处解释。

社会团体监事会（监事）制度

第一条 为规范本会监事会（或监事）管理，依据《社会团体登记管理条例》和《天津市××协会章程》制定本制度。

第二条 本会设立监事会（或监事×名），监事会（或监事）由会员（代表）大会选举产生。监事会（或监事）任期与理事会任期相同，最长任期不得超过两届。

（注：设立监事会的，须有3名以上监事组成，同时设监事长一名。）

第三条 监事会成员（或监事）在任期间原则上不得收取协会任何报酬。

第四条 会长、副会长、秘书长、理事不得兼任监事。

第五条 监事列席理事会、常务理事会，有权向理事会、常务理事会提出质询和建议，监事不参与表决。

第六条 监事应当遵守有关法律法规和本会章程，接受会员（代表）大会领导，切实履行职责。闭会期间，监督理事会、常务理事会和秘书处依照法规和章程运作，行使监督职责，核实参会会员、理事、常务理事资格和有效性，签名确认会员（代表）大会、理事会、常务理事会会议议题程序和表决的合法有效性。

第七条 监事会（或监事）行使下列职权：

（一）向会员（代表）大会报告监事年度工作。

（二）监督会员（代表）大会、理事会、常务理事会的选举、罢免；监督理事会、常务理事会履行会员（代表）大会的决议。

（三）检查本会财务和会计资料，向登记管理机关以及税收、会计主管部门反映情况。

（四）监督理事会、常务理事会遵守法律和章程的情况。当会长、副会长、秘书长、常务理事、理事等管理人员的行为损害本会利益时，要求其予以纠正，必要时向会员（代表）大会或登记管理机关报告。

第八条 召开监事会会议，应有2/3以上监事出席方能召开，其决议应由全体监事半数以上通过方能生效。监事会会议纪要，报本会理事会通过后，向全体会员公告。

第九条 本制度经×年×月×日会员（代表）大会审议通过后生效，由协会秘书处解释。

社会团体财务管理制度

一、总 则

第一条 为加强××协会的财务管理，保障本会活动正常进行，保证协会经费有效合理的使用，依据《社会团体登记管理条例》和《天津市××协会章程》等有关规定，制定本制度。

第二条 本会财务实行独立核算，财务机构和财务人员应遵守国家有关法律法规，严格按照《中华人民共和国会计法》、《民间非营利组织会计制度》、《会计基础工作规范》、《会计档案管理办法》等有关法律法规执行，并接受登记管理机关的监督检查及财务审计工作。

二、财务工作机构设置及岗位职责

第三条 本会财务机构设置及财务工作岗位职责

（一）本会法定代表人对本会财务会计工作负领导责任，并对会计资料的真实性、完整性负责。

（二）本会财务工作由会计、出纳工作人员组成，聘请具有专业资质的会计从业人员，负责核算管理本会的经费收入和支出。

（三）会计的主要工作职责是：

1. 按照国家会计制度的规定记账、报账，做到手续完备，数字准确，账目清楚，按期结算。

2. 按照协会会计核算原则，定期检查协会财务费用的执行情况，当好协会参谋。

3. 妥善保管会计凭证、会计账簿、会计报表和其他会计资料。

4. 完成协会会长或秘书长交付的其他工作。

（四）出纳的主要工作职责是：

1. 认真执行现金管理制度。

2. 严格执行库存现金限额，超过部分必须及时送存银行，不坐支现金，不认白条抵押现金。

3. 建立健全现金出纳各种账目，严格审核现金收付凭证。

4. 严格支票管理制度，编制支票使用手续，使用支票须经协会秘书长签字后方可生效。

5. 积极配合银行做好对账、报账工作。

6. 配合会计做好各种账务处理。

7. 完成会长或协会秘书长交付的其他工作。

（五）会计人员工作变动，须将本人所经管的会计资料编制移交清册，全部移交接替人员。会计人员办理交接手续须有财务负责人监交，交接双方和监交人须在移交清册上签名盖章。接替人员应当继续使用移交的会计账簿，不得自行另立新账，以保持会计记录的连续性。

三、财务工作管理

第四条 本会财务管理职责

（一）根据本会年度工作计划，由秘书处制定年度收支计划，报会长办公会议审议，提交理事会审定。

（二）财务工作人员办理会计事项必须填制或取得原始凭证，并根据审核的原始凭证编制记账凭证。会计、出纳员记账，都必须在记账凭证上签字。根据本会的收支情况，按月、季、年度编制财务报表。月财务报表分别报会长、秘书长；季度财务报表报理事会，年度财务报表报会员（代表）大会，接受会员的监督。财务工作人员发现账簿记录与实物、款项不符时，应及时向会长或秘书长书面报告，并请求查明原因，做出处理。

（三）负责固定资产增减变动的会计核算和监督以及固定资产的清查盘点工作，全面反映和监督固定资产的增、减值的变动及管理情况。

（四）负责应收款、应付款和现金银行存款的管理，以及日常经费报销工作，并及时做好清理拖欠账款工作，保证资金的完整、安全。

（五）负责保管会计档案以及固定资产等资料，以及电算化系统的使用。会计凭证、会计账簿、会计报表和其他会计资料，应当建立档案，妥善保管。实行会计电算化的，有关电子数据、会计软件资料等应当作为会计档案进行管理。

第五条 本会资金严格实行年度预算管理，资金支出必须经过审批。

（一）本会办事机构用款时，要事先提出申请，填写《用款审批单》，列明款项用途、金额、支出方式和收款单位等内容，由经办人、部门负责人签字，报法定代表人审签。

（二）大型活动和大宗固定资产购置用款，在提交《用款审批单》的同时，应提供理事会或常务理事会议决定、年度预算计划以及合同、协议、活动方案等相关材料。

（三）办理报销手续时，一切合法报销凭证必须由经办人、证明人签名，并注明原因及用途，经会计人员审核后报法定代表人审签。

（四）本会专职工作人员的工资及福利由社会团体理事会（常务理事会）确定，也可参照国家对事业单位的有关规定执行。

第六条 其中各项资金支出管理细则参照支票及现金管理。

四、支票管理

第七条 支票由出纳员或协会法定代表人指定专人保管。支票使用时须有“支票领用单”，经法定代表人批准签字，然后将支票按批准金额封头，加盖印章、填写日期、用途、登记号码，领用人在支票领用簿上签字备查。

第八条 支票付款后凭支票存根，发票由经手人签字、会计核对（购置物品由经办人员签字）、法定代表人审批。填写金额要准确无误，完成后交出纳人员。出纳员统一编制凭证号，按规定登记银行账号，原支票领用人在“支票领用单”及登记簿上注销。

第九条 凡5000元以上的款项进入银行账户，会计或出纳人员应及时报告会长。

第十条 协会财务人员支付每一笔款项，不论金额大小均须法定代表人签字。法定代表人外出应由财务人员设法通知，同意后可先付款后补签。

五、现金管理

第十一条 协会可以在下列范围内使用现金：

（一）协会工作人员工资、津贴、奖金；

（二）个人劳务报酬；

（三）出差人员必须携带的差旅费；

（四）结算起点以下的零星支出；

（五）会长批准的其他开支。

第十二条 除本规定第十条外，财务人员支付个人款项，超过使用现金限额的部分，应当以支票支付；确需全额支付现金的，经会计审核，法定代表人批准后支付现金。

第十三条 协会购买固定资产、办公用品采取转账结算方式，一般不使用现金。

第十四条 日常零星开支所需库存现金限额为3000元。超额部分应存入银行。

第十五条 财务人员支付现金，可以从协会库存现金限额中支付或从银行存款中提取，不得从现金收入中直接支付（即坐支）。因特殊情况确需坐支的，应事先报经法定代表人批准。

第十六条 财务人员从银行提取现金，应当填写《现金领用单》，并写明用途和金额，由法定代表人批准后提取。

第十七条 协会工作人员因工作需要借用现金，需填写《借款单》，经会计审核；交法定代表人批准签字后方可借用。

第十八条 符合本规定第十条的，凭发票、工资单、差旅费单及协会认可的有效报销或领款凭证，经手人签字，会计审核，法定代表人批准后由出纳支付现金。

第十九条 发票及报销单经会长批准后，由会计审核，经手人签字，金额数量无误，填制记账凭证。

第二十条 工资由财务人员依据会长核发工作人员工资表，交秘书长审核，法定代表人签字，财务人员按时提款，当月发放工资，填制记账凭证，进行账务处理。

第二十一条 差旅费及各种补助单（包括领款单），由秘书长签字，会计审核时间、天数无误并送法定代表人签字，填制凭证，交出纳员付款，办理会计核算手续。

第二十二条 无论何种汇款，财务人员都须审核《汇款通知单》，分别由经手人、法定代表人签字。会计审核有关凭证。

第二十三条 出纳人员应当建立健全现金账目，逐笔记载现金收、支。账目应当日清月结，每日结算，账款相符。

六、财产物资管理

第二十四条 制定必要的固定资产管理方法，严格执行固定资产的采购、验收、领发、保管、调拨、登记、检查和维修制度，做到账账相符、账实相符。

（一）购置固定资产和低值易耗品须遵照“先报批、后购买”的原则，凡购置固定资产，不足千元（含千元）的，由秘书长（或常务副秘书长）审批；不足万元的，由法定代表人签核；超过万元（含万元）的，须报理事会研究同意并由法定代表人审批。购置低值易耗品由秘书长（或常务副秘书长）审批。

（二）固定资产按政府有关部门的规定和财务要求，搞好折旧。低值易耗品一次性摊入管理成本，但须建立实物登记、发放账目。

（三）固定资产的报废按政府有关部门的规定要求，由办公会议讨论决定。正确处理好残值。

（四）固定资产登记后要有标贴。“谁使用，谁保管”。共同使用的要明确保管责任人。要搞好日常维护和管理，确保固定资产整洁、完好、性能安全良好。

（五）建立固定资产账目，定期检查，做到账物一致。

第二十五条 固定资产的标准参照国家有关规定。

七、会计档案管理

第二十六条 凡是本协会的会计凭证、会计账簿、会计报表、会计文件和其他有保存价值的资料，均应归档。

第二十七条 会计凭证应按月、按编号顺序每月装订成册，标明月份、季度、年起止、号数、单据张数，由会计及有关人员签名盖章（包括制单、审核、记账、主管），由法定代表人指定专人归档保存，归档前应加以装订。

第二十八条 会计报表应分月、季、年报，按时归档，由法定代表人指定专人保管，并分类填制目录。

第二十九条 会计档案不得携带外出，凡查阅、复制、摘录会计档案，须经法定代表人批准。

第三十条 本制度经×年×月×日理事会审议通过后生效，由理事会解释。

天津市社会团体印章、文件管理制度

第一条 为确保本会各项工作规范、高效、优质，依据《社会团体登记管理条例》和《天津市××协会章程》制定本制度。

第二条 秘书长是本会印章、文件管理的负责人，秘书处是印章、文件管理的责任部门，各部（室）依照本管理制度履行职责。

第三条 秘书处行文使用两个文号，即“津×协字”和“津×协秘字”。“津×协字”适用于以本会名义发出的文件，包括上行文、对会员单位等的正式文件，该文号须加盖本会印章。“津×协秘字”是以秘书处的名义发出的文件，主要是各部（室）具体业务工作文件和秘书处的内部事务管理文件等，该文号须加盖秘书处印章。

第四条 各类行文实行“谁起草谁校对”的原则。秘书处对文件负责审核，报会长或秘书长批示签发，并负责文件的文号编发、承印等工作。

第五条 以“津×协字”发出的各类文件需经本会法定代表人签发，以“津×协秘字”发出的各类文件需经本会秘书长签发。

第六条 行文执行登记制度，由秘书处专人负责。

第七条 各类文件行文需使用《天津市××××协会行文呈批表》。

第八条 各级单位的来文来函或网上下载的各类文件，由秘书处负责接收、登记、呈批和归档。

第九条 秘书处根据来文来函的保密等级填写《天津市××××协会文件传阅处理表》，报秘书长或本会其他负责人阅批。

第十条 每年本会或秘书处行文或收文应在当年底按时间顺序装订成册，标识后归档保存。

第十一条 本会的印章和业务专用章实行集中管理、按权限审批、留档和使用登记的管理制度。

第十二条 秘书处负责印章的刻制、保管和使用记录，并设专人负责此项工作。

第十三条 “天津市××××协会”、“天津市××××协会秘书处”

印章使用的审批权限由本会理事会审议核定。

第十四条 本会财务专用章由本会主管会计负责保管，按有关财务管理的规定使用印章。

第十五条 印章保管人员应当确保在受控的情况下使用印章，在获得秘书长的许可之后，方可将协会印章带离协会办公场所使用。

第十六条 本会授权委托书、法定代表人证明书、介绍信、证明书等，由专人保管，经本会法定代表人批准后开具，并留底备查。

第十七条 本制度经×年×月×日理事会审议通过后生效，由理事会解释。

天津市社会团体重大活动备案报告制度

第一条 为规范本会重大活动的管理工作，提高本会工作的透明度，维护会员的合法权益，依据《社会团体登记管理条例》、市民政局《关于社会团体重大活动事先报告制度有关问题的通知》（津社字〔2002〕16号）和《天津市××协会章程》（以下简称《章程》）制定本制度。

第二条 本制度所称重大活动备案报告是指将可能对本会业内产生重大影响的活动在规定的时间内，以备案的方式向登记管理机关报告的行为。

第三条 本会重大活动应当严格遵守国家法律法规和《章程》的有关规定，维护会员的合法权益，体现会员的意志，有利于促进行业的健康发展。同时，活动不能影响社会稳定、损害社会公众利益。

第四条 本会重大活动的内容：

（一）会员（代表）大会；

（二）重要的理事会、常务理事会；

（三）重大的庆典纪念活动；

（四）经登记管理机关批准的社会团体分支机构、代表机构的成立大会；

（五）涉及重大政治、经济、理论等方面的跨组织、跨地区的学术活动以及较大影响的社会活动；

（六）涉外（包括港、澳、台地区）活动，其中包括：

1. 吸收境外人士为个人会员或担任名誉职务的活动；

2. 与境外社团组织合作或联合举办的活动；

3. 接受境外社团组织或境外人士捐赠的活动；

4. 邀请境外社团组织或境外人士参加的活动；

5. 境外学习、考察活动等。

（七）大型的展览展销活动；

（八）开展评比、达标、表彰活动；

（九）接受境外五万元以上的捐赠或赞助；

（十）对本行业有重大影响的诉讼活动；

（十一）其他重大活动。

第五条　本会举行重大活动，应当填写由天津市民政局统一监制的《社会团体重大活动事先报告备案表》。备案表一式两份报送登记管理机关备案后，一份留存登记管理机关，一份由本会存档保存。

第六条　本会举行重大活动应在举办活动3日前向登记管理机关行政执法部门报告，并于活动结束后将重大活动的成效评估、社会影响、存在问题、下一步打算等综合情况，书面总结报送登记管理机关。

第七条　本会重大事项备案报告送达后，经受理机关审查，认为活动有违反法律、法规和政策或本会《章程》的，本会应立即停止活动，或进行纠偏后再开展活动。

第八条　本会秘书处应及时、完整保存重大活动备案报告资料，规范归档保管。

第九条　本制度经×年×月×日理事会审议通过后生效，由理事会解释。

天津市社会团体信息披露制度

第一条　为规范本会的信息披露工作，确保信息披露的真实、准确、完整、及时、公平，促进本会规范运作，维护会员的合法权益，依据《社会团体登记管理条例》和《天津市××协会章程》制定本制度。

第二条　本制度所称信息披露是指将可能对本会业内产生重大影响而会员尚未得知的信息，在规定的时间内，以规定的方式向会员或社会公布的行为。

第三条　本会信息披露的内容包括定期报告和临时报告。年度报告为定期报告，其他报告为临时报告。登记管理机关认为有必要披露的信息，也应当予以披露。临时报告内容包括以下几方面：

（一）会员（代表）大会、理事会或常务理事会的决议；

（二）对本会业内发展可能产生重大影响的信息；

（三）本会的财务情况；

（四）本会接受国家拨款或者社会捐赠、资助的资金使用情况；

（五）本会接受政府职能委托、授权、转移情况；

（六）本会开展评比、达标、表彰活动的情况；

（七）其他需要披露的信息。

第四条 信息披露是本会的持续责任，本会应该忠实诚信地履行信息披露的义务，真实、准确、完整、及时、公开地报送及披露信息，确保没有虚假、误导性陈述和重大遗漏。年度报告和登记管理机关指定信息的披露载体是公开的报刊或者天津社会组织网，其他信息披露可在本会内部刊物、网站等。

第五条 本会发现已披露的信息有错误、遗漏或误导时，应及时发布更正公告、补充公告或澄清失实公告。

第六条 本会理事会授权秘书处负责组织和协调本会信息披露事务。

第七条 信息披露前应严格履行下列程序：

（一）提供信息的部门负责人核对相关信息资料并签字确认；

（二）秘书长进行规范性审查并签字；

（三）协会法定代表人或其委托的代理人签发。

第八条 涉及行业和社会重大影响的重大事项的披露，须报请政府相关业务指导部门同意，经充分磋商统一口径后，方能公开发布披露。

第九条 未经理事会决议或法定代表人授权，理事不得以个人名义代表本会或理事会向公众发布、披露本会未经公开披露过的信息。

第十条 监事会及监事个人不得代表本会向会员（代表）大会和媒体发布和披露本会未经公开披露的信息。监事会或监事向会员（代表）大会或国家有关机关报告相关人员损害本会利益或违法、违规和违反本会章程的行为时，应及时通知理事会，并提供相关资料。

第十一条 本会年度工作报告、年度财务报告应当经理事会或常务理事会审议后，向会员公布，并报登记管理机关。

第十二条 本会应当及时将会员（代表）大会、理事会或常务理事会的决议通过本会的信息披露途径告知会员。

第十三条 本会应当随时关注本会业内的信息动态，对本会正常运作和会员业务发展可能产生重大影响的信息，及时告知会员。

第十四条 本会对外信息披露的文件（包括定期报告和临时报告）要建立专卷存档保管。会员（代表）大会文件、理事会文件、监事会或监事文件及信息披露文件要分类专卷存档保管。

第十五条 本会理事、监事及其他因工作关系接触到应披露信息的工作人员，对本会产生重大影响的未公开披露的信息负有保密的责任和义务，不得泄露未公开披露的有关信息。

第十六条 由于本会有关人员的失职给本会业内造成不良影响时，应对其给予惩戒。

第十七条 本制度经×年×月×日理事会审议通过后生效，由理事会解释。

天津市社会团体分支（代表）机构管理制度

第一条 为规范本会分支（代表）机构的管理，依据《社会团体登记管理条例》、《社会团体分支机构、代表机构登记办法》和《天津市××协会章程》制定本制度。

第二条 本会分支机构，是根据协会业内的发展和业务工作的需求，依据专业领域的划分或依会员组成的特点而设立的专门从事本会专项业务活动的机构。

分支机构名称为天津市××协会×××专业委员会，或天津市××协会××分会。

第三条 本会代表机构，是在本会住所地以外属于其活动区域内设置的代表本会开展活动、承办本会交办事项的机构。

代表机构名称为天津市××协会××代表处，或天津市××协会××办事处，或天津市××协会××代办处，或天津市××协会××联络处。

第四条 分支（代表）机构是本会的组成部分，不具有法人资格。分支（代表）机构在本会理事会（或常务理事会）的领导下开展工作。

第五条 分支（代表）机构不再另行制定章程，依据本协会章程及相关制度及规定制定分支（代表）机构工作条例，报理事会（或常务理事会）批准后执行。

第六条 分支（代表）机构在自身业务范围内开展工作；分支机构不得再设分支机构。

第七条 分支（代表）机构的设置、变更及注销须经理事会（或常务理事会）批准并形成决议后方可生效。分支（代表）机构连续两年不开展活动的，经理事会（或常务理事会）批准可予以调整或注销。分支（代表）机构的设置、变更及注销的相关工作由本会秘书处办理。

第八条 分支（代表）机构的成员为本会相关的会员，不再另收会费。分支（代表）机构设主任委员、副主任委员、工作人员。由本会秘书长在民主协商的基础上提出分支（代表）机构主要负责人的候选人，经理事会审议决定。分支（代表）机构的专职工作人员，由秘书长在民主协商的基础上提名，报会长审查决定。

第九条 分支（代表）机构开展活动应当使用全称。

第十条 本会不得向所属分支（代表）机构收取或变相收取管理费用。

第十一条 分支（代表）机构的印章须专人保管，使用印章要登记备案，经分支（代表）机构负责人审批。

第十二条 分支（代表）机构的年度工作计划及举办的各种活动报本会秘书处，经理事会审批后方可开展活动。

第十三条 以分支（代表）机构名义对外发布信息，需事先向本会请示，经理事会批准后实施。

第十四条 分支（代表）机构违反本规定擅自或违法开展活动的，本会除责令其改正外，视情节严重情况采取通报批评，责令限期整改，撤换主要负责人，还应主动向登记管理机关反映事实，接受登记管理机关的监督管理。

第十五条 本制度经×年×月×日理事会审议通过后生效，由理事会解释。

天津市社会团体法定代表人述职制度

第一条 为建立健全科学、有效的监督运行机制，调动法定代表人履行职责的积极性，依据《社会团体登记管理条例》和《天津市××协会章程》制定本制度。

第二条 本协会法定代表人任期内应每年在会员（代表）大会上述职一次。

第三条 法定代表人述职的主要内容：

（一）着重阐述个人履行职责以及完成工作计划（目标）的情况。

（二）带领理事会执行本会章程及各项管理制度的情况。

（三）工作思路及在工作中所起的作用和效果。

（四）存在的问题和经验教训，以及任期内的工作打算。

第四条 法定代表人的述职报告要形成书面材料，内容详实，注重实事求是。

第五条 法定代表人每次的述职报告要经会员（代表）大会审议通过，并在协会内部留档备案。

第六条 本制度经×年×月×日理事会审议通过后生效，由理事会解释。

山西省民政厅关于印发《山西省社区社会组织备案管理暂行办法》的通知

（晋民发〔2013〕41号　2013年6月24日）

第一条　为规范和保障社区社会组织的行为和合法权益，促进其健康发展，更好地服务经济和社会建设，根据《国务院关于加强和改进社区服务工作的意见》（国发〔2006〕14号），制定本办法。

第二条　本办法所称社区社会组织是指在城市街道、社区或农村乡镇、村设立的，以社区居民为主要成员，以社区居委（村委）会辖区为活动地域，由社区居民自发成立并自觉参与的，在社区范围内开展公益性、科技服务性、文体娱乐性和参与社区协同服务的，具有社会团体和民办非企业单位性质的非营利组织。

第三条　社区社会组织应当遵守法律、法规和国家政策，不得违反宪法的基本原则，不得危害国家安全、统一和民族团结，不得损害国家利益、社会公共利益以及其他组织和个人的合法权益，不得违背社会公德。

社区社会组织本着“自愿入会、自理会务、自筹经费”的原则办会。

第四条　社区社会组织的备案管理机关是所在地的街道办事处或乡镇人民政府，负责社区社会组织的成立、变更、注销等备案，并对社区社会组织备案证书进行年度检查。

社区社会组织的日常活动由所在地社区居（村）委会指导和监督；会员跨社区居（村）委的，其日常活动由所在地街道办事处或乡镇政府指导和监督。

县级民政部门负责本辖区内社区社会组织的综合协调、指导工作。

第五条　社区社会组织实行直接备案制，不设筹备期。

经备案的社区社会组织可以依法开展活动。

第六条　社区社会组织负责人应当具有完全民事行为能力，并对社区社会组织的行为承担相应的法律责任。

第七条　社区社会组织申请备案应具备下列条件：

（一）社区社会团体应有10人以上的会员，社区民办非企业单位应有与其活动相适应的从业人员；

（二）有负责人；

（三）有规范的名称和章程；

（四）有相对固定的活动场所。

第八条 社区社会组织名称应按行政区划名称+社区（村）名称+字号+业务范围+组织形式命名（如太原市万柏林区漪汾苑社区青年志愿者协会，太原市万柏林区漪汾苑社区愉悦文化服务中心等）。

第九条 社区社会组织应当按《社会团体登记管理条例》、《民办非企业单位登记管理暂行条例》等有关规定制定章程，章程应载明业务范围、会员加入和退出方式、会员权利和义务、组织机构及议事规则、财务管理、责任承担方式、章程修改程序、终止及剩余财产处理原则等内容。

第十条 社区社会组织备案事项包括：名称、负责人、业务范围、活动地域、住所等。

第十一条 申请备案的社区社会组织应当提供下列材料：

（一）有3名以上发起人签名的《×××社区社会组织申请备案登记表》；

（二）《×××社区社会组织负责人备案登记表》；

（三）社区社会团体会员花名册；

（四）社区社会组织章程；

（五）社区民办非企业单位场所使用权证明。

第十二条 社区社会组织按照下列程序备案：

（一）社区社会组织发起人向所在社区居（村）委会提出备案申请，并提交第十一条规定之材料一式四份；

（二）社区居（村）委会初审后，报街道办事处（或乡、镇人民政府）审查；

（三）街道办事处（乡、镇人民政府）审查同意后发给备案证书，并将有关材料1份报县级民政部门留存。

第十三条 拟设立的社区社会组织有下列情形之一，备案管理机关不予备案：

（一）宗旨、业务范围不符合本办法第二条规定的；

（二）在同一社区区域内已有名称相同的；

（三）申请过程中弄虚作假的；

（四）法律、法规禁止的其他情形。

第十四条 社区社会组织备案事项发生变更的，应当自变更之日起10日内填写《×××社区社会组织申请变更备案表》，并到备案管理机关办理变更手续。

第十五条 社区社会组织需要解散、终止的，应当自解散、终止之日起30日内由其负责人向备案管理机关提交注销申请，填写《×××社区社会组织申请注销备案表》，交回备案证书，办理注销手续。

社区社会组织依法接受资助所形成的财产，在注销时应在备案管理机关指导下，用于社区社会组织所在区域相关公共事业。

第十六条 社区社会组织有下列情形之一，备案管理机关应当责令改正，拒不改正的，撤销备案。

（一）从事非法活动情节较轻或者不按章程开展活动的；

（二）涂改、出租、出借备案证书的；

（三）不按照规定办理变更备案或证书失效不申请换证的；

（四）非法取得收入以及侵占、私分、挪用社区社会组织资产或者所接受的捐赠、资助情节较轻的。

第十七条 社区社会组织财产必须用于章程规定的业务活动。社区社会组织的合法财产受法律保护，任何人不得侵占、私分、挪用。

第十八条 社区社会组织应当在章程规定的业务范围内开展活动。

社区社会组织应当依照章程建立和完善负责人选举制度、内部组织制度、民主议事制度、民主监督制度。

第十九条 社区社会组织不得设立分支机构、代表机构。

第二十条 社区社会组织开展重大活动，应提前2日向备案管理机关报告。

社区社会组织应在本年度12月，将本年度工作总结和下一年度工作计划报备案管理机关。

第二十一条 备案管理机构应将本区域内社会组织情况统计表每季度报县级民政部门，再由县级民政部门汇总后上报市级民政部门。上报电子报表和纸质报表各一份，纸质报表需加盖公章。

第二十二条 社区社会组织的编号由区（县）第一个汉字+街道（乡、镇）第一个汉字+类别编号+四位流水编号构成。

社区社会组织类别编号为：社会团体编号1；民办非企业单位编号2。

第二十三条 街道办事处（乡、镇人民政府）和社区居（村）委会应在经费、办公、活动场所及设备等方面，为本社区社会组织提供扶持。

第二十四条 鼓励社区社会团体以资金、实物、技术、信息等形式投资兴办社区服务业。

第二十五条 社区社会组织备案、注销或者变更名称、住所、负责人，由备案管理机关在本社区内予以公告。

第二十六条 本办法自发布之日起施行。

吉林省民政厅关于印发《关于加强全省公益基金会资金使用管理的指导意见》的通知

（吉民发〔2013〕69 号　2013 年 10 月 21 日）

各市（州）民政局、财政局、审计局，长白山管委会社会管理办公室、财政局、审计局，各县（市、区）民政局、财政局、审计局，省本级各基金会：

按照省政府关于加强全省公益基金会资金使用管理的要求，为规范基金会资金使用管理，增加基金会资金使用透明度，促进基金会健康发展，根据《基金会管理条例》、《关于规范基金会行为的若干规定（试行）》等有关规定，结合我省基金会管理工作实际，省民政厅、省财政厅、省审计厅联合制定了《关于加强全省公益基金会资金使用管理的指导意见》。现印发给你们，请遵照执行。

吉林省民政厅　吉林省财政厅　吉林省审计厅

关于加强全省公益基金会资金使用管理的指导意见

为确保基金会履行公益宗旨，规范开展公益活动，加强基金会资金的使用管理，促进基金会健康发展，根据国务院《基金会管理条例》和民政部《关于规范基金会行为的若干规定（试行）》等有关法规和政策，制定本指导意见。

一、基金会资金是指由基金会占有、使用的，能以货币计量的各种经济资源的总称，主要包括流动资产、长期投资、固定资产和受托代理资产等。

二、基金会资金来源主要有组织募捐的收入（公募基金会）；自然人、法人或其他组织自愿捐赠；投资收益；财政拨款等其他合法收入。

三、基金会资金使用管理实行政府监管、社会监督、基金会具体运作的管理体制。

四、基金会应依法科学合理地开发利用社会慈善资源，积极、适时地组织募捐或接受捐赠。

五、基金会接受的公益捐赠必须依照有关法律法规的规定用于公益目的，不能在接受的公益捐赠中提取回扣返还捐赠人或帮助筹集捐赠的个人或组织。

六、基金会接受捐赠应当确保公益性，附加对捐赠人构成利益回报条件的赠与和不符合公益性目的的赠与，不应确认为公益捐赠，不得开具捐赠票据。

七、基金会接受捐赠，应当与捐赠人明确权利义务，并根据捐赠人的要求与其订立书面捐赠协议，在实际收到捐赠后据实开具捐赠票据。

八、基金会必须在《章程》规定的业务范围内使用资金、开展公益活动。基金会与捐赠人订立捐赠协议的，应当按照协议约定使用受赠财产，要独立建账，做到专款专用。如需改变用途，应当征得捐赠人同意且仍需用于公益事业；确实无法征求捐赠人意见的，应当按照基金会的宗旨用于与原公益目的相近似的目的。

九、公募基金会每年用于从事章程规定的公益事业支出，不得低于上一年总收入的70%；非公募基金会每年用于从事章程规定的公益事业支出，不得低于上一年基金余额的8%。基金会工作人员工资福利和行政办公支出应当符合《基金会管理条例》的要求，累计不得超过当年总支出的10%。

十、基金会用于公益事业的支出包括直接用于受助人的款物和为开展公益项目发生的直接运行费用。捐赠协议和募捐公告中约定可以从公益捐赠中列支项目直接运行费用的，按照约定列支；没有约定的，不得超出本基金会规定的标准支出。

十一、基金会应当对公益捐赠的使用情况进行全过程监督，确保受赠款物及时足额拨付和使用。基金会不得资助以营利为目的的活动。

十二、基金会资金使用在不影响正常业务活动的前提下，可以进行保值增值活动。在进行保值增值活动时，应当遵守以下规定：

（一）基金会进行保值增值应当遵守合法、安全、有效的原则。符合基金会的宗旨，维护基金会的信誉，遵守与捐赠人和受助人的约定，保证公益支出的实现；

（二）基金会可用于保值增值的资产限于非限定性资产、在保值增值期间暂不需要拨付的限定性资产；

（三）基金会进行委托投资，应当委托银行或者其他金融机构进行；

（四）投资风险由基金会自行承担责任。

十三、基金会要建立健全内部议事决策和资金募集、管理、使用制度。任何单位和个人不得挪用、截留、侵占和私分基金会资金。基金会不得向个人、企业直接提供与公益活动无关的借款。

十四、基金会理事会应至少每半年审查一次基金会资金运行情况，形成审查报告，及时报送登记管理机关。基金会公开举行的募捐、资助等重大活动应向登记管理机关及时报告。

十五、基金会必须按照《基金会信息公布办法》（民政部第 31 号令）的要求，通过公共媒体向社会公布有关信息，扩大信息公开透明度。

十六、基金会应主动接受登记管理机关、业务主管单位及相关部门的监督管理，并自觉接受社会的监督。各政府职能部门应各司其职，依法对基金会进行综合监管，规范基金会开展各项公益活动。税务部门应依法实施税务监督；审计部门应依法对基金会资金使用情况进行专项财务审计。各相关部门要密切配合、通力协作，形成协调高效的监管机制。

十七、基金会年度从事章程规定的公益事业支出、工作人员工资福利和行政办公支出未达到《基金会管理条例》第二十九条规定要求的，年度检查不合格，并由登记管理机关依法给予行政处罚。

十八、基金会在资金管理、使用过程中发生问题的，登记管理机关依法严肃处理。构成犯罪的，移交司法机关追究刑事责任。

十九、本意见适用于在我省民政部门登记注册的基金会和其他具有公益性捐赠税前扣除资格的社会团体。

吉林省民政厅 吉林省档案局关于印发《吉林省社会组织登记档案管理实施细则（暂行）》的通知

（吉民发〔2013〕53号 2013年6月8日）

各市（州）民政局、档案局，长白山管委会社会管理办公室，各县（市、区）民政局、档案局：

为加强我省社会组织登记档案的规范管理，充分发挥社会组织登记档案的作用，根据《中华人民共和国档案法》、《吉林省档案条例》、《社会组织登记档案管理办法》等有关法律、法规，结合我省社会组织登记档案管理工作实际，省民政厅、省档案局共同制定了《吉林省社会组织登记档案管理实施细则（暂行）》。现印发你们，请遵照执行。

吉林省民政厅 吉林省档案局

第一章 总 则

第一条 为加强全省社会组织登记档案的规范管理，充分发挥社会组织登记档案的作用，根据《中华人民共和国档案法》、《吉林省档案条例》、《社会组织登记档案管理办法》等有关规定，结合全省社会组织登记档案管理工作实际，制定本细则。

第二条 本细则所称社会组织登记档案，是指县级以上人民政府民政部门在依法为社会团体及其分支（代表）机构、基金会及其分支（代表）机构以及民办非企业单位办理申请筹备成立、成（设）立登记、变更登记、注销登记、备案、章程核准、年度检查和行政处罚等工作中形成的具有查考、利用价值的各种文件材料。

第三条 社会组织登记档案是民政档案的重要组成部分，受国家法律保护。社会组织登记档案工作由县级以上人民政府民政部门分级负责，在业务上接受同级档案行政管理部门和上级民政部门的监督和指导。

第四条 县级以上人民政府民政部门档案管理机构应当对社会组织登记档案实行集中统一管理，建立并完善社会组织登记档案的管理制度，确保社会组织登记档案的完整、准确、系统、安全和有效利用，并逐步实现社会组织登记档案的信息化管理和服务。

第五条 县级以上人民政府民政部门社会组织登记管理业务机构应配备专职（或兼职）档案管理人员，负责社会组织登记档案的归档和日常管理工作。

第二章 归 档

第六条 各级社会组织登记管理业务机构及业务管理人员负责社会组织登记档案文件材料的形成、积累、立卷和归档。各级社会组织登记管理业务机构应建立健全社会组织登记档案文件材料的各项归档制度，明确文件材料归档范围、归档时间、归档份数、归档要求和归档手续。

第七条 各级社会组织登记管理业务机构应当在行政许可、行政审批、行政处罚、监督管理等相关事项办理完毕后30个工作日内完成归档工作。档案管理机构（人员）在接收归档的文件材料时，必须认真核对清点，检查文件材料是否齐全、完整，符合规定要求的，予以接收，并办理交接手续。

第八条 社会组织登记档案分为社会团体类、基金会类、民办非企业单位类。

第九条 各类社会组织登记档案按照社会组织登记证号的顺序进行排列。

第十条 社会组织登记档案按照一个社会组织一档的原则，对每一个社会组织依申请成立、变更、注销、备案、年检和行政处罚等工作流程中形成的文字材料，以“卷”为单位进行组卷与装订，并按文件材料形成的时间顺序排列。

第十一条 社会组织登记档案文件材料应按排列顺序依次装入符合要求的无酸档案盒进行保管。

第三章 管 理

第十二条 各级民政部门档案管理机构应当建立社会组织名录等检索工具。

第十三条 各级民政部门档案管理机构应当配备计算机管理社会组织登记档案，实行社会组织登记纸质档案和电子档案的分别保管，提高档案利用效率，维护档案的完整与安全。

第十四条 各级民政部门社会组织登记管理业务机构使用计算机办理

社会组织登记、备案、年检等工作所形成的电子文件的归档，参照《电子文件归档与管理规范》（GB/T18894—2002）要求进行整理归档。

第十五条 社会组织登记档案保管期限定为永久。

第十六条 社会组织登记档案应当在社会组织注销之日起满10年后向同级国家综合档案馆移交。

第十七条 社会组织登记档案要有专门的地点存放，要配备必要的保管装具，并备有防火、防盗、防渍、防有害生物等安全设施，确保档案的安全保管。档案管理机构要定期检查档案的保管状况，发现问题及时解决。

第十八条 任何单位和个人不得在案卷上修改、涂抹、折取和标注，更不得损毁、擅自抄录。未经社会组织登记管理机关批准，不得复制、公布社会组织档案材料。

第四章 利 用

第十九条 各级民政部门档案管理机构要严格执行国家保密规定，建立社会组织档案借阅制度，为社会组织管理工作服务。

第二十条 社会组织登记档案的利用应当按照下列规定执行：

（一）社会组织登记档案的形成单位因工作需要，履行有关手续后可以利用本单位形成的社会组织登记档案；

（二）人民法院、人民检察院、公安机关、国家安全机关等部门因工作需要，持单位介绍信可以利用相关的社会组织登记档案；

（三）社会组织业务主管单位因工作需要，持单位介绍信可以利用其主管的社会组织的登记档案；

（四）社会组织因工作需要，持单位介绍信可以利用本组织的登记档案；

（五）律师根据案情的需要，自行调查取证的，凭律师执业证书和律师事务所证明，可以利用与承办法律事务有关的社会组织登记档案；当事人和除律师以外的其他诉讼代理人根据案情的需要，持受理案件的法院出具的证明材料及本人有效证件，可以利用与诉讼事务有关的社会组织登记档案；

（六）其他单位、组织凭单位介绍信，公民凭个人有效身份证明可以查询公开的社会组织的登记事项；

（七）对涉密档案的利用，应当遵守国家有关规定，并按保密程序审批；

（八）档案管理机构应当根据档案所记载的内容，为利用者出具社会组织登记证明。

第五章　附　则

第二十一条　本细则由吉林省民政厅和吉林省档案局负责解释。

第二十二条　本细则自发布之日起施行。原《吉林省社会团体登记档案管理暂行办法》同时废止。

黑龙江省民政厅关于黑龙江省异地商会登记管理的指导意见

黑民发〔2013〕39号

各市（地）民政局，省农垦总局、森工总局民政局，绥芬河市、抚远县民政局：

为创新社会组织登记管理工作，促进社会组织的繁荣与发展，更好地发挥异地商会在提供服务、反映诉求、规范行为和推进区域经济合作与交流中的积极作用，现根据民政部有关政策，结合我省实际，下放异地商会的审批权限到地市，并就规范我省异地商会登记管理工作提出如下意见：

一、规范异地商会的登记管理

异地商会是指由同一原籍地的自然人或法人在我省某行政区域（注册地）内注册兴办的企业，在注册地自愿发起组成的，以推动两地经济交流合作为宗旨，按照其章程开展活动的社会团体。

1. 成立异地商会应当坚持"一地一会"的原则。同一行政区域只能成立一个由同一原籍地外来投资企业组建的异地商会。外省（含自治区、直辖市，下同）工商业者在黑龙江省投资的企业，原则上应以省、设区市为范围发起组建异地商会。除异地省商会外，其他异地商会不再设立任何分支机构或代表机构。

2. 异地商会的管理由登记管理机关和业务主管单位按照职责分工负责。异地商会的登记管理机关为省、市（地）级民政部门，业务主管单位为省、地市级人民政府有关部门或者省、地市级人民政府授权的组织。县级民政部门不得批准成立异地商会。

3. 异地商会的名称由注册地行政区划名、原籍地行政区划专名、商会三部分构成。省级异地商会的名称规范为"黑龙江省某某（省名）商会"；地市级异地商会的名称规范为"某某市某某（外省地级以上市名）商会"。省级异地商会和地市级异地商会均属独立法人，相互间不具有隶属关系。

4. 在黑龙江成立的异地省商会〔即“黑龙江省某某（省名）商会”〕的审批权限在省民政厅，各地市民政部门不得审批成立异地省商会。

5. 申请成立异地商会，应当符合《社会团体登记管理条例》的规定，同时具备下列条件：

（1）由原籍地在登记行政区域内投资，具备一定规模、影响力、代表性和经营记录良好的企业发起，且会员企业 30 家以上，不得吸收个人会员；

（2）有规范的名称、相应的组织机构和章程；

（3）有合法的资产和经费来源，异地省商会注册资金不得少于 10 万元人民币；

（4）具有固定独立的办公场所，不得与国家机关、企事业单位、发起企业或负责人所在单位合署办公；

（5）有与业务活动相适应的 2 名以上专职工作人员，申请成立登记时提交专职工作人员简历。秘书长应为专职。现职国家公务员不得在异地商会中兼任职务；

（6）有独立承担民事责任的能力。

6. 有下列情形之一的，登记管理机关不予批准筹备：

（1）有根据证明申请筹备的异地商会的宗旨、业务范围不符合《社会团体登记管理条例》第四条及本指导意见前款规定的；

（2）在同一行政区域内已成立该省或该市异地商会，没有必要成立的；

（3）发起人、拟任负责人正在或者曾经受到剥夺政治权利的刑事处罚，或者不具有完全民事行为能力的；

（4）在申请筹备时弄虚作假，使用假材料、假证明欺骗登记管理机关的；

（5）有国家法律、法规禁止的其他情形的。

7. 异地商会有下列情形之一的，应当向登记管理机关申请注销登记：

（1）章程规定的解散事由出现的；

（2）会员大会或者会员代表大会决议解散的；

（3）因分立、合并需要解散的；

（4）因其他原因终止的。

异地商会在办理注销登记前，应当依照章程规定进行清算。自清算结束之日起 15 日内到登记管理机关办理注销登记。

二、加强异地商会监督管理

1. 各级登记管理机关应对异地商会发起单位的资质严格把关，确保异地商会发起单位在登记地具有较大规模、较高公信度和社会影响力。

2. 各级登记管理机关与业务主管单位应加强协调，密切合作，加强引导，强化监管，切实保障异地商会合法权益，促进其健康有序发展。

3. 各异地商会应根据实际情况制定会员入会条件和入会程序并写入章程。入会会员企业须持有黑龙江省工商行政管理部门核发的“法人营业执照”，且最近连续三年无不良经营记录，其法定代表人须为原籍地人士。

4. 商会应当按《民间非营利组织会计制度》的规定建立健全独立的财务管理和监督制度。根据章程规定和业务范围使用其财产，不得在会员中分配，不得挪作他用。异地商会每年应当由会计师事务所进行财务审计，审计结果应向全体会员公告，并于每年年检时向登记管理机关提交财务审计报告。

5. 异地商会应当于每年 3 月 31 日前向登记管理机关报送年检材料，接受登记管理机关的年度检查。

6. 异地商会的最高权力机构为会员（会员代表）大会。重大事项由最高权力机构讨论决定。商会会长、副会长、秘书长、理事、监事长、监事由会员（会员代表）大会无记名投票直接选举产生。理事会是会员（会员代表）大会的执行机构，向其负责，受其监督，执行其决议，履行章程规定的相应职能。理事会人数较多的，可设常务理事会。异地商会须设立监事会，向会员（会员代表）大会负责，理事不得兼任监事。异地商会秘书长实行选任或聘任制。会长为本商会的法定代表人，不得兼任其他社会团体的法定代表人。商会秘书长以上负责人（包括会长、副会长、秘书长）不得来自于同一单位。

7. 异地商会实行民主选举、民主决策、民主管理、民主监督的运作机制，以公平、公正、公开的原则协商处理内部事务。全体会员平等，充分享有选举权、参与权、知情权、建议权、监督权等各项权利，入会自愿，退会自由。

8. 异地商会应建立健全规章制度并认真执行，包括会员管理、会议管理、换届选举、会费和财务管理、公文档案管理、印章管理、信息公开、内部争端裁决等制度，确保各项事务处理有章可循，实现自我管理、自我服务、自我协调、自谋发展。

9. 异地商会应认真执行重大活动（事项）报告制度。异地商会召开成立大会、会员（会员代表）大会、理事会、年会或其他涉及领导机构及负责人的选举、法定代表人和秘书长以上负责人变更等会议；举办面向社会的展览会、交流会、博览会、研讨会和培训班等活动；承接大型项目以及参加国际会议、开展涉外（含港澳台地区）合作交流、接受培训、捐赠或资助等涉外活动情况应当将活动名称、预期目标、内容、规模、参与范围、时间、地点、经费来源等以书面形式报送业务主管单位和相关部门备案。

10. 异地商会应当发挥提供服务、反映诉求、规范行为的职能作用，根据需要可从事下列活动：

（1）协调在黑龙江企业与企业之间、企业与政府之间的关系，促进交流合作，发挥桥梁纽带作用；

（2）提供相关法律法规和政策咨询，编辑信息刊物，搜集市场信息，宣传两地投资环境，开展业务培训；

（3）开拓投资融资渠道，帮助企业增强发展能力；开展招商引资、经济考察、展览展销、经贸合作等商务服务，促进企业发展和两地经济发展；

（4）为会员企业排忧解难，依法维护会员合法权益，向政府反映会员的合理诉求；

（5）加强会员诚信自律建设，促进会员诚信经营，维护公平竞争和经济秩序；

（6）接受两地政府及其相关职能部门授权或者委托的其他事项。

11. 异地商会的机构、人事、资产、财务必须与国家机关、企业和事业单位分开。

12. 异地商会不得有下列行为：

（1）违反章程规定，擅自扩大会员范围，将不具备入会资格的企业或个人吸纳入会；

（2）违反法律、法规和章程的规定向会员收费或者摊派；

（3）未经政府依法授权或者委托而行使公共行政管理职能；

（4）利用商会开展不正当的经营活动，妨碍市场公平竞争，损害消费者合法权益或者社会公共利益；

（5）在商会内部拉帮结派，影响商会规范运作；

（6）违反规定发展地域性分会或滥设分支机构、办事机构；

（7）限制或排斥符合条件的企业自愿加入异地商会；

（8）异地商会间存在互相诋毁行为；

(9) 利用商会非法为个人牟利；

(10) 法律、法规禁止的其他行为。

对本指导意见下发前已经设立的异地商会要按文件的精神予以规范；对未经批准擅自开展筹备活动，或者未经登记擅自以异地商会名义开展活动，以及撤销登记后仍以异地商会名义开展活动的，登记管理机关要依法予以取缔。异地商会弄虚作假骗取登记的，由登记管理机关予以撤销；发现其他违法违规行为的，及时予以查处。

上海市民政局　上海市社会团体管理局　上海经济和信息化委员会　上海市征信管理办公室关于上海市社会组织信用信息记录、共享和使用管理暂行办法

（沪民办发〔2013〕19号　2013年9月30日）

各区（县）民政局、社团局，各有关单位：

根据《关于进一步加强上海市社会信用体系建设的意见》和《上海市社会信用体系建设2013—2015年行动计划》，市民政局、市社会团体管理局、市经济和信息化委员会、市征信管理办公室联合制定了《上海市社会组织信用信息记录、共享和使用管理暂行办法》、《上海社会组织失信行为记录标准（试行）》，现印发给你们，请遵照执行。

第一条（目的依据）

为了构建社会组织综合监管体系，推进社会组织自律与诚信建设，推动社会组织健康有序发展，依据《关于进一步加强上海市社会信用体系建设的意见》、《上海市社会信用体系建设2013—2015年行动计划》，制定本办法。

第二条（范围定义）

本办法所称社会组织信用信息，是指本市各级社会组织登记管理机关，在依法履职过程中生成和获取的与社会组织信用状况有关的记录，以及有关评价社会组织活动情况的各项信息。

本办法所称社会组织是指在本市各级社会组织登记管理机关依法登记的社会团体、民办非企业单位和基金会。

第三条（管理主体）

市社会组织登记管理机关负责全市社会组织信用信息记录、共享和使用的综合管理工作，负责建立社会组织信用信息管理系统。市、区两级社

会组织登记管理机关分别建立专门的社会组织信用信息档案库。

第四条（基本原则）

社会组织信用信息的记录、共享和使用应当合法、客观、公正、审慎，遵循以下原则：

（一）统一管理、分级负责，各司其职、协调配合；

（二）信用信息依法查询、部门共享、联合奖惩；

（三）信息记录完整、准确、真实、及时；

（四）秘密信息和隐私信息应予保护。

第五条（信息分类）

社会组织信用信息分为基本信息、失信信息、良好信息和其他信息。

第六条（基本信息）

社会组织基本信息是指在社会组织登记管理机关登记、备案的，反映社会组织基本情况的各项信息。主要记载：名称、住所（地址）、法定代表人、负责人、工作人员数、登记类型、注册资金、业务范围、组织机构代码证号、登记证号、分支代表机构情况等。

第七条（失信信息）

社会组织失信信息是指社会组织违反法律法规、章程及有关服务承诺等对社会组织信用状况产生负面影响的信息，分为严重失信信息和一般失信信息，具体见《上海社会组织失信行为记录标准》（附件，略）。社会组织失信信息应记载：名称、组织机构代码证号、登记证号、失信行为、处理情况、记录依据、记录机关、记录日期、记录人等。

对社会组织法定代表人、负责人在履职过程中发生的失信信息也应予以记录。应记载：姓名、身份证号、社会组织名称、担任职务、失信行为、处理情况、记录机关、记录日期、记录人等。

第八条（良好信息）

社会组织良好信息是指社会组织规范化建设评估等级、获得全国和市级各项荣誉以及其他认证和获奖等正面信息。良好信息应记载：社会组织名称、组织机构代码证号、登记证号、评估等级及有效期、获得荣誉名称、荣誉授予机构、荣誉授予日期及有效期、记录人等。

第九条（其他信息）

社会组织其他信息是指其他与社会组织信用有关的信息，主要记载社会组织年检结论等内容。

第十条（证明材料）

社会组织信用信息记录应有书面证明材料，包括：

（一）市级以上各类表彰奖励的证书或文件；

（二）已生效的判决书、行政处罚决定书、仲裁裁决书等法律文书；

（三）各级行政机关的通报文件；

（四）经媒体披露、投诉举报后，有关部门查实认定为失信行为的文书等；

（五）其他能够证明社会组织信用情况的书面材料。

第十一条（记录责任）

对应予记录的社会组织信用信息，社会组织登记管理机关应当在15个工作日内，记录到社会组织信用信息管理系统。修改已记录信用信息内容的，应由记录该信用信息的社会组织登记管理机关负责。

第十二条（信息共享）

社会组织信用信息记录统一归集到市法人信息库，并通过市法人信息库在有关部门间进行共享。

第十三条（信息查询）

社会组织信用信息通过市公共信用信息服务平台对外提供查询，具体查询主体及查询办法按本市有关规定执行。

社会组织的基本信息、良好信息和年检结论等通过上海社会组织网主动公开。

第十四条（有效期限）

社会组织失信信息有效期最长不超过信息产生之日起5年。对超过有效期限的社会组织失信信息，将不再提供查询、共享和使用，但失信信息记录将永久保存。

法律、法规、规章和上级文件对信息有效期有其他规定的，从其规定。

第十五条（异议处理）

社会组织对经市公共信用信息服务平台查询的自身信用信息有异议的，可以向市公共信用信息服务平台提出书面核实申请。核实处理程序从其规定。

第十六条（信用使用）

社会组织登记管理机关依据记录的社会组织信用信息，在有效期和职权范围内，对社会组织采取相应的奖励和处理措施。

对信用良好的社会组织，可采取如下激励措施：

（一）优先承接政府授权和委托事项；

（二）优先获得政府购买社会组织服务项目；

（三）优先获得资金资助和政策扶持；

（四）优先推荐获得各类表彰和奖励等。

对有失信行为记录的社会组织，根据有关规定，视其失信程度和后果等，可采取下列处理措施：

（一）在日常管理中列为重点监管对象，开展警示谈话，加大财务审计和行政检查的频次和力度；

（二）限制或取消其参加公益招投标和政府购买社会组织服务项目，承接政府授权或委托事项，获取专项资金资助和政策扶持等；

（三）取消其参加先进社会组织评选表彰和获得规范化建设评估 3A 及以上等级的资格；

（四）对其接受捐赠、开展对外交往、举办研讨会等重大事项进行严格监管；

社会组织登记管理机关协调配合相关部门，依据有关规定，在各自职权范围内，采取其他相应的奖励和处理措施。

第十七条（协调指导）

市信用管理部门会同社会组织登记管理机关，协调指导相关部门，共同做好社会组织信用信息的记录、共享和使用工作。

第十八条（施行日期及有效期）

本办法自 2014 年 1 月 1 日起施行，有效期至 2015 年 12 月 31 日。

江苏省人民政府办公厅印发关于推进政府购买公共服务工作指导意见的通知

（苏政办发〔2013〕175 号　2013 年 10 月 21 日）

各市、县（市、区）人民政府，省各委办厅局，省各直属单位：

《关于推进政府购买公共服务工作的指导意见》已经省人民政府同意，现印发给你们，请认真组织实施。

江苏省人民政府办公厅

关于推进政府购买公共服务工作的指导意见

为进一步深化行政管理体制改革，加快转变政府职能，完善公共财政体系，提高公共服务供给水平，根据《中华人民共和国政府采购法》《国家基本公共服务体系“十二五”规划》和《国务院办公厅关于政府向社会力量购买服务的指导意见》等法律规定和政策要求，现就推进我省政府购买公共服务工作提出如下指导意见。

一、总体要求

改革创新公共服务提供机制和方式，对于深化社会领域改革，推进政府职能转变，整合利用社会资源，增强公众参与意识，激发经济社会活力，增加公共服务供给，提高公共服务水平和效率，具有重要意义。通过推进政府购买公共服务改革，创新公共服务供给方式，探索公共服务市场化、多元化和社会化供给机制，不断提高公共服务的质量和效率，实现以下目标：

（一）深化管理改革。立足转变政府职能，完善财政管理体系，规范财政支付方式，科学确定公共服务购买资金管理流程，强化资金预算、计划、支付、评估管理，强化公共财政的调控作用。

（二）强化服务管理。采取政府购买服务等方式，调动社会组织参与公共事务和公共管理的积极性，建立健全公共服务市场诚信机制，形成多元参与、公平竞争的格局，提高公务服务领域的政府管理水平。

（三）界定拓展范围。围绕政府推进基本公共服务建设的中心任务，紧贴保障和改善民生的财政支出重点，合理界定并积极拓宽政府购买公共服务范围，扩大政府购买公共服务的规模。

（四）规范操作行为。加强政策指导，完善配套制度，加大监管力度，建立准入标准，完善购买流程，健全市场监管和退出等机制，促进政府购买公共服务活动依法操作，实现制度化和规范化。

（五）提高采购效益。科学履行政府在公共服务供给中的管理职能，调动社会力量在公共服务市场中的积极作用，提高社会力量承接公共服务的能力，提高财政资金和公共资源使用效益。

二、基本原则

（一）积极稳妥推进。适应经济社会发展需要、政府职能转变和财政管理要求，妥善处理与原有公共服务供给方式的衔接，有序调动社会力量，积极稳妥地推进政府购买公共服务工作。

（二）建立推动机制。健全法规制度，明确部门职责，完善工作机制，强化监管手段，形成符合实际、协调有力、规范高效的政府购买公共服务制度，推进政府购买公共服务工作健康发展。

（三）强化预算执行。强化公共服务购买资金源头管理，在既有财政预算安排中科学编制政府购买公共服务的资金预算，规范资金审核管理，确保资金使用安全规范、科学有效。

（四）注重绩效管理。加强政府购买公共服务的绩效管理，引入第三方评价机制，提高财政资金使用效率，降低购买成本，提高服务质量，提升政府购买公共服务的社会效益与经济效益。

（五）发挥市场作用。发挥政府购买公共服务的市场导向功能，推动政事分开、政社分开，凡是社会能办好的尽可能交给社会力量承担，加快完善政府主导、社会参与的公共服务供给模式。

三、主要内容

（一）实施范围

推进政府购买公共服务工作要突出公共性和公益性，重点在基本公共教育、劳动就业服务、社会保险、基本社会服务、基本医疗卫生、人口和计划生育、基本住房保障、公共文化体育、残疾人基本公共服务等领域，逐步加大向社会力量购买服务的力度。对由公共财政资金安排、政府部门组织实施、市场主体较为成熟的公益性社会公共服务和管理事项，如基本医疗保险服务和政府出资的商业保险、劳动就业咨询、职业技能教育和培训、基本养老服务、社会困难人员救助、城市规划设计、宣传会展服务、基础设施管护、环卫保洁、绿化养护、生态环境建设、账务管理和审计评估、公共文化体育、残疾人教育医疗和就业服务等适合社会力量承担的项目，优先列入政府购买范围。

（二）采购管理

购买公共服务项目凡是符合政府采购条件的，均应纳入政府采购的范畴，严格按照《中华人民共和国政府采购法》及相关法律法规组织采购。

1. 依法选择采购方式。政府采购公共服务应按照政府采购法的有关规定，采用公开招标、邀请招标、竞争性谈判、询价或者单一来源采购方式组织采购，按照公开、公平、公正的原则，通过竞争择优的方式选择承接主体。

2. 科学制定采购文件。充分发挥行业主管部门、行业协会和专家等专业优势，准确设置承接主体资格条件和准入门槛，结合项目特点制定科学的评审标准和方法，综合物价水平、工资水平、社会保障规定、费用成本和财政支付能力等因素编制合理的采购预算，既节约财政资金，又保证承接主体的合理利润，促进公共服务市场健康发展。

3. 周密组织采购活动。充分考虑公共服务项目服务对象广、影响范围大、履约周期长、标准要求高的特点，制定不同行业购买公共服务的实施办法和操作规程，通过适当划分采购批次或标段、合理确定合同期限等办法化解社会风险，维护公共服务的稳定与效率。

4. 加强合同履约管理。按照规定程序确定的公共服务购买合同，严禁转包行为。合同应明确购买服务的范围、数量、质量要求、服务期限、资金支付和购买主体、承接主体的其他权利义务。认真组织履约验收和动态考核，督促承接主体严格履行合同，将履约情况与其后续竞争挂钩，建立优胜劣汰的动态调整机制。

5. 健全监督管理制度。加强政府采购活动的全程监管，及时发现和查处违法行为，维护政府采购公共服务市场良好的竞争秩序。

（三）其他形式

结合不同公共服务项目的特点和要求，不宜实行政府采购的，积极探索定额补助、以奖代补等其他政府购买服务的形式。

四、相关措施

（一）认真组织实施

各地要高度重视推进政府购买公共服务工作，结合本地经济社会发展状况和人民群众的实际需求，研究建立当地政府购买公共服务的实施办法，推进政府购买公共服务的制度措施，并报上级财政部门，构建多层次、多方式的公共服务供给体系，强化政府公共服务职能，提高财政资金效益，有效动员社会力量，促进社会组织发展，为人民群众提供优质高效的公共服务。

（二）明确工作职责

各级政府要把推进政府购买公共服务列入重要议事日程，按照政府主导、部门负责、社会参与、共同监督的要求，加强各部门的协调沟通和分工配合，建立政府统一领导、财政部门牵头、职能部门履职、监督部门保障的工作机制。

1. 各级财政部门要履行监管职责，研究制定政府购买公共服务管理制度，加强政府购买公共服务资金和业务的监督管理，结合财政支出重点，会同有关部门研究制定购买公共服务的指导性目录，提出实行政府购买公共服务的具体项目种类、性质和内容，指导有关行业主管部门制定公共服务采购行业实施办法，加强对公共服务项目绩效评价的监督，监督各方当事人依法参与政府购买公共服务活动。

2. 购买主体是公共服务供给的直接责任人，要加强调查研究，制定本行业、本系统公共服务采购实施办法，提出具体公共服务项目采购需求、准入条件和评价标准，按规定公开购买服务的相关信息，有条件的可实行部门集中采购，对项目执行情况组织实施绩效评价，督促承接主体按照合同规定提供服务，对承接主体提供的服务实施全程跟踪监管、履约检查和考核验收。

3. 政府采购集中采购机构或专业社会代理机构，接受购买主体的委托实施公共服务采购项目、提供专业服务，会同购买主体制定采购文件、组织签订采购合同，协助开展履约验收，做好承接主体诚信管理。

4. 各级审计、监察部门要履行监督职能，将购买公共服务资金使用情况列入审计范围，对政府采购活动依法实施行政监察，及时发现和查处违规违纪问题。民政、工商管理以及行业主管部门，要按照职能分工将承担政府购买服务行为纳入年检、评估、执法等监管体系。

5. 承接主体应当具有独立承担民事责任的能力，具备提供服务所必需的各项条件。要主动适应公共服务采购需求，不断增强承接公共服务项目的能力，积极参与公共服务采购项目竞争，依法履行采购合同义务，提高服务质量和效率。要健全财务报告制度，接受财务审计和社会监督。

省财政厅应会同有关部门加强对全省推进政府购买公共服务工作的指导和考核监督，总结推广成功经验，不断完善政策措施，加强法规制度建设，推动全省政府购买公共服务工作健康有序发展。

江苏省民政厅关于对四类社会组织试行直接登记的通知

（苏社管〔2013〕62 号　2013 年 5 月 28 日）

各设区市民政局，昆山市、泰兴市、沭阳县民政局：

为认真贯彻落实党的十八大精神，积极推进社会组织管理体制改革，引导社会组织健康有序发展，根据民政部工作部署，结合我省社会组织管理工作实际，现就我省四类社会组织试行直接登记的有关事项通知如下：

一、总体目标

以邓小平理论、“三个代表”重要思想、科学发展观为指导，认真贯彻落实党中央、国务院和省委省政府关于社会组织管理体制改革的部署，推进我省社会组织建设制度创新，加大社会组织培育发展力度，对部分类型社会组织试行直接登记，引导社会组织健康有序发展，为促进我省经济社会发展发挥积极作用。

二、试行范围

国家法律法规规定由民政部门注册登记的下述四类社会组织，民政部门可按照本通知要求试行直接登记。

（一）行业协会商会。由同业经济组织和个人自愿组成，以规范市场秩序，促进行业公平竞争和健康有序发展为宗旨，实行行业服务和自律管理的非营利性社会团体。

（二）科技类社会团体。不以营利为目的，专门从事科学研究、技术开发、科技咨询与服务、科学技术知识传播和普及等业务的社会团体。

（三）公益慈善类社会组织。以扶老、助残、救孤、济困、赈灾为目的，从事帮助困难群体改善生活和健康状况、帮助残疾人等特殊群体实现基本的生存和发展权利、支持经济薄弱地区发展教育、文化、卫生等社会事业、从事减轻突发事件造成的损失和影响等公益慈善活动的社会组织。

（四）城乡社区服务类社会组织。为社区困难群体提供社会救助、社会福利和优抚保障，为社区群众提供便民、利民等公益服务的社区社会组织。

直接登记试点工作开展前已注册登记的上述四类社会组织，在国家有关社会组织法律法规修订出台前，其管理模式不作调整。

三、登记流程

（一）材料受理。属于直接登记范围的社会组织，应按照法律法规的要求，向民政部门提交有关申请材料。如申请登记的社会组织业务范围涉及相关部门的，民政部门应充分听取有关方面的意见，并将意见作为登记审批的重要依据。申请登记的社会组织要主动接受相关部门的业务指导。

（二）登记批准。民政部门根据有关规定对申报登记材料进行审议，对其真实性、合法性、有效性进行确认，依法作出准予登记或不予登记的决定。

（三）前置审批。依据法律法规规定，有关社会组织成立需前置行政审批的，须提交有关部门或者法定授权的组织批准核发的许可文件。

四、登记管理

直接登记的社会组织，由民政部门履行登记管理机关和业务主管单位职责，主要包括：

（一）负责直接登记的社会组织及其分支（代表）机构设立、变更、注销的审查和登记；

（二）对直接登记的社会组织实施年度检查；

（三）负责直接登记的社会组织及其分支（代表）机构依照宪法、法律、法规和国家政策及其章程开展活动情况的业务指导和日常监督管理；

（四）联合相关部门依法查处社会组织及其分支（代表）机构的违法行为；

（五）指导直接登记的社会组织开展非营利组织免税、公益性捐赠税前扣除等资格认定工作，协调沟通相关部门，保障其依法享受税收优惠；

（六）指导直接登记的社会组织开展等级评估和信息公开工作；

（七）法律法规规定的其他职责。

五、工作要求

（一）加强组织领导。社会组织直接登记工作是社会组织管理体制改革的重要举措。各级民政部门要高度重视，切实加强领导、充实机构、加强力量、精心部署，确保各项工作落到实处。各地可结合实际，选择条件成熟的部分县（市、区）先行试点，认真总结经验，稳妥推进直接登记工作的开展。

（二）加强沟通协调。民政部门试行直接登记，要主动征求相关部门的意见建议，认真做好沟通协调工作。要积极探索研究社会组织业务主管单位向业务指导单位转变，加强行业指导，形成相关部门各司其职、齐抓共管的综合监管体系，为社会组织发展和规范管理提供法治保障。

（三）加大政策扶持。要结合本地区实际，制定行业协会商会类、科技类、公益慈善类、城乡社区服务类社会组织发展规划和扶持措施。通过财政资助、购买服务、设立专项资金、加强人才培养等方式，引进竞争机制，鼓励探索行业协会一业多会，支持其参与社会管理和社会服务，促进其健康有序发展。

（四）及时总结经验。要认真总结四类社会组织直接登记的做法和经验，分析存在的困难和问题，研究解决问题的对策，为深化社会组织管理体制改革，推动政府职能转变奠定良好基础。各地试点工作中的好做法、好经验以及发现的问题请及时整理上报。

江苏省民政厅关于下放基金会登记管理权限的通知

（苏社管〔2013〕190 号　2013 年 12 月 16 日）

各设区市民政局，县（市、区）民政局：

为贯彻落实党的十八大和十八届三中全会精神，深化社会组织登记管理制度改革，激发社会组织活力，促进公益慈善事业发展，经民政部同意，决定自 2014 年 1 月 1 日起，将基金会登记审批权限下放给各设区市、县（市、区）民政局。现就有关事项通知如下：

一、各级民政部门应分级做好本辖区基金会的登记管理工作。登记的基金会应当冠以所在地市级或县级行政区划名称；冠以市辖区名称的，应当同时冠以市的名称。

二、各级民政部门在履行登记审批职责时，须严格按照相关法律法规要求审批。行政机关（国家机关和具有行政职能的事业单位）工作人员一律不得兼任基金会负责人。基金会应设独立办公场所，不得与行政机关合署办公。基金会必须设立独立账户，不得与行政机关会计合账或实行财务集中管理。

三、各级民政部门登记的基金会必须按照民政部的统一部署，通过民政部网上年检系统开展年度检查工作。

四、各级民政部门要切实加强组织领导，充实人员力量，认真履行职责，按季度向省民政厅报送基金会的基本登记信息。

江苏省民政厅　江苏省体育局关于培育发展基层体育社会组织的指导意见

（苏体办〔2013〕67 号　2013 年 6 月 28 日）

为认真贯彻党的十八大精神，积极落实国务院《全民健身条例》和《全民健身计划（2011—2015 年）》和《中共江苏省委、江苏省人民政府关于进一步加强新时期民政工作的意见》（苏发〔2012〕14 号），充分发挥基层体育社会组织在社会建设中的积极作用，努力构建普惠均等、覆盖城乡的全民健身公共服务体系，现就培育发展基层体育社会组织提出如下指导意见。

一、重要意义

城乡基层体育社会组织是指在县级民政部门登记或备案，以街道、乡镇或城乡社区为主要活动区域，满足城乡社区居民体育需求、服务基层全民健身的各类体育社会组织。加强基层体育社会组织建设，是贯彻落实国务院《全民健身条例》、《全民健身计划》和《江苏省全民健身实施计划》，构建“覆盖城乡比较健全的全民健身公共服务体系”的迫切需要；是服务基层体育事业发展，有组织地开展全民健身活动，不断满足广大群众日益增长的体育健身需求的重要保证；是创新社会管理、运用社会力量弥补基层公共体育服务力量不足、提升基层公共体育服务能力和服务水平的重要举措，对于提高全省人民健康素质，建设体育强省和体育现代化，具有重要意义和深远影响。各地必须高度重视基层体育社会组织培育发展工作，鼓励引导其参与社会管理，提供公共体育服务，为构建和谐社会、建设美好江苏作贡献。

二、发展目标

按照培育、发展、规范、提高的工作目标，以群众需求为导向，积极指导各乡镇、街道以及城乡社区结合实际，以登记或备案的形式，积极成立群众广泛参与的体育社会组织，到 2015 年，全省每个乡镇、街道都建有体育总会和老年人体育协会、社会体育指导员协会、2个以上的单项体育协会，以及其他受基层欢迎的体育社会组织；鼓励各系统、各行业积极发展体育社会组织；每个城乡社区都有2个以上体育社会组织，基本形成组织健全、服务完善、运作规范、作用明显的城乡基层体育社会组织管理体系和运行机制，进一步提高城乡公共体育服务水平。

三、基本原则

对基层体育社会组织实行分类指导，重点培育，坚持引导扶持、依法自治和有序发展原则。将城乡基层体育社会组织纳入登记和备案管理范围，放宽条件，降低门槛，进一步简化基层体育社会组织登记程序；遵循社会组织发展的特点和规律，尊重参与者意愿，按照“自我发起、自我管理、自我发展、自我服务”的要求，引导城乡基层体育社会组织健康发展。

四、登记办法

各地民政部门要会同体育部门，结合实际，依照《社会团体登记管理条例》，确定基层体育社会组织登记、备案条件，简化程序，降低门槛。

（一）登记备案方式

城乡基层体育社会组织可根据实际情况，依法在民政部门登记或备案。

（二）登记备案程序

1. 具备注册登记条件的城乡基层体育社会组织。可在县（市、区）体育局（文体局、教体局）指导下，按相关程序直接报县（市、区）民政局注册登记。

2. 申请备案的城乡基层体育社会组织。对于尚未达到注册登记条件，在乡镇、街道范围内活动的体育社会组织，可按照有关规定办理备案手续。

经备案的基层体育社会组织待发展完善符合登记条件后，再向县（市、区）民政局正式申请注册登记。

五、监督管理

（一）明确管理职责。县（市、区）民政部门是城乡基层体育社会组织的登记管理机关，负责社会组织的登记、年检及日常管理；乡镇政府（街道办事处）、村（居）委会是备案登记的乡镇、街道及城乡社区、行政村体育社会组织的业务指导单位，负责业务指导和监督管理；县（市、区）体育局（文体局、教体局）对城乡基层体育社会组织具有业务指导和监督管理职能。

（二）完善内部治理。要按照国家及江苏省社会组织改革发展的政策要求，以规范化、社会化、实体化为目标，切实加强体育社会组织的自身建设，引导基层城乡体育社会组织完善权责明确、运转协调、监督有效的治理结构。坚持非营利性原则，确保依照宗旨、在核准的业务范围内开展活动，确保其活动的合法性和规范性。健全基层社会组织诚信服务和信息披露机制，主动公开服务项目、收费标准、制度建设、财务信息、活动信息、党务信息等各类信息，自觉接受乡镇、街道党委政府、居委会（村委会）和基层群众监督。

六、发展措施

（一）制订分类发展计划。各县（市、区）根据实际情况对本地区体育社会组织发展情况进行摸底调查，制订分类培育发展计划，按照因地制宜的原则，重点发展符合本地区群众多层次需求的基层体育社会组织。

（二）健全保障机制。积极培养和引进人才，建立健全基层体育社会组织专职工作人员劳动人事管理制度、聘用人员劳动合同和社会保障机制。在基层体育社会组织中形成“专职社工＋专业社会组织”、“专职社工＋义工志愿者”的工作模式，进一步丰富“三社联动”工作机制的内涵。加大基层体育社会组织宣传力度，积极培育和树立典型，充分发挥优秀基层体育社会组织的示范引领作用，营造争当服务先锋的良好氛围。对于基层群众普遍欢迎、公信力较高、影响力较大的体育社会组织要大力宣传，采取有效表彰奖励措施，在购买服务或职能转移中予以优先考虑。

（三）支持开展体育服务活动。各级体育部门主动加强与财政部门的沟通，积极争取财政专项资金或体育彩票公益金，支持培育发展城乡基层体育社会组织，指导已成立的体育社会组织，依托自身特点和资源优势，积极参与公共体育服务，广泛开展就地就近、小型多样、喜闻乐见的全民健身活动。

（四）落实税收优惠政策。规范开展基层体育社会组织免税、公益性捐赠税前扣除资格认定等工作，保障依法享受税收优惠待遇。

（五）推动公共体育服务职能转移。推动有条件的乡镇、街道、社区、行政村制定公共体育服务职能转移方案和政府购买服务措施，逐步实现行政职能和社会力量的有效结合与良性互动，不断满足群众日益增长的体育健身需求，提高人民健康水平和百姓幸福指数。

浙江省民政厅关于下放非公募基金会登记管理权限的通知

（浙民民〔2013〕151 号　2013 年 6 月 18 日）

各市民政局，义乌市民政局：

为贯彻落实国务院关于改革社会组织管理制度的精神，促进公益慈善事业发展，经民政部同意，决定从 2013 年 7 月 1 日开始，向各设区市民政局和义乌市民政局下放由内地居民担任法定代表人的非公募基金会登记管理权限。现就有关事项通知如下：

一、各设区市民政局和义乌市民政局登记设立的非公募基金会应当冠以所在地市级或县级行政区划名称；冠以市辖区名称的，应当同时冠以市的名称。

二、各设区市民政局和义乌市民政局可承担业务涉及民政领域的非公募基金会的业务主管单位的职责。对不涉及民政领域的非公募基金会，可由设区市政府和义乌市政府相关部门经请示省政府业务对口部门同意委托后，承担业务主管单位的职责。

各设区市民政局和义乌市民政局要切实加强组织领导，充实人员力量，认真履行职责，依法做好非公募基金会登记管理工作，并及时向我厅报告相关工作情况。《浙江省民政厅关于向温州市民政局下放非公募基金会登记管理权限的通知》（浙民民〔2012〕227 号）于 2013 年 7 月 1 日起不再执行。

浙江省民政厅关于开展四类社会组织直接登记工作的通知

（浙民函〔2013〕158 号　2013 年 9 月 18 日）

各市、县（市、区）人民政府，省政府直属各单位：

根据《国务院办公厅关于实施〈国务院机构改革和职能转变方案〉任务分工的通知》（国办发〔2013〕22 号）和《浙江省人民政府办公厅关于印发 2013 年浙江省体制改革要点的通知》（浙政办发〔2013〕84 号）要求，经省政府同意，决定于 2013 年 9 月 18 日起，在全省范围内开展行业协会商会类、科技类、公益慈善类、城乡社区服务类等四类社会组织直接向民政部门依法申请登记工作。现将有关事项通知如下：

一、直接登记的社会组织范围

（一）行业协会商会类。主要是指同一行业经济组织及其相关单位为维护和增进全体会员共同的合法利益而自愿组成的行业性社会团体，不含异地商会。

（二）科技类。主要是指专门从事科学研究与技术开发、科技咨询与服务、科技成果评估、科学技术知识交流与普及等业务的社会组织。

（三）公益慈善类。主要是指从事扶贫济困、救孤助残、助老扶弱、赈灾救援、助医助教、环境保护等公益服务活动的社会组织。

（四）城乡社区服务类。主要是指为城乡社区居民提供公益服务、慈善救助、文化娱乐、社区协同管理等服务的基层社会组织。

二、直接登记的程序和提交的材料

（一）名称预登记。社会组织申请直接登记，均应办理名称预登记。举办者须提交《浙江省直接登记社会组织名称预登记申请表》，并附成立组织的可行性报告、举办者简介和身份证明等相关资料。登记管理机关应做好名称预登记的审查工作，对符合直接登记类别范围和名称管理等有关规定的，及时核发名称预登记通知书。社会组织举办者可凭通知书办理银行开户和验资手续。

（二）成立登记。社会组织申请成立登记，所需材料仍按《社会团体登记管理条例》、《基金会管理条例》、《民办非企业单位登记管理暂行条例》等规定提交。各项材料均由登记管理机关直接审查，不再需要业务主管单位（部门）的审查同意。社会团体成立，仍按筹备和登记两个阶段办理。

（三）核发证书。经审查符合条件的社会组织，登记管理机关应当及时制发准予成立的许可文书和登记证书。许可文书由登记管理机关统一抄送职能相关的业务主管单位（部门）。登记证书仍应使用由民政部制订的标准式样，业务主管单位一栏标注“直接登记”字样。

社会组织经核准登记后，应当及时将有关情况报告职能相关的业务主管单位（部门），建立联系，接受指导，争取支持和帮助。

三、工作要求

（一）加强组织领导。开展社会组织直接登记工作，是转变政府职能，健全社会组织管理制度的重要举措。各地、各有关部门要提高思想认识，加强组织领导，调配力量，制订方案，扎实推进。

（二）做好服务管理。直接登记主要是简化注册登记环节的前置审批，不涉及后续服务管理过程中部门职责分工的调整。各地、各有关部门要密切配合，加强协作，按职能分工做好社会组织的服务管理工作。

（三）做好工作衔接。直接登记的社会组织，其变更登记、注销登记等涉及社会组织主体资格的行政审批行为均按直接登记的要求办理。此前已登记的社会组织，其后续的服务管理仍按原办法执行。温州市的社会组织直接登记工作，按照民政部和省政府《共建温州市民政综合改革试验区合作协议》及相关要求执行。对直接登记工作中出现的问题，各地应及时向我厅反映。

浙江省民政厅、发展与改革委员会关于加强社会组织信用体系建设的通知

（浙民民〔2013〕226号　2013年9月20日）

各市、县（市、区）民政局、发改委（局）：

为切实加强社会组织信用体系建设，进一步推进社会组织评估工作，推动社会组织健康有序发展，根据民政部《社会组织评估管理办法》（第39号令）、省发改委《关于印发浙江省社会信用体系建设“十二五”规划的通知》（浙发改规划〔2012〕529号）、省民政厅《关于印发全省性社会组织评估实施办法的通知》（浙民民〔2009〕183号）等文件要求，现就有关事项通知如下：

一、充分认识社会组织信用体系建设的重要意义

党的十八大对推进社会体制改革、加快形成现代社会组织体制提出了明确要求，社会组织作为社会建设的重要主体，在经济社会发展中发挥着不可替代的作用。社会组织等级评估是社会组织综合监管机制的重要组成部分，进一步加强社会组织评估工作，对加强社会组织管理、提升社会组织能力、加快形成政社分开、权责明确、依法自治的现代社会组织体制具有重要意义。

社会组织等级评估是社会组织信用体系建设的重要内容。加强社会组织信用体系建设，不仅是提升社会组织透明度和公信力、促进社会组织持续健康发展的迫切需要，也是进一步加强社会信用体系建设的内在要求，更是促进政府、企业和社会组织互动合作、优化社会结构的重要举措。各地要从事关政治、经济、社会发展全局的高度，充分认识做好新形势下社会组织信用体系建设的重要意义。进一步加大工作力度，创新工作思路，改革工作举措，建立科学、高效的评估机制，健全公开、透明的信用环境，有效开展社会组织信用体系建设，引导社会组织健康有序发展。

二、积极推进社会组织信用信息平台建设

（一）建立全省社会组织信用信息平台

在省公共信用信息平台的架构内建立统一的全省社会组织信用平台，作为“信用浙江”网的“政府、企业、自然人、事业单位和社会组织五位一体”公共信用信息平台之一。省发改委与省民政厅共同制定社会组织信用信息收集、整理、入库和发布机制，研究完善数据信息全面性、准确性、安全性的具体措施。将于年底前初步构建全省社会组织信用信息平台。

（二）归集完善社会组织的信用信息

省发改委根据社会组织信用信息数据库需要，制定统一的信息标准和技术规范、数据比对方式、数据入库方式、数据报送形式，确保数据的准确性、及时性和权威性。省民政厅将现有的社会组织基本信息、监管信息、评估信息等，按照统一格式和标准，集中汇集到省公共信用信息平台。根据完善数据库信用信息的要求，与社会组织联系密切的业务部门，积极主动做好信用信息的收集与报送工作。社会组织信用信息的归集工作，于2013年10月份启动，12月中旬完成现有信息的归集并制定信息更新的措施。

（三）推进社会组织信用信息公开共享

本着“互联共享、方便查询、全面公布、积极应用”的要求，推进社会组织信用信息平台应用工作。坚持边建设、边公布，建立政府部门、金融机构、社会组织与信用平台之间互联互通、联建共享机制，提高应用的全面性和广泛性。社会组织信用评估报告经主管部门审核后，及时在“信用浙江”网上公示。做好快捷、方便的查询工作，提高社会组织信用信息使用的准确性、及时性和便捷性。

三、切实加强社会组织评估及成果应用

（一）加大社会组织评估工作力度

各级民政部门要进一步加强对社会组织评估工作的指导和监督，各相关业务主管部门要积极配合、协调推动社会组织积极参与评估，逐步建立民政牵头、部门协同、社会参与、专业指导的评估工作机制。争取明年全省社会组织总体参评率达到40%以上，其中基金会达到60%以上，民办非企业单位及行业协会类社会团体达到50%以上；到2015年，全省社会组

织总体参评率达到60%以上，其中基金会达到100%，民办非企业单位及行业协会类社会团体达到70%以上。

（二）完善社会组织评估工作方法

各地要研究制定科学合理、公平公正的评估办法和评估指标体系，建立评估专业委员会和复核委员会，组织专业人员或委托第三方专业机构进行评估。各地可将社会组织评估工作纳入年度检查，作为年检的重要内容。各市、县（市、区）获得5A等级的社会组织要报省级社会组织登记管理机关复评，各县（市、区）获得4A等级的社会组织要报设区市社会组织登记管理机关复评。

（三）加强社会组织信用成果应用

各地要加大对社会组织信用成果的应用，在政府职能转移、项目招投标、委托代理、社会服务、评比表彰等方面，积极查询社会组织的信用记录，建立社会组织评估等级准入制度，对获得较高等级的社会组织给予相应优惠待遇。

1. 优先资金扶持。省级财政资金和福利彩票公益金优先对等级评估在3A级以上的社会组织承接公益项目予以资助。各级各部门要根据实际，制定出台相应的政策措施，对较高等级的社会组织予以奖励和扶持。

2. 优先承接职能。将政府事务性、适合由社会组织提供的公共管理和服务职能，优先向获得较高等级的社会组织转移。各级民政部门率先探索向社会组织转移相关公共服务职能的内容和程序，尽快制定出台政府职能转移目录表，加快推进政府职能转移和委托购买服务等措施。

3. 优先评先评优。在开展社会组织评比表彰时，对评估获得5A、4A等级的社会组织予以优先考虑，未参与等级评估的社会组织不予考虑。对获得5A、4A等级的社会组织，将简化年度检查程序和内容。

四、不断强化社会组织信用体系建设的保障措施

（一）加强组织协调

各地要将社会组织信用体系建设作为促进社会组织健康发展、完善社会信用体系、推动社会建设的一项重要工作来抓。各级民政、发改等有关部门要密切配合，形成合力，在社会组织评估、社会组织信用信息采集和公开、社会组织等级评估成果应用等方面加强沟通协调，推进任务落实，逐步构建较为完善的社会组织信用体系。

（二）加大保障力度

各地要将评估工作经费纳入各级财政预算，进一步加强社会组织评估

工作队伍建设，为社会组织评估工作的有效开展提供资金、人员等方面的有力支持。

（三）积极宣传引导

充分利用各种渠道，向社会各界广泛宣传开展社会组织评估工作和社会组织信用体系建设的重要意义，提高对社会组织等级评估以及社会组织信用体系的认识，积极推进社会组织信用成果应用。

（四）强化监督管理

进一步加强对社会组织评估工作的组织实施和考核督察，做好评估知识培训工作，切实提高评估工作的质量和成效。要加快培育社会组织评估服务市场，加强对评估服务机构的指导和规范。

中共安徽省委办公厅　安徽省人民政府办公厅关于加强和创新社会组织建设与管理的意见

（皖办发〔2013〕9号　2013年5月6日）

为贯彻落实党的十八大精神，促进社会组织健康有序发展，加快形成政社分开、权责明确、依法自治的现代社会组织体制，现提出以下意见。

一、指导思想、基本原则和总体目标

1. 指导思想。以邓小平理论、“三个代表”重要思想、科学发展观为指导，坚持培育发展和管理监督并重，创新社会组织登记管理体制，完善社会组织培育扶持政策，提高社会组织建设质量，充分发挥社会组织在经济社会发展中的积极作用。

2. 基本原则。坚持解放思想、深化改革。巩固合芜蚌自主创新综合试验区、皖江城市带承接产业转移示范区社会组织改革创新成果，加大改革创新力度，在全省范围内全面推开。坚持分类指导、突出重点。以服务经济社会发展、满足人民群众物质文化需求为出发点，重点培育、优先发展行业协会商会类、科技类、公益慈善类、城乡社区服务类社会组织。坚持宽进严管、依法监督。以发展为主线，以规范为手段，一手抓数量，一手抓质量，实现在发展中规范，在规范中提高。

3. 总体目标。加快建立统一登记、各司其职、协调配合、分级负责、依法监管的社会组织管理体制。力争到2020年，形成与我省经济社会发展相适应，布局合理、结构优化、功能完善、作用明显的社会组织体系。

二、改革登记管理体制，推进社会组织社会化

4. 简化登记程序，实行直接登记。除政治法律类、宗教类社会组织和境外非政府组织在皖代表机构等外，其他各类社会组织按照分级负责的原则，由各级人民政府民政部门实行直接登记。登记管理机关、行业主管部门及相关职能部门在各自职责范围内依法对社会组织进行业务指

导和管理服务。

5. 下放管理权限，创新组织形式。探索非公募基金会和异地商会按照分级负责的原则由市级以上人民政府民政部门登记。经市人民政府同意，市人民政府民政部门可委托外来投资企业较多的县级人民政府民政部门登记管理异地商会。继续实行城乡基层社会组织登记和备案并行的双轨制，探索建立城乡社区枢纽（联合）型社会组织，增强社区自治服务功能。

6. 实行政社分开，推进自主办会。支持社会组织依法按章、独立自主开展活动，切实解决行政化倾向严重等问题。行业协会商会和工商经济类的联合性社会团体，一般只吸收企业会员，秘书长可通过聘任或向社会公开招聘等方式产生。现职公务员和具有行政管理职能的事业单位工作人员不得在行业协会商会、工商经济类的联合性社会团体、民办非企业单位和基金会兼任领导职务；严格限制上述人员在其他类型社会组织兼任领导职务，确因工作需要兼任的，应按照干部管理权限从严审批。规范离退休人员在社会组织担任领导职务。政府及部门、企事业单位要从职能、机构、工作人员、资产和财务等方面与社会组织脱钩，实行政社、社企分开。

三、完善培育扶持政策，改善社会组织发展环境

7. 推进政府职能转移，建立购买服务机制。各级政府部门要全面梳理自身职能，逐步将政府的事务性管理工作、适合通过市场和社会组织提供的公共服务，以授权、委托等适当方式依法交给具有相应资质的社会组织承担。通过项目购买、项目补贴、项目奖励等方式，建立健全政府购买服务机制。

8. 加大资助和支持力度，落实税收优惠政策。建立完善资金保障方式，用足、用好公益性、福利性社会组织的税收减免政策，推进公共财政对社会组织的资助、补贴和奖励，采取多种形式扶持社会组织发展。推动建立各级社会组织发展孵化基地，为初创期社会组织提供人力、物力和财力支持。完善福彩公益金资助社会组织开展公益服务等扶持政策，各地每年可从福彩公益金中安排资金资助基层社会组织开展公益服务活动。鼓励金融机构为符合条件的社会组织提供信贷支持，拓宽社会组织筹资渠道。

9. 发挥社会组织参政议政作用，拓展社会组织发展空间。各级政府及相关部门应加强与社会组织的信息沟通，在制定政策、实施重大决策等过程中，注重广泛听取社会组织的意见和建议，提高社会组织对公共事务的参与度。党的代表大会、人民代表大会可适当安排社会组织代表，在政协增加社会组织方面的委员。

四、优化结构布局，提高社会组织建设质量

10. 着眼经济社会发展需求，优化社会组织结构布局。民政部门编制社会组织设立指引，鼓励发展慈善组织、学术性组织、社会服务公益组织、新兴产业行业协会等。对行业性、专业性、自然科学学术性社会团体，可突破“一业一会”或适当细化分类设置，通过适度竞争提高服务质量。建立和完善退出机制，对活动不经常、作用不明显的社会组织，由民政部门督促整改；对违反有关法律法规的社会组织，依法予以查处；情节严重的，依法撤销登记。

11. 优化社会组织法人治理结构，提高社会组织建设质量。引导各类社会组织加强自身建设，建立健全以章程为核心的独立自主、权责明确、运转协调、有效制衡的法人治理结构。完善会员（会员代表）大会、理事会、监事会制度，实行决策、执行、监督分立。积极推行会长（理事长）兼任法定代表人制度，提高秘书长专业化、职业化水平。合理确定理事会、常务理事会规模和负责人数量，逐步推行差额提名和无记名投票表决的选举方式。每个社会组织均应配备与其业务相适应的专职工作人员。

12. 强化社会组织社会责任意识，加强社会组织人才队伍建设。引导和鼓励社会组织服务经济社会发展，投身社会互助和慈善事业，主动承担社会责任。加强社会组织诚信自律建设，严格规范社会组织评比达标表彰和收费行为。加大社会组织专业人才培育和引进力度，促进社会组织人才队伍职业化、专业化和年轻化。鼓励社会组织根据工作需要聘用持有职业水平证书的专业人才。按照国家有关规定，推动解决社会组织专职人员社会保险问题。

五、创新服务管理模式，提升社会组织服务管理水平

13. 加强社会组织党建工作，提高社会组织党组织覆盖率。逐步理顺社会组织党建管理体制，探索建立结合业务抓党建的工作机制。坚持“应建尽建、应派尽派”的原则，采取单建、联建、挂靠组建、区域或行业统建等形式，抓好社会组织组建党组织工作；选派党建工作指导员或联络员，指导社会组织开展党建工作。支持工会、共青团、妇联等人民团体在社会组织开展工作。

14. 推进社会组织法制建设，加快完善社会组织评估机制。加快推进社会组织法制建设，推动完善相关地方性法规、规章，强化法律监督，严格依法监管。按照政府指导、社会参与、独立运作的总体要求，建立社会

组织评估指标体系，完善公开、公平、公正的评估制度，形成组织健全、程序完备、操作规范、运转协调的评估工作机制，发挥评估的导向、激励和约束作用，促进社会组织健康发展。制定社会组织行为规范和活动准则，推进信息公开，完善失信惩罚机制，提升社会组织公信力。

15. 加强社会组织登记管理力量，提升服务管理水平。进一步发挥各级党委领导下的社会组织管理工作领导小组的作用，切实加强对社会组织管理工作的领导。建立健全民政、财政、公安、司法行政、审计、税务、物价、质监、外事、金融等部门信息共享、齐抓共管的联动工作机制，形成各司其职、协调配合的工作局面。加强社会组织登记管理力量，建立与其业务相适应的登记管理机构，提供经费保障，配备必要的执法装备，建立管理信息平台，提升服务管理水平。

安徽省人民政府办公厅关于政府向社会力量购买服务的实施意见

（皖政办〔2013〕46号　2013年12月29日）

各市、县人民政府，省政府各部门、各直属机构：

为加快推动政府职能转变，提高公共服务质量和效率，根据《国务院办公厅关于政府向社会力量购买服务的指导意见》（国办发〔2013〕96号），经省政府同意，结合我省实际，现就全面推进政府向社会力量购买服务工作（以下简称“政府购买服务”）提出以下意见：

一、准确把握政府购买服务要求

1. 厘清政府公共服务职能。进一步厘清政府与社会、政府与市场的边界，清理行政审批事项，合理界定政府现有公共服务职能，充分激发社会组织和市场活力，提升政府行政效率。对适合采取市场化方式提供、社会力量能够承担的公共服务，采取政府购买服务方式，交由社会力量承接，简化管理流程，降低行政成本，构建以政府为主导、各种社会主体共同参与的公共服务供给保障体系，促进政府从传统的公共服务生产者向组织监管者转变。

2. 科学界定政府购买服务内容。政府购买服务是通过发挥市场机制作用，把政府直接向社会公众提供的一部分公共服务事项，按照一定的方式和程序，交由具备条件的社会力量承担，并由政府根据服务数量和质量向其支付费用的一项经济活动。主要包括基本公共教育、劳动就业服务、社会保险、基本社会服务、基本医疗卫生、人口和计划生育、基本住房保障、公共文化体育、残疾人服务等基本公共服务事项，社区事务、社工服务、法律援助、慈善救济、公益服务等社会管理领域，科研、行业规划、资产评估、检验检测检疫、检测服务等技术服务领域，会议、经贸活动、展览、绩效评估、项目评审、审计服务等辅助政府履职领域以及其他适宜由社会力量承担的公共服务事项。

3. 明确政府购买服务主体。政府购买服务主体为各级行政机关和参照公务员法管理、具有行政管理职能的事业单位，以及纳入行政编制管理、经费由财政负担的群团组织。承接主体包括依法在民政部门登记成立或经批准免予登记的社会组织，以及依法在工商行政管理或行业主管部门登记成立的企业、机构等社会力量，应是独立的法人，具有独立承担民事责任的能力，具备提供服务必需的各项条件。支持和鼓励由生产经营类事业单位转企改制形成的企业或社会组织平等参与政府购买服务。

4. 明确政府购买服务目标任务。按照构建与我省经济社会发展相适应的公共服务资源配置体系和供给体系的总体要求，全面推进政府购买服务工作，搭建服务平台，完善政策措施，健全购买机制，强化预算管理，严格绩效评价。2014 年，在基本公共服务领域先行开展试点，鼓励有条件的地方和部门扩大实施范围，加快非基本公共服务领域政府购买服务进程；到“十二五”末，政府购买服务范围进一步拓展，加快形成统一有效的购买服务平台和机制，相关配套政策不断建立和完善；到 2020 年，基本建立比较完善的政府购买服务制度，体制机制取得明显突破，社会组织发育良好，公共服务水平和质量显著提高。

二、建立健全政府购买服务机制

5. 实行目录管理。按照突出公共性和公益性的要求，省级将制定全省政府购买服务指导性目录。各地、各相关部门要根据指导性目录，结合政府职能转变、财政预算安排、社会公众需求等情况，在充分论证和广泛征求意见的基础上，制定具体实施目录，明确服务种类、性质、内容和具体实施项目。坚持应买尽买、能买尽买，在基本公共服务领域，根据投入和产出效果，逐步加大政府购买服务力度；在非基本公共服务领域，逐步交由社会力量承担。根据经济社会发展情况，及时调整完善政府购买服务目录。

6. 规范操作流程。建立健全以“流程规范、政府采购、合同约束、全程监管、信息公开”为主要内容，相互衔接、有机统一的政府购买服务机制，规范项目申报、预算编报、组织采购、项目监管、绩效评价等一体化流程。确定承接主体后，购买主体应及时与其签订政府购买服务合同，明确购买服务的范围、标的、数量、质量要求及服务期限、资金支付方式、权利义务和违约责任等内容。承接主体要严格履行合同义务，保质、保量、按时完成任务，严禁服务转包行为。

7. 推行公共服务政府采购。按照公开择优、以事定费的原则，凡纳入政府购买服务目录的公共服务，原则上都要纳入政府采购，通过公开招标、邀请招标、竞争性谈判、单一来源、询价等方式确定承接主体；对不适宜或暂时不能实行政府采购的，可通过委托、承包等方式选择。根据公共服务项目的发展特点、发展周期，合理确定政府购买服务周期和次数，确保公共服务的有序性和延续性。

8. 强化预算管理。坚持费随事转，政府购买服务所需资金在既有财政预算中统筹考虑。政府购买公共服务增长需要增加的资金，按照预算管理要求列入财政预算。有机衔接政府购买服务资金预算与年度部门预算、政府采购预算，在编制年度部门预算时，同步编制政府购买服务资金预算，纳入政府采购范围的，同步编制政府采购预算。

9. 加强绩效管理。加强对政府购买服务项目的绩效管理，建立健全由购买主体、服务对象及第三方专业机构组成的综合性评审机制。绩效评价结果作为厘定单位职能、优化事业单位机构编制布局和人员结构的重要参考依据，作为结算年度购买服务资金、编制以后年度项目预算、社会组织资质管理、选择承接主体等方面的重要参考依据。

10. 加强过程监管和信息公开。充分利用和整合现有政府网络平台资源，建立集政策咨询、申报审批、日常监管、信息服务等为一体，内容全面、发布及时、方便快捷的政府购买服务平台。围绕政府购买服务项目申报审批、预算编制、政府采购、组织实施等内容，建立主体多元、覆盖全面的监管体系和协调机制，加强对服务提供事前、事中、事后的跟踪监管。建立健全政府购买服务信息公开评价机制，发布政府购买服务有关政策制度、购买服务目录、承接主体条件，采购结果、绩效评价等信息，广泛接受社会监督。

三、大力培育和发展社会力量

11. 培育壮大社会力量。清理和废除妨碍公平竞争的各项规定和做法，支持企业、机构等社会力量参与公共服务领域相关设施的投资、建设、运营、维护和管理，通过政府采购、委托经营、委托管理或政府特许经营等形式，让更广泛的社会力量平等参与，实现机会均等。深化社会组织管理制度改革，放宽社会组织登记管理限制，重点培育和优先发展行业协会商会类、科技类、公益慈善类、城乡社区服务类社会组织。

12. 建立健全社会力量优胜劣汰机制。各级民政、工商行政管理及行业主管部门要加强对社会组织、企业、机构的管理，指导其建立健全法人治理和内部治理结构、财务会计和资产管理制度，并将其参与政府购买服务的数量、合同履行情况，与资格认定、注册登记、年检评估、信用记录、金融信贷、财税扶持等挂钩，形成优胜劣汰的激励约束机制。

四、稳步推进政府购买服务工作

13. 加强组织领导。各级政府要准确把握经济社会发展形势，顺应人民群众日益增长的公共服务需求，在配置公共服务资源特别是新增公共服务资源时，给社会力量留置合理空间。坚持政府统一领导，财政部门牵头，民政、工商行政管理以及行业主管部门协同，职能部门履责，监督部门保障，形成各负其责、齐抓共管的良好局面。围绕构建多层次、多方式的公共服务供给体系，研究制定政府购买服务专项发展规划，推进政府购买服务长效机制建设。

14. 明确职责分工。发展改革部门要将政府购买服务纳入国民经济和社会发展总体规划。财政部门要牵头制定服务目录，强化指导监督，发布相关政策信息，做好资金预算及绩效管理等工作。机构编制部门要对政府现有公共服务职能进行合理界定，做好政府购买服务与事业单位分类改革的衔接工作。各职能部门及购买主体要及时提出购买服务项目建议，按规定发布相关信息，健全内部监管、项目实施、监督检查以及绩效评价等制度。民政、工商行政管理及行业主管部门要根据职能分工加强对承接主体的资格审查，培育和壮大社会力量。监察、审计部门要加强行政监察和资金审计，防止截留、挪用和滞留资金等现象。

15. 强化工作落实。鼓励各地结合实际，探索实施政府购买服务的新模式、新机制。各地、各有关部门要按照本实施意见要求和相关分工，抓紧研究制定贯彻落实的政策措施和实施办法，并抄送上一级财政部门。要严格政府购买服务工作的监督管理，推动工作有效落实。要广泛宣传政府购买服务的目的、意义、目标任务、相关要求、经验做法，精心做好政策解读，加强舆论正面引导，主动回应社会关切，努力形成良好的工作环境和舆论氛围。

安徽省民政厅　安徽省体育局关于印发《安徽省体育类民办非企业单位直接登记管理暂行办法》的通知

（民管字〔2013〕130号　2013年8月1日）

第一条　根据中共安徽省委办公厅、安徽省人民政府办公厅《关于加强和创新社会组织建设与管理的意见》（皖办发〔2013〕9号）精神，为规范体育类民办非企业单位登记管理，促进体育事业发展，结合安徽实际，制定本办法。

第二条　本办法所称体育类民办非企业单位，是指由企业事业单位、社会团体、其他社会力量和公民个人主要利用非国有资产举办的，从事体育活动的非营利性社会组织。

第三条　体育类民办非企业单位必须遵守宪法、法律、法规和国家政策，遵守社会道德风尚，不得损害国家利益、社会公共利益以及其他社会组织和公民的合法权益，不得从事营利性经营活动。

第四条　县级以上地方各级人民政府民政部门是本级人民政府的民办非企业单位登记管理机关（以下简称登记管理机关），负责民办非企业单位发展和管理的统筹协调、政策制定、宏观指导，依法履行登记备案、年度检查、日常监管、执法查处等职能，指导民办非企业单位信息公开和社会评估，为直接登记的民办非企业单位提供党建指导和人才、外事服务。

县级以上地方各级人民政府体育行政部门是本级人民政府的体育类民办非企业单位的行业主管部门（以下简称行业主管部门），负责体育类民办非企业单位发展和管理的统筹协调，制定发展规划、从业标准、活动指南、管理服务规范和相关政策规定，指导体育类民办非企业单位开展业务活动，配合登记管理机关开展日常监管和执法查处工作，推进评估工作开展，通过转移职能、项目委托、资金扶持、购买服务、发布信息等方式引导体育类民办非企业单位健康发展，发挥作用。

第五条　申请登记体育类民办非企业单位，应具备以下条件：

（一）有规范的名称、必要的组织机构；

（二）业务活动范围必须符合体育事业的政策法规、发展规划和国家规定的行业标准；

（三）有与其业务范围和业务量相适应的体育专业技术人员和从业人员，业务岗位的负责人应由体育专业技术人员担任；

（四）有与其业务活动相适应的合法财产；

（五）有必要的服务活动场所和相应的保障条件；

（六）法律、法规规定的其他条件。

第六条 对新成立的体育类民办非企业单位实行直接登记；对登记管理制度改革前登记的体育类民办非企业单位实行逐步过渡，2015 年底前，完成新老体制的衔接过渡工作。

第七条 本着面向基层、服务群众和鼓励发展、简政放权的原则，根据体育类民办非企业单位服务对象的范围和场所所在地，实行属地登记管理。对服务对象的范围跨行政区域、具有示范引导作用的体育类民办非企业单位，可向上一级登记管理机关申请登记。

具备上述条件，且开办资金达到 30 万元以上、专职从业人员达 20 人以上、拥有相对独立的办公场所和适合开展业务活动的使用场所的体育类民办非企业单位，可向省级登记管理机关申请登记。向省级登记管理机关申请登记的体育类民办非企业单位，应由场所所在地县级以上登记管理机关和行业主管部门逐级提出初审意见。市级登记管理机关登记的具体条件由各市登记管理机关和行业主管部门确定。

对组织性质和业务范围难以界定的体育类民办非企业单位，登记管理机关和行业主管部门应会商论证。

第八条 民办非企业单位的名称应当由所在地行政区划名称或地名、字号（2 个以上汉字）、行（事）业或业务领域、组织形式四部分依次组成。

第九条 体育类民办非企业单位的主要业务范围：

（一）体育健身的知识宣传、推广、普及；

（二）体育健身的技术指导与服务；

（三）体育娱乐与休闲的技术指导、组织、服务；

（四）体育竞赛的表演、组织、服务；

（五）体育人才的培养与技术培训；

（六）其他体育活动。

第十条 体育类民办非企业单位成立、变更、注销登记，应当按照登记管理机关的具体要求提交相关文件材料。登记管理机关收到全部有效文件后，应在规定的时间内作出准予登记或者不予登记的决定。

第十一条 体育类民办非企业单位应执行民间非营利组织会计制度。

第十二条 体育类民办非企业单位应在每年 3 月 31 日至 5 月 31 日向登记管理机关提交上一年度的工作报告，接受年度检查。

第十三条 登记管理机关和行业主管部门可授权体育总会等组织作为体育类民办非企业单位的业务联系单位，进行协调指导、示范带动和综合服务，发挥其团结联系相关体育类民办非企业单位的桥梁纽带作用。

第十四条 本办法未及之处，依据相关法律法规和规定执行。

第十五条 本办法由省民政厅、省体育局负责解释。

第十六条 本办法自发布之日起施行。

安徽省民政厅　安徽省文化厅关于印发《安徽省文化类民办非企业单位直接登记管理暂行办法》的通知

（民管字〔2013〕175 号　2013 年 11 月 18 日）

第一条　为了规范文化类民办非企业单位登记管理，促进文化事业发展，根据中共安徽省委办公厅、安徽省人民政府办公厅《关于加强和创新社会组织建设与管理的意见》（皖办发〔2013〕9 号）精神，结合安徽实际，制定本办法。

第二条　本办法所称文化类民办非企业单位，是指由企业事业单位、社会团体、其他社会力量和公民个人主要利用非国有资产举办的，从事文化服务活动的非营利性社会组织。

第三条　文化类民办非企业单位必须遵守宪法、法律、法规和国家政策，遵守社会道德风尚，不得损害国家利益、社会公共利益以及其他社会组织和公民的合法权益，不得从事营利性经营活动。

第四条　县级以上地方各级人民政府民政部门是本级人民政府的民办非企业单位登记管理机关（以下简称登记管理机关），负责民办非企业单位发展和管理的统筹协调、政策制定、宏观指导，依法履行登记备案、年度检查、日常监管、执法查处等职能，指导民办非企业单位信息公开和社会评估，为直接登记的民办非企业单位提供党建指导和人才、外事服务。

县级以上地方各级人民政府文化行政部门是本级人民政府的文化类民办非企业单位的行业主管部门（以下简称行业主管部门），负责文化类民办非企业单位发展和管理的统筹协调，制定发展规划、从业标准、活动指南、管理服务规范和相关政策规定，指导文化类民办非企业单位开展业务活动，配合登记管理机关开展日常监管和执法查处工作，推进评估工作开展，通过转移职能、项目委托、资金扶持、购买服务、发布信息等方式引导文化类民办非企业单位健康发展，发挥作用。

第五条　申请登记文化类民办非企业单位，应具备以下条件：

（一）有规范的名称、必要的组织机构；

（二）业务活动范围必须符合文化事业的政策法规、发展规划和国家规定的行业标准；

（三）有与其业务活动相适应的具有文化行业从业资格的专业人员和从业人员；

（四）有与其业务活动相适应的合法财产；

（五）有开展业务活动必需的设备、器材、场所和其他设施，并具备相应的保障条件；

（六）民办博物馆等应取得相应执业许可证书的民办非企业单位，应出具执业许可证明文件；

（七）法律、法规规定的其他条件。

第六条 对新成立的文化类民办非企业单位实行直接登记；对登记管理制度改革前登记的文化类民办非企业单位实行逐步过渡，2015 年底前，完成新老体制的衔接过渡工作。

第七条 本着面向基层、服务群众和鼓励发展、简政放权的原则，根据文化类民办非企业单位服务对象的范围和场所所在地，实行属地登记管理。对服务对象的范围跨行政区域、具有示范引导作用的文化类民办非企业单位，可向上一级登记管理机关申请登记。

在省级登记管理机关登记的文化类民办非企业单位除具备第五条和本条第一款规定的条件外，还应具备以下条件：

（一）专职从业人员达 10 人以上；

（二）理事会由 5 至 25 人组成，理事会成员 70% 以上应具有相应的中级以上专业技术职称；

（三）开办资金一般为 30 万元以上，其中馆、院（校）为 100 万元以上；

（四）业务活动场所面积一般在 200 平方米以上，其中馆、院（校）在 800 平方米以上。

应取得相应执业许可的民办非企业单位，从其规定办理。

省级登记管理机关仅进行民办非企业单位（法人）登记，准予登记后，应将批准文件抄送同级行业主管部门和民办非企业单位场所所在地的登记管理机关、行业主管部门。

市级登记管理机关登记的具体条件由各市登记管理机关和行业主管部门确定。

对组织性质和业务范围难以界定的文化类民办非企业单位，登记管理机关和行业主管部门应会商论证。

第八条 严格执行《民办非企业单位名称管理暂行规定》，民办非企业单位的名称应当由所在地行政区划名称或地名、字号（两个以上汉字）、行（事）业或业务领域、组织形式四部分依次组成。

第九条 文化类民办非企业单位的业务范围，主要包括以下类型：

（一）从事舞台艺术创作、演出和传统艺术整理、加工和保护的民办艺术表演团（队）；

（二）从事艺术人才培养和教育的民办艺术院（校）；

（三）从事老年文化活动、辅导、培训的老年文化大学；

（四）从事文化艺术辅导及丰富群众文化生活业务的民办文化馆（站）或活动中心。

（五）从事图书、资料、文献情报借阅或社会教育工作的民办图书馆（室）；

（六）从事文物收藏、保护、展示、研究等活动的民办博物馆（院）；

（七）从事艺术收藏、展览及交流的民办美术馆（室）、书画院、雕塑馆（室）、名人纪念馆、名人故居纪念馆、收藏馆（室）；

（八）从事艺术发掘、整理、研究、咨询及艺术科技开发的民办艺术研究院（所）；

（九）从事文化传播、交流的文化网络中心（站）；

（十）从事文化艺术活动、文化科技、文化创意产业研究等其他民办非企业单位。

第十条 文化类民办非企业单位成立、变更、注销登记，应当按照登记管理机关的具体要求提交相关文件材料。登记管理机关收到全部有效文件后，应在规定的时间内作出准予登记或者不予登记的决定。

第十一条 文化类民办非企业单位应执行民间非营利组织会计制度。

第十二条 文化类民办非企业单位应在每年 3 月 31 日至 5 月 31 日向登记管理机关提交上一年度的工作报告，接受年度检查。

第十三条 登记管理机关和行业主管部门可授权文化类枢纽型社会组织作为文化类民办非企业单位的业务联系单位，进行协调指导、示范带动和综合服务，发挥其团结联系相关文化类民办非企业单位的桥梁纽带作用。

第十四条 本办法未及之处，依据相关法律法规和规定执行。

第十五条 本办法由省民政厅、省文化厅负责解释。

第十六条 本办法自发布之日起施行。

安徽省民政厅关于培育发展社区枢纽（联合）型社会组织的指导意见

（民管字〔2013〕192 号　2013 年 12 月 25 日）

各市民政局，广德、宿松县民政局：

为贯彻落实省委办公厅、省政府办公厅《关于加强和创新社会组织建设与管理的意见》（皖办发〔2013〕9 号）关于“探索建立城乡社区枢纽（联合）型社会组织，增强社区自治服务功能”的要求，现就培育发展社区枢纽（联合）型社会组织（以下简称“社区枢纽型社会组织”）提出如下意见。

一、总体要求和目标任务

（一）总体要求

以满足社区居民日益增长的服务需求为出发点，坚持培育发展，努力健全布局合理、结构优化、功能完善、作用明显的社区社会组织体系；坚持社区、社会组织、社会工作专业人才“三社联动”，努力形成社区党组织为核心、社区居民自治组织为主体、社区社会组织为补充的社区管理服务格局；坚持示范引导，努力打造一批建设质量高、综合服务能力强、具有示范效应的社区枢纽型社会组织。

（二）目标任务

“十二五”期间，社区枢纽型社会组织培育发展工作全面推开，培育扶持政策基本建立，各地社区枢纽型社会组织覆盖率达到50%以上，社会组织建设创新示范区内的社区枢纽型社会组织覆盖率达到70%以上。

二、准确把握培育发展社区枢纽型社会组织的目的意义

社区社会组织是指社区居民自愿组成或企事业单位、社会团体、公民个人及其他社会力量举办的，以服务社区建设、满足社区居民物质文化需求为目的，从事非营利性社区服务活动的社会团体和民办非企业单位，通常包括公益服务、社会事务、文化体育、慈善救助、法律维权等类型。社

区社会组织是社区组织体系的重要组成部分，是协同党组织和居民自治组织施行社区建设、自治和服务的重要力量。

社区枢纽型社会组织是指同一社区内各类社会组织自愿组成的联合性社会团体，名称通常称为社区社会组织联合会（促进会）。具备法人资格的社区社会组织加入后可作为其单位会员；不具备法人资格的社区社会组织加入后可作为其分支机构。

培育发展社区枢纽型社会组织是我省社会组织管理改革创新的一项重要内容，推进社区枢纽型社会组织建设具有重要意义。

（一）培育发展社区枢纽型社会组织有利于更好地培育发展社区社会组织。针对社区居民日益增长的物质文化需求，发挥社区枢纽型社会组织培育孵化的功能和作用，不断培育和完善社区社会组织体系，拓展社区服务范围，丰富社区居民物质文化生活。

（二）培育发展社区枢纽型社会组织有利于更好地为社区社会组织提供服务。针对社区社会组织自我保障能力有限的实际，发挥社区枢纽型社会组织综合服务的功能和作用，构建和完善资源共享的服务平台和机制，为社区社会组织提供业务指导、信息宣传、财务管理、人员培训等支持服务。

（三）培育发展社区枢纽型社会组织有利于更好地整合社区社会组织资源。针对社区社会组织普遍存在弱、小、散的现状，发挥社区枢纽型社会组织联系协调的功能和作用，有效整合场地、资金、技术、人才等资源，提升社区社会组织承载社区公共服务的能力，提高资源的利用率。

（四）培育发展社区枢纽型社会组织有利于更好地促进社区社会组织学习交流。针对社区社会组织自治理念和经验缺乏的实际，发挥社区枢纽型社会组织互动交流的功能和作用，加强社区社会组织之间的横向联系和沟通交流，促进其相互学习、共同提高。

（五）培育发展社区枢纽型社会组织有利于更好地加强社区社会组织管理。针对基层社会组织登记管理力量不足的现状，发挥社区枢纽型社会组织自律管理的功能和作用，推进社区社会组织自律诚信建设，加强社区社会组织管理，缓解登记管理机关的工作压力。

三、努力规范社区枢纽型社会组织建设

社区枢纽型社会组织建设要坚持高起点、高标准，从源头加以规范，做到：有规范的名称和醒目的标牌；有固定的办公场所和必要的办公设施；有与其业务活动相适应的专职工作人员；有规范的章程和完善的组织

机构；有科学合理的议事规则和各项规章制度；有规范的会议、活动记录和档案资料；有宣传服务窗口和网络平台。真正把社区枢纽型社会组织建设成为社区社会组织学习的标杆、建设的样板。

引导社区枢纽型社会组织加强自身建设，建立健全以章程为核心的独立自主、权责明确、运转协调、有效制衡的法人治理结构。加大社区枢纽型社会组织专业人才培育和引进力度，促进人才队伍职业化、专业化和年轻化。社区枢纽型社会组织要根据工作需要聘用持有职业水平证书的社会工作专业人才。努力提升社区枢纽型社会组织服务能力，真正把社区枢纽型社会组织打造成为孵化培育、资源整合、联系协调、自律管理的综合服务平台。

四、切实加强对社区枢纽型社会组织培育扶持

市、县（市、区）民政部门要加大对社区枢纽型社会组织发展的业务指导，积极探索，总结经验，逐步推广；要带头将相关社区公共服务，通过职能转移、购买服务、授权委托等方式，交给社区枢纽型社会组织牵头或监督组织实施；要积极争取公共财政或运用福彩公益金，以资助、补贴和奖励的形式，扶持社区枢纽型社会组织发展。省民政厅将社区枢纽型社会组织培育发展工作列入社会组织建设创新示范区创建活动和社区标准化建设的内容，同时将社区枢纽型社会组织列入省级福彩公益金资助社会组织项目范围，逐年选择资助一批地方领导重视、社区基础条件好、社会组织体系发达的社区枢纽型社会组织；对建设成为具有示范效应的社区枢纽型社会组织，将授予“全省基层社会组织建设示范单位”称号，并给予奖励资助，以点带面，示范引导，积极推进社区枢纽型社会组织发展。

安徽省纪委等部门关于印发《安徽省关于从严控制和规范管理党政机关领导干部兼任社会组织领导职务的暂行规定》的通知

（皖组字〔2013〕18号　2013年11月12日）

省直各单位党组（党委），各省辖市纪委、党委组织部、老干部局、政府监察局、民政局：

现将《安徽省关于从严控制和规范管理党政机关领导干部兼任社会组织领导职务的暂行规定》印发给你们，请结合实际认真贯彻执行。在实施中有何问题和建议，请及时向省委组织部反馈。

中共安徽省纪律检查委员会
中共安徽省委组织部
中共安徽省委老干部局
安徽省监察厅

第一条　为深入推进政社分开，进一步从严控制和规范管理党政机关领导干部兼任社会组织领导职务，引导社会组织健康有序发展，根据中央和省委、省政府有关要求，制定本规定。

第二条　本规定所称党政机关领导干部，是指全省县级以上地方各级党委、人大常委会、政府、政协、人民法院、人民检察院及其工作部门或者机关内设机构的在职和退离休的市厅级、县处级领导干部。

第三条　本规定所称社会组织领导职务，是指社会团体和基金会的会长（理事长、主席）、副会长（副理事长、副主席）、秘书长，分会会长（主任委员）、副会长（副主任委员）；民办非企业单位的院长（校长、所长、主任）、副院长（副校长、副所长、副主任）等。不包括名誉职务、常务理事、理事。

第四条　从严控制党政机关领导干部兼任社会组织领导职务。对确因工作需要兼任社会组织领导职务的，应与本职业务或曾经从事的工作密切相关，并按以下要求从严掌握：

1. 在职党政机关领导干部不得在行业协会商会、工商经济类的联合性社会团体、境外或境外资助的社会团体以及民办非企业单位、基金会兼任领导职务。

退离休领导干部不得在境外或境外资助的社会团体兼任领导职务，一般不得在行业协会商会、工商经济类的联合性社会团体兼任领导职务。

2. 党政机关领导干部确需兼任本条第 1 款规定以外的社会组织领导职务的，应身体健康、能够坚持正常工作，兼职任期一般不超过两届，退离休省管干部年龄一般不得超过 65 周岁（担任过正厅级领导职务的，年龄不得超过 68 周岁）。

3. 党政机关领导干部不得兼任两个以上社会组织领导职务，一般不得兼任法定代表人。

4. 一个单位一般不得有两个以上在职领导干部在同一个社会团体兼任领导职务。

5. 兼任社会团体领导职务的领导干部到退休年龄时，其退休手续按国家规定办理。

第五条 兼职领导干部应严格自律，不得领取社会团体的任何报酬。严禁兼职领导干部或社会团体强行要求企业入会；严禁向企业索要赞助、乱收费、摊派、强制服务等；严禁干预企业生产经营或侵害企业利益。

第六条 在职党政机关领导干部兼任社会团体领导职务的，必须按干部管理权限审批。其中，省管干部兼任社会团体领导职务的，经干部所在单位党委（党组）研究同意后报省委组织部审批。退离休领导干部兼任社会组织领导职务，由原工作单位党委（党组）审批。

第七条 党政机关领导干部职务提拔后，或兼任的社会团体领导职务届满后，仍需继续兼任的，应按干部管理权限重新办理审批手续。未办理兼职审批手续的，不得作为社会团体拟任负责人参加选举，各级民政部门不得办理登记、备案手续。

第八条 对违反本规定的领导干部、相关单位及社会组织，要限期改正，责令兼职领导干部辞去在社会组织的领导职务，并依法依纪对兼职领导干部或相关单位、社会组织进行处理。

第九条 具有行政管理职能的事业单位、人民团体以及其他参照公务员法管理的机关、单位参照本规定执行。

市厅级、县处级非领导职务干部兼任社会组织领导职务，参照本规定执行。

科级以下干部兼任社会组织领导职务，由各市、省直各部门根据本规定制定相应的实施办法。

第十条 本规定自下发之日起执行，由省委组织部商省纪委、省委老干部局、省监察厅、省民政厅解释。

中共福建省委办公厅　省人民政府办公厅关于进一步培育发展和规范管理社会组织的意见

（闽委办发〔2013〕9号　2013年5月12日）

各市、县（区）党委和人民政府，平潭综合实验区党工委和管委会，省直各单位：

社会组织是指按规定在各级民政部门登记注册的社会团体、基金会和民办非企业单位。为深入贯彻党的十八大关于“加快形成政社分开、权责明确、依法自治的现代社会组织体制”的要求，经省委、省政府领导同志同意，现就进一步培育发展和规范管理我省社会组织提出如下意见。

一、改革登记管理制度

（一）实行直接登记

除依据法律法规需前置行政审批及政治法律类、宗教类、社科类的社会组织外，其他社会组织均可直接向登记管理机关申请登记。

（二）打破登记限制

打破行业协会商会一业一会的限制，引入行业协会商会竞争机制，放宽行业协会商会准入条件，允许一业多会，允许按国民经济行业分类的小类标准设立行业协会，允许按产业链各个环节、经营方式和服务类型设立行业协会。打破异地商会登记限制，将异地商会的登记范围从省扩大到县（市、区）。在我省同城化范围内，允许跨行政区域成立社会组织。

（三）下放登记权限

异地商会登记管理权限从省直接下放至县（市、区）民政部门。下放基金会登记管理权限，将非公募基金会的登记管理权限从省下放至设区的市民政部门，将公募基金会的登记管理权限从省下放至厦门市民政部门。

（四）允许登记备案

城乡基层社会组织符合登记条件的，由县（市、区）社会组织登记管理机关登记；暂不符合登记条件的，由街道办事处（乡、镇人民政府）备案。

二、确定培育发展重点

（一）行业协会商会

针对我省经济社会发展中的重点行业、支柱行业和潜力行业，有重点地培育和扶持一批有资质、有能力承接政府职能转移的行业协会商会，初步形成符合社会主义市场经济规律和国际惯例的行业协会商会准入、组建、发展、运作和退出机制。

（二）科技类社会组织

充分发挥科技类社会组织专家荟萃的特点和优势，开展学术研究，普及科学知识，提高全民科学素质，推动科技进步。

（三）公益慈善类社会组织

拓宽社会福利事业的资金筹集渠道，积极发展面向社会公众，具有社会性、保障性和非营利性特点的公益服务类社会组织，培育和发展一批志愿服务组织，建立覆盖全社会、与政府服务和市场服务相衔接的社会志愿服务体系。发挥公益服务类社会组织在扶贫济困、抢险救灾、化解矛盾、公益捐赠等方面的作用。

（四）社区服务类社会组织

重点培育和发展公益服务、文化、体育、家政、娱乐等不以营利为目的，满足居民多种需求的城乡社区服务类社会组织，建立结构合理、专业化程度高的社区社会组织体系。

三、优化管理服务机制

（一）加强党组织建设

完善社会组织党建工作管理体制，探索依托登记管理机关实行社会组织党建归口管理。完善党组织设置形式，扩大党组织在社会组织的覆盖面。探索社会组织中党组织负责人选拔培养方式。加强对社会组织党员的教育管理服务，激发党员保持先进性的内生动力。创新党组织活动内容和载体，充分发挥社会组织中党组织和党员的积极作用。

（二）健全等级评估体系

进一步完善分类评估指标体系，健全评估机制，统一评估标准，细化评估指标，提高评估工作的准确性和科学性。到 2015 年，全面完成对全省社会组织的评估工作。将评估结果作为政府向社会组织转移职能、购买服务的重要依据和条件，对于达到3A等级以上的社会组织，优先作为转移职能和购买服务的对象。等级评估经费由各级财政列入预算，不得以任何形式向受评对象收取费用。

（三）完善联合监管格局

民政、经贸、公安、司法、财政、审计、税务、工商、物价、工商联等单位和银行金融机构，要依法履行服务指导和监督管理职能，明确和落实相应管理责任，建立和完善统一登记、各司其职、协调配合、分级负责、依法监管的管理体制，形成登记审批、日常监管、违法审查、信息披露、行政处罚等各环节信息共享、沟通协作的工作机制。

（四）实行分类监管机制

根据社会组织的宗旨和业务范围，实施分类监管。对行业协会商会等工商经济类社会组织，侧重于维持市场经济秩序的监管；对社会服务类社会组织，侧重于提高服务质量的监管；对公益慈善类社会组织，侧重于资金筹集使用情况的监管；对城乡基层社会组织，侧重于引导和服务的监管。

（五）建立有序退出渠道

健全社会组织负责人管理、资金管理、年度检查、查出退出等制度，对社会组织出现完成宗旨、自行解散、合并分立、无法按照章程规定的宗旨继续开展活动等情形的，应在进行财产清算后，办理注销手续。对活动不正常、运作能力弱和社会认可度低的社会组织，应引导其合并或注销。对组织机构不健全、管理混乱、超过一年未开展活动、符合注销条件但不办理注销手续的，连续两年或累计三年未年检的社会组织，实行有序退出。对社会组织的违法违规行为依法追究责任。

四、明确扶持政策措施

（一）向社会组织转移职能和购买服务

结合深化行政体制改革，政府各部门要对各自职能进行全面梳理，明确可以转移给社会组织的职能范围，逐步将能够由社会组织承担的有关行业管理职能、服务职能以及社会管理中的技术性、事务性、辅助性职能等，通过授权、委托及其他方式依法转移给有相应资质的社会组织承担。符合条件的，由政府向其购买服务，扶持社会组织发展。

（二）给予资金政策扶持

逐步建立公共财政对社会组织的扶持机制，综合考虑本地区经济社会发展的需要，培育发展一批社会需求度高、影响力大、品牌效果好的社会组织。鼓励社会力量在教育、科技、文化、卫生、体育、社会福利等领域兴办民办非企业单位。发挥民办非企业单位在扩大就业、培养人才、便民服务等方面的作用，使之成为政府管理与服务功能的有效延伸。落实国家有关社会组织的税收优惠政策。鼓励金融机构在加强风险控制的前提下为符合条件的社会组织提供信贷支持，拓宽社会组织筹资渠道。

（三）拓宽参政议政渠道

建立社会组织参政议政机制。各地可根据实际，适当增加社会组织代表在党代会、人大代表和政协委员中的比例。鼓励和引导社会组织以团体会员等形式加入工商联等人民团体，积极反映社情民意，有序参与政治生活和社会事务。社会组织代表的政治安排，应充分听取登记管理机关和业务指导单位的意见。各级政府在制定政策、进行重大决策等过程中，应加强与相关社会组织的信息沟通，听取意见；邀请社会组织代表参加相关听证会、论证会，提高社会组织对公共事务的参与度。政府各部门在行政管理过程中，应与相关社会组织建立日常联系制度，方便社会组织及时反映意见。

五、加强自身建设管理

（一）完善法人治理结构

建立健全社会组织内部治理结构和管理制度，科学合理设置理事会、常务理事会的规模和负责人的数量。完善内部制约机制，建立权责明确、协调运转、有效制衡的内部治理结构。严格执行《民间非营利组织会计制度》，设立独立财务账户，实行财务电算化，不得与行政机关合账或实行财务集中管理。开展自律与诚信建设，制定信息公开和承诺服务制度实施办法。尊重社会组织独立自主的法人地位，严格推进政社分开，不得与业务指导单位合署办公。现职公务人员不得在社会组织中兼任领导职务，特殊情况确需兼职的，应严格按照干部管理权限进行审批。

（二）加强专职从业人员队伍建设

制定社会组织专职从业人员管理办法，完善激励和退出机制，不断优化专职从业人员队伍结构；建立社会组织专职从业人员职业能力培训机制，鼓励参加社会工作职业资格考试；研究制定社会组织专职从业人员权益保障政策，完善人员招聘流动、户籍管理、档案管理、职称评定、社保、医保、住房保障等具体政策措施。

六、强化保障措施

（一）建立政府购买服务制度

由编制部门牵头，编制政府向社会组织转移职能目录。由财政部门牵头，研究制定政府向社会组织等购买公共服务的办法，编制相应的目录，明确政府购买服务的基本原则、实施范围和主体、承接对象和条件等。由民政部门牵头，编制社会组织目录，明确具有资质条件承接政府转移职能和购买服务的社会组织。相关部门要加强引导、扶持、管理和监督，强化标准化建设、资质审查、跟踪指导和绩效评估，推动政府购买服务经常化、规范化、制度化。

（二）建立长效工作机制

按照一手抓积极引导发展，一手抓严格依法管理的原则，建立健全促进社会组织培育发展和规范管理的法规政策。各级党委、政府领导牵头，组织、宣传、编制、经贸、公安、监察、民政、司法、财政、人力资源和社会保障、外事、法制、工商、税务、工商联等部门密切配合，建立齐抓共管的协调机制，统筹解决制约社会组织发展的困难和问题。

（三）加强登记管理机构队伍建设

省、市、县（区）要重视解决社会组织登记管理部门的人员、经费、执法等实际问题，加强人力、物力和财力支持，配备必要的专职工作人员，建立定期培训机制，提高工作人员的能力和水平。

（四）建立责任考核制度

将社会组织培育发展和规范管理列入地方党委、政府社会建设绩效考核的重点内容，作为促进我省建设社会信用体系和市场监管体系的重要工作。完善考核评价指标体系，定期对地方社会组织培育发展和监督管理情况进行考核，并接受社会监督。

山东省人民政府办公厅关于印发政府向社会力量购买服务办法的通知

（鲁政办发〔2013〕35 号　2013 年 11 月 12 日）

第一章　总　则

第一条　为进一步规范和推进政府向社会力量购买服务工作，加快政府职能转变，深化社会领域改革，促进服务业发展和服务型政府建设，为人民群众提供更好的公共服务，根据《国务院办公厅关于政府向社会力量购买服务的指导意见》（国办发〔2013〕96 号）和《山东省人民政府关于推进政府职能转变简政放权减少行政许可的意见》（鲁政发〔2013〕15 号）要求，制定本办法。

第二条　本办法所称政府向社会力量购买服务（以下简称政府购买服务），是指通过发挥市场机制作用，把政府直接向社会公众提供的一部分公共服务事项，按照一定的方式和程序，交由具备条件的社会组织、机构和企业等社会力量承担，并由政府根据服务数量和质量向其支付费用的公共服务供给方式。

第三条　政府购买服务根据《中华人民共和国预算法》、《中华人民共和国政府采购法》、《中华人民共和国合同法》等法律法规组织实施。

第二章　指导思想与基本原则

第四条　政府购买服务工作要以邓小平理论、“三个代表”重要思想、科学发展观为指导，深入贯彻落实党的十八大精神，牢牢把握加快转变政府职能、推进政事政社分开、在改善民生和创新管理中加强社会建设的要求，进一步放开公共服务市场准入，改革创新公共服务提供机制和方式，推动中国特色公共服务体系建设和发展，努力为人民群众提供优质高效的公共服务。

第五条　实施政府购买服务，应遵循以下基本原则：

（一）权责明确。各级政府根据转变政府职能的要求和财权与事权相统一的原则，从各地实际出发，准确把握社会公共服务需求，充分发挥政府主导作用，合理界定政府购买服务的范围和项目，加强对政府购买服务工作的组织领导、政策支持、财政投入和监督管理。

（二）公开择优。按照公开、公平、公正原则，坚持费随事转，通过竞争择优的方式选择承接政府购买服务的社会力量，确保具备条件的社会力量平等参与竞争。加强监督检查和科学评估，建立优胜劣汰的动态调整机制。

（三）注重绩效。政府购买服务应强化绩效理念，按照有利于转变政府职能、有利于提升服务质量、有利于提高资金效益和降低服务成本的原则，坚持精打细算，明确权利义务，切实提高财政资金使用效率，把有限的资金用在刀刃上，不断提升政府购买服务的经济效益和社会效益。

（四）积极稳妥。政府购买服务要按照“整体设计、有序推进、试点先行”的思路，突出重点，以点带面，因地制宜，注重发挥社会力量吸引、调动和整合社会资源的功能，形成政府购买服务工作合力。

（五）鼓励创新。各级政府要按照完善基本公共服务和公共财政体系的要求，大胆探索，勇于创新，研究建立政府购买服务体制机制，构建多元参与、形式多样的政府购买服务格局。

第三章　政府购买服务的主体

第六条　政府购买服务的主体（以下简称购买主体）是经费由财政承担的各级行政机关和承担行政管理职能的事业单位。纳入机构编制管理且经费由财政负担的群团组织，也可根据实际需要，通过购买服务方式提供公共服务。

第七条　承接政府购买服务的主体（以下简称承接主体），包括在民政部门登记或经国务院批准免予登记的社会组织，以及依法在工商管理或行业主管部门登记成立的企业、机构等。承接主体应具备以下条件：

（一）依法设立，能独立承担民事责任。

（二）治理结构健全，内部管理和监督制度完善。

（三）具有独立的财务管理、会计核算和资产管理制度。

（四）具备提供公共服务所必需的设施、人员和专业技术能力。

（五）具有依法缴纳税收和社会保障资金的良好记录。

（六）在参与政府购买服务竞争前 3 年内无重大违法违纪行为，通过年检、资质审查合格，社会信誉、商业信誉良好，获得 3A 以上评估等级的社会组织可优先获得政府购买服务资格。

（七）法律、法规规定以及购买服务项目要求的其他条件。

第四章　政府购买服务的内容

第八条　政府购买服务的内容为适合采取市场化方式提供、社会能够承担的公共服务，突出公共性和公益性。除法律法规另有规定，或涉及国家安全、保密事项以及司法审判、行政行为等不适合向社会力量购买，以及不属于政府职能的服务项目外，下列事项可通过政府购买服务的方式，逐步交由社会力量承担：

（一）基本公共服务事项。基本公共教育、劳动就业服务、人才服务、社会保险、社会救助、社会福利、基本养老服务、优抚安置服务、基本医疗卫生、人口和计划生育服务、基本住房保障、公共文化、公共体育、基本公共安全服务、残疾人基本公共服务、环境保护、交通运输、服务三农等领域适宜由社会力量承担的基本公共服务事项。

（二）社会管理服务事项。区划地名管理、社会组织管理、社区事务、社工服务、法律援助、慈善救济、公益服务、人民调解、社区矫正、安置帮教、公共公益宣传等领域适宜由社会力量承担的公共服务事项。

（三）行业管理与协调事项。行业职业资格认定、处理行业投诉等领域适宜由社会力量承担的公共服务事项。

（四）技术服务事项。科研、行业规划、行业规范、行业调查、行业统计分析、资产评估、检验检疫检测、监测服务等领域适宜由社会力量承担的公共服务事项。

（五）政府履职所需辅助性事项。法律服务、课题研究、政策（立法）调研草拟论证、会议经贸活动和展览服务、监督、评估、绩效评价、工程服务、项目评审、咨询、技术业务培训、审计服务等领域适宜由社会力量承担的公共服务事项。

（六）其他适宜由社会力量承担的公共服务事项。

第九条　财政部门应会同有关部门根据本地区经济社会发展水平、政府转变职能要求、政府中心工作及财力水平等因素，在准确把握公众需求的基础上，按照积极稳妥的原则和本办法规定的购买服务范围，制定政府购买服务指导性目录，明确政府购买服务的种类、性质和内容，并在总结经验的基础上及时动态调整，符合条件的项目应逐步纳入政府采购目录（服务类）中。

第五章　政府购买服务的程序与方式

第十条　政府购买服务原则上按照部门预算和政府采购的程序、方式组织实施。

第十一条　政府购买服务事项由购买主体随同部门预算申报年度购买计划，经财政部门批复同意后组织实施；对突发性应急事项可经财政部门同意后，采取先确定承接主体，再根据购买服务的数量和质量确定预算额度的方式。

第十二条　购买主体在同级财政部门批复购买计划后，要主动向社会公开购买服务项目的标准和要求。

第十三条　购买主体应按照《中华人民共和国政府采购法》等相关规定，通过公开招标、邀请招标、竞争性谈判、询价、单一来源采购等方式确定承接主体；也可以根据不同的政府购买服务项目，采用委托、承包等方式选择承接主体。

第十四条　通过以上方式确定承接主体后，购买主体应及时签订购买服务合同，明确购买服务的范围、标的、数量、质量要求以及服务期限、资金支付方式、权利义务和违约责任等内容，严禁转包行为。购买主体要将合同报同级财政部门备案。

第六章　政府购买服务的资金管理

第十五条　根据现行财政财务管理制度，政府购买服务所需资金从其部门预算安排的公用经费或经批准使用的专项经费既有预算中统筹安排。随着政府提供公共服务的发展所需增加的资金，应按照预算管理要求列入财政预算。

第十六条　政府购买服务所需资金由各部门依据购买服务合同，按现行的部门预算政府采购资金支付程序支付；也可以根据政府购买服务的不同形式，由财政部门审核购买服务合同后，采取其他支付方式。

第七章　政府购买服务的保障与监督

第十七条　各级政府要按照“政府主导、部门负责、社会参与、共同监督”的要求，建立“政府统一领导，财政部门牵头，民政、工商管理以及行业主管部门协同，职能部门履职，监督部门保障”的工作机制，规范有序开展政府购买服务工作。

（一）各级政府要在政策制定、资金扶持、人才培养等方面积极支持社会组织的培育和发展。

（二）财政部门牵头负责建立健全政府购买服务制度，监督、指导各类购买主体依法开展购买服务工作，做好政府购买服务的资金管理、监督检查和绩效评价等工作。

（三）机构编制部门负责对政府购买服务的范围和目录进行审核。

（四）民政、工商管理以及行业主管等部门要按照职责分工，将承接政府购买服务行为纳入年检、评估、执法等监管体系。社会组织登记管理机关负责核实社会组织的资质及相关条件，向购买主体提供社会组织名录。

（五）监察、审计部门负责对政府购买服务工作和资金使用情况进行监督、审计。

（六）购买主体负责购买服务的具体组织实施，建立健全内部监督管理制度，公开本部门经批准的政府购买服务事项，对承接主体提供的服务进行跟踪监督，在项目完成后组织考核评估和验收。

第十八条 加强政府购买服务工作的绩效管理，严格绩效评价机制。建立健全由购买主体、服务对象及第三方组成的综合性评审机制，对购买服务项目数量、质量和资金使用绩效等进行考核评价。评价结果向社会公布，并作为以后年度编制政府购买服务预算和选择承接主体的重要依据。

第十九条 财政、监察、审计等部门应加强对政府购买服务的监督，确保政府购买服务资金规范管理和使用，防止截留、挪用和滞留资金等现象发生。对违法违规行为，按规定予以处罚、处分或移交司法机关处理。对在政府购买服务工作中作出突出贡献、取得良好社会和经济效益的社会组织，可给予奖励性补助。

第二十条 建立政府购买服务退出机制，对弄虚作假、冒领财政资金的承接主体，依法给予行政处罚。

第八章 附 则

第二十一条 本办法由省财政厅负责解释。

第二十二条 本办法自2014年1月1日起施行，有效期5年。

山东省民政厅　山东省财政厅 支持社会组织发展与参与社会服务试点项目实施方案

（鲁民〔2013〕81号　2013年11月4日）

为加强支持社会组织发展与参与社会服务试点项目（以下简称项目）的管理，确保项目规范实施，制定本实施方案。

一、目标

通过政府扶持引导，促进社会组织加强自身建设、提升服务社会能力；转变政府职能，购买有关社会组织参与社会救助、社会福利、优抚安置等民政领域社会服务，提高社会服务供给效率和质量；扶持一定数量具备资质、信誉良好、职能重要的社会组织，发挥其示范作用，促进社会组织发展；引导和推动各地建立政府财政支持社会组织发展和参与社会服务机制，促进社会组织在经济社会发展中发挥更大作用。

二、资助原则

（一）公开透明。实行阳光操作，项目申报、遴选、补助和资金使用管理全过程公开、透明，接受社会监督。

（二）突出重点。根据实际情况和工作重点，确定年度具体资助领域和项目。

（三）稳步推进。坚持先试点后推开的原则，扶优扶精，发挥示范带动作用，条件成熟后全面推开。

（四）跟踪问效。对资助项目建立考核制度，定期对项目实施情况进行指导、监督和跟踪问效，确保资金安全和使用效果。

三、资助范围和条件

主要资助开展公益服务、具有引领示范作用的公益慈善类社会组织，提供有关民政业务的社会管理和社会工作服务的社会组织，支持社会组织孵化基地、创业园等服务平台建设。

（一）扶持公益慈善社会组织

主要是服务对象明确、公益宗旨明显、民间性强、具有示范引领作用的社会组织。有关社会组织应具备以下条件：

1. 在民政部门注册登记的社会团体或民办非企业单位。

2. 服务对象为困难群体、特殊群体等。

3. 从事医疗救助、灾害救援、社区服务、志愿服务等公益或公共服务活动。

4. 具备开展相关公益服务的基本人员力量和专业能力。

5. 近5年内未受到民政部门及其他行政管理机关的行政处罚。

（二）购买社会组织社会服务

采取购买服务的方式，委托有关社会组织开展养老机构服务人员培训、养老机构资质评估、社会组织评估等社会管理和社会工作服务项目。有关社会组织应具备以下条件：

1. 组织机构完善、内部制度健全、执行能力良好。

2. 具有法律法规规定或有关主管部门要求的相关专业资质。

3. 近3年内未受到民政部门及其他行政管理机关的行政处罚。

4. 具备从事相关服务所必需的专业技术人员。

（三）支持开展社会组织孵化基地、创业园建设

主要资助由政府、民政部门或社会组织举办的专门培育、孵化具有创新性、有发展潜力的公益性社会组织的孵化基地、创业园，包括为初创起步阶段的社会组织提供办公场地、办公设备、注册协助、指导培训等关键性的支持。孵化基地、创业园入驻的社会组织应在10家以上。

（四）开展社会组织人员培训

组织社会组织负责人、专职工作人员开展专题讲座、专业技能培训等，提高社会组织的专业服务能力。

四、申请审批程序

（一）组织申报

根据每年确定的扶持重点，省民政厅、省财政厅每年4月底前下发通知，组织开展项目申报工作。项目申报单位应如实填写项目申报书。项目申报书应经法定代表人签字，申报单位盖章，承诺申报材料的真实性、按规定用途使用项目资金。全省性社会组织向省民政厅提交项目申报书；在

市、县（市、区）民政部门登记的社会组织向各自的登记管理机关提交项目申报书，市、县（市、区）民政部门逐级上报省民间组织管理局。申报工作在10个工作日内完成。

（二）初审

省民间组织管理局对提交的项目申报书进行初审，初审通过的申报项目汇总后提交省民政厅、省财政厅共同审定。初审工作在5个工作日内完成。必要时进行实地调查，择优确定符合条件的项目。

（三）审定

省民政厅、省财政厅在5个工作日内对通过初审的项目进行审核，最终确定资助单位，并在省民政厅门户网站上公示不少于5天。公示期满无异议的，落实补助资金。有异议的，要派专人进行核实，向社会说明核实情况，反映情况属实的，取消扶持资格，记入社会组织信用评定记录，并按规定给予相应处罚；反映情况不属实的，按规定落实项目扶持资金。

五、组织实施

（一）建立目标责任制

按照谁申报、谁落实的原则，由项目单位对项目资金的安全和有效利用负责。

（二）建立监督检查机制

民政、财政部门要密切协作，切实加强对项目的前期审查、指导和跟踪检查，确保项目资金安全和有效使用。

（三）建立考评机制

民政、财政部门要建立绩效评估工作机制，考核项目资金的使用效益。对执行进度好、资金管理规范、社会效益好的项目给予通报表扬，对项目进度缓慢、资金管理混乱的项目给予通报批评，并督促整改，情节严重的，追回项目资金。对违反补助资金使用规定的单位和个人，根据有关法律和规定进行严肃处理，涉嫌违法的移送司法机关依法追究法律责任。

山东省民政厅关于创新社会组织登记和管理工作的通知

鲁民〔2013〕49号

各市、县（市、区）民政局：

根据党的十八大关于建立现代社会组织体制的部署，为认真贯彻国务院机构改革和职能转变方案、省政府关于推进政府职能转变简政放权减少行政许可的意见中有关改革社会组织登记和管理制度的要求，促进社会组织健康有序发展，现就加强和创新社会组织登记和管理工作通知如下：

一、推进社会组织登记制度改革

（一）实行直接登记

重点培育、优先发展行业协会商会类、科技类、公益慈善类、城乡社区服务类社会组织，成立这些社会组织，直接向民政部门依法申请登记，不再需要业务主管单位审查同意。政治法律类、宗教类等社会组织和境外非政府组织在鲁代表机构仍需要经业务主管单位审查同意。上述社会组织依据法律法规需前置行政审批的，在申请注册登记时，要提供相关职能部门的行政许可法律文件。

行业协会商会类社会组织，指从事工业、农业、商业、服务业等经济类社会团体，包括异地商会。科技类社会组织，指自然科学、技术科学领域的学术性、科普性、综合性社会组织。公益慈善类社会组织，指从事社会福利、救灾救助、社会保障及社会事务的社会服务类社会组织和教育、卫生、文化、体育、生态环境等社会事业类社会组织。城乡社区服务类社会组织，指围绕城乡社区居民的多样化需求提供服务的社会组织。

（二）下放登记权限

将异地商会登记权限由省民政厅下放至设区的市民政部门，将非公募基金会的登记权限由省民政厅下放至设区的市和县（市、区）民政部门。

异地商会包括省际异地商会和省内市际异地商会。省际异地商会，指山东省外的其他省（自治区、直辖市）、市地的自然人和法人在山东省行政区域内登记注册的投资企业依法自愿发起组建、带有原籍地省（自治区、直辖市）、市地行政区域名称特征的社会团体法人。省内市际异地商会，指本省内设区的市的自然人和法人在另一设区的市行政区域内登记注册的投资企业依法自愿发起组建、带有原籍地设区的市行政区域名称特征的社会团体法人。异地商会的注册登记要坚持地域对等原则，发起人要具有代表性、广泛性。

非公募基金会不得面向公众募捐。设立基金会不能为特定个人或组织谋取利益，严禁变相进行筹资、洗钱以及违背公益准则的交易。发起人应具有良好的社会信誉。非公募基金会在申请注册登记时应提交捐资承诺书和资产证明。

（三）允许登记备案

大力培育发展城乡社区社会组织，降低登记门槛，简化登记程序。对符合登记条件的，依法予以注册登记；对暂不符合登记条件的，由县级民政部门或授权社区备案。

（四）探索一业多会

探索引入竞争机制，可按国民经济行业分类的小类标准设立行业协会商会，允许同一行业按产业链各个环节、经营方式和服务类型设立行业协会商会，允许成立跨区域性行业协会商会。

二、加强社会组织规范管理

按照建立“统一登记、各司其职、协调配合、分级负责、依法监管”的社会组织管理体制要求，加强与有关职能部门的协同配合，提升监管合力。

（一）加强日常监督管理

健全完善监督管理制度，扩大社会监督，落实社会组织信息公开、重大事项报告、换届报批等制度，规范社会组织评比达标表彰、举办研讨会庆典论坛和开展合作活动等行为；加强年度检查，实行年度财务审计制度，严格年检审查标准，督导社会组织认真履行章程和落实《民间非营利组织会计制度》，促进社会组织提高规范运作水平和社会公信力。

（二）推行行业协会商会与行政机关脱钩

积极推动行业协会商会和行政机关在人事、机构、职能、财务、资产等方面分开，禁止行政机关工作人员在行业协会商会兼职，禁止行业协会商会和行政机关合署办公，禁止行业协会商会的财务由行政机关直接管理，切实改变行业协会商会行政化倾向，增强其自主性和活力。

（三）督导社会组织完善法人治理结构

以促进规范运作为着力点，督导社会组织健全民主选举、民主决策、财务公开、人事管理、诚信自律等规章制度，建立权责明确、运转协调、制衡有效的法人治理结构，推进社会组织管理层的职业化和专业化，强化领导班子建设。

（四）加大执法监察力度

进一步完善执法制度，改善执法条件，严格执行执法规程，完善社会组织年度检查、查处退出机制，加大执法查处力度，严肃查处非法社会组织和社会组织的违法行为。

三、增强社会组织管理服务效能

（一）提升社会组织登记管理服务水平

认真落实社会组织登记、年检、执法服务规范，树立窗口意识，规范服务标准，强化岗位责任，提高登记效率和服务质量。

（二）加强社会组织管理服务信息化建设

充分利用山东社会组织门户网站这一信息平台，扩大社会组织影响，提升社会组织的形象。加快社会组织信息管理系统的应用进度，加强社会组织电子档案库、法人数据库建设，逐步实现社会组织管理的办公自动化、信息数据化、管理网络化。

（三）开展社会组织评估

按照政府指导、社会参与、独立运作、第三方评估的要求，在全省范围内开展社会组织评估工作。建立科学合理的评估指标体系和公开、公平、公正的评估机制，发挥评估的导向和激励作用，不断提高社会组织建设水平和服务能力。

（四）扶持社会组织发展

认真落实社会组织税收优惠政策，做好公益性社会团体和基金会捐赠税前扣除资格、社会组织免税资格和有关科技类民办非企业单位免税资格的申报和认定工作。积极争取政府财政支持，建立购买社会组织服务制度。各级民政部门要安排福彩公益金支持社会组织参与公益慈善项目。加强社会组织服务平台建设，推进建立社会组织创业园、孵化基地、服务中心。

四、工作要求

（一）加强组织领导

各级民政部门要认真贯彻落实中央和省委、省政府关于创新社会组织登记和管理体制的要求，切实加强对这项工作的组织领导。要结合本地实际，周密部署，扎实推进，切实抓好落实。

（二）积极沟通协调

在社会组织登记管理审批工作中，要就有关重要问题及时征求相关行业主管部门意见。要注意加强与相关行业主管部门的沟通协调，搞好工作衔接，密切配合，通力合作，形成有效的协调机制。

（三）加强队伍建设

各地要根据工作需要，加强工作力量，配备与工作任务相适应的工作人员，确保直接登记工作顺利实施。存在登记和管理分离的登记管理机关，要充分认识社会组织登记管理的实质和意义，统筹安排，尽快改变登记和管理分离的问题。

（四）注重总结经验

要注重开展调查研究，深入基层广泛听取群众意见，认真研究解决创新社会组织登记和管理中存在的困难和问题。对工作中的好做法、好经验要及时总结和完善，遇到重要问题及时报告省厅。

本通知自2013年8月1日起施行，有效期至2015年7月31日。通知中规定的有关内容如与国家新出台的法规政策不符的，以新的国家法规政策为准。

山东省财政厅　山东省民政厅支持社会组织参与社会服务试点项目省级补助资金使用管理办法

（鲁财社〔2013〕22 号　2013 年 7 月 18 日）

各市（不含青岛）财政局、民政局，各省财政直接管理县（市）财政局：

现将《山东省支持社会组织参与社会服务试点项目省级补助资金使用管理办法》印发给你们，请遵照执行。

山东省财政厅　山东省民政厅

第一条　为了加强省财政支持社会组织发展试点项目资金的使用管理，提高资金的使用效益，根据《中央财政支持社会组织参与社会服务项目资金管理办法》（财社〔2012〕138 号）及省有关规定，制定本办法。

第二条　本办法所称社会组织是指在我省各级民政部门登记成立的社会团体、基金会和民办非企业单位。

第三条　本办法所称山东省支持社会组织发展试点项目省级补助资金（以下简称“省级补助资金”）是指省级财政预算安排专项用于支持社会组织参与社会服务的补助资金。

第四条　省级补助资金用于以下方面：

（一）发展示范性社会组织。资助规模较大、职能重要、具有引领示范性的全省性或有较强区域辐射功能的公益慈善类社会组织，购置必要的服务设备，完善服务设施，改善服务条件，增强开展公益慈善项目的能力。

（二）购买社会组织参与社会服务试点项目。购买社会组织承接社会救助、救灾、社会福利、民间组织等方面的统计、测评、分析、评估、行业指导等社会管理服务，及围绕城乡困难群众、受灾群众、老年人、残疾人等特殊群众开展救助、援助、康复、心理辅导、社区服务等社会工作服务。

（三）社会组织孵化基地建设示范项目。支持各地开展社会组织孵化基地建设、社会组织创业园建设等。

（四）社会组织人员培训。对社会组织负责人、业务工作人员开展专业技能培训，提高社会组织的专业服务能力。

（五）根据社会管理工作需要，省财政厅、省民政厅确定的其他支出。

第五条 省民政厅会同省财政厅根据省财政当年社会组织发展试点项目预算安排、上年度项目进展和绩效评价等情况，研究制定项目年度实施方案，明确项目范围、资助标准、评审规程及项目实施和监管要求等内容。项目年度实施方案应当向社会公布。

第六条 省级补助资金和项目申报。符合条件的社会组织可按项目年度实施方案要求申报相关项目，并提供有关证明材料。

全省性社会组织应当直接向省民政厅提出申请。

省级以下民政部门登记的社会组织应当向登记注册所在地民政部门提出申请。

第七条 各市民政、财政部门对申报材料的真实性、合规性、可行性进行初审后，统一汇总报送省民政厅、省财政厅。

省民政厅、省财政厅对各地报送的申请报告进行审核，采取实地查看、组织专家评审等方式进行复审，根据复审结果确定省级支持的项目名单和补助金额。

第八条 省级补助资金下达。全省性社会组织项目，省财政厅将项目资金下达省民政厅，按照财政国库集中支付制度的规定办理；省以下民政部门登记的社会组织项目，省财政厅按现行财政预算管理要求将项目资金拨付相应和省财政直接管理县（市）财政部门。

第九条 省财政对有地方政府投入和社会资金资助的项目优先给予支持。

第十条 各项目单位应当按照“专款专用、单独核算、注重绩效”的原则，建立健全内控制度，加强对项目资金的管理，严格按照申报用途使用资金，加快项目预算执行进度，提高资金使用效益。

第十一条 各项目单位要将资金使用管理情况和项目实施效果报民政部门。省民政厅负责组织或委托有关机构对项目实施情况进行绩效考评，绩效考评结果作为以后年度项目评审和资金安排的参考因素。

第十二条 各项目单位应当自觉接受社会各界的监督，并积极配合有关部门做好审计、稽查等工作。

地方各级民政部门应当加强对本地区项目资金使用的监管，建立追踪问效机制，保证项目资金科学、合理、有效使用。

省财政厅、省民政厅不定期地对各地项目资金使用管理等情况进行检查。

第十三条 任何单位和个人不得骗取、截留、挤占、挪用项目资金。对违反规定使用项目资金的，将依据《财政违法行为处罚处分条例》（国务院令第 427 号）等有关规定追究责任。

第十四条 本办法由省财政厅、省民政厅负责解释。

第十五条 本办法自发布之日起执行。

湖北省民政厅关于印发《湖北省行业协会（商会）规范化建设指引（试行）》的通知

（鄂民政函〔2013〕417号　2013年9月13日）

各市、州、县（市、区）民政局，各全省性行业协会（商会）：

为健全我省行业协会（商会）的组织机构和运行机制，规范行业协会（商会）治理行为，促进行业协会（商会）健康有序发展，依据国务院《社会团体登记管理条例》、《湖北省发展和规范行业协会暂行办法》等有关法律、法规、规章，结合我省实际，我厅制定了《湖北省行业协会（商会）规范化建设指引（试行）》，现印发给你们，请结合实际组织实施。

湖北省民政厅

湖北省行业协会（商会）规范化建设指引

（试行）

第一章　总　则

第一条　为了健全行业协会（商会）的组织机构和运行机制，规范行业协会（商会）治理行为，促进行业协会（商会）健康有序发展，依据国务院《社会团体登记管理条例》、《湖北省发展和规范行业协会暂行办法》等有关法律、法规、规章，结合我省实际，制定本指引。

第二条　行业协会或称同业公会、行业商会，是指由同行业各类生产经营主体，包括企业、个体工商户、其他经济组织和有关单位自愿组成，依法实行自律管理，主要为本行业生产、经营活动提供服务的非营利性社团法人。

省外的投资者在本省行政区域内投资从事生产经营所组建的商会列入行业协会管理范围。

第三条 行业协会（商会）的活动必须遵守有关法律、法规，维护国家利益和社会公共利益，符合行业整体利益。行业协会（商会）以提供服务、反映诉求、规范行为为基本职能。行业协会（商会）应遵循民主办会、自主办会的原则，其合法权益受法律保护。

第二章 组织架构及职责

第一节 会员与会员（会员代表）大会

第四条 同一行业内依法登记的企业法人、个体工商户、其他经济组织或有关单位，拥护行业协会（商会）章程，经申请获准，方可成为该行业协会（商会）会员。行业协会（商会）会员一般应是单位会员。在本行业从事经营管理卓有建树的资深人员以及相关专业技术人员可以个人身份申请加入行业协会。行业协会（商会）会员必须坚持入会自愿、退会自由的原则。

第五条 行业协会（商会）的最高权力机关为会员大会或会员代表大会（以下简称会员大会）。会员数量为200—300个的，可推选代表组成会员代表大会，会员代表人数不少于会员总数的二分之一；301—500个的不少于三分之一；501个以上的不少于四分之一。会员大会须有三分之二以上会员或会员代表出席方能召开，决议事项须经到会会员或会员代表半数以上表决通过方能生效。

会员大会每届任期3至5年。因特殊情况需延期换届的，须由理事会审议通过后报登记管理机关批准。延期换届时间最长不超过1年。会员大会每年须召开一次。理事会认为有必要或经五分之一以上会员提议，可临时召开会员大会。

第六条 会员大会的职责是：

（一）制定和修改章程；

（二）选举和罢免理事、监事、监事长、会长、副会长、秘书长；

（三）审议理事会的工作报告和财务报告；

（四）制定和修改会费标准；

（五）决定终止事宜；

（六）审议有关议案；

（七）决定其他重大事项等。

第二节 理事与理事（常务理事）会

第七条 理事由会员大会选举产生，理事人数不超过会员数的三分之一。

第八条 理事会为会员大会的执行机构，在会员大会闭会期间领导协会开展日常工作，对大会负责。理事会须有三分之二以上理事出席方能召开，其决议须经到会理事三分之二以上表决通过方能生效。理事会每年至少召开一次会议。三分之一以上的理事提议召开理事会的，可以召开理事会会议。情况特殊的，可以通讯形式召开，但应完善会议纪要。

第九条 理事达50名以上的可设立常务理事会。常务理事从理事中选举产生。常务理事组成常务理事会。常务理事人数不超过理事人数的三分之一。常务理事会须有三分之二以上的常务理事出席方能召开，其决议须经到会常务理事三分之二以上表决通过方能生效。常务理事会至少半年召开一次会议，三分之一以上的常务理事提议召开常务理事会的，应当召开常务理事会会议。

第十条 理事会的职责是：

（一）执行会员大会的决议；

（二）筹备召开会员大会；

（三）向会员大会报告工作和财务状况；

（四）决定会员的吸收、除名及奖罚；

（五）决定申请设立办事机构、分支机构、代表机构和实体机构；

（六）决定副秘书长、各办事机构、分支机构、代表机构和实体机构主要负责人的聘任；

（七）领导本会各机构开展工作；

（八）制定内部管理制度；

（九）决定其他重大事项。

第十一条 常务理事会的职责是：

（一）执行会员大会的决议；

（二）决定会员的吸收、除名及奖罚；

（三）决定申请设立办事机构、分支机构、代表机构和实体机构；

（四）决定副秘书长、各办事机构、分支机构、代表机构和实体机构主要负责人的聘任；

（五）领导本会各机构开展工作；

（六）制定内部管理制度。

第三节 监事与监事会

第十二条 监事会（监事）是会员大会设立的监督机构，负责监督行业协会（商会）的业务活动和财务管理，对会员大会负责。规模小、会员少的行业协会（商会）可设 1 至 2 名监事；规模大、会员多的行业协会

（商会）设立监事会。监事会由3至7名单数监事组成，设监事长1名。监事（监事会）由会员大会选举产生，任期与理事会任期相同。监事人选从本会会员中推荐，不得兼任会长、副会长、秘书长、理事及常务理事，不得与上述人员有近亲属关系。

第十三条 监事会（监事）的职责是：

（一）对协会（商会）的决策、决议、计划的制定和执行情况进行监督；

（二）对协会（商会）会费收缴、使用及财务预算、支出和决算等财务状况进行监督；

（三）对协会（商会）会长、副会长、秘书长、理事以及各专业委员会或其他分支机构任职人员和协会聘请的工作人员工作情况进行监督；

（四）对行业协会（商会）内部机构的设置、运行，及各类人员的任免，会员大会的召开、选举程序进行监督；

（五）对协会（商会）会员违反协会（商会）自律公约、损害协会（商会）声誉等行为进行监督。对违法违纪行为提出处理意见，提交理事会并监督执行；

（六）监事列席理事（常务理事）会，有权发表意见，但不享有表决权；

（七）向会员大会报告工作。

第四节 会长、副会长、秘书长、监事长任期和职责

第十四条 行业协会（商会）设会长一名，副会长若干名。会长可采取等额或差额竞选办法产生。设常务理事会的，副会长以上人数不超过常务理事人数三分之一。不设常务理事会的，副会长以上人数不超过10人。行业协会（商会）会长、副会长、监事长每届任期与会员大会任期一致，任期最长不超过两届，因特殊情况需延长任期的，须经会员大会三分之二以上的会员表决通过，报登记管理机关批准同意后方可任职。秘书长应由专职人员担任，由会长提名，理事会表决通过后聘任；也可从理事或常务理事中选举产生。秘书长可试行年薪制。

会长为行业协会（商会）法定代表人，不得同时兼任其他社团的法定代表人。现职公务员不得兼任行业协会（商会）中的会长、副会长和秘书长。公务员辞职或退休三年内原则上不得担任行业协会（商会）中的会长、副会长和秘书长。

行业协会（商会）必须完善法人治理结构，在建立健全会员大会、理事会、常务理事、监事会的基础上，还可设共青团、妇联、纪检、工会等

组织。专职工作人员中有3名以上党员的必须建立党组织。

第十五条 行业协会（商会）会长的职责：

（一）召集和主持理事会及常务理事会；

（二）检查会员大会、理事会及常务理事会决议的落实情况；

（三）组织研究本会及本行业的发展规划和重大问题；

（四）向会员大会报告工作；

（五）代表行业协会（商会）签署有关重要文件。

第十六条 行业协会（商会）监事长职责：

（一）召集和主持监事会会议，决定是否召开临时监事会会议；

（二）检查监事会决议的实施情况，并向监事会报告决议的执行结果；

（三）代表监事会向会员大会报告工作；

（四）签署监事会的决议和建议；

（五）协会（商会）章程规定的其他权利。

第十七条 行业协会（商会）秘书长的职责：

（一）主持秘书处日常工作，组织实施年度工作计划；

（二）协调各分支机构、代表机构、实体机构开展工作；

（三）提名副秘书长以及各分支机构、代表机构和实体机构主要负责人，提交理事会通过；

（四）决定办事机构、代表机构、实体机构专职工作人员的聘用；

（五）处理其他日常事务。

第三章 内部治理

第十八条 行业协会（商会）应制定完善的内部管理制度，主要包括有：

（一）制定中长期发展规划；

（二）制定重大活动方案；

（三）制定年度工作计划；

（四）制定分支机构的监督与管理制度；

（五）制定工作人员聘用管理制度；

（六）制定财务管理制度；

（七）制定档案资料管理制度；

（八）制定行业自律要求；

（九）制定促进行业协会（商会）发展的规章制度。

第十九条 行业协会（商会）必须严格履行换届程序。

（一）行业协会（商会）召开换届会议前，必须召开理事会讨论换届筹备工作，包括事项：1. 确定参加大会的会员名单；2. 推荐下届理事人选；3. 推荐下届会长、副会长、秘书长、监事长等候选人，同一会员单位只能产生一名候选人；4. 讨论选举办法；5. 讨论本届工作报告和财务报告；6. 审议章程修改稿；7. 讨论会费标准；8. 进行财务审计等。

（二）行业协会（商会）在召开换届大会前，应提前10日向登记管理机关报送下列材料：1. 理事（常务理事）会会议纪要；2. 会员大会名称、会议议程；3. 参会会员名单；4. 推荐的下届会长、副会长、理事、常务理事、秘书长和监事候选人名单（姓名、年龄、单位职务或职称职务）；5. 章程草案；6. 会费标准草案；7. 本届工作报告、财务报告及财务审计报告。

（三）行业协会（商会）换届大会通过后30日内到登记管理机关办理有关变更登记手续和备案手续，更换登记证书等。

第二十条 行业协会（商会）要根据业务工作需要与会员承受能力制定会费标准。会费标准的制订和修改经会员大会以无记名投票的方式当场唱票表决，获得三分之二以上的会员通过后方能生效。会费标准通过后30日内报登记管理机关备案。行业协会（商会）的会费必须用于章程规定的业务范围和事业的发展，不得在会员中分配。

第二十一条 行业协会（商会）专职工作人员的工资和保险、福利待遇由理事会决定。行业协会（商会）要与聘用人员订立劳动合同，明确双方的权利义务。会员单位派驻行业协会（商会）的工作人员工资、福利待遇由原单位解决，不得低于在原单位工作时的标准。

第二十二条 行业协会（商会）财务管理应执行民间非营利组织会计制度。

（一）行业协会（商会）的资产管理执行国家规定的财务管理制度，接受会员大会和登记管理机关的监督。资产来源属于国家拨款或者社会捐赠、资助的，必须接受审计机关的监督，并将有关情况以适当方式向社会公布。行业协会（商会）的收支情况每年要向全体会员公开，会员认为有违法收费或违法开支的，可向政府有关部门投诉。

（二）行业协会（商会）必须按照国家有关规定，建立独立的财务和银行账户，健全财务管理制度和监督制度，实行独立核算。行业协会（商会）应配备具有职业资格的财务人员，会计和出纳必须分设。每个行业协会（商会）只能设立一个基本账户，分支机构不具独立法人资格，原则上不设独立账户。

（三）行业协会（商会）注销清算、年检、换届或者变更法定代表人、秘书长时，必须进行财务审计。

（四）行业协会（商会）的财产及其他合法收入受法律保护，任何单位和个人不得侵占、私分、挪用。行业协会（商会）应当根据章程规定的宗旨和业务范围使用其财产，不得在会员中分配其财产，不得将其财产挪作他用。

（五）行业协会（商会）会员退会或者被除名时，不得要求行业协会退还已交纳的会费及资助、捐赠的财产。

（六）“湖北省社会团体会费专用收据”只能用于收取会费，不能用于收取其他任何费用。

（七）行业协会（商会）上缴划拨、会务费、内部资料工本费及服务性收费等所需发票，应到当地税务部门购领。行业协会（商会）收取捐赠款应使用当地财政或税务部门的合法票据。

（八）行业协会（商会）可以兴办经济实体，进行工商登记注册，照章纳税。

第四章　监督与管理

第二十三条　行业协会（商会）应自觉接受监督管理。行业协会（商会）应按照规定向登记管理机关报告工作，并接受监督检查。

行业协会（商会）应依照法律、法规、规章及其章程开展活动，不得从事下列活动：

（一）通过制定行业规则或者其他方式垄断市场，操控价格妨碍公平竞争，损坏消费者、非会员企业或者其他组织的合法权益及社会公共利益；

（二）开展各种以收费为前提的评比、排序活动；

（三）滥用权力，限制会员开展合法经营活动或参与其他合法社会活动；

（四）对会员实行歧视性待遇。

行业协会（商会）或其分支机构、代表机构有下列情形之一的，由登记机关给予警告、责令改正、限期停止活动；情节严重的，予以撤销登记；构成犯罪的，依法追究刑事责任：

（一）涂改、出租、出借《社会团体法人登记证书》，或者出租、出借印章的；

（二）超出章程规定的宗旨和业务范围开展活动的；

（三）拒不接受或者不按照规定接受监督检查的；

（四）内部管理混乱，一年内未开展任何活动的；

（五）擅自成立分支机构、代表机构，或者对分支机构、代表机构疏于管理，造成严重后果的；

（六）不依法办理变更登记的；

（七）从事以营利为目的的经营活动的；

（八）侵占、私分、挪用社会团体资产或者所接受的捐赠、资助的；

（九）违反国家有关规定收取费用、筹集资金或者接受、使用捐赠、资助的。

第二十四条 行业协会（商会）有下列情形之一的，应当依法进行清算，并在清算工作结束之日起10日内，向登记管理机关申请注销登记：

（一）完成章程规定宗旨的；

（二）自行解散的；

（三）因分立、合并需要解散的；

（四）其他原因需要终止的。清算期间，行业协会（商会）不得开展清算范围以外的活动。

行业协会（商会）申请注销登记，应当向登记管理机关提交下列材料：

（一）注销登记申请书；

（二）会计师事务所出具的清算报告书；

（三）社会团体法人注销登记表；

（四）《社会团体法人登记证书》正、副本，印章；

（五）业务主管单位同意注销的文件。

第二十五条 行业协会（商会）分支（代表）机构的变更和注销，须经理事会讨论通过后报登记管理机关备案。备案须报送以下材料：变更、注销申请书；变更、注销备案表；理事会会议纪要。

第二十六条 行业协会（商会）登记事项发生变更的，应当自变更之日起10日内，向登记管理机关申请变更登记。

申请变更登记的，应当提交法定代表人签署的变更登记申请书和会员大会做出的变更决议，按照下列规定办理：

（一）变更名称和业务范围的，应当提交拟变更的章程草案；

（二）变更住所的，应当在迁入新住所前申请变更登记，并提供新住所使用权证明；

（三）变更法定代表人和秘书长的，应当提交会计师事务所出具的任期审计报告；

（四）变更注册资金的，应当提交会计师事务所出具的验资证明。

第二十七条 行业协会（商会）组织重大活动必须报告。

（一）行业协会（商会）召开会员大会，应提前10个工作日将会议内容和有关事项向登记管理机关报告。

（二）行业协会（商会）举办庆典、研讨会、论坛和展览会、博览会等，须经相关部门审核后报登记管理机关审批。

（三）行业协会（商会）组织涉外研讨会、与境外组织交流交往、接受境外捐赠等涉外活动，应报相关职能部门审批，并于活动开始前5个工作日报登记管理机关备案。

（四）行业协会（商会）举办评比、达标、表彰、比赛活动，必须严格按照国评组发〔2012〕2号《社会组织评比达标表彰活动管理暂行规定》执行。

第二十八条 行业协会（商会）必须按时接受登记管理机关的年度检查。每年3月1日至5月31日是法定年检时间，行业协会（商会）必须按时将上一年的活动情况通过登录“湖北社会组织年检系统”报登记管理机关。

关于印发《湖北省基金会信息公开办法（试行）》的通知

（鄂民政函〔2013〕433 号　2013 年 9 月 25 日）

各市、州、省直管市及神农架林区民政局，全省各基金会：

根据《中华人民共和国公益事业捐赠法》、国务院《基金会管理条例》、民政部《基金会信息公布办法》和《公益慈善捐助信息公开指引》等有关法规和政策规定，我厅制定了《湖北省基金会信息公开办法（试行）》，现印发给你们，请遵照执行。

湖北省民政厅

湖北省基金会信息公开办法

（试行）

第一章　总　则

第一条　为了保障公民、法人和其他组织依法获取在湖北省注册登记的基金会信息，规范基金会信息公开工作，增强基金会工作的透明度，提高基金会的社会公信力，促进公益事业持续健康发展，根据《中华人民共和国公益事业捐赠法》、国务院《基金会管理条例》、民政部《基金会信息公布办法》、《关于规范基金会行为的若干规定（试行）》和《公益慈善捐助信息公开指引》等相关法律法规和规章，结合本省实际，制定本办法。

第二条　本办法所称基金会，是指利用自然人、法人或者其他组织捐赠的财产，以从事公益事业为目的，按照国务院《基金会管理条例》的规定在湖北省民政部门登记的非营利性法人。

第三条　本办法所称的基金会信息是指基金会在履行职责、开展活动等过程中形成或获取，以一定形式记录、保存的信息。

第四条　本办法所称的信息公开，是指基金会按照相关法律法规和规章以及本办法的规定，将基金会信息通过一定方式向社会公开的行为。

第五条 基金会是信息公开义务人。

第六条 基金会应当根据本办法的要求，建立健全信息公开工作的内部管理制度，不断改进信息公开工作，保障捐赠人和社会公众的知情权、监督权等合法权益，依法接受登记管理机关的监督、指导。

第七条 基金会应当确定专人负责信息公开管理工作，建立信息公开档案管理制度，妥善保管已经公开的信息档案。基金会信息公开管理人员变动的，应及时报登记管理机关备案。

第八条 捐赠人有权查询捐赠财产的使用、管理情况。对于捐赠人的查询，基金会应当及时如实答复。

第九条 公民、法人或者其他组织可以根据自身生产、生活、科研等特殊需要，向基金会申请获取相关信息。

第二章 信息公开基本原则

第十条 及时准确原则。基金会应按本办法规定，及时公开相关信息，确保信息准确、真实、有效。不得有虚假记载、误导性陈述或者重大遗漏。

第十一条 方便获取原则。基金会公开信息，应方便捐赠人、社会公众及有关单位完整地查阅和获取。

第十二条 规范有序原则。基金会应制定信息公开工作流程，定期更新应当公开的信息，保证信息公开工作规范、有序。

第十三条 惯例特例原则，即公开为惯例不公开为特例原则。公开信息涉及危及国家安全、侵犯他人权益或隐私的，以及其他法律法规规定不予公开的信息可不予公开。

捐赠人不愿意公开的捐助信息，基金会应当事前与捐赠人约定；无约定的，相关公益捐助信息均应公开。不予公开的信息，应当接受登记管理机关的监督检查。

第三章 公开内容

第十四条 基金会基本情况信息，包括：机构名称、成立时间、原始基金数额、机构宗旨和业务范围、理事和监事构成、内部机构设置、办公地址、电话等。

第十五条 基金会组织募捐活动信息，包括：公募基金会在开展募捐前向社会公布活动名称、活动地域、活动起止时间、捐赠人权利义务、募集款物计划及活动目标、募集款物的使用计划、成本预算、募捐活动的合作伙伴、募捐活动的方式（义演、义卖或是其他）等；在募捐活动持续期间内，应当及时公布募捐活动所取得的收入、直接用于受助人的款物、开展公益活动的成本支出情况；在捐赠收入中列支了日常运作费用的，还应当公布列支的情况。募捐活动结束后，应当公布募捐活动取得的总收入及其使用情况。

第十六条 基金会接受捐赠信息，包括：接受捐赠款物时间、捐赠来源、接受捐赠款物性质（限定性捐赠或非限定性捐赠）、接受捐赠款物内容、数量，以及是否开具捐赠票据等。

第十七条 基金会开展公益资助项目信息，包括：在开展公益资助项目前向社会公布所开展的公益项目种类、实施地域以及申请、评审程序、标准；评审结束后，应当公布评审结果；公益资助项目完成后，应当公布有关的受益对象、公益款物拨付和使用的时间、数额、项目成本、资助效果等；事后对项目进行评估的，评估结束后，应当同时公布评估结果。

第十八条 基金会财务信息，包括：经会计师事务所审计后的年度审计报告（会计报表、资产负债表、业务活动表、现金流量表、会计报表附注、财务情况说明书等）和专项信息审核报告。

第十九条 基金会日常动态信息，包括开展公益活动情况，内部招投标和物资采购情况，主要工作人员变动情况等。

第二十条 基金会各分支机构、专项基金相关情况。

第二十一条 基金会年检情况、评估结果、规章制度和其他规范性文件。

第二十二条 法律、法规、规章规定应当公开的其他信息。

法律法规和规章对上述事项的公开权限另有规定的，从其规定。

第四章 信息公开时限及方式

第二十三条 日常性捐助信息，基金会应在收到捐赠后的 15 个工作日内公开捐赠款物接受信息；基金会通过募捐以及为自然灾害等重大事件接受公益捐赠的专项信息，应在收到捐赠后的 10 日内公开捐赠款物接受信息。对于银行汇款等方式的捐款信息，应当在结账后及时核对和公开，不能满足上述公开时限的应予以说明。

第二十四条 捐赠款物拨付和使用信息，应采取动态方式及时公开，一般应在捐赠款物拨付后一个月内向社会公开，并视情况定期或不定期公开后续信息。公益项目运行周期大于 3 个月的，每 3 个月信息公示 1 次，以使捐赠人和社会公众及时了解捐赠款物使用进展情况。所有公益项目应当在项目结束后予以全面公开。

第二十五条 基金会年度工作报告经登记管理机关审查通过后，全文在登记管理机关指定的媒体上公布。

第二十六条 基金会公开信息，应当选取以下一种或几种方式：

（一）基金会门户网站；

（二）基金会公开发行的出版物（如期刊等）；

（三）新闻发布会和其他相关会议；

（四）《中国社会报》、《湖北日报》、湖北社会组织网等省级以上的媒体（电视、报纸、电台、杂志、网站等）；

（五）其他便于公众及时准确获得信息的形式。

第二十七条 信息公开所使用的方式应当能够覆盖基金会的活动地域。公开的信息内容中应当注明基金会的联系、咨询方式及联系人。

第五章 监督管理

第二十八条 登记管理机关依法对基金会信息公开工作进行监督管理，建立基金会诚信记录档案。

第二十九条 对申请公开的信息，基金会根据下列情况分别作出答复：

（一）属于公开范围的，应当告知申请人获取该信息的方式和途径；

（二）属于不予公开范围的，应当告知申请人并说明理由；

（三）依法不属于基金会公开或者该信息不存在的，应当告知申请人；

（四）申请内容不明确的，应当告知申请人作出更改、补充。

第三十条 信息一经公开，基金会不得任意修改；确需修改的，应当严格履行信息公开内部管理制度规定的程序，经修改后重新公开，并说明理由，声明原信息作废。

第三十一条 登记管理机关收到公民、法人和其他组织对基金会不依法履行信息公开义务举报的，应当依法予以调查处理。

第三十二条 基金会违反《基金会管理条例》和本办法规定，有下列情形之一的，由登记管理机关给予警告、责令改正；情节严重的，可以撤销登记：

（一）不依法履行信息公开义务的；

（二）不及时更新公开的信息内容的；

（三）公开虚假信息的；

（四）违反《基金会管理条例》和本办法规定的其他行为。

第三十三条 基金会信息公开工作所需的经费应当纳入年度预算，保障信息公开工作的开展。

第三十四条 基金会应当将信息公开工作的情况如实反映在年度工作报告中，接受登记管理机关监督检查。

基金会信息公开工作情况应当包括下列内容：

（一）主动公开信息和依申请公开信息的情况；

（二）不予公开信息的情况；

（三）因信息公开被投诉、提起民事诉讼的情况；

（四）其他需要报告的事项。

第三十五条 登记管理机关鼓励基金会依据本办法做好信息公开工作，并在工作评价和表彰奖励等工作中，将基金会的信息公开状况作为重要指标。

第六章　附　则

第三十六条 依据民政部《社会团体设立专项基金管理机构暂行规定》及《湖北省社会团体登记管理办法》（省人民政府令第217号）第二十六条规定设立专项基金管理机构的社会团体及其他具有公益性捐赠税前扣除资格的社会组织参照本办法执行。

第三十七条 本办法由湖北省民政厅负责解释。

第三十八条 本办法自下发之日起施行。

湖南省民政厅关于对四类社会组织实行直接登记管理的暂行办法

（湘民发〔2013〕46 号　2013 年 8 月 6 日）

为贯彻落实《国务院机构改革和职能转变方案》，进一步加强和创新社会管理，培育社会组织健康有序发展，加快形成政社分开、权责明确、依法自治的现代社会组织体制，促进社会组织更好地为全省经济社会发展服务，按照有关政策法规规定，结合湖南省社会组织工作的实际，特制定对行业协会商会类、科技类、公益慈善类、城乡社区服务类等四类社会组织直接登记的暂行办法。

一、直接登记的对象

1. 直接登记对象为行业协会商会类、科技类、公益慈善类、城乡社区服务类社会组织。城乡社区社会组织达到登记条件且提出成立登记申请的，登记管理机关可以受理直接登记；暂时达不到条件，发起人申请备案的，登记管理机关可以予以备案。城乡社区社会组织备案办法另行制定。

二、直接登记的基本条件

2. 允许公益慈善类社会团体名称加“字号”。

3. 行业协会的名称要体现行业特性，行业协会可以按照国民经济行业分类的中类设立。按照国民经济行业分类的小类标准或者按照产业链各个环节、经营方式、服务类型设立的，可以实行一业多会，引入适当竞争机制。同领域、同地域、同行业、同类型的社会组织可成立联合性自律组织的枢纽型社会组织，协调沟通同业协会之间的关系。

4. 社会组织法人发起人必须是在本行政区域内依法登记、持有法人执照、主营业务属于拟成立社会组织业务范围的单位。自然人发起人应当是符合《社会团体登记管理条例》、《基金会管理条例》、《民办非企业单位登记管理暂行条例》规定的条件，在本地区、本领域具有较高的知名度、权威性和凝聚力的公民。

5. 发起成立社会团体必须有一定数量符合条件的法人或自然人。发起人应遵纪守法，拥护四项基本原则，应具有一定的代表性、地域性和影响力。

6. 全省性社会团体的注册资金和会员数量应该符合相关规定。

三、直接登记的流程

7. 登记管理机关收到核名申请有效文件之日发给核名受理通知书，在7个工作日内做出同意或者不同意核名的决定。登记管理机关向上级请示或征询有关职能部门意见期间不计入办理期限。

8. 登记管理机关对社会组织提交的核名材料进行审查，直接受理核名申请；需要征询有关职能部门意见的，由登记管理机关出具征询函。

9. 经初审合格的，受理机关发给《通过核名通知书》，并告知成立登记所需提交的资料；不通过核名的，发给《不予通过核名通知书》，并告知不予通过的理由。

10. 社会组织发起人收到《通过核名通知书》后，应及时提交相关成立登记材料。社会团体取消筹备成立环节，自收到《通过核名通知书》后，应积极发展会员、制定章程、拟定领导班子、召开第一次会员大会（会员代表大会），向登记管理机关提交成立登记材料。

11. 登记管理机关收到全部有效成立登记资料的，出具行政许可受理书；材料不符合要求的，应告知申请人补正材料。

12. 登记管理机关在出具行政许可受理书之日起30个工作日对登记材料的真实性、合法性、有效性进行审查。对审查合格的，发给登记许可决定书；对审查不合格的，告知其不许可决定内容和理由，并告知其权利救济途径。

四、监督管理

13. 社会组织登记管理机关行使下列监督管理职责。

（1）负责社会组织成立、变更、注销登记、年度检查；

（2）监督、指导社会组织遵守宪法、法律、法规和国家政策，监督社会组织依据其章程开展活动；

（3）监督社会组织加强信息公开工作，社会组织要及时向社会和媒体披露社会组织自身重要信息；

（4）督促社会组织落实专职工作人员“五险一金”等各项福利待遇，鼓励社会组织聘用专业社会工作人才，发展招募社会组织工作志愿者；

（5）监督社会组织加强财务工作，切实执行民间非营利会计制度，监督社会组织重大投融资行为；

（6）督促社会组织加强民主选举、民主决策、重大事项报告和诚信自律建设；

（7）督促社会组织建立党组织，引导党组织积极发挥作用；

（8）对社会组织的违规违纪行为进行监督检查，对情节严重的依法依规予以查处；

（9）社会组织因故被撤销、注销或其他原因终止的，协同指导社会组织的清算事宜；

（10）直接登记的社会组织对外独立承担法律责任。

五、其他

14. 本办法的解释权属于湖南省民政厅。

15. 本办法自公布之日起施行。

广东省民政厅关于印发《广东省民政厅关于校友会登记管理的指导意见》的通知

（粤民民〔2013〕164 号　2013 年 5 月 29 日）

各地级以上市民政局、佛山市顺德区民政宗教和外事侨务局：

经省政府同意，现将《广东省民政厅关于校友会登记管理的指导意见》印发给你们，请结合实际，认真贯彻执行。

广东省民政厅

广东省民政厅关于校友会登记管理的指导意见

为进一步促进社会组织培育发展，适应我省经济社会发展需要，充分发挥其在参与社会服务和社会管理中的积极作用，现就校友会登记管理有关事项提出如下指导意见：

一、指导思想

根据《民政部、广东省人民政府共同推进珠江三角洲地区民政工作改革发展协议》、《中共广东省委、广东省人民政府关于进一步培育发展和规范管理社会组织的方案》精神，适度放开校友会登记。校友会是由校友自愿加入，为加强校友之间及校友和母校之间的联系，激励校友发扬母校优良传统，弘扬教育为本的理念，整合校友资源，促进教育事业发展，为母校和社会发展服务的联合性社会团体。校友会依据国务院《社会团体登记管理条例》有关规定进行登记管理。

二、登记范围

适度放开校友会登记，允许登记的校友会为国家 211 工程名录内的重点高等院校、本省内全日制普通高等院校和本省内示范性中学。

三、业务范围

校友会的业务范围涵盖以下内容：发扬母校优良传统，开展校友联系交流，为母校发展提供服务；利用校友资源，开展学术交流、教育培训、咨询服务等，促进地区教育事业发展；为母校困难学生提供帮助，对优秀学生予以奖励，为社会公益事业提供资助和服务等。

四、登记原则

一校一会原则。为确保校友会资源整合和协调发展，一校在广东省范围内登记一个具有独立法人资格的校友会，已在省或地市民政部门登记的校友会，不再另外成立校友会。校址在本省内的，其注册地址应设在本校内；校址在外省的，其校友会注册地点应设在省内校友相对集中地区。

母校认可原则。为有效确认发起人资质并保持与母校沟通联系，校友会申报成立须由母校出具确认校友会发起人资质并同意其发起成立的函。

分级登记、属地管理原则。国家211工程名录高等院校、省属全日制高等院校、省属示范性中学校友会向省级民政部门或校友相对集中的地级市民政部门申请成立；市属全日制高等院校、市属示范性中学校友会向其校址所在地的地级市民政部门申请成立，可在省内其他地市设置联络机构，其会员构成可适当扩展至省内其他地区。县（区）一级民政部门暂不办理校友会登记管理业务。

五、管理要求

校友会登记管理应符合《社会团体登记管理条例》、《广东省委省政府关于进一步培育发展和规范管理社会组织的方案》、《社会团体分支机构、代表机构登记办法》等文件相关规定。明确在校生不吸纳为会员；在职国家机关公务员不得在校友会兼任秘书长以上职务，在校友会担任名誉职务的，须按干部管理权限备案；成立校友会应建立规范的财务管理制度，公开、公正、公平地严格管理校友捐款和校友活动经费，定期向全体会员大会（或会员代表大会）、理事会（或常务理事会）公布财务收支情况；校友会应建立监事会，实行监事会监督制度，增强监事监督职能；建立完善法人治理机构和内部管理制度，促进校友会健康发展，发挥校友会的积极作用。

六、实施时间

本指导意见自 2013 年 6 月 1 日起施行。地级以上市民政局可根据本指导意见制定实施细则，条件具备的，予以施行。

广东省民政厅关于印发《广东省民政厅关于异地商会登记的管理办法》的通知

（粤民民〔2013〕286号　2013年9月14日）

各地级以上市民政局，佛山市顺德区民政宗教和外事侨务局：

经省人民政府同意，现将《广东省民政厅关于异地商会登记的管理办法》印发给你们，请结合实际，认真贯彻执行。

广东省民政厅

广东省民政厅关于异地商会登记的管理办法

第一章　总　则

第一条　为加强异地商会登记管理工作，充分发挥异地商会作用，推动两地经济社会发展，根据《社会团体登记管理条例》，结合本省实际，制定本办法。

第二条　本办法所称的异地商会是指：由同一省（含自治区、直辖市）、历史约定俗成区域、地级市、县（市、区）以及东莞、中山所辖镇的自然人或法人在广东省内投资兴办，经在粤工商行政管理部门登记注册的企业自愿发起组成，以原籍地行政区域名称为基本特征，以推动企业所在地与原籍地经济合作交流为宗旨的非营利性社会团体。

第三条　在粤异地商会必须遵守法律、法规及相关政策，依照章程独立自主开展活动。

第四条　在粤异地商会以区域经贸合作为宗旨。以促进会员交流、规范会员行为、为会员提供服务、加强两地经济交流为主要业务，促进市场资源和生产要素的流动与融合，推动两地经济合作和发展。

第五条　广东省民政厅是全省性异地商会的登记管理机关，广东省人民政府相关职能部门在各自职责范围内依法对其进行业务指导。

各地级以上市民政局是各地级市的异地商会的登记管理机关，地级以上市人民政府相关职能部门在各自职责范围内依法对其进行业务指导。

省级和地市级登记管理机关可登记同一省（含自治区、直辖市）、历史约定俗成区域、地级市、县（市、区）以及东莞、中山、顺德所辖镇的商会。

第六条 异地商会的名称直接由注册地行政区划名、原籍地名、商会三部分构成。

全省性异地商会的名称规范为“广东省某某（省名）商会”、“广东省某某（省名）（地级市名）商会”、“广东省某某（省名）〔县（市、区）名〕商会”或“广东省某某（历史约定俗成区域名）商会”。

各地市的异地商会的名称规范为“某某市某某（省名）商会”、“某某市某某（省名）（地级市名）商会”、“某某市某某（省名）〔县（市、区）名〕商会”或“某某市某某（历史约定俗成区域名）商会”。

第七条 各异地商会为独立的社团法人，相互间不存在隶属关系，遵循互相尊重、互不干涉、寻求合作、共同发展的原则。各异地商会自愿加入其相关异地商会的，应以团体会员加入，各项会议的表决权按其加入商会的章程规定执行。支持各异地商会尤其全省性异地商会，凭借自身实力和公信力引导吸纳同籍或相关异地商会为团体会员，促进异地商会的资源整合、优势互补和合作发展。鼓励各异地商会为原籍地在粤务工人员提供服务。

第二章　成立、变更和注销

第八条 设立异地商会，应当具备下列条件：

（一）由原籍地在登记行政区域内投资、具有较大影响力和代表性的企业发起，经营记录良好。发起企业不得少于8家；

（二）原籍地人民政府支持在粤成立商会并确认发起单位资质；

（三）有30家以上的单位申请入会；

（四）有规范的名称、相应的组织机构和章程；

（五）有合法的资产和经费来源，注册资金不少于3万元人民币；

（六）异地商会应当具有独立的办公场所，不得与国家机关、企事业单位、发起单位或负责人所在单位合署办公；

（七）有与业务活动相适应的专职工作人员2名以上；

（八）有独立承担民事责任的能力。

第九条 申请发起异地商会，筹备负责人应当向登记管理机关提交下列文件：

（一）8 家以上发起单位共同发起的申请书，各发起单位的企业法人营业执照复印件、企业简介及其近两年资产负债表或纳税证明；

（二）原籍地人民政府支持在粤成立商会的函；

（三）《社会团体名称核准表》、《社会团体发起单位申请表》、《社会团体拟任负责人情况表》（一式两份）；

（四）章程草案；

（五）办公住所使用权证明；

（六）拟入会《社会团体会员名册》。

登记管理机关应当自收到前款所列全部有效文件之日起30 日内，经初审、复审、审定，准予名称核准的，发出准予名称核准通知书；不准予名称核准的，应当向筹备负责人说明理由。筹备负责人在接到登记管理机关准予名称核准通知书后，应当在 1 个月内，召开发起人会议，明确发起人相关责任和义务，提交由会计师事务所出具的验资报告，并通过报纸向社会发布公告，接受相关企业的入会申请。

第十条 有下列情形之一的，登记管理机关不准予名称核准：

（一）有根据证明申请筹备的异地商会的宗旨、业务范围不符合《社会团体登记管理条例》第四条及本办法第四条规定的；

（二）在同一行政区域内已有相同或者相似的异地商会，没有必要成立的；

（三）发起人、拟任负责人正在或者曾经受到剥夺政治权利的刑事处罚，或者不具有完全民事行为能力的；

（四）发起筹备相关材料不真实，使用假材料、假证明的；

（五）有国家法律、法规禁止的其他情形的。

第十一条 筹备成立的异地商会，应当自登记管理机关发出准予名称核准通知书之日起6 个月内召开会员大会（或会员代表大会），由会员大会无记名投票表决通过商会章程、会费标准、选举产生商会理事会和监事会全体成员，并表决通过商会的各项内部管理制度。并在会员大会（或会员代表大会）结束后 15 日内向登记管理机关申请成立登记，并提交下列材料：

（一）成立登记申请书；

（二）商会章程及《社会团体章程核准表》（一式两份）；

（三）《社会团体法人登记表》、《社会团体法定代表人登记表》、《社会团体负责人备案表》、《社会团体监事长、监事备案表》、《社会团体专职工作人员情况表》（一式两份）；

（四）召开第一次会员（代表）大会的《社会团体会议纪要填报表》；

（五）办公住所使用权证明；

（六）《社会团体会员名册》并附单位会员的入会申请表；

（七）发起公告；

（八）验资报告；

（九）社会团体法定代表人无犯罪记录证明〔须加盖乡镇（街道）派出所印章或证明材料〕；

（十）《社会团体会费备案表》（一式三份）；

（十一）社会团体法定代表人未担任其他社会团体法定代表人声明。

登记管理机关应当自收到前款所列全部有效文件之日起30日内，做出准予或者不准予登记的决定。准予登记的，发给《社会团体法人登记证书》；不准予登记的，应当书面说明理由。

第十二条 在民政部门登记的异地商会可在登记活动地域内设立分支机构或代表机构，按有关规定履行备案手续。分支机构或代表机构住所与商会住所不在一地的，须征求设在地登记管理机关的意见。异地商会不得成立地域性分会。

第十三条 异地商会的登记事项（包括名称、住所、法定代表人、业务范围、注册资金）需要变更的，按章程的规定进行变更后，于30日内向登记管理机关申请变更登记。

异地商会修改章程的，应当自会员（会员代表）大会审议通过之日起30日内，报登记管理机关核准。

第十四条 异地商会有下列情形之一的，应当向登记管理机关申请注销登记：

（一）章程规定的解散事由出现的；

（二）会员大会或者会员代表大会决议解散的；

（三）因分立、合并需要解散的；

（四）因其他原因终止的。

异地商会在办理注销登记前，应当依照章程规定进行清算。自清算结束之日起15日内到登记管理机关办理注销登记。

第十五条 异地商会违反法律、法规被依法责令撤销的，由登记管理机关、商会监事会及有关人员成立清算组，委托审计机构依法进行清算。

第十六条 异地商会的成立、变更、注销、撤销登记，由登记管理机关向社会公告。

第三章　章程和组织机构

第十七条　异地商会的章程应参照《广东省异地商会章程示范文本》制定，应当包括下列事项：

（一）商会名称、住所；

（二）商会宗旨、业务范围和活动地域；

（三）会员入会条件及其权利义务、会费缴纳标准；

（四）组织机构的设置；

（五）组织管理制度，会员（会员代表）大会、理事会、常务理事会、监事会的选举和罢免方式、程序、任期、职责和义务等；

（六）商会负责人候选人（包括会长、副会长、秘书长、监事长）的产生办法；

（七）财务预算、决算、清算等资产管理和使用办法；

（八）设立分支机构、办事机构和实体机构等的规则和程序；

（九）章程的修改程序；

（十）应当由章程规定的其他事项。

第十八条　各异地商会应根据实际情况制定会员入会条件和入会程序并写入章程。入会会员企业须持有广东省工商行政管理部门核发的"法人营业执照"，且最近连续三年无不良经营记录，其企业主须为原籍地人士。异地商会不得吸收个人会员。异地商会每年年检时应将会员名册报登记管理机关备案。

第十九条　异地商会的最高权力机构为会员（会员代表）大会。重大事项由最高权力机构讨论决定。会长是商会的法定代表人。商会会长、常务副会长（商会设立执行会长的，其职责相当于常务副会长）、副会长、秘书长（选任制）、常务理事、理事、监事长、监事由会员（会员代表）大会无记名投票直接选举产生。理事会是会员（会员代表）大会闭会期间会务运作的决策机构，执行会员大会各项决议，履行章程规定的相应职能。理事会人数较多的，可设常务理事会，在理事会闭会期间，经理事会授权可以行使章程规定的职责。异地商会须设立监事会，作为商会的监督机构，监督理事会、常务理事会和秘书处依照法规和章程履行职责，监督会员（代表）大会、理事会、常务理事会、会长办公会议等会议议题程序和表决的合法有效性，向会员（会员代表）大会负责，理事不得兼任监事。秘书处是商会的执行机构，异地商会秘书长实行选任或聘任制。

第二十条 异地商会实行民主选举、民主决策、民主管理、民主监督的运作机制，以公平、公正、公开的原则协商处理内部事务。全体会员平等，充分享有选举权、参与权、知情权、建议权、监督权等各项权利，入会自愿，退会自由。

第二十一条 异地商会应建立健全各项内部管理制度并认真执行，包括会员代表大会制度、理事会制度、监事会制度、秘书处制度、换届选举、民主监督、会员管理、会费和财务管理、分支（代表）机构管理、印章管理、公文档案管理、信息公开、重大活动备案报告、内部争端裁决等制度，由商会全体理事会表决通过。确保各项事务处理有章可循，实现自治管理、自律服务、自主协调、自谋发展。

第四章 职 能

第二十二条 异地商会应当发挥提供服务、反映诉求、规范行为的职能作用，根据需要可从事下列活动：

（一）协调在粤企业与企业之间、企业与政府之间的关系，促进交流合作，发挥桥梁纽带作用；

（二）提供相关法律法规和政策咨询，编辑信息刊物，搜集市场信息，宣传两地投资环境，开展业务培训；

（三）开拓投资融资渠道，帮助企业增强发展能力；开展招商引资、经济考察、经贸合作领域的商务服务，促进企业发展和两地经济交流；

（四）为会员企业排忧解难，依法维护会员合法权益，向政府反映会员的合理诉求；

（五）加强会员诚信自律建设，促进会员诚信经营，维护公平竞争和经济秩序；

（六）接受两地政府及其相关职能部门授权或者委托的其他事项。

第二十三条 异地商会不得有下列行为：

（一）违反章程规定，擅自扩大会员范围，将不具备入会资格的企业或个人吸纳入会；

（二）违反法律、法规和章程的规定向会员收费或者摊派；

（三）未经政府依法授权或者委托而行使公共行政管理职能；

（四）利用商会开展不正当的经营活动，妨碍市场公平竞争，损害消费者合法权益或者社会公共利益；

（五）在商会内部拉帮结派，影响商会规范运作；

（六）违反规定发展地域性分会或滥设分支机构、办事机构；

（七）限制或排斥符合条件的企业自愿加入异地商会；

（八）异地商会间存在互相诋毁行为；

（九）利用商会非法为个人、个别企业牟利；

（十）法律、法规禁止的其他行为。

第五章　管　理

第二十四条　异地商会的机构、人事、资产、财务必须与国家机关、企业和事业单位分开。

第二十五条　政府及其有关部门应当依法保护异地商会自主办会，不得对异地商会的机构、人事、资产、财务进行干预。

第二十六条　现职国家机关工作人员不得在异地商会中兼职。国家机关退休人员在异地商会任职，只能聘任为秘书长、副秘书长及以下职务，并签订正式聘用合同，不得接受企业委托出任企业代表担任商会秘书长以上职务（包括副会长、常务副会长、执行会长、会长等），国家机关退休人员担任商会名誉职务应严格控制，须按干部管理权限办理备案手续。

第二十七条　商会应当按《民间非营利组织会计制度》的规定建立健全独立的财务管理和监督制度。根据章程规定和业务范围使用其财产，不得在会员中分配，不得挪作他用。

第二十八条　异地商会每年应聘请会计师事务所进行财务审计，审计结果应向全体会员公告，并于每年年检时向登记管理机关提交财务审计报告。

商会应当向聘用的会计师事务所提供真实、完整的会计凭证、会计账簿、财务会计报告及其他会计资料，不得拒绝、隐匿、谎报。商会聘用、解聘承办审计业务的会计师事务所，应由理事会表决通过。

第二十九条　异地商会应当于每年3月31日前向登记管理机关报送年检材料，接受登记管理机关的年度检查。

第三十条　异地商会开展重大活动如换届选举、修改章程和会费标准，届内涉及会长、秘书长等重要负责人变更等，应提前30天向登记管理机关作书面报告；举办大型招商、展览、论坛等活动，创办经济实体，参与竞拍、投资或承接大型项目，开展涉外（包括港澳台地区）活动，接受境外及社会捐赠，开展各类服务收费、发牌认证、评比表彰、颁奖命名等，应当遵守相关法律法规和政策规定，符合章程规定的宗旨和业务范围，履行内部民主议事程序，依照情形提交会员大会（会员代表大会）、理事会（常务理事会）、会长办公会等讨论表决，形成书面会议纪要，并向全体会员公开相关信息，自觉接受登记管理机关、相关业务指导部门的监督检查和社会监督。

第六章　附　则

第三十一条　地级以上市民政局可根据本办法制定实施细则，条件具备的，予以试行。

第三十二条　本办法由广东省民政厅负责解释。

第三十三条　本办法自2013年10月1日起施行。

广东省民政厅关于进一步促进公益服务类社会组织发展的若干规定

粤民民〔2013〕111号

第一条 为进一步促进公益服务类社会组织发展，发挥其在参与社会服务和社会公益事业的积极作用，根据《中共广东省委办公厅、广东省人民政府办公厅关于发展和规范我省社会组织的意见》、《民政部、广东省人民政府共同推进珠江三角洲地区民政工作改革发展协议》、《中共广东省委、广东省人民政府关于进一步培育发展和规范管理社会组织的方案》，制定本规定。

第二条 本规定所称公益服务类社会组织是指承担面向社会，为社会公众和社会发展提供公益慈善和社会服务，具有社会性、保障性和非营利性特点的社会组织，包括基金会、公益性民办非企业单位和公益性社会团体。其业务范围涵盖以下内容：

（一）开展救灾救助、扶贫济困、扶助残疾人等活动；

（二）为劳动就业、教育培训、科学技术、文化体育、卫生医疗事业提供资助和公益性服务；

（三）为环境保护、社会公共设施建设提供资助和公益性服务；

（四）为促进社会发展和进步的其他社会公共和福利事业提供资助和公益性服务。

第三条 县级以上人民政府民政部门是公益服务类社会组织的登记管理机关；基金会的登记管理机关是省人民政府民政部门，对冠以地级以上市行政区划名称的非公募基金会，可向已获得授权的地级以上市民政部门直接申请登记。其他有关部门是公益服务类社会组织的业务指导单位，在各自职责范围内依法对公益服务类社会组织的相关活动进行监督指导，履行下列职责：

（一）通过提出建议、发布信息、制定导向性政策等方式对公益服务类社会组织进行指导；

（二）对公益服务类社会组织的业务工作进行指导；

（三）通过资金扶持、转移职能、购买服务等方式支持公益服务类社会组织发展；

（四）协助登记管理机关及其他有关部门查处公益服务类社会组织的违法违规行为；

（五）其他应由业务指导单位履行的职责。

第四条 全省公益服务类社会组织的布局应合理配置资源，重在为基层民众服务。培育发展公益服务类社会组织应向城乡基层倾斜，服务于城乡基层社区的公益服务类组织，不具备登记条件的，可在乡镇（街道）进行备案；具备登记条件的，在县（区）民政部门进行登记；对于发起人公益服务贡献较大、影响力强、服务区域大、服务对象数量多的组织，可以在地级以上市民政部门登记；对于在全省乃至全国范围内有广泛影响和代表性，对全省公益事业提供有力资源支持的组织，可以在省级民政部门登记。

第五条 申请设立公益服务类社会组织应当符合国家有关法律、法规规定，公益服务类社会团体的会员数量要求为20个以上。

第六条 简化公益服务类社会组织登记的程序：

（一）具备设立条件的公益服务类社会组织可直接向登记管理机关申请法人登记，但对法律法规、政策文件明确需进行前置审批的事项，须取得政府有关部门许可后方可申请法人登记。

（二）登记管理机关在收到全部有效文件之日起30日内完成审批手续，对具备条件和符合服务范围的公益服务类社会组织的登记申请，登记管理机关应当依法作出准予登记的书面决定，并向申请者颁发《基金会法人登记证书》、《社会团体法人登记证书》或《民办非企业单位登记证书》。

（三）公益服务类社会团体、基金会根据章程规定设立分支机构、代表机构的，应在登记管理机关进行备案。

（四）公益服务类社会团体中的公益慈善类社会团体名称可使用字号。

第七条 申请登记公益服务类社会组织应提交以下材料：

（一）登记申请书；

（二）验资报告；

（三）场所使用权证明；

（四）发起人或举办者的简历情况（表）；

（五）拟任法定代表人的基本情况、身份证明；

（六）章程草案；

（七）章程核准表；

（八）基金会、社会团体或民办非企业单位的成立申请表；

（九）法律、法规规定的其他材料。

第八条 公益服务类社会组织的登记事项需要变更或者章程需要修改的，按章程的规定进行变更或者修改后，应当在30日内向登记管理机关申请变更登记。对法律法规、政策文件明确需进行前置审批的事项，以及在本规定实施前登记成立的公募基金会变更登记时，须取得原业务主管部门同意后方可申请变更登记。登记管理机关在收到全部有效材料之日起30日内完成变更手续。

第九条 公益服务类社会组织应当于每年5月31日前向登记管理机关报送上一年度的工作报告、有资质的会计师事务所出具的财务审计报告和本年度的活动安排，接受年度检查。

第十条 公益服务类社会组织应完善内部管理制度，建立健全财务管理制度，基金会和公益慈善类社会团体不得向服务对象收取任何费用。推行社会组织监事监督制度，增强监事监督职能。

第十一条 公益服务类社会组织应建立信息披露机制，公开资金筹集使用接受社会监督，提高运作透明度。

第十二条 政府相关职能部门在各自职责范围内履行服务指导和监督管理职能，依法承担相应管理责任，不得干预公益服务类社会组织的人、财、物管理、内部运作和正常活动。

第十三条 除法律法规另有规定外，政府各职能部门通过授权、委托及其他适当方式依法转移给公益服务类社会组织。

第十四条 建立社会组织孵化培育中心，应把公益服务类社会组织列入重点培育扶持对象，各级财政予以一定资金支持，并建立激励机制，重点扶持一批具有示范导向作用的公益服务类社会组织。

第十五条 保障公益服务类社会组织依法享受税收优惠政策，引导民间力量和社会资源支持公益服务类社会组织发展。

第十六条 建立和完善政府购买服务机制，采取项目招标或政府承担、合同管理、评估兑现的契约方式，根据公益服务类社会组织提供服务的数量和质量，通过政府购买服务的方式，加大孵化培育力度。

第十七条 城乡基层公益服务类社会组织的登记管理按照《广东省民政厅关于培育发展城乡基层群众生活类社会组织的指导意见》执行。

第十八条 本规定自下发之日起施行，2009年出台的《广东省民政厅关于进一步促进公益服务类社会组织发展的若干规定》（粤民民〔2009〕96号）同时废止。

重庆市民政局印发重庆市异地商会登记管理暂行办法

（渝民发〔2013〕133 号　2013 年 10 月 15 日）

第一章　总　则

第一条　为加强重庆市异地商会登记管理工作，充分发挥异地商会在推动区域经济合作与社会发展中的桥梁纽带作用，根据国务院《社会团体登记管理条例》和民政部办公厅《关于异地商会登记有关问题的意见》等规定，结合本市实际，制定本办法。

第二条　本办法所称重庆市异地商会（以下简称异地商会）是指：由市外同一省（含自治区、直辖市，下同）籍或者同一省辖设区的市（指副省级市或地级市，下同）籍自然人或法人在渝投资兴办、经本市工商行政管理部门登记注册的企业（含个体工商户，下同）自愿发起组成，以其原籍地行政区域名称为基本特征的联合性、非营利性社会团体。

第三条　异地商会须遵守法律、法规及相关政策，依照章程独立自主开展活动。异地商会应当规范会员行为，促进会员交流，为会员企业依法经营提供服务，为推动两地经贸合作、促进两地经济发展做出贡献。

第四条　异地商会由单位会员组成，不吸收个人会员，应当按照经济类社会团体性质规范其章程，明确其宗旨和业务范围，不得将异地商会办成“老乡会”、“同乡会”等。

第五条　成立异地商会应当坚持“一地一会”原则，同一行政区域只能成立一个由同一原籍地（即外省或外省辖设区的市）投资企业组建的异地商会。

第六条　本市县级以上人民政府民政部门是异地商会的登记管理机关，负责异地商会的登记与监督管理。政府相关部门（含政府授权的组织）是异地商会的业务指导单位，依照法律、法规及相关政策，负责对经同级民政部门登记的异地商会实施相关专项事务管理与服务。

第七条　市人民政府民政部门负责全市性或跨区县（自治县）行政区

域活动的异地商会的登记管理；区县（自治县）人民政府民政部门负责辖区内异地省商会的登记管理。

第八条　异地商会负责人（包括会长或理事长、副会长或副理事长、秘书长等）不得由现职国家公务员担任，并对离退休公务员在异地商会任职进行规范。

第九条　异地商会的名称由“登记地行政区划名称、原籍地行政区划名称、商会”三部分组成。市民政部门登记的异地商会名称应为“重庆市××（原籍地省或市名称）商会”；区县（自治县）民政部门登记的异地商会名称应为“重庆（或重庆市）××区县（自治县）××（原籍地省名称）商会”。

第十条　各异地商会为独立的社会团体法人，相互间不存在隶属关系和业务指导关系，遵循互相尊重、互不干涉、寻求合作、共同发展的原则。副省级市或地级市商会可以自愿加入原籍地在渝设立的省（市、区）异地商会，并按照其章程规定行使权利和履行义务。

第二章　成立、变更和注销登记

第十一条　发起成立异地商会应当符合国务院《社会团体登记管理条例》相关规定，并具备下列条件：

（一）由市外同一原籍地在登记地行政区域内投资兴办、经营记录良好、具有一定代表性和影响力的企业法人（负责人）发起；

（二）发起企业不得少于10家，会员组成具有一定的广泛性、代表性，会员总数不得少于30家。在市民政部门登记的异地商会，其会员应当分布于2个以上区县（自治县）地域；

（三）有合法的资产和经费来源，有符合规定的注册资金；

（四）应当具有独立的办公场所，不得与国家机关、事业单位合署办公；

（五）常设办事机构（秘书处等）应当配备与本会业务活动相适应的专职工作人员1名以上（在市民政部门登记的应当有2名及其以上专职人员）；

（六）发起成立原籍省的副省级市或地级市异地商会，应当征得其在渝设立的省（市、区）异地商会同意。

第十二条　申请筹备成立异地商会，应当向登记管理机关提交下列文件：

（一）10家以上发起单位盖章的筹备成立申请书；

（二）《筹备成立社会团体申请表》；

（三）章程草案；

（四）住所产权或使用权证明；

（五）发起单位的营业执照复印件；

（六）拟任负责人备案表、身份证复印件；

（七）拟入会会员（30 家以上）名册；

（八）验资报告；

（九）登记管理机关规定的其他文件或材料。

登记管理机关应当自收到前款所列全部有效文件之日起60 日内，做出批准或者不予批准筹备的决定；不予批准的，应当向筹备负责人说明理由。筹备负责人在接到登记管理机关准予筹备的决定后，应当在30 日内向社会发布筹备公告，可接受相关企业的入会申请。

第十三条 有下列情形之一的，登记管理机关不予批准筹备：

（一）申请筹备异地商会的宗旨、业务范围不符合《社会团体登记管理条例》规定的。

（二）发起人、拟任负责人正在或者曾经受到剥夺政治权利的刑事处罚，或者不具有完全民事行为能力的，以及不符合登记管理机关规定的其他任职条件的。

（三）在申请筹备时弄虚作假，使用假材料、假证明欺骗登记管理机关的。

（四）有法律、法规规定禁止的其他情形的。

第十四条 筹备成立异地商会，应当自登记管理机关作出准予筹备决定之日起 6 个月内召开会员大会或者会员代表大会，审议通过章程，选举产生执行机构、监事机构、负责人和法定代表人，并在会员大会或者会员代表大会结束后 15 日内向登记管理机关申请成立登记。

第十五条 申请异地商会成立登记，应当提交下列材料：

（一）成立登记申请书；

（二）会员大会或者会员代表大会审议通过的章程及《社会团体章程核准表》；

（三）《社会团体法人登记表》；

（四）《社会团体法定代表人登记表》；

（五）《社会团体负责人备案表》；

（六）《社会团体监事备案表》；

（七）会员大会或者会员代表大会会议纪要；

（八）经会员企业盖章的入会申请表、会员企业营业执照复印件和会员企业（30 家以上）名册；

（九）专职工作人员简历；

（十）筹备公告；

（十一）登记管理机关规定的其他文件或材料。

登记管理机关应当自收到前款所列全部有效文件之日起30 日内，做出准予或者不准予登记的决定。准予登记的，发给《社会团体法人登记证书》；不准予登记的，应当书面说明理由。

第十六条 异地商会不得设立分支机构。

第十七条 异地商会的登记事项包括：名称、住所、业务范围、活动地域、注册资金、法定代表人。异地商会登记事项按章程规定程序进行变更后，应当于30 日内向登记管理机关申请变更登记。其中，法定代表人变更登记须提交具有法律效力的原法定代表人离任审计报告。

异地商会修订章程，应当自会员大会或者会员代表大会审议通过之日起30 日内报登记管理机关重新核准后生效。

异地商会依照章程规定程序调整负责人后、换届时会员发生变化后，应当于30 日内向登记管理机关备案。

第十八条 异地商会的社会团体法人登记证书实行有效期制，原则上与会员大会或者会员代表大会届期一致，实行一届一换，即自本届任期之日起至届满之日止；若经登记管理机关批准或者责令届中提前换届的，则其登记证书的有效期至登记管理机关批准换届之日止，并由登记管理机关重新换发新一届的社会团体法人登记证书。

第十九条 异地商会有下列情形之一的，应当向登记管理机关申请注销登记：

（一）章程规定的解散事由出现的；

（二）自行解散的；

（三）分立、合并的；

（四）无法继续开展业务活动的；

（五）因其他原因终止的。

异地商会在办理注销登记前，应当依照章程规定进行资产清算，自形成清算报告之日起15 日内，向登记管理机关提交注销登记申请书，并附清算报告、《社会团体注销登记申请表》、本会印章及社会团体法人登记证书正、副本等材料，办理注销登记。

清算期间，异地商会不得开展清算以外的活动。

第二十条 异地商会违反法律、法规被依法责令撤销的，由登记管理机关委托有资质的会计（审计）机构进行资产清算。

第二十一条 异地商会成立、变更、注销、撤销登记，由登记管理机关向社会发布公告。

第三章 章程和组织机构

第二十二条 异地商会章程参照民政部《社会团体章程示范文本》制定，应当载明下列事项：

（一）名称、住所；

（二）宗旨、业务范围和活动地域；

（三）会员的资格和权利、义务；

（四）组织机构及其产生办法、届期、职责、议事规则及形成决议的表决方式；

（五）负责人、理事、常务理事、监事的条件和产生、罢免的程序；

（六）负责人职责权限；

（七）设立办事机构、实体机构等的规则和程序；

（八）资产管理和使用办法；

（九）章程修订程序；

（十）终止程序和终止后资产的处理；

（十一）其他事项。

第二十三条 异地商会的组织机构应当包括会员大会或者会员代表大会、理事会和监事会，可以根据需要设立常务理事会。

设立会员代表大会的异地商会，应当制定会员代表的产生办法，并提交会员代表大会审议通过。

第二十四条 异地商会的权力机构为会员大会或者会员代表大会，每届不得超过5年，行使下列职责：

（一）制定、修订章程；

（二）制定、修订会费标准；

（三）制定、修订负责人、理事（常务理事）和监事选举或产生办法；

（四）审议理事会的工作报告和财务报告；

（五）决定终止事宜；

（六）章程规定的其他职责。

召开会员大会或者会员代表大会，须有三分之二以上的会员或者会员代表出席。会员大会或者会员代表大会决议，须经会员或者会员代表二分之一以上表决通过；制定或修订章程，须经出席会员或者会员代表三分之二以上表决通过。

第二十五条 理事会是会员大会或者会员代表大会的执行机构，在会员大会或者会员代表大会闭会期间负责领导本会开展日常工作，履行章程规定的相应职责。

理事会成员原则上不得超过会员或者会员代表总数的三分之一，且理事总数不得超过200名；理事会成员超过30名的，根据需要可从理事中选举产生常务理事，设立常务理事会，常务理事会对理事会负责；常务理事会由会长（理事长）、副会长（副理事长）、秘书长、常务理事组成，其成员原则上不得超过理事会成员总数的三分之一。理事、常务理事成员数均应为奇数。

会长（理事长）是异地商会的法定代表人，不得同时担任其他社会团体的法定代表人。秘书长应当专职，实行选任制或者聘任制。

理事会（常务理事会）届期应与会员大会或者会员代表大会届期一致。

第二十六条 监事会监事由会员大会或者会员代表大会确定产生，监事会成员数不得少于3名，其中设立监事长1名，其任期与会员大会或者会员代表大会届期一致。会长（理事长）、副会长（副理事长）、秘书长、副秘书长、理事、常务理事不得兼任监事职位。

第二十七条 监事会及成员依照章程规定的程序行使下列职责：

（一）向会员大会或者会员代表大会报告监事会的年度工作；

（二）监督检查会员大会或者会员代表大会、理事会（常务理事会）遵守法律、法规及相关政策和章程的情况；

（三）监督理事会（常务理事会）执行会员大会或者会员代表大会决议情况；

（四）检查本会财务和会计资料；

（五）列席会员大会或者会员代表大会、理事会（常务理事会）会议，并有权提出质询和建议；

（六）向登记管理机关、业务指导单位和有关职能部门反映情况。

第二十八条 异地商会各组织机构召开会议的决议采取章程规定方式表决，表决事项和结果应当记载于会议记录，形成会议纪要，并由全体监事签名确认。

异地商会决议违反法律、法规及相关政策或者章程的规定，致使本会遭受严重损失的，参与决议的人员应当承担赔偿责任。但经证明在表决时曾表明异议并记载于会议记录的，可以免除责任。

第四章　基本准则

第二十九条　异地商会负责人、理事（常务理事）和监事应当遵守法律、法规及相关政策和章程的规定，严格履行职责，维护本会利益，遵守下列行为准则：

（一）在职务范围内行使权利，不越权；

（二）不得利用职权为自己或者他人谋取不当利益；

（三）不得从事损害本会利益的活动；

（四）未经异地商会同意，不得泄漏任职期间所获得的涉及本会的保密信息，但法律、法规及相关政策另有规定的除外。

第三十条　异地商会应当建立以章程为核心的内部治理机制，完善民主选举、民主决策、民主管理、民主监督的运作机制，以公平、公正、公开的原则协商处理内部事务。全体会员或者会员代表平等，充分享有选举权、参与权、知情权、建议权、监督权等权利。会员入会自愿，退会自由。

第三十一条　异地商会会员单位入会申请表须加盖该企业公章并经法定代表人签字。

会员企业除法定代表人（负责人）之外的其他负责人代表该企业参与异地商会涉及表决等重大活动的，须出具加盖该企业公章及其法定代表人签字的授权委托书，一个会员企业只能有1票参与表决。

第三十二条　异地商会可以根据章程规定的业务范围、工作成本等因素，向会员收取会费；会费标准的制定或修订须经会员大会或者会员代表大会以无记名投票方式表决通过。

异地商会应当履行会费标准制定或者修订程序，遵守会费标准备案有关规定，完善会费管理制度，接受会员大会或者会员代表大会的审查，在年度检查时，向登记管理机关报告会费收支情况。

第三十三条　异地商会应当发挥提供服务、反映诉求、规范行为的职能作用，根据需要可以从事下列活动：

（一）协调在渝企业与企业之间、企业与政府之间的关系，促进交流合作，宣传介绍登记地与会员企业原籍地投资环境，发挥桥梁纽带作用；

（二）宣传法律、法规及相关政策，提供相关咨询服务，编辑信息刊物，搜集市场信息，开展企业经营管理业务培训；

（三）开拓投资融资渠道，帮助企业增强发展能力；开展招商引资、经济考察、展览展销、经贸合作等商务服务，促进登记地与会员企业原籍地经济发展；

（四）为会员企业排忧解难，依法维护会员合法权益，向政府及业务指导单位反映会员的合理诉求；

（五）团结、引导会员单位加强诚信自律建设，促进会员单位诚信经营，维护公平竞争和市场经济秩序；

（六）承办登记地的会员企业、原籍地政府及其职能部门授权或者委托的其他事项。

第三十四条 异地商会不得有下列行为：

（一）违反章程规定，擅自扩大会员范围，将不具备入会资格的企业或个人吸纳入会；限制或排斥符合资格条件的企业自愿加入异地商会；

（二）违反法规及相关政策和章程的规定向会员摊派或者收费；

（三）未经政府依法授权或者委托而行使公共行政管理职能；

（四）利用异地商会开展不正当的经营活动，妨碍市场公平竞争，损害消费者合法权益或者社会公共利益；

（五）在异地商会内部拉帮结派，影响异地商会规范运作；

（六）违反社会团体分支机构管理规定擅自设立地域性分会；

（七）异地商会间互相诋毁；

（八）利用异地商会非法为个人牟利；

（九）超越章程规定的宗旨和业务范围开展业务合作、举行论坛（研讨会）、举办评比达标表彰活动，对推动业务工作失去实际意义或者造成社会负面影响、群众反映强烈；

（十）法律、法规及相关政策禁止的其他行为。

第五章　监督管理

第三十五条 异地商会应当于每年5月31日前向登记管理机关报送上一年度的年度检查材料，接受登记管理机关的年度检查。

第三十六条 异地商会的机构、人事、资产、财务必须与国家机关、企业和事业单位分开。

第三十七条 异地商会每年参加年度检查应当委托会计师事务所进行财务审计，并向受托的会计师事务所提供真实、完整的会计资料。审计结果向全体会员公布。

第三十八条 异地商会应当配备具有从业资格的专业财会人员，并按照《民间非营利组织会计制度》的规定建立健全独立的会计核算及财务管理和监督制度。异地商会资产根据章程规定和业务范围使用，不得在会员中进行分配，不得挪作他用。

第三十九条 异地商会应当依照《社会组织劳动合同书（示范文本）》与本会建立劳动关系的专职工作人员签订《劳动合同》，并依法办理相关社会保险事宜。

第四十条 异地商会应当健全法人治理结构，建立和完善以章程为核心的内部管理制度。主要包括会议制度、会员管理、财务管理、常设办事机构人力资源管理、理事会或者常务理事会议事规则、换届选举、公文处理、档案管理、印章管理、会费收支、信息公开、内部争议裁决、与其他民事主体联合开展业务合作、举行论坛（研讨会）、举办评比达标表彰活动项目等制度，切实保障异地商会自我管理、自我服务、自我协调、自我发展。异地商会实行法定代表人离任审计和过错责任追究制度。

第四十一条 实行重大活动报告制度。异地商会召开筹备成立或成立大会、会员大会或者会员代表大会或年会等会议，召开涉及章程修订、组织机构调整、法定代表人及负责人变更等会议，联办业务合作项目、举行论坛（研讨会）、举办评比达标表彰活动，开展涉外（包括港澳台地区）活动及接受捐赠或资助等重大活动，应当按照章程规定或者内部管理相关制度履行内部工作程序，并及时向登记管理机关和业务指导单位报告。

第四十二条 异地商会有下列行为之一的，由登记管理机关予以警告，责令整改，限期停止活动，责令撤换直接负责的主管人员；情节严重的，予以撤销登记。

（一）违反本办法第三十四条规定的；

（二）未按照章程规定的宗旨和业务范围进行活动的；

（三）不依法办理变更登记的；

（四）擅自设立分支机构、代表机构造成严重后果的；

（五）拒不接受或者不按照规定接受监督管理的；

（六）违规乱收费、筹资或者违规接受、使用捐赠、资助的；

（七）违反规定擅自开展评比达标表彰活动的。

异地商会被责令限期停止活动的，由登记管理机关收回并封存《社会团体法人登记证书》、印章和财务凭证。

第四十三条 异地商会内部产生严重矛盾，引起不良社会影响，经协调在规定期限内整改无效的，由登记管理机关视情节责令撤换直接负责的主管人员或在规定期限内提前进行换届选举。

被责令提前进行换届选举的，可由异地商会理事会或常务理事会成员负责筹备换届工作，并由会员大会或者会员代表大会采取无记名投票表决方式选举产生新一届商会领导班子等。

第四十四条 异地商会有下列情形之一的，由登记管理机关予以撤销登记，并向社会公告：

（一）弄虚作假骗取登记的；

（二）符合本办法第十九条规定的注销登记条件，不办理注销登记的；

（三）超过 12 个月未开展活动的；

（四）连续 2 年未参加年度检查，或者连续 2 年年度检查不合格的。

第四十五条 未经登记擅自以异地商会名义进行活动的，以及被撤销登记继续以异地商会名义进行活动的，由登记管理机关予以取缔，没收非法财产，并向社会公告。

第四十六条 被取缔的非法异地商会或被撤销登记的异地商会，其负责人 3 年内不得再发起筹建异地商会，也不得被选聘担任新成立异地商会的负责人；其名称 3 年内不得使用。

第六章 附 则

第四十七条 本办法施行前已经成立登记的异地商会，凡与本办法不相符的，应当在本办法施行之日起一年内依照本办法有关规定进行规范。

第四十八条 本办法由重庆市民政局负责解释。

第四十九条 本办法自 2013 年 12 月 1 日起施行。

四川省民政厅关于开展社会组织直接登记的通知（试行）

（川民发〔2013〕187 号　2013 年 10 月 25 日）

各市（州）民政局、省级社会组织业务主管部门：

为加快推进社会组织管理体制改革，促进我省社会组织健康有序发展，根据国务院办公厅《国务院机构改革和职能转变方案》（国办发〔2013〕22 号）精神和民政部相关工作部署，按照省政府办公厅《关于贯彻落实四川省人民政府关于进一步深化行政审批制度改革的意见任务分工的通知》（川办函〔2013〕58 号）提出的省民政厅会同省法制办开展“优先发展行业协会商会类、科技类、公益慈善类、城乡社区服务类社会组织，实行民政部门直接登记制度，依法加强登记审查和监督管理”工作的要求，现对我省改革社会组织登记管理制度，试行实行直接登记工作有关事项通知如下：

一、指导思想和基本原则

坚持以邓小平理论、“三个代表”重要思想和科学发展观为指导，认真贯彻落实党的十八大精神。以分类指导、重点培育、促进发展为前提，构建服务到位、监管有效、多方参与的社会组织登记管理服务格局，充分发挥社会组织在社会建设中的作用。

二、直接登记的范围

社会组织直接登记的范围是指在省、市、区（市）承担面向社会，为社会建设和发展提供公益服务，具有非营利性的行业协会商会类、科技类、公益慈善类和城乡社区服务类社会组织。

（一）行业协会商会类：是指由同行业、相关行业的经济活动主体为维护共同的合法利益而自愿组成，实行行业服务和自律管理的社会组织。

（二）科技类：是指从事科学研究和技术开发、传播与普及，咨询与服务、成果转让与评估的服务性、公益性、非营利性社会组织。

（三）公益慈善类：是指开展扶贫济困、扶老助孤、赈灾救助等社会服务活动的服务性、公益性、非营利性社会组织。

（四）城乡社区服务类：是指在街道（乡镇）或者社区（村）地域范围内开展或从事以满足社区居民各种生活需求为目的的各类社区社会组织。

三、登记备案的范围

对不具备登记条件的直接服务于基层城乡社区、村组的公益服务型社会组织，可先在街道（乡、镇）登记备案，具备登记条件后在县（市、区）民政部门登记。

四、加强对特殊类社会组织的登记管理

对依据国家法律法规需前置行政审批及政治法律类、宗教类社会组织，仍实行业务主管部门和登记管理机关双重负责的登记管理体制。加强对境外非政府组织在川活动的监管。

五、直接登记程序

（一）申请名称预登记

申请人根据拟成立社会组织的活动地域范围，按行政区划分级向所在地登记管理机关申请名称预登记，并提交《社会组织名称预登记申请表》。登记管理机关在规定时限内对申请核准的社会组织名称做出同意或者不同意的决定，同意的出具《社会组织名称预登记通知书》；不同意的，应当说明理由并出具书面通知。

（二）申请成立登记

申请人凭《社会组织名称预登记通知书》开展筹备工作，在《社会组织名称预登记通知书》有效期六个月内筹备完成后向登记管理机关申请成立登记。登记管理机关受理申报材料后，应在规定期限内做出准予登记或者不予登记的决定。不予登记的，登记管理机关应当说明理由并出具书面通知。

（三）登记管理机关审核

登记管理机关可视实际情况向相关部门、单位征询其对拟申请登记社会组织名称、宗旨、业务范围、会员组成等方面的意见，也可委托专业机构提出评估意见，有关意见作为社会组织登记审批的依据。登记管理机关

对已登记注册的社会组织通报相关业务部门。

对申请成立的社会组织，登记管理机关应视情况对住所等方面进行真实合法性审查，制作勘察笔录，实地考察情况作为社会组织登记审批的依据。

六、相关工作要求

实行社会组织直接登记后，各级登记管理机关要转变和改革管理方式，引导社会组织健康发展，推进社会组织规范化建设。

（一）强化社会组织党建

提高社会组织中党的组织和工作覆盖面，完善党组织设置方式，加强社会组织廉洁自律建设。充分发挥社会组织党组织的政治引导、保证监督、战斗堡垒作用和党员的先锋模范作用。

（二）推进政社分开

按照政社分开、管办分离的原则，对新申请登记成立的社会组织，特别是行业协会商会要在机构、人员、财务等方面与行政机关脱钩，厘清政府和行业协会的职责权限，改变行业协会商会行政化倾向。在职公务员不得兼任新登记社会组织负责人，因特殊情况确需兼任的，应按照干部管理权限从严审批。

（三）创新管理方式

建立登记管理机关、业务主管部门以及相关职能部门各司其职、协调配合的综合管理服务体系。各级登记管理机关要及时总结社会组织直接登记工作中的经验和教训，研究相应管理实施办法和制定规范性文件。各级业务主管部门要继续保持对原已登记注册的社会组织做好业务指导和管理工作，对按新办法登记注册的社会组织，要做好业务指导工作，待国家和省级层面社会组织改革政策进一步出台以后，再按要求统一进行改革。

（四）完善法人治理结构

完善以社会组织章程为核心的社会组织法人治理结构，规范社会组织负责人任职资格、产生程序、任职年限等。制定社会组织会费收取、网络募捐、合作活动、评比达标表彰等行为规范和活动准则。进一步健全社会组织行为失信惩戒机制，组织开展行业协会自律与诚信创建及失信惩戒活动，开展民办非企业单位塑造品牌与服务社会活动。

（五）健全等级评估体制

认真贯彻执行《四川省社会组织评估管理办法》，组织开展社会组织评估管理工作。进一步完善评估指标、评分细则、工作程序及相关优惠政策，通过评估，进一步健全社会组织组织机构、完善内部治理、规范组织行为、提高社会公信力。

（六）加强行政执法

完善行政执法制度，建立与相关职能部门联合执法机制。规范行政执法行为，提高依法行政水平。依法查处社会组织的违法违规行为。依法取缔非法社会组织。对长期不开展活动、不履行章程、不接受职能部门管理的社会组织依法撤销登记。改进年检方式、完善年检内容、严格年检程序，并按照社会组织年检管理办法对未参加年检和年检不合格的社会组织进行处理。

（七）推进政府购买服务

按照《国务院办公厅关于政府向社会力量购买服务的指导意见》（国办发〔2013〕96）号的要求，积极推动政府职能转移和政府向社会组织购买服务。推动建立公共财政对社会组织支持和奖励机制。采取财政补贴、项目补助等方式对社会组织予以扶持。推动建立各级社会组织扶持发展孵化基地等有效形式，制定扶持发展专项计划。落实国家有关社会组织税收优惠政策，保障社会组织依法享受税收优惠待遇。鼓励金融机构为社会组织提供信贷支持。

贵州省民政厅《关于进一步下放异地商会登记管理权限的通知》

（黔民发〔2013〕24 号　2013 年 7 月 25 日）

各市州、仁怀市、威宁县民政局，贵安新区社会事务管理局：

为适应我省经济社会快速发展的形势，落实省委省政府简政放权的要求，经研究，决定在将地级市异地商会登记管理权限下放到市州中心城区的基础上，在全省普遍开展外省地、县级异地商会登记工作，各市州、县（市、区、特区）均可登记外省地、县级异地商会。

各地民政部门要认真贯彻落实有关异地商会登记管理的法规政策，规范管理，强化指导，充分发挥异地商会在服务招商引资、促进交流合作、宣传推介贵州、维护会员权益等方面的积极作用。

中共云南省委　云南省人民政府关于大力培育发展社会组织加快推进现代社会组织体制建设的意见

云发〔2013〕12号

为深入贯彻党的十八大和十八届二中全会精神，认真落实《国务院机构改革和职能转变方案》要求，推进社会建设，深化社会体制改革，加快构建现代社会组织体制，推进社会组织健康有序发展，充分发挥社会组织在全面建成小康社会中的重要的作用，现就我省大力培育发展社会组织、加快推进现代社会组织体制建设提出如下意见。

一、加快现代社会组织体制建设的重要意义

（一）基本现状

社会组织是社会建设的重要主体。近年来，全省社会组织发展成效明显，在经济社会诸多领域发挥着积极作用，已成为我省经济社会发展不可或缺的力量。但是，由于思想认识不到位、法规政策不健全、管理体制不完善、扶持力度不够、监管力量薄弱，社会组织还存在数量少、规模小、政社不分、作用不明显等问题，迫切需要加快推进现代社会组织体制建设。

（二）重要作用

加快推进现代社会组织体制建设，促进社会组织健康有序发展，有利于促进政府职能转变，改进公共服务供给方式，降低管理服务成本，提高行政效能和服务质量；有利于激发社会活力，增强社会自律，增进社会协同，充分发挥社会组织在加强和创新社会管理中的积极作用；有利于创新群众工作方式和载体，满足社会公众多元化、个性化需求，密切党与群众的联系，促进社会和谐，巩固党的执政基础。

二、指导思想、基本原则、总体目标

（三）指导思想

以邓小平理论、“三个代表”重要思想、科学发展观为指导，紧密结合深化行政体制改革和政府职能转变，坚持培育发展和管理监督并重，建立与全省经济社会发展相适应的现代社会组织体系，健全统一登记、各司其职、协调配合、分级负责、依法监管的社会组织管理体制，加快形成政社分开、权责明确、依法自治的现代社会组织体制，充分发挥社会组织在社会建设中的重要作用，为建设开放富裕文明幸福新云南作出积极贡献。

（四）基本原则

坚持培育发展、规范管理。以发展为主线，一手抓培育发展，一手抓严格依法管理，在发展中规范，在规范中提升。坚持政社分开、依法自治。加快政府转变职能，下放权力，实行政社分开、管办分离；加快社会组织去行政化步伐，强化依法按章、独立自主开展活动，提高独立运作水平。

（五）总体目标

到2020年，建成覆盖广泛、门类齐全、结构优化、布局合理、作用明显的社会组织体系，形成法规政策健全、监管有力、服务到位的社会组织管理服务格局，构建参与广泛、资源整合、协调顺畅、充满活力、富有效率的社会组织工作体制，使社会组织成为政府职能转变承接者、社会政策重要执行者、社会道德自觉践行者、社会和谐稳定生力军。

三、培育发展重点

（六）公益慈善类社会组织

加快构建多样化、多层次公益慈善社会组织体系，推动扶贫、救灾、教育、卫生、救助、养老、环保、文化等公益慈善事业健康发展。政府退出公益慈善募捐市场，除发生重特大灾害外，不再参与社会募捐。加大扶持力度，制定公益性捐赠税前扣除及财政税收扶持公益慈善事业发展的优惠政策。建立公益慈善组织扶持孵化基地。制定云南省慈善事业发展专项规划。建立公益慈善项目库，为国际国内知名度高、实力强的公益慈善组织入驻云南、项目落地和合作交流提供便利。建立统一、权威的信息公开平台，打造廉洁透明慈善，提升公益慈善品牌创新能力和公益慈善项目运作水平，全面提升公益慈善组织公信力。

（七）行业协会商会类社会组织

认真贯彻执行《云南省行业协会条例》，大力推进行业协会商会与行政机关脱钩，强化行业自律，使其真正成为提供服务、反映诉求、规范行为的主体。重点培育和发展服务我省支柱产业、优势产业、新兴产业的行业协会商会，发挥其服务企业、促进产业、招商引资、助推经济的作用。

（八）城乡社区服务类社会组织

大力培育民办社会服务机构、城镇住宅小区业主大会、农村专业经济协会、老年协会等城乡社区社会组织，全面提升服务管理能力。鼓励城乡社区文体娱乐类社会组织积极开展健康向上的娱乐、文化、体育等活动，推动社区精神文明建设。支持城乡社区社会组织参与社区自治，发挥其团结社区群众、化解社会矛盾、促进社区和谐的作用。

（九）科技文化类社会组织

鼓励成立基础科学研究基金会，加大对民办科学研究、技术开发机构（院所）和科技协会的扶持力度，通过科研攻关、新产品研发、技术创新、高新技术成果（专利）转让、科技项目实施、技术咨询、技术服务等方式，加快提升我省科技自主创新和产品研发能力。坚持以重大现实问题研究为主攻方向，推进理论创新，培育发展社会科学类社会组织。加大文化产业社会组织培育力度，推进文化与旅游、资本、科技深度融合，提升文化产业规模化、集约化、专业化水平，把文化产业培育成支柱型产业。

四、改革登记管理制度

（十）深化改革登记体制

实行直接登记。除依据法律法规需前置行政审批及政治法律类、宗教类的社会组织外，其他社会团体、民办非企业单位、基金会取消业务主管单位，直接向民政部门申请登记。降低准入门槛。除法律法规规定有注册资金要求的，在县级民政部门申请登记社会团体和民办非企业单位，注册资金减至1万元；申请成立非公募基金会的，原始注册资金不低于100万元；向县级民政部门申请成立公益慈善类、社会福利类、社会服务类社会组织的，开办资金不作要求。在县级民政部门登记的，会员数可降至20个以上。取消“一业一会”限制，允许同一行政区域、同一行业内成立两个或两个以上业务范围相同或者相似的社会团体。放宽限制条件。下放基金会、异地商会登记权限，由县级以上民政部门直接登记。允许民办非企业单位以某一服务品牌在其活动区域内形成连锁服务。研究制定云南省外国商会登记管理办法，试点外国商会登记。根据公开、平等、竞争的原则，鼓励降低运行成本，基金会工作人员工资福利和行政办公支出占当年总支出的比例，按照不同基金规模及实际支出确定，并向社会公示。减少审批备案事项。取消社会团体筹备阶段审批；社会团体、基金会分支（代表）机构、内设机构可由社会组织根据需要设立，民政部门不再审批备案。

（十一）创新管理体制

推进政社分开。分类推进社会组织与行政机关在机构、人员、财务、职能等方面脱钩。现职公务员一律不得兼任行业协会商会、基金会、民办非企业单位负责人。严格执行现职公务员在社会组织兼任负责人的各项规定，规范离退休公务员担任社会组织负责人。改进双重负责管理体制。对政治法律类、宗教类社会组织，实行业务主管单位和登记管理机关双重负责管理体制。业务主管单位负责成立前的审查，指导其依照法律和章程开展活动，年检初审，协查违法行为，会同有关机关指导清算等事宜。登记管理机关依法履行登记管理监督职责。加强直接登记社会组织服务管理。建立登记管理机关、行业主管部门、相关职能部门各司其职、协调配合的综合管理服务体系。登记管理机关负责做好社会组织发展和管理的统筹协调、政策制定、宏观指导以及登记备案、年检评估、监督检查等工作，行业主管部门负责对本领域活动的社会组织进行行业指导、行业规范、提供服务。

五、优化发展环境

（十二）完善财税扶持政策

逐步建立公共财政扶持社会组织机制。省、市、县三级设立社会组织培育发展专项资金，重点扶持我省经济社会发展急需培育的各类社会组织，对符合申请条件的社会组织给予补助。有条件的州（市）、县（市、区）要建立社会组织培育孵化基地，制订扶持发展专项规划。依法设立并在民政部门依法登记的社会非营利组织，凡是国家规定的税收优惠政策一律优先享受；凡是省级政府税政权限内的税收政策一律实行倾斜，允许减免的一律减免。社会组织免税资格和公益性捐赠税前扣除资格申报认定时间由每年办理一次调整为每季度办理一次，有特殊情况的可随时办理。免征民族自治地方的社会组织应缴纳的企业所得税地方分享部分。社会非营利组织从事经营活动中取得的符合免税范围的收入，按规定免征营业税和企业所得税。免征非营利性科研机构、老年服务机构、医疗机构自用房产、土地的房产税、城镇土地使用税。符合条件的科技类民办非企业单位以科学研究为目的，在合理数量范围内进口国内不能生产或者不能满足需要的科研用品，免征进口关税和进口环节增值税、消费税。企业通过公益性社会团体，或者县级以上人民政府及其部门，用于《中华人民共和国公益事业捐赠法》规定的公益事业的捐赠支出，在年度利润总额12%的以内部分，准予在计算应纳税所得额时扣除；超过年度利润总额12%的部分所缴纳的企业所得税地方分享部分，由财政全额奖励企业，鼓励企业捐赠公益慈善事业。个人将其所得通过中国境内社会团体、国家机关向教育和其他社会公益事业及遭受严重自然灾害地区、贫困地区的捐赠，捐赠额未超过纳税义务人申报的应纳税所得额30%的部分，准许从其应纳税所得额中扣除。个人通过符合条件的非营利性社会团体和国家机关对福利性、非营利性的老年服务机构捐赠，在缴纳个人所得税前准予全额扣除。房产所有人、土地使用权所有人通过中国境内非营利性社会团体和国家机关将房屋产权、土地使用权赠与教育、民政和其他社会福利、公益事业的，免征土地增值税。财产所有人将财产赠给社会福利单位所立的书据免征印花税。

（十三）加快政府职能转变

全面梳理政府部门承担的社会管理和公共服务职能，减少微观事务管理，切实提高政府管理科学化水平，充分发挥社会组织在管理社会事务中的作用。制定政府向社会组织转移职能的指导意见和转移事项目录，凡是社会组织能够办的事项要能转尽转，逐步将政府不应行使和可由社会组织承担事务性管理工作、适合由社会组织提供的公共服务，以适当的方式转移给社会组织。

（十四）建立购买服务制度

建立以项目为导向的政府购买社会组织服务制度，制定购买社会组织服务管理办法和年度购买服务目录。将购买社会组织服务经费纳入财政预算。逐步将决策咨询、标准制定、行业规范、行业统计分析、行业准入、资产项目评估、检验检测、等级评定、资格认证、专业技术职称和职业资格评定等技术服务和行业管理职能，以及社区事务性、公益性、社会性工作纳入购买服务范围。按照公平、公正、公开的原则，建立竞争择优和绩效评价机制，促进社会组织平等参与社会管理和公共服务。发挥专业评估机构、行业管理组织、专家等方面的作用，对社会组织承担的项目管理、服务成效、经费使用等内容进行综合考评。

（十五）加强人才队伍建设

加强社会组织从业人员权益保障，研究制定从业人员权益保障政策，督促社会组织建立完善从业人员劳动用工制度和有序流动、人员招聘、户籍管理、档案管理、职称评定、工资福利等具体措施。制定社会组织从业人员管理办法，完善激励机制，优化队伍结构；建立社会组织从业人员培训长效机制。鼓励社会组织建立从业人员养老年金制度，提高社会保障水平，打造一支高素质的社会组织人才队伍。

（十六）保障民主参与权益

促进社会组织依法参政议政，逐步增加社会组织代表在党代会代表、人大代表、政协委员中的比例，探索在政协中设立社会组织界别。引导社会组织积极参与社会管理创新相关政策制定和理论研究。加强政府与社会组织信息沟通，建立重大决策征询相关社会组织意见制度，在制定出台政府规章、公共政策、发展规划、管理措施之前，采取调研、咨询、听证等形式征求相关社会组织的意见和建议。

六、加强监督管理

（十七）构建综合监管体系

建立政府监管、社会监督和社会组织自律相结合的监管体系。建立健全民政、财政、公安、司法、外事、审计、税务、物价、工商、工商联和金融等部门各司其职、信息共享、协同配合、分级负责、依法监管的联动机制。完善社会公众投诉举报机制，畅通多元化监督渠道。建立社会组织信息披露机制，强化社会组织公益服务、自律建设、社会评价、诚信公示、失信惩戒和黑名单等信用管理。

（十八）建立健全管理制度

建立社会组织负责人管理制度，规范负责人资格、产生程序、任职年限等。完善社会组织资金管理制度和终止后剩余财产处理制度。制定社会组织会费收取、网络募捐、活动合作、评比表彰、不动产捐赠等行为规范和活动准则。规范信息公开内容要素，完善社会组织信息公开制度。建立完善社会组织退出制度。优化年度检查制度，提高年度检查效能。建立健全第三方评估制度，增强评估功效。

（十九）加大执法监察力度

建立完善联合执法制度，实现社会组织年度检查、日常监督、诚信建设、等级评估与执法查处有机结合。依法查处社会组织违法违规行为和取缔非法社会组织。对为非法社会组织提供支持、资助和其他便利条件的部门和单位，追究其主要负责人责任；对国家工作人员利用行业协会等社会组织谋取不正当利益的，依法予以查处并追究有关责任。加强对社会组织境外投资、合作及接受境外捐赠等涉外活动的监管。

（二十）完善自律诚信建设

引导社会组织健全以章程为核心的独立自主、权责明确、运转协调、制衡有效的法人治理结构。完善会员（代表）大会、理事会、监事会制度，实行决策、执行与监督分立。建立民主选举、民主决策、民主管理、民主监督的自治机制。坚持诚信原则，制定行业规范，开展行业自律，增强诚信守法意识，推行服务承诺制，提高社会公信力。坚持非营利原则，规范社会组织活动。加强公益慈善项目监管和公众监督，防止诈捐、强行摊派、滥用善款的行为。完善社会组织自律监督体系，健全防治“小金库”、乱收费、乱评比等长效机制。

（二十一）积极承担社会责任

引导社会组织树立服务大局、服务社会、服务群众意识，发挥理性反映企业、群众诉求平台优势，为党委、政府决策献计献策，踊跃投入公益慈善事业，关爱困难群体，积极参与解决人民群众最关心、最直接、最现实的利益问题。逐步建立社会组织责任体系，倡导社会组织发布社会责任报告，促进社会信用体系和市场监管体系建设。配合参与政府公共管理，协调劳资纠纷，化解社会矛盾，维护社会稳定，促进社会和谐。

七、强化保障措施

（二十二）建立联席会议制度

建立由党委、政府分管领导牵头，相关部门和人民团体负责人参与的培育发展社会组织联席会议，及时研究协调相关重大问题，督促各项工作落实。

（二十三）加强登记管理力量

根据社会组织登记管理体制改革的需要，建立健全各级民政登记管理机构，调整充实与工作任务相适应的专职工作人员，保障工作经费。加强执法力量，保障各级社会组织登记管理机关有执法人员、执法经费和执法装备。加大培训力度，不断提高社会组织登记管理机关工作人员能力和水平。

（二十四）加强党建工作

各级党委设立社会组织党工委，依托民政部门指导社会组织党建工作。完善社会组织党组织设置方式，提高党的组织和工作覆盖。健全社会组织党风廉政建设、惩治和预防腐败体系，充分发挥党组织政治引领、保证监督、战斗堡垒作用和党员先锋模范作用。

（二十五）健全法规政策

围绕社会组织改革和发展需要，加强立法工作调研，加快制定出台《云南省公益慈善事业促进条例》、《云南省境外非政府组织管理规定》、《政府购买社会组织服务暂行办法》等法规政策，不断完善社会组织法规体系。

（二十六）加大宣传力度

及时总结经验、树立典型、推广宣传，发挥示范引导作用。充分利用报纸、电视、网络等新闻媒体宣传社会组织先进典型，营造有利于社会组织发展和鼓励做好事做善事的良好社会氛围。

（二十七）加强政策过渡期间的管理

除政治法律类、宗教类社会组织外，要本着积极推进、稳步过渡的原则，在2015年底前，完成新老体制的衔接过渡，保持政策的连续性。在过渡期内各业务主管单位继续履行职责，并简政放权，改进管理方式，简化办事程序，确保平稳过渡。

云南省人民政府办公厅关于印发云南省县级以上政府向社会组织购买服务暂行办法的通知

（云政办发〔2013〕124 号　2013 年 9 月 13 日）

第一条　为进一步转变政府职能，加快建设服务型政府，建立高效公共管理体制机制，提高政府购买社会组织公共服务效益，根据《中共云南省委云南省人民政府关于大力培育发展社会组织加快推进现代社会组织体制建设的意见》（云发〔2013〕12 号）精神，制定本办法。

第二条　本省行政区域内政府向社会组织购买服务活动适用本办法。

本办法所称社会组织，是指依法登记的社会团体、民办非企业单位、基金会等组织。

第三条　政府向社会组织购买服务遵循下列原则：

（一）权责明确，确保质量。

（二）竞争择优，公开透明。

（三）强化预算，注重绩效。

第四条　县级以上政府应当按照财权与事权配比原则，将向社会组织购买服务经费纳入同级财政预算。

第五条　县级以上政府有关部门按照职责分工，做好政府向社会组织购买服务工作：

（一）发展改革部门负责会同有关部门编制和实施政府投资计划，推动政府投资项目中的有关服务内容列入政府向社会组织购买服务计划。

（二）财政部门负责建立健全政府向社会组织购买服务制度，制定政府向社会组织购买服务目录，监督、指导购买主体依法开展购买服务工作，牵头做好政府向社会组织购买服务的采购管理、资金管理、监督检查和绩效评价等工作。

（三）社会组织登记管理机关定期在政府指定的信息发布媒体、网站公开依法登记的社会组织名单，参与政府向社会组织购买服务绩效评价。

（四）机构编制部门负责分期分批制定政府转移职能目录，参与政府向社会组织购买服务绩效评价。

（五）监察、审计部门负责监督政府向社会组织购买服务工作，参与政府向社会组织购买服务绩效评价。

第六条 政府向社会组织购买服务的主体（以下简称购买主体）为：纳入机构编制管理，经费由财政承担的各类机关、群团组织和事业单位。

第七条 下列事项应通过政府向社会组织购买服务方式，逐步转由社会组织承担：

（一）社会公共服务与管理事项。

1. 教育、科技、文化、卫生、体育、交通运输、住房保障、社会保障、公共就业等领域适宜由社会组织承担的部分基本公共服务事项；

2. 社区事务、养老助残、社会救助、法律援助、社工服务、社会福利、慈善救济、人民调解、社区矫正、安置帮教和宣传培训等领域适宜由社会组织承担的事项；

3. 辅助行业资格认定和准入审核、处理行业投诉等行业管理与协调事项；

4. 科研、行业规划、行业调查、行业统计分析、社会审计与资产评估、检验、检疫、检测等技术服务事项；

5. 按照政府转移职能要求实行购买服务的其他事项。

（二）履行职责所需的有关服务事项。

1. 法律服务、课题研究、政策调研、政策草拟、决策论证、监督评估、绩效评价、材料整理、专家评审、会务服务、编制规划、规划评估等辅助性和技术性事务；

2. 按照政府转移职能要求实行购买服务的其他事项。法律法规另有规定，或涉及国家安全、保密事项以及司法审判、行政决策、行政许可、行政审批、行政执法、行政强制等事项，按照有关法律法规规定执行。

第八条 县级以上政府财政部门应会同有关部门拟订本级政府向社会组织购买服务的年度目录，报同级政府批准后实施。政府向社会组织购买服务目录应按照规定在政府指定的信息发布媒体向社会公布，情况有变化的，可根据实际进行调整。

第九条 参与政府购买服务的社会组织应具备以下条件：

（一）依法登记设立，能独立承担民事责任；

（二）治理结构健全，内部管理和监督制度完善；

（三）具有独立的财务会计核算和资产管理制度；

（四）具备提供公共服务所必需的设备和专业技术能力；

（五）行业管理部门有具体专业资质要求的，应具备相应资质要求；

（六）有依法缴纳税收和社会保障资金的良好记录；

（七）在参与政府购买服务竞争前3年内无重大违法违纪行为，最近1年年检合格，社会信誉良好；

（八）法律法规规定的其他条件。

第十条 购买主体应根据当年政府向社会组织购买服务目录，结合同级政府工作部署以及财政部门预算安排、本单位工作实际等因素，编制年度购买服务计划，经同级财政部门审核后，主动向社会公开所需购买服务项目的服务标准、购买预算、评价方法和服务要求等内容。

第十一条 政府向社会组织购买服务根据下列规定组织实施：

（一）编制采购预算。购买主体根据本单位实际需要，按照《中华人民共和国预算法》等有关规定，提出向社会组织购买服务的数量、规模、必要成本、质量和效果目标要求，在部门预算编制本年度政府向社会组织购买服务项目预算时报同级财政部门，财政部门根据采购需求及当年财力状况，审核安排项目预算。

（二）确定采购方式。政府购买服务目录中的项目均应当实施政府采购，购买主体应按照《中华人民共和国政府采购法》等有关规定，通过公开招标、邀请招标、竞争性谈判、单一来源等采购方式，委托有政府采购代理资质的政府采购代理机构组织实施。达到公开招标限额标准以上的服务项目，应当进入公共资源交易中心交易。

（三）签订购买合同。通过以上方式确定承接服务项目的社会组织后，购买主体应按照《中华人民共和国合同法》等有关规定及时与该社会组织签订购买服务合同，合同中除应明确购买服务的时间、范围、内容、服务要求、资金支付和违约责任等内容外，还应按照资金支付与服务质量挂钩原则明确支付方式。购买主体应将合同报同级财政部门备案。

第十二条 根据现行财政管理制度，购买主体购买服务所需资金，从其部门预算安排的公用经费或经批准使用的专项经费中解决。重大项目、重大民生事项或政府因工作需要临时确定的重要事项，按照财政专项资金管理规定和“一事一议”原则，专项研究确定购买服务资金规模和来源。

第十三条 购买服务所需资金从购买主体部门预算安排的公用经费或经批准使用的专项经费中解决的，由各部门依据购买服务合同，按照现行政府采购资金支付程序支付资金。

第十四条 购买主体应全面全程公开购买服务的有关信息，做到信息透明化，主动接受财政、监察、审计等部门的监督及社会监督。

第十五条 财政部门应会同审计、监察部门并引入第三方，对政府部门实施购买社会组织服务的绩效情况进行年度抽检和考评。评价范围包括购买主体购买服务的财政资金使用绩效和承接项目社会组织的服务绩效两个方面。评价结果作为以后年度预算安排及社会组织承接政府购买服务的重要参考依据。

第十六条 购买主体应建立健全内部监督管理制度。财政、监察、审计等部门应加强对购买服务的监督，对违法违规行为，按照规定，视情节轻重分别予以处罚、处分或移交司法机关处理。

第十七条 本办法自发文之日起实行。各州、市人民政府可根据本办法，结合本地实际，制定贯彻实施细则。

陕西省民政厅关于加强和创新社会组织建设与管理的意见

（陕民发〔2013〕24号　2013年8月27日）

各设区市民政局、杨凌示范区社会事业局、韩城市民政局：

根据党的十八大关于建立现代社会组织体制的总体部署，按照《国务院机构改革和职能转变方案》和民政部有关深化社会组织管理体制改革的具体要求，为深入贯彻落实省委第十二次党代会精神，加快推进社会组织管理体制改革创新，努力推动我省社会组织健康有序发展，充分发挥社会组织在建设“富裕、和谐、美丽”新陕西中的积极作用，现就加强和创新社会组织建设与管理工作，提出如下意见。

一、指导思想和总体目标

1. 指导思想。坚持以邓小平理论和“三个代表”重要思想、科学发展观为指导，以促进发展为前提，以深化改革为动力，以依法自治为基础，以加强党建为保障，以发挥作用为目的，统一登记、各司其职、协调配合、分级负责、依法监管，促进社会组织健康有序发展。

2. 总体目标。力争3到5年的时间，初步建立与我省经济社会发展相协调，政社分开、责权明确、依法自治的现代社会组织体制，构建布局合理、功能完善、作用明显的社会组织发展格局，构建服务到位、监管有效、多方参与的社会组织管理服务格局，充分发挥社会组织在建设和谐社会中的积极作用。

二、改革登记管理制度

3. 实行直接登记管理。成立行业协会商会类、科技类、公益慈善类、城乡社区服务类社会组织，直接向民政部门依法申请登记。对直接登记的社会组织加强管理和服务。

4. 改进双重负责的登记管理体制。对政治法律类、宗教类社会组织，实行业务主管单位和登记管理机关双重负责的登记管理体制。成立政治法律类、宗教类社会组织，须经业务主管单位审查同意后，向民政部门申请登记。登记管理机关依法履行对政治法律类、宗教类社会组织的登记管理监督职责。加强对境外非政府组织在陕西活动的监管。

5. 放宽登记管理权限。放宽异地商会登记审批权限，县（市、区）级以上民政部门可受理登记管理。取消社会团体、基金会分支（代表）机构的登记审批，由其自主设立、自负其责。探索一业多会，允许同一行业按产业链各个环节、经营方式和服务类型设立行业协会，适度竞争，优胜劣汰。

6. 创新管理方式。建立登记管理机关、行业主管部门以及相关职能部门各司其职、协调配合的综合管理服务体系。建立健全社会组织服务和信息平台，承接事务性管理和服务工作。鼓励同类型、同行业、同领域、同地域的社会组织成立自律性联合组织，进行自律管理和服务。

三、优化发展环境

7. 推动财税金融支持政策。协调推动政府职能转移和购买社会组织服务。推动建立公共财政对社会组织支持和奖励机制。采取财政补贴、项目补助等方式对社会组织予以扶持。建立各级社会组织扶持发展孵化基地，制定扶持发展专项计划。落实国家有关社会组织税收优惠政策，保障社会组织依法享受税收优惠待遇。鼓励金融机构为社会组织提供信贷支持。

8. 突出发展重点。围绕经济社会发展需要，重点培育、优先发展一批服务能力强、作用发挥好、公信力高的品牌社会组织。加快推进行业协会商会改革和发展，发挥服务企业、规范行业、发展产业、助推经济等方面作用。推动学会、研究会等社会组织发展，发挥联系广大知识分子、推进理论创新、繁荣科学文化事业、提供人才智力支持作用。积极培育公益慈善类社会组织，发挥扶助困难群体、维护公平正义、建设生态文明、传播公益理念等方面的积极作用。大力培育民办社会服务机构、城乡社区社会组织、农村专业经济协会等社会组织，满足人民群众多样化的公共服务需求。

四、强化监督管理

9. 推进政社分开。按照政社分开、管办分离的原则，在试点基础上，分类推进各类社会组织特别是行业协会商会在机构、人员、财务等方面与行政机关脱钩，厘清政府和行业协会的职责权限，改变行业协会商会行政化倾向。严格限制现职公务员兼任行业协会商会、基金会负责人，因特殊情况确需兼任的，应按照干部管理权限从严审批。

10. 完善管理制度。完善以章程为核心的社会组织法人治理结构。扩大直选范围，推行组织机构候选人差额选举。规范社会组织负责人任职资格、产生程序、任职年限等。实行法定代表人离任审计和过错责任追究。完善资金管理和社会组织终止后的剩余财产处理。优化年检制度，实施分类监管。制定社会组织会费收取、网络募捐、合作活动、评比达标表彰等行为规范和活动准则。规范、引导网络社团有序活动。

11. 加强行政执法。完善行政执法制度，建立与相关职能部门联合执法机制。规范行政执法行为，提高依法行政水平。依法查处社会组织的违法违规行为。依法取缔非法社会组织。对长期不开展活动、不履行章程、不接受职能部门管理的社会组织依法撤销登记。

五、完善保障措施

12. 强化党的建设。提高社会组织中党的组织和工作覆盖，完善党组织设置方式。加强社会组织党风廉政建设，健全惩治和预防腐败体系。充分发挥社会组织党组织的政治引导、保证监督、战斗堡垒作用和党员的先锋模范作用。

13. 充实管理力量。根据体制改革和职能调整的需要，建立相对独立、统一协调、力量匹配的社会组织登记管理机关。按工作任务、社会组织数量建立专门机构，编配专职工作人员，保障工作经费。乡镇、街道确定专人负责基层社会组织管理服务工作。加强社会组织执法的人员、经费、设备保障。提高登记管理队伍的素质能力，改进服务工作，提升管理效能。

甘肃省民政厅关于对部分社会组织实行直接登记相关问题的通知

（甘民发〔2013〕120号　2013年6月26日）

各市（州）民政局，甘肃矿区民政局：

为贯彻落实党的十八大提出的“加快形成政社分开、权责明确、依法自治的现代社会组织体制”的精神，落实国务院机构改革和职能转变方案，根据省委省政府关于社会管理体制改革的部署要求，结合我省社会组织登记管理工作实际，现对部分社会组织实行直接登记有关问题通知如下：

一、直接登记的范围

按照“统一登记、各司其职、协调配合、分级负责、依法监管”的原则，除涉及政治法律、宗教、涉外等情况复杂类型外，其他各类社会组织均推行直接登记，重点是从事扶贫济困、救孤助残、助老扶弱、赈灾救援等慈善类社会组织；以加强和改进老年人、儿童、残疾人福利待遇的社会福利类社会组织；以提供教育、文化、卫生、体育、劳动就业、环境保护等社会服务类社会组织；少数业务主管单位不明、业务开展无须行政许可，但行业发展需要的，以促进经济发展为主的行业协会商会。

二、登记流程

（一）材料受理

属于直接登记范围的社会组织，应按照法律法规的要求，向民政部门提交有关申请材料。如申请登记的社会组织业务范围涉及相关部门的，民政部门应充分听取有关方面的意见，并将意见作为登记审批的重要依据。申请登记的社会组织要主动接受相关部门的业务指导。

（二）登记批准

民政部门根据有关规定对申报登记材料进行审议，对其真实性、合法性、有效性进行确认，依法作出准予登记或不予登记的决定。

三、登记管理职责

登记管理机关负责社会组织发展和管理的统筹协调、政策制定、宏观指导，依法履行登记备案、年度检查、日常监管、执法查处等职能，指导社会组织信息公开和社会评估，为直接登记的社会组织提供党建指导和人才、外事服务。与各行业主管部门和财政、税务、人社、公安、金融、审计等相关职能部门密切配合，共同做好社会组织的管理服务工作。

四、工作要求

（一）加强组织领导

社会组织直接登记工作是社会组织管理体制改革的重要举措。各级民政部门要高度重视，切实加强领导、充实机构、配强力量、精心部署、稳妥推进，确保各项工作落到实处。

（二）加大政策扶持

要结合本地区实际，制定社会组织发展规划和扶持措施。通过财政资助、购买服务、设立专项资金、加强人才培养等方式，支持其参与社会管理和社会服务，促进其健康有序发展。

（三）及时总结经验

要认真总结直接登记的做法和经验，分析存在的困难和问题，研究解决问题的对策，为深化社会组织管理体制改革，推动政府职能转变奠定良好基础。各地在推行直接登记工作中的好做法、好经验以及发现的问题请及时整理上报省民政厅民间组织管理局。

甘肃省民政厅关于下放部分社会组织审批管理权限的通知

（甘民发〔2013〕123 号　2013 年 6 月 26 日）

各市（州）民政局，甘肃矿区民政局：

为落实国务院机构改革和职能转变方案精神，进一步深化行政审批制度改革，简政放权，根据民政部关于下放非公募基金会、异地商会审批权限的要求，现将有关问题通知如下：

下放非公募基金会和异地商会审批管理权限，市州民政部门可依据《基金会管理条例》（国务院令第 400 号）和《社团管理条例》（国务院令第 250 号），试行直接受理本行政区域非公募基金会和异地商会的申请登记并履行登记管理职责，同时报省民政厅备案。登记工作开展前要做好充分调研，做到积极稳妥、有效推进。

市（州）级人民政府的其他有关部门作为业务主管单位或行业主管部门，按照国家有关行业管理的分工规定，在各自职责范围内依法履行行业监管和业务指导职能。

宁夏回族自治区社会组织发展三年规划（2013—2015）

宁政办发〔2013〕101 号

为贯彻党的十八大精神，加快形成现代社会组织体制，引导我区社会组织健康有序发展，充分发挥社会组织在经济社会建设中的积极作用，依据《自治区党委、人民政府关于加强和创新社会管理的若干意见》（宁党发〔2011〕21 号）和《宁夏回族自治区民政事业发展“十二五”规划》（宁政发〔2011〕158 号），制定本规划。

一、总体要求

（一）指导思想

以邓小平理论、“三个代表”重要思想和科学发展观为指导，深入贯彻落实党的十八大和自治区第十一次党代会精神，围绕建设和谐富裕新宁夏、与全国同步进入全面小康社会的总体目标，坚持跨越发展、先行先试，以促进发展为前提，以深化改革为动力，以发挥作用为目的，统一登记、各司其职、协调配合、分级负责、依法监管，加快形成政社分开、权责明确、依法自治的现代社会组织体制，促进社会组织健康有序发展。

（二）基本原则

坚持培育扶持、规范管理，一手抓积极引导发展，一手抓严格依法管理。

坚持政社分开，依法自治，政府加快转变职能，下放权力，社会组织加快去行政化步伐，建立政府行政管理与社会组织自我管理的有效衔接和良性互动的新型合作关系。

坚持统筹规划、分类指导，立足宁夏区情，借鉴区内外经验，积极探索开展社会组织建设创新示范区创建活动。

（三）发展目标

到 2015 年，全区等级备案的社会组织达到 13000 个。平均每万人拥有社会组织超过 20 个，从业人员达到 30 万，辐射带动会员群众 150 万人。

建立与经济社会发展相协调的现代社会组织体制。构建布局合理、功能完善、作用明显的社会组织发展格局，服务到位、监管有效、多方参与的社会组织管理服务格局，实现社会组织数量大幅增加，质量显著提升，结构明显优化，作用有效发挥，成为政府职能转变的主要承接者、社会政策的重要执行者和社会道德的自觉践行者，充分发挥社会组织在宁夏社会建设、社会和谐稳定中的生力军作用，促进我区经济社会科学发展、跨越式发展。

二、主要任务

（一）创新社会组织监管体制

1. 推进政社分开。坚持政社分开、官办分离，进一步转变政府职能，逐步推动社会组织在机构、人员、财务等方面与党政部门脱钩，改变社会组织行政化倾向。现职公务员一律不得兼任行业协会商会、基金会负责人。尊重社会组织法人主体地位，依法保护社会组织的各项权益，使社会组织逐步实现自愿成立、自我运作、自聘人员、自理会务。

2. 改革登记制度。按照统一登记、分级负责，转变职能、简政放权的要求。成立行业协会商会类、科技类、公益慈善类、城乡社区服务类社会组织，直接向民政部门申请登记。对政治法律类、宗教类社会组织、境外非政府组织在华代表机构和法律法规需要前置审批的社会组织，在申请登记前，仍需要经业务主管单位审查同意或者依法履行前置审批手续。逐步将异地商会的登记管理权下放到市级民政部门，非公募基金会的登记管理权下放至设区的市级民政部门。取消社会团体和基金会的分支（代表）机构的登记审批。探索一业多会，适度竞争，优胜劣汰。

3. 完善管理制度。健全资金管理制度，加强对社会组织的资金监管。制定行为规范和活动准则，规范社会组织的会费收取、公益活动、交易合作、评比表彰等行为。建立信息公开制度，规范社会组织信息公开的机制和方式。健全社会组织负责人管理制度，规范负责人岗位要求、资格认定、产生程序、任职年限等。强化年检制度，提高年检管理效能。

4. 健全监督机制。完善行政执法制度，建立直接登记社会组织监管政策，健全公安、民政、财政、监察、审计、税收、金融等多部门参与的综合监管机制、协同管理机制和执法联动机制，对社会组织从事违法活动的，严格依法处理，构成犯罪的依法追究刑事责任。

（二）优化社会组织发展环境

1. 创建社会组织创新示范区。创建全国社会组织管理制度改革试验区，创新社会组织管理制度，把宁夏打造为现代社会组织体制的政策洼地，为全国社会组织管理制度改革积累经验，示范引领。

2. 推进政府购买服务。出台《政府向社会组织购买服务的指导意见》，制定指导转移事项目录和评估管理办法，建立动态调整机制和公示制度，将政府部分社会职能和公共服务事项逐步向社会组织转移。认真落实中央和自治区财政支持社会组织参与社会服务项目。研究制定福彩公益金对社会组织公益服务项目的投入扶持政策。

3. 完善财税支持政策。贯彻落实中央财税政策，落实公益性社会组织税收减免、公益捐赠税前扣除和非营利性社会组织企业所得税减免政策，简化税收优惠资格认定程序。建立各级社会组织扶持发展孵化基地，制订扶持发展专项计划。通过以奖代补的社会组织等级评估方式，完善公共财政对社会组织资助和奖励机制。将符合条件的社会组织纳入政府产业扶持和社会事业发展扶持政策范围，促进民办社会事业和公办社会事业共同发展。鼓励金融机构为社会组织提供信贷支持。

4. 拓宽参政议政渠道。鼓励社会组织参政议政，表达社情民意。依法将社会组织中的优秀代表人物纳入党代会代表、人大代表、政协委员推荐范围，适当增加各级党代会、人大、政协中社会组织代表的比例。建立政府与社会组织的沟通协调机制，在制定公共政策、编制发展规划、进行重大决策过程中，听取相应社会组织意见。

（三）加强社会组织能力建设

1. 完善法人治理结构。制定出台行业协会法人治理指引、社会团体选举工作指引、章程示范文本、商业活动指引等政策。建立和完善以章程为核心的换届选举、决策议事、人事管理、财务管理、机构管理等内部管理制度，探索公开竞选，推行差额选举，扩大直选范围。健全会员（代表）大会、理事会、监事会等制度，完善内部组织架构。探索理事会领导下的秘书长负责制和聘任制。建立法定代表人离任审计和过错责任追究制度。

2. 强化自律诚信建设。建立社会组织诚实守信、公平竞争、规范运作、信息公开、服务承诺等自律制度和失信惩戒制度。开展社会组织自律诚信创建活动，建立社会组织诚信档案，推进社会组织信用体系建设。建立社会组织履行社会责任评价和诚信监督体系，在银川市试点的基础上进一步完善社会组织履行社会责任评价指标，逐步在全区推开，强化社会组织履行社会责任。

3. 提高信息化水平。创办宁夏社会组织网，加快推进全区联网的社会组织登记管理信息系统建设，方便社会组织网上查询、网上年检，提高工作效率。建立健全社会组织信用信息数据库，及时公布社会组织的信用信息。

4. 夯实人才队伍。按照中央关于社会组织人才队伍建设的要求，落实社会组织人才培养、使用、流动、评价、激励、保障制度，落实社会组织人事管理、社会保险、人才交流、职称评定、技能鉴定等政策，建立社会组织专职人员培训长效机制。促进社会组织人才队伍专业化、职业化。

（四）发挥社会组织功能作用

1. 服务“两大战略”。坚持围绕中心，服务大局，认真贯彻落实自治区第十一次党代会精神，组织社会组织在参与沿黄城市区发展战略的同时，积极参与百万人口扶贫攻坚战略。打好生态移民和扶贫攻坚两场硬仗。积极开展慈善项目合作，搭建宁夏慈善事业对外交流的窗口，促进宁夏慈善需求与国内外慈善资源的有效对接。多方招善引资积极参与宁夏“黄河善谷”建设。

2. 支持“两区”建设。切实发挥社会组织在资源驱动、社会管理、社会服务和政策倡导中的优势，组织各类社会组织积极支持“两区”建设，为“两区”建设招商引资、牵线搭桥，参与进出口加工业、现代物流业和清真食品、穆斯林用品、新能源等战略性新兴产业建设。组织经济贸易类、对外交流类、文化旅游类等社会组织广泛搭建交流合作平台，积极参与中阿博览会。积极参与新能源、清真食品、穆斯林用品产业研发等科技专项攻关，广泛开展技术服务和科技交流活动，为提高区域产业综合竞争力，建设全国承接产业转移示范区做出积极贡献。

3. 提供公共服务。鼓励和引导社会组织在经济、司法、科技、教育、文化、卫生、慈善等服务领域，提供中介服务、反映合理诉求、平衡各方利益、调解贸易纠纷、开展行业自律、规范竞争行为等服务，提高资源配置和管理决策效率，弥补政府基本公共服务的不足，促进社会公共服务均等化。

4. 促进社会和谐。充分发挥社会组织在社会管理中维护稳定、化解矛盾的重要作用，引导社会组织采取灵活的方式，动员社会各界人士参与化解社会矛盾，变一元调处为多元调处，协助政府做好群众工作，为维护社会的和谐稳定做出积极贡献。

三、保障措施

（一）加强组织领导。各地要高度重视，把社会组织改革和发展工作摆上重要议事日程，纳入各地经济和社会发展规划。自治区成立社会组织综合协调领导小组，建立联席会议制度，明确各部门分工职责。将社会组织建设纳入全面小康社会指标体系和科学发展指标体系，列入各级政府绩效考核的重点内容，确保社会组织健康有序发展。

（二）健全管理机构。推动建立职责明确、监管有力、精干效能、相对独立的各级社会组织登记管理机关。建立社会组织特邀顾问、专家委员会和管理工作人才库。强化社会组织管理队伍建设，按工作任务、社会组织数量编配专职工作人员，保障工作经费。提高登记管理队伍素质能力，改进服务工作，提升管理效能。

（三）强化宣传引导。加强社会组织领域宣传工作，扩大社会组织凝聚力和影响力。采取制作专题宣传片、创办宁夏社会组织专刊、创建宁夏社会组织网站、举办演讲比赛和专题文艺晚会演出等多种方式，大力培树和宣传社会组织的典型事迹，提高社会组织的地位、作用、社会认可度和知名度，形成社会各界关心支持社会组织的良好社会氛围。

大连市人民政府办公厅关于加快推进社会组织管理制度建设的指导意见

（大政办发〔2013〕64 号 2013 年 7 月 5 日）

各区、市、县人民政府，各先导区管委会，市政府各委办局、各直属机构，各有关单位：

为贯彻党的十八大提出的“加快形成政社分开、权责明确、依法自治的现代社会组织体制”和十八届二中全会关于“改革社会组织管理制度”的有关精神，促进社会组织健康有序发展，充分发挥社会组织在全面建成小康社会中的积极作用，根据国家和省有关规定，经市政府同意，特制定以下指导意见：

一、改革登记管理制度

（一）逐步实行直接登记

成立行业协会商会类、科技类（自然科学）、公益慈善类、城乡社区服务类社会组织，实行直接向民政部门依法申请登记的登记管理体制。成立政治法律类、宗教类、专业类等社会组织以及境外非政府组织设立代表机构，实行双重负责登记管理体制，经业务主管单位审查同意后，再向民政部门申请登记。

（二）探索实行一业多会

允许同一领域设立多个行业协会，数量一般不超过 7 个。允许按照国民经济行业分类标准中的小类标准设立行业协会。允许同一行业按照产业链各环节、经营方式和服务类型设立行业协会。成立行业协会商会类社会组织应是在本行业、本领域具有相当影响力，代表产业发展方向，处于领先地位的单位发起组成。

（三）适度下放登记管理权限

异地商会审批权限下放到各区市县民政部门。基金会由市民政局登记管理，审批权限暂不下放到区市县民政部门。境外非政府组织在我市设立代表机构的，按照国家有关政策规定执行。

（四）推进两项审批改革

申请成立社会团体时，取消筹备审批环节。社会团体、基金会按业务范围设立分支（代表）机构的，取消登记审批，由其自主设立、自负其责，但不得设立地域性分支（代表）机构。

二、创新管理方式

（一）推进政社分开

按照政社分开、管办分离的原则，分类推进各类社会组织特别是行业协会商会在机构、人员、财务等方面与行政机关脱钩，厘清职能部门和行业协会商会的职责权限，改变行业协会商会行政化倾向。现职公务员一律不得兼任行业协会商会、基金会负责人。严格限制现职公务员在其他类型社会组织兼任负责人，因特殊情况确需兼任的，应按照干部管理权限从严审批。政府部门应尊重社会组织的法人主体地位，不得干预社会组织的人事、资产、财务等内部运作。社会组织依照法律法规和章程自主选举理事会和负责人，独立承担法律责任。

（二）完善管理制度

完善以章程为核心的社会组织内部管理制度，健全法人治理结构。建立法定代表人（负责人）管理制度，鼓励实行会长法人制。完善会员（会员代表）大会、理事会、监事会制度，实行决策、执行、监督三权分离。依法规范民主选举制度，规范任职资格、产生程序、任职年限等。实行法定代表人离任审计和过错责任追究制度，优化年检制度，健全第三方评估制度。

（三）发挥自律性联合组织作用

鼓励同类型、同行业、同领域、同地域的社会组织成立自律性联合组织，进行自律管理和服务。民政部门可根据需要，授权有关人民团体和自律性联合组织作为社会组织业务联系单位，进行协调指导、示范带动和综合服务，发挥团结联系相关社会组织的桥梁和纽带作用。民政部门通过听证、答辩、选举等方式，鼓励自律性联合组织实行负责人轮值制。

（四）规范社会组织名称核准

申请成立社会组织，应向民政部门申请核准社会组织名称。社会组织名称由“行政区划（先导区）名称＋字号＋业务领域＋类型（组织形式）”构成，反映社会组织的活动地域、业务范围、组织类型等要素。各区市县民政部门登记（备案）社会组织名称中的行政区划（先导区）名称，应当与所在市的行政区划名称或地名连用（标示“大连市×××区市县”字样）。机关、团体、企业事业单位内部经本单位批准成立，且在本单位内部活动的团体，其名称应包含该单位全称。

三、优化发展环境

（一）推动建立政府购买服务制度

按照建设服务型政府的要求，推进政府职能转变，制定政府向社会组织转移职能、购买服务的指导意见和目录，建立政府向社会组织购买服务制度。将政府部门职能中可由社会组织承担的事务性管理工作、适合由社会组织提供的公共服务、社会组织通过自律能够解决的事项，有序转移给社会组织，完善社会工作服务项目库，扩大政府购买服务工作领域，提高社会组织承接服务项目的能力和水平。

（二）推进建立社会组织信用体系

建立信息公开制度和社会组织征信体系，规范社会组织信息公开的机制和方式，搭建面向公众的社会组织公共信息平台。夯实社会组织的网络基础平台，加强数据支撑平台，建立业务管理信息系统，提高登记管理工作的科学化水平。推进社会组织信用体系建设，建立社会组织管理信息平台和社会组织法人单位信息库，有效整合社会组织信息资源。

（三）加强人才队伍建设

将社会组织人才纳入人才培养统一规划，建立健全专业培训和继续教育制度，稳步推进职业资格制度。培育社会组织领军人才和专业人才，造就一支高素质、职业化的社会组织人才队伍。扩大社会组织志愿者队伍。根据体制改革和职能调整的需要，建立统一协调、力量匹配的社会组织登记管理机关，保障必要的人员、经费，提高登记管理队伍的素质能力和管理效能。

四、强化监督管理

（一）明确管理责任

坚持“谁登记、谁管理、谁负责”原则，市民政局负责市级社会团体、民办非企业单位和基金会的登记监管职责。区市县民政部门负责本级社会团体、民办非企业单位的登记（备案）监管职责。机关、团体、企业事业单位批准成立的内部团体，由该单位负责监督管理。对于非法社会组织，按照属地化管理原则，由区市县政府负责依法查处。

（二）加强监管和服务

社会组织应当积极履行法定责任，在章程中明确规定，出现法律法规规定的注销情形时，主动申请、履行注销登记。建立健全民政、公安、国安、司法、外事、财政、审计、税务、物价、质监、金融等部门信息共享、齐抓共管的联动工作机制，形成各司其职、协调配合的工作局面。对直接登记社会组织，登记管理机关负责社会组织发展和管理的统筹协调、政策制定、宏观指导，依法履行登记（备案）、年度检查、日常监管、执法查处等职能，指导社会组织信息公开和社会评估，提供党建指导和人才、外事服务。对仍实行双重登记负责管理体制的社会组织，业务主管单位和登记管理机关各负其责，密切配合，把好登记审批关、日常监督关和违法行为查处关。

五、做好过渡期间的工作

在国家有关社会组织登记管理新规定出台前，进一步健全完善“分工明确、权责统一、监管到位”的社会组织管理体制。全市要全面开展社会组织清理工作，切实做到底数清、情况明、数据实，措施有力、管理规范，促进社会组织规范发展，维护发展稳定大局。各区市县政府、先导区管委会要加强组织领导，制订实施方案，明确社会组织管理职责。进一步深化行政体制改革，切实简政放权，改进管理方式，简化办事程序，履行好社会组织管理职责，确保实现平稳过渡。民政部门要认真细致开展工作，以加强社会组织名称管理为手段，进一步提高监管工作能力。对长期不开展活动、不履行章程规定的宗旨、不接受职能部门依法管理的社会组织依法撤销登记或吊销证书。各有关部门要统一思想，提高认识，按照职责分工，认真抓好贯彻落实。要建立工作沟通长效机制，加强沟通，密切配合，有效形成社会组织管理工作合力，共同推动社会组织健康发展。

青岛市民政局关于加强社会组织行政执法工作的意见

青民管〔2013〕6号

各区、市人民政府，市政府有关部门，市直有关单位：

根据《社会团体登记管理条例》、《民办非企业单位登记管理暂行条例》和《基金会管理条例》以及相关法律法规的有关规定，经市政府同意，现就加强青岛市社会组织行政执法工作，提出如下意见：

一、指导思想和工作目标

（一）指导思想

以邓小平理论和“三个代表”重要思想、科学发展观为指导，按照“培育发展与监督管理并重”的工作要求，完善工作机制，规范执法行为，逐步建立健全权责明确、运转协调、公正透明、廉洁高效的社会组织行政执法工作体系，全面提升我市社会组织行政执法水平。

（二）工作目标

执法体系逐步建立。党委、政府统一领导，登记管理机关依法监管，相关职能部门各司其职、协调配合的社会组织行政执法工作格局基本形成。

执法机制不断创新。分级监管、行政指导等工作机制进一步完善，“教育、服务、处罚”并重的执法模式全面推行，执法监督效能明显提高。

执法行为更趋规范。职权法定、程序正当、裁量适当、管理规范的执法管理制度基本形成，信息化建设进一步加强。

执法队伍全面加强。执法机构逐步健全完善，执法人员综合素质不断提高，非法社会组织和社会组织违法行为得到有效查处。

二、建立和完善制度、机制，推进行政执法体系建设

通过创新机制、规范程序、完善制度等措施，构建行政执法、社会组织诚信自律、社会监督三位一体的社会组织行政执法体系。

（一）建立和完善职责明确、分工协作的工作机制

按照职能明确、责权清晰的原则，明确社会组织登记管理机关、业务主管单位和其他行政执法部门的责任界限，形成责任明确、各司其职、互相配合、协同工作的运行机制。社会组织登记管理机关负责对社会组织违反《社会团体登记管理条例》、《民办非企业单位登记管理暂行条例》和《基金会管理条例》等法律法规的行为进行监督检查。业务主管单位负责监督、指导社会组织遵守宪法、法律、法规和国家政策，依据其章程开展活动，并协助登记管理机关和其他有关部门查处社会组织的违法行为。社会组织的活动违反其他法律、法规的，由有关国家机关依法处理。

（二）建立和完善信息共享、部门联动的执法机制

社会组织登记管理机关、业务主管单位、公安、工商、国家安全等相关部门要建立联动执法工作机制，提高对重大突发事件的应对能力；建立信息共享机制，逐步实现执法信息的互通；建立定期联席会议制度，研究解决社会组织执法中的重大问题。

（三）建立和完善分级监管、属地管理的社会监督管理机制

落实市、区（市）两级民政部门登记管理为主，街（镇）、居（社区）属地监管为辅，社会监督员监督为补充的社会监管机制。进一步完善市、区（市）、街（镇）、居（社区）四级社会组织监督管理网络，规范网络监督具体工作程序，提高网络运行效能，强化投诉举报处理的针对性和时效性，及时发现非法社会组织和社会组织违法活动信息。

（四）建立和完善行政执法、刑事司法之间有效衔接的配合机制

加强社会组织行政执法部门与公安、检察机关对执法中发现的涉嫌犯罪案件的移送、办理、监督、反馈等工作以及相互间的衔接与配合，纠正“以罚代刑”现象，及时惩处违法犯罪行为。进一步明确执法部门之间案件移送的范围、种类、标准、方式和程序，落实承办机构和责任，切实保证社会组织违法案件及时移送和处理。

（五）建立和完善公开公正、诚信守信的社会组织自律机制

以社会组织现行法律、法规为依据，以提高社会组织公信力为导向，在社会组织中广泛开展诚信教育，采取制定诚信公约、发布诚信倡议等方式，引导社会组织建立和完善以章程为核心的自律机制，逐步形成以追求诚信为核心的社会组织行为规范，鼓励社会组织披露年度工作报告、重大活动和财务状况等信息，增强社会组织自觉接受社会监督的意识。

三、改进和创新执法行为，推进行政执法规范化建设

（一）加强监督管理，提升登记、年检和专项检查规范化水平

进一步规范申请登记审核、筹备指导、成立备案等重要环节，严把入口关；充分发挥年度检查对于社会组织监督执法的基础性作用，严格落实年度检查各项要求，坚持年检标准，严格时限要求，健全退出机制；通过抽查、巡查和专题培训加强日常管理。针对年检和日常管理中发现的突出问题，积极开展专项检查，加大执法监察力度。

（二）完善执法工作模式，积极推行行政指导

在“先教育规范、再责令整改、最后实施处罚”的“三步式”行政处罚模式基础上，探索制定不同情形下的执法措施。对非法社会组织和社会组织严重违法行为，加大查处力度，提升执法威慑力；对情节轻微或者危害后果能够及时消除的违法行为，推行符合法律精神、原则、规则的指导、劝告、建议、说明、提醒、警示等行政指导措施，正确引导社会组织的行为，进一步完善行政指导工作制度，提升社会组织建设与管理工作的水平。

（三）规范重点环节的执法程序，严肃社会组织行政处罚

落实民政部《社会组织登记管理行政处罚程序规定》的各项规定，确保行政处罚主体具有执法资格和管辖权，调查取证充分，行政处罚裁量适当，处罚程序和文书规范；遵守有关回避、时限、送达等要求，并保障当事人陈述、申诉和听证的权利，维护社会组织行政处罚的严肃性，树立登记管理机关行政执法的良好形象。

（四）强化政务公开，保障行政执法公开透明

通过媒体或机构网站，对公共利益有重大影响或者需要公众广泛知晓的以及法律、法规、规章明确规定应当公开的行政执法结果信息予以公开。推进社会组织执法档案的信息化建设，形成统一、方便、高效的查询系统，提高档案有效利用，向公众提供便捷服务。

四、强化组织保障，提高执法监察实效

（一）加强组织协调

市社会组织管理工作领导小组领导和协调全市社会组织行政执法工作，督促各区（市）政府和各有关部门切实履行社会组织行政执法的职责。各区（市）政府要将社会组织执法监察工作列入重要议事日程，并将

此纳入对街（镇）、居（社区）考核范围。市民政局承担市社会组织管理工作领导小组办公室职责，履行社会组织行政执法工作的日常组织指导、统筹协调、督促检查以及对重大问题及时报告的职责。

（二）加强行政执法队伍建设

要配备必要的社会组织执法人员，整合、充实、加强现有的执法力量。各区（市）民间组织管理局要加挂“民间组织执法监察局”的牌子。要加强对执法人员法律法规、业务技能及相关知识的培训，提高执法能力；加强执法人员作风建设，确保严格执法，公正执法，文明执法。

（三）加强执法经费保障

按照市委办公厅、市政府办公厅《关于加快社会组织建设和发展的意见》（青办发〔2012〕17 号）的要求，市、区（市）两级财政要把社会组织执法经费纳入同级预算，保障执法工作正常开展。

（四）加强行政复议和行政诉讼应诉工作

要进一步畅通行政复议申请渠道，推行案件公开审理，努力化解行政争议，加大复议纠错力度，不断改进执法工作。深入贯彻落实行政诉讼法，规范应诉行为，提高应诉水平，自觉接受人民法院依法对执法行为的监督。

中共厦门市委办公厅
厦门市人民政府办公厅
关于加快推进社会组织登记管理体制
改革的实施意见

（厦委办发〔2013〕5 号　2013 年 8 月 8 日）

为深入贯彻落实《国务院机构改革和职能转变方案》和民政部有关深化社会组织管理体制改革的要求以及《厦门市深化两岸交流合作综合配套改革试验总体方案》，加快推进我市社会组织管理体制改革创新，充分发挥社会组织在公共服务和社会管理中的重要作用，根据《中共福建省委办公厅 省人民政府办公厅关于进一步培育发展和规范管理社会组织的意见》精神，现结合我市实际，提出如下实施意见。

一、指导思想

以邓小平理论、“三个代表”重要思想和科学发展观为指导，以《国务院机构改革和职能转变方案》为基本原则，以促进发展为前提、深化改革为动力、发挥作用为目的，进一步解放思想，转变观念，坚持“简化登记、依法管理”的基本思路和“民间化、自治化、规范化”的发展方向，努力探索社会组织管理体制创新，建立健全符合时代特点和要求的社会组织监管体系，不断优化社会组织发展环境，逐步增强社会组织在推动经济发展、社会进步、全面建成小康社会等方面的功能和作用。

二、总体目标

稳步推进社会组织直接登记，建立健全“登记管理机关统一直接登记、部门各司其职依法监管”的社会组织管理体制，形成民主自治、运行有序、权责明确、制衡有效的社会组织法人治理结构，建立完善政社分开、权责明确、依法自治的现代社会组织管理体制。

三、基本原则

（一）直接登记

即社会组织直接向登记管理机关申请登记，无须由相关部门前置审查同意（依据法律法规须前置行政审批的情况除外）。

（二）依法管理

即登记管理机关依法对社会组织进行监督管理，实施年度检查和等级评估，及时查处社会组织的违法违规行为。

（三）部门协同

即政府职能部门或经政府授权的组织在各自职责范围内协同登记管理机关做好社会组织直接登记工作，依法对社会组织进行监督管理和业务指导。

（四）法人治理

即社会组织依照章程规定的宗旨和业务范围开展活动，建立现代法人治理机制，依法独立享有民事权利和承担民事责任。

四、改革内容

（一）实行直接登记

自 2013 年 7 月 1 日起，除依据法律法规需前置行政审批及政治法律类、宗教类、社科类的社会组织外，其他社会组织的申请人均可直接向登记管理机关（即民政部门）申请登记。原承担归口管理职能的业务主管单位改为业务指导单位。

各区可参照本意见，结合实际制定本辖区社会组织直接登记的工作意见，并组织实施。

（二）放宽登记限制

探索“一业多会”机制，允许同一行政区域内成立两个以上业务范围相同或者相似的公益慈善类、社区服务类社会团体和行业协会商会；在厦、漳、泉同城化范围内，允许我市成立的社会组织依情况适当吸纳漳州市、泉州市的会员；经省民政厅授权，实施对非公募基金会和公募基金会的登记管理；扩大异地商会登记范围，县（市、区）以上同一籍贯自然人或法人在我市投资兴办并在我市工商注册的企业可以向市、区两级登记管理机关申请成立登记异地商会。

（三）加强涉台社会组织管理

支持台湾经济、教育、科技、文化、卫生、环保、体育、慈善领域的民间非营利组织在厦设立代表机构，市民政部门负责代表机构的备案管理工作。代表机构的备案管理程序参照《厦门市台湾经贸社团在厦设立代表机构备案管理办法》执行。

五、工作要求

（一）规范直接登记工作程序

直接登记范围内的社会组织申请人可直接向登记管理机关申请登记。登记管理机关接到申报材料后，根据相关条件及要求，在规定期限内作出准予登记或不予登记的书面决定。登记管理机关在审查过程中，可以根据需要征求相关部门对拟申请登记社会组织业务范围等方面的意见。相关部门认为社会组织拟开展的业务活动依法应当取得相关许可证或审批文件的，登记管理机关应当告知申请人，取得相关许可证或审批文件后再申请成立登记。

（二）完善综合监管工作体制

实施社会组织直接登记，并未改变相关部门对社会组织依法管理和业务指导的职责。登记管理机关负责社会组织的成立、变更、注销登记；负责社会组织年检和评估工作；对社会组织开展活动进行日常监督；对社会组织的违法违规行为依法实施行政处罚；对非法社会组织依法予以取缔。相关部门应根据各自职能对社会组织的业务活动进行依法管理，并通过提出建议、发布信息、制定导向性政策等方式对社会组织进行业务指导；协助登记管理机关审查社会组织业务范围等事项；依法承担对社会组织的监督管理责任。社会组织违反法律、法规的，由有关国家机关依法处理；有关国家机关认为应当撤销登记的，由登记管理机关依法撤销登记，形成齐抓共管、协同监督的管理机制。

（三）建立社会组织评估机制

建立公开、公平、公正的社会组织考核评估体系，制定科学的考核评估标准，逐步实行专业性委托评估，扩大等级评估范围。建立评估结果档案，向社会公开，接受社会监督。评估结果与社会组织承接政府购买服务、享受政策优惠等事项挂钩，对于达到3A等级及以上的社会组织，优先作为政府部门委托职能和购买服务的对象。登记管理机关牵头邀请相关部门定期听取社会组织对评估、承接政府转移职能等工作的意见，密切政府部门和社会组织关系，建立畅通的信息沟通协调机制。

（四）加强社会组织自身建设

引导社会组织建立健全以章程为核心的各项内部治理结构和管理制度，完善内部制衡和约束机制。引导社会组织树立品牌意识，着力提高项目运作、策划组织、协调服务、规范运行等方面的能力。建立健全以行业公约、准入标准、诚信建设等为核心的行业自律机制，提高社会组织的自身发展能力和社会公信力。建立社会组织信息公开制度，强化公众和新闻媒体的舆论监督，规范社会组织行为，加强社会组织“班子”人员队伍和党群组织建设。

六、保障措施

（一）明确分工，各司其职

建立健全政府向社会组织转移职能和购买服务制度。编制部门牵头编制政府向社会组织转移职能目录，做好转移社会服务与管理职能的重新归类和整合工作。财政部门负责制定政府向社会组织购买服务管理办法，编制购买服务政府采购目录，按规定安排社会组织服务购买经费，建立以项目为导向的政府购买服务机制。民政部门负责编制社会组织目录，明确具有资质条件承接政府转移职能和购买服务的社会组织，将社会组织完成政府转移职能和购买服务事项的工作情况纳入年度检查和评估指标体系。相关职能部门负责做好工作职能的具体转移工作，制定转移职能事项的监管和评估办法，加强对受托单位的业务指导、监督，并根据需要适时制定出台实施细则。

（二）先易后难，扎实推进

社会组织登记管理机关要加强与政府相关部门的联系协调，对实行直接登记的社会组织事先应进行统一的调查摸底，分门别类登记造册，按先易后难，先整体后个案的原则稳步推进。对在直接登记工作中出现的情况和问题，应及时主动与相关部门沟通协调，确保社会组织登记管理体制改革工作依法依规、按时有序顺利进行。

（三）加强领导，落实责任

社会组织实行直接登记，是社会组织管理创新的重大改革，涉及面广，工作量大。要充分发挥各级社会组织建设与管理工作领导小组及其办公室的职能作用，健全会商制度，加强对社会组织管理体制改革工作的领导，监督检查社会组织直接登记管理工作的进展，加强社会组织登记管理机关队伍建设，落实履行执法工作所必要的设备和经费保障。政府各相关部门应积极主动支持配合社会组织登记管理机关的工作，确保社会组织登记管理改革工作顺利推进。

厦门市人民政府关于开展社会组织评估工作的实施意见

厦府办〔2013〕69 号

市民政局为加强我市社会组织监督和管理，积极引导社会组织加强自身建设，提高自律性和诚信度，根据民政部《社会组织评估管理办法》的规定，结合我市实际，特制定如下评估工作实施意见。

一、意义和目的

开展社会组织评估工作，是全面学习实践科学发展观、促进经济社会发展的重要内容，有利于提高社会组织的整体素质和专业化水平；有利于完善社会组织自律机制，提高社会公信力；有利于激发社会组织活力，为构建和谐社会提供坚强有力的社会支持。开展社会组织评估以促进社会组织有序发展为目标，引导社会组织健全以章程为核心的内部管理制度，强化法人治理结构，优化社会组织功能；加强班子建设，建立一支团结、和谐的队伍，增强社会组织自主发展、自我管理能力；完善以诚信为重点的信息披露制度，提高社会组织的透明度和公信力；加强和改进对社会组织的监管，探索建立科学合理的类型评估指标体系和评估工作机制。

二、基本原则

（一）“政府主导、社会参与”的原则。充分发挥社会组织双重管理负责的体制优势，坚持业务主管单位、登记管理机关在社会组织评估中的主导作用，加强与相关行政部门、研究机构专家组的协作，形成工作合力；组织和动员社会力量，利用各种社会资源，从政策上促进、制度上保证社会组织评估工作的开展。

（二）“以评促建、重在建设”的原则。建立社会组织综合评估体系和评估办法，定期跟踪考评，建立评级奖惩机制，鼓励先进，鞭策后进，着力形成社会组织评估的长效机制。

（三）“客观公正、循序渐进”的原则。评估的内容、指标、程序、方法等遵循科学性、客观性、公正性、公开性；社会组织评估要贴近本市社会组织发展与管理实际，兼顾需要和可能，实事求是，因地制宜，逐步推进，不断完善。

三、组织实施

（一）评估机构。市民政局和各区民政局根据实际情况组建社会组织评估委员会和复核委员会，负责本辖区社会组织评估工作的指导协调和监督管理。评估委员会和复核委员会的组成人员要具有代表性、专业性和权威性。评估委员会下设办公室或委托相应的评估机构，负责评估委员会的日常工作。

（二）评估对象。凡市、区民政部门依法登记的社会团体、基金会和民办非企业单位，且成立时间两年以上（含两年）的社会组织，均可申请评估。社会组织有下列情形之一的，评估机构不予评估：（1）未参加上年度年度检查；（2）上年度年度检查不合格或连续两年基本合格；（3）上年度受到有关政府部门行政处罚或者行政处罚尚未执行完毕；（4）正在被有关政府部门或者司法机关立案调查；（5）其他不符合评估条件的。

（三）评估内容。社会组织评估按照民政部《社会组织评估管理办法》（中华人民共和国民政部令第 39 号）规定的组织类型分类和评估指标开展，社会团体和基金会实行综合评估，民办非企业单位实行规范化建设评估。评估内容由基础条件、内部治理、工作绩效（业务活动和自律与诚信建设）和社会评价四方面构成。

（四）评估办法。社会组织评估采取社会组织自我评估、评估机构实地评估与评估委员会审核相结合的方法。

（五）评估程序。包括发布通知、审核资格、实地考察、审核终评、公示结果、受理复核和发证授牌等七个环节。

（六）评估等级。社会组织评估结果等级从高到低依次为 5A（AAAAA）、4A（AAAA）、3A（AAA）、2A（AA）、1A（A）。证书和牌匾的样式由市民政局统一制定。社会组织评估结果实施动态管理，有效期限为 5 年。评估结果为 4A（含 4A）以上的社会组织评估结论须报省民政厅审核备案，5A 级社会组织上报民政部。

（七）评估作用。社会组织评估等级与政府职能转移、政府购买社会组织服务、税收优惠、资格认定、评比表彰、年度检查等工作相挂钩。获得 3A 以上评估等级的，可以优先承接政府的职能转移、政府购买服务和获得政府奖励，基金会和慈善组织等公益性社会组织，可以按照规定申请公益性捐赠税前扣除资格；获得4A以上评估等级的社会组织可以简化年检程序。

四、工作保障

（一）提高认识。社会组织评估工作是开展社会组织管理的一项重要内容，各级各有关部门一定要高度重视此项工作的重要性，切实加强领导，精心组织，周密部署。要根据我市社会组织管理工作实际，有效结合当前管理工作重点和专项工作，积极稳妥地推进社会组织评估工作的开展。

（二）密切配合。民政部门要加强与社会组织业务主管单位、相关政府部门以及科研机构的沟通与合作，主动听取各相关部门的意见和建议，认真做好组织评估工作的牵头、指导和组织协调工作，确保各项工作落到实处。

（三）加大宣传。要加大对社会组织评估工作的宣传和培训力度，提高社会组织对评估工作重要性的认识，消除疑虑，扩大共识，积极营造有利于推进社会组织评估工作的浓厚氛围，激发社会组织参与评估的热情，提高参评率。

（四）落实保障。市、区各有关部门要为社会组织评估工作创造必要的条件，在人员、经费等方面给予保障。要加强对社会组织评估机构的监督和管理，不得因评估工作加重社会组织的负担。民政部门要及时总结经验，不断完善评估机制，充实评估工作内容，提高评估工作水平。本实施意见自印发之日起执行，有效期5年。

中共宁波市委办公厅
宁波市人民政府办公厅
关于加快建立现代社会组织体制促进社会组织健康有序发展的意见

（甬党办〔2013〕89号　2013年9月3日）

为加快建立现代社会组织体制，促进我市社会组织健康有序发展，充分发挥社会组织在加强和创新社会管理中的积极作用，特提出如下意见。

一、把握总体要求，明确发展目标

1. 总体要求。坚持以适应经济社会发展和满足人民群众多样化需求为导向，加大社会组织的培育发展和规范管理力度，加快建立政社分开、权责明确、依法自治的现代社会组织体制，不断强化社会组织的服务功能和协同作用，促进社会组织健康有序发展，成为推动我市经济发展和社会文明进步的重要力量。

2. 发展目标。围绕建立现代社会组织体制的目标，力争用3—5年时间，建立一套适应社会组织发展的服务管理制度，创建一个合作共享、协调高效的全市性社会组织服务网络；打造一批具有宁波特色、与国际接轨的行业协会（商会），培育一批专业能力强、公信度高、影响力大的公益服务类社会组织，实施一批展示我市社会组织综合实力的社会服务项目，形成结构合理、功能完善、作用明显的社会组织发展格局。

二、突出发展重点，推进分类指导

3. 培育发展行业协会（商会）。根据我市产业发展导向，重点培育和发展一批依托我市支柱产业、优势产业、新兴产业的工业协会（商会），一批优势明显、带动力强、面向社会、保障民生类的服务业协会（商会），一批种植业、养殖业、畜牧业、农业经济合作、农副产品加工类等涉农行业协会，充分发挥行业协会（商会）在发展经济、行业自律、利益协调等方面的积极作用。探索建立行业协会（商会）发言人制度，及时发布相关行业涉及公共利益的重要信息。

4. 鼓励发展公益慈善类社会组织。鼓励发展基金会、志愿服务等公益性组织，发挥其扶助困难群体、建设生态文明、维护公平正义、传播慈善理念等方面的积极作用。按照加强和创新社会管理的需要，支持协同管理类社会组织发展，发挥其在调解矛盾、促进社会和谐中的重要作用。

5. 积极发展科技服务类组织。引导和鼓励社会力量在科技、教育、生态、环保、文化、体育、卫生、社会福利、社会服务、法律援助等领域兴办各类服务组织，发挥其在扩大就业、提供智力支持、拓展公共服务等方面的积极作用，满足人民群众多样化、多层次的服务需求。

6. 大力培育城乡基层社会组织。培育社区社会组织，开展城乡社区生活服务、文体娱乐、邻里互助、矛盾调解、心理疏导等活动，满足城乡居民的不同需求。培育农村专业经济协会，为农民提供专业经济知识和技术服务，促进农业产业集约化、专业化、组织化、社会化发展。培育老年服务组织，在城乡社区为老年人提供多样化、个性化服务。

三、完善监管体系，加强规范管理

7. 构建综合监管体系。建立统一登记、各司其职、协调配合、分级负责、依法监管的社会组织管理体制。民政部门的职责是：依法履行统筹协调、政策制定、宏观指导以及登记备案、年检评估、执法查处等职能。各相关部门的职责是：在各自业务职能范围内，依法加强对社会组织的日常监管、行业指导与服务提供，协助民政和有关职能部门查处社会组织的违法违规行为。党委工作部门及司法、宗教等主管部门作为政治、法律、宗教类社会组织的业务主管单位，主要履行对所属社会组织的领导和监管职能。民政、公安、安全等部门要密切配合，进一步健全社会组织管理预警网络和快速反应的联合执法机制，加大对社会组织违法行为的查处力度，提高执法监督效能。

8. 完善日常管理制度。建立健全以社会组织章程为核心的责权明确、运转协调、有效制衡的现代社会组织法人治理机制，加快推进政社分开，尊重和保障社会组织的法人主体地位，促进社会组织依法自治并独立承担法律责任。加强和完善社会组织诚信体系建设，引导社会组织自觉承担社会责任。建立健全社会组织的资金使用和管理制度，按照有关规定规范社会组织的评比、达标、表彰等活动。建立社会组织管理信息公开制度，及时向社会公布重大活动、财务状况和接受捐赠的使用情况等，接受政府部门、捐赠人、受益人及社会各方面的监督。

9. 加强评估管理工作。完善社会组织分类评估指标体系和方法程序，提升社会组织评估工作质量。扩大社会组织评估面，社会组织一届任期内应当参加一次评估（含复评）。建立社会组织绩效评估激励机制，将社会组织评估等级作为其承接政府职能转移、参与政府购买服务项目、享受政策优惠、获评先进示范社会组织等相挂钩的资质条件。

四、加大扶持力度，促进有序发展

10. 加快政府职能转变。逐步将政府的事务性管理工作、适合由社会组织提供的公共服务、社会组织通过自律能够解决的事项，转移给社会组织承担，更好地发挥社会力量在公共事务管理中的作用。统筹事业单位分类改革与社会组织发展，促进民办社会事业和公办社会事业公平竞争、共同发展。

11. 加大资金支持力度。建立公共财政对社会组织扶持机制，市财政每年安排一定的资金，专项用于社会组织参与社会服务的补助，主要支持社会组织承接社会服务试点、社会工作服务示范、社会组织人员培训、社会服务项目实施管理、社会组织服务平台、评级评优激励等项目。各县（市）区也要安排一定的资金支持社会组织发展。鼓励社会组织拓宽筹资渠道，壮大自身实力。鼓励金融机构为社会组织发展提供信贷支持。鼓励设立市社会组织发展基金会，整合各类资源，形成多渠道扶持社会组织发展、支持社会组织参与社会服务项目的筹资机制。

12. 支持社会组织参与社会服务。改进政府提供公共服务方式，向社会组织开放更多的公共资源和领域。制定政府向社会组织购买服务的指导意见和实施办法，探索公共服务市场化、多元化、社会化供给新机制。

13. 加强服务平台建设。市、县（市）区和有条件的镇乡（街道）建立社会组织服务中心，形成三级社会组织服务网络，承担社会组织的孵化、培训、项目管理、等级评估等服务，并逐步承担社会组织的工作指导、人才服务、外事服务等管理服务职能。

14. 改进登记管理制度。按照统一登记、分级负责，转变职能、简政放权的要求，除政治、法律、宗教类社会组织外，行业协会（商会）类、科技类、公益慈善类、城乡社区服务类社会组织向民政部门直接申请登记。社会组织分支（代表）机构实行备案制，由其自主设立。适度引入竞争机制，探索“一业多会”模式。完善城乡基层社会组织备案管理制度，对暂不具备登记条件的基层社会组织，可在镇乡（街道）备案。

15. 落实税收优惠等支持措施。对在“双强”创建、维护市场公平公正、保护环境、捐助公益和慈善事业等方面成果显著的社会组织，政府在职能转移、购买服务立项和资金资助、免税资格认定等方面给予优先和优惠。将符合条件的社会组织纳入政府产业扶持和社会事业发展扶持范围。对民办社会福利机构、民办学校、民办医疗机构等非营利性单位的用地符合国土资源部《划拨用地目录》的，可按划拨方式提供土地使用权，并按规定办理相关手续。民办非企业单位用水、用电、用气等公用事业的服务收费，可按照有关规定享受优惠待遇。

16. 加强专业人才队伍建设。扶持和推动本地高校（包括职业院校）开设社会组织管理等相关专业。研究制定和落实社会组织人事档案、落户、职称评定、就业培训、社会保障、工资福利奖励等相关政策。建立完善社会组织优秀人才激励机制，鼓励社会组织引进中高级专业人才。

17. 拓宽参政议政渠道。鼓励社会组织参政议政，将社会组织中的优秀代表人物纳入党代会代表、人大代表、政协委员推荐范围。建立政府与社会组织沟通协调机制，在制定公共政策、编制发展规划和重大决策过程中，听取和征询相关社会组织的意见建议。

五、加强组织领导，强化保障落实

18. 切实加强组织领导。各级党委、政府要高度重视社会组织培育发展工作，摆上重要议事日程，深入调查研究，听取社会组织的意见建议，帮助解决实际困难和存在问题。社会组织管理工作领导小组要发挥指导和协调作用，及时研究和协调解决推进社会组织改革发展中的重大问题。各有关部门要各司其职，加强对社会组织的监管和业务指导。要大力宣传社会组织在促进经济发展、构建和谐社会中的积极作用，形成全社会关心和支持社会组织培育发展的良好氛围。

19. 充实管理力量。适应社会组织发展的新形势，进一步加强社会组织管理机构建设。各县（市）区要在民政部门明确社会组织管理的相关职能，按工作任务、社会组织数量配备相应工作人员，镇乡（街道）要有专（兼）职工作人员负责基层社会组织备案管理工作。提高登记管理队伍的素质能力，改进服务工作，提升管理效能。

20. 加强党的建设。市委新经济与新社会组织工作委员会要加强对社会组织开展党建工作的指导，推进党的组织和工作在社会组织中实现全覆盖。发挥党组织在社会组织中的政治引领、战斗堡垒作用和党员的先锋模范作用，加强对社会组织工青妇工作的组织领导，推进社会组织党建工作深入开展。

各县（市）区要依据本意见精神，结合实际制定具体贯彻措施。市直各部门要结合各自职责，研究制定相关配套政策。

宁波市民政局等部门联合印发关于推进政府向社会组织购买服务的实施意见

（甬民发〔2013〕118号　2013年11月8日）

市级各有关部门，各县（市）区民政局、财政局、发改委、公共资源交易管理办公室：

为进一步推进政府职能转移，拓展政府和社会组织合作渠道，提高社会组织服务能力，促进公共服务的多元化、优质化、专业化。根据国务院办公厅《关于政府向社会力量购买服务的指导意见》（国办发〔2013〕96号）和市委办公厅、市政府办公厅《关于加快建立现代社会组织体制促进社会组织健康有序发展的意见》（甬党办〔2013〕89号）要求，现就我市推进政府向社会组织购买服务提出如下实施意见，请认真贯彻执行。

一、总体要求

政府向社会组织购买服务制度是指政府引入市场机制，将向社会公众直接提供的一部分公共服务和社会管理事项，交给具备相应条件的社会组织承担，并根据服务数量和质量向其支付费用的新型公共服务供给制度。政府向社会组织购买服务必须遵循便民利民、公开透明、公平竞争、注重绩效、强化监督和因地制宜的原则，按照有利于促进政府职能转变、有利于提高公共服务的效率和质量、有利于加强和创新社会管理的要求，推动建立与经济社会发展水平相适应，满足群众日益增长的多样化需求的公共服务市场化、多元化、社会化供给新机制，努力培育一批运作规范有序、公信力强，适应社会主义市场经济发展要求的社会组织，促进社会组织增强自主发展能力和社会服务能力。

二、主要内容

政府向社会组织购买服务，要按照政府主导、部门负责、社会参与、共同监督的要求，确保工作规范有序进行。

（一）购买主体

政府向社会组织购买服务的主体是各级党政机关（含参照公务员法管

理的事业单位）以及纳入行政编制管理且经费由财政承担的群团组织。

（二）承接主体

承接政府购买服务的社会组织是依法在民政部门注册登记，能够独立承担民事责任，具备提供服务所必需的设施设备、人员和专业技术等条件。具体如下：

1. 依法在我市各级民政部门注册登记的社会团体、民办非企业单位、基金会；

2. 具有健全的内部治理结构，完善的财务管理制度和民主监督制度；

3. 具备提供公共服务所必需的设施设备、人员和专业技术能力；

4. 社会信誉良好，上年度年检合格；

5. 符合政府采购法等相关法律法规规定的其他条件。

（三）购买内容

政府向社会组织购买服务的内容为适合采取市场化方式提供、社会组织能够承担的公共服务和社会管理事项，非营利性、公益性的事项应优先向社会组织购买。各购买主体要按照有利于转变政府职能、有利于促进社会事业发展、有利于提升服务质量、有利于降低服务成本和提高资金效益的原则，合理划分服务类别、确定购买目录和内容，优先将《国家基本公共服务体系“十二五”规划》等相关文件确定的基本公共服务内容纳入购买范围。对应当由政府直接提供，不适合向社会组织转移的政府职能，以及由社会组织提供但不属于政府职能的服务项目，政府不得向社会组织购买。

购买内容具体包括教育、卫生、文化、体育、公共交通、住房保障、社会保障、公共就业等领域的部分基本公共服务事项；社区事务、养老助残、社会救助、法律援助、社工服务、社会福利、慈善救济、公益服务、人民调解、社区矫正、安置帮教和宣传培训等社会事务服务事项；行业资格认定和准入审核、处理行业投诉等行业管理与协调事项；科研、行业规划、行业调查、行业统计、审计评估、检验检测等技术服务事项；法律服务、课题研究、政策（立法）调研论证、绩效评价等辅助性和技术性事务；按政府转移职能要求实行购买服务的其他事项。

（四）购买机制

建立完善政府向社会组织购买服务的具体办法，建立健全项目申报、项目评审、预算编报、组织采购、资质审核、合同签订、项目监管、绩效评估、经费兑付等规范化购买流程。

1. 确定购买服务项目。各购买主体要结合本部门实际情况，按照向社会组织购买服务的内容，合理确定本部门向社会组织购买服务的目录、数量、规模、质量与效果，科学编制年度预算并报同级财政批准。

2. 确定购买服务方式。政府向社会组织购买服务的交易活动，应按政府采购法等相关法律法规执行。政府向社会组织购买服务原则上实行公开、透明、竞争性的机制，按规定应进入各地公共资源交易平台的，要进场交易。对只能从唯一服务提供机构购买的，向社会公示并经财政部门同意批准后，可以采取单一来源方式组织采购。在同等条件下应优先向4A级（含）以上等级的社会组织购买服务。

3. 签订购买服务合同。购买主体按规定的购买服务方式确定提供服务的社会组织后，应及时与其签订合同，明确双方的权利义务。合同中应明确购买服务的范围、要求、期限、资金支付、合同续签条件、违约责任等内容。

4. 组织实施购买服务项目。承接服务的社会组织要严格按照合同规定提供各项服务，保证服务数量和质量。购买主体要对社会组织提供的服务实行全过程跟踪监管，依据合同约定条款对服务机构提供的服务进行检查、验收；建立应急工作机制，制定应急服务预案，做好应对服务过程中的突发情况的准备。

5. 实施购买服务绩效考评。各级财政部门、民政部门、相关职能部门应根据由社会组织承接的社会服务具体项目，研究建立包括考评指标、方法等绩效考评体系，组织实施绩效考评或委托第三方专业机构进行综合考评，并根据考评结果，提出进一步的意见和建议。对具有经常性、长期性的服务项目，可以实行一招三年，一年一定的办法，经年度考评合格的，在满足原招标文件条件下可续签服务合同。

（五）资金管理

政府向社会组织购买服务所需资金统一纳入财政预算，要处理好增量与存量的关系，按照支出总量控制、养事不养人、费随事转的原则安排向社会组织购买服务的资金，并按照有关制度要求，实行“政府采购、合同管理、审计评估、信息公开”，加强预算管理。各级财政部门应根据同级政府部门职能转移的方案，对有关事项进行梳理，所需支持资金优先在现有经费中安排。

三、保障措施

（一）切实加强组织领导

各级政府及相关职能部门要充分认识建立政府向社会组织购买服务制度的重要意义，切实加强组织领导，积极探索公共服务供给多元化，提高政府公共服务供给的效率和质量。将政府向社会组织购买服务工作纳入政府目标管理考核，由政府目标管理考核部门会同财政、审计、监察等部门，对各部门推进政府购买社会组织服务情况进行考核。

（二）突出重点分步实施

全面建立政府向社会组织购买服务制度是一项艰巨的任务，涉及领域广、范围大，要先易后难、由点到面、突出重点、稳步推进。

（三）严格监督和管理

财政、民政、发改部门以及公共资源交易综合管理部门是负责政府向社会组织购买服务的监管部门，按照各自职能依法履行监管职责。财政部门要加强对政府向社会组织购买服务实施工作的组织指导，严格资金监管，确保政府向社会组织购买服务资金规范管理和使用，不得截留、挪用和滞留资金；民政部门要认定并提出具备承接购买服务项目资格的社会组织名单；发改部门负责参与指导各相关职能部门制订向社会组织购买服务的项目目录；公共资源交易综合管理部门负责政府向社会组织购买服务交易活动的指导协调和综合监管；监察、审计等部门要加强监督；相关职能部门制订可由社会组织承接的服务项目目录及具体实施方案，承担具体实施和管理工作。

（四）强化舆论宣传和公众监督

充分利用电视、广播、网络、报纸等传媒手段，广泛宣传建立政府向社会组织购买服务制度的重要意义和主要政策，加强舆论引导，及时披露、公开与政府向社会组织购买服务工作相关的信息，强化公众对政府向社会组织购买服务工作的监督。任何单位和个人有权对政府向社会组织购买服务过程中的违法行为进行检举，有关部门应当依照各自职责及时处理。

宁波市民政局　宁波市财政局　宁波市发展和改革委员会

宁波市公共资源交易工作管理委员会办公室

宁波市民政局关于开展四大类社会组织直接登记的通知

（甬民发〔2013〕109号　2013年8月19日）

市级相关业务主管单位，各县（市）区民政局，局机关各处室：

为贯彻落实党的十八大和十八届二中全会精神，加快推动我市社会组织登记管理体制改革，促进政府职能转变和社会组织发展，根据十二届全国人大一次会议审议通过的《国务院机构改革和职能转变方案》和市综治委《关于印发〈宁波市现代社会组织培育管理机制项目推广工作方案〉的通知》（甬综治〔2013〕4号）要求，决定在全市范围内实行行业协会商会类、科技类、公益慈善类、城乡社区服务类等四大类社会组织直接登记。现将有关事项通知如下：

一、直接登记范围

除依据法律法规和国务院决定需要前置审批的，以及政治法律类、宗教类社会组织，境外非政府组织在甬代表机构外，成立下列社会组织向民政部门直接登记：

（一）行业协会商会类：同一行业经济组织及其相关单位为维护和增进全体会员共同的合法利益而自愿组成的行业性社会团体（含行业性商会，不含异地商会）。

（二）科技类：专门从事科学研究与技术开发、成果转让、资助与奖励、科技咨询与服务、科技成果评估、科学技术知识交流与普及等业务的社会组织（不含社会科学类）。

（三）公益慈善类：开展扶贫济困、救孤助残、助老扶弱、赈灾救援等业务为主的慈善类社会组织，以及无法明确业务主管单位或业务主管单位明确表示不承担业务主管职责，但社会服务发展需要的、以促进经济社会发展为主的公益服务类社会组织。

（四）城乡社区服务类：为城乡社区居民提供公益服务、慈善救助、文体娱乐、社区协同管理等服务的基层社会组织。

行业协会商会类、科技类、公益慈善类社会组织向市、县两级民政部门申请直接登记（基金会限市本级民政部门）；城乡社区服务类社会组织向县级民政局申请直接登记。

直接登记工作开展前已注册登记的上述四大类社会组织，在国家有关社会组织政策法规修订出台前，其管理模式不作调整。

二、直接登记程序

申请直接登记的四大类社会组织应当符合国家有关法律、法规规定的条件，按以下程序办理：

（一）名称预登记

登记管理机关对申请直接登记的四大类社会组织实行名称预登记，符合直接登记范围和名称管理有关规定的，核发名称核准通知书。社会组织凭该通知书办理银行开户和验资手续。

申请名称预登记的社会组织的发起人或举办者应当向登记管理机关提交以下材料：《宁波市直接登记社会组织名称预登记申请表》、拟成立组织的可行性报告、发起人或举办者简介和身份证明。

登记管理机关应做好名称预登记审查工作，必要时可就拟成立组织的业务范围、成立的可行性和必要性等事项向有关行业主管部门征求意见。

（二）成立登记

申请直接登记的四大类社会组织，无需提交业务主管单位的批准文件，提交的章程草案不需经业务主管单位审查同意，其他材料仍按《社会团体登记管理条例》、《基金会管理条例》、《民办非企业单位登记管理暂行条例》要求申报。

申请直接登记的社会团体仍按筹备和成立登记两个阶段和流程办理。申请直接登记的四大类社会组织成立登记前的所有筹备活动均须提前书面报登记管理机关，登记管理机关将视情进行现场监管。

（三）核发证书

登记管理机关按规定对申请直接登记的四大类社会组织申报材料进行审查，对符合法人登记条件的下发行政许可决定书，核发登记证书。登记证书上业务主管单位一栏标注“直接登记”字样。

（四）后续登记管理

直接登记的四大类社会组织在申请变更、注销登记、分支（代表）机构设立（变更、注销）登记和章程核准等审批事项，直接报登记管理机关审批；进行年度检查时，年检材料直接报登记管理机关审核。

三、工作要求

（一）强化组织领导

各地要紧紧围绕十八大和十八届二中全会的精神，提高认识，加强领导，推进登记管理机构、队伍和能力建设，充实工作力量，认真履行职责，扎实推进四大类社会组织直接登记工作。

（二）加强综合监管

各地要推动建立健全社会组织综合监管体系，充分发挥相关行业主管部门和财税、质监、人社、公安等综合部门的作用和功能，各司其职、协调配合，真正形成“宽进严管”的工作合力，引导社会组织健康有序发展。

（三）及时总结分析

开展四大类社会组织直接登记，是推进社会组织登记管理体制改革的重要举措。各地要切实做好四大类社会组织的直接登记工作，认真总结直接登记工作的好做法、好经验，分析实际工作中存在的困难和问题，研究提出解决问题的对策建议，相关问题和建议请及时反馈市民间组织管理局。

本通知自印发之日起满30日后施行。

中共宁波市委组织部　宁波市民政局 宁波市人力资源和社会保障局　宁波市财政局关于加强社会组织人才队伍建设的实施意见

（甬民发〔2013〕119 号　2013 年 9 月 23 日）

市级各有关部门，各县（市）区委组织部、民政局、人力资源和社会保障局、财政局：

为推进我市社会组织人才队伍建设，充分发挥社会组织在社会管理和社会服务中的重要作用，根据市委、市政府《关于加快建立现代社会组织体制促进社会组织健康有序发展的意见》（甬党办〔2013〕89 号）精神，结合我市实际，现就加强社会组织人才队伍建设提出如下实施意见：

一、指导思想、工作原则和总体目标

1. 指导思想：以科学发展观为指导，立足于我市社会组织发展的客观需要，以人才培养为基础，以人才使用为根本，以人才评价激励为重点，以政策制度建设为保障，努力建设一支高素质的社会组织人才队伍，为加快培育发展社会组织提供有力的人才支撑。

2. 工作原则：坚持党的领导，确保社会组织人才队伍建设的正确政治方向；坚持政府推动，切实履行依法引导、规范、扶持等方面的职责；坚持社会参与，鼓励社会组织、企事业单位和社会公众支持社会组织人才队伍建设；坚持突出重点，优先培养促进我市经济社会发展的重点领域的经济类行业协会商会、公益慈善类社会组织和社区社会组织的专业人才；坚持立足基层，鼓励社会组织专业人才到基层社会组织服务，引导社会组织服务资源向基层倾斜。

3. 总体目标：到 2020 年，建立较为完善的社会组织人才队伍建设工作机制，使社会组织人才总量增加与促进社会组织快速发展相适应，社会组织人才素质提升与社会组织的整体能力提高相适应，社会组织人才作用发挥与加快社会组织培育发展机制的改革创新相适应。

二、主要任务

4. 切实加强党对社会组织人才队伍建设的领导。建立组织部门牵头抓总，民政部门具体负责，财政、人力资源社会保障等部门密切配合，社会力量广泛参与的工作格局。

5. 把社会组织人才队伍建设纳入当地人才发展规划。适应我市社会组织快速发展的需要，将社会组织人才队伍建设纳入党委政府人才工作范畴，做好社会组织人才队伍的科学预测工作。按照实施万名社会工作人才培养工程，重点培养现代服务业、社会福利救助、社区管理服务、公共医疗保健、社会综治维稳、防灾减灾、应急管理等方面社会组织专门工作人才。

6. 将社会组织人才纳入继续教育的范畴。社会组织业务主管单位及其他有关部门要根据各自职能，把社会组织人才的培训纳入培训工作规划和年度实施计划，并认真组织实施。扶持推动本地高校（院）开设社会组织管理专业。通过举办专题高级研修班等形式，有计划地选送社会组织专业人才到各级党校、行政学院、高等院校等培训机构和国（境）外进行培训，全面提高社会组织人才的整体素质。

7. 完善社会组织专业人才引进机制。鼓励有条件、有需求的社会组织引进一批能担当秘书长等主要职位的高端管理人才和骨干人才，引导和鼓励社会组织工作者报考社会工作师及其他专业职称，促进社会组织人才队伍职业化、专业化和年轻化。逐步实现社会组织职业经理人管理。鼓励企事业单位和社会组织建立社会组织专业人才发展基金，鼓励引导用人单位、社会和个人投资社会组织专业人才资源开发。

8. 完善社会组织人才保障和激励机制。研究制定和落实社会组织工作人员落户、人事档案、职称评定、就业培训、社会保障、工资福利等相关政策。建立以岗位职责为基础，以品德、能力和业绩为导向，科学化、社会化的社会组织专业人才评价机制。定期开展优秀社会组织专业人才评选活动，对于业绩突出、能力卓著、社会组织认可的优秀社会组织专业人才纳入政府人才奖励范畴。

9. 建立社会组织专业人才库。吸收素质高、能力强、有爱心、奉献精神强的各种社会人才加入社会组织人才队伍。注重把政治素质好、业务水平高的社会组织优秀人才纳入组织部门选拔视野。支持有突出贡献的社会工作专业人才通过选举当选“党代表、人大代表和政协委员”。定期举办社会组织人才交流会，促进各类专业人才在不同地区和不同社会组织之间的合理有序流动。

10. 建立社会组织专业人才和志愿者队伍联动服务机制。进一步完善志愿服务体系，建立健全社会组织专业人才和志愿者相互协作、共同开展服务的机制，通过社会组织专业人才的引领，提升志愿者服务水平，丰富社会组织专业人才资源，增强社会组织服务效果。

11. 提高全社会对社会组织人才队伍的知晓度和认同度。创设各种平台，加大宣传力度，展示社会组织工作的丰富内涵、社会价值及广大社会组织专业人才的职业风采，营造推进社会组织健康有序发展的良好氛围。

·第二编·

重要讲话和论述

深入贯彻党的十八大精神
加快推进社会组织管理制度改革

——在"推进社会建设创新社会组织座谈会"上的讲话

民政部部长 李立国

2013 年 7 月 18 日

尊敬的秦光荣书记，尊敬的李纪恒省长，尊敬的专家学者，同志们：

民政部与云南省政府在美丽春城共同举办推进社会建设创新社会组织座谈会，是深入贯彻党的十八大和十八届二中全会精神，推进社会建设，加强和创新社会管理，推动社会组织管理制度改革的重要举措，对云南乃至全国建立现代社会组织体制具有重要意义。在此，我代表民政部对座谈会的召开表示热烈祝贺，向参加会议的新老朋友表示诚挚的欢迎！刚才，光荣书记作了重要讲话，讲话紧贴云南实际，开宗明义对加强社会建设创新社会组织阐释了四个深层次思考，从三个方面对推动云南省社会组织健康有序发展作了深刻论述，通篇贯彻了十八大精神，反映了改革意识，对加强社会建设，发挥社会组织积极作用有很多启示。下面，我讲三点意见。

一、云南省推进社会组织管理制度改革成效显著

云南省是我国重要的边疆省份和多民族聚居区，也是国家面向西南开放的重要桥头堡。近年来，围绕建设绿色经济强省、民族文化强省和西南开放重要桥头堡战略目标，在整体谋划强基础、快发展、调结构、惠民生、促和谐的同时，积极推进社会组织管理制度改革，推进社会建设和社会管理创新，取得了明显成效。

一是党委政府高度重视。云南省委、省政府把社会组织工作纳入全省经济社会发展大局，与社会建设和社会体制改革有机结合，统筹推进，拿出了许多新思路和新举措，基本建立了与经济社会发展相协调，结构合理、扶持促进、监管有力、民主自律的社会组织发展体系，初步形成了党

委领导、政府主导、有关部门各负其责的社会组织服务管理格局。特别是党的十八大以后，在光荣书记、纪恒省长亲自主持下，组成精干班子，北上南下调研，内外结合借鉴，制定了全省培育发展社会组织的意见、公益慈善事业促进条例、政府购买社会组织服务暂行办法、社会组织登记办法和省级政府购买社会组织服务目录等政策法规，这必将有力推动全省社会组织管理制度改革和社会组织又好又快发展。

二是改革探索积极主动。云南省作为民政部确定的社会组织改革创新观察点，对社会组织管理和服务勇于改革，大胆实践。在全国率先出台规范境外非政府组织活动暂行规定，较早出台异地商会登记管理办法，在西部地区率先出台行业协会条例。尤其是在本次会议讨论的“1＋4”文件，改革亮点很多，创新特点鲜明。如，在登记管理制度上，实行直接登记，降低准入门槛，下放登记权限，减少审批事项；在优化发展环境上，完善财税支持政策，设立专项发展基金，建立购买服务制度，加强人才队伍建设，保障公民有序参与，增强社会自治功能；在加强服务管理上，构建综合监管体系，建立健全管理制度，完善联合执法机制，促进社会组织加强自律诚信建设、提高社会公信力，等等。这些积极而有效的探索，为国家出台或修订相关政策法规提供了宝贵经验。

三是社会组织作用明显。近年来，云南省社会组织不断发展壮大，总数已经达到15600个，年均增长10%以上。针对云南地处边疆、民族众多、灾害频发、贫困面广等特殊省情，广大社会组织发挥优势、各尽其能，提供服务、反映诉求、规范行为，为促进经济社会发展、维护社会稳定发挥了重要作用。行业协会覆盖企业对云南GDP的贡献率超过50%，2012年异地商会及会员企业协议引进资金200多亿元，助推了经济发展；2600多个农村专业经济协会带头发展农业经济，带动了农民脱贫致富；生态环保类社会组织积极开展环境保护项目，推动了生态文明建设；各类慈善组织广泛开展助医助养、扶贫救灾、艾滋病预防与关怀等社会服务和社会公益活动，促进了民生改善。

二、加快推进社会组织管理制度改革意义重大

改革开放以来，党中央、国务院高度重视社会组织建设和管理，制定了一系列方针政策和法规制度，保证了社会组织平稳较快发展。截至2012年底，全国依法登记的社会组织49.9万个，其中社会团体27.1万个，民办非企业单位22.5万个，基金会3031个。各类社会组织广泛活跃在经济社会诸多领域，已经成为社会建设的重要主体、经济发展的重要力量。但

社会组织发展仍然面临诸多体制机制束缚，与经济社会发展不相适应的问题日益突出。在全面建成小康社会的新形势下，加快改革社会组织管理制度，促进社会组织健康有序发展，意义十分重大。

（一）改革社会组织管理制度有利于完善市场经济体制

社会组织是市场经济的产物，对于调节市场经济关系具有独特作用。2012 年，全国各类社会组织实现增加值 520 多亿元，收入 1800 多亿元，支出 1242 亿元，从业人员 1218 万人，已成为我国国民经济和社会事业的重要组成部分。尤其是 6 万多家行业协会商会在构建行业科技服务平台，制定行业标准，组织技术和人才培训，开展行业自律和规范运作，整合产业资源，加大品牌宣传，拓展营销渠道，维护市场秩序，调解贸易纠纷等方面，功能独特、优势明显。推动经济转型，打造我国经济的升级版，社会组织仍有很大的作用空间，必须要改革束缚社会组织发展的体制机制障碍，进一步激发社会组织活力。

（二）改革社会组织管理制度有利于完善公共服务体系

市场经济条件下社会组织是提供公共服务的重要来源。我国现有民办幼儿园 8.3 万个，占全国幼儿园的 62%，民办高校 640 所，在校学生占全国高校在校学生的 19%，科技文化服务机构 6 万多个，民办养老等社会服务机构 3.6 万个，民办卫生服务机构 2.7 万个，民办职业培训机构 2 万多个。这些民办机构机制灵活，涉及面广，贴近群众，不仅拓宽了公共服务范围，丰富了公共服务内容，弥补了政府公共服务的不足，而且从体制机制上改进了公共服务供给方式，减轻了国家负担，降低了行政成本。当前，我国经济与社会之间、城乡之间、区域之间发展仍不平衡，实现公共服务均等化的差距仍然很大。因此，必须广泛动员社会力量，大力发展各类民办机构，不断满足人民群众日益增长的公共服务需求，形成多元化的公共服务体系。

（三）改革社会组织管理制度有利于加强和创新社会管理

社会组织是人民群众有序参与经济社会建设的重要载体，也是加强和创新社会管理的重要主体之一。改革社会组织管理制度，有利于培育社会协同和公众参与的主体，发挥好人民群众参与社会管理的基础作用和社会力量在管理社会事务中的重要作用。因此，必须改变过去以政府为单一主体、以行政管理为主要手段的传统方式，从政策导向上、体制机制上支持和引导社会组织参与社会管理，加快构建党委领导、政府负责、社会协同、公众参与、法治保障的社会管理体制。

（四）改革社会组织管理制度有利于深化行政体制改革

我国历次行政体制改革，尤其是1998年将机械、冶金、煤炭、纺织等工业部门撤销并转变为行业协会后，我国工业不仅没有削弱，而且出现了前所未有的大发展。这些实践证明，社会组织能够承接政府转移职能，能在一定程度上推进产业事业健康有序发展。党的十八大和十八届二中全会对国务院机构改革和职能转变作出了新的部署。国务院明确了凡适合市场、社会组织承担的，都可以通过委托、承包、采购等方式交给市场和社会组织承担的要求。改革社会组织管理制度，更好地培育承接政府转移职能的主体，有利于进一步解决好政府与市场、政府与社会的关系问题，有效激发市场和社会的创造活力，进一步增强经济社会发展的内生动力。

（五）改革社会组织管理制度有利于巩固党的执政基础

社会组织的会员和服务对象遍及城乡，全国行业协会联系会员2000多万家，学术类社团联系高校和科研机构数千家，会聚专家学者500多万人，各类农村专业经济协会联系农户2000多万家，职业类、联合类社团拥有会员数千万，志愿服务组织凝聚了2500万名志愿者，全国城乡社区还活跃着上百万基层社会组织，吸引了数亿居民参与。改革社会组织管理制度，让密切服务和联系群众的社会组织健康发展，可以为我们党更加紧密地联系人民群众、更加广泛地团结和凝聚各方面积极力量提供有组织的社会平台，进一步扩大党的影响力，巩固党的执政基础。

三、加快推进社会组织管理制度改革的主要举措

按照党的十八大和十二届全国人大一次会议精神，落实《国务院机构改革和职能转变方案》及任务分工，在社会组织管理制度改革上要实现五项任务：一是逐步推进行业协会商会与行政机关脱钩，强化行业自律，使其真正成为提供服务、反映诉求、规范行为的主体。探索一业多会，引入竞争机制。二是重点培育、优先发展行业协会商会类、科技类、公益慈善类、城乡社区服务类社会组织。成立这些社会组织，直接向民政部门依法申请登记，不再需要业务主管单位审查同意。政治法律类、宗教类等社会组织和境外非政府组织在华代表机构仍需要经业务主管单位审查同意。三是坚持积极引导发展、严格依法管理的原则，建立健全统一登记、各司其职、协调配合、分级负责、依法监管的社会组织管理体制，健全管理制度，推动社会组织完善内部治理结构。四是加强社会管理能力建设，创新社会管理方式。公平对待社会力量提供医疗卫生、教育、文化、群众健

身、社区服务等公共服务，加大政府购买服务力度。五是基本形成政社分开、权责明确、依法自治的现代社会组织体制。我们一定要紧紧围绕这五项任务，按照习近平总书记“以更大的政治勇气和智慧深化改革”的要求，按照国务院部署和李克强总理的指示，以及国务委员王勇最近专题调研社会组织的讲话精神，抓住重点，突破难点，加快推进社会组织管理制度改革。

一是深化调查研究，搞好改革的统筹谋划。社会组织改革是一项系统工程，牵一发而动全身，必须先谋而后动，统筹做好顶层设计。目前国家层面的顶层设计已全面铺开，政府向社会组织购买服务意见、社会组织专职工作人员补充保险等政策将于近期出台；年内行业协会商会脱钩方案、社会组织人才队伍建设意见、社会组织管理制度改革综合性指导意见、社会团体登记管理条例等法规政策也将陆续出台。但国家层面不能替代地方层面，我国省份之间、东部与西部之间存在一定的差异性和不平衡性，各地一定要从实际出发，深入调查研究，全面掌握情况，搞好总体布局。要明确改革任务，确定改革重点，完善保障措施。民政部将积极鼓励和支持有改革条件、有创新热情的地区进行探索实践，为全国社会组织管理制度改革注入活力和动力。

二是勇于解放思想，突破改革的重点难点。社会组织管理制度改革已经到了“深水区”，事关全局，影响深远。必须牢固树立机遇意识、主动意识、攻坚意识，坚定信心，乘势而上，主动作为。要着力推进登记管理制度改革，尽快建立直接登记管理体制，改进双重负责登记管理体制，健全境外非政府组织登记管理体制。切实减政放权，大胆下放登记管理审批事项。因地制宜、分类分步推进各类社会组织特别是行业协会商会在职能、机构、人员、财务等方面与行政机关脱钩，改变社会组织的行政化倾向。积极鼓励同类型、同行业、同领域、同地域的社会组织成立联合组织，进行自律管理和自我服务。支持工会、共青团、妇联等人民团体和各类联合组织在自主自愿基础上发挥桥梁纽带、资源拓展和规范引导等功能作用。要着力推进政府购买服务，按照机构改革和职能转变精神，制定出台向社会组织转移职能和购买服务的指导意见和转移事项目录，明确承接资质条件，建立严格的监督评价机制，完善对社会组织财税支持政策，更好地发挥社会力量在公共事务管理和服务中的作用。要着力推进人才队伍建设，将社会组织人才纳入各行业人才培养规划，建立和完善社会组织劳动合同、人才选拔、流动配置、社会保障、职称评定、技能鉴定、表彰激励等政策，培育社会组织领军人才和专业人才，造就一支高素质、职业化的社会组织人才队伍。要着力推进社会组织的管理和服务，正确处理改革中“放”和“管”的关系，既要完善管理措施，加强行政执法，搞好社会监督，又要以服务促管理，寓管理于服务之中，既要放得开，又要管得住，还要服务好。

三是推动自身建设，提高社会组织发展能力。社会组织能否健康发展，关键在自身素质是否过硬，是否在党和国家工作大局中发挥积极作用。要按照建立现代社会组织体制要求，健全法人治理结构，规范民主选举、会员大会、负责人管理及过错责任追究、资金管理和社会组织终止后的剩余财产依法清算等制度；规范社会组织会费收取、网络募捐、合作活动、评比达标表彰等行为；建立诚信自律机制，加强信息公开，搭建面向公众的社会组织公共信息平台；加强党组织建设，发挥好社会组织党组织战斗堡垒作用和党员先锋模范作用。

四是发挥社会组织积极作用。发挥社会组织在社会主义现代化建设中的积极作用是我们推进此项改革的根本目的。要围绕经济社会发展需要，调整、优化社会组织发展结构和整体布局，因地制宜建立社会组织支持中心或创业基地，提高社会组织发展质量。要突出发展重点，紧紧围绕中央明确的优先发展的四类社会组织，在政府购买服务、财政支持、税收优惠、场地提供等方面，加大支持力度，解决好社会组织所面临的现实问题。着力培养和塑造一批企业靠得住、政府信得过的行业协会商会，一批运作规范、信誉度高的公益慈善组织，一批会聚专业精英、繁荣科学文化的学术科技组织，一批能够承担服务职能、提供一流服务的民办非企业单位，一批植根基层、服务群众的城乡社区社会组织和农村专业经济组织。切实发挥行业协会商会服务企业、规范行业、发展产业、助推经济的作用，科技类社会组织联系广大知识分子推进理论创新、繁荣科学文化事业、提供人才智力支持的作用，公益慈善类社会组织扶助困难群体、维护公平正义、建设生态文明的作用，民办社会机构、社区社会组织、各类农村专业组织等城乡社区服务类组织促进社会和谐稳定、提供多样化、便利化公共服务的作用。

五是加强组织领导，确保改革任务落到实处。社会组织管理制度改革政治性、政策性强，涉及面广，关注度高，工作难度大。完成这项任务，离不开坚强的领导和创造性的工作。希望各级党委政府进一步加强领导，把社会组织管理制度改革摆上重要议事日程，加大协调力度，健全工作机制，努力构建社会组织发展体系和管理服务体系。要适应社会组织管理制度改革要求，切实解决社会组织登记管理机构设置、人员编制、工作经费、执法装备等薄弱问题，承担好社会组织服务管理的责任。各级民政部门要统一思想，提高认识，善抓机遇，主动做好规划、指导、协调和登记管理工作。有关部门要切实履行职责，加强协调配合，认真做好社会组织相关管理服务工作。也希望各方面专家学者和社会组织管理服务人员积极建言献策，共同研究解决社会组织管理制度改革中面临的问题，为社会组织蓬勃发展提供有力支持。

同志们，做好社会组织工作，发挥社会组织作用意义重大、任务繁重。让我们紧密团结在以习近平同志为总书记的党中央周围，扎实落实党中央、国务院部署，锐意改革，开拓进取，积极推进社会组织管理制度改革，为建设中国特色社会主义伟大事业作出新贡献！

在境外基金会代表机构工作座谈会的讲话提纲

民政部副部长　顾朝曦

2013 年 1 月 16 日

女士们，先生们：

大家下午好。我们今天这个会很有特点，代表人数不多，却是一次全会。之所以这样讲，是因为截至目前，民政部门依法登记管理的各类社会组织总数超过 48 万个，但是其中只有 19 家境外基金会代表机构，而今天这 19 家全部到场，机构数量不多，但却代表全了一种重要的组织类型。翻开历史，我们不难发现，现代基金会制度虽源自西方，但现代基金会的发展一直与中国有着不解之缘。我举两个例子。其一：早在整整 100 年前，作为国际基金会先行者的洛克菲勒基金会，1913 年在纽约成立后的第一批行动之一，就是派医疗小组到中国考察，支持中国的公共卫生事业，并累计捐资 4465 万美元用于北京协和医学院的建设、教学和科研。如今在中国医疗机构中综合排名居首的北京协和医院就是它的临床医院，连洛克菲勒基金会自己也认为："协和医学院的工作是我们皇冠上最明亮的钻石。"(《财富的归宿——美国现代公益基金会评述》第十章《与中国的关系》资中筠著）此外，洛克菲勒基金会还资助了吴文藻、费孝通、冯友兰、梁思成等一批中国学人，他们后来都成为新中国科学界的领军者。其二：WWF（世界自然基金会）是国际上最重要的环境保护组织，他们今天也在座。他们的 LOGO 大家都非常熟悉，是一只中国的大熊猫，它的原型是 1961 年在伦敦动物园展出的中国大熊猫"熙熙"。WWF 的创始人 Peter Scott 目睹了当时万人空巷的轰动场面，想到要在组织标志中使用中国大熊猫的形象，用它的影响力克服语言文化上的障碍（见 WWF 官网)。如今，可爱的大熊猫标志已成为全球自然保护运动的象征，保护大熊猫也成为 WWF 在中国落地开展的第一个公益项目。这是两段历史，再看现实情况。改革开放以来，随着国际交流合作不断加强，来自世界多个国家和地区、具有重要影响力和积极作用的境外基金会先后进入中国，在教育科技、医疗卫生、文化艺术、环境保护等领域开展公益慈善活动，为中国公益事业发展作出了历历在目的贡献。今天的会议，是一次期待已久的交流，可让我们加深了解境外基金会在中国工作的情况。刚才，6 家境外机构的代表介绍了近年来在中国内地开展公益活动、实施公益项目的情况，给大家留下了深刻印象，你们为支持中国公益事业发展所作的努力和付出，令人钦佩和赞赏。借此机会，我想跟大家谈谈我对境外基金会代表机构工作的一些认识。

第一，境外基金会是中国公益事业发展的重要力量和有益补充。

20 世纪 70 年代末，中国开始实行改革开放，面向世界重新敞开大门。在市场机制作用下，经济领域率先实现与世界紧密融合，外国资本、外国企业等经济组织大量进入中国，其后 30 多年时间里，中国的市场经济快速发展，创造了 GDP 年均增长 9.8% 的经济奇迹。近年来，随着世界多极化、经济全球化深入发展，文化多样化、社会信息化持续推进，全球合作向多层次全方位拓展，中国政府以和平与发展为主题，不断扩大和深化在各个领域的国际合作。在社会建设领域，从 20 世纪七八十年代美国福特基金会、德国阿登纳基金会等外国基金会访华开始，通过 30 多年持续不断交流合作，陆续进入中国内地开展活动的境外基金会已经多达数百家，在教育、科学、卫生、文化、环境、慈善等多个领域开展活动，支持了中国公益事业发展。中国政府顺应时代要求和现实需要，在 2004 年 6 月颁布实施了《基金会管理条例》，为境外基金会进入中国明确了制度安排。如果说外国资本、外国企业进入中国为我们带来了资金技术和管理经验，促进我们完善市场机制，推动我国经济腾飞，那么我们把境外基金会请进来，能给中国的公益事业带来什么呢？从公益资金投入上看，我们登记的 19 家境外基金会代表机构历年来累计在中国内地实施了 1714 个公益项目，总共投入 40 亿元人民币。其中，2011 年的公益项目支出 10.5 亿元。这个数字与 2011 年中国本土基金会的公益支出 280 亿元比较，约为 1∶27。但是考虑到目前本土基金会总数是 2793 家，机构数量比为 1∶147，境外基金会代表机构占中国内地基金会组织数量 0.68%，但是贡献了基金会组织总公益支出的 3.6%，这样算起来，境外基金会的平均公益支出是本土基金会的 5.4 倍，投入力度和贡献率都非常突出。更重要的是，境外基金会通常具有国际化特点，把在其他国家和地区取得的实践经验带到中国，尤其是在公益理念和项目模式创新等方面产生了积极影响，给中国公益事业发展带来了国际经验，为中国社会组织改革提供了国际视角。实际上，由于目前相关法规政策尚未健全，还有大量境外基金会没有纳入规范管理和数据统计，如果算上这些组织的贡献率，境外基金会对中国公益事业发展的推动作用会更加凸显。

第二，境外基金会组织模式和管理经验可供中国本土社会组织在改革发展中学习和借鉴。

当前，中国社会组织改革发展正在构造一个全新的格局。从自身发展历程和国际经验看，社会组织的繁荣与经济发展和社会进步是紧密联系的，当经济社会发展水平达到一定高度，人们的衣食住行等基本生存需要得到满足后，必然开始关注自身乃至全人类的发展问题，这时社会组织必然要发生一种跨越式的发展。我在多个场合都提到这个观点，随着中国向全面建成小康社会和全面深化改革开放的目标迈进，今后我们的社会组织会面临翻番的增长。在面临大发展的时期，什么是改革发展的方向，怎么样发挥作用，怎么样做大做强，怎么样走出国门，是当前中国社会组织改革发展面临的重要课题。在这方面，我认为中国本土的社会组织，尤其是基金会，有必要向境外基金会学习和借鉴。我们在座的境外基金会里，盖茨基金会管理着300多亿美元捐赠资产，是有史以来资金规模最大的基金会，WWF在全世界100多个国家地区实施公益项目，拥有520万支持者，李嘉诚基金会单个年度在中国内地公益支出多达3.22亿元，其他的境外基金会也各有特点。境外基金会的优势，除了雄厚的资金投入，还有创新的公益理念、成熟的管理经验和方法多样并富有成效的项目运作模式，而这些正是当前大多数中国社会组织的弱项。在公益事业领域，境外基金会与中国的社会组织既是实施公益项目过程中的合作伙伴，也是在比拼公益效益产出方面的竞争对手。我认为，发展公益事业是我们共同的目标，而在这方面，在座的朋友们是师傅，我们是徒弟，希望能够得到你们的指点和经验，大家不要担心教会徒弟饿死师傅。我们的学习和借鉴为的是促进本土社会组织主动改革，创新理念、提高效率，为中国社会组织发展注入新的活力。

第三，境外基金会应当规范运作，专注公益事业，为中国发展提供正能量。

中国有个成语，叫作“入乡随俗”。作为代表机构，在中国一定要注意接地气。不接地气，就会水土不服。我希望境外基金会进入到中国后，能够认真了解中国的国情和经济社会发展状况，把境外基金会的宗旨任务、代表机构的工作职责与中国公益事业发展的实际需要结合起来，确定工作目标和施力方向，脚踏实地，发挥大家在资金、项目、管理经验和专业人才方面的优势，加强与中国本土组织的合作，影响和带动中国本土的公益慈善组织发展，促进中国公益事业进步。中国还有个成语，叫作“客随主便”。开门迎客，我们会努力创造条件，但是也希望客人尊重家里的规矩。互相尊重是合作的前提，不守规矩的客人不受欢迎。我希望境外基金会到了中国内地，能够认真遵守中国政府的法律法规，尤其是公益事业领域和社会组织登记管理方面的法律法规，依法依规开展活动，不刻意强调国际组织特殊性。在这方面，我希望各位代表和代表机构的工作人员能够多多发挥作用，在基金会总部与中国政府部门之间加强沟通、做好衔接。一方面，你们要及时向总部汇报中国的活动情况，准确地传递中国政府在法规政策方面的要求。另一方面，代表机构在工作中有什么困难、有什么要求、有什么建议，都可以及时和我们沟通，跟我们提出来，民政部门和其他相关主管部门会想方设法帮助大家解决，为大家在中国的活动创造好的环境。公益事业关注的是全人类的共同发展，所以境外基金会在工作中应当排除政治、宗教、种族、国家等无关因素干扰，专注于公益事业发展，集中精力做好公益项目，如实传递中国的发展与变化，促进中国与国际间的交流，与中国公益事业的发展实现包容互鉴、合作共赢。

传说中的世界末日安然过去，全人类共同的太阳依然照常升起。和平与发展是世界人民的共同愿望，促进全人类共同进步是公益事业和中外基金会的共同理想。1972 年尼克松访华时，毛泽东同志曾经讲过：我们的手握在一起，可以改变世界。衷心希望境外基金会与中国政府、中国社会组织携起手来，支持中国的公益事业，见证美丽中国与世界未来的共同繁荣与发展。

还有不到一个月的时间，便是中国的传统佳节——春节。借此机会，祝大家身体健康、蛇年大吉！

谢谢大家！

在基金会 2012 年度年检工作会上的讲话提纲

民政部副部长　顾朝曦

2013 年 2 月 28 日

非常高兴与大家见面。近些年基金会在中国发展特别迅速。一批新人加入到这个队伍里来，而目前我们的制度规则和工作规范还不健全，所以我希望跟大家多接触多交流，了解大家在工作过程当中遇到的实际问题，了解大家在这些年摸索出来的经验，和大家及时保持沟通。

社会组织的年检工作，是国家赋予登记管理机关的重要职责。经过多年的实践积累，年检已经成为政府部门规范社会组织行为，把握社会组织发展脉络，引导社会组织健康有序发展的重要抓手；已经成为我们社会组织发现自身问题、加强能力建设的重要途径；已经成为社会组织接受社会监督，确保公开透明的主要渠道。这些年，民间局每年都会召开这种类型的会议，今天还特别邀请了地方登记管理机关的同志参加。借这个机会，我跟大家谈谈我对社会组织发展和管理的一些体会和认识。

30 多年来，改革开放的浪潮极大地改变了我国社会公共生活的格局，传统的政府、企业二元结构正在逐步向政府、企业、社会组织的三元社会形态演变。西方国家叫作“三足鼎立”，在我们国家社会组织的定位和作用正在不断地明晰和提升。党的十六大以来，社会组织的培育发展问题受到了党和政府的高度重视，观念和认识都在不断更新。特别是这些年来，事关社会组织培育发展的一系列方针政策陆续出台，法律法规逐步健全，行政管理制度日趋完善，社会组织在整个社会体系中的功能不断增强。到去年年底，全国依法登记的社会组织有 49 万多个，其中基金会达到 2961 个，与 2005 年相比，翻了两番，平均年增长率近 20%，是三类社会组织当中成长速度最快的。从财务指标来看，2011 年全国基金会的总资产为 784.9 亿元，年度捐赠总额 400 亿元，年度公益总支出 280 亿元，社会贡献和社会关注度大幅度提高，整个行业已经初具规模。过去的成绩固然可喜，但大家要看到，社会组织跟企业比，跟事业单位比，数量还相差很远。为什么要这么比较呢？因为西方理论界认为，社会的发育程度特别是经济发育到一定程度之后，对社会组织的需求会比对企业的需求还要大。不少人认为，办一个社会组织比办一个企业相对容易。中国的企业数现在是将近7000万，而我们的社会组织只有50万，差了有百倍之遥，发展空间还非常大。至于基金会，更是三类社会组织中数量最少的，只占所有社会组织的近0.6%。跟一些发达国家相比，特别是跟美国近8万家基金会相比，我们基金会的数量也就是个“零头”。所以，今后一段时期，我们的工作重心仍然是要放在如何促进社会组织的大发展上。未来几年，社会组织还将面临翻番的增长，数量突破百万的目标指日可待。面对大发展，政府部门必须要确保社会组织的有序、规范，这也是我们每年坚持开这个会的重要目的之一。社会组织自身更要找准自身定位，明确发展目标，加强能力建设，争取在推动经济社会发展方面发挥更大的作用。具体到基金会的培育发展，通过我这段时间和基金会的接触，有两个问题要在这里提醒大家。

一、基金会是从事公益事业的社会组织，而非生意人捡漏个人得便宜的地方，这是我们在办基金会时必须要明确的一点。基金会致力于弘扬公益精神，恪守社会责任，致力公益事业，促进社会和谐。2004年颁布的《基金会管理条例》中明确定义，基金会是以从事公益事业为目的的非营利性法人。公益性是基金会的本质属性，所有的基金会都必须是公益性的。公益性的根本特征在于受益人是非特定的公众，而非某个特定的个体，亦非捐赠人本人。如果你是为了生财，为了获利，这样的组织不是基金会，而是企业。捐赠乃是为了雪中送炭，行善积德。基金会是非营利性法人。正因为如此，国家才给予了基金会特殊的税收优惠政策。如果有人看中的和看重的是这里的税收优惠，在基金会的旗帜下走账偷税漏税，搞经营、做生意中饱私囊，那就大错特错，将会受到严厉制裁。当然，这些年，我们大部分基金会在这方面做得是好的，抓得是严的。但这种苗头，这种诱惑始终对我们是一个威胁。在这个上面只要有一个基金会犯错，我们所有基金会都会跟着遭殃。所以希望我们的基金会都是真搞公益，搞真公益。当年黄埔军校建立时门口有一副对联：“升官发财请往他处，贪生畏死勿入斯门”，横批是“革命者来”。今天我给基金会送一副对联：“投机取巧请往他处，偷税漏税勿入斯门”，横批是“行善者来”。

二、基金会应做社会实践的探索者和先进理念的倡导者，向社会传递“正能量”。有人说责任感是非营利组织的灵魂。基金会作为从事公益事业的社会组织，当以维护社会公平正义，弘扬社会优良风尚为己任。虽然目前数量不多，总资产规模不大，但所做的事情的覆盖面和发挥的作用却不容忽视。基金会做的不仅仅是帮扶济困的事，更重要的是对人类心灵的慰藉，是对社会不足和缺陷的弥补。感动别人是一种能力，被别人感动是一种善良；聚积这种能力是一种成熟，弘扬更多的善良是民族的幸运。基金会应当利用好自身的优势，找准切入点和落脚点，处理好“广谱效应”和“聚焦效应”的关系。既要心存高远，又要脚踏实地，要尽力而为，也要量力而行。基金会应当多做那些政府做不好、市场不愿做的事，可以多做拾遗补阙的事，多做有创意的事。而且还要把事情做细、做精，更要做出品牌，做出文化，做出样板。为什么提倡要做出样板，做出品牌，做出文化，那是因为我们基金会在全国的社会组织当中比例甚小，但是基金会有一个特别重要的作用，就是对人类心灵的慰藉，也就是能把人往好的方向引。所以从事基金会事业的同志，不仅仅是简单地把这个钱要用好，还有一个更重要的作用，是通过项目和实践来造成广泛的社会影响，让更多人懂得慈善，唤起更多的人行善积德的共鸣。每个人都有慈善的心，只是在不同场合、不同时间表露出来的多少强弱不等。所以，希望我们基金会发挥作用，以后在影响别人方面要多做考虑。另外，基金会还要增强规范运作和公开透明的意识。近两年，有关基金会的热点事件频发，质疑声不断。个中原因复杂，但也和基金会本身存在的问题和不足是密切相关的。所以，基金会一定要自觉主动地在理事会建设、财务管理、项目运作、商业合作、信息公开等方面加强规范，虚心接受社会各界的监督。登记管理机关也要做好指导、管理和服务。民政部近期出台的几个文件，特别是《关于规范基金会行为的若干规定（试行）》，基金会和各个登记管理机关一定要认真学习领会。基金会这个行业的声誉，需要大家来共同荣耀和维护，每个基金会向社会传递的都是正能量，那整个行业自然会得到全社会的广泛认同。

今天参加会议的还有各级登记管理机关的同志，我也对登记管理机关的工作提几点希望。

党的十八大报告对社会组织登记管理工作提出了明确要求，国家“十二五”规划纲要也明确提出要建立“统一登记、各司其职、协调配合、分级负责、依法监管的社会组织管理体制”。为做好贯彻落实，民政部正在推动出台中央层面关于加快形成现代社会组织体制，促进社会组织健康有序发展的意见。同时，已经着手制定社会组织中长期发展规划、民政部直接登记社会组织管理办法和政府向社会组织购买服务指导意见等相关配套政策。在实践工作中，公众特别关注的社会组织直接登记已经从基金会开始率先突破，民政部登记的非公募基金会大部分都是登记管理和业务主管合二为一。目前，已经有 18 个省（市）启动了社会组织直接登记工作的试点，9 个省份将非公募基金会登记管理权限下放到地级市，福建省还将公募基金会登记管理权限下放到计划单列市。对此，我们应该敏锐地意识到，社会组织登记体制的变化已是大势所趋，过去传统的管理思路必须改变，陈旧的监管方式亟待创新，“重登记、轻管理”的做法必须改革。

今后，社会组织的管理工作要在上下贯通、左右协同方面下功夫。上下贯通就是要加强部里和地方的沟通协调，加强对社会组织管理工作的宏观调控，统一管理平台，统一管理标准，提高整体管理水平。目前，社会组织的管理体系中，登记管理机关负有重要职责，既要监督基金会加强自律和公开透明，接受社会监督；更要直接监督基金会等社会组织履行宗旨，服务社会的情况；还要做好数据汇总和分析工作、调查研究工作和对外宣传工作。要强化全国范围内信息化和网络建设的统筹协调。下一步，民政部对于地方登记管理机关的指导，主要要求之一就是必须统一使用部里开发的管理信息系统。从这几年的情况来看，大部分登记管理机关能够遵守规定，但是还有部分地区因为种种原因未使用统一的年检平台。今天，我明确提出，各级登记管理机关必须统一使用部里开发的管理信息系统，进行网上年检，以统一工作的标准和规范。大家一定要严格遵守法律法规和相关政策的规定，以此次中央关于改进工作作风的要求为契机，摆正位置，恪守职责，加强管理和服务。年检中要做到不走过场，不偏移标准，不推卸责任，不姑息迁就，对那些违反法律规定、破坏行业形象、损害公众利益的基金会，该定什么结论就定什么结论，该处罚的就处罚，该撤销的就撤销。同时，要重视基础数据的收集和整理。各地要做好年检数据的上报工作，部里要做好全国数据汇总分析，为决策提供科学依据。并继续撰写好基金会年度发展报告（基金会蓝皮书），向社会公布。各登记管理机关尤其要高度重视基金会的信息公开工作，通过中国社会组织网和中国基金会网，及时向社会公众公布基金会的年度工作报告和其他相关信息。总之，规范化、标准化、网络化和信息化是我们贯彻落实科学发展观，做好工作的具体方法。部里将从今年开始，采取一系列措施对各登记管理机关的上述工作进行检查和督导。至于左右协同，一方面是指民政部门要加强与各有关职能部门的协调配合，在法制建设、日常管理、年度检查、等级评估、税收优惠资格认定、行业规范、购买服务等方面通力合作。另一方面，要加强与新闻媒体、科研机构以及社会公众的沟通联系，探索建立“法律监督、行政监督、社会监督、舆论监督、自我监督”相结合的管理体系。

同志们，好风凭借力，扬帆正当时。希望大家做好跑马拉松的准备，牢牢把握社会组织大发展的机遇，让我们共同见证时代，奠基未来。

在全国政协“构建多元化的全民健身公共服务体系发挥体育类社会组织的积极作用”协商座谈会上的发言材料

民政部副部长　顾朝曦

2013 年 9 月 27 日

近年来，我国体育类社会组织稳步发展，实力不断增强。到 2012 年底，全国体育类社会组织共 23590 个。其中，社会团体 15059 个，民办非企业单位（以下简称“民非单位”）8490 个，基金会 41 个。同时，还有大量社区体育组织通过备案的方式活跃在基层。

广大体育类社会组织在构建多元化的全民健身公共服务体系、促进体育事业健康发展等方面发挥了积极作用。体育类行业协会已成为筹办重要体育赛事、完善体育基础设施、发展体育相关产业的桥梁纽带。大量的基层体育社会组织已成为丰富群众体育文化生活、和谐人际关系、增强全民体质的主力。近年来发展起来的各类体育俱乐部和基金会在技术指导、人才培训、资金支持等方面的作用也越来越突出。

体育类社会组织在助推体育事业发展的同时，增强了自身活力和发展动力。但其总体上仍处于发展初期，面临着一些问题和挑战：

一是登记门槛高，大量体育组织没有纳入登记范围。我国现行的是社会组织业务主管单位和登记管理机关共同负责的双重管理体制。双重管理的初衷是通过设置业务主管单位这一“高门槛”，达到严管目的。但随着我国经济社会发展，“高门槛”已挡不住大量未登记社会组织的事实存在和活动开展，形成了社会组织“想登记但登记不了、不登记的比登记的多、不登记的比登记的更自由”的尴尬局面。这种情况，一方面损害了法律权威和政府形象，另一方面，未登记组织不“浮出水面”，登记管理机关及相关部门难以掌握其人员、住所、资金、活动等情况，给社会组织管理带来困难和一定风险隐患。

二是部分组织的行政化色彩较浓。按照国际规则，要加入国际体育组织，得以体育社会组织的身份参加；要参加国际体育赛事，得由体育社会组织来组队参加。因此，有些体育社会组织属于“被动”成立，往往是在运动管理中心基础上加挂一块协会的牌子。在日常工作中，有的体育社会组织是空架子，职能多由体育部门或项目中心代行，负责人多由体育部门领导兼任，银行账户真正独立的不多。如在民政部登记的全国性体育社团共94家，其中有76家没有自己的独立账户。

三是体育类社会组织发展不均衡。从全国社会组织整体情况看，社团和民非单位数量相当。但从体育类社会组织整体情况看，社团的数量几乎是民非单位的一倍，而基金会全国只有41个，三种组织形态分布相对不平衡。此外，体育类社会组织还存在省市多、区县少，发达地区多、欠发达地区少的情况。

四是能力建设仍然是体育类社会组织发展的薄弱环节。多数体育类社会组织的规模较小，相当一部分没有专职工作人员，内部治理不完善，民主管理不落实，依赖政府成为惯性，自身服务能力较弱，发挥作用不足。尤其在资金筹措方面，是社会组织面临的共性问题，既需增强自身“造血”功能，也有待政府购买服务、彩票公益金倾斜、税收减免等扶持政策的完善。

今年以来，民政部根据党中央、国务院部署，把握社会组织管理的改革方向和现实需求，明确了四方面重点工作。推进这些工作，依然离不开政协的大力支持、体育总局等部门的紧密配合、广大体育类社会组织的积极参与。

一是健全法律法规。今年年底前，民政部将会同国务院法制办完成《社会团体登记管理条例》及《基金会管理条例》、《民办非企业单位登记管理暂行条例》的修订工作。这些法规的出台，将大大惠及包括体育类组织在内的广大社会组织。

二是落实直接登记。这次国务院机构改革和职能转变方案明确提出，行业协会商会类、科技类、公益慈善类、城乡社区服务类四大类社会组织，可直接向民政部门依法申请登记。目前我部正抓紧制定登记、管理等相关配套政策，鼓励地方先行实践，畅通体育健身等领域社会组织的登记渠道。

三是推进政社分开。根据国务院机构改革方案，行业协会商会将逐步与行政机关脱钩。国务院要求今年9月底拿出脱钩方案，2014年12月底前总结脱钩试点经验并予推行，2015年基本完成脱钩任务。经调研论证，我们联合相关部门制订了脱钩总体工作方案，准备近期上报国务院。方案初步确定在一批行业协会商会先行试点，其中包括少数体育类社团。

四是协调制定并落实政府扶持政策。主要是政府资金支持政策，政府向社会组织转移职能、购买服务政策，社会组织税收优惠政策，以及社会组织财务制度、人事管理、职称评定、岗位培训、社会保险等扶持引导政策。7 月份，国务院常务会议研究通过了《关于政府向社会力量购买服务的指导意见》，近期将以国务院办公厅名义印发。其中专门提到，文化体育领域要逐步加大政府向社会力量购买服务的力度，更多更好地发挥社会力量的作用。

我们相信，在中央关于社会组织改革精神的指引下，在全国政协的指导下，在体育总局等部门的支持下，在广大体育工作者的共同努力下，体育类社会组织将会为构建多元化的全民健身公共服务体系作出更大贡献。

释放改革红利　激发社会活力 促进社会组织健康有序发展

——学习贯彻落实《关于政府向社会力量购买服务的指导意见》

民政部副部长　顾朝曦

2013年9月30日，国务院办公厅公布了《关于政府向社会力量购买服务的指导意见》（国办发〔2013〕96号）（以下简称《意见》），对政府向社会组织以及企业、机构等社会力量购买服务作出系统安排和全面部署。这既是惠及人民群众、深化社会领域改革的重大举措；又是加快推动政府职能转变，推进政社分开，建设服务型政府的必然要求；也是释放改革红利，激化社会活力，充分发挥社会组织积极作用的关键之举，对于贯彻落实党的十八大和十八届二中全会精神，具有重要意义。深刻学习理解并认真贯彻落实《意见》，是摆在民政部门及广大社会组织面前的一项重要任务。

一、《意见》出台正当其时意义重大

国民经济和社会发展“十二五”规划、国家基本公共服务体系“十二五”规划都明确要求，创新公共服务供给方式，实现提供主体和提供方式的多元化。党的十八大将“社会建设”作为中国特色社会主义事业“五位一体”总布局的重要方面，突出强调要加强和创新社会管理，改进政府提供公共服务方式。2013年《国务院机构改革和职能转变方案》特别强调了“以职能转变为核心”，“更好发挥社会力量在管理社会事务中的作用”。新一届国务院成立后，对进一步转变政府职能、改善公共服务作出重大部署，明确要求在公共服务领域更多利用社会力量，公平对待社会力量提供医疗卫生、教育、文化、群众健身、社区服务等公共服务，加大政府购买服务力度，加快出台政府向社会组织购买服务的指导意见。党中央、国务院的一系列重要方针，明确了深化行政体制改革、转变政府职能、创建服务型政府的方向，也明确了政府向社会力量购买服务、充分发挥社会力量在管理社会事务中作用的路径安排。

近年来，一些地方立足实际，按照中央加强和创新社会管理的要求，积极探索政府向社会力量尤其是向社会组织购买服务，取得了良好效果，积累了宝贵经验。广东、上海、辽宁等地均已出台政府向社会组织购买服务的有关文件，在经费保障、工作机制、购买实践等方面探索了不少好的做法和经验。北京、江苏、山东等地在养老服务、社区服务等方面印发了专门文件。其他一些省（区、市）在党委、政府出台的关于加强社会管理发展综合性文件中，对推动政府向社会组织购买服务也都提出了原则性要求。但是，从总体上看，目前政府向社会力量购买服务仍处于探索阶段，存在着制度法规建设滞后于实践需要、政府职能和购买服务范围亟待界定、统一有效的购买服务平台有待建立、社会组织自身发育和能力有待进一步提升等问题。适时总结经验出台全国性政策，指导和推动各地开展政府向社会力量购买服务工作，有利于提高公共服务水平，满足人民日益增长的物质文化需求；有利于增强政府效能，加强和创新社会管理，促进政府职能转变；有利于引导社会组织健康有序发展，充分发挥社会组织等社会力量的积极作用。

二、《意见》彰显改革勇气与创新精神

作为政府购买服务的全国性指导文件，《意见》注重了原则性、方向性和指导性。既鼓励支持地方开展政府向社会力量购买服务的主动性、积极性和创新精神，又明确一些原则性要求，确保地方政府规范操作、稳妥推进。按照上述定位，《意见》内容共分四部分：第一部分是充分认识政府向社会力量购买服务工作的重要性；第二部分是正确把握政府向社会力量购买服务的总体方向，明确指导思想、基本原则和目标任务；第三部分是规范有序开展政府向社会力量购买服务工作，明确了政府向社会力量购买服务工作的具体内容，包括购买主体、承接主体、购买内容、购买程序、资金管理、绩效管理等；第四部分是扎实推进政府向社会力量购买服务工作，从加强组织领导、健全工作机制、严格监督管理、做好宣传引导等四个方面提出了要求。综观文件内容，亮点纷呈，通篇彰显了改革创新的勇气和科学严谨的精神，集中体现在四个方面：

一是强调放开市场，释放改革红利。《意见》提出，政府购买服务，就是通过发挥市场机制的作用，把政府直接向社会公众提供的一部分公共服务事项交由社会力量承担。并提出要牢牢把握政府职能转变的要求，进一步放开公共服务市场准入，“凡是社会能办好的，尽可能交给社会力量承担”。承接政府购买服务的主体除了包括依法在民政部门登记成立或经

国务院批准免予登记的社会组织外，还将依法在工商管理或行业主管部门登记成立的企业、机构等社会力量纳入其中。从宏观上将政府购买服务与调整产业结构相结合，力图通过政府购买服务，加快服务业发展，激发经济社会活力，释放改革红利。

二是坚持政社分开，尊重主体地位。党的十八大明确提出，要深入推进政企分开、政资分开、政事分开、政社分开。李克强总理也一贯主张，厘清和理顺政府与市场、与社会之间的关系。《意见》明确了政府和社会组织等社会力量的角色定位。在购买服务关系中，政府提供资金、社会组织承接服务，二者构成民事合约关系。明确要求购买主体和承接主体签订合同，社会组织等社会力量独立决策、独立运作、承担责任，政府依据合同进行管理，从公共服务的直接提供者、生产者、监督者合一的主体，转变为公共服务政策的制定者、购买者和监督者。

三是注重群众需求，确保取得实效。《意见》将政府购买服务与满足人民群众服务需求相结合。坚持以公众需求为导向，突出公共性和公益性。在购买原则上，区分开基本公共服务与非基本公共服务，坚持精打细算，把有限的资金用在刀刃上，用到人民群众最需要的地方。在资金管理上，政府购买服务所需资金要在既有财政预算安排中统筹考虑。在购买内容上，要在充分听取社会各界意见的基础上，按照人民群众的需求，对政府购买服务的指导性目录及时进行动态调整。

四是严格绩效管理，引入第三方参与。《意见》明确要按照"公开、公平、公正"的原则，建立政府向社会力量购买服务机制。建立健全由购买主体、购买服务及第三方组成的综合性评审机制，对购买服务项目数量、质量和资金使用绩效等进行考核评价。评价结果向社会公布，并作为以后年度编制政府向社会力量购买服务预算和选择政府购买服务承接主体的重要参考依据。

三、《意见》为社会组织发展提供了广阔空间

《意见》明确指出，承接政府购买服务的主体包括依法在民政部门登记成立的社会组织，以及依法在工商管理或行业主管部门登记成立的企业、机构等社会力量。社会组织将成为承接政府购买服务的主要承接主体。《意见》的正式出台和实施，将为社会组织提供广阔的发展空间和持续的资金来源，为社会组织建设和发展注入持久活力和动力，为引导社会组织按照政府意愿、社会需求开展活动，发挥正能量提供基本制度保障。

（一）社会组织已经成为我国加强和创新社会管理、提供公共服务的

重要力量。截至2013年6月底，全国依法登记的社会组织有50.67万个，其中社会团体27.3万个，民办非企业单位23.0万个，基金会3713个。经过多年的发展，我国社会组织整体实力不断增强，在经济社会发展中发挥了积极作用。在社会管理方面，全国6万多个行业协会联系会员2000多万家（含个体工商户），4万多个学术社团联系专家学者500多万人，各类农村专业经济协会联系农户1000多万个。这些社会组织广泛团结各方面的积极力量，凝聚各方面智慧与共识，引导群众、企业合理反映诉求和维护权益，成为沟通政府与社会的桥梁，成为社会管理的重要力量。在公共服务方面，社会组织在教育科技、卫生健康、社会福利、慈善公益等方面发挥积极作用，成为公共服务的重要补充。全国民办幼儿园占全国总数的60%以上，民办高校在校学生占全国高校在校学生总数的20%左右，卫生类民办非企业单位占全国卫生机构（不含村卫生室）的9%左右。社会组织平均每年募集资金300亿—400亿元用于公益慈善事业。在社会就业方面，社会组织工作人员超过1200万人，占第三产业就业人数的4%左右，是全国公务员数量的1.6倍，和央企就业人数大致相当，达到教育事业单位人员数量的85%，达到事业单位从业人数的40%左右。同时，社会组织吸引、凝聚了2500万名志愿者活跃在公益慈善领域，数百万名志愿者参与了北京奥运会、上海世博会、广州亚运会以及汶川、玉树、舟曲、芦山等重大抗灾救灾和突发事件应对。

（二）政府向社会组织购买服务，是积极引导社会组织发展的重要措施。从国际经验看，在社会组织发育程度较高、作用比较明显的国家，政府通过购买服务等财政支持对社会组织进行扶持、引导和利用，实现政府与社会组织的良性互动。据统计，社会组织收入中政府资助占较大比例，其中德国为65%，英国为45%，美国为40%，印度为36%，日本为38%，韩国为29%。2013年，为对抗美国援助境内社会组织的做法，俄罗斯从联邦预算中支付23.2亿卢布（约7400万美元）专门资助本国社会组织。在我国，政府资助在社会组织收入中的比例较低。2012年，民政部登记的全国性社会团体总收入123.7亿元，其中政府补助（含购买服务经费）只有6.4亿元，占总收入的5.2%，地方性社会组织获得的政府资助就更少了。差距就是发展空间，就是改革红利。随着政府向社会力量购买服务工作的深入开展，政府与社会组织之间的互动将大大增强，社会组织的正能量将得到充分发挥，更加成为党和政府可以放心、可以依靠的力量。

（三）政府向社会组织购买服务，对社会组织提出了更高更新的要求。承接政府公共服务，是社会组织发展面临的重大机遇，也是重大挑战。当前，我国社会组织处于发展的初级阶段，大多数社会组织规模较小，动员社会资源的能力不高，对社会公共生活的实际影响力有限，尚未形成广泛的社会认同，需要进一步加强引导和规范，提升服务社会的能力建设。要健全内部治理，社会组织要在法律框架下建立以章程为遵循，独立自主、权责明确、运转协调、制衡有效的法人结构，实现自我管理、自我服务、自我教育、自我发展，真正成为独立的法人主体，独立承担法律责任。要提高服务能力，社会组织要树立服务意识，主动参与社会服务，发挥服务优势，强化服务功能，提升服务水平，规范项目运作，强化社会参与，赢得政府和群众信任。要弘扬宗旨意识，坚持非营利性、公益性和社会性，立足社会组织生于群众、植根基层的优势，作为政府公共服务的补充和助手，充分发挥直接服务群众、服务社会、服务政府的作用。要强化社会公信。社会公信是社会组织的生存之本，公开透明是社会组织必须履行的义务。基金会、公益慈善类社会组织要向社会公开组织机构、公益活动、募集资金、公益项目、年度报告和财务审计报告等详细信息，社会团体、民办非企业单位要公开组织机构、年度报告等信息。

四、民政部门要全力做好《意见》的贯彻落实工作

政府向社会力量购买服务工作涉及多个职能部门，是一项综合性的任务，需要多方协同配合。《意见》提出要建立“政府统一领导，财政部门牵头，民政、工商管理以及行业主管部门协同，职能部门履职，监督部门保障”的工作机制。各级民政部门理当把贯彻落实《意见》放在突出位置，精心组织实施。

一是要抓好《意见》学习宣传动员。学好、领会好是落实好《意见》的前提，可采取研讨班、座谈会等多样方式学习，把《意见》贯彻到各项工作实践中；社会组织登记管理机关的一线工作者要自觉学习，吃透精神，掌握政策。要配合财政部门，向政府部门、基层干部群众、社会组织、社会大众进行宣传，努力让《意见》社会周知。要把学习宣传《意见》与社会组织管理制度改革、建立现代社会制度结合起来，动员广大社会组织认真学习中央精神、积极参与承接政府购买服务，在服务社会的同时实现健康有序发展。

二是要抓好研究制定配套政策。各级民政部门要制定并公布承接政府购买服务的社会组织的资格条件，并把承接政府购买服务行为纳入社会组织年检、评估、执法等监管体系。要配合财政部门，争取开展试点，参与制定具体实施办法和财务管理办法，参与政府向社会组织购买服务绩效评

价。各级民政部门要主动参与政府购买服务工作，积极发挥部门作用，充分反映民政工作特点与需求，解决基层民政工作能力不足的问题；充分反映社会组织的特色和作用，实现政府要求、社会需要和社会组织功能的有效衔接。

三是要抓好《意见》在民政部门的贯彻实施。实施的关键在基层，要认真分析、梳理在社会救助、社会福利、社区服务、救灾减灾、优抚安置等各项业务工作中向社会力量购买服务的可行性，凡适合社会力量承担的，都可以通过委托、承包、采购等方式交给社会力量承担，逐步加大向社会力量购买服务的力度，对一些专项资金的管理要逐步采用购买服务的理念和方式。

四是要加快推进社会组织管理制度改革。政府向社会力量购买服务，社会组织机遇难得，民政部门责任重大。我们要以《意见》为契机，创新工作理念，加大工作力度，大力推动制定、出台中央文件，修订、出台社会团体登记管理条例等三个法规，实行行业协会商会等四类组织直接登记，推动行业协会商会与行政机关脱钩，推进制定财政支持、税收优惠、社会保障、社会就业等方面公平对待社会组织提供公共服务的政策，为加快形成现代社会组织体制，推动社会主义和谐社会建设作出新的更大贡献。

促进社会组织健康有序发展 进一步解放和发展社会和谐力

——在推进社会建设创新社会组织座谈会上的讲话

云南省委书记、云南省人大常委会主任　秦光荣

（2013 年 7 月 18 日）

尊敬的李立国部长，

各位专家学者，

同志们：

今天，民政部与云南省政府在昆明共同举办“推进社会建设创新社会组织座谈会”，李立国部长亲临座谈会指导，并将为我们作重要讲话，各位专家学者也将围绕“推进社会建设创新社会组织”发表真知灼见。借此机会，我代表中共云南省委、省人民政府，向李立国部长和民政部长期以来给予云南的关心支持，表示衷心的感谢！向与会的各位专家学者，表示热烈的欢迎！

加强社会建设创新社会组织，是贯彻党的十八大精神的必然要求，是构建社会主义和谐社会的必然要求，是维护最广大人民根本利益的必然要求，也是提高党的执政能力和巩固党的执政地位的必然要求，对实现全面建成小康社会目标、实现中国梦具有重大战略意义。下面，结合云南推进社会建设创新社会组织的有关情况，我先谈三个方面的意见，与大家共同交流。

一、社会组织是社会建设的重要主体，要通过建立和完善体制机制，推动社会组织健康有序发展，形成实现科学发展的“社会和谐力”

党的十八大提出了经济建设、政治建设、文化建设、社会建设和生态建设“五位一体”的社会主义建设事业总体布局，并把“加快形成党委领导、政府负责、社会协同、公众参与、法治保障的社会管理体制，加快形

成政社分开、权责明确、依法自治的现代社会组织体制”，作为构建中国特色社会主义社会管理体系的重要内容，充分体现了在新的历史时期，党中央对推进社会建设、发展社会组织的高度重视，为我们推进社会建设创新社会组织指明了方向。当前和今后一段时期社会领域改革的着力点，应当从建立和完善中国特色社会主义社会体制，进一步解放和发展“社会和谐力”等方面取得突破。

一是切实转变政府职能，坚持宏观调控、微观放活，构建政府、社会、市场、公民个人之间新型关系，形成良性互动的“社会管理和谐力”。社会组织既是承接政府公共服务、社会管理职能的重要主体，也是公众参与社会活动的重要载体和平台。社会组织的作用发挥得好，就可以成为政府的人才库和智囊团，成为政府有力的帮手。因此，推进社会体制改革，就是要厘清和理顺政府与市场、与社会之间的关系，深入推进政社分开，推动政府职能向创造良好发展环境、提供优质公共服务、维护社会公平正义转变，把市场能办的，多放给市场，社会可以做好的，就交给社会，加快社会组织发展，更好地发挥广大人民群众的主人翁作用，实现社会事业社会办、社会事务社会管、社会成果社会享，形成良性互动的“社会管理和谐力”。

二是坚持道德自信，完善社会价值体系，健全社会规范，形成自助互助、诚信奉献的“社会认同和谐力”。社会组织是中华民族传统美德的践行者，是社会主义核心价值的践行者，建立和完善社会价值体系，首先需要深刻理解经济建设只是实现人类福祉的手段，我们的最终目的，是实现人的全面发展。建设和谐社会，需要坚持道德自信，完善社会价值体系，健全社会规范，汲取传统文化的精华，积累诚信、道德、秩序、和谐等社会资本；坚持社会主义核心价值体系建设，培育良好的社会道德风尚，培养社会认同；加强文化意识的自觉、文化境界的提升和身心的安顿，分享与竞争良性发展，加强社会凝聚力，形成自助互助、诚信奉献的“社会认同和谐力”。

三是建立和完善社会矛盾协调处理机制，畅通利益诉求渠道，强化社会组织调解，形成社会矛盾源头化解、内部调解的“社会自律和谐力”。最有效的社会矛盾化解机制是自律。通过强化矛盾的家庭内部调解、邻里调解、社区调解、单位调解，把群众利益诉求解决在基层；畅通利益诉求表达渠道，充分发挥政府网络平台、信访，以及人大代表、政协委员下基层等方式，建立制度化的体制，提供表达个人利益和愿望的途径；强化社会组织调解，搭建不同利益诉求者协商对话的平台，充分发挥社会力量参与化解社会矛盾的作用。通过多种途径，形成科学合理的利益协调机制、诉求表达机制、矛盾调处机制和权益保障机制，强化社会自我调节和解决问题的机能，形成社会矛盾源头化解、内部调解的“社会自律和谐力”。

四是建立和完善法治与公平正义的保障体制，形成平等参与、平等发展的“社会公平和谐力”。社会管理的法律法规，是中国特色社会主义法律体系的重要组成部分。要适应构建社会主义和谐社会的需要，加快社会建设的立法进程，加快完善社会管理法律法规体系。同时，调整完善社会管理政策，把一些比较成熟的社会管理政策上升为地方性法规。加快建设对保障社会公平正义具有重大作用的制度，逐步建立以权利公平、机会平等、规则公平为主要内容的社会公平保障体系，努力营造公平的社会环境，保证人民平等参与、平等发展的权利，让每一个人都有出彩的机会，形成平等参与、平等发展的“社会公平和谐力”。

二、云南在推进社会建设创新社会组织方面进行了积极的探索

云南作为祖国的一个边疆民族省份，在加强社会建设、发展社会组织方面，既有与全国类似的共性特点，又有较为突出的个性特色，许多工作需要有针对性地采取对策措施。近几年来，我们探索加强了对社会组织建设的管理。

一是探索加强对境外非政府组织活动管理。云南是我国的沿边省份，境外非政府组织活动较多，目前在我省开展活动的境外非政府组织有100多个，做好境外非政府组织的管理工作非常重要。为此，我们颁布实施《云南省规范境外非政府组织活动暂行规定》，建立备案管理制度、约谈制度和责任追究制度，确立组织机构代码、税务登记、外籍人员居留许可、外汇结算账户等方面配套服务机制。目前备案境外非政府组织39家，备案合作项目268个。云南的这一探索，在全国具开创性。

二是探索加强行业协会立法管理。针对大多数行业协会对政府的依赖性较强，缺乏独立性，习惯于依靠政府行政命令开展工作的现状，我们努力探索加强对行业协会的立法管理。2012年云南省人大常委会审议通过了《云南省行业协会条例》，并于2012年12月1日起施行，以地方法规的形式取消了行业协会双重管理体制，取消了“一业一会”的限制，将登记权限下放到县级，并对政府转移职能、购买服务、扶持行业协会发展提出具体要求。这是继广东、江苏之后出台的全国第三部行业社会地方性法规。2012年底，全省共登记行业协会598个，覆盖了主要经济生活领域。

三是探索推进社会组织信用制度建设。诚信度和社会公信力不高是当

前一些社会组织存在的主要问题，因此，必须着眼于提高社会组织公信力，明确社会组织的社会责任，推动社会组织健康有序发展。从2011年开始，我们在全省推开社会组织规范化建设评估和信用等级评定，引导各类社会组织建立社会责任体系，发布社会责任报告，推动建立社会组织信息披露机制，搭建信息管理平台，进行信息披露和信息公开，初步建立了社会监督机制。在此基础上开展了政府购买社会组织服务试点工作，2012年和2013年两年，我省共有40个社会组织获得“中央财政支持社会组织参与社会服务项目”资金1217万元，资金总量位列全国第三，为政府购买社会组织服务从申报到监管方面作了有益探索。

四是探索推动社会组织服务经济社会发展。我们积极推动社会组织特别是行业协会促进政府职能转变、协助政府加强产业宏观调控、维护市场秩序等方面发挥积极的作用。比如，鼓励和支持行业协会、商会组织参与云南经济建设，据估算，行业协会覆盖企业对云南GDP的贡献超过50%，2012年异地商会及会员企业与云南签订重大合作项目11个、协议引进资金224亿元人民币。同时，针对云南农业产业化水平低、农业农村组织化程度低等状况，大力鼓励发展各类农村经济类社会组织，发挥其在服务“三农”中的重要作用，目前全省农村有专业经济协会2671个，农村扶贫互助社399个，较好地发挥了带动农户脱贫致富的作用。

五是探索推动社会组织参与公共服务和公益事业。近年来，我省社会组织在提供社会公共服务等方面起到了重要作用，特别是在教育、卫生、文化、体育、社会福利、社区服务等社会领域做了大量有益的工作，扩大了社会服务的内涵，强化了社会服务功能。比如，我省民办教育机构和卫生、文化、体育类社会组织在推动云南相关事业发展，满足人民群众服务需求、改善民生等方面扮演了越来越重要的角色。各类慈善组织，在引导非公有制经济人士履行社会责任、扶贫救灾、艾滋病预防与关怀、支教助学、助老助残、助医助养等方面，也发挥了日益重要的作用，其中省光彩促进会历年组织全省民营企业进行社会公益捐赠达30多亿元，民营企业投资光彩事业项目累计到位近200亿元；省慈善总会在云南累计救助、受益人数超过50万人次；省红十字会去年仅为云南抗旱救灾和彝良抗震救灾就接收和发放捐赠款物3200多万元。

六是探索加强生态环保领域的合作。针对云南生态环保问题广受国内外关注的情况，我们主动沟通，近年来许多境内外环保组织相继在云南组织开展了一些项目，取得了很好的成效。例如，大自然保护协会等在滇西北开展了一系列环保项目，我省生物多样性和传统知识研究会、绿色环境发展基金会实施了山地可持续农业、生态旅游、小流域管理、极小种群保护等项目。在先后两轮开展的滇西北、滇西南生物多样性保护重大决策部署出台之前，我们都广泛邀请境内外环保组织进行座谈，听取意见，完善工作方案。

目前，各类社会组织已经成为我省促进经济发展、繁荣社会事业、创新社会管理、增强社会自治、促进和谐稳定、扩大对外交往的一支重要力量。

三、改革创新，率先突破，大力创新社会组织，探索边疆民族地区推进社会建设的路子

当前和今后一段时期，云南在推进社会建设创新社会组织方面要重点在四个方面实现新突破：

（一）在政府职能转变上实现新突破。培育扶持社会组织，前提是改革政府包揽社会治理的传统方式，推进政府职能转变。总体原则就是加大政府职能转移委托力度，向社会组织开放更多的公共资源和领域，为社会组织的发展壮大和参与社会管理让渡空间。具体来看，要做好四个方面的重点工作：一是加快推进政府从非基本公共服务领域退出。凡是公民、法人或者其他组织能够自主决定，市场竞争机制能够有效调节，行业组织或者中介机构能够自律管理的事项，政府都要退出，转变成规则的制定者和裁判者。二是结合实际制定社会组织承接政府职能目录。编制政府转移职能、购买服务目录以及具备承接政府转移职能和购买服务的社会组织目录，逐步将政府微观层面的事务性服务职能、部分行业管理职能、城市社区的公共服务职能、农村生产经营和农业技术服务职能、社会慈善和社会公益等职能转移给社会组织，加快建成具有云南特色的服务型社会体系。三是注重发挥工、青、妇等人民团体和行业协会在社会管理和公共服务方面的重要作用。利用这些机构完备的组织系统、富有工作经验的人才队伍，凝聚更多的社会组织参与社会管理和服务，成为连接政府和社会之间的枢纽型组织。四是改革社会组织管理制度。出台行业协会商会与行政机关脱钩方案，逐步推进行业协会商会去行政化，使其真正成为提供服务、反映诉求、规范行为的主体。加快事业单位的分类改革，释放社会资源。

（二）在社会组织培育和规范管理上实现新突破。放开通道，降低门槛，加强监管，在社会组织培育和规范管理上实现新突破。一是放开登记。除了必须登记审批的，一律实行备案登记；下放登记权限，把县级能够履行的职责都下放到县级；设立专门的公益组织类别，实现审批体制、

报告体制等相应体制的对接；放宽占地规模、人数、注册资金等硬件标准，把关注点更多地转向工作计划、工作目标、完成情况等软件标准，实现各类社会组织的方便快捷登记。二是强化对社会组织的监管。完善对社会组织活动的监管和自律，健全各类型社会组织法人治理制度、信息公开制度和联合监管制度，建立和完善行业协会评估制度，充分发挥社会的监管力量。建立和完善淘汰机制，形成自我管理、社会监督、政府监管、有序退出的综合治理机制。强化对公益机构的事后审核。通过强化监管，实现彻底放开，彻底分开，彻底公开，使社会组织分得开，站得住，走得稳，走得好。三是加强社会工作人才队伍建设。在政府登记管理机关、业务主管单位和行业协会设立社会组织管理人员的基本资格标准，并组织对管理人员的业务培训。通过采用好项目吸引高素质的志愿人员、加强民间组织员工的培训等渠道来提高民间组织的整体素质和服务能力。

（三）在政府向社会组织购买服务机制建设上实现新突破。制度化和规范化是政府向社会组织购买服务机制建设的重要取向和保障。坚持分类指导，加强政府向社会组织购买服务机制建设，形成规范化长效机制。一是对重点培育、优先发展的工商经济类、公益慈善类、社会服务类、群众生活类、枢纽型社会组织，通过政府购买方式，帮助解决社会组织的资金来源问题。二是增加政府对社会公共服务的购买预算，并形成公开、公平、公正、高效的制度安排，使社会组织更深入地参与社会管理和公共服务。三是合理放宽对政府服务购买对象条件的限制。凡具有独立法人资格，具备完善的内部治理结构、健全的规章制度、良好的社会公信力以及较强的公益项目运营管理和社会工作专业服务能力的社会团体、民办非企业单位和基金会，即可作为政府购买社会工作服务的对象，最大限度地降低门槛，让所有社会组织完全平等地参与竞争。四是帮助社会组织提高申请服务项目的能力。政府通过举办会议、组织培训学习、信息公开等方式和渠道，为社会组织提供必要的技术和信息支持，特别是提供从政府获得项目资金的机会，帮助社会组织提高申请服务项目的能力。

（四）在形成全社会做好事做善事的良好氛围上实现新突破。要创造条件，政府从公共募捐市场逐步退出，鼓励一部分人先慈善起来，形成全社会做好事做善事的良好氛围。一是营造公益慈善的文化氛围。从理念上、政策上、舆论上大力倡导和营造慈善光荣的社会风气，畅通企业和个人财富流向公益慈善领域的通道，为企业、个人实现公益理想、承担社会责任搭建平台，使行善者不郁闷，不憋屈，不孤单，让公益慈善之光更加灿烂。二是建立公益慈善项目库。重点针对生态环保、流动人口社区服务、少数民族文化建设、养老、旅游、扶贫、禁毒防艾、教育等领域，高水平策划一批公益慈善项目库，进行广泛推介，吸引公益慈善组织聚集到云南来发展。三是给予最大力度的税收优惠。在遵守国家有关法律、法规和政策的前提下，以开放、开明的思想，用好、用足、用活国家政策，最大限度放开税收限制。总的一个指导思想，就是所有在云南省依法登记的社会非营利组织，凡是国家规定的税收优惠政策一律优先享受，凡是省级政府税政权限内的税收政策一律实行倾斜，能够减免的一律减免，为公益慈善组织发展创造最宽松的条件。四是立法先行。在国家慈善法出台之前，云南拟先出台一部地方性法规，将特权捐赠、股权捐赠、政府监管的职能职责、行业自律，以及惩罚措施和问责机制等纳入法律框架，从法律层面解决捐赠难、捐资产难、捐股票难等问题，提高公益慈善机构的透明度、公信力、专业性和纯洁性，以法律规范慈善，以法律鼓励慈善。云南将着力畅通公益慈善通道，对接慈善需要和慈善资源，“接富济贫”，解放更多的“爱心生产力”，汇聚成推动云南科学发展、和谐发展、跨越发展的正能量。

总之，云南将认真贯彻党中央、国务院的部署，结合实际，积极探索，大胆创新，促进社会组织健康有序发展。同时，我们希望与会的各位专家学者对我们多提意见、献良策，我们将把这次座谈会的成果充分转化为推进我省社会组织改革创新的科学思路，转化为推动社会组织健康有序加快发展的有力举措，转化为促进全省科学发展和谐发展跨越发展的强劲动力。

最后，再次感谢各位领导、各位专家、各位朋友专程来昆指导工作，祝大家身体健康、工作顺利！

谢谢大家！

·第三编·

工作综述

2013年北京市社会组织建设与管理工作综述

2013年是社会组织管理体制改革之年，也是社会组织建设与管理里程碑式的一年。全市社会组织建设与管理工作，在市委、市政府和市民政局党委的正确领导下，全面贯彻落实党的十八大精神和《首都民政事业改革发展纲要（2013—2015）》，以实现社会组织发展理念、规模数量、培育扶持、形象能力“四个领先”为目标，按照围绕“一个核心”，深化“三项行动”，实现“六个突破”的总体思路，深化登记管理体制改革，加大培育扶持力度，加强监督管理体制建设，全面提升机关能力，各项工作取得了新进展。

一、抓好顶层设计

围绕“建立现代社会组织体制”这个核心，主动站位市委、市政府和全市社会组织角度，着力加强政策法规创制。一是起草《关于改革和创新社会组织管理制度，加快形成现代社会组织体制的意见》。落实中央关于改革社会组织管理制度的重大部署，从整体设计出发，对建立直接登记体制、培育扶持体系、综合监督体系，以及现代社会组织体制的政策规划、发展方式和工作推进的时间表、路线图作出了制度化安排。二是加快拟定《关于政府向社会组织购买服务的实施意见》。在专题调研的基础上，以国务院印发《关于政府向社会力量购买服务的指导意见》为契机，对北京市政府购买社会组织服务的主体、内容、方式、程序、资金管理，以及建立集中统一管理体系和相关优惠政策作出了规定，已进入征求意见阶段。三是精心研究《北京市境外非政府组织登记管理办法》。在2012年联合市外办出台内部文件的基础上，研究制定面向社会公开的《北京市境外非政府组织登记管理办法》，拟对境外非政府组织代表机构在京登记、合作开展项目、监督管理进行统筹安排。

二、扎实开展三项行动

一是全力开展社会组织建设示范区创建活动。制定了《北京市民政局关于开展创建全国社会组织建设创新示范区活动的实施意见》，建立了评选机制，细化了考核标准，完善了奖励扶持政策，示范区创建活动在全市16个区县全面开展，目前正在全力推进考评申报工作。二是有序推进社工助推社区社会组织发展（1+1）行动。以推进三社联动，激发社会组织活力为牵引，制定了《开展专业社工助推社区社会组织发展（1+1）行动方案》，探索建立了社工与社区社会组织“1+1”帮扶机制，畅通了社会资源与社区实际需求对接渠道。目前，全市已结成44个对子，各帮扶项目正有序开展。三是深入开展社会组织服务民生行动。印发了《北京市民政局关于2013年利用福利彩票公益金资助社会组织开展公益服务项目的通知》，利用福彩公益金350万元资助35个社会组织，在扶老、助残、救孤、济困等领域开展服务民生行动。海淀区把社会组织公益服务项目纳入统一规划，集成对接政府公共服务资源，择优配套财政扶持资金。怀柔区紧紧围绕服务民生主题，启动了“社区社会组织公益行系列活动”。平谷区引导100余家社会组织申报了服务民生活动，服务民生行动成为引领社会组织发展的一面旗帜。

三、社会组织登记管理体制改革取得重大突破

落实中央关于改革社会组织登记管理体制的重大要求，从4月1日起，在全国率先对行业协会商会类、科技类、公益慈善类、城乡社区服务类社会组织实行民政部门直接登记，制定了《北京市社会组织直接登记工作规程》、《北京市行业协会登记工作指引》、《北京市异地商会登记管理办法》等内部操作规程，取消了这四类组织成立登记需要业务主管单位前置审批的事项。及时召开“全市社会组织直接登记工作座谈会”，统一了市、区直接登记工作步调。房山、怀柔等区县结合区域实际，分别制定了《房山区社会组织直接登记管理办法》、《怀柔区社会组织直接登记工作规范》，实现了上下互动。实施直接登记以来，全市登记咨询1231人次，同比增长45.4%；新成立市级社会组织98个，同比增长38%；按直接登记办理62个，占新成立社会组织的62.8%，其中行业协会商会类9个、科技类6个、公益慈善类30个、城乡社区服务类17个。区县完成社会组织直接登记22个。统计显示：截至2013年底，全市登记社会组织8519个。其中，社会团体3597个、民办非企业单位4643个、基金会279个；市级社会组

织 2070 个，区县社会组织 6449 个。备案社区社会组织数量为 15568 个。按常住人口 2069 万人统计，万人拥有登记备案社会组织 11.6 个。

四、市民政局率先转移职能全力推进

一是成立了市民政局率先转移职能工作领导小组，印发了《市民政局率先转移职能试点工作方案》，确立了 11 个职能转移试点处室和单位，明确了要重点提升和改造的 8 家局属社会组织作为承接单位，对确定职能转移项目、开展项目审核、选择社会组织承接、订立购买服务合同、实施绩效考核等程序进行了统筹安排。目前，第一批 7 家局属重点社团的改造提升工作正有序进行，市民政局率先转移职能取得初步成效。二是开展了具备承接政府职能转移的社会组织调研，向全市社会组织下发了《具备承接政府转移职能社会组织基本情况表》，初步拟定了第一批具备承接政府转移职能资质的社会组织目录，包含社会组织 706 个。三是开展社会组织总会筹备成立工作。制定了北京市社会组织联合会成立方案，起草了《北京市社会组织联合会会员目录》，对联合会宗旨定位、工作职责、组织结构、人员安排、运作模式进行了统筹规划，对拟转移给联合会承接的政府职能项目和资金数额进行了初步安排。

五、社会组织培育扶持成效显著

一是全力争取中央财政购买社会组织服务项目。以中央财政购买社会组织服务为契机，组织动员全市社会组织积极申报 79 个社会组织服务民生项目，其中，北京瓷娃娃罕见病关爱中心等 8 家社会组织申报的 9 个项目获民政部、财政部立项资助，累计支持资金 430 万元。二是落实社会组织税收优惠。组织召开"社会组织税费优惠专题会议"，积极协调市财政局、市国税局、市地税局等相关部门，推进社会组织税收优惠有效落实。2013 年，累计 216 家基金会和 10 家公益性社团获得了公益性捐赠税前扣除资格，同比增加 47 家，增幅 26.3%，为历年最多。三是全力推进社会组织示范基地建设。精心组织拍摄了《北京社会组织建设与管理专题宣传片》，高质量完成了首都政法系统 60 名局级领导干部实地考察社会组织示范基地任务，为将社会组织示范基地纳入政法系统领导干部现场教学点进行了有益探索。

六、社会组织监督管理体制进一步完善

一是监管体系研究取得新进展。适应直接登记体制改革后监管模式的

变化，提出了构建全过程监管与追惩式监管相结合的新型监管理念，提出了加快形成法律监管、行政监管、行业监管、社会监管、自我监管相结合的综合监管思路。特别是，对建立社会组织自我治理体系和建立社会化监督体系进行了积极探索，为确保社会组织既发展得好，也管控得住奠定了基础。二是社会组织年检工作全面推进。分类召开市级社会组织年检工作动员专题会议，推行网上年检与实地检查相结合的方式，变被动年检为主动年检，深入了解社会组织服务群众、服务会员的工作开展情况。区县社会组织年检方式方法创新亮点纷呈。昌平区积极推进“五个明确、四项服务”的年检工作新举措；海淀区、怀柔区建立健全“一站式办公，集中联合年检”模式；延庆县把依靠短信平台发送年检通知与到重点社会组织实地催办年检紧密结合，年检效率和质量显著提升。统计显示：市级社会组织应检 1819 家，实检 1492 家，年检率达 83%。区县社会组织应检 6035 家，实检 4214 家，年检率达 70%，社会组织年检工作基本完成。三是社会组织评估工作扎实推进。进一步完善“政府指导、社会参与、独立运作”的评估工作机制，制定《北京市 2013 年市级社会组织评估工作方案》，印发《北京市民政局关于开展 2013 年社会组织评估工作的通知》，将社会组织评估工作列入区县民政工作绩效考核项目，细化了社会组织评估指标，分类召开社会组织评估工作专题动员会，增强社会组织参与评估工作的主动性、积极性，委托北京大学公民社会研究中心等 7 家第三方机构，重点对 214 家市级社会组织进行评估。区县层面，全市已有 15 个区县对社会组织评估工作进行了制度化安排，全部委托专业机构进行，由财政列支评估经费，全市社会组织评估工作取得了可喜进展。四是基金会审计全面开展。将基金会的年度审计、离任和换届审计、专项审计等纳入了监管范围，有效丰富了监管手段，提高了监管的效能，目前已对评估等级 5A 以上且列入示范基地的 8 家基金会奖励审计费用共计 132800 元。

七、社会组织应急救援能力显著提升

4 月 20 日，四川雅安地震发生后，全市社会组织积极响应中央号召，第一时间启动应急响应机制。浙江企业商会第一时间向会员企业发出了支持灾区重建倡议书；北京市红十字基金会等 7 家社会组织募集了 1450 万元善款；北京市志愿者联合会、北京市紧急救援基金会等 4 家专业救援组织分别派出了具有丰富救援经验的专业救援队伍，赶赴灾区开展救援行动，参与现场救援的队员超过 60 名，共计实施医疗救治 779 人次；北京市五色土社会工作促进中心、北京市寸草春晖老年心理服务中心、北京爱心传递老人关爱中心等多家社会组织针对灾后重建还组建了心理咨询服务志愿者队伍；北京应用技术大学面向雅安地震灾区选拔招收100名高中毕业生，提供免费专科教育及就业安置的服务，树立了公益性组织的良好社会形象。

2013年天津市社会组织建设与管理工作综述

2013年，天津社会组织管理政策和服务环境不断优化，社会组织培育发展明显提速。2013年全市社会组织总数达到19038个，其中登记注册社会组织4669个（社会团体2286个，民办非企业单位2327个，基金会56个）比年初增加462家（直接登记22家），年增长率为11%，创近年来新高。备案社区社会组织14369个，比年初增加2369个。

一、大力推进审批体制改革，直接登记工作取得新突破

一是改革内部机构。适应审批制度改革需要，将审批权限从原有登管合一的业务处室中剥离，增设登记处，强化了独立登记审批和日常服务监管职能。

二是建立完善制度。印发《关于开展我市社会组织直接登记的通知》及配套文件，建立会商协调机制，对行业协会商会类、科技类、公益慈善类和城乡社区服务类实行直接登记。深入调研，研究探讨异地商会、非公募基金会审批权下放事宜。

三是积极稳妥推动。举行报告会和专题培训班，加强现代社会组织体制改革形势教育，学习借鉴先进经验，强化改革理念，先在市级登记机关推行，后在区县进行直接登记试点。登记管理体制的改革促进了社会组织加快发展。2013年，全市注册社会组织总数达到4669个，其中新审批的各类社会组织462家（直接登记22家），创近年来新高。全年接待咨询服务7500余人次。

二、积极完善管理体系建设，社会组织规范化建设取得新成效

一是全面推行网上年检。市、区县两级社会组织首次全面实现网上年检，终结天津市传统年检历史。市、区（县）两级登记管理机关通过年检动员、专题培训、即时答疑等方式，积极推动社会组织网上年检工作，确保了网上年检工作顺利推开。2012年度全市应参加年检的社会组织共4050家，实际参检3754家，参检率92.69%；其中年检合格3399家，年检合

格率为90.54%；基本合格217家，基本合格率为5.78%；不合格11家，不合格率为0.29%。

二是进一步规范社会组织内部建设。落实市委要求，加强清理和规范学会、协会工作。制定出台了《天津市社会团体内部管理制度指引》。组织开展了全市行业协会、商会服务收费及政社分离情况调研，完成调研报告。与市商务委联合组织开展了“发挥社会组织优势、推动天津企业走出去”活动，引导行业协会商会积极参与对外经贸活动。印发实施意见，召开动员会，在全国各省市中率先组织开展行业协会、商会“行业自律和诚信建设”活动，全市237家行业协会、商会参与到活动中，105家行业协会、商会制订实施方案并召开动员会，号召广大会员参与活动中，将活动落到了实处；同时在开展业务活动过程中提高服务品质，打造品牌效应，取得了较好的社会效果，把活动引入了深处。组织开展了基金会重点公益活动专项审计工作，进一步规范了基金会财务管理工作，保障了资金切实有效地促进公益事业的发展。

三是深化社会组织评估工作。今年6月份启动评估工作，增强评估的刚性要求，在各区县第一年推行评估工作。召开评估工作动员会，搞好评估专家和工作人员业务培训；加强与相关业务主管部门的配合，修订社会组织评估评分细则，合理调控等级评估比例，扎实做好材料审核、实地考核工作。及时指导区县开展评估。今年全市共完成330家社会组织评估工作，其中市级140家家，区县级190家。

四是组织开展创建社会组织创新示范区、街镇和社区（村）工作。组织开展了全市社会组织创新示范区创建活动，通过以创促建，带动和强化区县、街镇和社区（村）社会组织规范化建设。初步拟创建全国示范区2个，市级示范区6个，示范街镇20个和示范社区（村）60个。

三、服务“三社联动”，社区社会组织创造新佳绩

落实市委“推动社区、社会组织、社工队伍三社联动”和全市社区工作会议要求，大力加强城乡社区社会组织建设。

一是加大推动力度。市政府召开全市加强社区社会组织建设推动会。会议明确今后三年发展目标、主要任务和保障措施，总结推出滨海新区、和平区、河西区、南开区、西青区等一批社区社会组织建设典型。民政部副部长顾朝曦、天津市副市长尹海林出席了此次会议。9月份，民政部李立国部长、顾朝曦副部长又相继到天津调研，对天津社区社会组织建设给予充分肯定，提出指导意见。为贯彻领导要求和会议精神，采取深入基层

指导和集中交流经验等多种方式持续督察推动。

二是加强规范化建设。制定下发《关于加强社区社会组织建设的意见》，确立一级（街镇）主体、逐级负责的管理体制和“1+N+X”的创建模式，修订印制备案登记表格及填报要求。

三是健全组织网络。各区县加快社会组织网络体系建设。滨海新区、和平区、河西区、南开区、河北区已实现街道社区社会组织联合会全覆盖。

四是充分发挥作用。各区县边摸底、边孵化，并组织开展了丰富多彩的活动，充分发挥社区社会组织作用。以创建美丽社区为契机，和平区“‘和谐和平、魅力家园’社区社会组织活动成果展”，新区泰达社区服务中心“美丽家园，亲情社区”嘉年华等活动已成为宣传社区社会组织的品牌。到年底，全市社区社会组织总数达到14369家，其中和平区、河北区备案社区社会组织总数已经提前实现翻一番目标。

四、创新工作机制，执法监察工作取得新进展

一是积极推进执法监察工作制度化建设。建立了全市社会组织信息采集系统，定期汇总全市社会组织筹备申请、登记备案等信息，实现了与国家安全部门的信息资源共享。培训区县社团执法人员，召开座谈例会。健全预警机制，会同津南区、蓟县民政局及时查处非法组织“新农村爱心基金会”事件。截至2013年10月底，全年共受理社会组织违法违纪28起，其中给予撤销登记的24起，另外4起进行了调查甄别。

二是积极推进社会组织人民调解工作。与市司法局联合印发《天津市社会组织人民调解工作〈暂行〉办法》，这在全国尚属首例。积极利用人民调解机制，解决社会组织内部矛盾纠纷。举办社会组织矛盾纠纷大调解沙龙，交流先进经验，完善调解机制。

五、加强平台建设，社会组织综合服务能力取得新提高

一是厘清职责，充实力量。在社团局机构改革中，增设综合处，与市服务管理中心合署办公，充实5名同志，明确职责，从根本上解决了中心队伍不稳、人员不足、职能交叉问题。

二是加强社会组织信息宣传工作。召开天津市社会组织信息宣传工作会议，举办通讯员培训班。在天津社会组织网开辟“天津市社会组织优秀品牌巡礼”专栏，实现与市属社会组织网站链接。编印《天津社会组织品牌》一书，经过层层推荐把关，选树50个市属社会组织品牌。组织“诚

信惠民，服务社会”活动系列访谈；与市网信办、人民网天津视窗联合开展“共建美丽天津，社会组织在行动”网络作品专项征集活动，重点推出39个优秀社会组织系列访谈节目。“共建美丽天津，社会组织在行动”在全市被评为三等奖。加大在各类媒体上的宣传力度，全年共刊播各类稿件140余篇。社会组织宣传的规模效应初步显现。

三是积极推进政府购买社会组织服务。争取中央财政支持社会组织参与社会服务项目9个，获得项目资金430万元，组织项目运作经验交流，加强进度督察。重点策划中央财政支持的培训项目，坚持大课与分班相结合，突出适应现代社会组织体制改革形势，提升政府购买服务能力主题，举办领军人物系列培训班。相继邀请了民政部民间组织管理局、南京市民政局、市行政审批办公室、市政府采购办、市委党校专家学者授课，增强培训的权威性和实效性，扩大受众面，共举办两堂大课，7个分班，全市先后共有社会组织负责人和党组织书记近1000人次参加了培训。面向市属社会组织，搞好承接政府购买服务需求调研。就市级福利彩票公益金项目，组织开展征集工作。主动协调，为配合市财政局起草《天津市政府购买社会力量的指导意见》提出合理化建议。起草了《关于使用福利彩票公益金支持社会组织参与社会服务公益项目办法》，在全市组织开展了2013年度市级福利彩票公益金项目申请工作。上述调研和征集工作，为推动天津市政府购买社会组织服务，起草相关意见奠定了重要基础。

四是增强孵化、联合功能。周到服务、热心指导，成功孵化天津市社工协会等社会组织。继南开大学实习基地之后，又建立了天津体育学院社会体育与管理系学生实习基地。会同市青年创业就业基金会，组织青年创业者与在校大学生开展了“青年创业支持发展”交流互动活动。完成民政部副部长顾朝曦专题调研以及国家民间管理局服务中心、江西等上级或兄弟省市重点接待任务，接待政策咨询、组织业务培训、新闻信息发布、理论研讨活动，总计直接接待服务达950多人次，举办30人以上集体活动18场。

六、推动科学发展，社会组织党建工作呈现新局面

一是巩固全覆盖成果。落实党的十八大要求，逐级建立、层层建立社会组织党建工作责任制。研究解决直接登记后社会组织党组织审批和日常管理工作。出台规范文件，明确要求社会组织新成立或换届时，在章程中增加“加强和改进党的建设”内容，通过依法自治途径实现社会组织党建和业务工作有机融合。会同市委组织部编印《天津市社会组织党建示范点

典型经验材料》，并在《天津日报》专版集中刊登宣传；面向全市每个社会组织党组织开展“三送”活动：送一本《社会组织党组织书记学习培训读本》，送一块党组织标牌，送一面党旗。落实为天津市新建社会组织党组织发放开办费机制。与团市委联合下发《关于在有农业的区县成立直属社会服务团工委的意见》，进一步加强青年类社会组织党组织建设。

二是组织开展教育实践活动。及时下发通知，发动社会组织党组织开展党的十八大、十八届三中全会精神宣讲活动。组织开展“诚信惠民，服务社会”主题实践活动，举办迎七一“诚信惠民，服务社会”事迹报告会。结合社会组织实际，在全市社会组织党组织中开展党的群众路线教育实践活动，这在全国尚属首例。经推荐，山西商会党委《践行党的群众路线，倡导清廉诚信经营》经验被中组部列入全国典型案例。

三是加强社会组织党建理论研究。与市委党校党建教育部加强互动交流，社会组织党建研究被高度关注。举办天津市首届社会组织党建理论研讨会。来自京津两地的党建专家和一线优秀党务工作者进行研讨交流，为总结三年实践经验，用科学理论指导实践，全面提升天津社会组织党建科学化水平，继续走在全国前列提供智力支持。

2013年河北省社会组织建设与管理工作综述

在河北省民政厅党组的正确领导下，民间组织管理局全体同志团结奋斗、勤奋工作，圆满完成2013年工作任务，先后被省直工会评为工人先锋号，被民政部评为社会组织宣传工作先进单位。

一、社会组织注册登记工作依法健康有序

截至2013年底，共办理省级社会组织注册登记等各种业务367件（其中筹备成立75件、成立95件、变更144件、注销5件、分支成立27件、分支变更21件）。登记合法率100%，政策解读和业务咨询1000多人次，群众满意率达100%。

二、社会组织登记制度取得突破性进展

3月份《河北省公益性、服务性社会组织注册登记管理办法》（冀民〔2012〕122号）正式实施；11月份，下发了《河北省民政厅关于将异地商会和非公募基金会登记管理权限下延至设区市的通知》（冀民〔2013〕123号），进一步优化了行业协会商会发展环境，促进了公益慈善事业发展，截至12月份，设区市注册登记了3家异地商会；12月份，下发了《河北省民政厅关于开展对四类社会组织直接到民政部门登记的通知》（冀民〔2013〕124号），决定在全省范围内实行行业协会商会类、科技类、公益慈善类、城乡社区服务类四类社会组织直接到民政部门登记，截至12月份，全省直接登记社会组织3324家，备案登记社区社会组织709家；12月份，下发了《河北省民政厅关于取消社会团体和基金会设立分支（代表）机构审批的通知》，取消社会团体、基金会分支（代表）机构的审批，由社会团体、基金会根据工作需要自行设立；这是河北省前所未有的社会组织登记管理制度改革。

三、为民服务效率进一步提高

一是社会组织行政审批时限均压缩了1/3，如法定60个工作日，压缩

至40个工作日办结；法定30个工作日，压缩至20个工作日办结，全年行政审批事项按时办结率达100%。二是行政许可大厅更新了一次性告知书的内容、行政审批流程图以及工作人员管理办法。三是新摆放了《河北省社会组织概况》宣传册和民间组织管理局服务“连心卡”。四是新增设了查询业务触摸屏。

四、社会组织年度检查和执法工作严格进行

2013年年检工作中加大了检查力度和宣传力度，多次督促参检单位认真参加年度检查，对应检单位严格依据法规，按照程序对送检材料进行审核，应该参加年检的省属社会组织1055家，全局对1019家社会组织进行了年检，参检率达到了96.6%，年检合格1003家，基本合格12家，不合格4家，合格率达96.8%；全年共收到有关社会组织违法违规行为的群众举报9起，自收到举报，立即组织相关人员对事件进行调查取证，并依法进行处理，基本上都得到了妥善处理，投诉查处率达100%。

五、社会组织评估工作稳步推进

继2012年社会组织评估工作取得良好成效后，经过深入动员，不断推进，2013年全省共有581家（其中，省属38家、市县区属543家）社会组织自愿参加评估，评估工作经过社会组织自评、业务主管单位（设区市）初评、材料审核、评估小组实地考察、省评估委员会终审、媒体公示、受理复核等工作程序，共评出5A级43家、4A级24家、3A级20家，其余为2A级以下。截至2013年底，全省社会组织评估总数为1238家，评估率为8.25%。其中，省属社会组织评估总数为130家，评估率为11.2%。

六、政府职能转变和购买社会组织服务工作积极推进

一是2013年中央财政支持社会组织参与社会服务项目申报工作，全省有6家社会组织申请到资金240万元。二是根据国务院办公厅《关于政府向社会力量购买服务的指导意见》（国办发〔2013〕96号）和省领导要求，积极配合有关部门，研究制定了《河北省人民政府关于政府向社会力量购买服务的实施意见》。三是截至目前，全省政府投入购买社会组织服务资金2000多万元。

七、推动社会组织积极发挥作用

为进一步提升全省社会组织服务社会、服务人民群众的水平，4月份，下发了《万家社会组织下基层进革命老区帮扶活动实施方案》（冀民〔2013〕38号）；为深入贯彻党的十八大会议精神，积极响应党中央和省委号召，根据中共中央《关于在全党深入开展党的群众路线教育实践活动的意见》和中共河北省委《关于开展党的群众路线教育实践活动的实施意见》，结合河北省社会组织工作实际，7月份，印发了《关于开展“社会组织万名党员下社区、到乡村、进老区帮扶”活动的实施意见》（冀民〔2013〕71号），在扶贫求助、送科技文化、送医送药、法律援助、为农民服务、为企业服务等方面，为群众共投入资金3.8多亿元、投入人力30多万人次、投入物力价值2.5亿多元、受益群众达468多万人次、创造经济效益111.2亿余元，受到社会和人民群众广泛赞誉。

八、社会组织管理能力进一步提高

为进一步加强全省社会组织管理，提高社会组织的知名度和公信力，增强社会组织的履职能力，推进社会组织健康有序发展，发挥其在建设经济强省、和谐河北中发挥积极作用。分别于3月份召开了“基金会培训会议”，6月份召开了“河北省社会组织负责人培训班”，9月份召开了“河北省社会组织登记管理人员培训班”，三期培训共有600余人参会，10月份举办了“河北省社会组织知识竞赛”。

九、社会组织党建工作常抓不懈

截至2013年12月31日，2013年新成立的社会组织，除1家宗教类基金会不具备建立党组织条件外，其余均建立了党组织，省属社会组织党组织应建必建率达100%，社会组织党组织开展活动率达100%，社会组织党员参加活动率达100%。

十、进一步发挥协调配合作用

认真完成省委省政府和省综治办、效能办、行风办、群工办、外事办、维稳办、防控办、扫黄打非办等10多个单位交办的20多项工作任务。

2013 年山西省社会组织建设与管理工作综述

2013 年，社会组织管理工作以改革登记管理体制、激发社会力量举办社会事业的热情，以加强管理规范社会组织行为，以深入调研解决群众关注的热点问题，以提升服务促进社会组织快速、健康发展，难点多，亮点也多，成绩斐然。

一、改革社会组织登记管理体制

适应加强和创新社会管理的需要，为加快推进社会组织发展，积极探索社会组织登记管理制度改革，主要开展了两项改革措施。

（一）对部分社会组织实行直接登记

会同省综治办于 5 月 14 日制定下发《关于创新社会组织登记管理的意见》，明确“行业协会商会类、科技类、公益慈善类、城乡社区服务类等四类社会组织，实行民政部门直接登记，不再经由业务主管单位审查同意”。直接登记后，业务主管单位对上述四类组织的管理职能已经弱化。

四类社会组织直接登记制度的实施，帮助社会组织解脱了“登记管理机关和业务主管单位双重负责”的体制束缚，减少了前置审批的环节，解决了创办者因找不到业务主管单位而导致社会资源闲置、公益爱心受挫的问题，有利于保障公民依法结社、举办公益事业的权利，提升社会组织服务社会的积极性。

（二）推动社区社会组织备案登记

会同省综治办于 5 月 14 日制定下发《关于创新社会组织登记管理的意见》，明确“社区社会组织符合登记条件的，应当在县（市、区）民政部门进行登记，成为社会组织法人；不具备登记条件的实行备案，经备案的社区社会组织可以合法开展活动”。随后，省民政厅与省法制办制定下发了《社区社会组织备案管理暂行办法》，以行政规章的形式规范社区社会组织行为、规范其备案管理。

社区社会组织备案制度，建立了以社区为平台，以社区居（村）民需求为导向，以社区社会组织为载体，以志愿者、社会工作者为骨干，以强化社会管理为目标的社区社会组织培育发展机制。大量游离于政府监督管理和培育发展之外的社区社会组织将被纳入社会管理、服务范畴，有利于促进社会稳定、社区和谐。

为推动上述两项改革措施的落实，分别于7月、10月两次召集各市分管局长或科长，安排部署、听取汇报。目前，各市均已推开直接登记和社区社会组织备案工作。无须业务主管单位前置审批后，相当于开辟了四类社会组织依法登记的“绿色通道”，社会组织来电、来访大量增加，极大激发了社会举办公益事业、依法结社的热情。

二、探索社会组织登记管理机制创新

为贯彻落实党的十八大精神，加快形成政社分开、权责明确、依法自治的现代社会组织体制，促进社会组织健康有序发展，发挥社会组织在推动山西省转型跨越发展中的作用，于9月份起草了《关于创新社会组织登记管理的意见》，拟以省委、省政府办公厅印发各地执行，目前正由两办审核中。该意见提出了未来一段时期全省社会组织发展和管理的指导思想、基本原则、总体目标。

（一）下放部分社会组织登记管理权限

探索非公募基金会按照分级负责的原则由市级以上人民政府民政部门直接登记。

（二）探索一业多会，引入社团竞争机制

在同一行政区域内，准许成立与已有社团宗旨相似、业务相近的社会团体，推动行业协会、商会的社会化进程。建立退出机制，及时淘汰公信力差、功能残缺的社会团体。

（三）推进政府职能转移，建立购买服务机制

公平对待社会力量提供医疗卫生、教育、文化、群众健身、社区服务等公共服务，通过项目购买、项目补贴、项目奖励等方式，建立健全政府购买服务机制，加大政府购买服务力度。

（四）发挥参政议政作用，拓展社会组织发展空间

各级政府及相关部门在制定政策、实施重大决策等过程中，应注重广泛听取社会组织的意见和建议，提高社会组织对公共事务的参与度。党的代表大会、人民代表大会可适当安排社会组织代表，在政协增加社会组织方面的委员。

（五）推进信息公开，提升社会组织公信力

建立和完善信息披露制度，鼓励社会组织通过网络媒体及时、准确、完整、真实地披露业务活动信息、年检报告书特别是受赠、捐助信息，增强社会组织透明度，促进社会监督机制的形成。

三、加强社会组织日常登记管理和服务工作

社会组织管理按照年初制定的年度总体目标，从制约本省社会组织发展的管理体制机制入手，加快改革步伐，依据有关条例，认真把好登记审查关，严格履行法定程序，截至 2013 年底，全省登记的社会组织数量为 12201 家，其中省直社会组织为 1396 家（社团 945 家，民非 396 家，基金会 55 家）。全省 2013 年新登记社会组织 1433 家（社团 744 家，民非 679 家，基金会 10 家），省直新登记社会团体 25 家，民非 20 家。

（一）表彰先进，全面带动社会组织发展

近年来，山西省把社会组织管理工作重心逐步转移到着重加强社会组织规范化建设，努力提高社会组织自律意识、服务意识，提升社会组织服务能力和水平上来。为充分调动全省各级社会组织和社会组织管理单位的积极性，促进社会组织整体质量进一步提高，在 2012 年全省社会组织集中清理整顿的基础上，由省人力资源和社会保障厅、省民政厅联合对全省 12000 多个社会组织中的 100 个先进代表，132 个社会组织管理单位中的 22 个先进代表进行了表彰。这是山西省历史上首次民政与人社部门共同开展表彰活动。

（二）规范评估方法，提升社会组织能力

社会组织评估，是社会组织综合能力的体现。从 2009 年开始，4 年来省、市、县三级分别对 3000 家左右的社会组织进行了评估。2013 年，对省直社会组织开展了第三次评估。在 110 家报名的社会组织中，经过四个方面，对符合条件的 51 家进行评估。有 7 个具备 5A 资格，15 个具备 4A 资格，17 个具备 3A 资格，8 个具备 2A 资格，4 个具备 1A 资格。三次评估参评对象累计 420 个，占省直社会组织总量的 32%。

（三）加强票据管理，服务社会组织

自财政厅将社团会费收据、公益捐赠票据和收费收据等三种票据交由民政厅管理以来，指定专人负责票据管理。就票据管理方面连续获得财政厅通报的“票据年检先进单位”。

（四）规范年度检查，加大年检力度

基金会的年检，今年统一采用网上年检系统进行，并对年检信息在民

政部有关网站上进行了公示。在学会、协会和民办非企业年检中，对发现问题和年检不合格的予以警告、责令停止活动和整改处罚。经过严格管理，全年共年检社会组织1003家。

四、深入调研解决群众关注的热点问题

按照《省委常委深入开展党的群众路线教育实践活动工作方案》要求，以省委常委、政法委书记王建明同志为组长，省委办公厅、省委政法委、省民政厅有关同志组成的调研组，通过问卷调查、实地走访和座谈等多种形式，对全省学会、协会发展和监管情况进行了深入调研。调研期间，共向学会、协会及其业务主管单位、会员发放问卷调查表520份，规定时间内收回有效问卷130份；实地走访学会、协会3个，召集25个学会、协会召开座谈会1次。通过调研，比较全面地掌握了全省学会、协会的基本情况，了解了学会、协会中存在的群众反映比较强烈的一些问题。在调研中，民政厅承担着初稿撰写、问卷整理等大量工作，调研报告曾七易其稿。薛厅长、王厅长多次讨论研究，力求提出针对性强、切实解决问题的措施和办法。最终形成集中开展清理规范活动、稳步有序推进“政会脱钩”、健全内部法人治理结构、规范服务和收费行为、严格规范执业行为、形成监督管理合力等6条对策。王建明同志对调研成果表示充分肯定。

五、推进政社分开进程

结合学会、协会调研工作，积极推动政社分开进程。在制定《关于开展省直学会协会清理规范工作的实施方案》中，以政社分开为目标，提出以下政府部门和社团脱钩的方案。

一是厘清学会协会职能。各业务主管（指导）单位要结合政府职能转变，推动行业协会承担相应的公共服务，不应当交给学会、协会的行政管理职能、前置审批事项等，责成有关部门坚决收回。

二是机构分设。学会、协会必须独立办公场所，杜绝极少数学会、协会与党政机关“两块牌子一套人马”的现象。

三是规范任职。对学会协会中秘书长以上领导职务已满70周岁、任期超过两届的要坚决予以清理。

四是财务分管。学会协会与党政机关实行财务集中管理的，党政机关的财务人员兼任学会、协会财务工作的，坚决予以清理。

该方案已报省纪检委，将以省委、省政府两办名义下发。

六、提升社会组织管理服务效能

一是优化社会组织登记流程，缩短行政审批时间。基金会的设立登记直接由分管厅长审批，其他社会组织的行政许可严格每个环节的办结时间，严禁超时，兑现向社会限时办结的承诺。

二是会同有关处室制定《社会组织登记服务规范》，明确服务事项、对象、内容、依据、要求等。有关流程图、行政许可条件等均上墙、上网。

三是改革政务大厅工作制度，大厅每天由带班领导、承办人轮流值班。

2013年内蒙古自治区社会组织建设与管理工作综述

2013年以来，在国家民管局的大力指导和厅党组的正确领导下，自治区民管局紧紧抓住“加快形成现代社会组织体制”的有利时机，坚持在规范中发展，在创新中提高，解放思想，真抓实干，较好完成了各项工作任务，社会组织登记管理工作的质量和效益明显提高。

一、法规政策创制方面

近年来，针对社会组织登记管理“老政策失灵、新政策不明”的现状，全局高度重视社会组织法规政策创制，力求以政策创制突破制约社会组织发展的瓶颈。2012年，在深入调查研究和广泛征求意见的基础上，拟制了《关于加强和创新社会组织建设的意见》，明确提出了建立枢纽型社会组织、建立政府购买服务制度、推进政社分开等“二十一条”改革措施，并报自治区党委办公厅，拟以党委、政府两办名义下发。由于上报后恰逢党的十八大召开，会上明确提出了建立现代社会组织体制的要求，办公厅建议待中央有关意见出台重新修订后再下发。目前已经根据十八大精神和自治区社会组织建设的实际，对拟下发的意见进行了修改完善，拟待中央关于加强形成现代社会组织体制意见下发后上报党委办公厅，力争以两办名义下发执行。2013年，结合党的群众路线教育实践活动，把清理规范社会组织作为一项重要内容，先后起草了《自治区社会组织活动管理办法》、《关于社会组织开展评比、达标、表彰活动管理规定》和《关于党政干部兼任社会组织领导职务管理办法》，目前这三个文件已上报党委办公厅，拟于11月底征求完意见，争取年底前下发执行。10月底，召开了全区社会组织登记管理改革工作座谈会，分析了形势，交流了经验，部署了任务，提出了要求，为全区社会组织登记管理改革奠定了思想和组织基础。

部分盟市、旗县也结合创新社会管理和本地实际，积极推动社会组织登记管理改革。通辽市市委、政府出台了《关于印发通辽市加强社会组织服务管理试点工作的指导意见》（通党字〔2013〕15号），取消了前置审批、下放了管理权限、优化了发展环境。乌海市人民政府制定下发了《关于支持文化体育类社会组织加快发展的意见》，对文化体育类社会组织实行直接登记，采取以奖代补的形式，建立了财政资金扶持制度，市财政每年预算安排200万元专项资金，各区财政每年预算安排50万元专项资金，对优秀文体类社会组织予以扶持和奖励。鄂尔多斯市康巴什新区民政局出台了《康巴什新区社区社会组织登记和备案管理工作实施意见》（鄂康新民发〔2013〕36号），包头市昆都仑区出台了《城乡社区社会组织备案管理实施方案》（昆民字〔2012〕140号），有效丰富了社会组织登记管理体制改革实践活动。

二、登记体制改革方面

由于自治区处于经济欠发达地区，加之是边疆少数民族地区，在登记体制改革方面，一直贯彻“有法可依、积极稳妥”的原则，基本是在现行政策框架下开展登记管理工作，目前除下延异地商会到盟市登记外（盟市旗县已登记异地商会112家），自治区本级没有下放其他类型社会组织的登记管理权限。但在推行培育基层社区社会组织（含农村特区专业经济协会）方面，一直持开放态度，2005年自治区就下发了《关于加快发展农牧民专业合作组织的意见》（内政字〔2005〕195号），推行农村特区经济协会备案，目前备案的达1496家。

针对全区登记管理机关力量薄弱的问题，2013年专门组织人员到发达地区学习考察，围绕成立社会组织服务中心开展调查论证。目前自治区本级、包头市、鄂尔多斯市、乌海市的社会组织服务中心先后成立，通辽、兴安、锡林郭勒等盟市也正在筹划成立。其中自治区本级社会组织服务中心是全区首家民办非企业单位性质的服务中心，目前从社会上聘用了10名工作人员，采取政府购买服务的方式解决运转经费，主要为自治区本级社会组织提供政策咨询、年检服务、党建指导、信息发布、培训交流、等级评估等服务，将成为自治区一个重要的社会组织服务平台和孵化基地，得到领导和广大服务对象的好评。另外，通辽、兴安、乌海专门为登记管理机关增加了工作人员，加强了登记管理工作。

三、优化发展环境方面

虽然自治区尚未出台购买社会组织服务的专门文件，但扶持培育社会组织的工作是富有成效的。一是积极提升地位。自治区党委组织部在“七一”前通报表彰了1个社会组织的专职党务人员、2个社会组织党组织，确定了2个社会组织党组织为基层党组织建设示范点；自治区温州商会被评为全区就业工作先进单位，树立了社会组织良好形象。二是在经费上补助。从自治区本级2012年年检情况看，有126家社会组织得到政府资助和项目补助，共计获得补助和项目资金近1.5亿元。三是在税收上优惠。联合财政、税务部门，定期为社会组织办理公益性捐赠税前扣除资格，目前已为29家社会组织办理了公益性捐赠税前扣除资格。四是在信息化建设上支持。从2009年开始，自治区本级就研制开发了社会组织登记管理信息系统，并实行网上年检。2013年，结合民政信息化建设，委托技术公司重新研制自治区社会组织登记管理信息系统，并准备逐步链接到盟市、旗县登记管理机关，全区社会组织登记管理机关有望实现互联互通。

四、加强规范管理方面

在注册登记方面，建立了登记审批制度，规范了审批流程，坚持按规定、按程序、按要求审批，严把“入口关”，各项审批事项程序合法、材料齐全、手续完备，2013年全区新登记注册社会组织1412家，社会团体831家，基金会11家，民办非企业单位570家，比2012年净增521家。其中，自治区本级新登记社会组织89家，办理变更、备案87个，工作办结率达到99%。

在年检工作方面，坚持按规定部署全区年检工作，组织社会组织接受年检和审计，自治区本级从2009年就实行了网上年检，文件下发后，采取网上公布、电话通知、短信通知和业务主管单位统一通知等方式，督促社会组织按时按要求参加年检，2013年年检率达到92%。对全区891家连续两年不参加年检的下发了处罚决定；对自治区本级84家年检不合格的下发了整改通知书。

在等级评估方面，坚持分类分批组织社会组织开展评估，上半年，对基金会进行了评估。年底前，准备在行业协会商会、民办科研机构、民办学校、民办医院开展评估，评估率有望达到15%左右。

在行政执法方面，主要是依法查处了内蒙古水资源与节水学会违法收费的问题，组织了整改，处理了相关责任人。

五、发挥社会组织积极作用方面

2013年以来，在内蒙古电视台开辟公益专栏，定期向社会宣传社会组织的典型事迹。在行业协会商会中开展了行业自律与诚信创建活动，确定了9个行业协会商会为示范点，11月初，自治区民政厅专门召开行业协会商会行业自律与诚信建设会议，表彰了向地震灾区捐款、带头开展行业自律的社会组织。在民办非企业单位中开展了塑造品牌与服务活动，号召广大民办非企业单位公开服务承诺，接受社会监督，打造服务品牌。同时，还在全区积极开展社会组织建设创新示范区创建活动，推荐2个单位申报全国社会组织建设创新示范区。广大社会组织积极响应、主动作为，有钱的出钱、有人的出人、有技术的出技术，积极投身社会管理、公共服务、公益慈善等领域，集聚社会组织正能量，展示了社会组织的良好形象。4月24日，自治区党委副书记李佳在拟制的《境内非政府组织在自治区活动管理办法》中作出批示："民政厅工作跟进落实的很好，关于《管理办法》的下发，请民政厅商政府办公厅，按相关程序运转、审签、核发。"

2013年辽宁省社会组织建设与管理工作综述

截至2013年末，全省社会组织总数已经达到了37768个（备案16200个），其中社会团体9898个，民办非企业单位11598个，基金会72个。全省主要工作有以下几个方面。

一、社会组织登记工作情况

（一）健全完善了社会组织登记“扁平化”管理的制度

为提高社会组织的质量，规范入口，在登记评估论证制度的基础上，实施了社会组织登记扁平化管理的制度。一是重新构建扁平化的管理格局。修订了《民管局工作规程》，实现了组织结构的扁平化，工作流程由四级汇报减至为两级汇报，实现分权与集权的较好融合。二是实现业务流程扁平化。修订了《社会组织工作指引》，将登记流程简化。对社会组织成立的审批，由主管厅长、局长、分管局长和申请单位共同参加的论证会审查决定，提高了工作效率，实现了科学化决策。三是整合精简优化办事事项。2013年，结合省政府提出的职能转变的要求，精简了登记管理的事项共38个。实现了登记管理机关工作量的减负，减少了群众往来办事的次数，得到了群众的一致好评。辽宁电视台对此作了专访。

（二）积极稳妥进行直接登记工作

今年，出台了《辽宁省人民政府关于取消和下放一批行政职权项目的决定》（辽政发〔2013〕21号），取消和下放的353项行政职权中包括取消行业协会商会类、科技类、公益慈善类、城乡社区服务类社会组织业务主管单位审批，对这4类社会组织由民政部门直接登记。确立了试点先行、稳中推进、分类实施的直接登记基本原则，省本级、沈阳、大连、鞍山、本溪、朝阳等市均逐步推进社会组织直接登记工作。目前，全省共直接登记了195个社会组织，其中社会团体74个，民办非企业单位121个。省本级直接登记了3个全省性社会团体，沈阳直接登记了7个社会团体，大连直接登记了162个社会组织（45个社团，117个民办非企业单位），鞍山直接登记了7个社会团体，本溪直接登记了1个社会团体和2个民办非企业单位，锦州直接登记了6个社会团体，阜新直接登记了2个社会团体，朝阳直接登记了1个民办非企业单位，盘锦直接登记了2个社会团体，绥中直接登记了1个社会团体和1个民办非企业单位。

（三）推进了城乡基层社会组织备案制度

在全省全面推行了城乡基层社会组织登记和备案相结合的制度，对符合一定条件的城乡基层社会组织，可降低资金、住所、会员等门槛，经村（社区）审核，乡镇政府（街道办事处）书面同意，可在县区民政局进行备案。经过几年发展，城乡基层社会组织登记和备案相结合的制度已在沈阳、大连、鞍山、抚顺、本溪、锦州、辽阳、铁岭、朝阳、绥中、昌图等地推行。目前，全省备案的社会组织已达到16200个。

二、社会组织管理工作情况

（一）完善了社会组织法人治理制度建设

一是修订了《辽宁省社会组织工作指引》，按照“依法登记，规范程序，公开公正，简捷便民”的原则，修订了《辽宁省社会组织工作指引》，对社会组织成立、变更、注销登记和申请会费收据、延期或提前换届、行政处罚等进行了全省统一规范，实现了“三统一”，即“表格统一、材料统一、流程统一”。二是完善了《社会组织法人治理指南》，在试行的基础上，全面地启动了社会组织法人治理制度的建设，修订了《社会组织法人治理指南》系列共23项制度的示范文本。包括《社会团体会员（代表）大会制度》、《社会团体理事会制度》、《社会团体选举工作规程》等示范文本，加强了社会组织自律机制建设。

（二）完善了年度检查制度

年检是促进社会组织实现规范化建设的重要途径，在年检中，全省各地及时地总结了经验，改进了方式，充实了内容，规范了程序，推行集中年检和分散年检相结合的制度，采取报表和实地检查相结合方式，进一步发挥了年检的作用。省本级年检，由分管厅长审定，试行黑名单等诚信制度，将年检列为社会组织诚信的重要内容。省本级、辽阳、锦州全面实行社会组织年检的财务审计制度，丹东、盘锦试行了财务审计，沈阳创建了“三服务、三结合、三注重”的制度，鞍山、葫芦岛、绥中、昌图采取报表和实地检查相结合方式，辽阳继续实施了民办非企业单位消防安全检测项目。

（三）深化了执法监察工作

将执法监察作为保障社会组织健康有序发展的重要手段。省本级、大连、朝阳建立了行政执法流程示范文本。铁岭组织了执法监察工作培训。省本级和沈阳、大连、本溪、丹东、铁岭、朝阳等市的民间组织管理局均加挂“民间组织执法监察局”的牌子，在职能上突出了执法监察工作，为建立统一的社会组织监管体系迈出了重要一步。此外，推行了约谈制度、行政告诫制度和重大事项报告制度，改进和完善了监管方式。仅省本级，2013 年共约谈了 74 个社会组织，占社会组织总数的 7. 03%。省本级对超过社会组织名称预先核准期的 40 个组织进行了公告，对 9 个两年未参加年检的社会组织进行了处理。

三、社会组织培育发展情况

（一）争取资金支持社会组织发展

资金支持有利于社会组织服务效能的提升，也是实现社会组织规范化建设的重要推动力。2013 年，全省共争取到了 1769 万元支持社会组织发展，其中财政资金 1713 万元，福彩公益金 56 万元。省本级争取到了中央财政支持社会组织发展的 180 万元项目资金；沈阳、大连部分县区建立了“社会组织孵化器”；仅大连市西岗区就争取到 500 万元用于政府购买社会组织服务；鞍山、抚顺、辽阳也努力争取到了福彩公益金。此外，辽宁省各级登记管理机关积极协调，帮助社会组织争取到 132 亿元，促进了发展。如大连市召开了银行业协会和异地商会等社会组织参加的资金“银企合作联席会议”，发放贷款 74 亿元。

（二）全面推进了社会组织的评估工作

根据辽宁省“十二五”规划，将在“十二五”期间完成对全省所有社会组织的评估工作。在省本级和全省 14 个市中，大部分地区已开展了评估工作，主要包括省本级、沈阳市、大连市、鞍山市、抚顺市、本溪市和辽阳市。主要做法：一是统一标准，建立评估制度体系。二是因地制宜，采取分类评估的方法。三是勇于探索，完善了评估方式。尚未开展评估工作的市也都制定了评估政策、确定了指标体系，评估标准、流程、内容等，拟于 2014 年开展评估工作。目前全省社会组织已参加评估的为 967 个，占应评社会组织总数的 5. 52%。其中省本级社会组织已参加评估 141 个，占省本级应评社会组织总数的 19%。从全省看，开展的社会组织评估范围涵盖了社会团体、民办非企业单位和基金会。其中，省本级开展了对行业协会、学术性社会团体、基金会的评估，大连市开展了对民办非企业单位、行业类和学术类社会团体的评估，沈阳市、鞍山市、抚顺市、本溪市和辽阳市开展了对社会团体的评估。

（三）开展了创建社会组织建设创新示范区活动

为有效落实《民政部关于开展创建社会组织建设创建创新示范区活动的通知》的工作部署，下发了《关于开展全省社会组织建设创新示范区创建活动的通知》（辽民函〔2013〕29 号），在全省范围展开。此次活动，制定了创建标准、打分细则、检查守则等各项制度。经实地考察，评选出 14 个省级社会组织建设创新示范区，并择优向国家推荐全国社会组织建设创新示范区。

此外，开展了行业协会行业自律与诚信创建和民办非企业单位塑造品牌与服务社会活动，作了专门部署，提出明确要求，并组织了综合检查组，深入各地，开展了创建社会组织建设创新示范区活动，行业协会行业自律与诚信创建和民办非企业单位塑造品牌与服务社会活动，以及行政执法情况进行综合检查。

2013年吉林省社会组织建设与管理工作综述

2013年吉林省社会组织建设与管理工作，坚持以“加快发展、规范建设、发挥作用”为主线，一手抓培育，一手抓监管，持续深化管理体制改革，不断加大监督管理力度，吉林省社会组织建设和管理工作呈现了良好的发展态势。

一、社会组织不断发展壮大

吉林省各地坚持依法行政，改进服务方式，认真履行登记职责，2013年吉林省各级民政部门新登记社会组织1159家。目前，吉林省各级各类社会组织共15744个，其中社会团体5487个，民办非企业单位4688个，基金会66个，社区社团3884个，农村专业经济协会1619个。

——社会团体。吉林省目前有社会团体5487个，按社团性质划分，行业性社团1513个，学术性社团1187个，专业性社团1458个，联合类社团936个，其他393个。社会团体基本涵盖了国民经济各个门类，在规划行业发展、反映诉求、提供服务、促进自律方面发挥着越来越重要的作用。

——民办非企业。吉林省目前有民办非企业4688个，按行业划分，其中卫生类223个，教育类2538个，体育类200个，科技类142个，劳动类598个，文化类144个，民政类731类，其他112个。

——基金会。2013年，吉林省基金会持续快速发展，全省登记的基金会共有66个，新成立登记6个，年增10%，其中公募基金会22个，非公募基金会44个。截至2012年底，吉林省基金会资产总数达4.87亿元，净资产总数达到4.77亿元。

二、社会组织监管不断规范

——社会组织年检扎实开展。2013年，吉林省各地创新社会组织年检方式，积极开展网上年检，采取“一站式”服务方式，年检对象可通过电话咨询、网上下载、网上填报等形式实现材料初报，初报后，年检对象一进门，就能完成年度工作审查、财务审核等工作。目前，吉林省共有7288

家社会组织参加了年检，年检参检率为84%。

——执法检查力度逐步加大。2013年，各级登记管理机关不断加强监督管理力度，吉林省民管局分别于3月、5月下发了《吉林省民政厅关于开展2013年度省本级社会组织执法检查的通知》、《吉林省民政厅关于切实加强社会组织执法监察工作的通知》，对年度执法监察工作进行了全面部署。截至2013年底，吉林省共对126家社会组织进行了执法处罚，其中警告10家，停止活动8家，撤销登记99家，劝散非法组织7家，2013年度被提起复议或诉讼的案件数量1个，2013年度败诉或经复议改变原行政决定的案件数量1个，检查发现9类共性问题，对连续两年不参加年检的省本级社会组织在《吉林日报》进行了通告。

——社会组织评估规范组织。2013年，根据民政部《社会组织评估管理办法》，吉林省民间组织管理局于5月下发了《吉林省民政厅关于进一步加强社会组织评估工作的通知》，对各地社会组织评估工作进行部署。下半年，通过资料审核、财务审计、现场检查、评估专家委员会评审等方式，对吉林省728家社会组织（其中社团383家、民非339家、基金会6家）进行了评估，获5A评估等级的22家，4A评估等级的75家，3A评估等级的286家，2A评估等级的156家，1A评估等级的56家，无评估等级的133家。

——社会组织培训持续推进。2013年5月下发了《吉林省民政厅关于举办吉林省社会组织登记管理机关及省级社会组织负责人培训班的通知》，5月20—29日，分3期对吉林省各级民间组织管理局局（科、股）长153人、社会组织负责人365人进行了业务培训，培训中邀请国家民管局领导、省委组织部领导和吉林大学教授讲解了社会组织政策法规，吉林省民管局工作人员讲解了社会组织登记管理操作规程，优秀社会组织负责人和参训人员进行了经验交流，取得了较好的成效。

三、社会组织登记管理体制改革不断深化

——培育政策不断完善。根据《国务院机构改革和职能转变方案》的有关要求，2013年吉林省民政厅起草出台了多项政策，为进一步深化社会组织体制改革提供了政策支撑。2013年6月，吉林省民政厅、省档案局联合制定了《吉林省社会组织登记档案管理实施细则（暂行）》（吉民发〔2013〕53号），对社会组织档案管理进行了规范。10月，吉林省民政厅会同省财政厅、省审计厅联合制定下发了《关于加强吉林省公益基金会资金使用管理的指导意见》（吉民发〔2013〕69号），对基金会开展资金保值增值活动及其风险责任进行了明确，对基金会资金的使用管理进行了规

范。2011—2013 年，经过多次调研、数次征求意见，吉林省民政厅形成了《关于促进新形势下社会组织健康发展的意见》，拟以省政府文件下发，为促进社会组织健康发展指明了方向。2013 年，制定了《吉林省四类社会组织与行政机关脱钩实施方案》，拟以省政府办公厅名义下发，优化了社会组织发展环境。

——直接登记快速推进。按照国务院机构职能转变提出的“重点培育、优先发展行业协会商会类、科技类、公益慈善类、城乡社区服务类社会组织”要求，吉林省民管局在 2012 年对民政领域的社会福利事业类社会组织直接登记进行试点的基础上，于 2013 年起草了《吉林省四类社会组织直接登记实施办法（征求意见稿）》。依据“直接登记实施办法”，四类社会组织直接登记覆盖全省，目前吉林省已实施直接登记的社会组织共有 121 家。

——购买服务成效明显。2013 年，吉林省民管局积极与国家、省财政进行协调，实行了以项目为导向的政府购买社会组织服务，依据申报程序，从国家申请 5 个项目，资金 230 万元，从省申请 4 个项目，资金 90 万元。为使项目实施体现公平、公正、公开，吉林省民管局制定了《2013 年吉林省财政资助社会组织参与社会服务项目实施方案》、《吉林省财政资助社会组织参与社会服务项目申报办法》、《吉林省财政资助社会组织参与社会服务项目财务管理指引》等文件，明确了资助对象及条件、资助范围数量及金额、申报办法及购买服务方式、项目资金管理等内容。依据申报程序，截至 2013 年 7 月，共有 8 家社会组织进行了申报，经评审小组评审，北华大学教育基金会等 4 家社会组织进行了立项，项目实施后，在养老、医疗救助、社会组织评估、促进民营经济发展等方面发挥了积极作用。

——社会组织服务民营经济渠道不断拓展。2013 年 5 月，吉林省民管局会同省委政研室相关人员先后到吉林、延边、通化、辽宁、大连、厦门等地进行了实地调查和学习考察，召开了 60 多家行业协会商会参加的座谈会，对社会组织发展现状及在民营经济中发挥的作用进行了专题调研，形成了《关于充分发挥社会组织在突出发展民营经济中作用的调查报告》。2013 年，吉林省民间组织管理局依托民间组织网，会同“呼叫中心行业协会”，引入 50 个具有代表性的行业协会、商会和民非单位，构建了涵盖“信息发布、交流合作、产品推介、电子商务、便民服务”等网络服务模块的“社会组织服务民营企业发展平台”，平台建设将在服务民营经济、促进民营经济发展方面发挥积极作用。

2013年黑龙江省社会组织建设与管理工作综述

近几年，随着市场经济体制和改革开放的不断完善与深入发展，全省社会组织得到了迅猛发展，已经遍布全省城乡，涉及社会生活的各个领域，初步形成了门类齐全、层次不同、覆盖广泛的社会组织体系，在经济建设和社会发展中占据着越来越重要的位置，已经成为促进全省政治建设、经济建设、文化建设、社会建设、生态文明建设和党的建设不可替代的重要力量。

截至2013年底，全省共登记社会组织14134个，其中省本级1560个；全省已备案登记的社区社会组织达4139家，其中农村专业经济协会1160家。2013年新登记社会组织1270个，注销137个，撤销363个。2013年全省直接登记社会团体191家、民办非企业单位297家、基金会1家（省本级直接登记了3个民非、2个社团、1个基金会）。

一、社会组织法规政策建设有新突破

一是出台了《关于黑龙江省异地商会登记管理的指导意见》（黑民发〔2013〕39号），下放了异地商会的审批权限。二是出台了《黑龙江省全省性社会组织评估工作实施办法》（黑民办〔2013〕145号），在全省性学术性社会团体、行业性社会团体、基金会及体育类民办非企业单位开展了评估工作。三是下发了《关于印发〈全省行业协会自律与诚信创建活动实施方案〉的通知》（黑民管〔2013〕70号），与省诚信办共同开展了行业协会行业自律与诚信创建活动，助推“诚信龙江”建设。四是下发了《关于在民办非企业单位开展塑造品牌与服务社会活动实施方案的通知》（黑民管〔2013〕99号），通过塑造品牌与服务社会活动，可以进一步解放思想，更新理念，优化环境，从整体上推进民办非企业单位管理服务工作，提升社会公信力。五是与省财政厅、审计厅、国资委联合制定了《关于印发〈关于进一步加强全省“小金库”专项治理工作的实施方案〉的通知》（黑财监〔2013〕5号），在全省自上而下扎实开展了社团和公募基金会“小金库”专项治理工作，健全了防治“小金库”的长效机制。六是下发了《关于在全省各级社会组织登记管理机关中开展“转变作风走基层，帮助群众解难题”活动的通知》（黑民办函〔2013〕8号），在群众路线教育实践活动中，率先在全省各级社会组织登记管理机关中开展了“转变作风走基层，帮助群众解难题”为宗旨的主题实践活动。七是哈尔滨市人民政府出台了《关于加快推进社会养老服务体系建设的意见》（哈政发〔2013〕2号），积极推进社会组织投身到社会养老服务事业中。八是牡丹江市以市政府名义出台了《牡丹江市社会组织评估工作实施方案》（牡政办发〔2013〕26号），并将此项工作作为加强社会管理创新的重要举措，列入市政府重点工作，列为县（市）区政府及各部门的一级考核目标，纳入县（市）区级领导干部政绩考核内容，作为全市30件利民实事之一重点推进。九是鸡西市民政局与鸡西市委组织部联合下发了《关于组织各类协会人才开展“六进”志愿服务活动的实施方案》（鸡组通字〔2013〕24号），组织各类协会中人才开展以“服务社会、推动发展、共创和谐”为主题的进校园、进社区、进乡村、进企业、进机关、进军营活动。十是齐齐哈尔市出台了《齐齐哈尔市社会组织直接登记试点工作指导意见》（齐民发〔2013〕46号），文件下发推动了齐齐哈尔市社会组织管理体制的改革，促进了社会组织健康、有序发展。十一是大庆市出台了《政府向社会组织购买为老服务项目实施办法》（庆民局发〔2013〕37号），规范和推进向社会组织购买为老服务工作。

二、推进社会组织登记体制改革

一是省本级积极探索并开展了直接登记工作。省民政厅对公益慈善类、社会服务类社会组织尝试开展了直接登记，截至目前，已直接登记了3个民非、2个社团、1个基金会。二是下放了异地商会审批权限。年初下放了异地商会审批管理权限，截至年底地市已登记异地商会达25家。三是以建立观察点的方式创新管理工作。第一，下发了《关于建立下放非公募基金会管理权限观察点的通知》（黑民管〔2013〕68号），尝试在大庆市下放非公募基金会登记管理权限，探索基金会管理新模式，大庆市根据实际制定了《大庆市非公募基金会管理办法》；第二，下发了《黑龙江省民政厅关于建立政府购买社会组织服务观察点的通知》（黑民管〔2013〕155号），通过在哈尔滨市南岗区花园街道办事处繁荣社区开展政府购买社会组织服务的试点，探索总结出政府购买社会组织服务的模式与方法，从而以点带面，创新社会组织管理，引导基层社会组织更好地发挥作用；第三，下发了《黑龙江省民政厅关于建立社会组织直接登记观察点的通知》

（黑民管〔2013〕156 号），尝试在齐齐哈尔市开展公益慈善类、社会福利类、社会服务类社会组织直接登记。各地市也积极开展直接登记，齐齐哈尔市出台了《齐齐哈尔市社会组织直接登记试点工作指导意见》（齐民发〔2013〕46 号），现已登记 20 家社会组织；大庆市已直接登记 76 家社会组织。四是省民间组织管理局率先开展了购买服务。全省性社会组织评估工作以政府购买服务的方式交由社工机构去实施，从财政资金中划出 5 万元专项资金给第三方评估机构——黑龙江省社会工作发展中心，用于具体实施评估工作。五是引导行业协会商会开展承接政府职能的试点。如省执业药师协会承接了省食品药品监督管理局专家库建立的职能；省医药行业协会承接了省食品药品监督管理局科技进步奖的评选；省中小企业协会承接了省工信委委托的中小企业负责人的培训等。六是大力培育发展基层社会组织。截至目前，全省已备案登记的社区社会组织达 4139 家（其中农村专业经济协会 1160 家）。七是在全国率先建立国家级社会组织人才库。继国家举办全国行业协会商会领军人才高级研修班之后，率先举办了全省首届社会组织领军人才培训，黑龙江省成为首个建立国家级社会组织人才库的省份。部民间局的领导亲自授课，200 多名各级各类社会组织领军人才参加了培训班。八是审时度势，积极建言献策。为适应新形势、新任务，努力争取加强机构队伍建设，及时向省编办提交了《关于创新社会管理推进政府职能转变有关情况的汇报》，对各级登记管理机关的机构现状、存在的问题及机构队伍建设等提出了建设性意见，并组织召开了有省编办领导同志出席的 120 多家社会组织参加的转变政府职能征求意见会。九是积极引导创立“枢纽型”社区社会组织。哈尔滨市为扩大服务管理覆盖面，发挥社会组织在政治上发挥桥梁纽带作用、在业务上发挥龙头引领作用、在管理上承担政府授权的业务职能，积极探索发展“枢纽型”社区社会组织，现已在城区 63 个中心社区全部建立了社区社会组织服务中心。十是积极探索建立社会组织孵化机制。哈尔滨市在南岗区建立了社会组织孵化基地试点，以社区老年人、妇女儿童、青少年、心理疏导、就业指导等五大类为主的专业社工服务组织，经过一年的孵化，孵化出全省首个专业社会工作服务机构——南岗区黑大社工服务中心。大庆市制定了《社会组织发展支持中心建设方案》，拟建近 3000 平方米的社会组织发展支持中心，市财政列支 300 万元为中心装修、购买设备和支持入住的社会组织开展活动资金，现在已有 5 个县（区）级社会组织孵化站，已有 45 个社会组织进站开展活动。十一是创新社会组织党建模式。2013 年，佳木斯市为推动社会组织党建工作，市社会组织党工委积极探索以区域管理为中心，以社会组织党支部为堡垒，以党联委为主线，以社会组织党委为统领管理模式，在四个市辖区分别设立了社会组织党联委，党联委的成立，形成了社会组织党委规划、指导、监督，党联委沟通、联络、组织、协调的区域化党建，基层党建为轴心的“三位一体”工作格局，为促进社会组织蓬勃、有序发展奠定了坚实的基础。

三、优化社会组织发展环境

一是省民间局率先向社工机构购买服务。省属社会组织评估工作交由第三方社工机构去做，制订了实施方案和实施细则，召开了对接会，并与社工机构签订了合约，评估结束后要进行绩效评估。二是安排福彩资金用于支持社会组织服务项目。省厅从省福利彩票公益金中拿出10万元用于中央财政支持社会组织参与社会服务项目的配套资金，积极支持社会组织参与社会服务工作。三是积极引导社会组织争取政府购买服务。如省心理咨询师协会争取到了省精神文明办的委托职能和购买服务，省精神文明办委托黑龙江省心理咨询师协会创办省未成年人心理健康辅导站，并且每年出资10万元用于购买此项服务。哈尔滨市有7个行业协会获得政府购买服务资金150万元，南岗区已经建立每年不低于100万元购买社会组织服务专项资金，2013年哈尔滨市政府用于购买服务资金累计达到1650万元；齐齐哈尔市每年从福彩公益金拿出100万元通过购买服务的方式为“三无”人群、低保人群和特困群体的残疾人进行救助；大庆市政府出资200万元购买了社会组织服务。四是积极为社会组织享受优惠政策创造条件。为鼓励会员企业捐赠，做好公益性社会团体公益性捐赠税前扣除资格认定工作，与省财政厅、国税局、地税局联合下发了《关于申报2013年度公益性社会团体公益性捐赠税前扣除资格有关事宜的通知》（黑民管〔2013〕152号），现已有42家公益性社团进行了申报。五是利用信息化手段，加强社会组织管理。2013年，对黑龙江社会组织网进行了全新的改版，及时进行政策法规的更新，对社会组织出现的创新工作及时报道，社会组织登记、年检事项可以通过黑龙江社会组织网下载表格，方便了社会组织，强化了服务意识。目前，正在积极推进社会组织网上审批。六是开展“转变作风走基层，帮助群众解难题”活动。为全面贯彻党的群众路线，切实转变工作作风，创新工作方式，集中体现为社会组织服务的宗旨，切实提高各级登记管理机关为社会组织服务能力，促进社会组织登记管理工作更好发展，在全省各级社会组织登记管理机关中开展了“转变作风走基层，帮助群众解难题”为宗旨的主题实践活动。各地积极行动起来，通过活动，实实在在为社会组织办实事办好事，如哈尔滨市为社会组织解决实际困难13件，大庆市为社会组织解决难题137件。

四、加强社会组织规范管理

一是严格把关，积极开展年检工作。为更好地加强对社会组织的监督管理，对2012年度社会组织年度检查工作加大了力度，通过召开会议、网站、报纸等形式下发年检通知，提出具体要求；在实际工作中，采取自我申报和上门年检、上门抽查相结合的方式，从而提高了年检质量，促进了社会组织的健康发展。截至目前，全省性社会组织共1174家参加了年检，年检率达91%，社团参检为774家、民非参检为347家、基金会参检为53家。专门召开了基金会年检工作会议，参检的基金会全部采用了全国统一基金会年检平台，并开展了上门评估，年度信息公开率为100%。各地也不断改革年检方式，使年检率有很大的提高，如大兴安岭地区155个社会组织参加了年检，年检率达95%。二是社会组织评估工作稳步推进。省民政厅以购买社工机构服务的方式开展评估工作，评估的具体工作由黑龙江省社会工作发展中心实施。整个评估过程分别由社工机构、评估委员会、评估复核委员会组织实施。哈尔滨市召开专题会议部署评估工作，评估覆盖率达到100%；牡丹江市以市政府的名义下发方案开展社会组织评估工作，第一次评估241家，评估率为70%以上。大庆市评估了108个社会组织，评估工作已覆盖各类社会组织，评估率为58%。三是初步配备了执法力量。省民间局配备了一名具有第二学历为法律专业的工作人员，在厅法规处的指导下，根据《黑龙江省民政行政处罚文书》对社会组织开展执法工作，现已配有执法专用车。四是依法查处案件。省局根据今年《黑龙江日报》第五版刊发了“社会组织莫成公权力套现的‘儿皇帝’”，反映牡丹江机动车驾驶人协会出现的一些问题。根据《社会团体登记管理条例》，深入牡丹江市进行调查，并向牡丹江市民政局下发了《关于调查牡丹江市机动车驾驶人协会有关问题的函》，指导牡丹江市民政局调查媒体反映牡丹江机动车驾驶人协会出现的有关问题。并对全省各地情况进行了排查，要求各地根据牡丹江市出现的问题做到举一反三，有则改之无则加勉；查处上海水资源保护基金会有关问题。2013年省民管局接到上海水资源保护基金会的赵婧莹女士举报，有一自称是上海水资源保护基金会黑龙江办事处的单位，在《新晚报》、人民要闻网的黑龙江分页、智联招聘网上刊登了招聘信息。招聘信息中宣传自己是公募基金会、事业单位，将在黑龙江招聘工作人员，经查，上海水资源保护基金会内部不存在黑龙江办事处，这个组织是未经批准的非法组织，经与新闻媒体和有关单位沟通，及时制止了非法活动，挽回不必要的社会不良影响。各地也积极开展执法活动，哈尔滨市对不按时年检、不开展活动的56家社会组织给予了撤销处罚，并在《哈尔滨日报》上进行了公示；大庆市通过评估注销了2个社会组织，撤销了201个社会组织，对35个存在问题的社会组织提出了警告；全省共查处案件达128件。五是开展分类培训，提升社会组织及管理工作能力。为推进全省社会组织规范运行，强化社会组织管理，提升社会组织财务人员素质，2013年6月18—20日，对按时参加年检的省属社会组织财务人员进行了培训，邀请了省地税局、高校老师、会计师事务所的同志就民间非营利组织会计制度等有关问题进行了讲解，既有理论知识，又有实际操作，培训受到社会组织人员的欢迎和认可，首批参训人员近250多人。11月19—20日，为进一步规范社会组织登记管理工作，提升管理工作者的素质与能力，举办了由省市县（区）主管局长和科长参加的培训班，讲解了社会组织管理工作的改革与发展、提高依法行政能力等课程。

五、发挥社会组织积极作用

一是启动创建创新示范区活动。为深入贯彻党的十八大精神和国家“十二五”规划纲要，进一步推动社会组织建设与发展，更好地发挥社会组织在促进经济发展和社会进步中的积极作用，启动了社会组织建设创新示范区活动。哈尔滨、齐齐哈尔、大庆三市积极开展争创创新示范基地活动。二是引导全省开展民办非企业品牌创建活动。为提升民办非企业单位服务能力和社会公信力，更好地发挥民办非企业单位在全面建设小康社会中的积极作用，制订了民办非企业单位塑造品牌与服务社会活动具体实施方案。通过民办非企业单位塑造品牌与服务社会活动，可以进一步更新理念、优化环境，从整体上推进民办非企业单位管理服务工作。三是下发实施方案，积极组织开展行业协会自律与诚信创建活动。自方案下发后，全省性社会组织及各地社会组织积极开展自律与诚信创建活动，如省粮食协会下发了《黑龙江省粮食行业协会自律与诚信创建活动实施方案》（黑粮协〔2013〕25号），制定了《黑龙江省粮食行业行规行约（试行）》，并和百家粮油骨干企业发起推进放心粮油工程倡议书，倡议从业者做好“广积粮、积好粮、好积粮”活动，为消费者提供优质粮油产品；省反射疗法协会出台了《黑龙江省养生保健行业自律公约》；省房地产业协会、省石油成品油流通协会也纷纷行动起来，在行业内掀起了诚信创建活动。地市也制订了方案，积极开展行业协会自律与诚信创建活动，如鹤岗市制订了

《鹤岗市行业协会自律与诚信创建活动实施方案》（鹤社促发〔2013〕2号）；哈尔滨市90%的行业协会作出了诚信经营的承诺。四是加强与国际组织的交流与合作。积极探索社会组织与国际组织的交流，促进社会组织走向世界。如哈尔滨市家具协会今年承办了第十八届美国阔叶木年会外销委员会东南亚及大中华区年会，并举办哈尔滨国际家具展，吸引外商前来参展，成为哈尔滨市拉动行业经济的引擎。五是组织召开了中央财政支持项目现场会。为加强中央财政支持社会组织参与社会服务项目的管理，分析项目在执行过程中可能出现的问题，进一步推进项目进程，在双鸭山市召开了“中央财政支持社会组织参与社会服务项目双鸭山现场会”，听取了今年7个中标项目单位的中期工作汇报，共同分析了项目执行中出现的问题，并对今后项目的执行提出了具体要求。截至项目中期，已有19049人通过项目受益，并且大大提高了社会组织的地位和社会影响。六是积极争取，赢得支持，努力建言献策。为了更好地贯彻党的十八大、十八届二中、三中全会精神，以“直面新形势、迎接新任务、谋划新征程”为题形成了“黑龙江省社会组织管理概况与建议”的综合情况汇报，得到了主管厅长和主管省长的赞扬和肯定。党的十八大以来，省民间局向省委、省政府、省编办、省发改委等共提出政策建议近50条。全省各地向各级党政机关提政策建议共432条。

2013年上海市社会组织建设与管理工作综述

2013年，在民政部民间组织管理局的有力指导下，在上海市委、市政府的坚强领导下，上海社会组织工作认真贯彻落实党的十八大、十八届二中全会和十二届全国人大一次会议精神，按照加快形成现代社会组织体制和改革社会组织管理制度等目标要求，以推动落实沪委办发〔2011〕19号文件和部市合作协议各项任务为主线，坚持改革创新、狠抓落实，各项工作稳步推进，取得了新的进展。全年新成立社会组织1122家，其中社会团体158家、民办非企业单位952家、基金会12家；注销社会组织173家；撤销社会组织95家。至年底，上海经民政部门核准登记的社会组织共11607家，其中社会团体3789家、民办非企业单位7666家（含涉外民办非企业单位36家）、基金会152家。目前，上海每万人（户籍人口）拥有社会组织8.1家。

国务院领导调研上海社会组织工作。7月10—11日，国务委员王勇和民政部部长李立国等一行，到上海专题调研社会组织工作。这是国务院新的领导班子组成以后第一次，也是多年来国务院分管领导第一次就社会组织工作进行专题调研。调研期间，韩正书记与调研组见面并会谈，杨雄市长、蒋卓庆秘书长参加座谈会，时光辉副市长、吴建融副秘书长陪同调研。王勇国务委员充分肯定了上海在推动社会组织改革发展中进行的探索和取得的成效，表示支持上海先行先试，为全国工作发挥引领作用。李立国部长也明确表示将争取给上海更多先行先试的机会。国务院领导专题调研社会组织工作被评为2013年社会组织十件大事之一。

市委市政府重点调研社会组织工作。为贯彻落实党的十八大精神和《国务院机构改革和职能转变方案》要求，上海市委市政府明确了六个重点调研课题，其中涉及社会组织工作的有两个——市委“加快培育发展社会组织和团结引领新社会阶层人士”的调研、市政府关于“社会组织管理制度改革”的重点专项调研。经过2个多月的努力，按照调研方案要求分别形成了调研报告。8月3日，杨雄市长听取了“社会组织管理制度改革”的调研汇报，明确了下一步全市社会组织管理制度改革的方向。12月4

日，韩正书记听取了“加快培育发展社会组织和团结引领新社会阶层人士”的调研汇报，指示要正确处理好政府与社会的关系，重点突破社会组织培育发展的重点领域，进一步激发社会组织活力，释放社会组织的正能量。

探索社会组织登记管理改革。加大直接登记探索力度，初步形成社会组织登记管理规定、登记指南、登记审批流程等配套文件草案，协同相关部门修改了《上海市异地商会登记管理暂行办法》，探索建立法律监管、政府监管、社会组织自律自治及社会监督相结合的综合监管体系，逐步构建直接登记与管理的制度安排。扩大直接登记范围，将直接登记试点由行业协会扩展到基金会等其他类社会组织。探索扩大涉外民办非企业单位的登记范围，研究制定境外非政府组织在沪代表机构备案管理办法。探索基金会登记工作创新，试点将“上海真爱梦想公益基金会”由非公募基金会转为公募基金会；试点登记了首家社区公募基金会——上海洋泾社区公益基金会。深化行业协会改革，指导 3 家行业协会进行了直选试点。服务大局，指导区县积极落实协管员队伍通过转制成立民办非企业单位工作。

推进社会组织信用体系建设。根据上海市委、市政府《关于进一步加强上海市社会信用体系建设的意见》和《上海市社会信用体系建设 2013—2015 年行动计划》，出台《社会组织信用信息记录、共享和使用管理暂行办法》、《社会组织失信行为记录标准》、《社会组织信用评价指标体系》等政策文件，基本形成了上海社会组织信用体系建设制度框架。社会组织信用信息管理系统于 2014 年 1 月 1 日上线试运行。社会组织逐步纳入国家信用体系建设被评为 2013 年社会组织十件大事之一。

推动落实扶持发展政策。贯彻落实《上海市募捐条例》，研究制定公益性社团认定暂行办法。与财政、税务部门建立非营利组织免税资格联合认定机制，把免税资格与日常管理相结合。继续做好社会组织公益性捐赠税前扣除资格的审查认定工作，11 家社会组织认定具有公益性捐赠税前扣除资格。贯彻落实《国务院办公厅关于政府向社会力量购买服务的指导意见》，配合财政部门着手研究上海市政府购买服务的机制与平台建设，5 个区出台了政府购买社会组织公共服务相关政策文件。据 2012 年度检查数据统计，上海市 1 万多家社会组织共承接政府购买服务收入同比上升 47. 2%；政府补助收入同比增长 32. 6%。7 个社会组织项目获得中央财政资助资金 225 万元。此外，还积极推动落实社会组织工资基金和年金工作，全市 1877 家社会组织办理了工资基金，177 家社会组织进行了建立年金制度的重大事项报备。

规范社会组织孵化基地建设。出台《关于加强上海市社会组织孵化基地建设的指导意见》，进一步规范社会组织孵化基地建设与发展，着力发挥孵化基地作用。各区县结合区情实际，积极探索孵化基地管理模式，发挥公益平台辐射效应，激发社会组织活力。目前，全市17个社会组织孵化基地，基本形成了“实践园、孵化园、示范园、服务园”四位一体的功能作用体系。

深化社会组织自律诚信建设。出台《关于加强上海市社会组织自律与诚信建设的指导意见》，召开社会组织自律与诚信建设推进会，全市三类社会组织分别发出自觉加强自律与诚信建设的倡议。开展行业协会行业诚信建设试点，委托上海市经济团体联合会研究制定了《上海行业社会责任报告编制指南》，推动2家行业协会试点编制了行业社会责任报告。发动市级民办非企业单位参与品牌塑造活动，开展“品牌故事”撰写活动。继续推动基金会信息公开，全市基金会信息公开率达到了100%，上海市慈善基金会等3家基金会入选《福布斯》中文网“2013福布斯中国慈善基金榜”最透明基金会25强榜单，上海真爱梦想公益基金会连续3年蝉联榜首。

成功举办第三届“上海公益伙伴日”活动。11月29日至12月1日，与市文明办、市社建办等单位联合举办第三届“上海公益伙伴日”活动。活动在上海公益新天地园举办，100多家社会组织参与展示，参观人数突破1.4万人次，签约项目资金达300多万元。市委副书记李希、副市长时光辉在参观上海公益新天地园时，充分肯定了上海社会组织在创新社会管理方面所做的大量工作，并强调要充分发挥全市已有的社会组织孵化基地、创新示范园区的作用。

深化年检工作。今年年检工作实现三大创新：首次采用“法人一证通”技术，实现网上年检盖章；整合年检服务、技术咨询热线和962200民政服务热线，为社会组织提供24小时咨询服务；试行“一门式”受理服务，提高工作效率。开展社会组织年检财务审计，对50家市级社会组织进行了年检财务审计抽查。开展专项行政检查，抓好年检中发现的突出问题的跟踪整改。据统计，应参加2012年度检查的社会组织10304家，年检合格（含基本合格）的8915家，合格率86.5%。

加强规范化建设评估工作。成立上海市社会组织规范化建设评估复核委员会，调整充实评估委员会委员，基本形成“市区两级联动、枢纽条块结合，第三方评估和评估委员会协同把关”模式。召开全市社会组织规范化建设评估工作推进会，进一步推动评估工作。今年全市共有67家社会组织获得4A等级，32家社会组织获得5A等级。

加大执法力度。继续加强社会组织四级预警网络建设，对全市街镇预警网络运转情况进行考评，对预警网络信息员进行培训。召开全市社会组织预警网络十周年总结表彰交流会，研究拓展预警网络综合监管功能。有序推进“名存实亡”社会组织处置工作，对全市 163 家名存实亡社会组织进行撤销登记。全年全市共查处社会组织违法违规案件 204 起，立案行政处罚 163 件，行政处罚案件较去年同期增长了近 2 倍；劝散非法组织 22 家，采取批评教育等柔性执法方式查处案件 19 起。

注重发挥示范带动作用。加大社会组织表彰力度，举办第二届上海市先进社会组织评选表彰活动，表彰了 204 家先进社会组织，并在《中国社会报·社会组织周刊》、《文汇报》等报刊上进行了专题报道和集中宣传。以“创建全国社会组织建设创新示范区活动”为契机，指导区县对照标准、结合区情特色，加强社会组织建设创新力度，审核推荐浦东、静安等 5 个区申报全国社会组织建设创新示范区，授予以浦东公益服务园为核心的孵化基地为“上海公益社会组织示范基地”。推荐并组织 5A 级社会团体的秘书长参加市政协会议，推荐并组织 15 家行业协会负责人参加市政府工作会议。推荐社会组织品牌负责人参加“上海市十大社会工作突出贡献人才”评选，范惠娟、柏万青、王元洪、马海湧、金婉仙、杨磊等社会组织人才成功当选。

加大宣传工作力度。召开全市社会组织信息宣传工作会议，通报表彰先进单位，加强工作交流。全年通过“上海社会组织”网站发布各类信息 2 万多条，传递了社会组织的正能量。市社团局在“中国上海”门户网站 48 个市级委办局信息报送中位列第一。市社团局和普陀、浦东、杨浦、嘉定区民政局及 3 名个人被《中国社会报》评为年度社会组织新闻宣传先进。编制并发布《上海社会组织发展报告书（2012)》，全面介绍上海社会组织发展状况及趋势。发布《上海市基金会发展报告书》，编撰《上海行业协会建设发展丛书》和上海行业协会培训系列丛书，出版《上海市行业协会名录》。

加强培训。12 月 12—13 日，与市委组织部、市社工委联合举办社会组织党组织负责人学习班，对市、区两级社会组织党组织负责人等 70 余人进行了培训。举办 11 期社会组织信用建设培训班，对市级社会组织和 7 个区（县）的社会组织开展了培训，培训人数近 2300 人次。举办 5 期财会人员岗位培训班和 3 期专职管理人员岗位培训班，全市 1600 多名社会组织专职工作人员、财务人员等参加了培训。

2013年江苏省社会组织建设与管理工作综述

2013年，江苏省各级登记管理机关敏锐把握社会组织发展新形势新要求，深入贯彻落实党的十八大精神，改革管理制度，优化发展环境，强化分类指导，创新工作方法，整体推进社会组织服务管理工作有序开展。截至2013年第四季度末，全省社会组织注册登记总量达57004个。其中，社会团体26852个，民办非企业单位29708个，基金会444个；登记备案的基层社会组织85266个。

一、准确把握任务形势，推动社会组织改革发展

根据国务院机构改革和职能转变目标任务以及民政部关于推进登记管理体制改革的工作要求，积极推进社会组织登记管理体制改革，加快政社分开步伐。

（一）着力改革社会组织登记管理制度

针对当前社会组织登记管理中的热点难点问题，省民政厅下发了《关于对四类社会组织试行直接登记的通知》、《关于改进社会组织登记管理服务的若干措施》、《关于下放基金会登记管理权限的通知》等一系列文件，具体措施包括：一是放宽行业协会的审批限制，探索一业多会，允许按国民经济行业分类的小类标准设立行业协会，同一行业可按产业链各个环节、经营方式和服务类型设立行业协会；二是降低城乡社区社会组织登记门槛，注册资金标准各地灵活制定，不具备登记条件的可备案；三是简化城乡社区社会组织登记程序，成立申请时可免予筹备环节，直接进入申请注册登记阶段；四是将异地商会登记权限下放至县（市、区）民政部门；五是对行业协会商会类、科技类、公益慈善类和城乡社区服务类等四类社会组织试行直接登记；六是缩短审批时限，规定注册登记审批时限15个工作日，变更事项7个工作日；七是开辟网上服务渠道。直接登记试点工作开展以来，全省直接登记社会组织2955家，其中社会团体858家，基金会129家，民办非企业单位1968家。

（二）着力推进政府购买社会组织服务

省政府办公厅下发《关于推进政府购买公共服务工作指导意见的通知》，明确政府购买公共服务工作重点领域，采取政府购买服务等方式，调动社会组织参与公共事务和公共管理的积极性，要求引入第三方评价机制，严格规范采购管理，积极发挥政府购买公共服务的市场导向功能，推动政事分开、政社分开，加快完善政府主导、社会参与的公共服务供给模式。省财政厅、省民政厅联合下发《关于推进政府向社会组织购买公共服务的实施意见》，要求各级民政部门根据政府向社会力量购买公共服务的指导性目录梳理向社会组织购买服务事项，通过完善法人内部治理、加强诚信建设、健全评估机制、加强能力培训等措施，提升社会组织承接政府购买公共服务的能力，并完善和落实政府向社会组织购买公共服务配套政策。

（三）着力推动基层社会组织培育发展

省民政厅与省体育局联合印发《关于培育发展基层体育社会组织的指导意见》的通知，提出按照培育、发展、规范、提高的工作目标，积极指导各乡镇、街道以及城乡社区结合实际，以登记或备案的形式，积极成立群众广泛参与的体育社会组织，充分发挥基层体育社会组织在社会建设中的积极作用。省民政厅与省妇女联合会联合印发《关于进一步加强女性社会组织建设的意见》，明确多样化培育发展女性社会组织、加强对女性社会组织的联系和指导、为女性社会组织提供良好服务、构建“枢纽型”女性社会组织工作体系四项具体推进措施，建立健全“统一登记、各司其职、协调配合、分级负责、依法监管”的女性社会组织管理体制，促进女性社会组织规范有序发展。南京市出台《关于进一步促进社区社会组织发展的指导意见》，无锡市出台《徐州市社区社会组织登记与备案管理暂行办法》，进一步降低门槛、简化程序、加大扶持，有效促进社区社会组织的快速发展。

二、创新培育管理手段，提升社会组织登记管理效能

在社会组织管理工作中，江苏省综合运用登记年检、登记评估、培训检查等多种举措，规范社会组织自身建设，提升社会组织服务能力。

（一）全面推进社会组织等级评估

省民政厅下发了《关于开展全省性社会组织评估工作的通知》，要求2011年6月前在省民政厅注册登记的未获得评估等级的各类社会组织全部

参加等级评估。加强协同合作，与主管社团较多的业务主管单位（如省体育局、省科协）联合制定专类评估细则、展开联合评估，充分借助其资源与力量，有效提高社会组织评估的针对性、覆盖率。全省各地也大力推动社会组织等级评估工作，无锡等市还结合当地社会组织登记管理实际，在参照民政部、省厅评估细则基础上，根据业务主管单位分类，制定了分类评估细则。此外，各地还将评估等级与承接政府购买服务资质挂钩，通过评估，广大社会组织进一步规范了内部建设、明确了发展方向，达到以评促改、以评促建、以评促管的目的。截至2013年第四季度末，全省获得评估等级的社会组织共2451家，其中5A103家，4A534家，3A1201家。

（二）大力开展执法监察工作

省各级登记管理机关从提升社会组织规范化建设水平，促进社会组织依法自治角度出发，大力开展社会组织执法监察工作，健全工作机制，组织专项治理，推动社会组织完善内部治理，优化全省社会组织整体布局。以社会组织年度检查为抓手，对社会组织基本情况、业务活动、机构人员、财务收支、党建情况、内部治理等情况进行全面检查，及时发现问题。省民政厅配合省纪委开展市场中介组织突出问题专项治理工作，指导地方民政部门查处非法组织2起。经统计，2013年，全省各级登记管理机关办理行政执法案件139件，其中警告、撤销登记、停止活动等行政处罚案件135件，取缔非法组织案件1件，劝散非法组织案件3件。

（三）加大社会组织培训指导力度

依托中央财政支持社会组织服务社会专项资金，并积极落实配套资金18万元，举办了针对全省性社会组织负责人、基层登记管理机关工作人员以及城乡基层社会组织培训班共4期，培训人数达500余人，有效提升全省社会组织从业人员的能力水平，大力推动全省社会组织工作人员职业化建设。

（四）深入推进社区公益服务创投工作

各级民政部门积极争取财政资金或福彩公益金，大力开展社区公益服务创投工作，资助扶持社会组织开展公益服务项目，实现培育社会组织、提供社会服务的双重目标。2013年，省民政厅投入1000万元福彩公益金，开展了首届全省社区公益服务创投大赛，经专家评审，选出40个优秀项目和85个创意项目予以奖励扶持。目前，社区公益服务创投工作在江苏全省范围内全面、深入推进，得到了社会组织的强烈支持和社会公众的广泛认可，成为扶持培育基层社会组织，鼓励其参与社会服务的有益探索和成功经验，有效深化基层社会管理服务创新。据统计，2013 年全省各级设立社会组织扶持资金合计 7963 万元。

三、优化培育发展环境，搭建社会组织发展平台

2013 年，全省各级创新社会组织发展思路，优化社会组织发展环境，开展主题活动，加强交流合作，为广大社会组织提升能力、发挥作用、服务社会提供平台机遇。

（一）继续推动社会组织培育扶持基地建设

鼓励各地进一步开拓思路，采取多种方式设立多元化培育扶持基地，明确培育重点，注重培育实效。积极推动建立示范性的社会组织孵化基地，促进标准化建设，实现规范化管理。苏州市制定了《苏州市社会组织培育基地考核评估细则》，从资质、场地、人员、管理、活动等 10 大方面，予以规范建设、督察考核。目前，全省已有社会组织孵化基地 133 个，共培育各类社会组织 1573 个，累计投入资金 8086 万元。

（二）开展社会组织建设服务年活动

省民政厅下发了《关于开展全省社会组织建设服务年活动的通知》，组织全省社会组织以“展示公益风采、塑造服务品牌、共建美好江苏”为主题开展服务社会活动，充分调动社会组织服务发展、服务群众、服务社会的主动性和创造性，进一步加强社会组织服务管理创新。为将服务年活动落到实处，相继开展了“民办非企业单位开展服务经济社会发展作贡献”和“行业协会自律与诚信创建”等系列活动，引导社会组织深化服务理念，塑造服务品牌，发挥积极作用。

（三）加强社会组织发展交流合作

2013 年 10 月 30 日，省民政厅与新加坡公共事务对外合作局共同签署《社会建设领域交流合作谅解备忘录》，将社会组织发展作为双方合作与交流的重点，明确新加坡合作局通过互联网、互访和培训等方式实现与江苏省民政厅社会组织管理信息和制度分享，苏方着重学习和借鉴新方社会组织培育管理措施、政府与社会组织合作共治路径。

2013年浙江省社会组织建设与管理工作综述

2013年，浙江省深入贯彻党的十八大、十八届二中、三中全会精神，围绕建设“现代大民政”的决策部署，注重政策创制，深化改革发展，改善服务管理，初步形成了“成体系、成建制、成规模”培育发展社会组织的新格局，浙江现代社会组织体制建设迈开坚实的步伐。

一、突出改革发展，谋划顶层设计

（一）推进部省共建

2013年以来，浙江突出改革发展，优化工作布局，为率先实现现代社会组织体制建设开好头，起好步。按照年初民政部、浙江省政府签订的《共建温州市民政综合改革试验区合作协议》，推进温州以社会组织建设为核心内容的各项民政事业转型升级，试验区各项工作取得了显著成效。

（二）召开专题会议

8月上旬，专题召开了全省现代社会组织体制建设工作会议，省民政厅领导班子全体成员、各局处室主要负责人及设区市民政局局长、分管局领导、民间组织管理局局长参加，尚清厅长作主题报告。会议提出了浙江建设现代社会组织体制分步实施的指导思想和战略部署。《中国社会报》及新华网、人民网等媒体发布了长篇通讯稿《浙江：现代社会组织体制建设迈开坚实的步伐》，引发广泛关注。

（三）强化示范创新

确定温州等22个市、县（市、区）为全省现代社会组织体制建设创新示范观察点，并推荐杭州市上城区、江干区，宁波市海曙区为争创全国社会组织建设创新示范区，鼓励率先出台改革举措，突破工作难点，打开工作局面，营造比学赶帮超的良好氛围。

二、改革登记体制，优化审批程序

（一）全面开展四类社会组织直接登记

经省政府同意，省民政厅印发《关于开展四类社会组织直接登记的通知》，明确从2013年9月18日起，在全省范围内开展行业协会商会类、科技类、公益慈善类和城乡社区服务类等四类社会组织直接登记。成立上述四类社会组织，不再需要经过业务主管单位审查同意。通知确定了直接登记的范围，规范了直接登记的程序，明确了直接登记的后续管理。目前全省直接登记的社会组织数量已达1400个。

（二）大力优化内部审批流程

积极落实省政府要求，梳理和规范行政许可事项，对社会组织行政审批事项的流程和时限作了调整优化。在社会团体筹备成立和基金会设立登记的审批中，采用厅长审定制取代了厅长办公会议审批制，简化了内部审批流程。承诺压缩办理时限，行政审批整体提速达40%以上。各地积极改善审批工作，增效提速，优化服务。截至2013年12月末，全省社会组织36409家，其中社会团体18061家，民办非企业单位18021家，基金会327家。省本级社会组织1604家，其中社会团体1030家，民办非企业单位266家，基金会308家，办理登记、变更、注销等行政审批事项580余项，新登记社会组织144家。

（三）稳妥下放部分社会组织登记管理权限

印发了《关于下放非公募基金会登记管理权限的通知》，明确自2013年7月1日起，向各设区市和义乌市民政局下放由内地居民担任法定代表人的非公募基金会登记管理权限。目前，各市登记的非公募基金会数量已有19家。同时，下放民办非学历高等教育机构的登记管理权限，将原在省级登记的35家民办非学历高等教育、培训机构的登记管理权限下放到各市、县（市、区）。

（四）着力培育社区社会组织

全省各地将社区社会组织纳入培育管理的工作视野，市县两级民政部门积极探索城乡社区社会组织的培育发展，推动规范化建设，探索负责人民主选举机制。全省纳入登记备案的社区社会组织总数达74779家，为满足基层群众多样化需求，促进社区融合作出了积极的贡献。

三、加大培育扶持，优化发展环境

（一）支持社会组织开展公益服务

2013年度，浙江省本级福彩公益金投入1000万元资助社会组织公益服务项目，67个社会组织从中受益。全省资助社会组织公益服务项目的资金总额达1.68亿余元。近半数设区市印发了关于政府向社会组织购买服务的政策文件，明确指导思想，完善工作机制，落实工作举措，进一步将培育扶持社会组织公益项目工作推向规范化、系统化和制度化。

（二）积极落实各项财税优惠政策

积极与财税部门协调沟通，落实社会团体公益性捐赠税前扣除资格和非营利组织免税资格等财税优惠政策，鼓励社会各界对社会组织的资金支持，为各类社会组织发展创造良好的环境。2013 年，44 家社会组织新获公益性社会组织税前捐赠资格，全省 323 家社会组织获公益性税前捐赠资格，1700 余家社会组织获非营利组织免税资格。

（三）大力发展社会组织服务平台

积极推进枢纽型社会组织建设，目前，全省已有 79 个市、县（市、区）建立了各种类型的社会组织服务平台 102 个（包括社会组织促进会、基金会和服务中心）。大部分市已经实现了服务平台全覆盖，特别是温州实现了社会组织发展基金会的全覆盖，原始基金总额共计 3500 万元，为整合社会资源、服务社会组织打下了坚实的工作基础。

（四）深化党建工作

积极配合省委组织部、省委“两新”工委等，强化理论研究，谋划长效机制，形成了《社会组织党建工作长效机制探析》、《现代社会组织体制党建工作的几点思考》等理论文章。积极推动省级机关副处级以上领导干部跨部门竞争上岗向 4A、5A 级社会组织工作人员开放，这一全国首创的做法，为提升社会组织的社会形象、营造良好的舆论环境发挥了积极作用。

四、加强内外治理，促进规范建设

（一）推广和深化综合评估

全省 10627 个（次）社会组织参与评估，整体参评率达到了 30%，省本级 2013 年评估的社会组织共 43 个，历年总数已达 173 个，杭州、宁波、温州等地均已超过了 50%，覆盖所有的社会组织类别。会同省发改委出台了《关于加强社会组织信用体系建设的通知》，率先启动将社会组织纳入社会信用体系建设范畴，入选 2013 年全国社会组织十件大事。

（二）加强年检、执法等监督工作

开展集中年检、上门年检、网上年检，全省共有 3.2 万个社会组织参加了年检，整体参检率达到了 97%。杭州、宁波等地在电子政务平台上试行年检工作，取得了良好成效。全省各地依法并积极稳妥地查处 220 起社会组织违法违规行为，维护了社会组织发展的良好秩序，保障社会和谐稳定。

（三）推进社会组织登记管理信息公开

开展阳光社会组织建设，结合电子政务平台建设，不断加大信息公开力度，受理、审核、办结等各环节的信息均在省民政厅门户网站实现即时公开，实时与省政府网站和省监察厅电子监察系统实现数据交换，接受监督。行政许可、年度检查和评估工作的有关结果等按季度进行汇总和公告，接受社会公众的全过程监督。

2013年安徽省社会组织建设与管理工作综述

2013年以来，在民政部的精心指导、大力支持和省委省政府的高度重视、坚强领导下，省民间组织管理局围绕加快形成现代社会组织体制的目标，坚持积极引导发展、严格依法管理的原则，抓住机遇、锐意改革，有效促进了全省社会组织健康有序发展。截至目前，全省共登记社会组织21703个，其中社会团体12139个，民办非企业单位9490个，基金会74个。另外，全省还备案城乡基层社会组织5498个。

一、立足于建立现代社会组织体制，着力政策创制

2013年，省本级共出台社会组织管理政策文件15份。以省委办公厅、省政府办公厅名义出台了《关于加强和创新社会组织建设与管理的意见》（皖办发〔2013〕9号），以省社会组织管理工作领导小组的名义制定印发了《关于加强和创新社会组织建设与管理任务分解的通知》（皖社管组字〔2013〕13号），全面推进社会组织管理制度改革，激发社会组织活力。会同省纪委、省委组织部、省人社厅、省文化厅、省体育局、省老龄办等出台了若干个"多边"、"双边"文件。指导市县出台政策文件14份。一系列制度设计，有力地推进全省社会组织改革发展，为建立现代社会组织体制提供了政策保障。

2013年3月，安徽省社会组织管理工作领导小组会议在合肥召开，领导小组全体成员参加会议。省委常委、政法委书记、领导小组组长徐立全出席会议并作重要讲话，省政府副省长、领导小组第一副组长方春明主持会议并作总结讲话。

会上，徐立全书记指出："社会组织的兴起和发展是当今世界发展的大趋势，是经济社会发展进步程度的重要标志。"徐立全书记要求："学习贯彻党的十八大、十八届二中全会和全国'两会'精神，切实增强做好社会组织管理工作的责任感和使命感，深入推进社会组织管理制度改革，加快形成政社分开、权责明确、依法自治的现代社会组织体制，促进社会组织健康有序发展。"方春明副省长要求：一要研究完善直接登记方案。二

要按照一手抓积极引导发展，一手抓严格依法管理的原则，依法加强社会组织监管。三要坚持激发社会活力的工作理念，加强社会组织自身能力建设，着力提升社会组织承接政府职能转移能力，确保社会组织将政府转移来的职能“接得住”、“接得稳”、“接得好”。

二、立足于激发社会组织活力，改革登记制度

除政治法律类、宗教类的社会组织和境外非政府组织在皖代表机构等外，其他各类社会组织均实行直接登记，截至目前，全省直接登记的社会组织已达 671 个。简政放权，下延非公募基金会和异地商会管理权限，截至目前，全省已登记市级基金会 15 个，登记市、县级异地商会 105 个。通过建设联合型组织，为社区社会组织提供孵化培育、资源整合、联系协调、自律管理等综合服务，截至目前，全省已建立社区联合型社会组织 316 个。

三、立足于理顺政府与社会的关系，推进政社分开

会同省纪委、省委组织部等部门出台《安徽省关于从严控制和规范管理党政机关领导干部兼任社会组织领导职务的暂行规定》，禁止现职公务员和具有行政管理职能的事业单位工作人员在行业协会商会、民办非企业单位和基金会等社会组织兼任领导职务，规范退离休领导干部在社会组织任职。联合开展了兼（任）职行为专项清理整顿，截至目前，全省已有 2559 个社会组织完成了与政府及所属部门在职能、机构、人员、资产和财务等方面的脱钩。

四、立足于优化社会组织发展环境，健全培育政策

鼓励支持各级安排福彩公益金资助社会组织开展社会服务，今年全省资助金额 2300 万元，2014 年省本级的资助预算增加到 3000 万元，发挥了较好的示范带动作用。协调推进政府向社会组织转移职能和购买服务，省政府即将出台具体政策性文件。据统计，2013 年全省向社会组织转移职能 130 项，购买服务和资助奖励支出达 6200 万元。积极推进社会组织孵化基地建设，截至目前，全省已建孵化基地 35 个，建筑面积 6520 平方米；在建孵化基地 28 个，建筑面积 10680 平方米。协调相关部门，积极落实社会组织税收优惠政策。

五、立足于促进社会组织健康有序发展，依法实施监管

开发建立全省互联互通的社会组织管理信息系统，登记许可和年度检查实现了网上办理。分类制定了社会组织直接登记管理办法，建立函询、会商、论证等制度，加强登记审查。完善评估机制、健全评估指标、落实评估经费，实现了社会组织评估工作常态化，全年评估社会组织共513个，其中全省性社会组织136个，全省性社会组织参评率超过了30%。规范执法检查，全年查处社会组织违法违规问题98件。加强信息宣传，改版升级“安徽社会组织信息网”，编辑发行《安徽社会组织》杂志。

六、立足于完善社会组织管理体制，加强组织领导

健全了省、市、县三级党委领导下的社会组织管理工作领导小组工作机制，加强对社会组织管理工作的统一领导和综合协调，进一步明确成员单位的管理职责，落实各司其职、协调配合的管理体制。省委常委、政法委书记徐立全和副省长方春明分别担任省级领导小组组长和第一副组长，定期听取社会组织工作汇报，并深入社会组织调研，协调相关部门研究解决制约社会组织改革发展的问题。

十八届三中全会《决定》单列一条部署“激发社会组织活力”，与十八届二中全会提出的“改革社会组织管理制度”一脉相承，共同构成了党的十八大提出的“加快形成政社分开、权责明确、依法自治的现代社会组织体制”的目标支撑点。把社会组织改革发展纳入全面深化改革的总体部署，体现了中央对社会组织的高度重视和殷切希望，也为社会组织健康有序发展和发挥积极作用进一步拓展了空间。针对发展不足、能力不强、环境不优、管理服务力量薄弱等问题，当前和今后一个时期，安徽省社会组织管理工作将进一步深化改革、优化环境、加强监管，进一步增强动力、挖掘潜力、激发活力，进一步促进社会组织明确职责、依法自治、发挥作用。

2013 年福建省社会组织建设和管理工作综述

2013 年，在省委、省政府的正确领导下，全省社会组织工作坚持培育发展和监督管理并重的方针，大力探索社会组织在加强和创新社会管理中的有效途径，取得了积极成效。截至年底，全省经民政部门登记的社会组织 20063 个，其中社会团体 12968 个，民办非企业单位 6933 个，基金会 162 个（公募基金会 21 个、非公募基金会 141 个）；直接登记社会组织 112 个（省级 27 个、市级 74 个、县级 11 个），其中社会团体 63 个、民办非企业单位 41 个、基金会 8 个。

一、受到领导高度重视

9 月 16 日，省长苏树林专题听取社会组织建设工作情况汇报，研究促进全省社会组织建设相关工作，要求坚持积极稳健的原则加快发展社会组织，扎实推进政府职能转移和购买服务；加强政策扶持力度，加大推进行业协会商会与行政机关脱钩力度，促进行业协会商会健康有序发展；加强监管力度，提高社会组织的公信力和影响力；强化保障措施，加强资金扶持力度，切实充实登记管理力量，加强社会组织党建工作，提升全省社会组织建设和管理水平。副省长陈荣凯也多次听取社会组织工作专题汇报。8 月 14 日，全省社会组织建设暨经验交流会在福州市召开，进一步分析形势、总结经验、表彰先进、部署任务、明确措施，促进社会组织工作上新水平。

二、推动政策创制创新

深入贯彻落实党的十八大精神，5 月 12 日，省委办公厅、省政府办公厅出台了《关于进一步培育发展和规范管理社会组织的意见》（闽委办发〔2013〕9 号）（以下简称《意见》）。《意见》适应新形势下加强社会组织建设和管理的迫切需要，科学总结和提炼了近年来社会组织工作的实践经验、创新成果，从改革登记管理制度、确定培育发展重点、优化管理服务机制、明确扶持政策措施、加强自身建设管理、强化保障措施等 6 个方面，有针对性地提出了进一步培育发展和规范管理社会组织的新任务、新要求。省民政厅配套下发了贯彻落实《意见》的具体措施，明确从7月1日起，全省统一开始实施直接登记，并要求各地做好政策引导、抓好监督管理、加快制订方案、用足用好政策。厦门、南平、三明等地也出台了相应的政策措施，确保各项工作落到实处。推动《福建省行业协会发展促进办法》的修订，目前省政府法制办正在调研论证，力争2014年上半年出台。推动有关部门尽快对各自职能进行全面梳理，明确可以转移给社会组织的职能范围，出台政府向社会组织等购买公共服务的办法和相应的目录，编制具有资质条件承接政府转移职能和购买服务的社会组织目录等政策文件。2013年，省级福彩资金支持社会组织发展750万元，其中基金会300万元；各地市、县两级财政共投入5455.4万元支持社会组织发展。

三、全面推进评估工作

根据民政部《关于推进民间组织评估工作的指导意见》，全面推进社会组织评估工作，取得了良好成效，走在全国前列。推动各地将评估工作列入设区市党政领导综治工作考评的重要内容，列入设区市民政工作考评指标，引起了各设区市委、市政府主要领导的重视，有力促进了社会组织评估工作的全面展开。2013年，全省累计有12092家社会组织参加评估，参评率达65%。

四、加强闽台交流合作

对促进海峡两岸交流的社会团体，突破行政区划，在全国率先批准成立以“海峡”冠名的跨行政区域的社会组织；同时，出台了涉台民办非企业单位优惠政策，对台湾同胞在福建省举办民办非企业单位实行试点登记。截至目前，已经批准成立了冠名“海峡”的海峡婚姻家庭协会、海峡动漫影视创意产业发展促进会等6家社会组织。推动建立涉台社会组织备案制度，厦门市出台了《台湾经贸社团在厦设立代表机构备案管理办法》，对台湾经贸社团在厦门市设立代表机构实行试点备案管理，已经备案了台中海峡两岸经济发展协会厦门市代表处等14家代表机构。

五、深化专项治理活动

深入开展行业协会侵害群众和企业利益，减轻企业负担，社会团体“小金库”，庆典、研讨会、论坛过多过滥，评比达标表彰活动等专项治理工作，取得了显著成效。通过专项治理活动，规范了会费的收取和使用，规范了资产和财务管理，规范了评比达标表彰活动，全省多数社会组织在制定或修订会费标准以无记名投票方式表决通过，66家社会组织103个研讨会、论坛等项目作了重新审定，并报送有关部门备案；全省性社会团体参与评比达标清理项目394项，撤销331项、保留46项、合并15项，开启和合并后总项目61项，为清理前项目总数的15.48%。

六、提升规范管理水平

加强社会组织年检工作，2012年度全省社会组织完成年检13814个，年检率88.8%，其中全省性社会组织年检率达91.5%。加大社会组织执法监察力度，对20多家长期不开展活动、组织行为不规范、财务管理混乱的省级社会组织给予警告处分，注销社会组织5家。推进标准化建设，在全国率先出台了《福建省学术类社会团体评估技术规范》和《福建省行业协会商会评估技术规范》2个地方标准。提升信息化水平，“福建省社会组织登记与年检业务数字化管理系统”建设项目已通过用户测试和项目验收，正进入上线试运行阶段。深入开展社会组织建设创新示范区、行业协会行业自律与诚信、民办非企业单位塑造品牌与服务社会等创建活动，提高社会组织的社会影响力。2014年1月8日，命名福州市台江区、厦门市集美区、漳州市龙文区、晋江市、宁化县、建阳市、龙岩市新罗区、福鼎市等8个单位为全省社会组织建设创新示范区。

七、充分发挥社会作用

广大社会组织涉及社会生活的各个层面，积极发动社会力量，筹集社会资本，提供社会服务，在提供政策建议、参与国际谈判、促进经济发展、繁荣社会事业、参与公共管理、开展公益活动和扩大对外交往等方面都显示出越来越重要的作用。据不完全统计，一年来，全省共有78家社会团体参与国际谈判12次，为各级党政机关提供重要政策建议56条，被采纳16条。省轻工工艺品进出口商会在欧盟对陶瓷厨餐具提起反倾销调查的情况下，紧急启动联动应对机制，共动员和组织58家会员企业参加应诉，取得积极成果。根据欧盟委员会公布的裁决结果，参与应诉的58家企业被征收26.6%的临时反倾销税，而未参与应诉的企业的税率高达58.8%，行业无损害抗辩也以14：13的表决票数，取得优势。通过反倾销案件的应诉，大大增强了省陶瓷厨具企业应对国际贸易摩擦的意识、信心和勇气，帮助企业减少了经济损失。省广告协会为省政府草拟了《福建广告业发展的指导意见》、《福建省广告业发展规划》等文件，制定了福建广告业发展目标，受到了省政府和国家工商总局的表扬。

2013年江西省社会组织建设与管理工作综述

2013年，在国家民管局的精心指导下，江西省坚持以社会组织培育发展为重点，以改革创新为突破，以项目推进为龙头，以监督管理为抓手，以发挥作用为目的，着力推进全省社会组织健康、科学发展。截至2013年底，全省各级民政部门登记注册各类社会组织13568个，其中，社会团体8509个，民办非企业单位5016个，基金会43个。

一、简政放权，深化社会组织管理制度改革

（一）推行直接登记

对申请成立社会福利、公益、慈善类社会组织，由民政部门直接登记。南昌市、景德镇市对行业协会商会类、公益慈善类、科技类、城乡社区服务类社会组织实行直接登记。2013年，省本级、7个设区市（南昌市、景德镇市、新余市、鹰潭市、赣州市、上饶市、吉安市，全省共11个设区市）和部分县（市、区）均开展了直登工作，全省共直接登记社会组织132个。其中，省本级15个，设区市66个，县级51个；社会团体598个，民办非企业单位61个，非公募基金会12个。

（二）下延登记权限

将非公募基金会登记管理权限下延至11个设区市，让非公募基金会拥有更加宽松的发展环境，激发社会各界投身慈善公益事业的积极性。将异地商会登记管理权限下延至11个设区市，满足来赣投资兴业的异地客商需求，优化投资环境，发挥异地商会在服务招商引资、促进交流合作、维护会员权益等方面的积极作用。2013年，设区市登记非公募基金会2个，登记异地商会65个。

（三）完善备案制度

全面推行社区社会组织和农村专业经济协会登记备案双轨制，对暂不具备登记条件的基层社会组织可在县级民政局或乡镇（街道）备案，满足基层群众参与活动和表达意愿的需要，培育基层社会管理服务组织体系。

南昌市建立了社区社会组织核准备案管理三级管理体制，县区民政局负责备案指导和证书制作，乡镇（街道）政府负责备案核准和业务主管，社区居委会负责初审和日常管理。目前，全省备案社区社会组织12000余个，备案农村专业经济协会6700个，覆盖全省大部分社区和乡村。

二、加大扶持，逐渐突破社会组织发展瓶颈

（一）探索政府购买服务方式

联合团省委、省妇联、省慈善总会积极开展公益创投工作。一是加强制度建设，科学设计运作模式。制定下发了《项目财务核算和档案管理的通知》和《项目执行办法》，制作了《项目服务指南》。二是引入市场竞争理念，坚持公开、公平、公正原则。通过江西民政网、江西社会组织网、江西青年网、江西女性网、《江南都市报》等媒体，公开向社会发布项目公告，实行网上申报、专家评审、立项公示、资金直拨，确保具备条件的社会力量平等参与竞争，提高了项目的品牌度和公信力。三是强化监督评估机制，确保项目规范有效。从项目的申报、评审、立项、实施、调整、结项等一系列环节，实行动态管理与动态监督，引入第三方评估机制。重点加强资金管理，立项后划拨60%的资金，中期评估通过后划拨20%的资金，末期评估通过后划拨剩余20%的资金。四是注重宣传引导，社会反响强烈。《江西日报》头版予以报道，人民网、新华网等20多家媒体进行了转载，《新法制报》以“江西试水公益创投，政府向社会购买公共服务”为题，整版作了深度报道。58个项目较好地对接了满足人民群众急需的基本公共服务和社会服务，受到受助对象等各方热烈欢迎。

（二）争取项目资金扶持

指导协助省内社会组织积极申报中央支持社会组织发展项目，及时建立社会组织服务社会项目库，完善项目申报方案。2013年度，获得中央财政支持的社会组织服务社会项目21个，资金总额达到644万元。同时，各地也积极争取财政资金对社会组织的支持力度，如南昌市青云谱区财政以每人不少于0.5元的标准建立区级社会组织扶持发展专项资金，对具有示范导向作用的公益服务性社会组织给予0.5万—2万元、备案的公益性服务社会组织500—1000元的标准进行以奖代补。

（三）强化专业能力建设

3月12—15日、10月15—18日，省本级分别组织了两次全省社会组织登记管理机关工作人员以及社会组织负责人能力培训班，共计培训320

多人次。邀请国家民间组织管理局领导、省内高校和科研机构的专家学者就社会组织内部治理结构完善、社会组织资金筹措、项目运作管理、相关政策法规等内容进行授课。

三、激发活力，引导社会组织发挥积极作用

（一）深化“三社联动”机制

深化以社区为平台、以社会组织为载体、以社会工作者（志愿者）为骨干的“三社联动”工作机制建设。着力推广“1 + 8 + X”的模式，引导社区社会组织发挥自身优势，以社会工作者和社区志愿者为骨干，吸引和凝聚社区居民自愿加入，推动“社区人”向“社区社会组织人”转变。引导社区社会组织参与解决人民群众最关心、最直接、最现实的利益问题，实现服务社区、居民、社会的有机统一，在方便居民生活、活跃社区文化、化解社会矛盾、维护社区稳定等方面发挥作用，把问题解决在基层、把矛盾和纠纷化解在一线，成为创新基层社会治理的重要载体。

（二）开展“双争创、双争当”活动

在全省社会组织中开展“双争创，双争当”活动（即，社会组织党组织争创先进基层党组织，社会组织争创先进社会组织；社会组织中的党员争当优秀共产党员，工作人员争当优秀工作者），表彰一批优秀社会组织和工作者，发挥先进典型示范带动作用。广大社会组织积极响应，踊跃参与，努力加强自身建设，对服务全省经济发展、促进民生改善、创新社会管理等方面发挥了积极作用。省竹产业协会通过深化对竹产企业的服务，推动竹产业转型升级，带动全省竹产企业突破成本上涨、市场萎缩的困局，发挥了江西省竹资源丰富的优势，促进就业、增加税收，省林业厅把2013 年定为“江西竹产业发展年”。

（三）广泛开展三个专项活动

一是精心组织开展行业协会行业自律与诚信创建活动，建立健全行业协会行业自律与诚信工作体系。省土地估价师秉承“服务会员、服务政府、服务社会”的宗旨，采集全省土地评估机构信息和执业情况，开展行业信用等级评审活动，创造和维护行业公平竞争的市场环境。二是深入开展民办非企业单位塑造品牌与服务社会活动，培育一批组织完善、管理科学、诚信自律、品牌良好的民办非企业单位。江西科技学院制定和完善领导决策、民主管理、教学管理等一系列制度，积极推进教学名师培养工程、精品课程建设工程等“六项工程”，不断创新人才培养模式，以出色

的办学成绩，得到社会广泛认同。三是推进社会组织建设创新示范区建设，指导各地从优化发展环境、提高服务管理、加强能力建设、引导发挥作用等四个方面，推进社会组织建设改革创新，加快形成政社分开、权责明确、依法自治的现代社会组织体制。

四、加强监管，推进社会组织有序发展

（一）做好日常监管

举办了基金会年检工作培训会议，对11个省属社会团体和8个省属民办非企业单位进行了财务专项检查。全面完成2012年度社会组织年检工作，省、市、县社会组织参检率分别为87.1%、75%、70%。推进信息公开，对基金会年度工作报告在“江西社会组织网”予以公布，并指导监督基金会通过自建网站或其他媒体，公布组织募捐活动信息、开展公益资助项目信息等，保证捐赠人、项目申请人和社会公众能够快捷、方便地查阅或者复制相关信息资料。

（二）推进等级评估

将社会组织等级评估工作纳入对设区市工作的考核目标，进一步完善评估指标体系，分类逐步扩大评估范围。2013年，全省各级民政部门对256个社会组织开展了等级评估工作，其中5A有4个（江西省医学会、江西华星律师事务所、鹰潭市闻鸣聋儿语训中心、鹰潭第三医院）、4A的有22个、3A的有112个。对评估结果为3A等级以上的社会组织，优先纳入公益性捐赠税前扣除资格、社会组织公益创投项目、评优评先等方面的对象，发挥等级评估的导向和激励作用。

（三）加大执法监察

结合年检、换届等管理工作，对年检信息进行统计分析，对多年来无活动、无经费、无工作人员的“三无”社会组织和两年以上不参加年检或年检不合格的社会组织，依法予以撤销登记。依据《中华人民共和国行政处罚法》、《社会组织登记管理机关行政处罚程序规定》等规定，认真规范了社会组织执法工作流程，完善了社会组织行政处罚预先告知等执法制度。

2013 年山东省社会组织建设与管理工作综述

2013 年，按照中央和省委、省政府的部署要求，创新理念思路，强化工作措施，积极推动社会组织管理改革创新，取得明显成效。

一、改革社会组织登记管理制度

7 月 25 日，制定下发了《山东省民政厅关于创新社会组织登记和管理工作的通知》（鲁民〔2013〕49 号），明确了登记管理改革创新的具体政策。重点培育、优先发展行业协会商会类、科技类、公益慈善类、城乡社区服务类社会组织，并实行民政部门直接登记；下放登记权限，将异地商会登记权限由省民政厅下放至设区的市民政部门，将非公募基金会的登记权限由省民政厅下放至设区的市和县（市、区）民政部门；对城乡社区社会组织，降低登记门槛，实行登记备案双轨制；引入竞争机制，探索一业多会。8 月 9 日，在威海召开全省创新社会组织登记和管理工作座谈会，就贯彻省民政厅 49 号文件精神进行了部署安排。目前，社会组织直接登记工作已在省、市、县三级登记管理机关全面展开，全省（不含青岛）共计直接登记社会组织 1081 个，其中，社会团体 370 个，民办非企业单位 709 个，基金会 2 个。

二、配合省委组织部对在职党政干部在全省性行业协会商会兼职进行清理整顿

明确行业协会商会的范围，确认全省性行业协会商会 270 个。对在职领导干部在全省性行业协会商会兼职情况进行了认真梳理，经省委组织部审定，有在职领导干部兼职的全省性行业协会商会 128 个，兼职的在职党政领导干部 263 名，其中省级 5 名，厅级 73 名，处级 175 名，科级 10 名。10 月 30 日，省委、省政府两办下发《关于对相关人员在行业协会商会类社会组织兼职（任职）进行清理整顿的通知》（鲁厅字〔2013〕33 号），明确了清理整顿的政策措施和时限要求，该项工作已基本完成。

三、加强社会组织规范管理

以组织开展行业协会自律与诚信建设和民办非企业单位塑造品牌与服务社会活动为契机，推进社会组织加强内部治理，引导社会组织加强自身建设，提升规范运作水平和服务能力。根据省委教育实践活动领导小组的部署要求，把完善监督管理制度作为一项基础性工作来抓，修订社会组织登记管理和年检服务规范，制定规范社会组织开展评比达标表彰、举办庆典论坛活动、开展合作活动、信息公开等管理办法，完善社会团体换届指引、社会组织档案管理利用服务、社会组织执法规程等制度。加强年度检查，2013 年省管社会组织年检参检率为 84. 97%。全省办理执法案件 2571 件，省厅对 259 家社会组织作出了行政处罚。

四、组织开展全国社会组织建设创新示范区创建活动

积极推动各地加强社会组织管理建设政策创制和培育发展工作创新，泰安市在去年市委、市政府出台《促进社会组织发展的意见》的基础上，出台《泰安市关于转移政府社会管理与服务职能的实施意见》等 7 个配套文件。大力推进社会组织孵化基地、创业园、服务中心等服务平台建设，济南、青岛、泰安、日照、威海、烟台等地服务平台建设取得初步成效。经综合审查，确定推荐泰安市、日照市、泰安市泰山区和济南市市中区为创新示范区单位上报民政部。

五、加强社会组织信息化建设

山东社会组织门户网站于 2013 年正式开通。组织举办 2 期社会组织信息化培训班，对 350 名社会组织管理人员进行了培训。加快推进社会组织信息管理系统的推广应用和社会组织法人库、电子档案库建设，目前该系统已在省、市、县三级登记管理机关投入使用。

六、开展社会组织等级评估试点

根据民政部《社会组织评估管理办法》的要求，制定 7 类社会组织的评估指标体系，成立了由 15 名成员组成的省管社会组织评估委员会和 7 名成员组成的复核委员会，健全评估机制，确定了 108 家省管社会组织试点单位，委托第三方进行等级评估。济南、青岛、潍坊、泰安、日照、滨州、济宁、聊城、威海、烟台等 10 个市已开展社会组织评估工作。

七、组织申报和实施政府财政支持社会组织参与社会服务项目

2013年11月，省政府办公厅出台《政府向社会力量购买服务办法》和指导目录。2013年省财政安排200万元，试点支持社会组织发展和参与社会服务，省民政厅联合省财政厅制定了《山东省财政支持社会组织参与社会服务试点项目省级补助资金使用管理办法》和《山东省支持社会组织发展与参与社会服务试点项目实施方案》，确定了10个具体项目，实施工作正在有序推进。2013年中央财政安排2亿元资金支持社会组织参与社会服务，积极组织申报，争取11个项目、385万元资金，目前项目已按时完成。

八、落实社会组织税收优惠政策

会同财政、国税、地税四部门建立协调工作机制，认定具有公益性捐赠税前扣除资格的社会团体和基金会54家。

九、加强调研

根据省领导的批示要求，加强社会组织培育发展工作调研，10月向省政府呈报《关于培育发展新型社会组织的报告》，郭树清省长、孙绍骋副省长等作出重要批示。

此外，着力加强民管局干部队伍建设和作风建设。认真开展党的群众路线教育实践活动，紧紧围绕建设大爱民政、服务民政、阳光民政、现代民政，按照坚持人本化、法制化、社会化、信息化、专业化、精细化发展方向的要求，结合反腐倡廉建设和廉政风险防控，着力加强干部队伍建设，强化窗口意识，进一步转变工作作风，着重提高把握政策、工作创新、组织协调、依法行政、做群众工作和运用信息化手段6种能力，有效地提升了社会组织管理服务水平。

2013 年河南省社会组织建设与管理工作综述

2013 年，河南省社会组织工作全面贯彻落实党的十八大会议精神和科学发展观，不断探索社会组织管理服务创新，加强社会组织能力建设，较好地发挥了其提供服务、反映诉求、规范行为的作用，为推动全省经济社会发展作出了积极贡献。

一、创新社会组织登记制度，促进社会组织健康有序发展

2013 年，全省各级登记管理机关依据“三个条例”规定，不断创新社会组织登记审批制度，降低登记审批门槛，规范登记审批事项，简化登记审批程序，促进了河南省社会组织快速发展。郑州、安阳两市出台了文件，积极稳妥地推进社会组织直接登记，把行业协会的业务主管单位改为业务指导单位，取消了业务指导单位的前置性审批，直接登记社会组织 90 余家；多市创新登记审批办法，采取缩短登记时间、上门服务、放宽会员人数、降低开办资金数额、免去筹备程序等措施，加快了本地区社会组织的发展；郑州、漯河、新乡市建立社区社会组织备案管理制度，推进社区社会组织规范发展。

二、完善社会组织监督管理办法，规范社会组织制度建设

着力推进社会组织年检工作。加强社会组织年检工作，将其作为加强社会组织监督管理的重要手段，周密安排部署，认真抓好落实，全省社会组织年检率较上年有了新的提高。周口市扎实做好年检部署、检查、善后三个阶段工作，全市年检率连续 5 年达到 100%。完善监督管理办法。出台了《关于加强社会组织重大活动管理的通知》，规范社会组织开展重大活动必须事先报告制度，明确了报告的范围、程序和注意事项；在全省社会组织中推广豫东商会建立“商事调解委员会”以来，先后调解民事纠纷 400 余次，为国家和个人挽回经济损失上亿元，避免了大量的民事、刑事案件发生，为化解社会矛盾、维护社会和谐稳定作出了突出贡献。加大对违规社会组织的检查处罚力度。全省各级登记管理机关积极会同当地公

安、安全等部门，开展联合执法，依法加大了对社会组织违法行为和非法社会组织的查处力度，通过开展联合执法，进一步规范了社会组织的行为，确保了其正确的发展方向。代省政府草拟了《关于加强社会组织行政执法工作的意见》，按照意见要求，今后将逐步建立执法体系，形成党委、政府统一领导，登记管理机关依法监管，相关职能部门各司其职、协调配合的社会组织行政执法工作格局。全省共查处非法社会组织和社会组织违法违规行为954多起，有效地维护了社会稳定。郑州市坚持做到了举报案件当场受理，24小时查处，48小时结案，查办率和群众满意率连续10年保持100%。

三、加大协调沟通力度，积极推进行业协会、商会改革

专门安排部署行业协会、商会改革工作，加强登记管理机关与有关部门沟通协调，研究制定推动本地区行业协会改革与发展的意见；明确规定在审批新成立的行业协会、商会登记中，严把审批关，发现有兼职的人员，一律不予登记成立，坚决杜绝现职领导干部兼职问题。对一些原有领导干部兼职的，通过换届、法人变更等时机，让一些领导干部退出担任的职务，效果比较明显。安阳市积极协调，联同组织部达成共识，严把入口关，明确规定了领导干部不准在协会、商会兼职；开封、濮阳、鹤壁等市采取签订《法人责任承诺书》的办法，杜绝了公职人员在行业协会中的兼职问题。

四、加强社会组织党组织建设，社会组织党建工作有新突破

全省各地认真研究社会组织党建规律，积极探索党建形式，努力理顺管理体制，提升社会组织党组织覆盖，社会组织党的建设得到逐步加强。目前，河南省社会组织党组织共计2438个，其中党委、党组18个，党总支11个，党支部1117个，联合支部776个，临时支部105个，其他411个。党建管理体制有新突破。积极推进社会组织党组织建设工作，各地着力推进党建管理的体制机制创新，地市积极筹备社会组织党工委的成立，安阳市汤阴县成立社会组织党总支，焦作市山阳区、博爱县成立了社会组织党工委。初步建立和完善了党组织各项工作制度。社会组织党组织覆盖面进一步扩大。全省各级社会组织登记管理机关把社会组织党建工作与社会组织年检工作相结合，将社会组织党组织建设和党员情况纳入年检内容予以督促指导，确保社会组织党组织建设覆盖面。目前，全省社会组织党建覆盖率达到了94.7%，全省18个省辖市中有14个省辖市的党建覆盖率

已达到100%。党建工作方法进一步丰富。突出社会组织建设与党的建设相互促进、同步加强，把社会组织党的建设与社会组织登记工作相结合，将社会组织党组织的建立作为登记前置条件，要求符合建立党组织条件的申请单位，必须先建立党组织后再申请办理审批手续。党组织负责人能力进一步提高。加强对党组织书记培训，对社会组织中党组织负责人进行了集中培训，积极鼓励社会组织负责人中的党员担任党组织负责人，肩负起抓业务与抓党建的双重责任，社会组织党组织和党员作用进一步得到发挥。

五、加强组织机构建设，全面推进社会组织评估工作

加强组织机构建设，科学安排，有效推进了评估工作的开展。全省各地采取不同的方法，利用网络、报纸、媒体，对社会组织评估工作进行了宣传，达到了应知尽知。多数登记机关，积极协调有关部门、大专院校教授、学者成立了相应的评估机构，为评估工作提供了组织保障。全省各级从福利彩票公益金中争取到资金用于本级社会组织评估工作。省厅把社会组织评估工作作为年度考核基层登记机关的重要内容，确保了评估工作的全面展开。郑州市、新乡市市本级对符合评估条件的市本级社会组织全部评估一遍，评估率达到了100%。

六、加强指导监督，扎实做好中央财政支持社会组织参与社会服务项目

积极做好2013年中央财政支持社会组织参与社会服务项目，在项目执行过程中，加大监管力度，做好中央财政支持社会组织服务社会专项资金管理工作，明确各立项社会组织的登记管理机关为项目的监管单位，指导登记管理机关做好项目的执行监管工作。全省的项目按照民管局项目管理的要求，全部完成。在项目的执行中，受益群众数量多，活动地域大，在社会上有一定的影响力。

七、精心准备，积极开展社会组织能力建设培训

举办了2期“全省社会组织能力建设培训班”，对河南省各级登记管理机关业务工作人员和部分省级社会组织负责人开展培训工作。共安排资金35万余元，安排20个授课专题，邀请国家民管局的领导、大专院校领导、学者授课，共培训全省登记管理机关工作人员150余人和全省性社会组织160个负责人。通过培训，进一步加强了全省登记管理机关的工作人

员的业务工作能力和业务素质，开阔了登记管理机关人员的工作思路，加强了登记管理机关工作的沟通交流，规范了全省社会组织登记管理工作的制度建设，集中解决了困扰社会组织登记管理工作中的难点问题。

八、积极开展行业协会行业自律与诚信创建活动，促进行业协会商会规范化建设

进一步提高行业协会的自身素质，建立自律、诚信长效机制，省民政厅对创建活动进行具体安排，明确了创建活动的指导思想和活动内容。要求各行业协会以《民政部关于开展行业协会行业自律与诚信创建活动的通知》要求加以实施，切实加强行业协会自身建设，提高行业协会规范化运作水平，建立健全行业协会行业自律与诚信工作体系。要求各级民政部门、省级各行业协会，务必高度重视，要及时召开专题会议研究部署，成立领导小组，指定专人负责此项工作，确保活动深入开展。郑州市制订了《郑州市行业协会自律与诚信创建活动实施方案》，重点从健全自律规约、推进信息公开、开展诚信服务、加强规范化建设四个方面开展工作，在组织领导、加强宣传、监督检查方面采取了一系列保障措施。

九、引导民办非企业单位开展塑造品牌与服务社会活动

以改善发展环境为基础，以能力提升为支撑，以塑造品牌为抓手，以服务社会为目的，进一步加强和改善民办非企业单位管理和服务工作。注重优化环境，搞好培育扶持。优化民办非企业单位发展和发挥作用的政策环境，破解制约民办非企业单位发展的制度障碍；注重塑造品牌，重在服务社会，引导民办非企业单位树立品牌意识，完善组织发展规划和品牌塑造计划。引导民办非企业单位根据组织宗旨，结合自身能力，积极履行社会责任；注重营造良好氛围，充分利用广播、电视、报刊、网络等新闻媒体，对在品牌塑造和服务公众方面表现突出的民办非企业单位及其公益活动给予积极宣传，弘扬公益精神，提高政府部门和社会公众对民办非企业单位积极作用的认可。

十、政府向社会组织购买服务工作在探索中前行，取得初步成效

各地不断建立健全政府购买社会工作服务制度，深入推进政府购买社会工作服务。创新公共财政投入方式、拓宽公共财政支持范围、提高公共财政投入效益，改进现代社会管理服务方式，丰富现代社会管理服务主体，完善现代社会管理服务体系，对于加快政府职能转变、建设服务型政

府、有效满足人民群众不断增长的个性化、多样化社会服务需求。省民政厅、省财政厅联合出台了《河南省民政厅　河南省财政厅关于印发河南省政府购买社会工作服务实施办法》，规范了河南省政府购买社会工作服务制度，加快推进了河南省社会工作专业人才队伍建设，为保障和改善民生为重点的社会建设提供了政策支持。郑州市出台文件，市财政每年拿出500万元对100家社区社会组织进行奖补，鼓励社区社会组织参与社会服务。

2013年湖北省社会组织建设与管理工作综述

2013年，湖北省社会组织管理服务工作在部民管局的指导下，坚持培育发展与管理监督并重的方针，逐步建立起与湖北省经济社会发展水平相适应、布局合理、功能到位、作用明显的社会组织发展体系和分类管理、分级负责的社会组织管理体系。社会组织质量明显提高，法规政策体系初步形成，管理体制基本理顺，服务监督水平有效加强，社会组织作用得到发挥，形成了政府管理、社会监督和社会组织自律相结合的管理格局。

一、基本情况

随着经济社会的快速发展，特别是党的十八大报告提出“加快形成政社分开、权责明确、依法自治的现代社会组织体制”后，湖北省各类社会组织呈现快速增长的趋势，涉及科学研究、环境保护、教育、卫生、社会服务、文化、体育、法律、工商服务、宗教、农业及农村发展、职业及从业人员等领域。

（一）登记工作情况

截至2013年底，全省共有社会组织27833个，其中社会团体13405个，民办非企业单位14349个（含乡镇“七站八所”改制的5590个），基金会79个，较上年增幅均达到10%以上。省本级社会组织共有1272个，其中社会团体888个，民办非企业单位311个，基金会73个。另外，备案社区社会组织达到1万个。

（二）审批工作情况

近年来，全省性社会组织登记年检实行网上申报和审批，审批时间已由法定的60天、30天、20天缩减到10天。全年仅省厅受理行政审批事项225件，其中，社会团体筹备登记24项，成立登记14项，变更登记137项，注销登记1项；分支机构成立登记10项，变更登记11项；民办非企业单位成立登记10项，变更登记9项；基金会成立登记3项，变更登记6项，备案事项122项。其中，社团备案39项，社团章程核准40项；民非备案15项，民非章程核准18项；基金会备案4项，基金会章程核准6项；办理社团会费标准备案62项。

（三）年检工作情况

2013年全省符合年检的社会组织27833个，年检合格率达96%，其中，符合年检条件的1271家省本级社会组织，年检合格率达99%。

（四）社会组织等级评估情况

积极开展社会组织规范化建设等级评估工作，对社会团体、民办非企业单位、基金会规范化建设等级评估标准进行了进一步细化。评估工作开展以来，全省参与评估的社会组织数累计达到863家（省本级为208家，各市州为655家）。2013年度全省性社会组织等级评估工作完成，此次有41家全省性社会组织进行评估（有些5A级社会组织第二次参加了评估）。共评定5A级社会组织11家，4A级社会组织18家，3A级社会组织10家，2A级社会组织2家。被评定的4A、5A级社会组织，有效期内可享受简化年度检查程序、优先接受政府职能转移、享受政府购买服务等优惠政策。

（五）行政执法情况

2013年，湖北省处理社会组织行政执法案件共计145起，其中行政处罚案件138起（警告44起，停止活动10起，撤销登记84起），罚款金额40000元；取缔非法组织案件3起；劝散非法组织案件数量4起，有效地维护了湖北省社会组织的健康发展。

二、工作创新

（一）政策创制方面

一是为了健全全省行业协会（商会）的组织机构和运行机制，规范行业协会（商会）治理行为，促进行业协会（商会）健康有序发展，根据行业协会（商会）的实际，研究制定了《湖北省行业协会（商会）规范化建设指引》。二是为了规范基金会信息公开工作，增强基金会工作的透明度，提升基金会的社会公信力，研究制定了《湖北省基金会信息公开办法》。三是为了规范湖北省社会组织登记工作，提高社会组织登记质量，研究制定了《湖北省社会组织登记流程规范》。

（二）登记方面

一是积极推行登记管理机关和业务主管单位一体化，对行业协会商会类、科技类、公益慈善类、城乡社区服务类四类社会组织实行直接向民政部门申请登记。二是降低登记门槛，减少审批环节，将原“登记在省”的异地商会登记权限下放到市州县。全省已登记异地商会67家，其中省本级16家、市州县级51家。三是打破一业一会的限制，鼓励行业协会理性竞争，物流、服装、汽车、书画、珠宝等行业已实行一业多会。四是开展非公募基金会登记权限下放试点。经民政部批准，武汉市、荆州市、宜昌市三个市进入第一批试点行列，试点工作稳步推进。五是为了规范湖北省社会组织登记工作，提高社会组织登记质量，研究制定了《湖北省社会组织登记流程规范》，实行“四减五制三集中”，实现了登记管理的制度化、规范化，审批社会组织时间已由法定的60天、30天、20天缩减到10天。六是全省性社会组织年检、登记实行网上申报和审批。

（三）监督管理方面

一是为规范社会组织相关行为，在深入调研的基础上，结合本省实际制定并下发了《湖北省行业协会（商会）规范化建设指引》、《湖北省基金会信息公开办法》，确保各类社会组织健康有序发展。二是积极开展全省行业协会行业自律与诚信创建活动。行业协会根据行业发展要求，以章程为核心，建立健全换届选举、议事决策、人事管理、财务管理、机构管理等内部管理制度。三是积极开展民办非企业单位塑造品牌与服务社会活动。鼓励民办非企业单位提高服务能力，创新服务模式，强化服务特色，增强服务的规范化、精细化、标准化，形成核心服务竞争力。鼓励有条件的民办非企业单位申请ISO服务质量标准认证。四是积极开展了创建全国社会组织建设创新示范区活动。目前，已有鄂州市、武汉市江汉区、黄石市黄石港区、谷城县、枣阳市、宜昌市夷陵区、宜都市、竹溪县、大悟县、随州市曾都区10个市、县（市、区）政府向省民政厅提交了创建申请，并在此基础上推荐宜昌市夷陵区申报创建全国社会组织建设创新示范区。

（四）发挥社会组织作用方面

一是认真做好中央财政支持社会组织参与社会服务项目工作。近年湖北省共争取到中央财政支持项目11个，目前，11个项目任务均已完成并接受民政部审计验收。二是积极争取省级财政支持，培育扶持社会组织发展。从福彩公益金中安排300万元资金支持32家基层社会组织参与社会服务项目。三是积极引导社会组织承接政府购买服务项目，参与社会管理和社会服务。初步统计，全省各级政府购买和委托社会组织服务项目达1500多个，资金达5985万元。其中，省本级1228家社会组织中，政府购买和委托社会组织服务项目210个，资金达650万元。四是进一步优化社会组织发展环境，积极落实社会组织公益性捐赠税前扣除政策。五是积极开展典型示范，推动社会组织发挥作用。举办了7期社会组织负责人或秘书长培训班，有31家社会组织分别就承接政府购买社会服务、积极为会员服务、加强自身建设等方面进行经验交流。

（五）信息化建设方面

为推进全省民管系统信息化建设，研制了市州县社会组织登记管理系统，并于12月初对全省117个县市区民政局的民管科（股）长及相关工作人员进行了培训，系统分登记、变更、年检、信息管理及信息公开等各个方面，涵盖了社会组织管理相关工作，省市县三级社会组织信息管理系统建设走在了全国前列。

（六）社会组织党建工作方面

针对社会组织党建工作“三难问题”（即“组织难建立、活动难开展、作用难发挥”），采取了“三纳入”措施（即在民政部门登记注册的社会组织党建工作纳入管理环节，在注册登记时，纳入前置审批；在年检时，纳入年检内容；在等级评估时，纳入考核范围），强化了社会组织党组织建设和党的工作全覆盖，确保了社会组织党组织应建已建率达100%。目前，已有襄阳、咸宁、荆州、鄂州、公安、黄陂、孝南、安陆、应城、竹溪等市、县（市、区）设立社会组织党工委，党工委设在民政部门，与登记机构合署办公并接受组织部门业务指导。

（七）人才队伍建设方面

于6月下旬及12月上旬举办了8期全省性社会组织培训班，培训对象为各类社会团体、民办非企业单位、基金会的负责人和全省市州县（市、区）登记管理机关工作人员近1000人次。学员们普遍反映参加培训，学习了知识和经验，受到了启发，为今后的工作开拓了思路。

2013年湖南省社会组织建设与管理工作综述

2013年，在国家民管局和省民政厅党组的正确领导下，以科学发展观为指导，按照“培育扶持、分类指导、完善机制、规范管理”的工作原则，扎实抓好社会组织登记、监管、执法、党建、项目等五项任务，基本完成各项工作任务，取得较好的成效。

一、创新登记管理体制，社会组织取得较快发展

目前，全省社会组织总数达24140个，比去年增长18.5%。每万人3.4个，比去年增加0.55个。社会组织中有社团12398个、民非11571个、基金会171个。省本级社会组织达到1341个，其中社团866个、民非304个、基金会171个。全省登记社区社会组织566个，备案1666个；登记农村专业经济协会1145个，备案422个。主要做法有：一是严格把好登记关口。按照“三个条例”和相关法律法规政策的要求，认真审查社会组织登记管理的合法性和必要性，确保做到依法依规登记。2013年省民管局共接待设立社会组织咨询3200多人次，考察社会组织场地100多次。全年省本级新登记社会组织92个，全省共新增社会组织4512个。二是创新登记体制。2013年8月，出台了《湖南省民政厅关于对四类社会组织实行直接登记管理的暂行办法》，提出从2013年8月6日起，行业协会商会类、科技类、公益慈善类、城乡社区服务类等四类社会组织取消业务主管单位，由民政部门直接登记；取消社会团体登记的筹备阶段，将筹备与成立合并为一次性行政许可，减少审批环节；允许行业协会引入适度竞争，实行一业多会；降低登记条件，大力培育发展群众生活类社会组织，公益慈善类社会团体允许加字号。目前，全省共直接登记社会组织192个，其中行业协会商会类52个，科技类17个，公益慈善类90个，城乡社区服务类33个。下放了异地商会登记管理权限，允许县以上民政部门登记异地商会。目前，省本级成立异地商会15家，市州县市区成立74家。改进登记方式，落实省纪委网上审批的要求，对所有的新成立的社会组织都进行了网上登记。三是争取社会组织扶持政策。各级社会组织登记管理机关积极参与制

定有关社会组织政策法规，为社会组织争取各项扶持。省厅争取两办下发了《关于加强和创新社会组织建设与管理的意见》，争取省委组织部下发了《关于进一步加强社会组织党建工作的意见》，联合省财政厅、省国税局、省地税局，下发公益性捐赠税前扣除有关问题的通知，认定了108家社会组织获得公益性捐赠税前扣除资格。

二、强化日常监督管理，促进社会组织有序发展

各级社会组织登记机关把监督管理工作作为促进社会组织健康发展的关键工作，在扎实做好年度检查工作的基础上，着重加强日常监管，引导社会组织加强内部治理，提高社会组织的社会公信力。一是依法开展年度检查。近年来，省民管局一直采用集中年检和分散年检相结合的方式，为社会组织年检提供方便快捷的服务，切实提高社会组织年检率。2013年，省本级社会组织参加年检的达到了1038家，占应检社会组织的93.5%，全省社会组织年检参检率达到92.7%。二是着力强化日常监管。2013年，各级社会组织登记机关在抓好年检的基础上，把日常监管作为一项重要工作常抓不懈，重点是加强对社会组织换届和重大活动等业务的日常监管。省民管局全年共审核批准社会团体换届200多次，对1000多名社会团体拟任负责人进行了审核，核准社团、民非、基金会章程220多个，参加社会组织会员（代表）大会、理事会等重大活动近200次，及时掌握社会组织情况。三是开展业务培训。省厅于3月份、10月份和11月份举办了3期培训，累计培训社会组织登记管理机关和社会组织有关负责人员将近500人次。四是开展社会组织评估。省民管局去年完成了对首批36家行业协会（商会）的评估，共评选出5A级协会8家，4A级协会15家，3A级协会11家，2A级协会1家，1A级协会1家。

三、狠抓执法监察工作，增强社会组织法治意识

湖南省的执法监察工作一直是社会组织管理中的薄弱环节，2013年，各级社会组织登记管理机关从处理典型违法案件着手，不断规范执法程序和执法文书，较好地规范了社会组织的行为，增强了社会组织的法律法规意识。一是加大了查非打非力度。全年全省共查处了39起社会组织的违法行为，对严重违法、违规的564个社会组织作出了撤销登记的行政处罚。湘西土家族苗族自治州在州委、政府的统一领导下，由政法委牵头、公安、财政、民政等部门组成了专门班子，依法查处了“湘西州博爱互助协会”的违法行为，并作出了撤销处理，维护了社会稳定。二是规范了执法

程序。省民管局制定了规范的行政执法程序和行政执法文书，并通过举办全省的执法培训班，使全省的社会组织行政执法业务能力得到了进一步提高。三是巩固了小范围协调机制。省民管局每两个月定期与省小范围协调机制联系一次，与成员单位交流境外非政府组织活动情况，与有关单位共同防范。四是参与联合执法。省民管局两次参加了由省人事考试院联合十部门发起的整顿人事培训机构执法活动，查处1家超范围经营民办非企业单位，有效地提升了社会组织整体素质。

四、扎实开展党建工作，提高社会组织党组织覆盖率

在省委与省委组织部的高度重视下，近年湖南省社会组织党建工作扎实起步，稳步推进，优势互补，乘势而上，取得了十分可嘉的成绩。一是社会组织党建工作管理体制建立健全。目前，长沙、株洲、湘潭、衡阳、岳阳、邵阳、常德、张家界、郴州、永州等10个市已成立依托民政部门的社会组织党工委。全省122个县（市、区）中，54个县市区成立了社会组织党工委，株洲9个、岳阳13个、永州11个、常德9个、郴州11个，湘潭1个，占全省县（市、区）的42%。省科协成立了第一家业务主管为依托的社会组织党委，常德成立多家部门党委。全省初步形成了“党委领导、组织部门抓总、社会组织党工委具体负责”的层级清楚、职责明确、关系顺畅、管理直接、便于落实的社会组织党建工作管理体制，为社会组织党建工作提供了较好的体制保障。二是社会组织党组织覆盖率不断提高。2013年，全省新成立社会组织党组织341个，其中，省本级新建党组织72个。目前全省社会组织中有中共党员67831名，符合建立党组织条件的社会组织3450个，已建立党组织3435个，组建率为99.5%，基本达到了应建必建的要求。三是社会组织党组织建设有效加强。省委组织部、省委宣传部、省社会组织党工委和省社科联联合下发了《关于加强和改进省级社科类社会组织党建工作的通知》，规范了社科类社会组织的党建工作。近日，省社会组织党工委会同省委组织部出台了《关于进一步加强社会组织党建工作的意见》，进一步理顺了社会组织党工委管理体制，建立健全了党工委各项制度，明确了社会组织党组织的组建方式，结合社会组织自身特点，确保实现党的工作全覆盖。

五、积极培育发展，加大社会组织扶持力度

近年来，党和政府逐步加大了对社会组织的扶持，鼓励社会组织参与公益事业。一是中央财政项目力度加大。省民管局在认真总结2012年项目

申报经验的基础上，全力组织各级社会组织申报 2013 年度中央财政支持社会组织项目。经过争取，全省有 13 个社会组织共争取到资金 400 万元，项目数和资金总量分别比 2012 年增加了 225% 和 122%。在项目实施过程中，为确保项目实施质量，省民管局先后到郴州、娄底指导工作，督促立项单位建章立制、及时报告项目进度，确保项目按时保质完成。二是省福彩公益金项目稳步增长。2013 年，省厅拿出 410 万元福彩公益金用于支持社会组织发展，为确保高质量完成项目申报工作，省民管局及时制定了项目申报实施细则，规范了申报文本、申报方法及审核程序。通过审核，最终确定资助 54 个项目。

六、开展专项治理，净化社会组织发展环境

一是专项治理与行政许可、行政审批相关的行业协会收费行为。按照省委、省政府的要求，自 2013 年 9 月底始，省厅配合省纪委在省本级选取了社会组织数量较多、与行政许可行政审批比较密切的 10 多个业务主管单位的 100 多个社会团体，重点清理这些社会组织中涉及咨询、培训、代理、鉴定、认证、检验、检测、评估、评审等有偿服务的内容和项目，杜绝其利用行政权力开展有偿收费、权利让渡等行为。二是清理规范领导干部兼任社会组织职务。11 月份，省厅联合省委组织部、省纪委出台了《关于对省委管理干部在社会组织兼职进行清理规范的通知》，对省管干部（包括离退休领导干部）在社会组织中担任职务作出了明确规定，改革政府对社会组织的行政干涉，赋予了社会组织更大的自主权和更大的活力。省本级清理并规范厅级干部违规在社会组织兼职的 976 人，株洲市有 78 名公务人员、郴州市有 60 名公职人员辞去了行业协会的职务。

七、拓宽宣传渠道，增强社会组织影响力

一是积极拓宽宣传渠道。省民管局在不断加强“湖南省民间组织信息网”建设的基础上，积极利用各种媒体、平台，宣传社会组织。2013 年，网站及时更新各社会组织活动动态，共发布相关政策、办事指南、公告、通知等各类报道信息共 200 多条，6 万多字，“一报一刊”共刊登湖南省相关稿件 200 多件，社会组织宣传工作得到了很大提升。二是圆满完成宣传工作任务。全省共完成征订《中国社会报 · 社会组织周刊》2920 份，《团体管理研究》1794 份。2012 年，在全国社会组织宣传工作会议上，李厅长作了典型发言，全省共有 7 个单位 9 人获先进，表彰面列全国第二位。

八、落实中央精神，扎实开展群众路线教育实践活动

一是积极参加第一批群众路线教育实践活动。按照中央、省委和厅党组的部署，省民管局参加第一批群众路线教育实践活动，活动从7月份开始，其间多次安排集中学习和讨论；召开了民主生活会；向社会组织发放了650份调查问卷；深入娄底、郴州等地的基层登记管理机关进行调研；组织全局到岳阳市平江县嘉义镇光荣院慰问了24名老军人，到岳阳市平江县嘉义镇丽江村慰问了20个贫困户；建立健全了印章管理制度、档案管理制度、社会组织直接登记审批流程等一系列制度，提高了全局工作的规范化程度。二是精心策划第二批群众路线教育实践活动。按照省委党的群众路线教育实践活动领导小组办公室《关于做好全省第二批党的群众路线教育实践活动前期调研工作的函》（湘群办发〔2013〕15号）的要求，省社会组织党工委办公室于2013年10月31日下发了《关于开展全省社会组织综合工作调研的通知》，并发出800份调查问卷，进行了专题调研。根据省委第二批群众路线教育实践活动实施方案，结合社会组织的特点，制订了《湖南省社会组织开展第二批群众路线教育实践活动实施方案》，为开展第二批党的群众路线教育实践活动做了充分的准备。

2013 年广西壮族自治区社会组织建设与管理工作综述

截至 2013 年底，在全区各级民政部门登记的社会组织有 17450 个，其中，社会团体 11300 个，民办非企业单位 6110 个，基金会 40 个。

一、积极探索创新社会组织登记管理体制

一是探索以直接登记为核心的社会组织登记新模式。探索行业协会、商会和科技类社会组织，公益慈善、社会福利、社会服务等类别的社会组织在民政部门直接登记。目前，已有广西八桂义工协会、广西吕贻标爱心基金会、广西壹方慈善基金会、广西一通居养老服务中心等 52 家社会组织在全区各级民政部门直接登记。

二是推行城乡基层社会组织登记备案双轨制。顺应农村经济发展和社区民主自治的需要，从方便准入的原则出台改革政策，通过降低门槛、简化手续、登记和备案等方式，积极培育发展社区社会组织和服务“三农”的农村专业经济协会和基层老年协会。

三是社会组织登记管理权限下放。为了增强区域经济活力，把异地商会、非公募基金会登记管理权限下放到县一级民政部门，方便了社会组织的登记，积极地推动了地方经济的发展。

二、进一步规范和加强登记管理工作

（一）加强统筹指导工作

自治区民间组织管理局于 4 月 25 日召开了全区社会组织管理工作会议，部署了 2013 年社会组织管理工作的主要目标和主要任务。会议要求各级民政部门要以党的十八大和全国“两会”精神为指导，强化做好社会组织管理工作的责任感和紧迫感，以政府职能转移为重点推进政社分开，加快建立现代社会组织体制，努力实现社会组织管理工作新突破。

（二）认真开展社会组织评估工作

广西社会组织评估工作于 3 月启动，评估对象涵盖全区性行业协会

（商会）、学术性社团、基金会和民办非企业单位四类社会组织，首次将民办非企业单位列为参评对象。2013 年共有 58 家社会组织评估评审，按照公平、公正、公开的原则评出了 5A 等级 20 家、4A 等级 25 家、3A 等级 11 家、2A 等级 1 家、1A 等级 1 家，对评为 3A 以上等级社会认可度高的社会组织进行了授牌并颁发证书。

（三）积极开展创建全国社会组织建设创新示范区活动

按照民政部的部署和要求，结合广西实际细化了指标和分值，成立了全区社会组织建设创新示范区活动领导小组，并在民间组织管理局设办公室，负责创建活动的组织实施，指导各市开展好创建活动。以开展创建活动为契机，进一步更新发展理念，优化发展环境，不断提高社会组织建设水平和服务能力。年底推荐了南宁市青秀区、桂林市秀峰区申报全国创建示范区。

（四）认真抓好行业协会行业自律与诚信创建活动和民办非企业单位塑造品牌与服务社会活动

2013 年 4 月，按照国家民间组织管理局的部署，对行业自律与诚信创建活动和民办非企业单位创品牌活动专门召开了动员部署大会，下发了活动通知，全区有 190 多家行业协会通过开展活动，加强了行业自律，规范了行为，取得了良好成效。塑造了广西大学附属中学、广西外国语学院、广西重阳老年公寓、广西社会福利院、广西桂平黎明医院等一批品牌单位。

（五）严格登记和日常管理工作

按照法律法规，认真审查，严格把关，认真做好年度检查工作。全区性社会组织参检率和合格率达到 95% 和 97%。全年行政审批事项办理当中，受理事项 100% 在承诺时限内办结，群众满意率为 100%，办件提速在 96.04% 以上，最高达 98.68%，办件基本数据统计和效能在自治区本级各单位的排名均位于前五名。

（六）加大执法力度

全区各级社会组织登记管理机关坚持依法行政，严格执法，加强对违法社会组织的处罚力度，加大对非法组织的打击力度。2013 年，自治区各级民政部门共注销社会团体 160 个、民办非企业单位 32 个，撤销社会团体 54 个、民办非企业单位 22 个。

（七）加强民间组织登记管理机关工作人员能力建设

2013 年，进一步加大培训力度，自治区本级共对各级登记管理机关工作人员140多人进行了培训，进一步提高了登记管理机关工作人员的综合素质和业务水平。

三、持续加大对社会组织的扶持力度

（一）稳步推进中央财政支持项目

2013年广西共获得中央财政支持社会组织参与社会服务项目立项17个，项目资金总额529万元。为确保项目顺利开展，资金规范使用，自治区民政厅下发了《关于实施2013年中央财政支持社会组织示范发展项目分工的通知》，对全区17个项目的实施进行分工和具体指导。4月26日，民间组织管理局组织召开了2013年中央财政支持社会组织参与社会服务项目工作培训会，邀请国家民间组织管理局项目办主任于萌和亚太会计师事务所所长于亚男分别就项目运作、规范管理、资金使用等进行讲解，还邀请钦州市临床肿瘤学会和桂平黎明医院负责人分别就2012年项目实施运作情况介绍了经验。目前，经过各级民政部门和有关社会组织的共同努力，自治区承接的17个中央财政支持社会组织示范发展项目已全部完成并顺利通过了国家民管局组织的验收。

（二）积极争取自治区财政支持项目

通过积极争取，2013年自治区财政给予100万元资金支持全区社会组织参与社会服务。为了让这100万元资金用好用活，9月份，在南宁市召开了中央财政和自治区财政支持社会组织参与社会服务项目推进会，两级财政支持项目承接社会组织负责人以及相关市民政局负责同志参加了会议，会议强调了项目实施的注意事项以及资金使用的规范。

（三）积极推动社会组织购买服务政策的落实

国务院办公厅下发《国务院办公厅关于政府向社会力量购买服务的指导意见》后，自治区民间局与相关部门沟通联系，通过第三方评估机构公平、公正、公开地评出社会组织等级，以此为依据，把一些发展好、运行好的社会组织纳入名录库，为政府购买服务推荐优秀良好的社会组织，享受政府购买服务的扶持政策。

2013年海南省社会组织建设与管理工作综述

2013年，在党的十八大和十八届三中全会以及省第六次党代会精神指引下，在省民政厅党组的正确领导和国家民管局的具体指导下，民管局坚持“培育发展和监督管理并重”的社会组织建设和管理工作方针，紧紧围绕现代社会组织建设和管理新模式，抓住机遇、锐意改革，顺利完成了各项工作任务，促进了全省社会组织的科学有序发展。

一、加大培育发展力度，社会组织登记数量稳步增长

积极推进海南省社会组织体制创新，激发社会组织活力，促进了社会组织平稳较快发展。截至2013年12月底，全省已登记成立社会组织4803个，其中社会团体2197个，民办非企业单位2556个，基金会50个，与2012年底相比增加418个，增长9.53%。登记成立省本级社会组织1277个，其中社会团体761个，民办非企业单位466个，基金会50个。与2012年底相比增加120个，增长10.4%。各类社会组织广泛活跃在经济社会诸多领域，已经成为海南省社会建设的重要主体、经济发展的重要力量。

二、加大政策创制力度，现代社会组织建设和管理体制逐步完善

为加快推进现代社会组织体制建设，创建符合海南国际旅游岛建设的社会组织运行模式，贯彻落实《国务院机构改革和职能转变方案》提出的加快推进社会组织“两个体制”精神，草拟了《中共海南省委海南省人民政府关于大力培育发展社会组织加快推进现代社会组织体制建设的意见》、《政府购买社会组织服务的实施意见》、《海南省行业协会商会管理办法》、《海南省关于改革社会组织登记管理体制的实施方案》和《海南省关于加强社会组织人才队伍建设的实施意见》等上报省政府。为推进社会组织体制创新，激发社会组织活力，根据《中共中央关于全面深化改革若干重大问题的决定》精神，研究下发《海南省民政厅关于对四类社会组织实行直接登记的通知》，在全省范围内开展行业协会商会类、科技类、公益慈善

类、城乡社区服务类四类社会组织直接登记工作，进一步降低了社会组织登记门槛，促进了社会组织快速发展。

三、加大规范管理力度，社会组织建设和管理水平稳步提升

（一）做好社会组织年检工作

每年从3月份开始对省本级社会组织进行年检，在年检过程中，克服时间紧、任务重、人手少的困难，认真审核，严格把关，确保年检质量。据统计，2013年共有812个省本级社会组织参加年检，参检率76%。其中年检合格的有681个，年检基本合格的有131个。

（二）做好民办非企业单位的等级评估工作

根据《海南省省级社会组织评估实施办法》，制定了《海南省省级民办非企业单位等级评估工作方案》、《海南省省级民办非企业单位等级评估指标》，建立了海南省省级民办非企业单位等级评估委员会和海南省省级民办非企业单位等级评估专家库，经各民办非企业单位自评、专家组实地评估、评估委员会审核和厅长办公会研究同意，2013年共有11个省级民办非企业单位被评为3A以上等级，其中获得3A等级的有4个单位，获得4A等级的有4个单位，获得5A等级的有3个单位。

（三）加大对社会组织的行政执法力度

一是对超业务范围开展活动的2家社会组织和内部财务管理不规范的5家社会组织以及不按照有关规定、达不到公益事业支出比例的4家基金会发出限时整改通知书，要求限时整改；二是开展治理各类庆典、研讨会、论坛等活动，进一步规范社会组织行为；三是协助有关部门联合开展社会组织“小金库”治理，共查处社会组织“小金库”2个，涉及金额41.12万元；四是对34个两年或两年以上不参加年检的社会组织作出撤销登记的行政处罚。

（四）加强社会组织内部管理制度建设

根据社会组织“三个条例”的要求，制定了一系列社会组织内部管理制度，目前已经完成了8个内部管理规章指引的草拟工作。在此基础上，将要求各社会组织按照内部管理规章指引，结合各自的实际，分别制定自己的内部管理制度，不断促进社会组织内部管理走向规范化和标准化。

（五）规范社会组织档案管理工作

根据民政部档案检查标准，制订了《海南省民政厅关于对社会组织档案管理工作监督检查的实施方案》，对省本级社会组织的1200多份档案进

行规范化整理，同时对各市县民政局的社会组织档案管理进行监督指导，有力促进了全省社会组织档案管理工作标准化和规范化。

（六）开展社会组织能力教育培训

2013年，利用中央财政支持社会组织参与社会服务示范项目资金，共举办了3期社会组织登记管理工作人员和社会组织负责人培训班，共有700多人参加了培训。培训内容包括社会组织政策法规、行政执法制度、登记管理制度、党组织建设、能力建设、财务管理、民办非营利组织税收政策等。通过培训，社会组织登记管理工作人员和社会组织负责人的履职能力有了进一步的提高。

四、加大政府向社会组织购买服务工作的力度，扶持社会组织健康发展

积极与省财政厅协调，不断加大政府购买服务资金的支持力度，2013年支持社会组织开展社会服务项目资金达到300万元。

（一）做好向社会组织购买服务项目的监管工作

做好2013年省政府利用300万元福利彩票公益金向社会组织购买服务项目工作，目前项目资金分配已经到位，项目实施顺利。

（二）做好中央财政支持社会组织参与社会服务示范项目的实施和监管工作

积极发动海南省社会组织申报示范项目，2013年全省共有11家社会组织获得中央财政支持开展社会服务示范项目376万元。印发了《海南省民政厅关于中央财政支持社会组织参与社会服务示范项目监管工作方案》，对项目的实施情况进行有效的跟踪监管。截至2013年底，11个项目的实施工作已经完成。

五、落实社会组织税收优惠政策，为社会组织的发展创造良好的社会环境

积极与省财政、税务部门沟通，认真做好社会组织申报非营利组织免税资格和公益性捐赠税前扣除资格的认定工作。2013年，共有10个社会组织获得公益性捐赠税前扣除资格，有29个社会组织获得非营利组织免税资格，截至目前，全省共有38个社会组织获得公益性捐赠税前扣除资格，有154个社会组织获得非营利组织免税资格。

六、加强审批办业务窗口的服务能力建设，不断提高依法行政和服务水平

积极开展审批制度改革和创新，2013 年已全部将社会组织成立、变更和注销登记等共 16 个审批项目全部实行网上申报审批。同时通过优化审批流程、缩短审批时间，高效便民地开展审批工作，得到了办事群众的好评。截至 2013 年底，厅审批办共受理行政审批事项 337 件，办结 326 件，提前办结率 100%。

七、积极开展创建全国社会组织建设创新示范区活动

转发了《民政部关于开展创建全国社会组织建设创新示范区活动的通知》，广泛发动各市县积极参与创建活动，经过审核，最后确定海口市作为全国社会组织建设创新示范区。

八、认真做好社会组织党建工作

一是组织全省社会组织广大党员认真学习贯彻党的十八大精神。共举办了 2 期学习贯彻党的十八大会议精神培训班，参加学习的社会组织党员有 770 多人。二是加强社会组织党组织建设。全省社会组织党组织有 391 个，党员人数近 6000 名，社会组织党组织的覆盖率近 10%，社会组织党组织的应建必建率达 100%，党的工作覆盖面达到了全覆盖。三是积极开展社会组织党建工作调研活动，共撰写党建调研报告 2 篇，为党工委开展好党建工作献谋献策。四是在社会组织中积极发展优秀骨干入党，共发展新党员 40 多名。五是在社会组织党组织中广泛开展党的群众路线教育实践活动，使社会组织中的党员特别是党员领导干部进一步树立群众观念，强化党的理想信念和全心全意为人民服务的宗旨意识，保持党的纯洁性和先进性。

2013年重庆市社会组织建设与管理工作概述

一、工作成果

2013年，在市委市政府的领导和民政部的指导支持下，重庆市社会组织管理工作认真学习贯彻落实党的十八大精神，创新登记管理工作，注重行业协会及基层服务类社会团体的发展，探索更加透明的监管机制，指导和调动社会组织在社会服务领域发挥积极作用，提升公益社会组织能力，社会组织得到了健康有序发展。

2013年，重庆市新登记社会组织1874个，其中市级新登记84个（社会团体45个、民办非企业单位31个、基金会8个），区县（自治县）级新登记1866个（社会团体802个、民办非企业单位1064个）；全市注销登记社会组织453个，其中市级注销登记9个（社会团体6个、民办非企业单位3个），区县（自治县）注销登记444个（社会团体261个、民办非企业单位183个）；全市撤销登记社会组织158个，其中市级撤销登记33个（社会团体14个、民办非企业单位19个），区县（自治县）撤销登记125个（社会团体49个、民办非企业单位76个）。截至2013年12月31日，全市登记在册社会组织共有13154个，其中市级登记在册社会组织1290个（社会团体909个、民办非企业单位334个、基金会47个），区县（自治县）登记在册社会组织11864个（社会团体5784个、民办非企业单位6080个）。与2012年同期11891个相比增长10.62%。

二、工作措施

2013年，在强化对社会组织登记管理工作的同时，以改善服务为手段，以管理创新为动力，以促进发展为目的，重点推进了政策制定、精细管理、净化环境等登记管理工作。

一是狠抓相关政策制定。对《重庆市基金会评估指标》、《重庆市全市性学术类社会团体评估指标》进行了修订，研究制定了《专业性社会团体评估指标》、《联合性社会团体评估指标》、《重庆市异地商会管理暂行办法》、《重庆市社会组织评比达标表彰活动管理实施办法（试行）》。在广泛调研的基础上，制定了市级民办非企业单位规范化建设评估指标。并全面启动区县（自治县）社会组织评估工作，并将此项工作列入年终目标考核内容。同时，会同市人力资源和社会保障局印发了《重庆市民办职业培训机构审批和管理办法（试行）》，会同市文化广电局制定出台了《关于促进民办博物馆发展的意见》、《重庆市市属文化类民办非企业单位登记管理办法》。

二是努力净化民间组织环境。为了净化社会组织环境，2013 年，在加大服务和登记管理的同时，加大了对违纪违法社会组织的处置力度。对连续三年没有参加年检和有违纪行为的社会组织实施了行政处罚，对违反民政部年检办法和已经被业务主管单位取消执业资格的 16 个社会团体和 22 个民办非企业单位进行了撤销。对在内部管理上存在问题的社会组织，约谈了该组织负责人，对有群众举报的社会组织，进行了调查和处理。通过这些手段的实施，净化了社会组织发展环境，有效促进了社会组织工作的开展。为了强化对社会组织的管理和规范，根据社会组织的工作内容和特点，对社会组织章程从形式到内容进行了全面规范。

三是实行精细化管理。始终把加强对区县登记管理机关工作指导作为重点工作抓紧抓好，转发了民政部《关于开展创建全国社会组织建设创新示范区活动的通知》，在全市登记管理机关启动开展社会组织建设创新示范区创建活动，为在年底前命名一批市级示范区，并从中选优推荐参加全国创新示范区的评选打下基础。同时，将创建活动纳入年终对区县（自治县）民政工作目标考核内容，以充分调动各地的积极性，鼓励区县（自治县）推进社会组织建设改革创新，培养和塑造一批先进典型示范区，引导和促进社会组织健康有序发展。在加强对区县登记管理工作指导的同时，加强对社会组织的指导，在全市行业协会中开展以健全自律规约、推进信息公开、开展诚信服务、加强规范化建设为主要内容的行业自律与诚信创建活动，进一步加强行业协会行业自律与诚信建设，提升行业协会的社会形象，增强行业协会的社会公信力，扩大行业协会的社会影响。

为方便群众，开发了网上办事系统。通过民间组织管理局网站可以进行网络查询社会组织工作信息、网络申报、网上年检、网络表册下载等，既提高了办事效率，也方便了群众办事。为了适应社会组织管理工作的现代化，在民政信息系统建设工作中，把社会组织管理工作板块、有关问题进行了梳理，使之融入民政信息系统之中，适应社会组织管理现代化建设的需要。

四是加强培训，努力提高登记管理和社会组织从业人员素质。为了提高社会组织管理工作人员和民办非企业单位及各类社会组织从业人员素质，2013 年开展了各类社会组织人员培训 5 期。为加强社会组织从业人员综合素质和业务能力的培养，引导社会组织完善法人治理结构，强化规范管理，提升社会组织服务社会的能力，结合实施中央财政支持社会组织参与社会服务项目，先后在万州、黔江、巴南、主城对全市社会组织负责人进行了业务培训，培训各类负责人 500 余名，极大地提升了社会组织的运行能力和登记管理人员的服务能力。

五是加快社会组织管理工作改革步伐。按照十二届全国人大一次会议审议通过的《国务院机构改革方案》提出的对四类社会组织直接登记的要求，2013 年以来，继续探索推进部分社会组织直接登记试点，在市级和条件成熟的区县（自治县）先行先试，对行业协会商会类、科技类、公益慈善类和城乡社区服务类社会组织实行民政部门直接登记制度，并将于近期执行异地商会直接登记制度。目前，市级直接登记的社会组织有 15 家，各区县登记管理机关结合草根社会组织备案制的推进，对农村专业经济协会、稻草援助中心和农村敬老院（或社会养老服务中心）等 1370 多家社会组织，探索实行了无业务主管单位直接登记服务，较好地适应了各地培育扶持社会组织的实际需要。

在 2012 年试行委托第三方评估基础上，2013 年继续委托市科协对学术类社会团体进行评估。对通过评估获得 5A 等级的学术类社团每个给予 10 万元的资金支持，极大地调动了社会组织参与评估的积极性。

六是积极推进中央财政支持社会组织参与社会服务项目实施。2013 年，中央财政继续安排 2 亿元专项资金用于支持社会组织参与社会服务项目，全市社会组织努力争取，积极申报，共 17 家社会组织获得中央财政 527 万元专项资金支持。目前，所有项目进展顺利，按计划完成阶段任务，已全部完成中期项目报告并上报国家项目办。同时，利用实施中央财政项目的契机，积极协调市财政等有关部门，拟适时制定出台重庆市《关于政府向社会组织购买服务的意见》，努力推进政府购买服务进程。

七是引导社会组织加强自身建设。一是加快推进政社分开，确立社会组织的独立地位。社会组织与政府的关联度还很高，社会组织的独立性不够，依附于党政部门的社会团体需要尽快彻底脱钩，确保社会组织独立行使决策、人事、财务、分配等方面的自主权。二是促进社会组织增强责任意识和法制观念，加强自律机制和诚信机制建设，通过建立以章程自律为主要内容的内部管理机制，不断提高社会组织的自律水平和整体素质，树立良好社会形象。三是加强社会组织领导队伍建设。不断加强社会组织负责人和工作人员的岗位培训，以提高他们的工作能力和服务水平。

三、存在问题

一是社会组织整体发展水平滞后。主要体现在总体数量偏少，全市每万人社会组织数为 3.57 个，位居全国第 19 位。社会组织规模普遍较小，总体实力较弱，在全国有影响力的社会组织数量非常有限。二是社会组织经费不足，人才匮乏。经费紧张是重庆市社会组织普遍存在的问题，特别是承担社会公共管理事务、为社会公民大众提供社会公共服务的纯公益性社会组织，经费不足问题尤为突出。由于社会组织缺乏吸引优秀人才的制度环境，社会公众对社会组织缺乏从业条件的认同，还未建立规模化的专业社会工作人才培养体系，致使社会组织专业人才短缺、职业化程度较低、人员年龄结构老化。三是社会组织登记管理机构设置不适应社会组织登记管理体制改革的需要。目前，重庆市市级登记管理机关（即市民政局民间组织管理局）仅配有 12 名行政人员，远少于北京 88 名、天津 58 名、上海 88 名人员编制，特别是全市区县普遍未设立专门登记管理机构（仅有 3 个区民政局内设了民间组织管理科），完全不适应社会组织快速发展和直接登记的需要以及加快建设现代社会组织体制的要求。

2013年四川省社会组织建设与管理工作综述

2013年，四川省民管局在国家民管局的关心支持下，全局同志深入学习贯彻党的十八大和十八届三中全会精神，积极投身于“实现伟大中国梦，建设美丽繁荣和谐新四川”主题教育活动和“党的群众路线”教育实践活动，通过加强制度建设，推进体制创新，完善外部环境，构建发展、建设、服务、监管四位一体的工作体系，充分发挥社会组织在经济社会发展中的积极作用，圆满完成了各项目标任务。截至2013年底，全省登记社会组织35461个，其中社会团体19277个，民办非企业单位16073个，基金会111个（公募基金会70个、非公募基金会41个）。全省性社会组织1606个，比2012年增加8.5%。其中社会团体1012个，民办非企业单位483个，基金会111个。

一、深入推进社会组织开展“实现伟大中国梦，建设美丽繁荣和谐新四川”主题教育活动

以省民政厅名义分别印发了《全省社会组织开展“实现伟大中国梦，建设美丽繁荣和谐四川”主题教育活动学习讨论实施计划》（川民发〔2013〕106号）和《进一步推进全省社会组织主题教育活动的方案》（川民发〔2013〕110号）等指导性文件。在活动中以建设“五有四充分”服务型党组织为载体，推进社会组织党组织规范化建设（“五有”即有班子、有阵地、有制度、有活动、有经费；“四充分”即充分发挥按照法规政策和章程开展活动的能力，充分发挥与政府、企业、事业单位和其他组织合作的能力，充分发挥提供更多、更新的公共服务和公益支持的能力，充分发挥凝聚民意、规范行为的能力）。采取党建联络员和指导员结对帮扶的方式，帮助指导社会组织党组织健全完善规章制度、规范开展组织生活、培养帮带党务干部、协调党建经费保障。

二、牵头会同有关部门切实解决社会组织举办研讨会论坛泛滥问题

按照省委党的群众路线教育实践活动领导小组《关于印发〈四川省党的群众路线教育实践活动正风肃纪工作方案〉的通知》（川委群组发〔2013〕12号）的要求，及时制订了《关于着力解决社会组织各类论坛泛滥问题的实施方案》（川民发〔2013〕153号），印发各市州民政局、各省级社会组织业务主管单位。对规范社会组织研讨会论坛工作的工作目标、工作任务、工作措施等作了周密安排部署。建立了民政厅牵头，协办单位相关处室参与的工作机制，在业务主管单位、登记管理机关和社会组织的共同努力下，社会组织举办研讨会论坛泛滥问题得到了有效遏制，截至目前未发现社会组织违规举办研讨会论坛的情况。

三、开展中央财政支持四川省社会组织参与社会服务项目工作

2013年是中央财政支持社会组织参与社会服务项目工作的第二年，全省社会组织共上报服务项目261个，获民政部项目办审批立项24个，获得中央财政项目资金658万元，项目数量和资金量连续两年居全国各省（市、区）首位。为确保项目完成的时间和质量，及时召开了全省中央财政支持社会组织参与社会服务项目推进会。中央电视台对四川省中央财政支持社会组织参与公共服务项目工作做了专题报道。

四、积极组织引导社会组织参与“4·20”芦山强烈地震抗震救灾工作

积极参与“4·20”芦山强烈地震抗震救灾工作，同时配合省抗震救灾指挥部引导和组织社会组织依法、有序、有效参与抗震救灾。在雅安市成立了省市共建雅安抗震救灾社会组织和志愿者服务中心并下设7个县（区）服务中心、26个乡镇服务站，构建起了横向拓展、纵向延伸的组织体系，搭建起了协同社会组织和志愿者有效参与抗震救灾和灾后重建的平台。在地震灾区已累计对接公益项目473个，总金额达11.2亿元，涉及心理抚慰、教育培训、就业创业等多个领域。

五、积极稳妥推进社会组织登记管理体制改革

根据国务院办公厅《国务院机构改革和职能转变方案》（国办发〔2013〕22号）和省政府办公厅《关于贯彻落实四川省人民政府关于进一

步深化行政审批制度改革的意见任务分工的通知》（川办函〔2013〕58号）文件精神，出台了《关于开展社会组织直接登记的通知（试行）》（川民发〔2013〕187号）。文件在2012年开展社会组织登记管理体制改革试点的基础上，进一步拓宽直接登记范围，降低准入门槛，对行业协会商会类、科技类、公益慈善类、城乡社区服务类社会组织实行民政部门直接登记制度。2013年全省累计直接登记社会组织292个。

六、建立社会组织考核评估体系

认真贯彻执行《四川省社会组织评估管理办法》，全省共完成620家社会团体的评估工作。进一步健全《四川省社会组织行为失信惩戒制度》，组织开展了行业协会自律与诚信创建及失信惩戒活动。

七、培育发展社会组织

在全省推进创建全国社会组织建设创新示范区活动和民办非企业单位塑造品牌与服务社会活动，加大培育孵化新型社会组织的力度。在成都、遂宁两地试点创建全国社会组织建设创新示范区，创新社会组织管理方式，大力培育发展社会组织。在社区公共卫生服务、物业管理、文化体育等领域向社会组织购买服务。

八、完成省级社会组织2012年度年检工作

2012年度应参加年检的社团945个，实际参加年检835个，年检合格835个，参检率为88.36%，参检的社团年检合格率100%；应参加年检的民办非企业单位384个，实际参加年检340个，年检合格340个，参检率为88.54%，参检的民办非企业单位年检合格率100%；应参加年检的基金会93个，实际参加年检91个，均年检合格或基本合格，无年检不合格，参检率为97.85%。

将参加年检的社会组织名单在《中国社会报·社会组织周刊》刊登了年检公告。将未参加年检的社会组织名单在《四川日报》刊登了年检公告，予以通报批评，要求认真完成整改；对连续两年不参加年检的社会组织将依法给予撤销登记处罚，查处率达100%。

九、开展公益性捐赠税前扣除审查工作

以省财政厅、省国家税务局、省地方税务局、省民政厅《关于转发财政部、国家税务总局、民政部〈关于公益性捐赠税前扣除有关问题的通

知〉的通知》为依据，先后对64家基金会和慈善总会进行了公益性社会团体的捐赠税前扣除资格的审核。通过开展公益性捐赠税前扣除资格认定，促进了社会捐赠的规范发展，为公益性社会组织的发展创造了有利的外部环境。

2013年贵州省社会组织建设与管理工作综述

2013年，贵州省以党的十八大和十八届二中全会精神为指引，深入贯彻落实国家和省里关于社会组织建设的指示精神，扎实推进管理体制改革创新。出台发展社会组织的指导性文件，发展环境进一步优化，管理制度改革稳步推进，全省9个市州都已实行或试行了四类社会组织直接登记，取消或下放了一批审批、登记权限。启动社会组织信息平台和征信系统建设。截至目前，全省累计登记社会组织8368个，其中社会团体5360个，民办非企业单位2966个，基金会32个。

一、社会组织管理制度改革稳步推进

进一步扩大直接登记范围，在公益慈善类、社会福利类、社会服务类社会组织实行直接登记制度的基础上，按照统一登记、各司其职、协调配合、分级负责、依法监管的要求，对行业协会商会类、科技类、城乡社区服务类社会组织实行直接登记，截至目前，全省直接登记社会组织124家，其中省级15家。进一步下放登记管理权限，将异地商会登记管理权限下延到市州中心城区的基础上，在全省普遍开展地、县级异地商会登记工作，各市州、县（市、区）均可登记地、县级异地商会。贵阳市、六盘水市分别登记异地商会5家；授权贵安新区全面登记管理直管区内社会组织。进一步简化审批程序，取消社会团体批筹环节，打破"一地一会"和"一业一会"限制，允许同一区域、同一领域成立多个相类似社会团体，并采取在名称中加字号的方式加以区分，目前已有4家全省性社会团体名称中使用字号。全省社会组织新增907个，增长率12.16%。省级登记注册的社会组织已达到912个。

二、社会组织发展环境进一步优化

争取中央财政支持项目数量增加，全省共上报项目47个，其中18个被批准立项，获资助514万元，较上年增加14%，在涉及社会救助、社会福利、社会工作、助医助学、环境保护等领域发挥服务社会的作用。贵阳市在积极申报中央财政支持项目的同时争取市级公益金 100 万元购买社会组织公共服务。大力推动社会组织信息平台建设，从省级福利彩票公益金中安排 70 万元、争取省发改委项目资助 90 万元用于社会组织信息平台软件开发及硬件配置，完成了社会组织登记、年检、变更及重要信息发布、数据管理查询等工作，加强了社会组织信用信息的采集、整合、应用和管理。积极探索促进社会组织加快发展和发挥作用的方式方法，与省社科院合作开展《更好发挥贵州社会组织作用研究》调研，为促进社会组织在提供公共服务中发挥更多更好作用。组织开展社会组织建设创新示范区创建、民办非企业单位塑造品牌与服务社会和行业协会行业自律与诚信创建活动，将贵阳市乌当区列为省开展社会组织建设创新示范区创建单位试点，并覆盖全省推广。落实公益性社会组织税收减免、公益捐赠税前扣除和非营利性社会组织企业所得税减免政策，会同省地税、省国税、省财政等部门对 26 家基金会、社会团体进行了税前扣除资格审查。

三、社会组织监管力度不断加大

坚持把改进和加强年检工作作为加强规范管理和日常监督的主要内容，对 2012 年度年检工作进行安排部署，纠正不按期换届、擅自设立分支机构、净资产不足等问题，对超出章程开展活动、抽逃开办资金、擅自扩大业务活动范围等较严重违法违规行为下发整改通知书，并督促限期整改。注重社会组织等级评估结果的运用，对 2012 年评估等级 4A 以上的社会组织实行免检。2012 年度应参检全省性社会组织 823 家，参检 572 家，参检率 69.5%。全省各市州认真开展年检工作，遵义、黔南、黔西南、黔东南、毕节年检率都达到较高比例。加强基金会规范管理指导力度，会同省财政厅下发《关于进一步规范社会团体会费收据管理和会费标准备案有关问题的通知》，对社会团体会费收据的印制、发放和使用及会费标准备案程序等进行了规范和明确。组织全省所有 28 家基金会财务人员开展基金会财务管理培训，进一步促进基金会规范财务管理，提高社会公信力。

四、社会组织评估工作扎实推进

实行评估与年检联动，经资格审查、第三方初评、全省性社会组织评估委员会终评及社会公示，共对 382 家社会组织进行了评估，其中 3A 级以上 296 家。贵阳市、毕节市、遵义市、黔西南州、六盘水等各市州也积极开展了评估工作，通过以评促改、以评促建，引导帮助社会组织建立完善现代社会组织制度，进一步创新全省社会组织管理方式，推动社会组织健康有序发展。

五、社会组织制度建设进一步加强

下发《关于扎实推进社区社会组织登记备案工作全面开展的通知》，要求各社会组织按规定全面履行负责人、办事机构、印章、银行账户、会费标准等备案手续，对拒不履行的，责令整改或在年检时作出相应处理；对不具备登记条件的社区社会组织进行备案管理，将基层社区社会组织纳入规范管理轨道。据统计，全省共有社区社会组织 5061 个，其中登记 1550 个，备案 3511 个。建立全省性异地商会协调服务机制，坚持成员定期会议制度、协调服务制度和信息报送制度，对广东商会、河北商会、潮汕商会、湖北商会等 7 家异地商会内部纠纷进行了协调处理。完善社会组织查处退出机制，对利用社会组织身份开展活动的非法组织“国际标准舞协会”予以取缔。加强社会组织培训工作，在黔南州、铜仁市、遵义市、黔西南州、毕节市举办 5 期社会组织负责人培训班，共培训 590 人，并指导贵阳市举办 4 期社会组织负责人培训班。开展“服务为民走基层、专家寻访解难题”活动，组织专家组，实地走访贵州省信合公益基金会等 5 家基金会，引导帮助这些新成立基金会规范内部建设，提高规范运作水平。

2013年云南省社会组织建设与管理工作综述

2013年，是云南省社会组织管理创新之年。云南省委、省政府高度重视培育发展社会组织，把社会组织建设纳入全省经济社会发展全局安排部署，加快转变政府职能，打破政府对公共事务的大包大揽，积极探索建立直接登记制度、政府向社会组织购买服务等机制，以改革创新精神高位推动社会建设，创新社会组织，激发社会活力，推动社会组织健康、有序、快速发展，社会组织已发展为建设幸福美好云南不可或缺的重要力量。

一、全省社会组织建设基本情况

（一）数量快速增长，质量稳步提升

近年来，云南从边疆民族省份的省情实际出发，围绕建设绿色经济强省、民族文化强省和面向西南开放重要桥头堡的战略目标，积极统筹社会建设、加强政策创制，探索社会组织登记管理体制改革，优化社会组织发展环境，社会组织数量快速增长、质量稳步提升，在经济社会发展中的作用日益凸显。尤其是自2012年12月1日《云南省行业协会条例》施行和2013年8月23日《中共云南省委　云南省人民政府关于大力培育发展社会组织加快推进现代社会组织体制建设的意见》（以下简称《意见》）出台，取消了“双重管理”、一业一会限制，实行社会组织直接登记以来，2013年新登记的社会组织数量较2012年同期有明显增加，增长率达到27.25%。截至2013年12月31日，全省社会组织总数达到17520个，其中省级1133个（增长率5.9%）、市级3076个（增长率8.1%）、县级13311个（增长率13.9%）；省本级社会组织中社团816个，民办非企业单位255个，基金会62个，新登记行业协会31个，重新登记38个，直接登记（8—12月）的省级社会组织46个，占2013年全年登记总数的一半以上，其中公益慈善类社会组织增幅较大，登记基金会13个，为历年登记总数的27%，非公募基金会增长尤为突出，共登记9个，占历年登记总数的64%；年内共办理境外非政府组织在滇代表机构备案3件，注销备案5件，目前在滇境外非政府组织备案总数为36个。

（二）加强监督管理，创造良好环境

一是加强执法工作力度。2013年度，全省执法案件共计59件，其中行政处罚案件56件（警告13件，撤销登记43件），取缔非法组织案件1件，劝散非法组织案件2件。在整个执法过程中，未发生一起行政复议、行政诉讼案件，进一步净化了社会组织发展环境。二是不断完善管理，年检工作开展有序。于2013年初制定了《云南省社会组织年度检查暂行办法》，进一步规范了社会组织年检工作并积极提供上门年检服务。2013年内省本级应参加年检的社会组织980个，参检890个，参检率90.8%，未参检90个，占9.2%；年检结论为合格的817个，占参检总数的91.8%；年检结论为基本合格的62个，占参检总数的7%；年检结论为不合格的11个，占参检总数的1.2%。三是积极推进省级社会组织分类评估工作。以购买服务形式将省级基金会、公益性慈善组织、学术性社团三类社会组织评估工作委托第三方组织专家进行，取得了较好效果。2013年全省共对171个社会组织进行评估（省本级113个，州市58个），省本级评估率为10.6%，全省评估率为2.1%。

（三）提高建设质量，充分发挥作用

一是坚持服务管理与监察执法相结合，加强社会组织能力建设，坚持重大事项报告制度，积极开展行政约谈和约请指导，加大行政执法力度，促进社会组织依法依规活动。年内对106个省级社会组织负责人进行了行政约谈，依法撤销登记6个社会组织，对16个社会组织启动了行政处罚程序。二是加强社会组织能力建设培训。依托第三方力量，结合社会组织管理需要，分级举办社会组织能力建设培训班，2013年共举办8期培训班，培训登记管理机关工作人员和社会组织从业人员1277人次，普遍提升了有关工作人员政策水平和业务能力。三是加强登记管理机构队伍建设，强化管理职能。云南省民间组织管理局下设3个处，有编制人员17人。12个州（市），17个县（区）设有专门登记管理机关。注重加强登记管理机关工作人员业务知识培训，使之做到依法、科学、文明管理。

二、加快推进社会组织建设创新做法

云南省委、政府以高度智慧和创新理念，全力加快推进全省社会组织登记管理体制改革、完善培育扶持政策、优化社会组织发展环境，为社会组织又好又快发展构筑坚实“制度堡垒”，推动全省社会组织管理工作迈上新台阶。

（一）完善社会组织建设政策举措

1. 积极开展社会组织建设前期调研工作，为出台有关制度做准备。为全面推进社会组织建设，2013 年 4 月 8—13 日，省民政厅会同省委宣传部、省委政策研究室、省政府研究室等部门组成学习考察组，在民政部的大力支持下，赴北京、广东和昆明市开展调研工作，充分听取国内知名专家学者和部分社会组织负责人的意见建议，学习先进经验和做法。7 月 18 日，由民政部、云南省政府共同举办的“推进社会建设创新社会组织座谈会”在昆明顺利召开，会议由李纪恒省长、顾朝曦副部长和尹建业副省长主持，秦光荣书记、李立国部长分别作了重要讲话。会上就《意见》、《云南省慈善事业促进条例》、《政府向社会组织购买服务暂行办法》等 4 个文件公开征求意见。来自全国各地的专家学者和社会组织负责人对拟出台的 4 个文件建言献策。

2. 大胆改革社会组织管理制度，出台《意见》（云发〔2013〕12 号)。经过广泛调研，多方征求意见建议，最终以省委、省政府名义于 2013 年 8 月 23 日出台了《意见》。《意见》共分 7 部分 27 条，在坚持培育发展、规范管理和政社分开、依法自治的原则下，将公益慈善类、行业协会商会类、城乡社区服务类和科技文化类社会组织作为培育发展重点，对登记管理制度在“扩大直接登记范围、降低准入门槛、放宽限制、减少审批备案和推进政社分开”等方面进行了大胆改革。《意见》的出台，标志着长期困扰云南省社会组织发展的登记门槛、资金、人才、竞争环境等四大瓶颈问题，从制度设计的层面开始破解，这既是对全省社会组织发展实践的总结和反思，又必将加快推进全省建设现代社会组织体制的步伐，推动全省社会组织又好又快发展。

3. 加快制定完善配套政策措施步伐。于 2013 年 9 月分别出台了《云南省县级以上政府向社会组织购买服务暂行办法》和《2013 年省级政府购买社会组织服务目录》，提出了设立社会组织发展专项资金、建立社会组织培育孵化基地、减免税收政策等措施，标志着云南省在购买服务和财税支持政策方面突破了资金瓶颈。为不断完善直接登记管理工作，省民政厅及时出台了《云南省民政厅关于认真贯彻落实省委省政府大力培育社会组织加快推进现代社会组织体制建设意见的通知》等配套文件。目前，《云南省慈善事业促进条例》已报请省政府常务会议审议，《云南省社会组织登记办法》正在履行省法制办备案登记程序，由民政厅起草的《云南省培育发展社会组织工作联席会议制度》拟于近期报送省政府，将以省委、省政府两办名义下发。

（二）强化对社会组织的培育发展

1. 在社会组织培育和规范管理上，强调“放开登记、降低门槛、简政放权、突出重点、分类指导”。除依据法律法规需前置行政审批及政治法律类、宗教类外，其他社会组织取消业务主管单位，直接向民政部门申请登记；降低准入门槛，放宽注册资金要求，取消“一业一会”限制，引入竞争机制，优胜劣汰；取消了登记筹备阶段，简化了登记程序，进一步下放基金会、异地商会登记权限，由县级以上民政部门直接登记；大力发展和扶持社会组织，重点培育和优先发展公益慈善类、行业协会商会类、城乡社区服务类、科技文化类及服务于全省桥头堡战略的社会组织，使之参与社会管理、维护社会稳定、促进社会创新；分类推进社会组织与行政机构在机构、人员、财务、职能等方面脱钩，可由社会组织承担的事务性管理工作、适合社会组织提供的公共服务，将以适当的方式转移给社会组织，在促进公益慈善事业方面，“政府退出公益慈善募捐市场，除发生重大灾害外，不再参与社会募捐”。

2. 不断完善和落实购买服务和财税支持政策。在政府向社会购买服务方面，云南制定了管理办法和购买目录；对重点培育的社会组织通过社会组织购买政府服务的方式，帮助解决资金来源问题；增加政府对社会公共服务的购买预算，2013 年全省共安排 2366 余万元资金用于政府购买社会组织服务；合理放宽对购买对象条件的限制。2013 年，云南省共有 20 个社会组织获得“中央财政支持社会组织参与社会服务项目”资金，13 个组织项目获得“省本级福彩公益金购买社会组织服务”资金，为政府购买社会组织服务从申报到监管方面作了有益尝试。此外，还积极落实税收优惠政策，共审批 30 个社会组织获得公益性捐赠税前扣除资格，为社会组织发展营造良好环境。

（三）在滇境外非政府组织备案管理工作有序开展

在省民政厅备案的 36 个境外非政府组织共涉及 9 个国家或地区，在滇围绕救灾捐赠、扶贫、教育、医疗、卫生、环保、农村社区发展等领域开展项目，其范围覆盖全省 16 个州市。云南通过管理和服务并重，引导其依法开展活动。一是加强对在滇境外非政府组织的日常管理，严格执行年度报告、重大事项报告、约谈等制度，定期组织召开座谈会，及时宣传政策，明确要求；积极协调有关部门，帮助已备案境外非政府组织解决实际困难和问题。二是通过对在滇境外非政府组织项目活动的备案管理，进一步规范其活动，发挥好作用。

2013年西藏自治区社会组织建设与管理工作综述

2013年，全区社会组织登记管理部门在自治区党委、政府有关领导的关心重视下，在自治区民政厅的直接领导下，以科学发展观为统领，以稳步规范有序为硬道理、创新管理体制机制为新手段、打造和谐稳定为硬任务、适应经济社会发展为总目标，扎实开展社会组织登记管理工作，较好完成各项任务。

一、进一步规范社会组织登记管理

（一）稳步有序做好登记工作

自治区社会组织登记管理工作严格按照《社会团体登记管理条例》、《基金会管理办法》、《民办非企业单位登记管理暂行条例》，以“统一登记、各司其职、协调配合、分级负责、依法监管”为要求，实行登记管理机关和业务主管单位双重管理。截至2013年底，全区社会组织共有453家。其中社会团体419家、基金会12家、民办非企业单位22家。社会组织遍及全区各地，涉及政治经济社会及教育、民政、劳动、农牧、科技、文化、体育、卫生、公益慈善、环境保护、民营企业等社会生活的各个领域。

2013年自治区新增社会组织登记26家，注销登记1家，变更登记29家，换证31家，接待来电、来访人员达3400余人（次）。

（二）扎实有效推进制度建设

结合自治区社会组织工作实际，为进一步规范全区社会组织登记管理各项工作，民管局多次向自治区分管民政工作的副主席多吉次珠同志及厅相关领导汇报工作情况，积极推动全区社会组织登记管理制度建设。鉴于内地省、市均有数量不等人员进藏参与自治区发展建设的实际情况，在多吉次珠同志的关心支持下，《西藏自治区异地商会登记管理暂行办法》得以先行颁布实施，全区异地商会管理得到有效规范。

目前，《西藏自治区社会组织登记管理办法（草案）》、《社会团体年检办法（草案）》、《民办非企业单位年检办法（草案）》、《基金会年检办法（草案）》等社会组织管理制度于2013年11月草拟完成，相关部门正对其进行审议，并争取尽快审定后下发实施。

（三）积极拓展登记管理方式

2013年下半年，自治区民管局克服经费紧张、人员较少等困难，筹备建设西藏自治区民间组织管理局网站，以方便社会组织登记管理部门及全区各级社会组织开展工作，减轻社会组织登记审检等工作量，在提高工作效率的同时充分发挥网络平台对社会组织工作的宣传作用，进一步丰富拓展全区社会组织登记管理工作形式。

二、进一步加强社会组织监督管理

精心组织年检工作。2013年1—6月，对自治区本级218家社会组织进行了2012年度检查，年检合格209家，基本合格9家，年检合格率达95.8%。

严格分类监管工作。在管理中，严格按照分类指导的原则，对意识形态类、政治类、民族宗教类、特殊行业类、带有敏感群体类（校友会、战友会、老乡类、教友类）进行分类指导、慎重审批、重点核查。对涉藏“民间组织”普查清查工作持续跟进，保障涉藏“民间组织”清查工作效果得到良好巩固。

认真开展评估工作。为做好评估工作，专门印发了《西藏自治区民政厅关于开展2013年社会组织评估工作的通知》，对全区社会组织开展评估工作提出了明确要求，并制定了详细的评估指标，共计收到各级各类社会组织上报评估报告书130余份。

在评估过程中，严格按照评估标准，对社会组织专职人员、办公场地、资金保障、组织活动等方面情况通过查、看、问、实地走访等形式进行逐项评价。经全面评估，36家社会组织颁发了3A以上评估等级证书。其中，5A级7家、4A级13家、3A级16家（含地市级2家），2013年自治区本级社会组织中应参加评估的197家，参加评估的85家，本级社会组织评估率达到43%左右。

三、进一步引导社会组织发展壮大

（一）积极争取项目支持

2013年全区共审查申报中央财政支持社会组织参与社会服务项目24

个，其中，通过民政部、财政部项目办公室审查立项15个，项目资金达453万元，涵盖留守儿童、孤儿扶助、文化保护和传承、送医送药、饮水工程、添置牲畜、社会组织负责人培训和农牧民劳动技能提升等领域，全部集中帮扶农牧民、贫困户、残疾人、孤儿等困难群体，在全区广大农牧民群众中产生了较好的社会反响。中央财政支持项目的立项、实施，极大调动了全区各级社会组织的积极性，扩大了影响力，也增强了各级社会组织发展壮大的信心。

（二）努力提高人员素质

社会组织发展的基础是从业人员能力的提高，为进一步增强全区社会组织管理人员素质，以区民间组织促进会名义争取中央支持社会组织参与社会服务培训资金30万元，由自治区民间组织促进会和拉萨蓝翔职业技能培训学校联合于5月在拉萨举办了全区第一次社会组织负责人培训班，邀请了西藏大学相关专业的教授，对123名各类社会组织负责人、财会人员进行了培训，10月完成对自治区级社会组织相关人员的培训，两次培训参训人员共计300多人次，覆盖各级登记管理部门和社会组织，全区社会组织管理及工作人员业务能力得到有效提升。

四、进一步加强社会组织党建工作

（一）党建工作取得突破

为巩固党的执政基础，加强党对社会组织的领导，强化对社会组织监管力度，经区党委、政府批准，设立了西藏自治区社会组织党工委办公室。2013年，民政厅在人手十分紧张的情况下，为社会组织党工委办公室先行调派3名能力较强、经验丰富的干部，以保障社会组织党工委办公室工作顺利展开，为做好社会组织党建工作提供了有力的组织机构保障。

2013年4月，社会组织党工委制定下发《关于进一步加强社会组织党建工作的通知》（藏社组工委〔2013〕1号），从组织领导、主要措施、目标任务和奖惩办法等方面对加强和完善社会组织党的建设工作提出了明确要求。目前，全区各类社会组织中，建立党组织的社会组织已达231家，单独建立的96家，联合建立的120家，挂靠建立的3家。其中，党委2家、党总支20家、党支部180家，专门选派党建指导员5人，党的工作联络员19人，落实党组织活动经费69.3万元。2013年，全区建立党组织的社会组织由2012年的不到10%增长至50%以上，党建工作得到有力推进。

（二）党的专项活动有力开展

深入开展党的群众路线教育实践活动。按照“照镜子、正衣冠、洗洗澡、治治病”原则，围绕党的群众路线教育实践活动的主要任务，为解决形式主义、官僚主义、享乐主义和奢靡之风的“四风”问题和政治立场不坚定、作风漂浮懒散的“两问题”，各级社会组织登记管理部门进行了全面分析和排查，从进一步强化政治学习、改进工作作风，增强宗旨意识、增强工作实效四个方面严抓整改落实，社会组织登记管理部门整体风貌得到提高。

为引导各级社会组织积极参与党的群众路线教育实践活动，及时下发《关于深入开展党的群众路线教育实践活动的通知》（藏社组工委〔2013〕2号），指导社会组织深入开展党的群众路线教育实践活动，充分发挥在服务西藏经济社会建设中的作用。为了做到党员同志一人不漏、全员全时参加党的群众路线教育实践活动，自治区社会组织党的群众路线教育实践活动全程同业务主管单位党组（党委）的统一安排下开展活动，由自治区党的群众路线教育实践活动领导小组和自治区社会组织党工委共同指导。在活动期间，各级社会组织按照活动方案，完成了各项规定动作，也开展了丰富多彩的自选动作。有的党小组组织党员开展结对认亲交朋友活动，主动地自愿地为困难群众捐款捐物，解决生产生活中的实际困难；有的党支部利用节假日深入农村敬老院、儿童福利院等条件艰苦的院所，为孤寡老人、孤儿、残疾儿童慰问，为他们送去急需的生活用品和零花钱。

积极参与创先争优强基础惠民生活动。创先争优强基础惠民生活动是自治区党委、政府部署改善民生、维护稳定的重要举措，全区各级社会组织立足自身实际，积极参与此项活动。其中，援助西藏发展基金会连续派出3批工作队员进驻日喀则地区仲巴县吉玛乡久贡村，2013年8月该基金会为久贡村多方争取资金300万元用于兴建果树园、蔬菜种植园、养鸡场、奶牛养殖园等“造血”项目。西藏自治区登山协会强基惠民驻村点在日喀则地区定日县盆吉乡，海拔较高，发展较为滞后，登山协会精心选派人员，发挥协会专业优势，为所驻村条件改善发挥了极大作用，得到群众一致好评。

2013 年陕西省社会组织建设与管理工作综述

2013 年以来，陕西省民间组织管理局在国家民管局的关心指导下，依据年初制定的岗位目标责任，以党的十八大三中全会会议精神为指导，认真履行职能，坚持培育发展与监督管理并重，不断推进社会组织管理体制机制创新，促进社会组织健康、有序、可持续发展。

一、做好社会组织登记管理工作

2013 年以来，共成立、变更、注销、撤销社会组织 232 家，其中社会团体成立 50 家，撤销 11 家；新成立民办非企业单位 92 家，变更 58 家，撤销 21 家；新成立基金会 11 家。2013 年民办非企业单位登记数量增长很快，较去年的 28 家提高了 3. 3 倍，这是鼓励社会力量兴办民办非企业单位工作的直接体现。

二、认真完成省本级社会组织年度检查工作

4 月中下旬，与省文联、省社科联、省科协、省文化厅、省教育厅、省体育局等 6 家社会组织较多的业务主管单位协调，联合开展了集中年检，既实地面对面解决年检中存在问题，又缩短工作程序，提高了年检效率。截至 2013 年 6 月底，应检的 1532 家省级社会组织中，已检 1261 家，其中社会团体 702 家，民办非企业单位 498 家，基金会 61 家，年检率 82. 3%。通过年检基本掌握了省本级社会组织活动开展情况，规范了部分未按照章程开展活动的社会组织，促进了社会组织建设。

三、深入调查研究，探索社会管理创新

根据年初工作计划，结合全省社会组织管理工作实际，经调查研究和多方征求意见，出台了《陕西省民政厅关于加强和创新社会组织建设与管理的意见》（以下简称《意见》）。《意见》从改革登记管理制度、优化发展环境、强化监督管理和完善保障措施等方面提出要求，力争 3—5 年的时间，初步建立与全省经济社会发展相协调，政社分开、责权明确、依法自

治的现代社会组织体制，构建布局合理、功能完善、作用明显的社会组织发展格局，构建服务到位、监管有效、多方参与的社会组织管理服务格局，充分发挥社会组织在建设和谐社会中的积极作用。《意见》的出台，是陕西省实行行业协会商会类、科技类、公益慈善类、城乡社区服务类等社会组织直接登记，支持公益慈善类社会组织发展的标志性文件，是国家新条例出台前陕西省社会组织管理工作的纲领性文件。

四、进一步深化社会组织党建工作

一是配合省委组织部，争取成立全省社会组织党工委（或党委）。二是在各地大力推进社会组织党建工作，据不完全统计，全省已有4个市级社会组织党工委（渭南、汉中）或党委（榆林、宝鸡），有19个县区均已成立了社会组织党工委或党委，市级4个，区县级19个。其中榆林市4个（含市级1个），宝鸡市1个，铜川市1个（王益区），渭南市8个（含市级1个，韩城市1个，县区6个），汉中市8个（含市级1个）。通过市县级社会组织党工委的覆盖，社会组织党建领导体制进一步理顺，社会组织党组织战斗力进一步提升。三是在成立登记及年度检查时把好党建关，确保党组织在社会组织中“应建必建”。

五、全力抓好中央财政支持社会组织参与社会服务项目工作

从2012年中央财政计划向全国社会组织拨付专项款用于支持社会组织参与社会服务项目以来，陕西省均积极争取资金，2013年共立项21家，取得资金591万元。经与省财政厅协调，又争取到341万元配套资金，用于支持立项单位更好地完成项目。项目实施过程中，省民政厅多次进行督导，到项目实施地检查指导项目实施情况，保证各立项单位能按期完成项目进度。经国家局安排专人审计，全省21个项目经费使用均符合要求。

六、加大培训力度，规范社会组织自身建设

2013年以来，以中央财政支持社会组织参与社会服务项目为平台，对管理较为规范的省本级社会组织负责人进行培训，共7期80个学时，参加人数约1000人，培训内容主要有政策法规、业务知识、领导能力等。同时，针对登记管理机关工作人员也进行了培训，培训对象为各市民政局分管社会组织工作的副局长、民管科全体同志及各县（区）民间组织管理工作负责人，共有146人参加了培训，经过培训，各级工作人员在社会组织概论、登记、管理、执法与评估等方面均有提高，达到了预期效果。

七、加强对社会公益组织的培育扶持力度

截至目前，全省已成立三家省级社会组织孵化基地，一是位于西安市周至县的陕西省公益组织孵化基地，成立于2012年5月，现已正常运转；二是碑林区社会组织孵化基地，主要面向民间草根公益类社会组织；三是陕西青年社会组织培育发展中心，成立于2013年11月6日，目标是为青年社会组织打造孵化培育、资源共享、公共服务、诉求表达四大平台，并提供信息咨询、项目策划、业务培训、技术指导、经验交流等服务。

八、加大执法监察工作力度

执法监察是一把手工程，是社会组织管理的重要手段，由陕西民管局局长牵头，指定专人负责，多次召开研究会、协调会，约谈相关人员，并到实地调查取证。2013年，共取缔、查处社会组织7家，其中国共合作促进会、陕西省高等院校健美协会为非法组织，对陕西省农业发展基金会等社会组织的违规行为也进行了调查处理。

2013年甘肃省社会组织建设与管理工作综述

一、社会组织登记、年检工作

一是积极开展管理创新改革，加强对社会组织的培育发展。积极推进社会组织直接登记工作，省民政厅印发了《关于对部分社会组织实行直接登记相关问题的通知》，要求市县对四大类社会组织：行业协会商会类、科技类、公益慈善类、城乡社区服务类组织实行直接登记。2013年全省共新成立3238个社会组织（省级新成立108家），其中直接登记609家（省级直接登记40家），直接登记率达19%，截至2013年12月31日全省社会组织达到14610个，省属社会组织达到916个，市、县两级13694个，年增长率达到了29.1%，其中社会团体11259个，民办非企业单位3308个，基金会43个。简政放权，报请省政府常务会议通过，印发了《甘肃省民政厅关于下放部分社会组织审批管理权限的通知》，将非公募基金会和异地商会的审批权限下放到市州一级，市州已登记非公募基金会3个、已登记异地商会25个。

二是通过年检、评估等方式，督促指导社会组织建立健全了民主议事、财务管理、档案管理、人员管理、聘用薪酬、奖惩等规章制度，完善了社会组织内部法人治理机制，2013年已经完成对550个全省性社会组织的年检工作，与去年参检总数534个相比，增幅达3%，社会组织参检率达到85%以上。

二、社会组织评估工作

争取省财政每年列支了省属社会组织评估经费100万元，同时督促各市州启动社会组织评估工作，截至2013年12月31日年内省级已评估省属社会组织221家，累计已评估省属社会组织444家，占省属社会组织总数的48.5%；市县两级已评估1006家，占市县社会组织总数的7.3%；全省总计评估社会组织1450家，占全省社会组织总数的9.9%。评估工作对全省社会组织自身建设具有明显的促进作用：第一，通过提高党建在评估中的分值（由原来的10分提高到50分），有力推动了党建工作，大幅提高了社会组织党组织组建率；第二，通过指标体系的设立，推动了社会组织制度建设、规范了运行模式，使社会组织内部治理架构更加完善、系统、科学，有利于构建现代社会组织制度；第三，推动了社会组织承担社会责任，参加社会公益事业的积极性；第四，为社会捐赠、政府资助和转移职能选择社会组织，以及落实财税监管优惠政策提供了重要的参考依据；第五，有利于管理部门发现和总结问题，不断改进提高管理服务水平。

三、大力推进执法监察工作

争取省财政每年列支了专项经费70万元，认真贯彻落实《甘肃省加强社会组织执法监察工作意见》（甘政办发〔2010〕205号），加大了执法监察力度，对一些不按时参加年检、长年不开展活动的社会组织继续进行清理整顿，对内部管理混乱、违规违纪行为突出和名存实亡的社会组织进行清理，全年共撤销社会组织357家。推动各级开展执法监察工作，2013年指定兰州市、天水市、定西市为本年度全省社会组织执法监察观察区，三市共对196家各类社会组织进行了检查，其中责令限期整改54家，补办手续24家，取缔非法社会组织27家，年内召开了一次执法监察工作交流会，并在9月底举办了一期执法监察培训班，对150多名省市县三级登记管理机关工作人员进行了培训。

四、政府向社会组织购买服务情况

全省报送的51个项目当中有19个获得中央财政支持立项，资金达526万元，激发了社会组织参与社会服务和社会管理的积极性。按照国务院关于推进政府购买服务的要求，2013年8月，起草了《甘肃省财政支持社会组织参与社会服务项目实施方案》上报省政府，争取省财政资金支持社会组织参与社会服务。

五、加强社会组织党建工作

推动理顺社会组织党建工作管理体制，截至目前，13个市州、63个县（市、区）已依托民政部门成立了社会组织党工委，定西市还依托乡镇（街道）民政工作站建立了社会组织党建工作指导站。社会组织党组织组建率稳步提升，目前已达到54%。党建工作规范化水平进一步提高。召开了全省社会组织党建工作培训会议和一个系列座谈会，根据民政部和省委有关开展社会组织管理与创新调研的要求，在全省范围开展了调研，与有关大专院校和科研学术机构合作开展了《甘肃省社会组织管理创新与社会组织党建创新研究》的课题研究。

六、坚持政务公开，提高办事效率

一是着眼于方便社会组织人员办事，修订完善了社会组织登记审批的具体操作规程、登记指南和流程图以及申报材料清单，及时向社会公布，规范行政审批行为，并将登记成立时限从60日缩短到35个工作日，把备案时限从20天缩短到7天。

二是按照民政部的部署，积极组织开展了“创建全国社会组织建设创新示范区”、“行业协会行业自律与诚信建设”和“民办非企业单位塑造品牌与服务社会”三项活动，推动社会组织能力建设，针对社会多元需求，提供多样化、专业化、高品质的社会服务。

三是为提高各级登记管理机关和社会组织能力建设，全年共举办项目管理、社会组织管理与创新、党建、执法监察、社会组织财务管理等各类培训会6期，对各立项单位负责人、财务负责人及市县两级民间组织管理局（科）长总计624人次进行了培训。

四是对近20年来省级出台的有关社会组织管理的政策性文件资料和市县两级有代表性的文件资料进行汇编，印制了《甘肃省社会组织管理文件资料汇编》。

七、社会组织管理工作中充分发挥作用的创新做法

一是指导省社会组织促进会建立了社会组织联合救灾平台，组织社会组织参与7·22岷县漳县地震抗震救灾工作，向民政部定期上报《社会组织参与定西抗震救灾专报》，得到民政部肯定，形成1期专报上报了国务院办公厅。

二是鼓励有实力的社会组织组织成立非公募基金会，促进公益慈善事业的发展。

三是围绕省委、省政府的中心工作，向全省社会组织发出倡议，号召参加“联村联户、为民富民”行动，召开了省属社会组织联村联户行动座谈会，研究措施，推进工作落实。一年来，全省各级社会组织积极响应“联村联户、为民富民”号召，充分发挥自身优势，紧扣民生主题，深入乡村、社区，办了一大批实事好事。

2013 年青海省社会组织建设与管理工作综述

2013 年，在民政部的有力指导和民政厅的正确领导下，青海省民管局主动调整工作思路和工作布局，突出政策创制，加大改革力度，加强业务培训，注重政策引导和制度规范，较好地完成了年度目标任务。

一、创建六项制度

出台了《青海省公益性社会团体税前扣除资格认定办法》，拟定了《青海省社会组织资助和奖励办法》、《青海省社会组织行为规范和活动准则》、《青海省社会组织财务管理暂行规定》、《青海省异地商会管理办法》、《青海省社会组织参与社会服务项目管理办法》，为推进社会组织标准化建设和规范管理奠定了基础。推动落实社会组织专职工作人员劳动合同制度，对社会组织与专职工作人员签订劳动合同工作进行检查、督促和落实。会同社保厅及时转发了《人社部民政部关于鼓励社会团体、基金会和民办非企业单位建立企业年金有关问题的通知》，在社会组织中积极探索建立企业年金制度，推动了社会组织健康发展。

二、提出四项改革措施

为配合省委、省政府出台转变政府职能、创新社会管理的政策性文件，激发社会组织活力，及时向牵头政策起草部门报送了有关社会组织制度改革的思路和意见。一是实行社会组织直接登记，除政治法律类、民族宗教类、社科类等社会组织和境外非政府组织在青代表机构，以及法律法规需要前置审批的社会组织外，其他各类社会组织由县级以上各级民政部门实行直接登记。2013 年直接登记社会组织数量是 22 个。二是下放登记管理权限，将异地商会和非公募基金会登记管理权限从省下放到县（市、区）民政部门。三是打破行业协会“一业一会”登记限制，鼓励合理竞争，允许按国民经济分类的小类标准设立行业协会，允许按产业链各个环节、经营方式和服务类型设立行业协会。四是推进政会分开，逐步推进社会组织与政府脱钩工作。重点推进行业协会商会、基金会和民办非企业单位与行政机关脱钩工作，使其真正成为提供服务、反映诉求、规范行为的主体。

三、强化组织评估和人员培训

采取委托第三方评估的方式，年内完成对148家省本级社会组织等级评定工作，有78家社会组织获得评估等级，并加强了评估结果在申报中央财政支持社会组织参与社会服务项目中的应用。到目前为止，青海省已在全国率先完成了省本级首轮社会组织评估工作，评估率达到80%，并多次得到部里的肯定和点名表扬。加大社会组织培训力度。针对师资短缺和培训对象分散的实际，主动会同党工办、民管中心，统一组织协调力量，采取以自行授课为主和走下去、请过来的方式先后举办社会组织负责人、党组织负责人、财会人员和登记管理人员培训班6期，培训600余人。至此，通过争取中央财政支持，经过两年来的大规模培训，使全省过半数以上的约1500余家社会组织普遍得到一次轮训。

四、推进建立政府购买社会组织服务制度

认真做好2013年中央财政支持社会组织参与社会服务项目组织申报，争取项目19个，项目资金552万元，项目配套资金174万元。开展了项目实施前的培训，提出了明确要求；组织开展了项目年中、年终检查工作，及时组织召开了项目推进会，确保了所有项目全部如期完成，总受益人数达9万余人，取得了良好效果，先后有4个受益家庭自发向省民政厅赠送了锦旗。协调建立政府购买社会组织服务制度，积极配合省财政厅对省级财政支持社会组织参与社会服务有关问题进行了调研，多次参与《实施意见》的修改，并提供了符合条件、有能力提供服务的社会组织名单。

五、优化社会组织发展环境

一是创新社会组织服务活动载体，认真组织开展全省民办非企业单位塑造品牌与服务社会活动、行业协会自律与诚信创建活动、创建全国社会组织建设示范区活动，激发了社会组织活力。二是选树社会组织先进典型，会同省政府信用办首次评选出全省“十佳”社会组织，为全省社会组织发展树立了样板。三是认真办理涉及社会组织服务管理的人大代表建议和政协提案，落实有关社会组织优惠政策。四是强化舆论宣传，通过青海电视台、《西海都市报》等新闻媒体和《青海社会组织》期刊、青海省社会组织网站，采取制作专题宣传片，组织新闻采访，开辟“社会组织党建

工作"、"社会组织风采"、"社会组织参与社会服务项目"等专栏，组织编发信息等多种形式，广泛宣传社会组织服务社会情况，不断扩大社会组织影响力，达成推动社会组织健康发展的共识。

六、建立社会组织综合监管机制

加强部门合作，建立了多部门综合监管和联合执法机制。一是根据省综治委的要求，将省综治委"两新"组织专项组社会组织工作小组调整为省综治委社会组织专项组，调整充实了专项组成员单位组成人员，落实了成员单位工作任务，并随时进行信息沟通和情况通报。根据省综治委的要求，及时报送了社会组织专项组办公室的先进事迹材料。二是会同党工办建立社会组织成立登记与建立党组织联动机制，在成立社会组织的同时，对符合条件成立党组织的一并提出要求。三是建立社会组织信息披露机制和信息公开制度，按照民政部的要求，会同财政部门重新选定了两家符合注册会计师资质标准的事务所为基金会指定财务审计单位，落实了基金会注册会计师事务所审计制度，并通过民政部网站向全国披露基金会财务状况，接受社会监督。四是会同省外事、公安、安全等部门建立起了共同参与的境外非政府组织在青活动管理机制，依法加强境外非政府组织在青活动的管理。五是加强执法人员培训，协调落实执法证件，严格执法程序，依法查处了中国治理荒漠化基金会青海工作委员会、中华传统文化推广协会等非法组织，勒令停止了活动。

七、加强社会组织日常管理

认真清理和规范社会组织行政审批事项，绘制社会组织行政审批、执法工作流程图。简化了社会组织登记审批程序，年内共受理社会组织成立登记54个，变更登记86个，接待有关社会组织和个人政策咨询共计1000余人次。分类开展了社会组织年检工作，省本级有680家社会组织参加了年检，占应参加年检单位的93%，年检合格率达95%以上。审核社会组织使用票据1200余本，下发1900本，发现违规使用票据9起，并及时进行了纠正和诫勉谈话。对各市、州社会组织年检工作进行指导和督促。选派社会组织和登记管理机关两名负责人参加了民政部举办的"首届全国行业协会商会领军人才高级研修班"。

八、完成了组织交办的其他事项

一是配合省政法委起草了《青海省社会组织管理情况的调研报告》、

《青海省社会组织管理暂行办法》和《关于加强社会组织综合治理的意见》。二是按照民政部的要求对全省 948 个社区社会组织情况进行调查统计和上报。三是按季度及时向省统计局报送了社会组织登记、变更、注销等情况统计表。四是在百名党员进百村活动中为扶贫联点户协调落实资金 2 万元，帮助办起了小卖部，解决了家庭的生活来源。五是配合规财处协调落实招商引资 2800 多万元任务。

2013 年宁夏回族自治区社会组织建设与管理工作综述

2013 年是全面贯彻落实党的十八大精神的第一年，也是实施“十二五”规划和新一轮西部大开发战略的关键之年，民间组织管理局为认真贯彻落实十八大精神提出的“加快形成政社分开、权责明确、依法自治的现代社会组织体制”精神，制定贯彻落实措施，调整工作思路，按照《国务院机构改革和职能转变方案》提出的任务分工要求，积极开展社会组织管理制度改革，推动自治区社会组织快速健康发展。

一、加强顶层设计，推进社会组织登记管理改革

为加快形成宁夏现代社会组织体制，引导社会组织健康有序发展，充分发挥社会组织在经济社会建设中的积极作用，积极争取将宁夏列为全国以省级为单位的社会组织管理制度改革试验区。以自治区政府办公厅名义出台了《宁夏回族自治区社会组织发展三年规划》（宁政办发〔2013〕101 号），以民政厅名义先后出台了《社会组织宣传工作纲要》、《宁夏社会组织创新管理工作考核办法》、《关于建立全区社会组织专家人才库有关问题的通知》等政策性文件，《宁夏关于政府购买社会组织服务的指导意见》、《宁夏社会组织登记暂行办法》文件几经修改，近期将出台。为加大执法力度，已提交成立自治区现代社会组织监督维权领导小组的申请，下一步将积极协调各有关单位尽快成立。一系列政策性文件的出台，对优化全区社会组织发展环境，加快社会组织登记管理改革，起到了重要的政策支撑。

二、出台的社会组织管理的法规政策文件

一是以自治区政府办公厅名义出台的《宁夏回族自治区社会组织发展三年规划》（宁政办发〔2013〕101 号），对引导宁夏社会组织健康有序发展，加快形成宁夏现代社会组织体制，有着重要的推动作用。二是《宁夏社会组织创新管理工作考核办法》（宁社工党发〔2013〕6 号）。三是宁夏民政厅下发的《关于印发全区社会组织履行社会责任评价试点

工作方案的通知》（宁民办〔2013〕22号）。四是《社会组织宣传工作纲要》（宁社工党发〔2013〕4号）。五是宁夏社会组织工委和民政厅联合下发的《关于建立全区社会组织专家人才库有关问题的通知》（宁社工党发〔2013〕5号）。

三、宁夏社会组织登记工作情况

为贯彻落实《国务院机构改革和职能转变方案》精神，加快自治区社会组织直接登记的步伐，在扩大公益慈善、社会福利、社会服务等公益性社会组织直接登记范围的同时，为建立统一登记、各司其职、协调配合、分级负责、依法监管的社会组织管理体制，积极探索行业协会商会市场化改革。

（一）进行登记管理体制的突破

在实施民办非企业单位直接登记试点的基础上，进一步扩大直接登记范围，对非公募基金会等公益性社会组织采取降低门槛，简化登记手续等措施进行直接登记，进一步加大培育力度，在培育社区社会组织上实行登记与备案双轨制，在即将出台的《宁夏社会组织登记暂行办法》中明确了社会组织直接登记条件，下放基金会和地市级行业协会登记审批权限，社会组织管理体制取得新突破。自治区民办非企业单位、非公募基金会和社区社会组织有了较快的发展，新增公益资金近5亿元。目前全区有各市（县、区）未开展直接登记试点，自治区级直接登记社会团体4家，民办非企业单位80家，基金会20家，有力地促进了宁夏民营经济和民办公益事业的发展。

（二）进行登记领域的拓展

近年来，宁夏异地商会发展迅速，依法登记的异地商会21家，成为宁夏招商引资、招善引资的主要力量。但目前异地商会的发展模式已不适应自治区经济发展的需要，为此，在去年开始登记地级市异地商会的基础上，2013年又积极开展异地商会“一地多会”的登记，商会间进行适度竞争，有利于促进商会更好发展，有利于商会更好地为宁夏经济建设服务。目前已登记地市级异地商会5家，一地多会的商会2家。即将出台的《宁夏社会组织登记暂行办法》中将以文件形式将此做法予以明确规定。

（三）进行登记程序的简化

2013年，进一步采取有效措施，加大基层社会组织培育发展力度。开展社区社会组织孵化建设工作，探索社区社会组织枢纽式服务管理模式。

对农村专业经济协会采取直接登记，且注册资金2000元。对社区社会组织实行“三不政策”，即不收费、不筹备、不审验注册资金。目前宁夏登记备案的基层社会组织达8736家，农村专业经济组织1495家，它们已成为构建和谐社会的一支重要的力量。

四、宁夏社会组织评估、年检、执法等管理工作情况

（一）社会组织评估

积极开展社会组织分类评估和第三方评估制度，分别制定了自治区行业协会商会、学术类、专业类、联合类、公益类评估指标，基金会评估指标，民办非企业单位评估指标和示范性农村专业经济协会的评估指标等8类指标，将各类社会组织全部纳入了评估范围，加大宣传力度，积极动员符合条件的社会组织申报评估。根据民政部、财政部《关于政府购买社会工作服务的指导意见》，委托宁夏民间组织促进会具体实施评估工作，制定了规范的《委托协议书》，用格式化的文件明确双方责任，确保评估工作质量。目前，评估工作经过申报、初审、实地考察、评估委员会复审、公示等程序，已基本结束，申报的各类社会组织188家，经过资格审定后，确定参加实地评估单位166家，按照社会组织评估程序，经评审委员会终审，评估出3A及以上等级社会组织91家。下一步将下发评估决定，向自治区财政厅申请2013年评估以奖代补资金。截至目前，全区共申报评估各类社会组织726家，评估3A及以上等级社会组织432家，其中社会团体113家，民办非企业单位84家，基金会11家，农村专业经济协会224家。评估为5A级91家，4A级146家，3A级195家。其中，全区性社会组织符合参评条件的社会组织613家，共申报评估各类社会组织217家，全区性社会组织评估率达到35.4%。

（二）年检、执法工作情况

一是强化年度检查作用。按照《宁夏社会组织年检暂行办法》规定，制订社会组织年检方案，下发年检通知，全面开展社会团体、民办非企业单位、基金会的年检工作。加大对社会组织监管力度，有效地促进自治区社会组织健康规范发展。年检工作结束后，除在宁夏主要媒体上对年检情况进行信息公告，也利用简报宣传、评估公示、社会组织参与社会服务等手段加大社会组织信息披露力度。2013年度社会组织捐赠税前扣除资格申报工作经过申报、初审、联合自治区财政厅、国税局、地税局审定，申报的26家公益性社会组织，有9家获得捐赠税前扣除资格。

二是建立综合执法监察制度。借中央和自治区加强和创新社会管理工作之力，在去年成立宁夏回族自治区社会管理综合治理委员会“两新”组织专项组，按照各成员单位职责实施综合执法监察任务的基础上，为加大执法力度，2013 年积极协调申请成立自治区现代社会组织监督维权领导小组，争取年底前成立，为建立综合执法监察机制打下基础。

（三）开展自律诚信和塑造品牌活动情况

按照民政部《关于开展行业协会行业自律与诚信创建活动的通知》和《关于开展民办非企业单位塑造品牌与服务活动的通知》要求，及时转发了通知，要求各地民政局和全区性社会组织要认真贯彻通知要求，积极开展创建活动，并将创建活动内容纳入年检、评估等工作中，认真贯彻落实提高行业协会和民办非企业单位社会公信力和社会服务能力，更好地发挥社会组织作用。

五、财政支持社会组织服务工作和政府购买服务情况

（一）财政支持社会组织服务工作情况

一是继续做好中央财政支持宁夏社会组织参与社会服务项目申报及实施。按照民政部项目实施方案要求，落实项目 18 个，资金 530 万元，于 3 月 26 日召开了项目启动及培训工作会议，项目实施全面开展。上半年对 18 个项目进行了督察，按期将项目中期评估报告上报了民政部。10 月份又组织人员对实施项目情况进行验收，目前项目按照民政部要求已基本落实，进入收尾阶段。二是积极向自治区财政厅申请资金培育社会组织发展。争取自治区财政社会组织评估以奖代补资金 272 万元，已落实下拨。三是加大对社会组织培训力度，提升社会组织自身素质。2013 年共举办各类培训班 5 次，培训人员达 420 多人，对登记管理机关及业务主管单位人员，社会组织负责人、党支部书记、财会人员等进行社会组织发展概况与趋势，社会组织政策法规体系，社会组织登记制度，社会组织管理制度，社会组织行政执法制度，社会组织党的建设，社会组织财会制度等课程的学习培训，使受训者从理论水平到实际操作能力方面得到全面的提升，领导班子建设进一步加强，财务资产管理逐步规范，诚信自律意识稳步提高、服务社会功能得到加强，形成良性的发展机制。引导和团结社会组织围绕党和国家中心工作，参与社会服务，履行社会责任，发挥积极作用。

（二）政府购买服务工作情况

近年来，自治区逐步开展向社会力量购买社会服务工作，基本集中在

职业技能培训方面。涉及的社会组织主要是民办培训机构。全区大约有70多家，占总数的1.8%左右，每年投入资金在几百万至上千万元不等。另有极个别行业协会承接一些政府的从业人员资格认定、培训项目等，每年资金约几百万元。2013年，加强政府购买社会组织服务调研，拟写了《宁夏社会组织购买政府服务意见》，积极推动以政府名义出台相应的制度规范，以政策推动购买服务工作规范开展。

六、其他改革创新举措

（一）建立社会组织履行社会责任评价体系

2013年在去年开展社会组织履行社会责任评价试点工作的基础上召开了全区社会组织履行社会责任试点工作会议，会议总结了去年试点工作，进一步扩大试点范围。旨在通过引导各类社会组织开展社会责任自我规范、自我评价工作，增强社会组织履行社会责任的自觉性，建立社会组织社会责任管理机制。试点工作进展顺利，成效明显，是社会组织建设的一项创新型工作，开社会组织履行社会责任之先河。

（二）社会组织党建工作

一是扎实开展“学党章、守纪律”集中教育活动。制订下发了《全区社会组织系统“学党章、守纪律”集中教育活动实施方案》，组织全区社会组织党组织采取专题培训、知识竞赛、演讲比赛等方式，开展了为期两个月的“学党章、守纪律”集中教育活动，并与“下基层、解民忧、帮发展、促和谐”活动以及改进作风、密切联系群众，厉行节约、反对浪费的措施紧密结合起来，进一步增强了各级社会组织党组织和广大党员会员的创造力、凝聚力和战斗力。

二是加强基层组织建设。首先创新党组织设置形式，在不具备建立单独党支部的联合党支部中形成了出社会组织+社会组织、村委会+社会组织、机关党支部+社会组织的三种联建模式，多种途径提高党组织覆盖率，截至目前，全区社会组织党组织覆盖率达58.6%。其次探索开展“复合式”党组织试点工作，积极探索党组织组建、党员管理、党费收缴、党内统计等工作，着力解决社会组织中党员数量少，党组织组建率和覆盖率不高；大量流动党员、退休人员党员不能正常参加党组织活动，党员作用发挥不充分等问题。最后创新党组织管理体制，指导各市县社会组织工委在有业务主管单位的社会组织，党支部组建由业务主管单位的党（工）委审批；没有业务主管单位的由社会组织工委直接审批，理顺了党组织管理体制。

三是加强典型选树宣传。在全区律师行业开展了“五个好”党组织、优秀共产党员和优秀党务工作者验收考察工作。命名了一批党建示范点。制定《2013年全区社会组织宣传工作纲要》，引导各级社会组织党组织通过编印信息、观摩评比、制作宣传栏、开展演讲比赛、文艺节目演出等多种形式，宣传社会组织先进典型和党的各项方针政策，不断提高社会组织的知名度和社会影响力，为社会组织的发展营造良好的宣传舆论氛围。

四是引导党组织发挥作用。坚持围绕中心，服务大局，加强服务型党组织建设，制订《全区社会组织为宁夏两区建设作贡献实施方案》，召开座谈会，组织各类社会组织积极支持“两区”建设，为“两区”建设招商引资、牵线搭桥，参与进出口加工业、现代物流业和清真食品、穆斯林用品、新能源等战略性新兴产业建设。

2013 年新疆维吾尔自治区社会组织建设与管理工作综述

2013 年，按照厅党组的统一部署和年初工作计划，认真贯彻落实党的十八大、十八届三中全会精神和自治区民政工作会议精神，以创新管理、服务民生为目标，以政策创制、管理规范为重点，以效能提升、发挥作用为手段，大力推进社会组织自我约束、自我管理、自我发展的能力，为新疆实现跨越式发展和长治久安发挥积极作用。

一、社会团体和基金会

（一）社团和基金会数量稳步增长

2013 年，全疆社会团体（含基金会）数量较去年增加 25 家，全区性社会团体达到 656 家，基金会 29 家。全年同意并组织换届的社团 24 家，办理社团变更 30 家。年内，共出席社团年会、换届会议、成立大会等社团重大活动 50 余场次。为推进社会组织年度检查工作，提前制订了详细年检方案，召开全区性社会团体和基金会工作会议安排部署，要求自治区级社会团体和基金会全部采用网上年检方式开展，将自治区社会组织网与民政部民间组织管理局网上年检系统进行链接。同时，充分发挥工作主动性，对业务主管相对集中的自治区经信委和体育局，采取上门集中办理的一站式办结流程，有效提高效率。截至 6 月 30 日，按时完成年检审核的全区性社会团体和基金会 443 家，基金会 19 家。补检后，年检率超过 80%，年检合格率达 100%。

（二）依法规范登记管理工作

一是推动社会团体直接登记。围绕加快形成现代社会组织体系，进一步创新社会组织登记管理机制问题，在不违反现行社会团体和基金会登记管理审批条例的基础上，积极探索放宽登记管理条件。根据《国务院机构改革和职能转变方案》中“关于更好发挥社会力量在管理社会事务中的作用”相关阐述和民政部李立国部长 3 月 13 日在十二届全国人大一次会议关于“保障基本民生，发展社会服务”答记者问讲话精神，自治区于 2013

年8月29日经民政厅厅长办公会议通过，在自治区级四大类社会组织（行业协会商会类、科技类、公益慈善类、城乡社区服务类社团和基金会）试点实施直接登记，把业务主管单位变更为业务指导单位。二是逐步放宽登记管理。按市场化要求，积极推动行业协会、商会改革和发展，探索在工商流通领域，放宽“一业一会”限制和同一领域多个社团并存的路子，引入竞争机制，推动社会团体良性竞争，共同发展。三是全面推进评估工作。为做好社会组织承接政府职能准备，按照民政部《社会组织评估管理办法》，进一步完善措施，扩大范围，全面推进全疆社会团体和基金会的分类评估工作，通过等级评定、动态监管，创新社会组织监督管理机制，提高其公信力和影响力。在全区各级社会组织中全面推动评估工作，先后下发《关于开展2013年度社会团体和基金会评估工作的通知》（新民传〔13〕73号）和《关于开展2013年度社会团体、基金会评估工作的补充通知》（新民办〔2013〕93号）部署评估工作。6月21日，举行全区性社会团体改革发展推进会暨秘书长业务培训动员会，7月15日，举行第一批全区性社会团体秘书长培训班，8月1—2日，举行各地州、县（市）业务干部培训班，分批对自治区级和各地州级评估工作进行培训。10月，开展自治区级社会团体和基金会评估的初评工作，目前初评工作已全部完成，有关材料汇总整理后将进行复核及公示。全疆各地州评估工作也在进行中，截至目前，伊犁州、克州、塔城、喀什、克拉玛依、博州、哈密、阿克苏等地区均已完成8%的评估工作任务。通过评估贯彻落实社会团体会计、档案管理、评比表彰活动管理等制度，引导社会团体和基金会建立健全法律法规等制度。

（三）积极优化社会团体发展环境

一是税前扣除资格认定。根据《新疆维吾尔自治区社会团体公益性捐赠税前扣除资格审核暂行办法》，2013年4月和9月，自治区民政厅联合财政厅、国税局、地税局对新疆维吾尔自治区见义勇为基金会、伊犁州慈善总会、新疆慈善总会、新疆农业大学教育发展基金会等四个社会组织进行了公益性捐赠税前扣除资格认定工作，经过评定，分两批进行了确认工作，并以文件形式下发至各地州县市相关部门。二是增强社会团体影响力。为扩大社会团体的社会影响，建立了新疆社会组织网，对各类社会团体有关政策法规和办事流程进行网上公开，对各社会团体的各类活动进行宣传报道。同时，自治区部分基金会还专门开设独立的基金会网站，对基金会工作进行宣传报道和信息公开。目前，新疆红石慈善基金会、新疆妇女儿童发展基金会、新疆资助教育基金会、新疆青少年发展基金会、新疆见义勇为基金会、新疆汇嘉十分孝心基金会等基金会均有独立的网站，定期向社会公布信息，社会反响较好。

（四）认真组织业务工作培训

2013 年，结合落实新疆社会组织促进会申请中央财政支持社会组织培训项目，分别组织完成了全区基金会和公益慈善组织培训、全区社会组织登记管理干部业务培训等 5 期培训工作，进一步强化全区性社会团体管理人员和业务干部自身素质和社团管理水平，促进社会团体良性发展，得到社会团体的一致好评。其中，1 月 7 日，组织全区项目管理工作会议，就中央财政支持社会组织参与社会服务项目申报工作进行培训，全区各地州县市民政局主要领导、业务干部，全区性社会组织代表，共计 100 余人参加了培训；4 月 11 日，组织全区项目实施工作会议，相关承接项目单位 100 余人参加会议；6 月 21 日，举行全区性社会团体改革发展推进会暨秘书长业务培训动员会；7 月 15 日，举行第一批全区性社会团体秘书长培训班，会议对社会团体评估工作，社会组织培育优先发展的支持和优惠，公共财政对社会组织资助和奖励机制及社会组织参与社会服务的模式创新等内容进行了培训，各全区性社团、基金会和有关单位 500 余人参加了会议；8 月 1—2 日，举行全疆各地州、县（市）业务干部培训班，社会组织管理制度改革与社会组织自身能力建设，社会组织业务拓展和发展战略，评估指标体系解读，全区各单位业务干部 100 余人参加培训。

（五）发挥对社团和基金会的监督管理职能

一是认真贯彻落实自治区社会管理综合治理委员会全委会精神，充分发挥社会组织在经济和社会活动中服务、沟通、协调、监管、维权和自律等方面的积极作用，对社团和基金会参与社会服务、举行公益活动等项目进行专项统计。二是配合自治区党委组织部，联合下发《关于对自治区本级社会团体有关情况进行调查摸底的通知》（新党组通字〔2013〕102 号），对自治区副厅以上领导兼任社会团体职务情况进行统计清理。三是为深入了解全区性社会团体、基金会的真实情况，根据《基金会管理办法》、《民政部关于做好基金会 2012 年度检查工作的通知》（民函〔2013〕44 号）和《新疆维吾尔自治区社会团体年检暂行办法》（新民发〔2002〕70 号）有关文件要求，于 2013 年 4 月至 8 月 31 日，委托拥有专业资质的会计师事务所，按照《民间非营利组织会计制度》、《基金会财务报表审计指引》，对 87 个全区性社会团体、基金会进行专项审计。其间，共审计社会团体 63 家，基金会 24 家。通过此次专项审计，加强了被审计单位对内控制度、收支审批制度、财务人员管理制度的重视，纠正了部分单位财务工作存在的问题。促进了各基金会严格执行财务管理制度，按照国家法规开展公益慈善活动。建立健全了各社会团体执行民间非营利组织会计制度、财务管理制度、内部控制制度、开支审批制度等。

（六）对全国性基金会、社会团体联合援疆行动项目跟踪问效

一是根据中央财政支持社会组织参与社会服务工作要求，于2013年1—4月，分别进行了项目申报、项目审查报送、项目实施。共获批项目18个，资金额555万元。为规范项目资金使用，还举办了项目资金使用培训班。目前，项目工作全面开展，运行良好。二是“爱心撒天山”联合援疆项目经费跟踪问效。其中，重点是中国人保基金会开展的“功臣计划”400万元项目和万科公益基金会“关爱流浪儿童”200万元项目，对此持续进行跟踪协调，确保项目资金得到落实。

（七）发挥社会组织积极作用

一是为推进社会组织建设改革创新，发挥先进典型示范带动作用，引导社会组织健康有序发展，按照《民政部关于开展创建全国社会组织建设创新示范区活动的通知》要求以及2013年6月在西安召开的全国社会组织建设创新示范区活动座谈会议精神，开展社会组织创新示范区活动和行业协会自律与诚信建设活动。在拟推荐哈密地区、克拉玛依申报全国社会组织建设创新示范区的基础上，在全疆范围内大力推进此项活动，按照民政部有关文件精神，制定完善了自治区开展创建活动标准和计划，并于2013年7月向全区各地州市下发《民政厅关于开展创建全区社会组织建设创新示范区活动的通知》（新民发〔2013〕124号）。此项工作已于8月份正式启动，拟于2014年3月确定首批自治区社会组织建设创新示范区。二是按照《民政部关于开展行业协会自律与诚信建设活动的通知》要求，2013年8月以文件形式（新民发〔2013〕123号）下发各地州市，汇总上报民政部。

二、民办非企业单位

截至2013年底，全疆在各级民政部门登记注册的民办非企业单位2755个，共有从业人数2.96万人，有党员3042人，建党组织406个、工会471个；总资产约13.23亿元，举办者投资6.32亿元，2013年收入7.25亿元、支出6.32亿元，上缴利税3159万元。

全区性民办非企业单位237个，其中教育类13个、劳动类85个、卫

生类2个、文化类66个、民政类12个、科技类51个（其中社科类4个）、体育类8个；共有从业人数3585人，有党员1041人，建党组织47个、工会33个。举办者投资2.44亿元，上缴利税1591万元。

（一）组织开展“服务民生·我能行”主题活动，塑造民非单位服务品牌和公益形象

为认真贯彻落实《民政部关于开展民办非企业单位塑造品牌和服务社会活动的通知》精神和自治区推进“民生建设年”的部署要求，积极开展主题活动，树立民非单位公益形象，提升了服务能力。一是召开全区性民非单位“服务民生·我能行”主题活动动员大会，对2012年开展的“创先争优、迎十八大”服务民生活动进行了总结和表彰，聘请了6名全区性民非单位负责人为社会组织督察员，对2013“服务民生·我能行”主题活动进行了安排部署。全区性民非单位积极响应，结合业务特点，发挥资源优势，瞄准民生需求，开展了服务农村、服务社区、服务企业、文化宣传、技术援助、促进就业、捐赠助学、公益慈善和送医送药送健康等活动。“服务民生·我能行”主题活动取得显著成效。据不完全统计，全区性民非单位开展各类服务活动达450多场次，出动服务人员2600多人次，接受服务群众5.2万人次，支出费用达460多万元，使民非单位得到了锻炼，让群众得到了实惠。二是以“塑造品牌”为主题，举办了首次全区性民办非企业单位“影响力”沙龙活动，搭建新疆民非单位品牌建设交流合作平台，树立服务理念，塑造公益品牌。

（二）加强政策创制，优化民非单位发展环境

一是积极推进部分民非单位直接登记。根据《国务院机构改革和职能转变方案》要求，积极研究制定科技类、公益慈善类、城乡社区服务类民办非企业单位直接登记的实施意见和方案；同时，对科技类、公益慈善类民非单位直接登记进行了探索和试点，推进民非单位登记管理体制创新。二是积极推进政府购买社会组织服务。结合实际，积极研究提出促进新疆民办非企业单位健康发展的政策措施和政府购买民办非企业单位服务的意见建议。三是完善民非单位项目库建设。结合主题活动，收集整理民非单位服务民生、服务社会项目100余个，编制项目目录，全面了解掌握民非单位承接政府购买服务的需求和能力。同时指导民非单位积极争取申报财政支持社会组织参与社会服务项目。四是贯彻落实民政部《关于开展创建全国社会组织建设创新示范区活动的通知》精神，引导开展创建全国社会组织建设创新示范区活动，推荐上报巴州、克拉玛依市为创建全国社会组织建设创新示范区单位。

（三）改进登记管理工作，促进民非单位规范化建设

一是做好民非单位新成立、变更和注销登记工作及2012年度年检工作。2013年新登记330个（其中直接登记民非单位32个）、注（撤）销登记110个，2012年度参加年检2179个，其中年检合格1975个、基本合格128个，年检合格率96.5%。二是完善民非单位核准登记流程，规范行政审批，制定出台了《全区性民办非企业单位重大事项报告的若干规定》。三是开展联合执法检查，组织人员赴南疆四地州开展了异地全区性民非单位监督管理和执法检查工作。四是完善评估指标体系，全面启动了全疆各地和全区性民非单位等级评估工作。2013年全疆符合评估条件的民非单位1251个，申报单位428个，实际参评的377个。其中全区性民非单位符合评估条件的140个，申报评估的单位有26个。

（四）加强教育培训，提高整体素质

一是选派业务干部参加了民政部民管局举办的全国社会组织评估工作培训班，积极做好各地州、县市评估业务培训指导。二是组织20名全区性民非单位负责人参加了民政部培训中心举办的西部地区社会组织负责人培训班。三是认真举办了新登记民非单位负责人、财务人员培训班，首次举办了民办非企业单位领军人物业务培训，民非单位整体素质得到提高。四是认真开展党的群众路线教育实践活动，以多种形式向民非单位问计问需、征求意见建议，制订具体有力的整改方案，狠抓“四风”方面问题的整改落实，树立务实为民清廉的登记管理机关形象。

（五）履行指导职责，协助抓好民非单位党建工作

结合党的群众路线教育活动，广泛动员全区性民办非企业单位及其党员，集中开展了“在您身边”为您服务活动，受到群众普遍欢迎。开展全区性民非单位党建工作调研，为社会组织党工委制定出台自治区社会组织党建工作指导性文件提供参考。

2013 年深圳市社会组织建设与管理工作综述

2013 年以来，深圳市以党的十八大、十八届二中全会提出“加快形成政社分开、权责明确、依法自治的现代社会组织体制”；市政府工作报告提出“规范发展社会组织，建立政府行政监管、社会公众监督和社会组织自律相结合的综合监管体系”为指引，狠抓政策贯彻落实，全面加强基础建设，推动社会组织发展实现稳中求进、进中求优，成效明显。国务委员王勇、民政部副部长顾朝曦、省民政厅厅长刘洪等先后视察深圳市社会组织并给予充分肯定。

一、坚持政策创制，为构建现代社会组织体制探路

为贯彻落实《国务院机构改革和职能转变方案》中关于社会组织管理制度改革的部署，积极推进政策创制，加强构建现代社会组织体制。一是 2013 年 9 月市委副书记、市社工委主任戴北方和相关部门专题研究如何进一步规范发展社会组织，会同相关部门贯彻落实会议精神，研究制定培育扶持、加强监管和规范发展相关的政策文件。二是积极推进《深圳经济特区行业协会条例》的立法工作，该条例已于 12 月 24 日在市人大常委会完成三读，明年 4 月正式施行。三是加快推动《深圳经济特区社会组织规范发展办法》立法项目，与深圳大学法学院积极开展相关立法调研工作。四是配合市政府办公厅完成对《深圳市社区社会组织管理与促进办法》的征求意见及修改完善，并报市政府审议。五是会同前海管理局、中央编译局共同参与的课题组，通过调研提出前海合作区社会组织管理体制与国际接轨的政策建议，已经多次修改调研报告和实施方案，并召开专家评审会。六是修订《深圳市社会团体换届选举指引（试行）》和《社会组织财务管理指引（试行）》，研究制定社会组织税收指引等。

二、实行直接登记，深化社会组织体制改革

贯彻落实《市委市政府关于进一步推进社会组织改革发展的意见》，对工商经济类、社会福利类、慈善公益类、社会服务类、文娱类、科技

类、体育类和生态环境类等 8 类社会组织实行直接登记，同时积极探索“一业多会”等改革。截至 2013 年底，全市共有社会组织 6944 家，同比增长 22.77%，其中社团 3360 家、民非 3508 家、基金会 76 家。直接登记的社会组织的数量达到了 1099 家，占全市社会组织总数的 15.83%。其中，市级直接的社会组织 928 家，占直接登记社会组织总数的 84.44%，区级直接登记的社会组织 171 家，占直接登记社会组织总数的 15.56%，全年新成立市级社会组织 215 家，直接登记 199 家，直接登记比例达 92.56%。

三、推进职能转移，拓展社会组织发展空间

积极推进政府职能转移工作，着手编制具备承接政府职能转移和购买服务资质的市级社会组织目录。上半年，向全市社会组织发出具备承接政府职能转移和购买服务资质的申报通知，共收到 284 家社会组织的报送材料。经审核，共有 246 家社会组织具备承接政府转移职能和购买服务的资质条件，近日将发布相关名单目录。同时，配合市编办开展政府转移职能和委托事项的清理工作，配合市编办、市财政委研究制定政府转移职能目录和政府职能部门购买服务目录，并配合市财政委制订《深圳市扶持社会组织发展实施方案》及配套办法《深圳市社会组织奖励办法》和《深圳市社会组织购买服务办法》（以下简称扶持社会组织发展的“1 +2”文件），大力助推行政体制改革，充分发挥社会组织功能作用。

四、加强能力建设，提升社会组织服务能力

一是 2013 年 3 月，市长许勤、市人大常委会主任白天、副市长张文和相关部门及全市 20 家行业协会负责人代表座谈，研究新形势下进一步加快行业协会发展，充分发挥行业协会在推动经济社会发展和加快政府职能转变中的重要作用。二是加强社会组织人才队伍建设。2013 年以来，先后组织了 2013 年深圳市基金会能力建设培训班、社会组织规范管理培训班、社会组织财务专项培训等多期大型培训活动，为全市 1400 家市级社会组织，累计 3000 余人次提供了专业培训，受到社会组织的热烈好评、一致认可。三是按照民政部的统一部署，在市、区两级组织开展全国社会组织建设创新示范区创建活动，并以开展创建活动为契机，不断提高社会组织建设水平和服务能力。四是开展全市“民办非企业单位服务月”及“百万市民看民非”等社会组织塑造品牌与服务社会活动，重点宣传品牌民非在公益慈善事业中的积极作用。“百万市民看民非”活动让市民近距离了解民非，

形成社会关注民非、民非服务社会的良好互动。五是开展行业协会自律与诚信创建活动，积极推进社会组织参与“两建”工作，拟制2013年深圳市社会组织行业自律体系建设和社会组织信用建设工作计划。六是全面启动2013年度社会组织评估工作。开展第四批市级社会组织评估工作，制定（修订）发布了5类社会组织评估指标体系，已完成103家社会组织的自评和专家实地评估工作。

五、以服务促管理，助力社会组织创新发展

一是开展2012年度社会组织年检工作，全面实现网上预审，坚持细化标准，严格把关，善于发现问题，实事求是提出整改意见，引导社会组织规范发展。据统计，应参加2012年度年检的市级社会组织1500家，实际参检1379家，参检率91.9%。二是主办以“聚智·分享·共赢”为主题的深圳市行业协会沙龙活动，举办了4期行业协会沙龙活动，近350家行业协会负责人参加，为行业协会搭建了交流合作平台。三是全面助力慈展会，展示社会组织风采。全力做好慈展会的综合协调工作。做好首届慈展会《首善有为——2012首届中国公益慈善项目交流展示会纪实》画册、《第三只眼看慈展会》新闻集锦和《2012首届中国公益慈善项目交流展示会文案汇编》的编印工作。四是指导深圳市模特服务业协会、深圳市电力行业协会等40多家社会组织完成了换届选举工作。五是与市财委、国税、地税4家单位开展2013年公益性捐赠税前扣除资格认定工作。六是加强与市财委沟通协调力度，解决社会组织票据申领的问题。七是把社会组织登记、变更咨询整合到公益服务平台12349热线，提高电话咨询业务的效率和服务水平。八是积极组织、推荐社会组织参与国家、省专项扶持项目评选。2013年有3家社会组织获得中央财政支持，43家社会组织获得广东省培育发展社会组织专项资金资助。

六、加强党建工作，发挥联合党委引领凝聚作用

一是顺利召开市社会组织联合党委第二届党员代表大会，采取公推直选的办法选举产生第二届委员会。二是积极开展社会组织党建调研及各项学习教育活动，深入开展党的十八大精神学习宣传贯彻工作，积极开展党的群众路线教育实践活动。三是积极探索建立社会组织党建与管理工作的长效联动机制。在社会组织成立初期，对已具备成立党组织条件的指导建立党的基层组织；在年检时，在申报材料中增加党建工作专项填报栏，及时掌握社会组织党建工作信息；在日常管理中，把党建工作列入社会组织

评估项目。四是不断扩大党组织的覆盖面和党的影响力，2013 年共培养发展新党员 9 名，办理预备党员按时转正 1 名，新成立党支部 7 个。截至 12 月底，市社会组织联合党委有党组织 76 个，其中二级党委 1 个，党总支 2 个，党支部 73 个，管理党员 499 名。

七、加大执法力度，构建社会组织综合监管体系

一是会同市社工委，制定《关于建立健全社会组织综合监管责任制的意见》，建立社会组织综合监管机制，形成政府行政监督、社会公众监督、社会组织自律相结合的监管合力。一是加大对违法违规社会组织的查处力度，2013 年以来，共对 297 家社会组织的违法违规行为进行查处。其中，撤销登记 48 家，责令改正 216 家，警告 29 家，责令限期停止活动 1 家，移送案件 3 家。二是强化社会组织规范发展，分类抽选了 40 家市级社会组织开展内部管理、财务管理等专项检查，做到以点带面，推动社会组织规范运作。三是认真贯彻中央、省、市政法工作会议精神，深入开展社会组织“六五”普法工作和 2013 年市级社会组织普法教育工作。四是组织市、区社会组织执法工作人员参加社会组织执法工作培训班，规范执法行为，强化执法标准化管理，提高行政执法效能。五是依法妥善处理“深圳市金平少年儿童助养中心”行政诉讼案、深圳狮子会属下服务队违规行为等案件和投诉。

2013 年大连市社会组织建设与管理工作综述

2013 年，大连市民间组织管理局着力落实十二届全国人大审议通过的《关于国务院机构改革和职能转变方案》中关于“改革社会组织管理制度”的精神，以政策创制为工作核心，全面推进社会组织制度改革，完善社会组织规范建设，转变工作作风，实现全市社会组织承上启下发展，取得良好成果。

一、以一项意见为核心，加快政策创制

出台《大连市人民政府办公厅关于加快推进社会组织管理制度建设的指导意见》（大政办发〔2013〕64 号）。从改革登记管理制度、创新管理方式、优化发展环境、强化监督管理等方面对社会组织登记管理工作的规范和改革提出指导意见。一是进一步改革登记管理制度。明确行业协会商会类、科技类（自然科学）、公益慈善类、城乡社区服务类社会组织可以直接向民政部门申请登记。二是探索一业多会。允许同一领域设立多个行业协会，数量一般不超过 7 个，允许按国民经济行业分类标准中的小类标准设立行业协会。允许同一行业按照产业链各环节、经营方式和服务类型设立行业协会。三是简化登记流程。取消社团筹备成立环节，取消社团分支（代表）机构审批环节，拟出台《大连市社会组织登记管理办法》，进一步明确登记审批流程。四是下放登记管理权限。将异地商会登记管理权限下放到区市县民政部门，拟出台《大连市异地商会登记管理工作指引》。五是规范社会组织名称。社会组织名称由“行政区划（先导区）名称 + 字号 + 业务领域 + 类型（组织形式）”构成，既要开展一业多会的探索，又要反映社会组织的活动地域、业务范围、组织类型等要素。

二、以三项制度为内容，建立现代社会组织体制

（一）建立社会组织重大活动报告制度

依据《大连市关于进一步加强社会组织重大活动报告制度的通知》，进一步完善社会组织管理制度，加强对社会组织重大活动事项的管理，各

社会组织要严格依照国家法律法规规定开展活动，凡是违反法律法规开展活动的或重大活动事项不报告的，将依据有关规定予以处罚。

（二）建立集体约谈制度

为贯彻党的群众路线教育实践活动，转变工作作风，改变“重登记、轻管理”的情况，2013 年下半年以来，民管局建立了社会组织负责人集体约谈制度，以集中约谈方式，召集近期新成立的社会组织负责人，重点宣传社会组织法规政策，引导社会组织健全法人治理结构，完善会员（会员代表）大会、理事会、监事会制度，实行决策、执行、监督权相互制约，充分了解各社会组织业务开展情况及各法人代表对其单位性质的掌握理解程度，增进交流。

（三）建立经验交流制度

社会组织涉及面广，情况复杂，为更好地完善社会组织内部建设，民管局通过多种途径建立经验交流平台。2013 年，通过民办非企业单位培训班、社会组织管理制度建设政策宣传暨营改增政策介绍会、全市社会组织规范建设业务交流会，共计 27 家社会组织介绍了内部建设的经验和体会，充分发掘自身资源整合能力、展示自我发展建设风采，为各社会组织搭建了学习交流平台。

三、改革登记管理制度情况

（一）直接登记工作情况

目前大连市直接登记社会组织共计 162 家，其中社会团体 45 家、基金会 0 家、民办非企业单位 117 家。已开展直接登记的区市县分别是：中山区 2 家、西岗区 3 家、沙河口区 100 家、甘井子区 35 家、金州新区 1 家。

（二）首次开展非公募基金会登记审批工作

根据全年工作计划，依据《关于加快推进社会组织管理制度建设的指导意见》（大政办发〔2013〕64 号），民管局拟定了审批登记 3—5 家非公募基金会，实现基金会登记工作零的突破。为高效、合法地完成基金会审批工作，民管局邀请省民管局分管基金会的领导来连，对全体工作人员进行授课，并安排 13 位拟成立基金会的发起人座谈，就基金会登记管理中的重点、难点和疑点进行解答和讨论。民管局工作人员熟悉了基金会的性质、分类、组织机构、资金管理模式和登记管理流程。截至 2013 年底，共计审批成立 3 家非公募基金会。

四、政府购买社会组织服务项目开展情况

将西岗区作为大连市试点地区，以点带面，全面推动全市政府购买社会组织服务工作。通过近一年的调研、评估，西岗区出台了《西岗区社会组织参与社会服务项目扶持管理暂行办法》（西政发〔2013〕24号），明确了扶持的范围、申请审批的程序和受扶持主体的权利义务。共征集项目297个，经评审决定区财政投入资金550万元扶持其中的200个项目。其中，公益慈善类项目68个，包括帮困、助老、扶幼、助残、志愿服务等领域；社会服务类项目226个，包括便民、环保、就业、治安、健康、文化、文娱等领域；行业管理类项目3个，分别涉及养老行业、福利企业行业和社区社会组织行业。采用直接将资金用于项目的方式，增强了项目的成功率，相对于过去以奖代补的方式，更好地提高了政府资金使用的效益。市民管局在全市推广西岗区的经验做法，各区市县结合实际情况，在资金扶持、购买服务等方面开展了有益的探索。市民管局与市财政、市发改委多次沟通，计划2014年，市财政投入2000万元用于政府购买社会工作服务，鼓励引导管理规范、发展良好的社会组织更好地参与社会服务。

五、开展登记、年检、评估、执法工作总体情况

（一）登记情况

截至目前，全市登记备案的社会组织总数10758家，比上年8660家增加2098家，增长率为24.2%。其中市级社会组织1297家（市级社会团体559家，市级民非单位738家），各区市县为9461家；登记的社会团体721家，登记的民办非企业单位2084家，备案的社区社会组织6656家。

（二）年检情况

2012年年度检查3050家，年检率82%，合格率80%。

（三）启动第四次社会组织评估工作

重点开展对民非单位的评估，按照《大连市社会团体评估暂行办法》和《大连市民办非企业单位暂行办法》要求，制定《大连市民办非企业单位规范化建设评估指标》，共计对190家民非单位进行了自评申报、第三方评估机构实地考察，计划于12月底前完成评估审核小组审定工作。截至目前，全市共评估1386家社会组织，其中市级456家，中山、沙河口、甘井子、金州新区等地共评估930家，评估率达38.5%，部分区市县评估率

达 100% 。

六、开展行业协会自律诚信和民非单位品牌创建活动情况

为提高社会组织社会公信力，发挥服务社会的重要作用，依据民政部的要求和部署，民管局转发民政部《关于开展民办非企业单位塑造品牌与服务社会活动的通知》，出台《大连市开展行业协会行业自律与诚信创建活动实施方案》，对民非单位和行业协会自律体系、服务体系和规范化体系建设提出了要求。召开了全市性行业协会社会组织管理制度建设政策宣传会，对行业协会行业自律与诚信创建活动进行深入宣传，介绍了国家对社会组织管理制度改革路线图，使全市行业协会行业自律与诚信创建活动取得实效。通过典型带动、广泛宣传，树立了大连嘉汇教育集团等一批服务社会能力显著、公益性强的民非单位典型和大连市律师协会等诚信自律管理较好的行业协会，作为社会组织的示范点，引导其他社会组织建立健全各项制度，着力打造诚信品牌，提高社会公信力。

2013 年青岛市社会组织建设与管理工作综述

2013 年，青岛市民间组织管理局以创建全国社会组织建设和创新示范区活动为抓手，以社会组织登记管理改革创新为动力，扎实开展社会组织登记、管理、执法工作，社会组织发展的政策环境、社会环境和舆论环境加速优化，社会组织承接政府转移职能和服务社会的能力快速提高，全市社会组织呈现出良好的发展势头。

一、登记管理工作

截至 2013 年 6 月份，青岛市社会组织共有 11154 家，平均每万人拥有社会组织 12. 8 家。其中社会团体 1556 家（市直 616 家，区市 940 家）、民办非企业单位 4302 家（市直 1235 家，区市 3067 家）、备案制社区社会组织 5296 家。2013 年直接登记的社会组织数量分别为：社团 7 家、民非 19 家。

为规范异地商会登记管理，2013 年制定了《青岛市异地商会登记工作规范》，制作申请表格及示范文本 30 个。规范体系完备、内容科学、形式规范，为异地商会健康发展打下了较好基础。在登记过程中，实行容缺受理和网上审批制度，最大限度为社会组织提供便利。

二、日常管理工作

一是积极探索社会组织公益创投和孵化培育。对利用福彩公益金开展公益活动进行全面调研，起草了《关于 2013 年在全市社会组织中开展公益创投活动的通知》，利用福彩公益金 300 万元对 30 个社会组织公益创投项目进行资助。

二是积极做好中央财政支持社会组织参与社会服务项目申报组织工作。上报中央财政项目 11 个，经民政部项目办评审，青岛市获中央财政支持社会组织示范项目 3 个，共获中央财政支持资金 120 万元。

三是会同市政法委申报的“青岛市社会组织创新园工作案例”入选国家综治委社会管理工作创新案例。青岛市社会组织创新园的做法在人民网转发。

四是下发《关于开展行业协会自律与诚信创建活动的通知》和《关于开展民办非企业单位塑造品牌与服务社会活动的通知》文件，并积极组织全市社会组织开展“两项”活动。

五是以年检为抓手，进一步加强对社会组织监督管理工作。在年检过程中，始终保持与教育、劳动、体育、科技等主要业务主管部门的沟通联系，确保了年度年检工作有计划、按步骤地顺利完成。年检过程中，通过打电话、发短信和电子邮件等方式对社会组织进行提醒，大大提高了年检率。全年社会团体年检率100%，民办非企业单位年检率100%。

六是积极开展评估工作。1. 组织民管局人员对本市民非单位教育类和社会团体行业协会进行了针对性地调研，广泛征求社会组织对评估工作的意见或建议。2. 在获得了大量信息的基础上，参考外地成功的评估经验，制定出了比较科学合理、切实可行的评估标准。设置了四级指标体系：即把评估内容中的基础条件、组织建设、自律与诚信建设、社会评价4大类划分为一级指标；法人资格、财务管理等15条为二级指标；开办资金、内设机构等59项为三级指标；按时办理变更、独立银行账户等134个考核项目为四级指标。按照性质和重要程度，对每一项考核内容设置了1分至20分不等的考评分数，总计1000分。评估指标的细化和设立，使社会组织考评工作实现了从以定性为主到定量考核机制的转变。根据评估实际得分情况，相应地设置1A至5A五个等级；3. 开展对行业协会（商会）及民办非企业单位评估工作。已对19家行业协会和34家民非单位进行了评估。

七是积极推进社会组织信息化建设。青岛市成为民政部信息化建设试点单位后，市民政局专门成立了信息管理中心，开发了民政全业务平台，其中包含全市社会组织的基础数据和日常管理信息。目前已将全部社会组织基础数据录入管理系统，实现了动态录入和查询功能。目前全市已实现社会组织管理办公自动化、信息数据化、管理网络化。

八是积极推进政府购买服务工作。目前青岛市正在编制政府转移职能目录、政府职能部门购买服务目录、社会组织承接职能和提供服务目录。全市70%的机构养老服务和90%的残疾人托养服务由社会组织承担，全市每年用于购买社会组织服务的资金达3亿元。

三、执法监察工作

机构调整以前，市民管局只有一名同志负责执法监察工作，由于对执法工作长期重视不够，导致社会组织执法队伍、执法设备和执法经验严重匮乏，执法基础非常薄弱。成立单独的执法监察处后，一是以市政府授权件名义出台了《关于加强社会组织行政执法工作的意见》，明确了社会组织行政执法工作目标、执法机制和组织保障。二是一方面组织人员赴上海、深圳等地进行调研，寻求破解新时期执法工作难题的方法，探索新形势下社会组织执法监察工作的新模式。三是举办了为期 2 天的全市社会组织行政执法人员培训班，邀请了国家民管局、上海社团局等有关专家授课。四是编印了《青岛市社会执法规范》，完善了执法监察工作流程，制定了统一的法律文书，规范了行政执法行为。五是对全市社会组织进行了专项执法检查。执法过程中，事先给予提醒、事中给予调解、事后给予督察，对非法社会组织及时给予查处，执法效果有了明显改善。六是 2013 年还进一步完善了市、区市、街镇、社村社会组织执法监察四级预警机制，形成一张社会组织执法检查完整的网络。

四、社会组织管理制度改革工作

为建立统一登记、各司其职、协调配合、分级负责、依法监管的社会组织登记管理体制，发挥社会组织在社会建设的骨干作用，不断激发社会组织的发展活力，提高社会组织服务经济社会的能力，为建设宜居幸福的现代化国际城市营造良好的社会环境。2013 年青岛市《关于全市政府职能转化改革试点工作的指导方案》中明确要求推进社会组织登记管理改革。

（一）登记工作

一是简化登记程序，实行直接登记。对行业协会商会类、科技类、公益慈善类、城乡社区服务类社会组织，由民政部门实行直接登记。并取消社团成立的筹备阶段，对民非单位成立以银行有效账户存款证明代替验资报告。二是降低准入门槛，实施“一业多会”。允许同一行业根据实际需要成立多个行业协会，可按国民经济行业分类的小类标准设立行业协会商会，允许同一行业按产业链各个环节、经营方式和服务类型设立行业协会商会，允许成立跨区域性行业协会商会。三是下放管理权限，开展非公募基金会登记。非公募基金会按照分级负责的原则，由区市级以上民政部门直接登记。

（二）管理工作

一是改革社会组织双重管理体制，加快推进行业协会、商会去“行政化”。二是建立重大事项报告、换届报批和网上公示等制度，扩大社会监督。三是加大执法监察工作力度。建立四级社会组织监督管理网络，及时发现非法社会组织和社会组织违法活动信息。建立和完善行政执法、刑事司法之间有效衔接的配合机制。

（三）培育工作

一是建立第三方评估机制。引入独立的社会第三方咨询评价机构参与评估工作，建立社会组织评估指标体系，完善公开、公平、公正的评估制度，形成组织健全、程序完备、操作规范、运转协调的评估工作机制，发挥评估的导向、激励和约束作用，促进社会组织健康发展。二是优化社会组织法人治理结构。引导各类社会组织加强自身建设，建立健全以章程为核心的独立自主、权责明确、运转协调、有效制衡的法人治理结构。三是探索社区社会组织培育发展方式。在街道（镇）建立社区社会组织支持中心、成立社区社会组织联合会，对社区社会组织实施枢纽式管理和服务。对初创期的社会组织建立孵化注册机制，对起步期的社会组织建立公益创投机制，对发展期的社会组织建立公益招投标机制。积极推进社会组织创新园、创意园和孵化园的建立。

目前已在在胶州市、即墨市、开发区、市北区开展试点。试点区、市已下发文件，对四类社会组织实施直接登记，并取消社团成立的筹备阶段，对民非单位成立以银行有效账户存款证明代替验资报告，进一步减少审批程序。

五、创新措施

（一）加大社会组织培育发展和管理服务创新力度

一是“转方式”。转变社区社会组织管理方式。在街道（镇）成立社区社会组织支持中心，并建立社区社会组织联合会，由“联合会”负责“中心”的管理和运营，同时负责对辖区内社区社会组织实施枢纽式管理和服务，为会员提供信息化平台和技术支持等服务，承接政府转移职能和购买服务项目，对不具备登记条件的社区公益服务团队实行备案管理。

二是“调结构”。提高公益服务类社区社会组织的数量、质量和比重。全市社区社会组织已达5296家，但结构不均衡的问题比较突出，而且总体上质量不高，无法满足政府转移职能和购买服务需求，也难以满足社会和居民多样化、专业化的服务需求，迫切需要政府加大培育力度。近年来，全市通过提供场所、资助成立、购买服务、公益创投、打造品牌等措施，重点对公益服务类社区社会组织给予扶持。

三是“促融合”。将促进社区社会组织融合到社区建设和服务民生之中。建立以社区为平台、社区社会组织为依托、社工为骨干，“三社”相互融合、相互协同、相互促进的运行模式。这种“转方式、调结构、促融合”发展模式的主要特点是充分尊重社会组织发展规律，通过培育扶持、搭建平台、发挥作用等措施，切实增强社会组织的内生动力，引导社区社会组织健康发展。各区、市在这个模式的大框架下，积极探索实践，创造了各具特色的鲜活经验。如，开发区探索“三会共治、三园协同、三社联动”工作机制，实现区、街道、社区三级对基层社会组织的共同治理和协同管理，同时区财政出资 1200 万元用于培育扶持社会组织发展；李沧区引进上海新途等专业社会组织开展社区动员、老年健康、社区慈善等工作，为社区建设开辟了新的途径；崂山区出台文件，对符合条件的社会组织创新园及公益性社区社会组织给予开办补助，大大促进了公益性社区社会组织的发展；市南区通过街道和谐社区促进会整合力量，为辖区居民提供实实在在的便民服务。

（二）社会组织管理体制创新

2013 年对市民管局内设机构及工作职能进行调整。此次调整适应了社会组织培育发展和管理服务的新要求，将原来的三个处调整为综合处（行政审批处）、管理处、执法监察处，明确了登记管理、日常管理和执法监察职责，进一步完善了职能，理顺了关系，提高了效率。

2013年厦门市社会组织建设与管理工作综述

2013年，围绕加强和创新社会组织管理，以改革发展为动力，以政策创制为重点，以发挥积极作用为目标，不断推动全市社会组织健康有序发展。截至12月底，全市登记备案社会组织2459个，其中社会团体1046个（市级610个，区级436个），民办非企业单位924个（市级227个，区级697个），备案社区社会组织471个，台湾经贸社团在厦代表机构13个，基金会5个。

一、登记审批服务事项有序开展

依法有序开展社会组织登记审批工作，进一步优化审批流程，着力提高审批效能，将审批服务事项由法定时限压缩至法定时限的35%以内。2013年，共办理社会组织审批事项327件。其中：同意筹备成立社团44个，批准成立登记社团42个，批准设立社团分支机构19个；办理民办非企业单位名称核准60个，批准注册登记民办非企业单位45个；办理社团变更登记66件、民非单位变更登记18件、社团分支机构变更登记10件；注销社团1个、民非单位1个、社团分支1个；办理基金会名称核准5个，批准成立登记基金会5个；备案台湾经贸社团代表机构10个。全局驻行政服务中心窗口全年合计接件1552件，现场办结1113件，按期办结439件，按时办结率达100%，合格率100%。

二、登记管理体制改革稳步推进

有序推进社会组织管理体制改革，努力探索构建现代社会组织体制。一是实行社会组织直接登记，为社会组织发展“松绑解套”，有效激发社会组织参与社会服务和管理的活力。依照《中共厦门市委办公厅　厦门市人民政府办公厅关于加快推进社会组织登记管理体制改革的实施意见》（厦委办发〔2013〕5号），从2013年7月1日起，除依据法律法规需前置行政审批及政治法律类、宗教类、社科类的社会组织外，其他社会组织的申请人均可直接向登记管理机关申请登记。截至目前，已直接登记社会组织37个，其中社会团体13个、民办非企业单位21个、基金会3个。二是继续备案管理台湾经贸社团在厦代表机构。至今，已有13个代表机构在厦挂牌设立，备案的台湾社团代表机构范围从经济类扩大到经济、教育、科技、文化、卫生、环保、体育、慈善等领域。三是依法登记管理异地商会。按照《福建省异地商会管理暂行办法》的规定，加强对异地商会的规范化管理，2013年依法登记异地商会13个。四是建立社区社会组织登记备案双轨制。对社区社会组织降低门槛，放宽准入条件，简化审批程序。基本做法是实行“双轨制”和“五个放宽”。“双轨制”，即实行登记、备案并行的双轨制；“五个放宽”，即资金、会员数量、办公场所、业务主管单位、筹备程序五个方面放宽。目前全市登记或备案的社区社会组织有471个。五是建立农村专业经济协会登记备案双轨制。出台规范性文件《厦门市民政局关于做好农村专业经济协会登记备案管理工作的通知》（厦民〔2013〕197号）。对区、镇一级的农村专业经济协会降低门槛、放宽条件予以登记，对村一级、不符合登记条件但正常开展活动的农村专业经济协会，采取备案制。

三、日常监督管理力度逐步加大

（一）开展社会组织年检工作

针对社会组织年检量大、涉及行业多的特点，及时下发年检通知，采取多渠道发通告、上门集中年检、“一站式服务”和网上预审等方式，提高年检工作效率。同时加大财务检查力度，要求所有参加年检的社会组织须提供社会审计机构作出的财务审计报告，对不符合规范的社会组织进行教育整改。2013年应参加年检的市级社会组织709家，已参加年检的社会组织共有666家，占应年检数的93.9%。其中：社团552家，已参加年检521家，占应检数的94.4%；民非单位159家，已参加年检145家，占应检数的91.2%。实行网上预审的社会组织有402家，约占已检总数的60.4%。

（二）建立社会组织等级评估机制

下发《关于开展2013年度社会组织评估工作的通知》，修改完善社会组织评估指标体系，全面展开评估工作。评估前，举办评估工作培训班，详细解读评估政策，对评估小组成员和各区民政局相关人员进行业务培训，提高其工作能力。评估过程中，按照程序要求，严格审查社会组织申报的评估材料，组织评估小组对参评单位进行实地考察和初评，召开评估委员会会议，对社会组织的各项指标逐一进行核实、评定，形成社会组织评估等级结果，并向社会公示评估结果。2013 年，市本级社会组织评估 97 家，其中获得 5A 级社会组织 3 家，获得 4A 级社会组织 4 家，3A 级社会组织 29 家，2A 级社会组织 34 家，1A 级社会组织 11 家，无等级社会组织 16 家。截至目前，全市共完成 936 个社会组织的评估工作，占应参加评估的登记总数的 62%。

（三）加强社会组织执法监察力度

查处非法组织“厦门铁道兵文化联谊会”，敦促其自行解散、上缴公章；调查处理 5 件信访件，较好地化解社会组织矛盾。日常管理中，全年共指导 79 个社团完成换届工作和 46 场次社团筹备、成立大会；参加 54 个社团的理事会、年会等重大活动，依法依规派出现场督察人员近 300 人次，切实履行了登记管理机关的监管职责。

四、开展社会组织政策创制工作

为创新社会组织管理工作，推动出台了《中共厦门市委办公厅　厦门市人民政府办公厅关于加快推进社会组织登记管理体制改革的实施意见》（厦委办发〔2013〕5 号），实行社会组织直接登记；出台了《厦门市民政局关于做好农村专业经济协会登记备案管理工作的通知》（厦民〔2013〕197 号），降低农村专业经济协会登记门槛，简化程序；与相关部门联合下发了一系列文件：一是与市台办、市公安局联合下发《关于开展对台湾民间社团在厦代表机构调查摸底的通知》（厦民〔2013〕99 号），加强对涉外社会组织的规范化管理；二是与市委组织部、市委非公企业工委等九个部门联合下发《关于加大非公企业、社会组织党组织组建力度　巩固扩大“百日攻坚行动”成果的通知》，推进社会组织党建工作；三是与市财政局联合下发《关于社会组织用票单位上线使用非税收入综合管理信息系统的通知》，推动社会组织财政票据电子化改革。

五、推动政府购买社会组织服务和职能转移

为规范政府购买社会组织服务行为，提高政府购买社会组织服务效益，起草了《政府购买社会组织服务管理办法》（代拟稿），积极协调财政部门和编办，争取早日出台文件。目前，印发了《厦门市民政局转发福建省民政厅关于确定具备承接政府职能转移和购买服务资质的社会组织目录的指导意见的通知》（厦民〔2013〕276 号），已初步编制社会组织目录，明确具有资质条件承接政府转移职能和购买服务的社会组织。据统计，

2013 年全市社会组织接受政府资助和购买服务的资金达 4418 万元。

此外，为强化社会组织管理，采取了一系列措施：一是配合市委组织部开展党建“百日攻坚行动”。对 775 个市级社会组织进行“地毯式”摸底调查，全面掌握社会组织的党员和职工人数、党群组织设置和党建工作情况，并建立电子工作台账。同时，与市委组织部等九个部门联合发文，按照业务主管单位分类形成花名册，列出具备建立党组织条件的社会组织名单（涉及 36 个业务主管单位 126 个社会组织）。二是举办两期社会组织能力建设培训班。邀请国家民管局、集美大学等专家，就社会组织发展趋势、政策法规、专业知识等方面进行授课。市、区两级社会组织工作者约 470 人参加培训，进一步提高了社会组织工作者的职业素质和专业能力。三是持续推进涉外社会组织管理工作。与市台办、市公安局联合开展台湾民间社团在厦情况的调查摸底工作，彻底摸清台湾民间社团在厦情况；召开台湾社团在厦代表机构负责人座谈会，听取意见建议，进一步改进管理方式。四是组织开展专项活动。开展社会组织建设创新示范区创建活动。活动期间两度深入各区检查创建情况，具体指导调整工作思路，督促创建活动各项任务的落实。目前，厦门市集美区被评为省级社会组织建设创新示范区。指导开展行业协会行业自律与诚信创建活动、民办非企业单位塑造品牌与服务社会活动。通过召开活动部署推进会，引导部分社会组织发出倡议书，指导其注重健全法人治理结构、完善内部管理制度，加大信息公开力度、全面推行服务承诺，建立社会组织自我约束、自我管理、自我教育、自我服务的自律机制。

2013 年厦门市社会组织建设与管理工作虽然取得一定成效，但仍存在一些问题，如社会组织执法监察工作还有待加强，正式立案查处的案件较少，对违法违规的社会组织仍以教育警告和责令整改为主；扶持社会组织发展的优惠政策力度还需加大，全市尚未建立政府购买社会组织服务长效机制，社会组织孵化培育工程也未启动，社会组织健康生存发展的外在环境亟须优化。

2013年宁波市社会组织建设与管理工作综述

2013年，宁波市社会组织建设与管理工作在国家和省民间组织管理局指导下，积极开展全国社会组织建设创新示范区创建，着力推动社会组织政策创制和体制改革，加快推进现代社会组织管理体制建设，不断加大社会组织培育发展力度，社会组织发展环境持续优化，社会组织数量稳步增长。截至2013年底，全市依法登记的法人社会组织5364家（社会团体2206家，民办非企业单位3110家，驻甬基金会48家），比上年增长4.4%，其中市本级793家（社会团体516家，民办非企业单位277家），每万人拥有法人社会组织数约为7个，另有11081个备案的基层社区社会组织，涵盖全市城乡基层社会各个领域。社会组织服务能力不断提升，在反映诉求、提供服务、规范行为、促进和谐等方面发挥了重要作用。在推进社会组织发展和管理上主要做了以下十方面工作。

一、大力推进社会组织管理体制改革

宁波市“现代社会组织培育管理机制项目”列入2013年市级社会管理创新重点项目，由市民政局牵头负责项目推广工作。制订了《宁波市现代社会组织培育管理机制项目推广工作方案》，明确工作目标和主要任务。加强政策创制，推进社会组织管理体制改革。9月初，市委、市政府以两办名义出台了《关于加快建立现代社会组织体制，促进社会组织健康有序发展的意见》，确立了今后一段时期全市社会组织发展的总体要求和目标。在全省率先印发了《关于开展四大类社会组织直接登记的通知》，实行行业协会商会类、科技类、公益慈善类、城乡社区服务类等四类社会组织向民政部门直接登记。会同市委组织部、人力社保局、财政局出台了《关于加强社会组织人才队伍建设的实施意见》，为进一步推进社会组织人才队伍建设提供了制度保障。联合发改委、财政局、公共资源交易管理办公室制定了《关于推进政府向社会组织购买服务的实施意见》，完善政府向社会组织购买服务的运行机制。9月底，市委、市政府召开全市社会组织发展与管理创新工作会议，贯彻落实全市社会组织“1+3”政策意见，部署今后一段时期社会组织发展重点任务，并表彰了一批市级社会组织先进单位和个人。民政部和省厅对宁波市推进社会组织管理体制改革给予积极肯定，并以参阅文件形式转发宁波市培育发展社会组织的系列政策意见。宁波市出台推进社会组织改革创新的综合性文件入选“2013 年社会组织十件大事”。

二、积极引导社会组织参与社会服务

做好 2013 年中央财政支持社会组织参与社会服务项目申报、指导工作。全市 3 个社会组织服务项目获中央财政立项支持，为确保项目的规范实施，民管局专门制定了《宁波市“中央财政支持社会组织参与社会服务项目”执行管理规定》、《宁波市“中央财政支持社会组织参与社会服务项目”资金使用管理制度》，加大项目宣传力度，积极争取地方财政配套支持。其中“名医下乡直通车”和“恒爱公益编制站”项目荣获 2013 年第三届“宁波慈善奖项目奖”。指导市公益服务促进中心开展了首届“文具杯”公益项目设计大赛，并联合市委组织部举行“纪念建党 92 周年暨百家企业、百家社会组织对接百个公益项目”活动，制定出台了《宁波市公益创投实施办法》和《宁波市公益项目管理办法》，举办公益项目团队、公益社会组织负责人培训，探索引入第三方监督，对项目实施全程指导和监督。2013 年全市社会组织公益项目创投资金达 1968 万余元，其中带动社会资金上千万元，促进了社会资源在社会服务领域的流动，同时也促进了社会组织自身发展和作用发挥。

三、推动建立政府购买社会组织机制

根据国务院办公厅《关于政府向社会力量购买服务的指导意见》和市委、市政府两办意见精神，市民政局会同相关部门制定了《关于推进政府向社会组织购买服务的实施意见》，政府向社会组织购买服务资金纳入财政预算管理。2013 年，市本级设立了社会组织发展专项资金（每年 500 万元财政资金），用于本级社会组织服务项目补助，会同财政部门制定了专项资金使用管理办法，加强专项资金的使用和管理。2013 年全市共投入专项资金 1927. 5 万元（其中财政资金 1157 万元，福彩公益金 770. 5 万元），主要用于社会组织服务平台建设、公益项目创投、社会组织培训等服务项目，为社会组织健康发展提供财力保障。

四、改进社会组织登记制度

按照统一登记、分级负责，转变职能、简政放权的要求，稳步推进社会组织直接登记制度。在去年对公益慈善类社会组织实行直接登记的基础上，进一步扩大直接登记范围，2013 年 8 月，市民政局印发《关于开展四大类社会组织直接登记的通知》，对行业协会商会类、科技类、公益慈善类、城乡社区服务类等四大类社会组织实行向民政部门直接登记。其中行业协会商会类、科技类、公益慈善类社会组织向市、县两级民政部门申请直接登记，基金会限市本级民政部门登记，城乡社区服务类社会组织向县级民政部门申请直接登记。自通知实施以来，各级民政部门共直接登记社会组织 37 家，其中社会团体 13 家，民办非企业单位 23 家，基金会 1 家。

五、依法加强社会组织规范管理

加大对社会组织重大活动的指导和监管力度，创新并实施两项监管措施。一是对新成立社会组织的负责人实行约谈制，二是对社会组织换届等重大活动实行报批制。市本级全年累计约谈社会组织负责人 15 批，换届报批 40 件，引导社会组织依法依章开展活动。开展 2012 年度社会组织年检工作，规范年检报告书的检查内容，继续实行网上年检预审，规范社会组织年检行为，提高管理效能。2012 年度市本级应检社会组织 720 家，实际参检 692 家，参检率达 96%。其中年检合格 640 家，基本合格 47 家，不合格 33 家。加大对社会组织违法行为的执法查处力度，对未按规定参加年检和年检不合格的单位，及时移交执法支队进行立案，发布行政处罚预警，要求涉嫌违法的社会组织进行限期整改，接受行政处罚。2013 年市本级共立案查处社会组织 5 件，其中给予警告行政处罚 2 家，停止活动处罚 1 家，撤销登记 2 家，另外经督促自行注销 3 家，通过执法有效规范社会组织依法开展活动。

六、全面推进社会组织评估工作

修订出台了《宁波市社会组织评估管理办法》和社会组织分类评估指标体系（2013 版），建立了社会组织评估复核委员会，调整充实评估专家组成员。印发了《关于开展 2013 年度社会组织评估工作的通知》，开展年度社会组织评估工作。2013 年市本级社会组织共参评 70 家（其中初评 44 家，复评 26 家），评估等级有效期内的参评率达到 32.2%。为进一步提高社会组织参评的积极性，扩大社会组织评估面，对上年度获评 4A 以上评估等级的社会组织进行了专项奖励（其中5A级补助3万元，4A级补助2万元）。各县（市）区全面启动了社会组织评估工作，2013年全大市（参）评估数715家，历年评估数达1151家，全市社会组织参评率已突破年初制定的20%目标。

七、深化社会组织服务平台建设

全面推进社会组织服务平台建设，市、县两级成立了社会组织服务中心（促进会），海曙区成立了公益组织发展基金会。市级层面加强对公益服务促进中心和社会组织促进会日常工作指导，委托承接培训、部分评估工作等职能，成立了事业性质的宁波市社会组织服务中心。指导县（市）区社会组织服务平台功能建设，拓展服务职能，海曙区、鄞州区、慈溪市等地社会组织服务中心逐步承接社会组织年检初审、培训、评估、党建指导等服务管理职能。

八、加强社会组织能力建设

为进一步增强社会组织负责人和从业人员的行为规范，提高社会组织服务能力，2013年，加大对社会组织培训力度，在中央财政支持基础上，地方配套10万元培训经费，连续举办了公益性社会组织（驻甬基金会）负责人培训、城乡基层社会组织负责人培训、新任社会组织负责人及财务人员培训、登记管理机关工作人员培训、社会组织评估培训等5期社会组织能力建设培训班，并指导鄞州区参照社会组织人员培训示范项目执行要求，对该区社会组织进行了大规模培训，全年培训人数近千人，取得了很好的预期效果。

九、加强社会组织自律诚信建设

根据民政部要求，在全市范围部署开展了行业协会行业自律与诚信创建和民办非企业单位塑造品牌与服务社会活动。市公益服务促进中心整合社会组织资源，开展近百个社会公益服务项目，带动社会资金800万元；市医学会组织专家分批到偏远山区开展“名医下乡”活动，直接服务人数达5000余人次；在遭受“菲特”台风严重影响下，积极动员社会组织参与抗台救灾，发布倡议号召社会组织发挥资源优势，加强安全排查，在做好行业自救的同时，动员民间救援力量，参与救灾工作。宁波市保险行业协会发挥行业优势，加强行业自律，协助政府引导保险企业积极做好灾后理赔工作。余姚市开展了社会组织“诚信惠民、服务社会”广场活动，组织社会组织专家，为群众提供20余个服务项目，深受群众欢迎；慈溪市开展“社会组织进军营”活动，引导社会组织开展拥军活动；鄞州区举办“蝶变鄞州，爱洒世界”暨社会组织公益成果展览活动，创新社会组织对外交流模式，提高社会组织诚信度。

十、全面推进社会组织信息化建设

为适应现代社会组织管理体制改革，推进社会组织信息公开，提高服务管理效能，2013年加大社会组织信息化建设各项投入，在全市范围推进社会组织信息化建设。7月份，市民政局印发了《宁波市社会组织信息化建设推进实施方案》，明确全市社会组织信息化建设整体推进思路和目标任务。建立市、县两级信息化系统联络员队伍，进行专门培训和部署，完成社会组织信息管理系统二期建设，在全市推广覆盖社会组织信息管理系统应用，实现了全市社会组织信息大数据的互联共享，确保社会组织登记信息、年检结论、评估等级、行政处罚等信息及时向社会公开，同时也确保从明年开始全面推行社会组织网上年检。

·第四编·

调研报告

关于更好发挥社会组织在管理社会事务中的作用的调研报告

——基于广东、浙江两省的调研

民政部民间组织管理局

十二届全国人大一次会议通过的《国务院机构改革和职能转变方案》提出"更好发挥社会力量在管理社会事务中的作用"，社会组织作为一支重要的社会力量，在管理社会事务中如何更好发挥作用，是一个亟待研究的重要课题。为此，2013 年 5 月中上旬，调研组就"更好发挥社会组织在管理社会事务中的作用"专题，赴广东、浙江两省进行了实地调研，先后召开了 12 个座谈会，与地方党委、政府、政协、有关部门、专家学者、社会组织负责人等 100 余人进行了座谈和讨论，实地考察了 8 家社会组织孵化基地、服务中心及工作机构，充分听取意见建议。现将调研情况报告如下。

一、广东、浙江充分发挥社会组织在管理社会事务中的积极作用

广东、浙江两省经济社会发展水平居全国前列，市场化和对外开放程度较高，社会组织发展基础较好。近年来，两省着眼于打造经济社会升级版，结合社会管理创新和行政体制改革，大力推进社会组织改革，加大培育发展力度，成效显著。

（一）着眼顶层设计，将社会组织纳入社会体制改革和社会建设全局

一是注重顶层推动。广东省委、省政府 2006 年就出台了《关于发挥行业协会、商会作用的决定》，启动社会组织改革，2008 年以来多次下发指导性文件，将社会组织改革发展作为社会体制改革和社会建设的重要内容加以推进。省委主要领导也多次强调，要大力培育发展和规范管理社会组织，加大政府职能转移力度，舍得向社会组织"放权"，敢于让社会组织"接力"。浙江、深圳、温州等地主要领导也高度重视社会组织工作，多次作出批示。两省还将社会组织发展纳入经济社会发展整体规划。广东

将社会组织纳入《珠江三角洲地区改革发展规划纲要》，将社会组织发展指标纳入省社会建设评价指标体系。广东、浙江均将社会组织发展纳入省“十二五”规划纲要。深圳专门制订了社会组织发展“十二五”规划。

二是坚持政策驱动。两省社会组织立法和政策创制工作起步较早。2005 年 12 月，广东省人大常委会通过了《广东省行业协会条例》。2006 年 9 月，浙江省政府印发了《关于推进行业协会改革与发展的若干意见》。2008 年以来，广东先后出台了《关于发展和规范我省社会组织的意见》、《关于加强社会组织管理的实施意见》、《关于进一步培育发展和规范管理社会组织的方案》及多个配套文件，全面推进社会组织改革发展。深圳早在 1999 年即颁布了《深圳经济特区行业协会条例》，2008 年以来又先后出台了《关于进一步发展和规范我市社会组织的意见》、《关于进一步推进社会组织改革发展的意见》等指导性意见，分类分步推进社会组织改革。温州于 2012 年出台了加快推进社会组织培育发展的“1 + 7”系列文件，整体推动社会组织培育规范工作。广州、宁波、杭州、佛山等地也出台了一系列政策法规，为社会组织发展提供了强大助推力。

三是注意上下联动。一方面通过部省（市）合作协议争取国家有关部门重视和支持，一方面通过改革试点、观察点推动基层创新。2009 年，广东省政府与民政部签署《共同推进珠江三角洲地区民政工作改革发展协议》，支持广东先行先试。同年，深圳市政府与民政部签署《推进民政事业综合配套改革合作协议》，授权深圳市开展基金会、跨省区行业协会商会登记管理试点。2010 年，浙江省政府与民政部签署《共同建设民政工作城乡一体化创新示范区合作协议》，支持浙江开展社会组织登记管理体制改革。2013 年 1 月，浙江省再与民政部签署《共建温州市民政综合改革试验区合作协议》，在温州设立全国社会组织建设创新示范区。广东、浙江也结合省内各地市情况，在广州、深圳、佛山、温州、杭州、宁波等地设立改革创新观察点或试点，进行有益探索，调动了地方的积极性和创造性，释放了基层的创新活力和社会内生动力。

（二）改革管理体制，为社会组织更好参与管理社会事务创造条件

一是解决“出生难”问题。广东省自 2006 年起率先对行业协会实行直接登记，之后逐步推广到其他类社会组织。2012 年 7 月 1 日起，除法律法规规定需要前置审批的以外，广东省社会组织成立直接向民政部门申请登记。温州也对法律法规规定需前置审批及政治类、宗教类、社科类之外的社会组织进行直接登记。登记制度改革极大地解决了社会组织“出生难”问题，2012 年，广东全省新登记社会组织 4200 个，比上年增长

15.1%，比改革前的2005年增长75%。浙江社会组织数量也有序稳步增长。

二是推进"去行政化"改革。过去，很多行业协会对政府部门有较强依附性，有的甚至借助行政权力强制入会、强制收费，被诟病为"戴着市场的帽子，坐着行业的轿子，拿着政府的鞭子，收着企业的票子"。广东、浙江从2006年起在行业协会推行"政社分开"。广东实行"五自四无"改革，即社会组织自愿发起、自选会长、自筹经费、自聘人员、自主会务和无行政级别、无行政事业编制、无行政业务主管单位、无现职国家机关工作人员兼职，经过几年努力，实现了行业协会与业务主管单位脱钩，国家机关工作人员退出行业协会兼职。浙江也实现了行业协会全面脱钩，743个与行政机关合署办公的行业协会实行了机构分开，203个与行政机关会计合账的行业协会实现了财务独立，清退各级现职国家机关工作人员2703人次。社会组织与行政主管部门脱钩有利于其社会属性的回归和应有作用的发挥。

三是探索"去垄断化"。为激发行业协会活力，广东在改革中打破"一业一会"限制，引入适度竞争，允许按国民经济行业分类的小类标准设立行业协会，允许按产业链各个环节、经营方式和服务类型设立行业协会，打破了原来铁板一块的体制。温州也允许社会组织通过增加字号等形式突破"一业一会、一地一会"的限制。深圳也明确提出社会组织"去行政化"、"去垄断化"的改革目标，积极、稳妥、有序地清除社会组织领域的计划经济痕迹，激发社会组织的内在活力，调动了社会组织创业兴会的积极性。

四是实施"简政放权"。广东取消了社会组织筹备审批，将异地商会和基金会登记管理权限下放到地市，降低基层群众生活类社会组织的登记门槛。深圳将异地商会的登记范围从地级以上市扩大到县（市、区），授权街道办事处对社区社会组织进行备案管理。温州对公益慈善类、社会福利类、社会服务类和基层社区社会组织的开办资金不作要求，对社区社会组织实行登记、备案双轨制。社会组织审批权限的下放，方便了基层群众，有利于解决"管得着的看不见、看得见的管不着"的问题。

（三）建立培育支持体系，增强社会组织参与管理社会事务的能力

一是推进政府转移职能，让社会组织有事可做。广东结合大部门制改革和行政审批制度改革，着力推进政府向社会组织转移职能，省委省政府发文提出明确要求，省政府公布了两批行政审批制度改革事项目录，省民政厅出台《关于确定具备承接政府职能转移和购买服务资质的社会组织目

录的指导意见》，公布了两批共618家具有承接资质的社会组织目录，对不该由政府承担的事项，取消或转移给社会组织、事业单位；对该由政府承担但政府直接提供缺乏效率的事项，采取购买服务的形式交由社会力量提供。在政府转移职能中，对充分竞争类事项采取公告方式转移，对适度竞争类事项采取招标择优方式转移，对非竞争类事项通过资质认证采取授权委托方式转移，转移事项均采用合同制监管。广州、深圳、佛山等市也出台了政府转移职能的专门文件，截至目前，省直部门103项、深圳市69项、佛山市188项政府职能转移给社会组织。浙江温州、宁波、杭州等地也探索实行政府转移职能和购买服务，拓展了社会组织参与社会事务管理的空间。

二是建立财政资助机制，让社会组织有钱做事。广东、浙江采取政府购买服务、财政专项资助、福彩公益金资助等多种方式对社会组织予以资金支持。广东省政府印发了《政府向社会组织购买服务暂行办法》，省财政厅公布了第一批省级政府向社会组织购买服务目录，2012年全省各级政府向社会组织购买服务款项达4.66亿元。广东省财政厅、民政厅联合下发了《关于申报2012年度广东省省级培育发展社会组织专项资金的通知》，374家获得资助，共计1亿元。深圳设立“种子基金”，资助社会组织项目超过100个，金额达4700多万元。佛山对公益服务类、经济服务类、科学研究类、文化体育类社会组织实行财政资金补贴，符合条件的社会组织获得10万元至50万元不等的扶持。截至2012年底，广东全省各级财政支持社会组织发展款项达2.7亿元，福利彩票公益金支持款项达7800万元。宁波市经信委、农业局、科协的主管部门每年安排数百万元对相关领域社会组织进行资助或奖励，对社会组织“扶上马，送一程”。

三是搭建服务平台，支持社会组织做事。除了给社会组织“输血”，还帮助其“造血”，通过建立社会组织培育孵化基地、服务中心等形式整合来自政府和社会的资源，支持社会组织发展。浙江下发了《关于加快社会组织服务平台建设的意见》，提出建立政府扶持、社会参与、专业运作、项目合作的社会组织服务平台，向社会组织提供培育扶持、公益创投、信息服务、培训交流、宣传推介等服务。截至2012年底，全省已有68个市县建立了社会组织服务平台，温州基本实现了市、县（市、区）、镇（街）、社区四级服务平台覆盖。佛山基本形成了市、区、街道三级各具特色的社会组织培育孵化基地总体框架。深圳、宁波、杭州等地也在有条件的区和街道建立了社会组织服务中心或孵化园。

四是加强组织建设，提升社会组织能力素质。广东引导社会组织健全法人治理结构，明确要求社会组织必须建立“决策机构、监督机构、执行机构合理分设、管理制衡”的机制，健全规范运作机制、诚信执业机制、公平竞争机制、信息公开机制、奖励惩戒机制和自律保障机制。深圳出台《行业协会法人治理指引》、《社会组织财务管理指引》、《社团换届选举指引》等政策文件，提高社会组织依法自治水平。广东在全国率先建立了省级社会组织党工委、纪工委、团工委、妇工委和工会工委，加强社会组织党建和群团建设，指导全省社会组织实现了党组织应建尽建。浙江成立了“两新”组织党工委，统筹指导非公有制经济组织和社会组织党建，社会组织党组织在应建尽建基础上，总体组建率达到50%以上，走在了全国前列。浙江省、深圳市、佛山市顺德区完善社会组织社会评估机制，引导社会组织加强自身建设。

（四）创新服务管理，促进社会组织健康有序发展

一是加强服务管理机构和力量。广东将省民间组织管理局更名为社会组织管理局，领导高配，增设处室，加强了力量，在省、市、县各级成立社会工作委员会，协调相关部门统筹推进社会建设，社会组织建设也得到了加强。深圳将行业协会服务署与社团管理办公室合并成立了民间组织管理局，登记管理力量得到加强。浙江省温州市设立了社会工作委员会，具体负责以“社区、社会组织、社工”为内容的“三社”工作，办公室设在市民政局。

二是探索各部门综合监管机制。广东改革登记管理体制后，明确登记管理机关、业务指导单位和相关职能部门的职责，形成了民政、公安、司法、财政、审计、税务、物价、工商等相关部门和业务指导单位各司其职、各负其责、信息共享、协同监管、齐抓共管的管理体系，对社会组织实行“宽进严管”。民政部门负责社会组织的准入登记、法人治理结构和程序的监督以及违规查处，业务指导单位负责实施业务指导和行业管理，其他部门在职责范围内实施监管。

三是发挥枢纽型组织的功能。广东制定了《关于构建枢纽型组织体系的意见》，一方面发挥工、青、妇、工商联等群团组织的枢纽作用，另一方面通过公平竞争的机制在社会组织中培育枢纽型组织，通过服务引导、竞争合作的方式，将自治自律工作下沉至枢纽型组织，整合服务管理资源，提高集约化水平。浙江也注重发挥人民团体的服务管理功能。温州团市委建立了有200平方米办公场地和5000平方米活动空间的青少年社会组织孵化基地，培育孵化了“绿眼睛”环保组织、“壹加壹”应急救援中心等知名公益组织。

调研中发现，广东、浙江的一系列改革创新举措使社会组织得到较快发展，活力逐渐焕发，服务能力不断提升，在管理社会事务中的积极作用日益显现。

一是成为经济转型发展的重要参与者。行业协会商会为企业提供多方位服务，帮助企业转型升级，成为加快转变经济发展方式的重要"催化剂"和"助推器"。深圳钟表行业协会获得业内最高规格的瑞士巴塞尔世界钟表珠宝礼品展独立组团参展资格，推动"深圳制造"走向世界。

二是成为市场经济秩序的重要维护者。行业协会商会通过开展行业自律，在规范市场行为、维护市场秩序方面发挥了不可替代的作用。温州市鞋革行业协会针对质量管理欠缺等行业不规范行为，加强行业自律，有效维护了行业秩序，培育了奥康、红蜻蜓等业界知名品牌。

三是成为社会服务职能的重要承担者。社会组织在人才培训、医疗卫生、老龄工作、文化教育、科学研究等方面提供了大量公共服务。温州1000 多家民办学校在校学生已占全市在校学生的30%。

四是成为公益慈善事业的重要推动者。在减贫济困、救灾防灾、安老抚幼、助学助医等公益领域活跃着大量社会组织。深圳壹基金公益基金会以反应快速、公信力强的救灾响应体系在四川雅安地震救援中受到社会广泛信任，获得捐赠总额超过 2 亿元，彰显了民间公益的优势。

五是成为和谐幸福社区的重要建设者。各类基层社会组织植根于群众中，了解群众需要，工作方式灵活，在社区建设中发挥了重要作用。浙江广泛成立基层和谐促进会，通过召开民意恳谈会、议事会、座谈会等促进各类村务、社区事务民主科学决策，成为党领导下推进社会自治的可靠力量。

六是成为精神文明建设的重要倡导者。活跃于科学文化艺术领域的社会组织在繁荣科学文化事业、传播社会主义核心价值观等方面发挥了积极作用。杭州高氏照相机博物馆、宁波紫檀博物馆、温州叶同仁中医药博物馆等民办博物馆在满足群众文化需求、提升国民文化素养、传播优秀文化方面作出了贡献。

二、社会组织参与管理社会事务存在的困难和问题

广东、浙江两省社会组织改革发展起步早、基础好，在全国处于领先水平。但是，总体而言仍处于初级阶段，还存在不少困难和问题，其中一些在全国具有普遍性。

（一）对充分发挥社会组织积极作用的认识还不足

计划经济体制下政府一元化管理的惯性思维依然有很大影响，一些地方和部门对社会主义市场经济条件下社会组织发展的趋势、规律及功能作用认识不足，还没有把社会组织纳入当地经济社会发展的总体布局。有的领导对社会组织的认识还存在“三不”、“四少”，即不重视、不信任、不放手，过问少、检查少、了解少、服务少。有的部门将社会组织视为行政机关的附属，对社会组织的人事、财务等内部事务干预过多。此外，由于社会组织在我国是新事物，相关知识传播和宣传力度不足，社会公众的认知度较低。

（二）社会组织发挥作用的制度环境有待改善

目前还没有一部社会组织的基本法律，社会组织的性质、地位、财产属性和相关权利义务缺乏法律规范，合法权益得不到保障。政府转移职能缺乏法律制度的硬约束，也还很不到位。有社会组织反映，一些地方的职能转移是“只听楼梯响，不见人下来”；一些地方是明转暗不转，大多数转给了下属事业单位，还是“内部循环”；一些地方把本该由政府部门履行但难办或费力的事项转移给社会组织；一些地方“既想马儿跑又想马儿不吃草”，政府部门委托社会组织承担了一定事项，却没有给予相应的经费。税收制度也不完善，很多社会组织反映，税收优惠资格年年审批，优惠政策落实难，社会组织承接政府购买服务的收入与企业缴纳同等的税，增加了公共服务供给成本。同时，由于缺乏鼓励社会力量支持社会组织发展的政策，个人和企业在这方面投入的积极性不高，社会资源对社会组织的支持有限。

（三）社会组织参与社会事务管理的能力还有待加强

当前，我国社会组织总体上发育不足，参与管理社会事务的能力有限。一些社会组织经费有限，难以吸引和留住人才，人员老化；一些社会组织过度依赖政府部门，缺乏主动服务意识和能力，甚至与政府部门或其下属机构“一套人马两块牌子”；一些社会组织机构不健全，内部治理不完善，民主管理不落实，组织管理和活动开展不规范，有的甚至热衷于乱评比、乱发牌子。

（四）社会组织监督管理还存在薄弱环节

登记管理机关力量严重不足，省一级平均不到9个人，地市级2.3个人且很多没有专门机构，县一级0.7个人，达不到行政执法的最低人数，且基本没有专门机构。即便情况较好的广东，也还有49个县（区）没有专门机构，浙江平均每名工作人员管理169个社会组织。人员力量不足使得登记管理机关在管理中时常有心无力，造成“重登记审查、轻行为监管”，社会组织管理制度改革后将更加难以适应工作需要。

三、几点建议

（一）解放思想，充分认识社会组织在管理社会事务中的积极作用

社会组织是市场经济发展的产物，是现代社会的重要组成部分。政府组织、企业组织、社会组织良性互动是社会健康发展的重要保障。市场经济条件下，服务企业发展、开展行业自律、维护市场秩序和参与国际市场治理，离不开行业协会商会发挥积极作用。满足人民群众在教育、文化、卫生、科研、养老等众多领域的多样化公共服务需求，除了需要政府提供基本公共服务外，也离不开民办的学校、医院、养老院等社会组织提供多样化的公共服务。社会管理创新和社会建设的推进，更离不开社会组织的协同和社会公众的参与。当前，宜结合政府机构改革和行政审批制度改革，切实转变政府“包揽一切”的思维定式，厘清政府与社会的职能边界，尊重社会组织在社会建设中的主体地位，加大放权力度，将社会组织培育成为党和政府建设社会主义和谐社会的重要依靠力量，发挥社会组织独特优势，更好地动员人民群众在党领导下，协同政府解决经济社会发展中的各类问题，共同建设不同社会群体融合共生、共享经济社会发展成果的和谐社会。

（二）完善政策，加大政府培育扶持社会组织发展力度

社会组织要在管理社会事务中发挥更大作用，离不开党和政府的大力扶持。据有关学者对34个国家的研究，在发达国家社会组织的收入中，国家的财政支持占48%，而我国政府对社会组织的财政支持还很少，亟待加强。特别是目前我国社会组织发育尚不充分，更宜加强扶持，放水养鱼，加大培育发展力度。建议鼓励各地建立社会组织培育孵化基地，设立专项基金，孵化有潜力的组织，培育成长型组织，支持作用发挥好的组织。对于社会组织参与管理社会事务，可采取政府向社会组织购买服务、财政补贴等方式予以支持，并将符合条件的社会组织纳入政府产业扶持和社会事业扶持政策范围。同时优化社会组织税收优惠认定程序，落实已有税收优惠政策，并逐步扩大税收优惠种类和范围，公平对待社会组织和事业单位参与社会事业。重视培养社会组织人才，将社会组织人才纳入各地各行业人才培养体系，统一规划，着力培养一批社会组织领军人才。

（三）加强引导，提升社会组织自身建设水平

打铁还需自身硬。没有金刚钻，难揽瓷器活。社会组织要在管理社会事务中发挥更大作用，必须不断加强自身建设，努力提高服务能力。要以建设“法人地位明确、治理结构完善、筹资渠道稳定、制约机制健全、管理运行科学”的现代社会组织制度为目标，引导社会组织完善以章程为核心的内部管理制度，形成管理民主、决策科学、监督有效的运行体制，增强自律性。要减少社会组织的行政化色彩，推动社会组织去行政化、去垄断化、去特权化，促进社会组织回归社会属性，激发社会组织活力。行业协会、商会要按有关规定与政府部门脱钩，对于脱钩的社会组织，有关行业主管部门宜转变管理服务方式，对社会组织涉及本部门职责的业务活动做好指导和监督，并通过转移职能、项目委托、资金扶持、购买服务等方式引导其健康发展。特别要重视加强社会组织党建，发挥党组织的战斗堡垒作用和党员的先锋模范作用，引导社会组织健康发展。

（四）深化改革，建立有利于社会组织更好发挥作用的体制机制

当前正是加快推进社会组织改革发展的有利时机。结合此次调研情况，就更好发挥社会组织在管理社会事务中的作用提出几点具体建议。

一是加强对社会组织改革发展工作的领导，充实登记管理力量。社会组织改革发展是一项政策性、综合性很强的工作，建议中央成立社会组织工作领导小组，办公室可设在民政部，负责统筹、规划、协调社会组织改革和发展。同时，重视社会组织登记管理机关建设，充实登记管理力量，形成相对独立、统一协调、力量匹配的社会组织登记管理机关。鉴于民政系统上下均存在人员严重不足的问题，建议由中央作出统一部署和要求，全面统筹和系统解决社会组织登记管理机关的机构和编制问题，切实加强各级特别是基层的登记管理力量。

二是结合政府机构改革和行政审批制度改革，由国务院出台政府向社会组织转移职能及购买服务的指导意见。目前，在国务院的统一部署下，各级政府机构改革和行政审批制度改革正在大力推进。但调研中发现，政府职能转移还很不到位，为了真正实现政府向社会放权，建议国务院出台政府向社会组织转移职能的专门文件，并加快出台政府向社会组织购买服务的指导意见。按照国务院文件精神，由各级政府对其职能进行梳理，分批公布政府转移职能和购买服务事项目录，明确提出路线图和时间表，并加强对转移职能和购买服务的监督、评估。

三是加快立法步伐，将社会组织法列入十二届全国人大立法规划。社

会组织三部行政法规正在修订中，建议国务院加快法规修订步伐，尽早出台，以解决行政法规不适应管理实践的问题。同时，从调研看，制定一部社会组织基本法的呼声很高，需要在行政法规之上研究制定基本法，对社会组织的性质定位、运行规范、监督机制、财产属性、组织结构和相关权利义务等提供更加统一明确的法律规范和制度保障。建议将社会组织法列入十二届全国人大常委会立法规划，尽早启动立法工作。

四是赋予一些地方先行先试权，推进社会组织改革创新。经济体制改革中一条成熟的经验是设立具有先行先试性质的特区，探索改革前行路径。社会组织改革发展工作也要用好这条经验。建议根据社会组织改革需要，选择东中西部不同区域、不同经济发展水平和不同社会组织发展特点的地方，分门别类设立改革创新的试验区，赋予一些有条件的地方先行先试权，调动地方的积极性和创造性。

调研组成员：

王建军　民政部民间组织管理局局长

廖　鸿　民政部民间组织管理局副局长（正司级）

许　昀　民政部民间组织管理局政策法规处副处长

天津市社区社会组织建设与管理工作调研报告

民政部民间组织管理局

9月3日，民政部副部长顾朝曦带队赴天津市开展问计问需社会组织活动。顾朝曦一行先后考察了天津市滨海新区社会组织服务管理中心和天津市社会组织服务管理中心，在社会组织登记服务大厅与工作人员进行了随机访谈和工作交流，并就地主持召开了2个座谈会，与天津市滨海新区、河北区政府和民政部门负责同志、南开区王顶堤街社会组织发展促进会、河西区友谊路街老年人协会、滨海新区新港街道、迎宾街道、胜利街道、寨上街道等社区社会组织代表深入交谈，面对面地了解基层民政工作特别是社区社会组织发展情况以及工作中遇到的困难和问题，认真听取了他们的意见和建议。现就调研情况报告如下。

一、天津市社区社会组织发展及发挥作用情况

天津市围绕建立健全基层民主自治机制、扩大居民有序参与、打造社区特色文化、促进社区安定和谐的基本思路，积极培育壮大社区服务性、公益性、互助性社会组织，探索加强社区社会组织服务管理的有效途径，社区社会组织呈现出良好发展态势。目前，全市社区社会组织1.2万个，9个区县成立了区级社会组织联合会（促进会、联谊会、研究会），57个街镇成立了社会组织联合会（服务中心），189个社区成立了社区社会组织服务中心（站）。社区社会组织在拓展社区服务渠道，整合社区资源，丰富社区居民文化生活内容，参与公共事务管理，释放社会压力等方面发挥了重要作用。

一是拓展服务渠道，改善社区民生。社区社会组织按照其服务社区居民的基本宗旨，通过组织开展为老年人、残疾人、孤儿、重病失能、外来人口等特殊群体的爱心捐赠和志愿服务等活动，在便民利民、扶危济困等方面，成为政府保障和改善民生的重要补充力量。天津市津南区在推进城乡一体化建设中，引导40余万居民开展了“津南新风尚”活动；武清区

在撤村建居后建立社区就业培训中心，培训居民4000余人次、推荐就业600余人；静海、宁河、蓟县等区县依托社区科技服务队为农户无偿传授养殖、种植技术，提高当地农民经济收入，为推进城乡经济社会发展作出积极贡献。

二是丰富文化生活，弘扬社区文明。天津市8000余个社区文体团队，以共同的兴趣爱好为纽带，广泛组织居民开展歌咏、书画、戏曲、健身、武术、舞蹈、时装表演、棋牌、读书、摄影等20多个门类的活动。各支队伍的骨干们积极发挥宣传引导作用，带动更多的居民走出家门，融入社区，不仅社区居民的文化与精神生活得到了丰富和满足，而且逐步形成了积极健康的文明新风。

三是协同社会管理，维护和谐稳定。社区社会组织能够深入社会基层，了解社情民意，成为政府、居委会与社区群众之间沟通的桥梁。社区社会组织通过开展矛盾调处、心理疏导、精神慰藉等活动，促进邻里和谐；组织预防犯罪和禁毒宣传、社区矫正、治安巡逻、法律咨询宣传等活动，维护社区稳定。河东、红桥、宝坻等区县依托社区居民服务中心、社区群众诉求接待站、村民服务站等社区社会组织，建立基层社情民意反馈平台，畅通了居民利益诉求表达渠道，不少社会矛盾在社区得到了化解，降低了政府的维稳成本。

四是开展志愿服务，弘扬奉献精神。天津在成立全国首个社区志愿服务组织的基础上，建立了四级社区志愿服务组织网络，建成了110万志愿者参加的2751支志愿服务队。滨海新区大港胜利街道世纪广场志愿者服务队通过组织“老”、“少”、“小”志愿者维护世纪广场的治安和环境秩序，倡导人们健康文明地在广场上开展各项活动，并将爱心传递到社区、传递到军营。社区社会组织活动的开展，拓展了人们奉献社会的渠道，激发了社区居民参与社区建设的热情，广大居民在回报社会中陶冶了情操，增强了公益意识和集体意识，社会主流价值观在一件件小小的志愿活动中逐步形成。

二、天津市推进社区社会组织建设的主要做法

近年来，天津各级党委、政府围绕建立健全基层民主自治机制、扩大居民有序参与、打造社区特色文化、促进社区安定和谐的基本思路，以培育发展为基础，以提升能力为核心，以发挥作用为根本，把社区社会组织作为推进社会建设的重要工作来抓。

——建立登记管理体制。推行社区社会组织“三级管理、两级备案”

管理体制，即将各类社区活动团队纳入社区组织体系，实行统一备案管理，区县民政部门为主导，搞好综合协调；街道（乡镇）为主管，具体指导推动；社区为主体，街道、居委会备案。全市初步形成了社区公益慈善类组织和社区文体团队两大板块为主体、各类社区社会组织联动发展、经常化活动和集中展示相结合的社区社会组织发展运行机制。

——建立统一组建模式。创建和推行“1 + n + x”社区社会组织组建模式。其中“1”是指每个街、乡镇建立1个枢纽型社区社会组织联合会（或服务中心），负责对辖区内社区社会组织的引导、服务和管理。“n”是指每个社区建立若干个基本型社区社会组织，主要包括社区服务、社区事务、慈善救助、文化体育、社区维权等。“x”是指每个社区根据居民构成，建立具有本社区特点的特色型社区社会组织，形成市、区县、街道、社区四级社区社会组织“以社管社”的自我管理网络。

——建立基础设施平台。各区县将社区社会组织活动场所纳入社区公益性服务设施总体范畴，抓住社区环境综合整治、新农村建设和新建居住区的有利时机，安排专项资金大力推进社区社会组织活动场所建设。目前，全市93%的社区建有社区社会组织活动场所，在已建成的社区服务设施中，90%以上都设立了电脑室、阅览室、健身房、活动室，添置了办公设备和文体器材，为社区社会组织开展活动提供了必要的条件。

——建立扶持培育机制。在制度建设上实现历史突破，从市到区县都出台了社会组织公益项目补贴政策，2012年，市一级首次直接对12个公益项目给予86万元补助，起到了很好的示范效应。滨海新区、和平、河西、西青等区县将扶持社区社会组织经费纳入财政预算，形成了扶持资金稳定增长的长效机制。市社团局，滨海新区、东丽区、西青区、武清区民政局先后建立社会组织服务管理中心，作为孵化基地，通过专业培训、人才引进、项目设计和推动，提高了社区社会组织开展活动的筹划能力和提供服务的实际水平。

——建立党建工作机制。市和各区县相继成立了社会组织党工委，并依托街道工委和社区党组织，以“三有一化”为重点，团结骨干力量，丰富活动载体，带动了一大批党员参加社区社会组织活动，提升了党组织对社区社会组织建设的领导力和影响力。

三、社区社会组织建设和管理面临的困难和问题

天津市在社区社会组织建设上有较好的工作基础，其很多改革创新举措和经验模式值得研究、总结和推广。但总体而言仍处于发展的初级阶

段，还存在很多问题，其中一些在全国具有普遍性。

一是缺乏资金和人才资源。从资金保障上看，目前社区社会组织大都规模较小，来自社会和个人的资金投入相对很少。虽然政府每年投入到社区社会组织承接政府公共服务的资金有所增加，但并没有真正形成制度性安排，且缺乏长效机制保障。从人才队伍上看，其组织成员多为社区居民，而且以退休老年人居多，年轻人员比例偏少，缺乏专职、专业人才和社会工作方法的介入，这使很多社会组织仍停留在自我娱乐和服务的层面，应对市场化、社会化管理的能力不足，服务层次偏低的问题还比较突出。

二是缺乏能力建设和宣传引导。社区社会组织大多缺少规范的组织机构和治理结构，开展的活动也存在着不规范的现象。很多还停留在自娱自乐的层次上，动员群众、引导群众、组织群众、服务群众的功能还没有完全发挥出来，缺乏有力整合社区内各类资源的统筹协调能力。由于缺乏对社区社会组织的正面宣传报道，社区社会组织在社会上的影响力和认可度还不高，缺乏典型带动和示范效应机制。

三是城乡发展不均衡。受经济社会发展、党委政府重视程度等因素影响，社区社会组织在城乡之间、区域之间、类别之间存在很大的差异。天津市内六区的社区最多的有30多个社区社会组织，农村有的社区基本没有社区社会组织；文体类的组织多，服务类、维权类、矛盾调处类的社区社会组织比较少，与和谐社会建设的时代要求和居民的现实需求不相适应。

四是对社区服务管理尚显薄弱。天津市推行的社区社会组织“三级管理、两级备案”管理体制和“1 + n + x”社区社会组织组建模式，不失为一种积极而有效的探索。但就全国看，社区社会组织服务管理总体上还没有一个清晰的线条，缺乏明确的政策和有效的机制。如何通过加强服务管理整合社区各类资源，发挥好社区社会组织的作用迫切需要研究和解决。

四、推进社区社会组织管理改革的思考和建议

通过调研我们感到，社区社会组织在社会组织中占有相当大的比重，在服务基层群众生活、协同社会管理、维护基层和谐稳定、促进基层经济社会发展等方面扮演着不可或缺的重要角色。根据党的十八届二中全会精神和《国务院机构改革与职能转变方案》，社区社会组织是社会组织管理制度改革中的重要内容之一。但是，目前各界对社区社会组织的地位、作用、范畴及其登记管理方式还存在不同的认识和做法。如何应对社区社会组织的发展并对其提供有效的管理和服务，使其积极作用得到充分发挥，

是建立现代社会组织体制过程中的一项重要课题。

（一）加强调查研究，搞好顶层设计。目前，社区社会组织在国家层面还没有明确的制度设计。对此类社会组织如何纳入服务管理范畴，还需深入调查研究，总结规律。在此基础上结合社会组织管理制度改革和法规修订，把有关社区社会组织的内容纳入其中，并适时出台加强社区社会组织建设的专门文件，使社区社会组织工作在宏观上有法可依，有章可循。

（二）总结推广枢纽式管理和服务模式。随着社会组织管理体制改革的深化和登记管理机关简政放权的推进，社区社会组织将进一步大量涌现，仅靠基层民政部门或街道（乡镇）政府直接对其进行管理服务，难度很大，也很不现实。天津市探索通过建立社区社会组织联合会，实行枢纽式服务管理的模式，具有较强的可操作性和借鉴意义，建议在天津及其他省市进一步探索实践的基础上，总结、复制和推广。

（三）推动“三社联动”，助推转型升级。当前，社会组织、社区、社会工作专业人才，已经成为推动矛盾调处、服务社会成员、促进和谐稳定的重要载体。建议在加强和创新社会管理中，充分发挥民政的骨干作用，将社区建设、社工人才培养和社会组织培育有机结合，着力形成“三社”资源共享、优势互补、相互促进的良好机制，从而“盘活”民政业务的存量，并使其成为撬动民政转型升级的杠杆和民政工作新的增长点。

调研组组长： 顾朝曦　民政部副部长

调研组成员：

王建军　民政部民间组织管理局局长

马俊达　民政部办公厅秘书

孔德福　民政部民间组织管理局政策法规处主任科员

上海市网上年检调研报告

民政部民间组织管理局

为落实党的群众教育实践活动要求，学习地方先进经验，更好地服务社会组织，进一步优化年检流程，提高年检效率，探索采用信息化手段加强年检工作，根据局领导的要求，社团管理一处会同社团管理二处、信息宣传处于2013年9月下旬赴上海市对社会组织网上年检工作进行了专题调研，形成调研报告如下。

一、上海市社会组织网上年检的基本情况

上海市社会组织网上年检实现了完全的无纸化办公，在全国社会组织信息化建设方面走在前列。上海市社会组织年检严格按现行条例规定执行，每年的3月1日开始，至6月30日基本结束。3月前，上海市社团局通过门户网站和短信平台发布年检公告；3月1—31日，社会组织通过登录政务网站提交年检材料，参加年检；5月31日前，业务主管单位通过登录网站平台完成对所辖社会组织的年检初审；6月30日前，登记管理机关通过内网流程化年检，经过工作人员、处长、分管副局长的三级审查完成年检终审并通过外网和短信平台实时公布年检结果；7月1—31日，社会组织前往社团局加盖年检结果印章，登记管理机关督促年检有问题的社会组织进行整改，并就本年度的年检工作进行总结。

上海市网上年检成效突出：一是提高了年检效率，上海市全市10745家社会组织、近900家市、区两级业务主管单位以及市、区两级社会组织管理局均通过登录政务网站完成年检事务，减少了线下流程和工作量，缩短了办事周期，年检耗时由原来9个月缩短至3个月以内。二是践行了环保理念，年检过程实现了“一点受理、抄告相关、并联审批、实时反馈、一办到底”的在线办理模式，实现全参与、全过程、无纸化的网上办事，大大降低了登记管理机关、业务主管单位和社会组织的办公成本、交通成本和时间成本。三是方便了社会组织，年检事项均在网上办理，年检结果和办事状态均在外网实时反馈，在整个年检全过程中，上海市社会组织无须提交纸质材料，也只有在加盖年检印章时前往登记管理机关一次。这大

大减少了服务对象往返奔波，真正起到了便民利民、高效服务的效果。

与此同时，上海市社会组织网上年检也存在着一些问题：一是年检工作缺乏法律依据。目前尚未出台针对社会组织年检工作的相关法规，现行《社会组织登记管理条例》也只作了原则性的规定，年检工作的开展缺少具体的法律依据，很难保证年检工作的公信力和权威性，也不符合依法行政的要求。二是管理机关责任风险增加。自实行网上年检后，由于涉及审计事务所网上认证及相关数据库链接等问题，上海市社团局不再要求参检的社会组织提交年度财务审计报告，专业财务人员意见的缺失，增加了对社会组织财务检查方面的风险，同时过度依赖网上审查，缺乏实地检查，对社会组织谎报错报行为不能及时发现和纠正，登记管理机关基本只能实施形式审查，其中存在着一定的责任风险。三是与社会组织直接沟通减少。全程年检中客观上减少了登记管理机关与社会组织、业务主管单位联系、沟通的机会，不利于登记管理机关全面及时掌握社会组织具体情况和业务主管单位的监管信息，也不利于登记管理机关深入了解社会组织面临的困难和问题，一定程度上影响了登记管理机关日常管理工作的顺利开展。

二、上海市社会组织网上年检的实现条件

上海市社会组织网上年检全程无纸化的实现，具有一定的内外条件。

（一）权限分配明确

一是登记管理机关和业务主管单位之间的权限分配。按规定，社会组织年检需要经过业务主管单位初审，但业务主管单位逾期未完成初审的，上海市社团局将之视为初审完成，直接对社会组织提交的年检材料进行审查。二是登记管理机关内部的权限分配。上海市社团局内部分为工作人员、处长、分管副局长三级审查权，年检结果的最终审核权由局长下放到分管副局长，社会组织年检结论由分管副局长随办随定，实时通过网络、短信等即时通信方式，发布年检结果结论。

（二）技术保障成熟

一是建立健全电子签章（USB 数字证书）电子认证体系。上海市由市政府统一布置，统一保障，每个政府部门均拥有法律认可的电子签章，同时自 2009 年起，上海市社团局也在全市社会组织中推广使用电子签章。电子签章的使用奠定了网上年检合法性的最基础条件。二是实现办事过程和结果反馈的网站短信双重提醒。上海市登记管理机关网上年检过程中主动提供多种查询反馈方式，使社会组织能够在网上查询年检进程，同时也为

社会组织提供短信提醒功能，使得社会组织能即时便利地掌握年检信息。三是综合运用法人库信息。建立了社会组织法人综合信息库，实现网站与办公自动化系统、社会组织业务管理系统、社会组织诚信管理系统等多个业务应用系统内外网联通，保证社会组织信息的实时、准确，实现社会组织纳税信息、业务主管单位监管信息进行数据协同交换，与年检有关的各类信息集成于年检操作平台，便于登记管理机关综合分析研判社会组织年度活动情况，进而得出客观准确的年检结论。四是设立服务热线提供及时服务。上海市设立了96200“民政24小时”服务热线，保障对社会组织以及业务主管单位在年检过程中的各项咨询进行及时答复。

(三) 救济渠道有效

上海市社团局依法设立了社会组织年检材料提交截止时间（3月31日），业务主管单位初审截止时间（5月31日），登记管理机关年检审查截止时间（6月30日），社会组织年检盖章截止时间（7月31日），每一个时间节点可相应延长15天。每一延期节点一到，网上年检系统相应流程即行自动关闭。考虑社会组织可能确有特殊情形，上海市社团局实行人性化管理，也设立了相应程序的救济机制，即未完成相应程序的社会组织，经严格审核后，可再申请延长1个月。同时，为维护年检的严肃性，提高社会组织违规成本，上海市社团局规定，社会组织完成相应程序必须到上海市社团局办公地点，通过内网现场填报。

三、工作建议

调研组认为，上海市社会组织网上年检的经验，对四类社会组织直接登记后如何改进年检工作，具有参考和推广意义。为此，调研组建议：

(一) 推广无纸化年检

四类社会组织直接登记后，年检不再需要业务主管单位初审，新的登记管理制度为推广社会组织电子签章的使用创造了条件。可以推广以电子签章的形式，通过网上提交材料（电子签章的资金可以通过争取财政支持、支持性社会组织赞助等多种手段筹措）。同时，完善民间局政务网站和短信平台功能，将网上办事、咨询、投诉等办事互动功能引入短信平台功能，使办事人可通过接收短信来及时获知办事状态和办事结果。

(二) 实行直接年检

依据条例修订情况和管理体制改革进展，对直接登记的社会组织取消业务主管单位年检初审，实行直接年检。同时，明确年检工作内容、程序和法律责任，适当提前年检工作开始时间，减少年检环节，精简年检项目，在权限分配、审查标准、工作手段、处理处罚等各方面对社会组织年检工作制定可操作性的规程，特别是要明确网上各项流程电子认证合法的必要条件，明确相应时间节点和各方权责。

（三）优化年检流程

适当放宽年检结论审核权限，降低审核层级，对于年检合格、基本合格的社会组织，按照“来一个，年检一个”的原则，局领导同意后可直接网上公布结论，并即时通知社会组织，不再按批次履行局内“以阅代议”程序，节省按批次等待时间和履行程序时间。同时，登记管理机关内部各处室之间，特别是管理处与登记处、执法检查办公室之间要保持信息畅通，确保年检工作处室在年检过程中能及时掌握社会组织登记变更事项、延期换届、负责人超龄超届以及处理处罚等基本情况。

（四）开放管理信息平台

一方面，开放政务网站平台，赋予社会组织管理自身数据库的权限，使社会组织能够及时主动地在民政部社会组织数据库中更新其注册事项变更、重大活动、人事组织和业务等信息。同时，开发社会评价系统，对社会组织成员、服务对象、法人单位、舆论媒体和一般公众等不同类别的社会公众进行分级授权，自主评价社会组织，并将评价结论配以不同权重，合理过滤后进入社会组织数据库，作为年检结论评定的重要参考。另一方面，加强与其他部门信息的数据联结，与税务部门的社会组织纳税信息、银行的社会组织银行账户信息及其他部门对社会组织的专项治理监管信息进行数据协同交换，使登记管理机关在年检过程中立体化、多途径掌握社会组织各方面的信息。

（五）适时出台年检办法

目前，关于社会团体年检工作的法律依据只有《社会团体登记管理条例》中较为原则的规定，社会团体年检法律定位不明，为登记管理机关依法行政带来困难，亟须制定出台一部具有可操作性、针对性强的《社会团体年检办法》，明确年检工作内容、程序和法律责任，为各级登记管理机关依法行政提供依据。

调研组成员： 罗　军（民间局社团管理一处调研员）
李晶晶（民间局社团管理一处干部）
梁　坚（民间局社团管理二处干部）
屈　涛（民间局信息宣传处干部）

搭建政府主导、民间运作对接平台支持引导基金会参与社会服务研究报告

民政部民间组织管理局

一、研究背景与目的

改革开放以来，我国社会服务体系和制度建设不断推进和完善，供给主体逐步多元化，供给方式更加多样化。随着数量的增长和能力的提升，近年来社会组织正逐渐成为提供社会服务的重要力量。其中，作为公益组织的基金会通过筹集、管理、分配、使用公益捐赠和志愿服务，发挥了重要作用。在基本公共服务领域，已成为政府投入的有益补充；在非基本公共服务领域，吸纳了大量的社会资源，填补了政府和企业在服务供给上的空白。但是，当前基金会提供社会服务的规模不大，解决社会问题的针对性不强，还远远不能满足社会不断增长的多样化需求。仅就民政工作涉及的领域来看，在救灾、社会救助、养老、助残、育孤、社区服务、社会组织发展等方面，基金会的作用还有待于进一步发挥。

按照党的十八大、十八届二中、三中全会确定的加快形成“现代社会组织体制”、“改革社会组织管理制度”、“创新社会治理机制”、“激发社会组织活力”的要求，作为部里的重点调研安排，在顾部长直接领导下，民间局开展了“基金会支持社会服务”专项调研，旨在落实民政部直登直管基金会供需协议，探索如何激发基金会等社会组织活力，引导它们更好地参与社会治理、发挥作用，从而为民政工作进一步转型升级，在改善民生、提供服务中发挥更大作用创造条件，提供帮助。

二、研究方法和对象

本次调研主要采用个案访谈和案例研究的方法，辅之以资料收集、问卷调查和数据统计，分六个层次进行：一是对14个基金会进行了访谈；二是对30个基金会2012年度的工作总结、重大公益项目情况以及2013年度的工作计划进行了案例分析；三是对四川省和山东省共70个城乡社区社会

组织进行了访谈和问卷调查；四是对40个获得“中央财政支持社会组织参与社会服务”项目资助的社会组织进行了问卷调查；五是随机抽取了17个省区市共456家基金会，对其2012年度的有关年检数据进行了汇总分析；六是对阿里巴巴E公益、搜狐公益和善淘网3个网络公益平台进行了案例研究。

本次调研所选择的访谈和问卷调查对象具有广泛性和代表性。首先，此次深度访谈的14家基金会在类型上具备较强的代表性：11家是民政部登记和主管的非公募基金会，其中3家为民企或股份制企业发起设立，5家为企业家个人发起设立，3家为大型央企发起设立；还有中国扶贫基金会、中国红十字基金会、中华少年儿童慈善救助基金会3家背景、规模和服务方式都各具特色的公募基金会。其次，此次案例研究的30个基金会都是民政部直接登记的非公募基金会，在资金规模和活动领域上也有广泛的代表性。这30个基金会2011年底的原始基金总额为18.9亿元；2011年公益支出合计约为7.7亿元，占全国基金会的6.54%，占全国非公募基金会的10.43%。其中，18个基金会的公益支出超过了1000万元。这些基金会开展的公益项目十分广泛，涉及灾害救助、孤儿助养、养老助残、疾病救助、教育救助、就业帮扶、社区服务、环境保护、基础学科发展、社会组织培育等多个方面。另外，此次接受访谈的110个基层社会组织为已经开展了社会服务，并接受了政府购买或基金会资助的社会组织。此外，从2012年底前成立的基金会中随机抽取15%，共456家进行了数据统计。

通过上述样本得出的有关结论以及提出的政策建议，具备较高的可信性、可行性和科学性。

三、基金会在参与社会服务中发挥作用的现状

在社会服务供给方面，目前主要有三类供给方式：一是政府利用国家权力介入或动用公共资源供给，二是私人企业运用私人资源供给，三是社会组织利用捐赠的社会资源供给。在三类供给中，政府追求社会服务的广覆盖、保基本和均等化，保障的是基本公共服务，不能也不应将服务的重点放在解决个体差异化需求方面；私人企业受利益驱动，容易忽视那些民众迫切需要但经济效益回报较低的诉求，“市场失灵”现象时有发生。因此，在政府和企业提供的社会服务之外，还存在大量的社会需求，尤其是那些个性化、非营利的社会需求特别需要由基金会等社会组织来提供。

基金会作为从事公益事业的社会组织，是联系各类社会主体、引导和整合社会资源的重要载体。我国基金会的发展始于改革开放之初，到 2004 年《基金会管理条例》颁布以后，特别是 2008 年汶川地震后，基金会进入了一个崭新的发展阶段。近年来，全国基金会每年筹集的社会捐赠达到 400 亿元人民币左右，每年的公益支出达到 250 亿元人民币左右，在回应社会需求，提供非基本公共服务方面发挥了重要作用。

（一）整合社会资源

各基金会基于自己的使命、定位、背景、特长，开展了丰富多样的公益服务，特别是在政府和企业不能覆盖的领域。以抽样的 456 家基金会为例，2011 年总收入为 109 亿元，用于公益事业的支出为 97 亿元，共开展了 701 个公益项目，项目的领域广泛，具体分布见图 1。

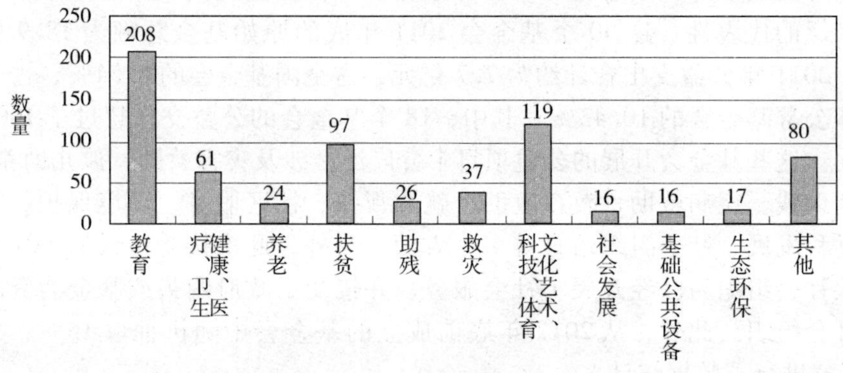

图 1　项目领域

即使在同一领域中，不同的基金会也会根据自身的优势和捐赠人的要求采取不同的方式来介入。以助学为例，在被调研的基金会中，有的选择低收入家庭，有的在优等生中再选优；有的资助学费，有的补充营养，有的提供人文教育，有的培训校长和教师；有的组织志愿者支教，有的把边远山区的孩子接到大城市里开阔眼界。基金会将公益捐赠和志愿服务引入了社会服务的具体领域，积少成多，集腋成裘，整合了各类社会资源，满足了受助人和捐赠人（志愿者）双方多样化的需求。

（二）探索社会创新

调研显示，基金会特别是非公募基金会能够比政府部门承担更大的创新风险。很多基金会把自己比作社会领域的“风险投资人”，公益项目就是基金会提供社会服务的具体产品。有的基金会认为，寻找好的公益项目，就像企业寻找好的产品一样，就是要进行风险投入，早期介入；即便暂时没有捐赠人支持，基金会也愿意拿出可调配的资金进行投入，待项目探索成熟后再通过向社会推介来获取捐赠。被抽样的456家基金会中，开展了社会创新型项目的基金会占到基金会总数的30%。接受深度访谈的14家基金会中，进行社会创新实践的有8家：中国扶贫基金会、爱佑慈善基金会、华民慈善基金会、桃源居公益事业发展基金会、凯风公益基金会、中华少年儿童慈善救助基金会、南都公益基金会和阿里巴巴公益基金会；其余6家也开始了创新探索。

相比较而言，政府提供公共服务，主要是针对普遍的社会问题，而企业则更多从经济回报而非社会效益的角度来考虑社会服务。基金会的非营利宗旨、灵活多元特性和对待风险的态度，客观上使得基金会特别是非公募基金会正在成为未来社会创新的积极推动者。

（三）助力政府公共服务

虽然在提供社会服务的覆盖面上，基金会的作用无法跟政府相比，但基金会的优势在于：能在一些具体的区域、领域内提供更加深入、细致和个性化的服务。调研发现，大部分基金会对受助人的资助不限于资金的投入，更注重受助人的能力培养和可持续发展。因此，基金会在提供资金的同时，通常还伴有辅导、启发、陪伴成长、评估、监督以及思想理念的传播等“能力服务”。这些个性化、有深度的服务与政府提供的广覆盖、保基本和均等化的公共服务相辅相成，共同构建起了全方位多层次的社会服务有效供给机制。例如，从汶川地震到芦山地震的抗震救灾和灾后重建中，基金会越来越注重政府投入以外的拾遗补阙。在芦山地震发生后，政府迅速启动了有序的紧急抢险救援，迅速拨付了应急救灾综合补助，并发放了基本的生活救助，恢复了通信、电力、交通，实施了防汛、物资调运、卫生防疫，并启动了灾情调查和灾后重建规划。而基金会既与当地政府合作开展了紧急救援和物资调运，也与政府进行了差异化的定位：在政府投入比较集中于重灾区的情况下，基金会注意将社会捐赠引向其他次重灾区；在政府启动应急机制的基础上，基金会侧重提供多元化的物资支持和个性化的服务；在对灾区资助现金物资的同时，基金会还深入地震社区协助恢复正常生活秩序；在财政救灾之外，还注重为灾区普通百姓提供参与自救的渠道。

（四）推动公共政策制定

从调研的情况来看，基金会介入的社会服务领域，比较容易引起政府部门的关注，从而推动了相关政策出台，逐步纳入政府服务的范围。如近年来纳入基本公共服务和财政支付的先心病、白血病贫困患儿救助、农村学生营养午餐项目、高等教育捐赠配比项目等，早期都是由基金会首先关注和介入，并经过较长时间实践探索而促成的。基金会在对具体公益领域进行投入的过程中，引起了社会和政府对相关问题的关注，进而形成为国家的基本公共服务政策。同时，基金会摸索出的成熟的做法，地方政府在提供类似服务时也会直接参照甚至是平移。

表1　先心病、白血病贫困患儿救助案例

时间	概　　述
2006 年 5 月	中国红十字基金会启动“天使阳光行动”，对农村患有先天性心脏病的贫困儿童提供医疗救治
2006 年 6 月	爱佑慈善基金会与民政部合作设立了“爱佑童心”——孤贫先天性心脏病患儿手术治疗项目
2010 年 6 月	卫生部在农村开展儿童白血病和先天性心脏病保障试点工作

表2　农村学生营养午餐案例

时间	概　　述
2011 年 4 月	中国社会福利基金会与邓飞合作发起“免费午餐”项目，利用微公益平台为乡村儿童改善营养筹款
2011 年 5 月	安利公益基金会发起“春苗营养计划”，为中西部省份留守儿童集中的寄宿制学校配备“春苗营养厨房”及相关设备。截至 2013 年 9 月，共建成 1700 个营养厨房，项目覆盖中西部 10 个省份
2011 年 5 月	湖南省新晃县正式承诺为 41 所村小学建立厨房，县财政为每个孩子每天支付 1 元餐费
2011 年 6 月	国务院实施农村义务教育营养改善计划，每年拨款 160 多亿元，每人每天 3 元补贴，特困生 4 元，小学生 4 元，初中生 5 元

表3 高等教育事业捐赠配比案例

时间	概　述
2007 年 3 月	浙江大学教育基金会启动等额配比基金 2000 万美元，其本息作为社会各界向浙江大学捐赠项目的配比经费，配比额度为 1∶1，最大单向配比总额不超过 100 万美元
2008 年 12 月	北京大学教育基金会设立“叶氏校友等额配比基金”，为在 2009 年 5 月 1 日后向母校捐赠，用于支持母校发展的各类资金进行配比
2009 年 10 月	为引导和鼓励社会各界向高等学校进行捐赠，拓宽高等学校筹资渠道，进一步促进高等教育事业发展，从 2009 年起，中央财政设立配比资金，对中央级普通高校接受的捐赠收入实行奖励补助。为规范资金和项目管理，财政部、教育部专门制定了《中央级普通高校捐赠收入财政配比资金管理暂行办法》

（五）反哺经济发展

基金会开展的小额信贷、创业就业、城乡社区建设，乃至助学、助医等项目，提供了重要的创业、就业平台，提升了受助地区和受助群体在生活、就业、创业方面的能力。以瀛公益基金会开展的中国青年创业国际计划（YBC）为例，该计划于 2003 年 11 月启动，到 2005 年底，共扶持青年创办企业近 100 家；到 2007 年底，扶持青年创办企业近 600 家；至 2010 年底，扶持青年创办企业数超过 1600 家；至 2013 年 10 月底，扶持青年创办企业已经达到 7242 家。

除此之外，这些公益项目还提高了基层群众对于建设美好生活的信心，引导了公众的正确价值理念，促进了社会环境的优化，直接或间接地服务于良好市场秩序的建立。在玉树地震灾后重建中，中国扶贫基金会向玉树结古镇资助约 2000 万元，恢复社区公共服务，指导村民建立畜牧业合作社、组建运输队、建设蔬菜大棚基地和奶业基地、建立农畜产品交易市场，帮助受灾群众恢复生产生活，并为当地提供了很多就业机会，加强了互助合作和社区治理，构建了积极、乐观、可持续的生计系统。

（六）培育公益生态

基金会以解决社会问题为宗旨，通过发现问题、研究问题、提出解决方案、试点和推广、动员资源解决局部问题、将实践成果上升为理论、推动政策变革等步骤实现自己的目标。在这个过程中，不仅解决了实际问题，更传播了理念和价值观。同时，由于基金会个体力量有限，每个步骤上都有开展对外交流、合作和互动的需要，因而客观上也帮助了其他社会组织，教育了公众，将公益生态的培育融入了基金会的使命之中。调研发现，一些基金会已经形成了自身的公益资助体系，即包括捐赠人、基金会、基层社会组织、受助人在内的一个“生态圈”，推动了公益事业的发展和公共服务水平的提升。

本部分案例详见附件（略）：

案例一：华民慈善基金会——现有社会体制中的创新

案例二：南都公益基金会——撬动领域的发展

案例三：爱佑慈善基金会——孤贫儿童医疗救助的先行者

案例四：桃源居公益基金会——社区自我治理的买单人

四、基金会在提供社会服务方面存在的问题

尽管基金会等社会组织在提供社会服务方面已经有所作为，但总体而言，由于受到以下几方面的制约，在作用发挥上还是具有较大的局限性。

（一）资源流入存在障碍

目前，各种资源基本上是在经济领域内循环，流入社会领域的份额很小。近年来，虽然我国的年均社会捐赠总额已经达到 800 亿元左右，但也仅占到国民生产总值的 0.15%。尽管有越来越多的企业开始重视社会责任的履行，也有越来越多的个人期待参与社会服务、奉献社会，但由于缺乏将资源由经济领域引入社会领域的有效机制和平台，致使社会领域资源的流入面临重重阻碍。

调研发现，针对平台缺失这一问题，已经有部分基金会尝试建立自己的筹款和资助体系，利用招投标等方式资助或委托基层社会组织开展公益项目，但这些体系各自独立运作，规模难以扩大，合作存在壁垒，资源不能共享，发挥作用有限。也有其他社会第三方进行了有益探索，建立了公益需求对接平台，例如阿里巴巴 E 公益平台、搜狐公益、善淘网、新浪微博公益，直接整合困难群体求助信息向公众求助筹款。这些平台对于引导资源流入社会服务领域，确实发挥了积极作用，但是这些平台主要依托于互联网企业，自身存在局限性：一是解决社会问题趋于表象，缺乏纵深度，只有容易理解的需求、能够触动捐赠人“眼泪”的项目才能在平台上找到资助；二是追求立竿见影的救助成果，难以支持长期化、战略性、可持续的解决社会问题方式；三是跟着公众的感觉走，缺乏理性引导，缺乏对潜在捐赠人和执行方的专业支持；四是平台上的交易如果出现失信难以问责；五是捐赠人不支持承担服务的社会组织的能力建设需求，甚至不支

持公益项目运作的必要成本。总的来说，基金会自建的资助体系和现有第三方平台尚未突破经济资源流入社会领域的壁垒，还远远不能满足真正的社会需求。

本部分案例详见附件（略）：

案例五：中国少年儿童慈善救助基金会“童缘项目”

案例六：阿里巴巴 E 公益平台

案例七：搜狐公益“送鞋项目”

（二）政府让渡空间有限

在社会服务供给中，政府提供的是均等化的基本公共服务，基金会和其他社会组织主要提供非基本公共服务，也可以在政府尚未进入的领域提供基本公共服务。但是，目前基金会等社会组织提供服务的空间十分有限。调研中，很多社会组织反映，在地方开展工作，如果没有政府背景就很难获得当地政府部门的支持，为此，有的基金会专门申请“中央财政支持社会组织参与社会服务”等类似的政府资金支持，给自己的公益项目贴上政府标签。有的基金会谈到，一些地方政府在流浪乞讨人员救助、自然灾害紧急救援中定位于无限责任，以有限的财力和人力意图包揽全部职能，不愿分职能、分责任给社会组织；还有的领域如野外救援，在某些地方，在政府没有关注的时候，民间就已经以志愿服务的形式开展起来了，但在政府关注之后改由政府包揽，反而限制民间参与。很多基金会认为，这些做法容易使社会创新失去其原生动力，更使得政府总是站在社会责任的最前沿，承担了过大的风险。

表 4　109 家基金会问卷调查：是否认为政府放开更多的服务空间是当务之急

	十分急迫	比较急迫	一般	没有
数量	22	44	38	5
占比	20.2%	40.4%	34.9%	4.6%

政府购买服务是政府转移职能、改革行政体制的重要举措。基金会具备较强的服务能力，比较容易获得政府购买。但政府购买服务是解决政府自身能力和人力有限的问题，是就政府职责内的基本公共服务向社会力量进行购买。仅仅接受政府购买，还远远不能达到基金会满足差异化社会需求的目标。有不少基金会表示不会申请或依赖于政府购买，最需要依赖的是社会资源，最需要获得的是足够的空间，最需要提供的是多元化、个性化的社会服务。

（三）缺乏支撑体系

调研发现，基金会现有的三种运作模式，都面临不同程度的困难。第一类基金会的资金使用由发起单位或业务主管单位决定，不具备专业化的判断能力和运作能力，可称为依附型基金会，大约占总数的10%；这类基金会面临的最大问题是找不到适宜的公益投入方向，支出了大量资金而没有形成品牌，没有获得社会效益。第二类基金会是自己寻找符合自身宗旨和业务范围的社会需求，然后自己将需求转化为项目，并由自己执行，可称之为自主运作型基金会；这类基金会能够确保公益项目的质量，也能够形成公益品牌，但面对社会需求的多元化、复杂化，受限于自身规模和能力，很难扩大公益服务规模和确保可持续发展。因此，第三类基金会开始逐渐探索与其他组织的分工协作，依据一定的标准和原则，选择社会上的公益项目进行资助，或者是将自己的公益项目分包给其他组织来执行，这些基金会可称之为资助型基金会，大约占基金会总数的10%。

从目前基金会发展的趋势来看，越来越多的基金会开始探索资助型方式，与此同时，基金会迫切需要寻找有承接能力的委托或资助对象。城乡基层社会组织作为社会服务的主要生产者，贴近基层社区和乡村，对特定环境和特定领域的知情程度和介入程度都超过政府部门，也超过处在社会服务供给链中上游的其他主体，为此，城乡基层社会组织既是政府购买服务的重要对象，也是基金会资助和委托的主要对象，是基金会提供社会服务的重要支持力量。在109家接受问卷调查的基金会中，有70%左右表示：如果基层社会组织具备足够的能力，基金会需要并且愿意与基层社会组织合作，愿意资助或者委托基层社会组织开展公益项目。

但是，我国的基层社会组织在能力建设方面还比较薄弱，导致基金会在寻找合适的合作伙伴时面临很大困难。目前，基层社会组织主要存在两大缺陷：一是数量少，没有形成规模；二是能力弱，拿不出好的公益项目，生产和提供的社会服务产品质量不高，受助人的满意度低，也很难得到政府、基金会以及捐赠人的认可。

表5　62家基层社会组织访谈：设计或寻找优质公益项目的需求

	十分急迫	比较急迫	一般	没有需求
数量	11	32	14	5
有效百分比	17.7%	51.6%	22.6%	8.1%

表6　62家基层社会组织访谈：对自身项目执行能力的评价

	十分缺乏	比较缺乏	一般	不缺乏
数量	10	23	21	8
有效百分比	16.1%	37.09%	33.8%	12.9%

调研还发现，由于没有基层社会组织的支持，基金会委托地方政府部门执行公益项目的情况比较常见。但这种做法存在很多问题，如基金会无法对政府部门使用资金情况进行有效监督、社会捐赠回流到政府部门后很有可能变成政府的预算外收入，甚至形成小金库、账外账，无法公开透明，还经常给基层政府部门的工作增加负担，这些都不符合政府转变职能的方向，也不利于基金会的长远发展。

本部分案例详见附件（略）：

案例八：中国红十字基金会汶川地震救灾捐赠资金招投标项目

案例九：智善公益基金会脊椎侧弯矫正项目

五、支持引导基金会参与社会服务的思路与对策

（一）立足创新社会治理体制和社会服务供给，推动基金会准确定位和发挥作用

从上述分析可以看出，基金会发挥作用主要受三方面因素的影响：一是资源，二是服务空间，三是支撑体系。因此，为引导和支持基金会在提供社会服务中更好地发挥作用，破解三重障碍，应当立足于基金会等社会组织在社会治理中的主体地位，重点从以下三方面入手。

1. 培育良性互动的社会服务生态体系，促进资源流通。所谓良性互动的社会服务生态体系，是指包括政府、捐赠人、基金会、基层社会组织以及广大社会公众在内的，多方共同参与、分工协作的生态体系。在该体系中，社会服务的主要资源来自财政资金和社会捐赠；政府和基金会是社会服务的供给者，政府同时还承担着制定政策、标准和监管职责；政府和基金会可以自己生产，也可以通过向基层社会组织购买（资助）来供给服务；基层社会组织主要负责服务的生产；公众是社会服务的消费者。这样一种社会服务供给体系，既推动政府购买社会组织服务，也鼓励基金会向基层社会组织购买或资助社会服务。这种体系有利于基金会的发展，有利于资源整合，更加有利于引导更多资源由经济领域流入社会领域，推动资源在社会领域内外的畅通流动，扩大社会领域的资源供给，从而增加社会

服务的供给。

2. 发挥市场机制的决定作用，扩大服务空间。引入市场机制提高社会服务的供给效率和品质，符合改革的方向。在社会服务供给中，既要用好政府这只“看得见的手”，更要由政府让出空间、减少干预、适度引导、加强监管，发挥市场这只“看不见的手”的作用，建立统一、开放、竞争、有序的供给体系，让社会组织自主参与，填补并扩大社会服务空间。具体来说，就是让社会组织根据市场供求关系来决定提供服务的规模和领域；按照价值规律形成服务产品的合理价格；通过竞争实现资源提供方和服务供给方的优胜劣汰，最终实现资源的优化配置，最大限度满足人民群众对社会服务的多元化需求。

3. 加快培育基层社会组织，构建支撑体系。通过发展基层社会组织，可以构建基金会的支撑支持体系，打造完整的社会服务“供应链”，解决基金会在基层“没有腿”的难题。在这方面，政府需要做的应当是降低准入门槛、提供资金支持和重视孵化培养，同时也要支持基金会等社会力量按照自身需要培育基层社会组织，将资金供给与能力培养相结合；支持各类社会组织开展有序竞争，锻炼能力，提高素质。

（二）主动作为，建立“基金会支持社会服务对接平台”

为实现上述三方面的目标，必须要在引导基金会提供社会服务的制度建设和技术手段上精心设计。在实践层面上，可以借鉴国内外同类问题解决办法，在传统行政手段之外进行创新，建立基金会支持社会服务对接平台。民政部作为社会组织登记管理机关，有责任率先打造一个示范性平台，即一个基金会向基层社会组织购买社会服务的实体“市场”，实现引导基金会支持民政领域社会服务和支持基层社会组织发展的双重目的；在平台运转成熟后可以发挥示范效应，带动整个社会服务供给中交易规则和监管机制的建立。

1. 建立对接平台是基金会行业发展的需要。虽然目前我国的大部分基金会属于运作型基金会，但发展资助型基金会，由单打独斗到分工协作是基金会做大做强的必由之路。在路径选择上，一是要建立纵向合作。基金会一方面要充分发挥自身整合资源的优势，吸引更多政府、企业、个人的资源进入社会服务领域；另一方面要加强对基层社会组织的资助和能力培养，将资金帮助与能力建设相结合，委托基层社会组织开展服务，从而促进社会服务供给链上中下游的通力合作。二是要加强横向协调。要整合各基金会的力量，促成资源的共享，形成合作和共赢。同时还要整合各基层社会组织以及各级民政部门的力量，共同为改善社会服务供给环境作出贡献。研究认为，建立各基金会、各基层社会组织、各登记管理机关都可以平等参与的对接平台是实现上述目标的有效举措。

2. 对接平台建设需要由政府主导。由政府主导建立对接平台，可以对现有第三方平台进行引导和示范。站在政府的战略高度，可以更好地按照社会发展的总体需求引导捐赠的投向；利用政府对基金会行业发展的指导，可以更好地追求公益项目的运作效率和社会效益；还可以将政府信用也引入平台之上，形成更强的社会公信力。

3. 平台要将支持基层社会组织能力建设作为重要功能。为了构建基金会参与社会服务的支持体系，平台必须首先解决基层社会组织力量薄弱这一瓶颈。既要引导基金会在平台上资助或购买基层社会组织的服务，又要通过平台实现基金会对基层社会组织的能力建设的支持，并通过平台给予专业技能、治理经验的指导。

4. 平台建设要以公信力为核心竞争力。平台的建立和发展，难以依靠行政命令，必须建立公信力来吸引各方加入。公信力由三部分构成：一是取得实际的对接效果，使社会供给机制中的各类主体在参与平台中达成合作、得到成长；二是制度设计公正合理，形成公平竞争的良好环境，推动基层社会组织优胜劣汰、基金会创先争优、社会公众踊跃参与；三是充分的公开透明，得到各方认可。

5. 平台建设要将吸引更多的资源进入社会服务领域作为长远目标。我国现有基金会的发育水平仍然较低，社会中还有大量资金没有进入到基金会的领域，并且那些已经捐赠到基金会的资金也大部分有指定用途，依靠目前的基金会的力量来提供社会服务，规模十分有限。因此，平台建设应当将帮助基金会和基层社会组织共同发展，吸引更多的社会资源，增加社会领域资源总量作为长远目标。

构建符合社会组织特点和发展需要的财税体系

——社会组织税收政策现状、问题及建议

民政部民间组织管理局

党的十八届三中全会提出“深化财税体制改革”、“完善慈善捐助减免税制度，支持慈善事业发挥扶贫济困积极作用”、“完善以税收、社会保障、转移支付为主要手段的再分配调节机制，加大税收调节力度”的要求，也进一步明确了“激发社会组织活力”，“推进社会组织明确权责、依法自治、发挥作用”的改革任务。为了落实中央要求，结合社会组织体制改革和财税体制改革的实际，对社会组织税收问题进行了梳理和分析。

一、我国社会组织税收政策现状

我国的社会组织主要包括社会团体、基金会和民办非企业单位，是社会力量举办的非营利组织，其提供的服务可以弥补“市场失灵”和政府公共服务的不足。在一些国家，非营利组织又被称为免税组织。一国非营利组织的发展程度，与该国的税收制度息息相关。当前，我国的税收体制在一定程度上体现了对社会组织的支持和规范。具体体现在以下方面。

（一）所得税方面优惠

按照2008年《中华人民共和国企业所得税法》及其实施条例确定的基本原则，财政部、国家税务总局和民政部已经共同出台政策，初步建立了非营利组织捐赠税前扣除制度、所得税减免制度及相关资格审核制度，对社会组织（尤其是基金会）的发展和管理起到了引导和促进作用。

向具有捐赠税前扣除资格的社会组织捐赠，可享受所得税优惠：企业捐赠在年度利润总额12%以内的部分，可以从其应纳税所得额中扣除；个

人捐赠未超过应纳税所得额30%的部分，可以从其应纳税所得额中扣除①。目前基金会和部分公益性社会团体可申请公益性捐赠税前扣除资格，由财政、税务、民政联合审批②。

经财政、税务部门联合审核确认取得所得税免税资格的社会组织，其捐赠收入、政府补助收入、会费收入、免税收入的存款利息以及财税部门规定的其他收入可以免缴所得税③。

（二）流转税方面优惠

目前可以适用于非营利组织的流转税方面优惠规定散见于个别政策文件中，非营利组织如果开展相关领域的活动可以适用，没有针对非营利活动特点的专门优惠。主要有：

1. 营业税方面。《中华人民共和国营业税暂行条例》第八条规定了教

---

① 《中华人民共和国企业所得税法》第九条规定“企业发生的公益性捐赠支出，在年度利润总额12%以内的部分，准予在计算应纳税所得额时扣除”。

《中华人民共和国企业所得税法实施条例》第五十一条规定“公益性捐赠是指企业通过公益性社会团体或者县级以上人民政府及其部门，用于《中华人民共和国公益事业捐赠法》规定的公益事业的捐赠”；第五十二条规定“本条例第五十一条所称公益性社会团体，是指同时符合下列条件的基金会、慈善组织等社会团体：……（九）国务院财政、税务主管部门会同国务院民政部门等登记管理部门规定的其他条件”。

《中华人民共和国个人所得税法》第六条规定“个人将其所得对教育事业和其他公益事业捐赠的部分，按照国务院有关规定从应纳税所得中扣除”。

《中华人民共和国个人所得税法实施条例》第二十四条规定“个人将其所得对教育事业和其他公益事业的捐赠，是指个人将其所得通过中国境内的社会团体、国家机关向教育和其他社会公益事业以及遭受严重自然灾害地区、贫困地区的捐赠。捐赠额未超过纳税义务人申报的应纳税所得额30%的部分，可以从其应纳税所得额中扣除”。

② 财政部、国税总局、民政部《关于公益性捐赠税前扣除有关问题的通知》（财税〔2008〕160号），《关于公益性捐赠税前扣除有关问题的补充通知》（财税〔2010〕45号）

③ 《中华人民共和国企业所得税法》第二十六条规定“企业的下列收入为免税收入：……（四）符合条件的非营利组织的收入”。

《中华人民共和国企业所得税实施条例》第八十四条规定“符合条件的非营利组织，是指同时符合下列条件的组织：（一）依法履行非营利组织登记手续；（二）从事公益性或者非营利性活动……前款规定的非营利组织的认定管理办法由国务院财政、税务主管部门会同国务院有关部门制定”。

财政部、国税总局《关于非营利组织企业所得税免税收入问题的通知》（财税〔2009〕122号），《关于非营利组织免税资格认定管理有关问题的通知》（财税〔2009〕123号）。

育、医疗、福利、文化领域的某些服务活动享有优惠①。非营利性科研机构从事技术开发、技术转让业务和与之相关的技术咨询、技术服务所得的收入免征营业税②。

2. 增值税方面。《中华人民共和国增值税暂行条例》第十五条规定了进口科研设备、残疾人用品、外国无偿援助的进口物资等项目免征增值税③。境外无偿捐赠给各类学校的教学仪器、图书资料和一般学习用品，免征进口环节增值税。大专以上全日制高等学历教育院校不以营利为目的，在合理数量范围内的进口国内不能生产的科学研究和教学用品，直接用于科学研究或教学的，免征进口环节增值税④。

3. 关税方面。《中华人民共和国进出口关税条例》第四十五条规定了免征关税的项目⑤。

自2012年1月1日至2015年12月31日，对公众开放的符合条件的科普单位，从境外购买自用科普影视作品播映权而进口的拷贝、工作带，免征进口关税，不征进口环节增值税，以其他形式进口的自用影视作品，

---

①《中华人民共和国营业税暂行条例》第八条规定，下列项目免征营业税：(1) 托儿所、幼儿园、养老院、残疾人福利机构提供的育养服务，婚姻介绍，殡葬服务；(2) 残疾人员个人提供的劳务；(3) 医院、诊所和其他医疗机构提供的医疗服务；(4) 学校和其他教育机构提供的教育劳务，学生勤工俭学提供的劳务；(5) 农业机耕、排灌、病虫害防治、植物保护、农牧保险以及相关技术培训业务，家禽、牲畜、水生动物的配种和疾病防治；(6) 纪念馆、博物馆、文化馆、文物保护单位管理机构、美术馆、展览馆、书画院、图书馆举办文化活动的门票收入，宗教场所举办文化、宗教活动的门票收入；(7) 境内保险机构为出口货物提供的保险产品。

②《财政部 国家税务总局关于非营利性科研机构税收政策的通知》（财税〔2001〕5号）。

③《中华人民共和国增值税暂行条例》第十五条规定，下列项目免征增值税：(1) 农业生产者销售的自产农产品；(2) 避孕药品和用具；(3) 古旧图书；(4) 直接用于科学研究、科学试验和教学的进口仪器、设备；(5) 外国政府、国际组织无偿援助的进口物资和设备；(6) 由残疾人的组织直接进口供残疾人专用的物品；(7) 销售的自己使用过的物品。

④《财政部 国家税务总局关于教育税收政策的通知》(财税〔2004〕39号)。

⑤《进出口关税条例》第四十五条规定，下列进出口货物，免征关税：(1) 关税税额在人民币50元以下的一票货物；(2) 无商业价值的广告品和货样；(3) 外国政府、国际组织无偿赠送的物资；(4) 在海关放行前损失的货物；(5) 进出境运输工具装载的途中必需的燃料、物料和饮食用品。在海关放行前遭受损坏的货物，可以根据海关认定的受损程度减征关税。法律规定的其他免征或者减征关税的货物，海关根据规定予以免征或者减征。

免征关税和进口环节增值税[①]。

符合条件的民办非企业单位进口与本单位所承担的科研任务直接相关的科研用品，在规定范围内免征进口关税和进口环节增值税、消费税[②]。

（三）其他方面税收优惠

在其他税种中也有若干优惠可以适用于部分社会组织。

1. 社会团体承受土地、房屋用于办公、教学、医疗、科研和军事设施的，免征契税[③]。

2. 非营利性医疗机构[④]、非营利性老年服务机构[⑤]、非营利性科研机构[⑥]、国家拨付事业经费和企业办的各类学校、托儿所、幼儿园[⑦]自用的土地，免征城镇土地使用税。

3. 学校、幼儿园、养老院、医院占用耕地免征耕地占用税[⑧]。

4. 对财产所有人将财产赠给政府、社会福利单位、学校所立的书据免征印花税[⑨]。

5. 对非营利性医疗机构自用的车船[⑩]，对政府部门和企事业单位、社会团体以及个人等社会力量投资兴办的福利性、非营利性的老年服务机构的自用车船[⑪]免征车船使用税。

---

① 《财政部 海关总署 国家税务总局关于鼓励科普事业发展的进口税收政策的通知》（财关税〔2012〕4号）。

② 《财政部 科技部 民政部 海关总署 国家税务总局关于科技类民办非企业单位适用科学研究和教学用品进口税收政策的通知》（财关税〔2012〕54号）。

③ 《中华人民共和国契税暂行条例》第六条。

④ 《财政部 国家税务总局关于医疗卫生机构有关税收政策的通知》（财税〔2000〕42号）。

⑤ 《财政部 国家税务总局关于对老年服务机构有关税收政策问题的通知》（财税〔2000〕97号）。

⑥ 《财政部 国家税务总局关于非营利性科研机构税收政策的通知》（财税〔2001〕5号）。

⑦ 《财政部 国家税务总局关于教育税收政策的通知》（财税〔2004〕39号）。

⑧ 《中华人民共和国耕地占用税暂行条例》第八条。

⑨ 《中华人民共和国印花税暂行条例》第四条。

⑩ 《财政部 国家税务总局关于医疗卫生机构有关税收政策的通知》（财税〔2000〕42号）。

⑪ 《财政部 国家税务总局关于对老年服务机构有关税收政策问题的通知》（财税〔2000〕97号）。

（四）税收征管

2004 年《民间非营利组织会计制度》颁布以来，各级财政、税务和民政部门都要求社会组织按照会计制度要求进行会计核算，制作会计报表。但在报税环节，目前税务部门使用的主要是事业单位报税系统和企业报税系统，还没有社会组织专用的报税系统，社会组织报税需要按企业会计制度重新编制报表。

（五）票据使用

在目前“以票控税，税随票走”的税收征管体系下，票据既是社会组织财务会计核算的基础，又是各项经济行为税收政策的具体体现。从中央政策层面看，社会组织的票据管理没有专门的法律法规，而是散见于财政部、税务总局、民政部颁布的法规及各类票据的管理办法中。

社会组织目前可以使用的票据有财政票据和税务发票。财政票据为免税票据，社会组织主要可以使用社会团体会费收据①和捐赠票据②，少数社会团体依法履行或代行政府职能收取的费用以及开展法定培训的收费可以使用行政事业性收费票据③，一般不使用资金往来结算票据④。税务发票使用针对社会组织面向社会自愿有偿提供服务的情况⑤，使用了税务发票相应的收入就必须纳税。

地方层面，由于对中央票据政策落实力度不一，社会组织使用票据的情况较为复杂。例如，社会团体会费方面，一些地方使用社会团体会费统一收据或专用收据，一些地方使用民间组织专用发票；接受捐赠方面，一些地方使用公益事业统一捐赠票据，一些地方使用民间组织统一发票或民间组织专用票据。

综上，规范引导社会组织的财税制度主要以税收法规政策为主，相关

---

①《财政部关于印发〈公益事业捐赠票据使用管理暂行办法〉的通知》（财综〔2010〕112 号）。

②《民政部、财政部、国家税务总局关于规范社会团体收费行为有关问题的通知》(民发〔2007〕167 号)。

③《民政部、国家发展改革委、监察部、财政部、国家税务总局、国务院纠风办关于规范社会团体收费行为有关问题的通知》(民发〔2007〕167 号)。

④《财政部关于进一步加强行政事业单位资金往来结算票据使用管理的通知》（财综〔2013〕57 号）。

⑤《财政部、国家计委关于事业单位和社会团体有关收费管理问题的通知》（财规〔2000〕47 号），《财政部关于民办非企业单位使用票据等问题的通知》（财综〔2002〕76 号）。

会计制度、征管制度及票据政策为辅。针对社会组织的税收优惠以所得税优惠为主，其他税收优惠为辅。随着《中华人民共和国企业所得税法》及实施条例等法规的出台，财税制度对社会组织发展的促进作用已初见成效，尤其是捐赠税前扣除制度、所得税减免制度及相关资格审核制度的建立，对社会组织的发展和管理，对于鼓励社会力量参与公益慈善事业都发挥了一定的作用。减免税资格条件的明确有利于引导社会组织健全内部治理，加强自身非营利性和公益性。同时，相关资格审核制度为有关部门的管理提供了标准和抓手，强化了管理部门工作的权威性。

二、现行社会组织财税政策存在的不足

从整体上看，税收政策尚未充分体现国家对社会组织的鼓励和规范。

（一）社会组织财税政策缺乏顶层设计

在我国当前的财税体制和收入分配设计中，缺乏对社会组织的地位、作用和税负水平的整体考虑和统筹安排。

1. 对社会组织缺乏整体制度设计。目前相关法规、政策中关于社会组织的条文较为零散，税收、票据等方面大多是参照企业或行政事业性单位执行，没有针对社会组织财税政策进行整体定位、设计与表述。税收优惠局限于所得税立法中，在流转税、财产税立法中没有设计。非营利组织的会计制度、税收制度、票据制度之间还存在不协调，存在按规定可享税收优惠，却申请不到相应票据的情况。这些使得社会组织财税政策整体呈现松散、偏少、可执行性较差的状态。

2. 对不同类型的社会组织及其非营利性缺乏系统认识与考量。在各项税法及配套政策中，将社会组织视为企业的例外情况，缺少针对不同类别社会组织和非营利性活动特点的制度安排。既没有把营利性的企业与非营利性的社会组织区分开来，也没有把企业的经营行为和社会组织的非营利活动、公益慈善活动区别对待，更缺乏针对社会组织及其非营利性活动、公益慈善活动的特别制度安排。对于社会组织的财团法人与社团法人之分，服务会员与服务公众之分，资金密集型、技术密集型、劳动力密集型的运作模式之分，现行财税政策也基本没有考虑。

3. 未能公平对待社会组织和其他组织。社会组织和事业单位同属非营利组织，同样提供公共服务，但在享受的税收优惠、使用的财政票据等方面存在明显差距。政府向社会组织购买的服务事项属于理应由政府承担的基本公共服务，按照规定只支付服务项目的人力、物力成本，社会组织获得的此类收入还要另外纳税；而提供同类基本公共服务的事业单位，可以

直接获得财政拨付的事业费和人员工资，既不需纳税，也不需自行筹措人力成本。许多企业目前可以享受小微企业税收减征等政策①，而我国多数社会组织规模更小，却需要全额纳税。社会组织之间也存在差别对待，同样接受社会捐赠，但仅基金会和少量公益性社会团体可以申请公益性捐赠税前扣除资格，公益性民办非企业单位却无法申请。

（二）税收优惠幅度低，杠杆作用不明显

当前的税收优惠不足，不利于发挥税收的杠杆作用，既没有实现撬动更多社会资源投入非营利性公益服务事业的目的，也不便于通过税收监管来规范社会组织行为、防止税收流失。

1. 公益性捐赠税前扣除资格申请主体存在不合理限制。目前这项资格的申请主体仅限定为基金会和公益性社会团体，将民办非企业单位完全排除在外。虽然民办非企业单位从事的也是公益性事业，如儿童福利、社会工作、法律援助、艾滋病防治、社会组织孵化评估等，但不能对其捐赠人免税，限制了企业、个人向这部分公益组织进行捐赠。

2. 公益性捐赠税前扣除力度不足。捐赠人实际可获得的免税水平较低，抑制了企业、个人向社会组织进行大额捐赠：企业捐赠超过年度利润总额 12% 以上的部分只能在当年抵扣所得税，不允许向以后年度结转；个人捐赠超过当月收入 30% 以上的部分只能按月抵扣所得税，也不允许向后结转；对股权、房地产等非现金捐赠要求捐赠人另外筹措现金缴纳所得税。对于获得税前扣除资格的社会组织限定了较低的工资标准，限制了其招聘高素质人才，制约了发展。

3. 对社会组织用于公益目的的经营性收入缺乏税收优惠。公益捐赠作为收入来源缺乏稳定性，又受到捐赠人意愿的限定，相当数量的社会组织特别是基金会不能完全依靠捐赠来支付自身必要的运作成本、支持创新和可持续发展，需要对资产进行保值增值来弥补捐赠收入的不足。大部分民办非企业单位提供社会服务也需要收取一定的服务费来支付成本，以及维持本单位的生存和发展。当前，所得税优惠仅限于捐赠、会费、财政补贴等输血式的收入，对投资收益、提供服务收入等社会组织自我造血的收入未予优惠，削弱了社会组织的独立性和创新能力，还影响了社会组织数

---

①《财政部　国家税务总局关于小型微利企业所得税优惠政策有关问题的通知》（财税〔2011〕117 号）规定，为了进一步支持小型微利企业发展，自 2012 年 1 月 1 日至 2015 年 12 月 31 日，对年应纳税所得额低于 6 万元（含 6 万元）的小型微利企业，其所得减按 50% 计入应纳税所得额，按 20% 的税率缴纳企业所得税。

量、规模的提升。

4. 缺少流转税和财产税的优惠。目前的优惠主要集中在所得税，对社会组织为了非营利、公益慈善事业而开展的活动和持有的财产，缺乏流转税、财产税等方面的优惠。在营业税方面虽然对儿童保护，残疾人保护，医疗、教育、科技、文化领域的少数服务项目给予了优惠，对于其他领域的公益服务和以上领域中的其他服务都未减免营业税。此外，在营改增实施过程中，一部分从事科学研发和技术服务的科技类社会组织的税率从5%上升到了6%，负担有所加重。

5. 对获得了税收优惠的组织缺乏有力监管。社会组织，特别是对享有税收优惠的社会组织的税收监管没有建立体系。税收监管与民政部门对社会组织的监管尚未有效对接。对获得了优惠的组织没有建立起“失信严惩”的威慑力。

（三）有关程序烦琐、不尽合理，现有政策落实不均衡

1. 现有税收优惠资格条件、程序存在不合理。非营利组织所得税免税资格有效期为五年，期满前三个月需要提出复审申请；公益性捐赠税前扣除资格有效期仅一年。现行优惠资格的审核标准操作性不强；“公益捐赠税前扣除”和“自身收入免税”两项优惠资格的性质、对象、标准有很大交叉重复，申请审核的程序却有很大差异，在执行中既给社会组织带来不便，又增加了财税部门的工作难度。另外，境外基金会代表机构也一直未纳入所得税优惠制度范围之内。

2. 现行政策执行不力。有些地方不严格落实现有规定，社会组织符合条件但仍难以获得税收优惠的情况时有发生。有些地方审批优惠资格不及时，社会组织当年申请的资格不能在当年获得。有些地方违反规定缩小了公益事业捐赠票据的发放范围，只有少数获得了公益性捐赠税前扣除资格的社会组织才能拿到捐赠票据，大部分社会组织只能向捐赠人开具营业税票据，增加了税收负担。有些地方财政部门将社会组织的捐赠票据保管在自己手里，社会组织每开具一张捐赠票据都要向财政部门申请，丧失了应有的权利。

3. 税收征管方面缺乏针对社会组织的制度安排。社会组织没有专门的税收征管制度，使用的是企业的报税体系，不符合非营利性的收支特点，经常无法填报；与税收优惠资格的申请和管理没有衔接，经常因此而未能享受到应有的税收优惠；还影响了税收征管对社会组织经济行为的规范。

以上问题表明，现行的社会组织税收政策从整体定位和制度设计，到优惠和监管都存在缺失，再加上现有政策落实方面的问题，导致税收的调

节作用在社会组织领域发挥不充分，影响了政府对社会组织的激励和约束。

三、意见和建议

税收是国家实现社会政策目标的重要工具，既推动经济发展，又促进社会公平正义。我国社会组织在促进经济发展、繁荣社会事业、创新社会治理等方面正发挥着越来越重要的作用。在社会组织发展中，建立和完善社会组织税收优惠及监管体制具有重要意义。社会组织服务社会的使命与国家财政投入方向一致，与财政直接投入相比，给予税收优惠政策可以鼓励社会力量以多元化手段解决多样化的社会问题，更具放大效应。社会组织的财产是社会公共财产，给予税收优惠是让利于民，不造成国有财产流失。社会组织在提供服务解决社会问题的过程中，传播了理念，培育和践行了社会主义核心价值观，直接促进社会公平和社会和谐。从国际经验看，税法是规范、引导社会组织行为的重要法律，税收优惠政策是促进社会组织健康发展的有效工具。因此，针对目前存在的问题，建议财政、税务和民政部门加强配合，建立协商合作机制，实现税制改革与社会组织改革的统筹协调。一方面，通过给予社会组织税收优惠来鼓励发展、激发活力；另一方面，从税收角度实施监督，既规范社会组织行为，也确保优惠不被滥用，避免影响市场主体公平竞争。

（一）确立社会组织在税法中的地位，加快构建社会组织税收体系

1. 在税收体制改革、收入分配制度改革中，明确社会组织的地位、作用和待遇，相关立法和政策创制涉及社会组织的均作出明确规定。出台加强社会组织税收优惠和监管的指导性意见，确立利用税收来引导和规范社会组织特别是公益慈善组织发展，强化税收杠杆作用的指导思想。

2. 建立财政、税收、民政部门协调工作机制，共同牵头设计税收体制改革中社会组织改革任务工作方案。整体设计社会组织税收政策，合理规划非营利部门税负水平。建立和完善原则清楚、标准细致、易于操作、方便调节的非营利组织税收政策体系。

3. 针对社会组织自身特点以及非营利性和公益性管理要求，有针对性地设计记账、计税、征收方式，制定专门的征收管理制度。

（二）强化税收政策的杠杆作用，激发社会组织活力

1. 所得税方面，对社会组织的经营性收入、投资收益等，凡是继续组织公益宗旨且符合相关公益支出标准的，可以视其服务社会的效果给予减

免，或给予税收返还以示鼓励；对境外基金会代表机构取得的总部拨款收入、来自境外的捐赠收入以及前两项收入孳生的银行存款利息收入免征所得税。

2. 流转税和财产税方面，对公益慈善组织开展扶贫济困等公益慈善活动产生的收入，以及公益慈善组织持有的财产，其中符合公益慈善目的给予免税或先征后返；对其他社会组织以非营利为宗旨的活动和财产也给予适当的税率优惠；对于从事非营利性社会服务活动的社会组织，给予优于营利性组织的营业税税率或给予先征后返政策。

3. 完善现行捐赠税前扣除优惠制度。落实《国务院批转发展改革委等部门关于深化收入分配制度改革若干意见的通知》（国发〔2013〕6号）要求，完善慈善捐赠税收优惠政策，对企业公益性捐赠，由现在的只能对年度利润总额12%之内的部分予以扣除所得税，扩大到对于超过12%的部分允许结转以后年度扣除；对个人公益性捐赠，由现在的只能在当月收入30%之内的部分予以扣除所得税，扩大到允许结转以后月份扣除；允许公益性民办非企业单位申请公益性捐赠税前扣除资格。

4. 允许非营利组织在承接政府购买服务时将营业税等相关税费计入成本，或实行先征后免。

5. 进一步明确《公益事业捐赠票据使用管理暂行办法》中“其他公益性组织”的范围和其申领公益事业捐赠票据的程序。

6. 建立财税部门与民政部门联合的资格审核和监管惩戒机制。加强对社会组织的财产、活动、内部治理、信息公开的监管，严格执法查处。

7. 逐步提高社会组织税收工作信息化水平。在严格财务报表制作和审计要求、合理设计税收优惠条件、标准的基础上，在填写税务申报表环节整合非营利组织免税资格审核、税收优惠、税务稽核等环节，通过表格系统自动识别、调整、计量，结合必要的人工审核，实现免税资格实时审核，税收减免实时体现。

（三）强化部门联动，增强落实效果

1. 财政、税务、民政部门整合力量，自上而下建立税收政策贯彻执行的监督检查机制，加强指导和协调。

2. 同步启动非营利组织会计制度修订、财务管理制度制定、票据管理制度修订，以及其他配套工作。

关于完善民办非企业单位税收政策的调研报告

——以广东省为例

民政部民间组织管理局

为贯彻落实《国务院机构改革和职能转变方案》关于建立现代社会组织体制、改革社会组织管理制度和“公平对待社会力量提供医疗卫生、教育、文化、群众健身、社区服务等公共服务，加大政府购买服务力度”的要求，5 月 12—16 日，刘振国副局长一行四人，就广东省民办非企业单位的税收优惠政策及存在问题，与广东省社会组织管理局、广州市民间组织管理局、深圳市民间组织管理局及珠海市社会组织管理局进行了研讨，与有关民办非企业单位进行了座谈，并实地走访了一些有代表性的民办非企业单位，现将此次调研的有关情况报告如下。

一、广东省民办非企业单位发展的基本情况

广东毗邻港澳，地理位置特殊，经济增长快速，社会发展各项指标居全国前列，因此各类社会组织发展较快。特别是直接登记和扶持发展的举措，改善了民办非企业单位发展的环境，提升了其依法自治和发挥作用的能力，促进了民办非企业单位的数量增长和结构优化。

（一）数量增长迅速

以广东省本级为例，实行直接登记前的 2009 年，新成立民办非企业单位 42 个；直接登记后，2012 年，新成立民办非企业单位 91 个，是 2009 年的 2.2 倍，其中直接登记 71 个，占当年新成立总数的 78%。截至 2012 年底，全省民办非企业单位 19135 个，同比增长 14.2%。

（二）结构得到优化

直接登记前，民办学校在民办非企业单位中“一枝独秀”。2009 年，省本级民办学校占民办非企业单位总数的 72%，现在民办学校只占 47.36%。新成立的民办非企业单位，类别更加多元，其中工商经济类占到

1/4，科技类占到1/5，文化类介于二者之间。同时对一些之前难以登记的组织予以登记，比如“东莞市千分之一公益服务中心”。

（三）作用发挥明显

全省共有各级民办学校1.3万余所，在校生超过500万人，涵盖学前教育等各个层次及类别。广东培正学院、广东白云学院等一批民办高校成为知名品牌；科技类民办非企业单位逐步壮大，全省共登记近600个，其中省本级74个，涌现出广东华南新药创制中心（总资产7亿元）、广东华南家电研究院、广东省华南物联网应用研究院等一批优秀民办研究机构，为广东省高新技术发展和经济转型升级作出贡献；社工机构异军突起，全省共登记300余个，广州、深圳、东莞等市基本上每个街道都设立社区服务中心，通过政府购买服务的方式，由社工机构入驻，提供服务。

（四）稳步探索民办学校分类改革

为贯彻国家和广东省的教育规划纲要，广东省社会组织管理局拟推进民办教育分类管理。目前，此项工作正在进行政策制定，具体内容包括：一是实行分类认定。（1）按照办学目的和办学结余的分配模式，将民办学校（含幼儿园、培训机构）分为营利性民办学校和非营利性民办学校两类。（2）非营利性民办学校分捐资举办的学校、出资举办不要求取得合理回报的学校和出资举办要求取得合理回报的学校。二是实行分类登记。（1）捐资举办的民办学校、出资举办不要求取得合理回报的民办学校在民政部门登记为自收自支事业单位。（2）出资举办要求取得合理回报的民办学校在民政部门依法登记为民办非企业单位。（3）营利性民办学校在工商部门依法登记为企业。三是实行分类管理。（1）分别制定不同的优惠政策和扶持措施。（2）教育、人力资源社会保障、民政、工商等行政管理部门对营利性和非营利性学校实行分类管理。（3）积极扶持非营利性民办学校发展，加强引导营利性学校教学活动。

二、广东省民办非企业单位税收优惠政策落实情况

（一）关于非营利组织免税资格认定

截至目前，全省组织了三批非营利组织认定工作。680家省级非营利组织获得免税资格。其中，民办非企业单位仅有25家，申请率比较低，原因在于：一是免税资格优惠范围窄。根据《财政部国家税务总局关于非营利组织企业所得税免税收入问题的通知》（财税〔2009〕122号），符合条件的非营利组织的免税收入包括：（一）接受其他单位或者个人捐赠的收

入；（二）除《中华人民共和国企业所得税法》第七条规定的财政拨款以外的其他政府补助收入，但不包括因政府购买服务取得的收入；（三）不征税收入和免税收入孳生的银行存款利息收入。对于以服务收入为主要收入来源的民办非企业单位，可享受的优惠受到很大限制。广州市大同社会工作服务中心，是以政府购买服务项目为主要收入的民办非企业单位。该机构虽然办理了非营利组织免税资格认定，但因政府购买服务被排除在免税收入之外，所以不能享受免交企业所得税，并存在双重征税的问题。再如，深圳市恩派非营利组织发展中心，是一个为初创期和中小型民间公益组织提供支持的民办非企业单位，主要提供能力建设、场地设备、小额补贴、注册协助等多方面的补贴，但因该机构不隶属任何行业领域，所以也不能取得任何税收优惠。免税资格优惠范围狭窄大大影响了承接政府转移社会管理和公共职能的民办非企业单位有效获取资源并健康发展。二是免税条件较为严苛。《中华人民共和国企业所得税法实施条例》第八十四条进一步规定："所称符合条件的非营利组织，是指同时符合下列条件的组织：……（四）财产及其孳息不用于分配；（五）按照登记或者章程规定，该组织注销后的剩余财产用于公益性或者非营利性目的，或者由登记管理机关转赠给与该组织性质、宗旨相同的组织，并向社会公告；（六）投入人对投入该组织的财产不保留或者享有任何财产权利；……"这些规定与《中华人民共和国民办教育促进法》第五十一条"民办学校在扣除办学成本、预留发展基金以及按照国家有关规定提取其他的必需的费用后，出资人可以从办学结余中取得合理回报"的规定有所抵触，造成占民办非企业单位数量比重较大的民办学校申请的积极性很低。

（二）关于公益性捐赠税前扣除

根据现行政策规定，个人和企业只有通过取得公益性捐赠税前扣除资格的公益性社会团体和公益性群众团体进行捐赠才准予在一定比例内税前扣除。《关于公益性捐赠税前扣除有关问题的通知》（财税〔2008〕160号）对《中华人民共和国企业所得税法实施条例》第五十二条"公益性社会团体"的概念进行缩小解释，排除了民办非企业单位，导致许多从事公益的民办非企业单位，即使遵循非营利组织公益支出和资产财务管理规定，公众向其捐赠也无法获得税前扣除。如，深圳市市民情感护理中心是免费向市民提供心理咨询的民办非企业单位，主要收入靠企业捐助，捐赠协议要求开具捐赠票据，但深圳市财政局以该中心不在"公益性捐赠税前扣除资格名单"之列为由，拒绝其申领捐赠票据。据了解，有些地方将捐赠票据领取与税前扣除资格等同。该中心只能向捐赠方开具税票，而其所接受捐赠资金在所得税申报时只能被列为一般应税收入，无法按财税〔2009〕122号文件规定作为免税收入在总应税收入中扣减。捐赠企业也无法获得税前扣除。这种情况制约了民办非企业单位的生存和发展，同时也影响了企业或者个人向民办非企业单位捐赠的积极性。

（三）关于科技类民办非企业单位适用科学研究和教学用品进口税收政策的落实情况

2012年11月12日《财政部、科技部、民政部、海关总署和国家税务总局关于科技类民办非企业单位进口科学研究和教学用品进口税收政策的通知》出台后，2013年1月24日，五部委又制定了配套文件《科技类民办非企业单位进口科学研究和教学用品免税资格审核认定管理办法》。此项政策的出台，有力地解决了相关税收政策调整滞后，与部分科技类民办非企业单位快速发展的现状不相适应的问题，为加大社会资金对科技类民办非企业单位的投入、最大限度地整合社会科技创新要素、提升科技创新能力提供了政策依据。调研中也发现了此项政策在实施中遇到一些瓶颈问题，制约了其深入推广。

1. 资格认定标准高。《关于科技类民办非企业单位适用进口科学研究和教学用品免征进口税收政策的通知》第二条“本规定所指的科技类民办非企业单位就同时具备下列条件：（一）……在民政部或省、自治区、直辖市和计划单列市民政部门登记注册的、具有法人资格的科技类民办非企业单位；（二）资产总额在300万元人民币（含）以上；从事科学研究的专业技术人员（指大专以上学历或中级以上技术职称专业技术人员）在20人以上，且占全部人员的比例不低于60%；……（四）兼职的科研人员不超过25%”。广东省由于符合条件的科技类民办非企业单位总量较少，特别是符合在省和计划单列市登记，专业人员、资产等达到申报标准，且有进口科学研究和教学用品免税需求的更少，目前，省本级只有一个（广东华南新药创制中心）申报。我们调研的珠海市南方数字娱乐公共服务中心，是华南地区最具规模的影视后期基地，因是在珠海市民政部门登记的科技类民办非企业单位，所以没有申报资格，无法享受税收优惠。

2. 身份遭遇“尴尬”。在我们调研的所有民办非企业单位中，不能办理因公出国的问题是普遍存在的。因公出国管理规定所指的“公”不包括民办非企业单位。科技类民办非企业单位参加国际交流活动，必须办理因私护照。深圳市光启高等理工研究院原来在深圳市民政部门登记为民办非企业单位，在《关于科技类民办非企业单位适用进口科学研究和教学用品免征进口税收政策的通知》没有出台前，转制为事业单位后，虽然减轻了税负，但又产生了科技成果、知识产权的权属界定以及不能参加国际交流活动等新问题。现在该机构又要转制为民办非企业单位，虽然税收优惠的问题解决了，但又出现了不能以民办非企业单位的身份办理因公出国、不能参与招投标竞争等新的问题。

三、完善民办非企业单位税收优惠政策的建议

民办非企业单位是社会组织的重要组成部分，在教育、卫生、文化、科技等领域发挥着越来越明显的作用，是我国经济发展和社会建设不可或缺的重要力量。税收优惠是指国家在税收方面给予纳税人和征税对象的各种优惠的总称，形式包括减（免）税、出口退税、优惠税率、先征后返、税项扣除等多种形式。相比于国家财政支出具有直接支出的性质，税收优惠属于国家收入的间接支出，其目的指在扶持某些特殊行业、企业、产品或地区的发展，促进产业结构调整和社会经济协调发展。民办非企业单位虽然从法律属性上为非营利性组织，但由于实践中大多数民办非企业单位从事经营性活动，导致相关主管部门和社会公众对其性质认识不一，同时又因部分民办非企业单位变相分配利润或者盈余，损害了民办非企业单位的非营利性组织的形象。当前，在税收优惠政策上，民办非企业单位面临在作为优惠对象方面难以被纳入，在优惠税种方面数量不多，在优惠税率方面幅度不高等诸多问题。解决这些问题，需要在取得相关部门共识和社会理解的基础上逐步推进，不断完善。建议如下：

（一）落实现有税收优惠政策，逐步扩大现有优惠政策覆盖面

这些年来，国家陆续出台了一些有利于社会组织或者民办非企业单位发展的税收政策，要系统梳理和宣传现有政策，督促检查落实，进一步优化优惠政策执行的程序，提高优惠政策落实的效率，使民办非企业单位能及时享受到国家的各项税收优惠。

同时，逐步扩大现有政策覆盖面，如在科学评估《财政部、科技部、民政部、海关总署和国家税务总局关于科技类民办非企业单位进口科学研究和教学用品进口税收政策的通知》实施效果的基础上，应逐步放宽适用条件（比如放宽到地市级民政部门登记的科技类民办非企业单位），让更多科技类民办非企业单位能享受税收优惠政策带来的益处，充分发挥政策的正面引导作用。

（二）逐步完善行业税收优惠和组织税收优惠相结合的税收优惠政策体系

根据民办非企业单位大多数在各行各业从事提供具体的社会服务这一

特点，建议以民办非企业单位从事的具体行业为基础，积极协调、协助各行业制定具体行业的民办非企业单位税收优惠政策，这一方面有利于国家通过税收政策引导民办非企业单位从事国家鼓励和支持的行业；另一方面也与现行税收优惠政策大多基于行业制定相衔接。针对民办非企业单位所提供的服务或者所从事的行业大多应社会急需而产生，一些新兴服务或新起行业与传统的行业分类标准不一定一一对应，适用税收优惠政策要不断调整和完善现有政策，将其纳入优惠体系中。对于这种按民办非企业单位行业性质制定的税收优惠，应主要由行业主管部门协调财税部门解决，登记管理机关予以配合。

同时，完善以民办非企业单位这一类组织作为税收优惠对象的政策制度。当前重要的是要完善两类制度，一是民办非企业单位的免税资格认定。首先，要适当扩大其减免税收入范围，民办非企业单位通过提供产品或服务获得相应收入，是其收入的重要来源，应当据此制定相应的减免税率，不宜参照营利性的企业统一适用税率；特别是随着政府职能转移的深入推进和政府购买社会组织服务的日益推广，民办非企业单位来自政府购买服务的收入将随之增加，对于这种性质的收入也应当纳入国家税收减免范围。其次，要做好与相关法律的衔接，特别是民办教育机构的税收优惠问题，应当在细化合理回报的基础上，明确民办教育机构的收入减免。二是将民办非企业单位纳入公益性捐赠税前扣除资格适用范围。民办非企业单位大多从事的是公益性、非营利性事业，符合国家有关规定中关于公益性捐赠税前扣除资格应当具备的组织属性和活动属性要求。当前，应在厘清民办非企业单位资产属性基础上，先将捐资举办且不向服务对象收取费用（收入主要是政府补助、购买服务和社会捐赠）的公益性民办非企业单位（如民办社会工作服务机构，民办法律援助机构，为社会组织提供孵化，评估等支持服务的机构），纳入可申请公益性捐赠税前扣除资格的组织范畴。另外，还应协调解决不享受捐赠税前扣除资格的民办非企业单位申请捐赠票据的问题。

（三）加强税收优惠政策实施的监管，扩大对民办非企业单位的舆论宣传

给予民办非企业单位的税收优惠客观上会导致国家直接收入的减少，加强对民办非企业单位享受税收优惠政策的监督既是保证民办非企业单位规范运作的必要，也是维护整个社会组织发展良好环境的必要。要加强对民办非企业单位获得税收优惠政策的过程监管，从申请税收优惠，到获得优惠后的活动和资金使用等，应当建立相应的审查、审计和公开制度；要

加强登记管理机关、行业主管部门、税收征管部门的协作，通过及时信息共享，沟通协调，提高动态、综合监管效率；要充分利用社会监督机制和组织自律机制，形成多方参与的监管合力。

同时，加大对民办非企业单位的正面宣传。当前社会公众把民办非企业单位从事正当的经营活动等同于营利性组织，是造成对民办非企业单位误解的重要原因。社会组织的根本属性在于不能分配利润或者盈余，而非不能从事经营活动。通过提供产品或服务获得合理收入，恰恰是大多数民办非企业单位生存和发展的主要手段和内在要求。应当通过多种途径加大对民办非企业单位的正面宣传，既要强调民办非企业单位的重要社会作用，也要突出其非营利、非分配的属性；既要有政策法规的形象解读，也要有先进组织、典型经验的示范；既要有大众化的知识普及，也要有针对基层、社区群众的个案介绍。通过广泛宣传，使相关部门和社会公众更多了解、理解、支持民办非企业单位及其从事的事业，为民办非企业单位更好发展营造有利的政策环境和社会环境。

民间组织管理局赴广东省调研组

组长：刘振国　民间局副局长

组员：臧宝瑞　民间局民非处处长

王素青　民间局民非处副处长

俞惠中　民间局民非处干部

执笔：王素青

实施直接登记后的社会组织新型监管体系研究

北京市社会团体管理办公室

2013 年是社会组织管理体制改革之年，也是社会组织发展里程碑式的一年。党的十八大提出了建立政社分开、权责明确、依法自治的现代社会组织体制的要求，《国务院机构改革和职能调整方案》进一步提出了改革社会组织管理制度的重大任务，要求对行业协会商会类、科技类、公益慈善类、城乡社区服务类社会组织实施直接登记。落实中央要求，从 2013 年 4 月 1 日起，北京市在全国率先对上述四类社会组织实施了民政部门直接登记。实施直接登记是社会组织登记管理体制的重大变革，既涉及社会组织成立登记程序的重大调整，也涉及相关管理部门权力和职责的重大变化，更为重要的是实施直接登记给社会组织监管体系建设带来了新的挑战，急需对传统社会组织监管体系进行系统变革和制度化安排，既要促进社会组织发展得好，也要确保社会组织管控得住。本研究全面梳理北京市社会组织监管体系现状，客观分析了直接登记后社会组织监管面临的变化和挑战，在此基础上对直接登记后的社会组织监管体系建设，从理念创新、监管模式变化、体制机制变革、部门职责调整等方面进行了初步设计和安排。

一、直接登记与传统登记的区别

成立登记是政府相关部门依照法律规定，对申请成立的社会组织进行包括发起人员、章程草案、业务范围、注册资金、办公场所等在内的要件审查的全过程，也是社会组织拥有法人地位，取得合法身份的必经程序。传统登记与直接登记的区别主要表现在：一是登记审查程序发生变化。传统登记属于双重管理范畴，成立社会组织需要先经过归口的业务主管部门的必要性审查，业务主管部门审查同意后，再提请民政部门进行登记审查，民政部门审查同意后，进入登记成立程序。对行业协会商会类、科技类、公益慈善类、城乡社区服务类社会组织实施直接登记，意味着对这四类社会组织取消了业务主管单位的审查环节，直接向民政部门申请登记成立，民政部门被推向了登记审查的最前沿。二是民政部门的登记审查职能发生变化。在传统的双重登记审查体制下，由于有业务主管单位审查的存在，民政部门更多的是依据法律规定进行程序性审查，但实施直接登记后，民政部门将承担起业务审查和程序审查的全部内容，这对民政部门的工作能力，特别是对工作人员的素质和水平提出了新的要求和挑战。三是社会组织管理理念发生重大调整。传统的对社会组织的管理是基于管控思维。原有的双重管理，增加了审查环节，客观上延长了审查时间，也提升了社会组织成立的门槛，有利于把社会组织控制住，但也导致社会组织数量不足，竞争不充分，社会活力不够。实施直接登记，就是要降低登记成立门槛，简化成立手续和环节，放开手脚大力发展社会组织。这标志着社会组织发展理念的重大调整，要从传统的管控思维为主，向培育扶持发展、发挥积极作用的方向转变。但要引起高度重视的是，实施直接登记的“宽审批”，必然要求登记成立后的“严监管”，要把放开手脚培育与加大力度监督监管有机统一起来，确保社会组织听党话、跟党走，成为维护社会稳定和中国特色社会主义事业建设的积极力量，而不是相反。这就需要下大力气，对实施直接登记后的社会组织监管体系进行统筹谋划、系统设计。

二、北京市社会组织监管体系现状

（一）社会组织发展现状

北京市社会组织建设与管理起步于1989年，截至目前，全市共登记社会组织8082个，其中市级社会组织1860个，区县社会组织6222个；社会团体3436个、民办非企业单位4416个、基金会230个。主要分布在宗教、法律、文化、教育、工商服务、社会服务、农业及农村发展、体育、职业及从业者组织、卫生、生态环境、科学研究、国际及涉外组织等14个领域。还有一类为特管社团。另外，从2009年起，全市建立了城乡社区社会组织备案体制，目前备案社区社会组织11813个，包括社区服务福利、社区治安民调、社区医疗计生、社区文体科教、社区环境物业、社区共建发展六大类。基本形成了布局完善、门类齐全、层次丰富、覆盖广泛的社会组织体系。年检数据显示：社会组织吸纳从业人员13.3万人，占全市就业人口的1.24%；社会组织年总收入340.9亿元，占全市国内生产总值的2.10%；社会组织有党员5.5万名，建立党组织808个；民办医疗机构每年接诊558万余人次，民办教育和培训机构在校生达136万人，社会组织投入公益领域资金达134.9亿元，社会组织已经成为社会政策的重要执行者、社会稳定的重要维护者和社会管理的重要参与者。

（二）监管体系现状

目前，北京市社会组织实行由登记管理机关和业务主管单位双重管理为主的管理体制。一是民政部门作为登记管理机关，主要负责社会组织的成立、变更、注销的登记或者备案；对社会组织实施年度检查；对社会组织违反相关条例的问题进行监督检查，对社会组织违反相关条例的行为给予行政处罚等。二是全市目前有147家社会组织业务主管单位，主要为政府各委办局和人民团体，主要负责社会组织成立、变更、注销登记前的审查；监督、指导社会组织遵守宪法、法律、法规和国家政策，依据其章程开展活动；负责社会组织年度检查的初审；协助登记管理机关和其他有关部门查处社会组织的违法行为；会同有关机关指导社会组织的清算事宜等。另外，1999年，中央专门发文进一步明确了业务主管单位在社会组织申请登记、思想政治工作、党的建设、财务和人事管理、研讨活动、对外交往、接受境外捐赠资助、按章程开展活动等八个方面的职责。三是公安、民政、财政、税务、金融、质监等相关部门的监督管理。这些部门依法查处社会组织的违法违规行为或打击取缔非法社会组织。其中，市民政局成立了直属的民政综合执法监察大队，主要负责非法社会组织的取缔和社会组织违法活动的查处工作，现有编制59名。2011年、2012年累计查处各类案件316起。

（三）主要监管方式

一是进行登记审查。在成立阶段对社会组织的发展目标、资金规模、办公场所、运作方式、专职人员队伍建设、资源配置、党的建设等各方面进行指导。二是实施年度检查。依法年检，重点检查社会组织法人条件、履职情况、内部规范化建设和财务管理状况，对其作出合格、基本合格、不合格三种评价。基本合格的责令限期整改，不合格的限期整顿期间责令停止活动，连续两年不合格的进入退出程序，予以撤销登记。三是开展社会组织评估。实施第三方评估，以评促建、以评促改、以评促发展，目前累计评估社会组织936家。四是实行重大事项报告制度。要求社会组织将要开展的重要活动、重点业务、发生的重大事件，及时向登记管理机关和业务主管单位报告，实现对社会组织监管由静态向动态转变。五是启动社会组织退出机制。对社会组织存在的不参加年检、连续年检不合格、不接受管理，以及其他违法违规行为进行处罚，启动退出程序，形成了有进有出、依法管理的工作局面。六是推行联合执法。建立了以市委政法委为领导，市民政局为主，相关部门联动的联合执法机制。民政部门主要负责社会组织的登记审查和行政处罚；公安、国安部门主要负责查处社会组织违法犯罪行为和打击非法社会组织；财政、税务部门主要负责落实社会组织税费优惠，查处社会组织偷税漏税行为；金融部门主要负责社会组织金融信用等级认定；质监部门负责社会组织组织机构代码认证；审计部门依法对社会组织进行审计。改革开放以来，先后查处了1200多个非法社会组织。

三、现行监管体制存在的主要问题

现行社会组织监管体制形成于20世纪80年代后期，在维护社会组织稳定方面发挥了积极作用，但也面临着一些亟须解决的问题：一是业务主管单位管理不到位。主要是业务主管单位怕担责任、冒风险，不主动作为。面临新条例出台后取消双重管理体制，出现了一些业务主管单位对目前所承担的管理职责有所懈怠的现象。二是缺乏统一协调机制。社会组织监管涉及外事、公安、安全、财政、税务、审计等多个部门，但由于缺乏统一协调机制，导致部门职责不清，多头监管、重复监管、监管不到位等问题严重，监管力量分散、效能不高。三是社会监督缺位突出。社会组织信息公开制度化推进不够，媒体监督渠道不畅，与发达国家相比，缺少独立的第三方机构专门对社会组织进行监督和绩效评估。四是监管法律依据细化不够。“三个条例”监督管理部分，条文数量少且内容规定原则、笼统，操作性不强，在执法标准、处罚方式，以及要不要管、管多少、管得松紧等方面缺乏统一尺度，导致监管刚性不足。五是境外非政府组织没有纳入法制化管理。由于管理权限归中央所有，目前对在全市活动的境外非政府组织，没有建立起依法管理体制，一直按照不承认、不接触、不取缔的原则处理，产生了较大隐患。六是基层执法力量薄弱。全市8082家登记社会组织，77%由区县管理；11338家社区社会组织，也全分布在区县。但区县登记管理机关力量薄弱、保障不足，且没有专门执法队伍。16个区县登记管理机关正式编制仅有45人，最少的房山、大兴、延庆仅有1个编制，监管乏力、监管不到位的问题比较明显。七是党建体制不顺。目前，全国已有13个省市成立了社会组织党工委，作为省级党委的派出机构，设在民政部门，由民政厅（局）党委（组）书记兼任社会组织党工委书记，统筹社会组织党建工作，确保社会组织正确政治方向。北京市由于工作体制不顺，社会组织党工委一直未能成立。

四、社会组织管理体制改革带来的新变化

《国务院机构改革和职能转变方案》提出了“改革社会组织管理制度”的重大任务，要求对行业协会商会类等四类社会组织实行民政部门直接登记，推动行业协会商会与政府部门脱钩，下放社会组织管理权限，社会组织监管形势正发生着新的、不容忽视的变化。

（一）业务主管单位的管理发生变化

北京市已从4月1日起，全面推行社会组织直接登记。实施民政部门直接登记后，取消了业务主管单位的前置审批事项，业务主管单位不再负责社会组织筹备成立前的审查，不再承担社会组织年检初审，分支机构设立、变更登记审查和换届指导，其管理职责大幅降低。民政部门被推到了社会组织建设与管理的最前沿。需要明确的是，取消业务主管单位并不意味着管理职责的弱化。各相关部门急需从直接登记前的业务管理模式，向直接登记后的行业管理模式转变。

（二）境外非政府组织被纳入监管体系

民政部今年要将境外非政府组织管理权限下放省一级政府，要求对境外非政府组织进行登记管理。这是一项全新的工作。北京市作为国家首都、世界城市，境外非政府组织数量大、类型多、背景复杂、活动领域敏感。将境外非政府组织全部纳入政府依法管理轨道，将给监督管理带来新的挑战和压力，需要对监管的体制机制、内容、形式进行稳妥的、制度化的安排。

（三）申请登记成立社会组织复杂化

实施直接登记后，部分政治法律类、宗教类、社科类组织变换形式，要求直接登记；一些特殊群体组织，也试图直接登记，获取合法地位；也有部分暂时不能明确法律地位的组织，如业主委员会等，也要求登记成立；等等。申请成立的社会组织形态十分复杂多样，给民政部门的登记审查工作带来极大压力。

五、登记体制改革后的监管工作思路

实施直接登记，取消前置审批后，社会组织监管由预防式监管向追惩式监管转变已成为不可避免的趋势，按照建立“统一登记、各司其职、协调配合、分级负责、依法监管”的社会组织管理体制的总体要求，北京市社会团体管理办公室将大胆创新社会组织监管理念，加大培育扶持力度，

发挥政策引导、资金调控杠杆作用，进一步激活社会监督，加快构建全过程监管与追惩式监管相结合的新型监管模式，确保社会组织既要发展得好，也必须要管控得住。

（一）转变监管理念

一是树立寓管理于服务的理念。以建立培育扶持体系为牵引，引领社会组织发展方向，通过制度化推进政府职能转移给社会组织发展让渡空间，通过建立政府购买服务机制引导社会组织发挥积极作用，把监管融入培育扶持的全过程。二是树立社会监督的理念。激活社会监督，培育扶持一批专业化的社会机构，通过政府委托、授权等形式，承接直接登记后业务主管单位让渡的部分监管职能，促使其成为社会监督的重要主体。三是树立综合监管理念。建立监管协调机制，明确政府和社会的监管职能，明确政府各部门的监管职责，把各司其职做实。

（二）建立综合监管体系

加快形成法律监管、行政监管、行业监管、社会监管、自我监管相结合的综合监管体系。一是推进法律监管。在国家层面社会组织法律法规尚不健全的情况下，应加快完善北京市社会组织管理的地方性法规、规章，尽早出台《北京市境外非政府组织登记管理办法》、《北京市行业协会条例》，把社会组织准入、资金、活动、行为、保障等都纳入依法监管范围。二是推进行政监管。进一步细化部门职责，民政、外事、公安、国安、税务、财政、金融、质检、审计等各部门各司其职，继续履行行政监管职责。三是推进行业监管。不再作为业务主管单位的部门和政府各行业主管部门，依法加强对在本领域活动的社会组织的监管，加强行业指导、积极提供服务，进行行业执法。四是推进社会监管。建立信息公开机制，搭建信息公开平台，形成社会组织与媒体的互动机制，促进社会组织公开化、透明化。培育扶持一批社会监督机构，促进社会组织内部专业化分工。五是推进自我监管。加强社会组织内部治理，制定理事会、监事会、秘书处工作规则，推进社会组织决策、执行、监督分立，促进社会组织规范化运作。

（三）创新四个机制

一是建立全市社会组织自我治理调控机制。丰富和延伸枢纽型组织的内涵，以枢纽型组织为基础构建纵横结合、覆盖全面的全市社会组织网络化管理体系。第一，调整现有枢纽型组织结构。按照宗旨相同、功能相近的原则，重新组团、整合，把不便管理的社会组织调整到适宜的枢纽型组织中。同时，培育扩充一批枢纽型组织，以行业协会、商会、基金会，以及联合型组织为重点，新组建认定一批具有枢纽形态的社会组织，特别是不再作为业务主管单位的部门和政府行业主管部门，要在所在领域重点发育枢纽型组织，推动社会化发展，实现枢纽型组织全覆盖。第二，推动枢纽型组织体系向基层延伸，加快区县、街乡级枢纽型组织建设，形成市、区（县)、街道（乡镇）三级工作网络。第三，以枢纽型组织为基础，成立市、区（县）两级社会组织总会，赋予“自我管理、自我教育、自我服务、自我监督”等自治权利和政府委托管理权利，促进成为社会组织自治管理的重要载体和政府管理社会组织的重要补充。

二是加快构建强有力的综合监管体系。坚持培育扶持和监督管理两手抓、两手都要硬，把社会组织“发展快和发展好”有机统一起来。第一，全面强化行政监管体系。与直接登记体制改革相适应，应对强化部门职责作出统筹安排，避免监管缺位、不到位。登记管理机关、行业管理部门、各职能部门按照职责，各司其职、密切配合形成监管合力。第二，全面建立部门领导下的社会监督体系。各部门要下放管理权力，大力培育扶持一批对本领域、本行业社会组织进行监督管理的专业机构，组建一支社会化队伍，主要从事指导和服务、资源配置、等级评估、购买服务发包与评价等社会组织专业化服务监督工作。民政部门统筹协调专业监管机构的总体布局。加快形成由民政部门带动、各部门指导、专业监管机构实施的新型社会监督体系。

三是全面建立培育扶持体系。以政策、资金为导向引领社会组织发展方向。第一，对政府职能转移进行制度化设计。树立工作任务社会化的理念，凡是社会能干好的，主动交给社会干。制定政府职能转移目录，明确职能转移的部门、事项和方式。编制社会组织目录，明确承接政府转移职能的社会组织资质条件。逐步将适合通过市场和社会提供的行业管理与协调职能、社会事务管理与服务职能、技术性服务与市场监督职能，以及社会组织通过自律能够解决的事项，转移给社会组织承担。第二，建立政府购买服务长效机制。实施积极的财政政策，在市、区两级设立社会组织发展专项资金，纳入财政预算管理，建立福彩公益金购买社会组织公益服务制度，制定《政府购买社会组织服务的指导意见》，形成以项目为导向的政府购买服务机制，把政府培育扶持做实。第三，建立社会组织培育孵化体系，在市、区县建立社会组织培育孵化中心，打造集培育孵化、项目发布、展览展示、资源配置、交流交往等功能为一体的社会组织发展公共服务平台。在街道、乡镇建立社会组织指导服务中心，为社会组织深入基层、服务群众提供信息服务、场地支持等便利，并进行有效配合。第四，培育扶持专业社工力量，按照政府购买服务方式，向规模较大的重点社会组织、社会化的枢纽型组织、社会监管机构派驻党建指导员、业务协调员等专业力量，及时提供服务、掌握信息，有效补充政府管理力量不足。

四是加快建立协调发展机制。扭转九龙治水、分管一摊的局面，加快建立一体化的发展机制。第一，成立社会组织管理局。根据体制改革和职能调整的需要，建立职责明确、监管有力、精干高效、相对独立的社会组织登记管理机关，市、区两级比照成立社会组织管理局，依法履行统筹协调、政策制定、宏观指导，以及登记备案、党的建设、年检评估、执法查处等职能。第二，建立联席会议制度。由市委、市政府分管领导牵头，各职能部门、业务指导单位、行业管理部门、枢纽型组织负责人参加的社会组织工作联席会议制度，统筹社会组织发展规划制订、登记管理、培育扶持、监督管理、行政执法、党的建设等职责，各部门各司其职、密切配合、形成合力。第三，成立社会组织党工委。依托民政部门，设立社会组织党工委，负责统筹协调和指导全市社会组织党建工作。制定社会组织党组织工作职责，建立党组织与社会组织常设机构相互配合、相互支持的工作机制，引导社会组织把好政治方向。

天津市社区社会组织培育发展和规范管理工作综述

天津市社会团体管理局

社区社会组织是指以本社区为主的公民、法人和其他组织自愿组成，并在城乡社区地域范围内开展活动，满足居民多样化公共服务需求的非营利性社会组织。随着改革开放进程的逐步深化，社会经济水平的不断提高，天津市社会结构转型和社区建设的快速发展，社区社会组织大量涌现。它们在加强社区管理、推进社区自治、拓展社区服务、培育社区意识、整合社区资源、凝集社区力量、活跃社区文化等方面显现出独特的功能与优势，已成为构建和谐社区、促进社会建设、建设美丽天津的一支不可或缺的力量。特别是近10年来，天津市社会团体管理局以推行备案管理为突破口，以完善监管体系为总抓手，以备案转登记促进规范化建设，以“1+n+x”组建模式为发展方向，走出了一条适合天津社会发展实际，有利于社区社会组织健康发展的道路。

一、天津市社区社会组织的基本现状

截至目前，全市社区社会组织超过12000个。其中已完成登记、备案的10461家（其中登记的1578家，备案的8883家），实际开展活动但尚未登记、备案的1700余家。在登记、备案的社区社会组织中规模较大的85家，各区县建立街镇一级枢纽型社区社会组织37家，建立社区一级社区社会组织联合会（促进会或者服务中心）共189家。

社区社会组织是天津市社会组织的重要组成部分，遍布全市各个区县街道（乡镇）、社区，涉及社会生活的各个领域，基本形成门类齐全、层次不同、覆盖广泛的社会组织体系。广大社区社会组织努力发挥自身优势，积极开展各项活动，不断延伸服务领域，社会作用日益显著，发挥着反映诉求、化解矛盾、活跃生活、提供服务的积极作用，已经成为党和政府联系人民群众的重要桥梁和纽带，被社会各界誉为社区建设一支不可缺失的生力军。

二、天津市社区社会组织管理模式

（一）发展历程：以备案管理为手段，积极推进备案转登记工作，规范社区社会组织的发展

要促进社区社会组织规范化发展并发挥积极作用，必须建立一种适应社区社会组织现状和符合现实需要的管理方式。从2004年到2013年，根据天津市实际情况，逐步完善社区社会组织管理模式。2004年8月，天津市民政局下发了《关于加强我市社区公益性民间组织培育发展和备案管理工作的意见》。2005年1月，天津市社会团体管理局下发了《关于培育发展社区公益性民间组织管理工作的通知》。2006年7月，天津市民政局下发了《关于建立我市社区公益性民间组织管理体系的意见》。2007年9月，天津市民政局下发了《天津市开展农村社区公益性民间组织发展和备案管理工作的意见》。

通过以上四个文件的出台，天津市社区社会组织管理工作的指导思想、备案条件、责任部门和办理程序等相关事宜得到了明确；初步建立了以区（县）民政部门为中心，街道办事处为主体，社区居委会为基础的三级管理、两级备案的管理体系。经统一部署和大力推动，到2005年4月，全市19个区县的社区社会组织基本完成了备案工作，奠定了社区社会组织工作规范化、法制化建设的基础。

随着备案制度的落实和完善，全市社区社会组织得到了迅速的发展和全面的提升。为进一步拓宽社区社会组织的发展前景，2009年4月，市民政局下发了《关于放宽城乡基层社会组织备案转民办非企业单位登记管理工作的通知》，开展对已经备案的社区社会组织转为民办非企业单位登记的工作。放宽了社区社会组织备案转登记的条件，开办资金由3万元降低至1万元，变更法定代表人无须离任审计、活动场地可以共用等。此项工作重点在于培育社区中规模较大、服务性强、公益性突出，能发挥枢纽作用的社区社会组织，使其获得法人地位，为社区社会组织承接政府购买服务化发展奠定良好的基础。

（二）政策创新：积极发挥社区社会组织在“三社联动”中的作用，推行“1+n+x”组建模式

2013年5月，召开了天津市加强社区社会组织建设推动会，下发了《天津市民政局关于加强社区社会组织建设的意见》，针对新时期全市社区社会组织发展工作的新形势进行了政策创新。一是提出了创建和推行“1+n+x”社区社会组建模式。其中“1”是指每个街道、乡镇建立1个

枢纽型社区社会组织，“n”是指每个社区建立若干个基本型社区社会组织，“x”是指每个社区根据居民构成，建立特色性社区社会组织；二是在原有文件的基础上，进行了管理模式改动，进一步明确了以区（县）民政部门为中心，街道办事处为备案单位，社区居委会协助社区社会组织进行备案并协助社区社会组织开展日常活动的一级备案、逐级管理的管理模式；三是将业主委员会纳入到备案的社区社会组织范畴，加大对社区虚拟社会组织的引导培育力度，加强虚拟社会组织的管理机制研讨，积极推动“社区人”向“社区社团人”转变，实现服务社区、居民、社会的有机统一，发挥社区社会组织在“三社联动”中的重要作用；四是提出了到2015年实现社区社会组织总量翻一番，每万人拥有社区社会组织18个以上的倍增计划，在讲求数量和质量的同时，加强党组织建设，实现备案与党组织建设同时开展，同步进行。

三、天津市社区社会组织主要特征

天津市社区社会组织除了具有民间性和公益性两大特点外，还具备以下几方面特征。

一是市内六区社区社会组织是全市社区社会组织的引领者和排头兵，为全市社区社会组织的发展起到了很好的标杆作用。市内六区共有社区社会组织5842家，其中社会团体1829家，民办非企业单位4013家，占全市社区社会组织总数的74%。市内六区中，和平、河西、河东三个区社区社会组织功能齐全，数量大，服务人员多，社会作用日益显著，涌现出一批先进单位和先进事迹，在全市社区社会组织发展事业中尤为突出。同时，各区政府在资金以及政策方面给予了社区社会组织极大的支持，以河西、河东、南开为例，三个区规模较大的社区社会组织的日常开支来源中，政府投入以及社会投入基本相当。其中三个区政府投资总额为785万元，社会投入总额为833万元。这些投入使得社区社会组织能够更好地开展活动，发挥其更大的作用。

二是社区社会组织人员多以中老年人为主，离退休人员居多。这部分人由“企业人”转化为“社会人”，大多赋闲在家，业余生活匮乏，有组织起来集体开展活动的愿望和需求，他们有能力服务别人也需要得到他人的服务。

三是自发组织，自我管理。这些社区社会组织多以不同兴趣爱好走到一起，或以公园为基地，或以社区为场所，或以居委会为依托，人员不固定，自行管理，自我服务，有一定的生命力。

四是活动形式多种多样，以娱乐健身活动为主。文化娱乐类和体育健身类组织和人数均占街道、社区社会组织较大比例，这两类组织活动频繁，人员相对稳定，有的街道、社区社会组织具有一定的规模。

四、天津市社区社会组织的典型案例

经过近10年的发展，全市社区社会组织在建设和谐社区中取得了丰硕的成果，涌现出大量的社区社会组织示范典型。

滨海新区泰达服务中心作为一家以社区为主要服务领域的社区社会组织，全面对接社区需求，积极承接政府公共服务职能。“泰达模式”成为全国社区和谐建设先进经验典型代表，并荣获“芯世界”公益创新奖等多种奖项。和平区小白楼街本着“培育发展社区社会组织，构筑和谐社区”的工作思路，并在实践中加以实施，连续13年举办社区社会组织节，逐步形成了以社区社会组织为支点，满足辖区居民基本生活需求和不同的活动需求。这种社区建设新模式，被民政部评为“全国和谐社区建设示范街道”。河西区友谊路街老年人协会创建了“1+1+1”社区助老服务模式，即1个社区志愿者+1个好邻居+1名困难老人，开展互帮互助。7年来协会帮扶500余名困难老人，受到了社区老年人广泛的欢迎和称颂。这种服务模式获得了2009年“全国优秀志愿服务项目”和2012年“中国幸福城市社会管理创新最佳实践案例”等荣誉称号。南开区王顶堤街社会组织发展促进会充分发挥其枢纽型社区社会组织的积极作用，努力打造三个平台，即为老服务平台、为小服务平台、为残服务平台，整合街道社区社会组织特色资源，组建集组织、培训、指导、服务、管理五位一体的枢纽型社会组织文化、教育、服务基地。河东区常州道街常州里第二社区晶彩摄影组自成立以来不断扩大团队人员，成为社区精神文明活动的骨干力量，其摄影作品在社区居民中宣传改革开放成就，展示城市发展变化，宣传身边感人事迹，为社会正能量接力。河北区律笛里社区法制维权公益组织，为青少年开展“认识社会、拒绝诱惑、远离危险、防范侵害、健康成长”系列教育活动，用亲情感召、唤醒一个个迷途青年。几年来9名罪错青年经过社区诉前考查，河北检察院作出了不诉决定，5名免予起诉的青年学生考上了大学。红桥区妇女手工编织业协会以服务社区建设、解决妇女就业为宗旨，以社区群众兴趣爱好为引导，解决社区下岗失业妇女再就业70余人，并组织参加各类展销会，积极向内外贸推介编织产品。西青区曙光沙窝萝卜协会充分发挥农业产业协会的中介组织作用，整合社会资源，实现从菜地到菜篮的销售模式，做大做强特色产业，成为农业科学发展的带头人和孵化器。

五、天津市社区社会组织发展过程中遇到的问题

经过10年的努力，全市社区社会组织得到了长足的发展，但由于观念、体制、环境等多方面因素，社区社会组织与经济社会发展还不相适应，与人民群众日益增长的物质文化需求还有一定差距，主要存在以下问题。

（一）政策环境有待优化

社区社会组织发展的政策环境有待进一步完善，尤其是缺少政府扶持、税收优惠、社会保障等有利于社区社会组织培育成长的配套政策，影响了社区社会组织备案或者登记的积极性。

（二）人员力量亟待增强

一是管理力量严重不足。区县登记管理机关人员力量薄弱，受人力、物力条件的制约以及必要的管理手段，形成了重视登记（备案）、轻培育的现象出现。二是全市社区社会组织人员组成上，存在一定的问题。首先志愿者构成上，低学历者较多，年龄相对老化，专业的社工队伍不健全。其次是社区社会组织中，人员多以中老年人为主，离退休人员居多，这部分人由“企业人”转化为“社会人”，大多赋闲在家，业余生活匮乏，才自发组织形成了部分社区社会组织。人员的老龄化以及不专业，大大制约了全市社区社会组织的发展速度以及生存质量。

（三）社区社会组织自身能力不强

社区社会组织自发性强，缺少健全的组织机构。有些组织的活动运作不规范，自发无序、松散无力、自生自灭的情况比较普遍，社区社会组织的从业人员队伍有待进一步优化。必须进一步加强枢纽型社区社会组织起到整合和引领作用。

（四）市内与郊县发展不均衡

全市社区社会组织发展不够平衡。经济发达程度、领导重视程度等多种因素造成了各区、县社区社会组织发展极不平衡，多的有上千家，少的只有几十家，特别是农村社区社会组织。从而形成了全市社区社会组织“中间高密度，周围低密度”的现象。

（五）对社区社会组织资金投入力度不够

一是社区社会组织活动带有松散性，遍布在社区各个角落，大多数活动都是自发的，由于缺乏资金支持，导致社区社会组织内部治理混乱，缺

少统一的安排及日常管理，一些活动没有记录，没有统计，没有计划，不能确保后续服务工作能够长效有序地进行；二是部分社区社会组织没有固定的活动场所，或者是活动场所空间狭小，缺少专业的活动设备和器械，缺少活动资金的支持。

六、解决天津市社区社会组织发展问题的途径

为了解决全市社区社会组织现阶段的发展问题，打破瓶颈，必须切实抓好“三个保障一个发展”。

（一）加大财政投入，调动社会资源，落实资金保障

社区社会组织的发展壮大离不开资金的支持，要争取社会各界的支持，充分调动政府、企业、社会等各方面资源。充分发挥财政资金和福利彩票公益金的引导作用，将社区社会组织纳入到政府向社会组织购买服务的范围；动员和吸纳社会资源参与社区社会组织建设，拓宽社区社会组织资金来源渠道。

（二）深入调查研究、积极创制创新，完善政策保障

要深入研究全市社区社会组织备案转登记的管理问题，加大政策创制力度，完善社区社会组织相关政策，落实好已经出台的鼓励性相关政策，加快人事、劳资、养老保险等方面的法规政策与社区社会组织发展现状的对接，利用政策手段尽快使全市社区社会组织服务管理规范化、科学化、专业化。

（三）培养专业人才、引进社工进社区，夯实人员保障

进一步加强社区社会组织人员结构的年轻化和专业化。利用天津市高校社工专业人才资源，引导社工进入社区社会组织进行工作，引导有社会责任的企业和个人参与到社区社会组织中来，提高社区社会组织的管理质量；要加大社区社会组织工作人员的培训力度，积极推进志愿者服务工作，提高其专业化水平；同时，要规范社区社会组织用人的规范化，提高待遇水平，让人力资源成为社区社会组织发展的新动力。

（四）加快发展天津市枢纽型社区社会组织

天津市社区社会组织发展不够平衡，特别是枢纽型社区社会组织过少，未能在社区社会组织发展中起到关键的作用。现阶段急需建立枢纽型社会组织并发挥其引领作用，保证政府购买服务资金落到实处，同时，也可以进一步促进社区社会组织健康有序的发展。

河北省民政厅加强社会组织管理调研情况

中共河北省委办公厅：

省委《关于全面深化改革若干重要问题的实施意见》调研起草协调安排会议后，省民政厅党组高度重视，厅党组书记、厅长古怀璞立即主持召开厅务会，学习传达省委会议精神，贯彻落实会议有关要求。厅党组一致认为，这次会议是深入贯彻党的十八大和十八届三中全会精神的重要部署，是认真落实《国务院机构改革和职能转变方案》和国务院《关于政府向社会力量购买服务的指导意见》要求的具体体现，必将对深化社会体制改革，加快构建现代社会组织体制建设，推进社会组织健康有序发展发挥重要的作用。为按时高质量完成省委布置的任务，省民政厅进行了精心组织，周密部署，成立了古怀璞厅长任组长、邓小社专员任常务副组长、郑晓铭副厅长任副组长的加强社会组织管理调研起草小组，制订了调研起草方案。调研小组于2013年11月21日至30日，分成三路，分别赴民政部、北京市民政局、山东省民政厅、广东省民政厅及省内社会组织和业务主管单位进行调研。同时收集了云南省、安徽省有关加强社会组织管理材料。围绕社会组织登记管理制度改革、政府职能转移、政府购买社会组织服务、政社分开和加强社会组织监督管理等内容召开10余次座谈会，专题进行学习调研。根据省委要求，在学习先进省份经验的基础上，结合我省社会组织工作实际，我们对如何加强我省社会组织管理工作，提出了初步意见。

附：河北省民政厅关于河北加强社会组织管理工作的意见

河北省民政厅

2013年12月4日

关于河北加强社会组织管理工作的意见

（2013 年 12 月 4 日）

为了深入贯彻十八届三中全会精神，认真落实《国务院机构改革和职能转变方案》要求，推进社会建设，深化社会体制改革，加快构建现代社会组织体制，推进社会组织依法规范健康发展，充分发挥社会组织在全面建成小康社会中的重要作用，现就加强社会组织管理、加快推进现代社会组织体制建设提出如下意见。

一、加强社会组织管理的重要意义

（一）基本现状

社会组织是社会建设的重要主体。近年来，全省社会组织发展成效明显，在经济社会诸多领域发挥着积极作用，已成为河北省经济社会发展不可或缺的重要力量。目前，全省各级社会组织已发展到 15011 个，社会组织从业人员 17 万多人，净资产约 60 多亿元，总收入约 43 多亿元，总支出约 26 多亿元，会员超过 660 万个。但是，由于河北省社会组织发展起步晚，思想认识不到位、管理体制不完善、扶持力度不够、监管力量薄弱，社会组织还存在数量少、规模小、政社不分、作用不明显等问题，迫切需要加快推进现代社会组织体制建设。

（二）重要作用

加快推进现代社会组织体制建设，促进社会组织健康有序发展，有利于促进政府职能转变，改进公共服务供给方式，降低管理服务成本，提高行政效能和服务质量；有利于激发社会活力，增强社会自律，增进社会协同，充分发挥社会组织在加强和创新社会管理中的积极作用；有利于创新群众工作方式和载体，满足社会公众多元化、个性化需求，密切党与群众的联系，促进社会和谐，巩固党的执政基础。

二、指导思想、基本原则和总体目标

（三）指导思想

以邓小平理论、“三个代表”重要思想、科学发展观为指导，深入贯彻落实党的十八届三中全会精神，紧密结合深化行政体制改革和政府职能转变，坚持培育发展和管理监督并重，建立与全省经济社会发展相适应的现代社会组织体系，健全统一登记、各司其职、协调配合、分级负责、依法监管的社会组织管理体制，加快形成政社分开、权责明确、依法自治的现代社会组织体制，充分发挥社会组织在社会建设中的重要作用，为建设经济强省和谐河北作出积极贡献。

（四）基本原则

坚持培育发展、规范管理。以发展为主线，一手抓培育发展，一手抓严格依法管理，在发展中规范，在规范中提升；坚持政社分开、依法自治。加快政府职能转变，下放权力，实行政社分开、管办分离；加快社会组织去行政化步伐，强化依法按章、独立自主开展活动，提高独立运作水平。

（五）总体目标

到2020年，建成覆盖广泛、门类齐全、结构优化、布局合理、作用明显的社会组织体系，形成法规政策健全、监管有力、服务到位的社会组织管理服务格局，构建参与广泛、资源整合、协调顺畅、充满活力、富有效率的社会组织工作体制，使社会组织成为政府职能转移承接者、社会政策重要执行者、社会道德自觉践行者、社会和谐稳定生力军。

三、改革登记管理制度

（六）改革登记体制

根据党的十八届三中全会精神，重点培育和优先发展行业协会商会类、科技类、公益慈善类、城乡社区服务类社会组织。上述四类社会组织成立时直接向民政部门申请登记。将异地商会和非公募基金会的审批权限下放至设区市民政部门。减少审批备案事项，社会团体和基金会的分支（代表）机构可由社会组织根据需要设立，民政部门不再审批备案。继续实行社区服务性社会组织备案制，对达不到注册登记条件的社区服务性社会组织，可经所在街道办事处或乡（镇）人民政府审查同意后到县（市、区）民政部门申请备案登记。探索“一业多会”，适度竞争，提高社会组织服务质量。

（七）创新管理体制

推进政社分开。当前重点推进行业协会商会与行政机关在机构、人员、办公、财务、职能等方面脱钩，现职公务员不得兼任行业协会商会单位负责人。执行现职公务员在社会组织兼任负责人的各项规定，规范离退休公务员担任社会组织负责人。改进双重负责管理体制，加强社会组织服务管理。建立登记管理机关、行业主管部门、相关职能部门各司其职、协调配合的综合管理服务体系。登记管理机关负责做好社会组织发展和管理的统筹协调、政策制定、宏观指导以及备案、年度检查、督导检查等工作，行业主管部门负责对本领域的社会组织进行业务指导、行业规范、提供服务。

四、优化发展环境

（八）完善财税扶持政策

建立公共财政支持奖励社会组织机制。省、市、县（市、区）每年从福利彩票公积金中安排专项资金，重点扶持河北省经济社会发展急需培育的社会组织，优先奖励对河北省经济社会发展作出重大贡献的社会组织。结合社会组织改革建设，财政、税务部门尽快研究社会组织优惠税收政策体系。在民政部门依法登记注册的社会组织，凡是国家规定的税收优惠政策一律优先享受；凡是省级政府税政权限内的税收政策一律实行倾斜，允许减免的一律减免。社会组织免税资格和公益性捐赠税前扣除资格，随申请随办理。鼓励金融机构为符合条件的社会组织提供信贷支持，拓宽社会组织筹资渠道。

（九）加快政府职能转移

全面梳理政府部门承担的社会管理和公共服务职能，减少微观事务管理，切实提高政府管理科学化水平，充分发挥社会组织在管理社会事务中的作用。凡是社会组织能够承办的事项要能转尽转，逐步将政府不应行使和可由社会组织承担的事务性管理工作、适合由社会组织提供的公共服务，以适当的方式转移给社会组织。可将行规行约制定、行业企业资质认定等级评定，行业调查、统计、培训、咨询、考核、宣传、社区事务、公益服务，产品检验检测、专业技术职称和执业资格评定等属于行业管理与服务、社会事务管理与服务、专业技术管理与服务等性质的职能向社会组织转移。

（十）建立购买服务制度

建立以项目为导向的政府购买社会组织服务制度，制定购买社会组织服务管理办法和年度购买服务目录，将购买社会组织服务经费纳入财政预算。省级财政每年列支购买社会组织服务资金不少于5000万元，市级财政列支购买社会组织服务资金不少于1000万元，县级财政列支购买社会组织服务资金不少于100万元。逐步将决策咨询、标准制定、行业规范、行业统计分析、行业准入、资产项目评估、检验检测、等级评定、资格认证、专业技术职称和执业资格评定等技术服务和行业管理职能，以及社区事务性、公益性、社会性工作纳入购买服务范围。按照公开、公平、公正的原则，建立竞争择优和绩效评价机制，促进社会组织平等参与社会管理和公共服务。发挥专业评估机构、行业管理组织、专家等方面的作用，对社会组织承担的项目管理、服务成效、经费使用等内容进行综合考评。

（十一）加强人才队伍建设

引导社会优秀人才和大中专毕业生到社会组织建功立业，培养和鼓励一批爱岗敬业、乐于奉献的优秀人才到社会组织中工作。推行秘书长聘任和培训合格上岗制度，推动社会组织人才队伍专业化、职业化、年轻化。加强社会组织从业人员权益保障，研究制定从业人员权益保障政策，督促社会组织制定完善从业人员劳动用工制度和有序流动、人员招聘、户籍管理、档案管理、职称评定、工资福利等具体措施。制定社会组织从业人员管理办法，完善激励机制，优化队伍结构；建立社会组织从业人员培训长效机制。鼓励社会组织建立从业人员养老年金制度，提高社会保障水平，打造一支高素质的社会组织人才队伍。

（十二）保障民主参与权益

促进社会组织依法参政议政，在党代表、人大代表、政协委员中可适当安排社会组织代表，在政协中尝试设立社会组织界别。引导社会组织积极参与社会管理创新相关政策制定和理论研究。加强政府与社会组织信息沟通，建立重大决策征询相关社会组织意见制度，在制定出台政府规章、公共政策、发展规划、管理措施之前，采取调研、咨询、听证等形式征求相关社会组织的意见和建议。

五、加强监督管理

（十三）构建综合监管体系

建立政府监管、社会监督和社会组织自律相结合的监管体系。建立健全民政、财政、公安、安全、司法、外事、审计、税务、物价、工商和金融等部门各司其职、协同配合、分级负责、依法监管的联动机制。完善社会公众投诉举报机制，畅通多元化监督渠道。建立社会组织信息披露机制，强化社会组织公益服务、自律建设、社会评价、诚信公示、失信惩戒和黑名单等信用管理。

（十四）加强社会组织自身建设

引导社会组织健全以章程为核心的独立自主、权责明确、运转协调、制衡有效的法人治理结构。完善会员（代表）大会、理事会、监事会制度，实行决策、执行与监督分立。建立民主选举、民主决策、民主管理、民主监督的自治机构。按照《民间非营利组织会计制度》完善社会组织资金管理，健全"小金库"专项治理长效机制。规范社会组织会费和服务费收取、评比达标表彰、活动合作、社会募捐行为。健全社会组织退出机制，强化年度检查制度，对年检不合格、活动不经常、作用不明显的社会组织由民政部门督促整改，性质严重的给予撤销登记。

（十五）加大执法监察力度

建立健全民政部门与公安、安全、工商、审计，以及行业管理部门（业务主管部门）联合执法机制，实现社会组织年度检查、日常监督、诚信建设、登记评估与执法查处有机结合。依法查处社会组织违法违规行为和取缔非法社会组织。对为非法社会组织提供支持、资助和其他便利条件的部门和单位，追究其主要负责人责任；对国家工作人员利用行业协会等社会组织谋取不正当利益的，依法予以查处并追究有关责任。

（十六）加强评估诚信建设

坚持诚信原则，制定行业规范，加强行业自律，增强诚信守法意识，推行服务承诺制，提高社会公信力。坚持非营利原则，规范社会组织活动。加强公益慈善项目监管和公众监督，防止诈捐、强行摊派、滥用善款的行为。引导社会组织建立完善信息公开制度，完善社会组织自律监督体系。健全社会组织评估指标体系，建立健全公开、公平、公正的评估制度，引导社会组织积极参与评估，发挥评估的导向、激励和约束作用，增强社会组织的透明度，提高社会组织的公信力。

（十七）积极承担社会责任

引导社会组织树立服务大局、服务社会、服务群众意识，发挥理性反映企业、群众诉求平台优势，为党委、政府决策献计献策，踊跃投入公益慈善事业，关爱困难群体，积极参与解决人民群众最关心、最直接、最现实的利益问题。逐步建立社会组织责任体系，倡导社会组织发布社会责任报告，促进社会信用体系和市场监管体系建设。配合参与政府公共管理，协调劳资纠纷，化解社会矛盾，维护社会稳定，促进社会和谐。

六、强化保障措施

（十八）建立联席会议制度

建立由党委、政府分管领导牵头，相关部门和人民团体负责人参加的社会组织工作联席会议，及时研究协调相关重大问题，督促各项工作落实。

（十九）加强登记管理力量

在社会组织登记管理体制改革新形势下，作为登记机关的民政部门，其工作责任加大，工作量成倍增加，应建立健全各级民政登记管理机构，增加与工作任务相适应的专职工作人员，保障工作经费。加强执法力量，保障各级社会组织登记管理机关有执法人员、执法经费和执法装备。加大培训力度，不断提高社会组织登记管理机关工作人员能力和水平。

（二十）加强党建工作

各级登记管理机关应设立社会组织党工委，指导社会组织党建工作。完善社会组织党组织设置方式，扩大党的组织和工作覆盖。健全社会组织党风廉政建设、惩治和预防腐败体系，充分发挥党组织政治引领、保证监督、战斗堡垒作用和党员先锋模范作用。

（二十一）健全法规政策

围绕社会组织改革和发展需要，加强立法工作调研，根据国家即将出台的社会组织登记管理条例，研究制定河北省社会组织的3个条例，尽快出台《河北省社会组织直接登记管理办法》、《河北省社会组织年度检查办法》、《河北省行业协会与行政机关脱钩管理办法》，不断完善社会组织法规体系。

（二十二）加大宣传力度

及时总结经验、树立典型、推广宣传，发挥示范引导作用。充分利用报纸、电视、网络等新闻媒体宣传社会组织先进典型，营造有利于社会组织发展和鼓励社会组织做好事做善事的良好社会氛围。

关于山西省学会、协会存在问题和对策的调研报告

山西省民间组织管理局

按照省委教育实践活动领导小组的要求，对全省学会、协会存在的突出问题进行了调研，并多次讨论研究，力求提出针对性强、切实解决问题的措施和办法。现将调研情况报告如下。

截至 2012 年 12 月底，全省依法登记社会组织 11349 个，其中学会、协会6553 个，占57.7%。省直社会组织1343 个，其中学会、协会920 个，占68.5%。

总体看，山西省学会、协会以公益互益的价值取向、自律互律的运行特点、低偿无偿的社会服务，在加强和创新社会管理、提高社会资源配置效率、繁荣经济与协调社会发展等方面发挥了积极的作用，但是，从群众反映和综合调研掌握的情况来看，当前，学会、协会在自身建设、规范发展、监督管理中还存在一些亟待解决的突出问题，必须进一步加强引导、依法规范，切实推进学会、协会健康有序发展。

一、主要问题

（一）党政领导兼职中存在的问题

省直920 个学会、协会中，由在职副厅以上和离职副省以上党政领导兼任会长、副会长的有 82 个。其中，有极少数学会、协会的负责人任期超过两届，年龄甚至超过 80 岁。党政领导兼职学会、协会，大多是挂名，但是个别由退休老领导或在职领导担任会长的行业协会，存在直接向企业要求提供“赞助”的问题。有群众反映这些学会、协会“规格高、权力大”。

分析党政领导兼职学会、协会的原因，主要有两个：一是少数学会、协会的发起人本身就是党政部门在职领导。二是任职学会、协会成为一些党政领导退休后的过渡性安排。

（二）少数学会、协会强制企业入会，对会员进行“强制服务”的问题

有的学会、协会利用政府部门授予的一些行政审批前期资格遴选、鉴定、参评、公证等职权，强制企业入会，收取高额会费。有的企业甚至被迫加入10余个学会、协会。有的学会、协会利用行业标识使用、职称论文评级、组建企业联盟、职业技能鉴定等牟利。

个别学会、协会服务存在趋利化倾向。利用政府部门的影响，举办评比、表彰、研讨、培训、考察、会展等各种活动，对会员进行“强制服务”。收费没有统一标准，极少数违规使用票据，收费大多还没有纳入物价部门核定范围，存在很大随意性。

产生上述问题的原因，一是自身定位不清。二是政府部门职能转移不够。三是极少数学会、协会的违规行为游走于政府与企业中间地带，极具隐蔽性，给监管、查处带来了很大困难。

（三）少数学会、协会内部管理混乱的问题

在财务上，一些学会、协会支出不规范，不透明。3%的学会、协会没有公开财务收支情况，不向社会及时、准确、完整地公布受赠财产、使用计划、支出结果，受到质疑，导致信用缺失。极少数学会、协会还成为上级主管单位的“小金库”。在2011—2012年省直社团“小金库”专项治理中，查处30户社团36个“小金库”，涉及资金919.15万元。

在会务上，一些学会、协会不严格执行相关选举议事规定。一是选举不民主，走形式。由会员提名产生和由学会、协会提名产生的不到50%。二是议事不民主。一些学会、协会负责人不适应学会、协会的民主议事机制，理念也没有转到服务会员和社会上来，理事会流于形式。三是决策不民主。极少数学会、协会重大事项不召开会员大会或者会员代表大会表决，由主要负责人决定。

产生上述问题的原因，一是组织内部治理结构不完善。有的没有规章制度；有的制定了很多规定，但落实不到位。二是监督机制不健全。领导成员之间、领导层与会员之间都缺乏有效监督。一些大量接受赞助的学会、协会没有设立监事。三是自律诚信机制、民主管理机制缺乏。

（四）外部监管不到位的问题

一是双重负责的体制落实不到位。工作中存在重登记、轻管理的现象。登记管理机关监管、执法力量薄弱，普遍存在监管不到位的现象。一些业务主管部门管理失责，甚至出于部门利益需要，纵容学会、协会的某

些行为，干预学会、协会内务。很多业务主管单位对学会、协会党建工作缺乏主动性，缺少手段。

二是财政、税务、公安、审计等部门监督机制尚未有效发挥作用，没有形成监督合力。学会、协会处于财政、税务、审计的监管盲区。大多在政府延伸审计时，才触及一些学会、协会的财务；税务机关税收任务和监管着眼点很少放在收入微薄的学会、协会上。这些部门之间、与登记管理机关之间的配合上还没有形成有效的监管、查处机制。

三是社会舆论监督机制尚待建立。新闻舆论较少关注学会、协会的活动，对于学会、协会的内部治理、规范运作等很少采访、深度报道。没有形成监督学会、协会行为的强大舆论态势。

综合分析调研情况，当前全省学会、协会在“四风”方面确实存在一些突出问题：个别学会、协会领导干部受“官本位”思想的影响，群众观念淡化、服务意识淡薄，使得一些学会、协会没有正确、规范履职，在党和人民群众中不但没有形成畅通民意、表达民意的“绿色通道”，反而形成了隔离党与群众联系的“玻璃墙”。有的违反民主集中制原则，搞“家长制”、“一言堂”，操纵、把持学会、协会的人财物大权。有的不学习、不调研、不干实事，做一天和尚撞一天钟，使得一些单位的可持续发展能力特别是筹资能力、竞争能力、社会参与能力建设严重不足。还有个别监管单位，对主管、挂靠的学会、协会，底数不清、情况不明，普遍存在不愿管、不敢管、不会管的问题，致使脱管漏管问题时有发生，出现“灯下黑”的问题。还有个别单位在组织培训活动时，以收定支、不廉不俭，给会员单位造成了一定的经济负担。这些问题直接影响到学会、协会的健康、有序、规范发展，必须从源头上加以治理。

二、对策和建议

要深入贯彻党的十八大精神，按照教育实践活动的总体要求，着眼于解决学会、协会存在的突出问题，切实加强对学会、协会的监督管理，取得让群众满意的成效。

（一）集中开展清理规范活动

建议由省委、省政府牵头，省直相关部门参与，对全省学会、协会进行一次清理规范。一是要切实摸清底数，明确清理规范的范围。二是要坚持分类规范。对职能不清、不开展活动、不发挥作用的，要依法予以注销或撤销。行业协会不要强调上下对口。对在民政部门直接登记的商会类、公益慈善类、科技类、城乡社区服务类等社团组织，要加大支持、保障和监管力度；对政治类（含学术类、社科类）、法律类、宗教类及涉外社团组织，要严格审批、严格监管、严查背景，确保不发生影响国家安全和社会稳定的问题。三是要集中清理整顿学会、协会存在的违规分设机构，违规进行活动，违规使用会费，乱摊派、乱评比，侵占、私分、挪用学会、协会资产等问题。

（二）稳步有序推进“政会脱钩”

建议省委、省政府制定出台相应的政策措施，对“政会脱钩”问题提出明确要求。一是厘清职能。各主管单位要结合政府职能转变，推动行业协会承担相应的公共服务，不应当交给学会、协会的行政管理职能、前置审批事项等，责成有关部门坚决收回。二是机构分设。学会、协会必须独立办公场所，杜绝极少数学会、协会与党政机关“两块牌子一套人马”的现象。三是规范任职。由省委组织部、省纪委、省民政厅等有关部门牵头，集中解决部分学会、协会中领导干部违反有关规定兼职和负责人超龄超届问题。制定出台《在职干部兼任学会、协会职务行为规范》，从严管理学会、协会领导任职后的行为。四是财务分管。学会、协会不得与党政机关会计合账或实行财务集中管理，党政机关的财务人员不得兼任学会、协会财务工作。五是资产分清。党政机关不得占有、挪用、借用学会、协会的资产，学会、协会也不得占用、转移党政机关的资产或为党政机关购买、添置资产。

（三）健全内部法人治理结构

坚持和落实学会、协会集体领导、重要情况通报和报告、述职述廉、民主生活会、罢免等制度，完善学会、协会权力制衡机制；健全学会、协会账务管理制度，加强财务审计监察。

（四）规范服务和收费行为

进一步完善学会、协会会费及其他经营性收费政策，堵塞管理漏洞。一是学会、协会一律不得收取行政事业性收费。二是从事有偿服务，应在证书规定业务范围内，按照自愿、诚信和非营利原则收费。三是接受社会各界的捐赠，必须与捐赠人订立捐赠合同，并报同级财政部门和使用省级财政部门统一印制的非税收入票据。四是学会、协会按规定程序制定并执行会费标准，有关部门对各种乱收费行为，要建立常态监管机制，加强对关键岗位的监督，坚决防止权力滥用。

（五）严格规范执业行为

按照专业化、职业化的要求，严格规范学会、协会及其执业人员的执业行为，特别是不得强行要求入会；不得通过制定行业规则或者以其他方式垄断市场、妨碍公平竞争；不得向会员单位乱收费、乱摊派，限制会员开展正当的经营活动或者参与其他社会活动；不得在会员之间实施歧视性待遇；不得以营利为目的，开展与本行业经营业务相同的经营活动。

（六）形成监督管理合力

建议省委、省政府专题研究建立监督管理学会、协会的具体措施。一是健全组织领导机制。健全管理体制，建立联席会议制度，健全部门信息共享、齐抓共管的联动工作机制，学会、协会重大、敏感问题要及时向省委、省政府汇报。二是健全党建工作机制。建立专门的社会组织党工委，加强对学会、协会党的建设的领导，扩大党的工作覆盖面。三是完善日常监管机制。加强日常监管，建立学会、协会信息数据库，加强登记管理机关机构建设，增加管理、执法力量。四是强化业务主管部门的监管责任。尤其对学会、协会财务要加强监管。对因监管缺位的，要倒查监管部门的责任。建立经常性的检查制度，督促、指导学会、协会开展廉洁守法教育，自觉抑制不正之风。五是进一步加强和改进监督工作。组织、财政、审计、税务、外事、质监、金融、劳动保障、物价、公安等相关部门要依法加大监管力度，严肃查处学会、协会及执业人员的违法违纪问题。

下一步，根据省委常委会的要求，针对学会、协会存在的突出问题，要责成有关单位抓紧制订整改方案、细化整改措施、明确整改责任、推动整改落实，确保在整改解决突出问题上取得群众看得见的满意成果，确保党的群众路线教育实践活动取得实效。

赴天津、温州、南京等地学习社会组织登记管理改革情况考察报告

内蒙古自治区民间组织管理局

根据自治区领导指示和厅党组年度工作部署，为深入贯彻落实党的十八大提出的“加快形成政社分开、权责分明、依法自治的现代社会组织体制”的重要论述，学习兄弟省市社会组织登记管理改革的先进经验和成功做法，找准自治区社会组织登记管理改革的方向和突破口，2013 年 4 月 8 日至 13 日，由民政厅黄志江副厅长带队，组织呼和浩特市、包头市和鄂尔多斯市民政局负责社会组织登记管理工作的同志到天津滨海新区、温州市和南京市（以下简称“三地”）进行了学习考察。其间，实地考察了 15 家社会组织，参观了 3 个社会组织服务中心和 2 个社会组织孵化园，召开 3 次座谈会，听取了相关单位登记管理机关的情况介绍。通过学习考察，每位同志都更新了观念、开阔了眼界、拓展了思路，学到了很多创新思维和做法。

一、“三地”加强社会组织建设的基本做法

近年来，“三地”围绕更新观念、创新体制机制和规范建设，促进社会组织发展和作用发挥，在社会组织登记管理方面大胆探索、勇于实践，形成了自己的特色，创出了自己的品牌，温州甚至打出了一套“组合拳”，走在了全国的前列。

一是天津市滨海新区是全国首批社会管理创新试点和全国社会组织“改革创新观察点”。该区加强社会组织建设主要是围绕社会组织“1234”服务管理系统建设展开，“1”指由新区民政部门牵头，相关部门分工负责，形成有力的领导带动作用；“2”指由社会组织服务管理中心和社会工作人才队伍两个支撑保障，使社会组织服务管理工作开展有“阵地”和“联络员”；“3”指由社会组织党组织、政府管理部门和社会组织联合会三个轮子驱动，提高服务水准，阳光透明运作；“4”指由新区、管委会、街道、社区（村）四级网络覆盖，使基层社会组织服务管理模式向资源整

合、条块联动转变。目前，作为该系统重要载体的社会组织服务管理中心已经挂牌投入使用，中心建筑面积902平方米，上下三层，按照30个社会组织配置1名社会工作者的比例，采取政府购买公益岗位的形式聘用了20名工作人员，主要承担政策咨询、信息发布、年检服务、审计验资、评估等业务，建立了“一站式”服务管理平台。同时，成立了社会组织党工委，在209个社区、146个村全部设立社会组织联络点，在20个社区成立了社会组织联合会，负责所辖街道、社区备案的社会组织的服务、管理和协调工作，社会组织服务网络基本建成，备案社会组织失管、失控的问题得到有效解决，把流散于社会的“草根”组织纳入政府的管理系统，充分发挥其沟通群众、化解矛盾、承接服务、服务社会的作用。

二是温州市是我国社会组织率先得到发展的地区，是民政部设立的社会组织建设创新示范区和浙江省社会组织建设和管理综合改革试验区。该市加强社会组织建设主要是结合推进城乡一体化建设，围绕创新登记管理体制展开的。2011年以来，市委、市政府打包出台了《关于加快推进社会组织培育发展的意见》（温委发〔2012〕128号）1+7综合文件〔配套文件①《温州市社会组织登记管理办法（试行）》；②《温州市社区社会组织备案管理办法（试行）》；③《温州市培育发展社会组织工作联席会议制度》；④《关于推进政府向社会组织转移职能的指导意见》；⑤《关于政府购买社会组织服务工作的实施细则》；⑥《温州市社会组织评先选优实施办法》；⑦《关于建设社会组织服务平台的指导意见》〕。该文件在实行直接登记、减免开办资金、允许适度竞争、建立政府向社会组织授权和购买服务机制、民办非企业单位产权制度改革等方面，政策上突破、管理上创新，无论是幅度还是范围上，都较大超越了全国其他地方。民政部李立国部长评价“这是迄今为止，在社会组织登记管理体制改革上、扶持社会组织发展上和促进社会组织发挥作用上，全国最先进、最完善、最有意义的一套文件”。

该市基本做法可概括为“宽进严管、扶持引导”。“宽进”就是突破现有法规政策的限制，放宽登记条件，降低准入门槛。规定除法律法规须行政审批的政治类、宗教类、涉外类的社会组织外，其他社会组织可直接向登记管理机关申请登记，同时除法律法规有开办资金要求的外，其他开办资金降到1万元，公益慈善类、社会福利类、社会服务类和基层社区社会组织，对开办资金不作要求，另外允许适度竞争，取消“一业一会、一地一会”的限制。

“严管”就是加大了对社会组织法人治理、党建、消防、违规管理力度，要求具备建立党组织条件的社会组织同步建立党组织，未建立党组织的社会组织，原则上不得评为4A级以上等级；人口聚集型的民办非企业单位成立登记时，须主动取得场所消防安全合格证明。同时以社区为平台，建立了各种服务居民、公益慈善等基层社区社会组织备案管理制度。

“扶持”就是出台政府购买服务的政策，把相关部门技术性、服务职能转移出去，推进政府向社会组织转移职能，积极为社会组织提供政策、资金、场地、项目和技术支持；明确登记的民办的学校、医疗机构、养老机构出资财产属于出资人，在条件成熟的情况下，可以转让、继承与赠与，出资人可以取得一定的合理回报；构建社会组织服务网络，搭建了市、县、镇、社区四级网络和市县（市、区）两级的五位一体（社会组织登记管理机关、登记服务中心、社会组织促进会、网站和发展基金会）服务平台，截至2012年10月底，全市已成立市级社会组织服务平台2家，县级14家，乡镇街道103家，社区824家；设立公益项目创投基金平台，面向社会征集公益服务项目，由政府邀请企业家和社会爱心人士参与公益服务项目推介会。

“引导”就是采取积极有效的措施，不断规范社会组织的行为和内部治理，通过党建引领、依法监管、等级评估、评比表彰等措施，调动社会组织参与社会管理和创新积极性，树立社会组织公信力，保证社会组织发展的正确方向。

三是南京市加强社会组织建设主要是着眼社会转型、结合政府职能调整进行的，虽然没有像温州市出台综合配套文件，但一些做法与温州市基本相同。一方面，改革社会组织登记管理体制。以民政局的名义出台了《关于社会组织登记制度改革的实施意见（试行）》，开展了直接登记，放宽了登记政策，下放了管理权限，简化了登记手续，其中降低住所要求，允许若干社会组织申请登记同一活动场所；允许吸纳非本地籍会员加入本地行业协会；下放民办非企业单位名称核准权限，明确民办非企业单位可以设立分支机构等举措都突破了现有政策法规限制，属全国首创。另一方面，搭建服务平台，按照“社区、社会组织、社工人才”三社联动的思路，以社区为平台，以社会组织为支撑，以社工人才为依托，市、县（区）、街道均成立了“社会组织培育发展中心”，建立联动机制，提供办公场所和资金。同时，成立了社会组织服务园，印发了《南京市公益创投实施意见（试行）》，采取市级出一部分、区县配套一部分、社会募集一部分的办法，加大财政投入力度，公开向社会征集公益服务项目，购买社会组织服务。2011年购买公益服务资金达到1000万元，今年计划达到2000

万元，用于购买160多个服务项目。

二、“三地”加强社会组织建设的主要成效

“三地”特别是温州市和南京市加强社会组织建设虽然起步时间不长、做法各有千秋，但成效都比较明显。概括起来讲，表现在以下几个方面。

一是促进了社会组织快速增长。通过突破政策限制和大力培育扶持，“三地”特别是温州市和南京市，社会组织蓬勃发展，增量迅速。温州市2012年新成立社会组织620个，一年净增数超过“十一五”5年的净增总和，备案的基层社会组织达到20055个，总数是2011年底的13倍，每万人拥有社区社会组织达到25.6个。南京市2006年共有社区社会组织4355个，平均每个社区5个，2012年，全市备案的基层社会组织达到19000个，平均每个社区达到9.7个，连续3年以17%的速度增长。与此同时，通过政府购买服务和公益创投，解决了一些基层草根社会组织资金短缺的问题，增强了它们的自身造血功能，服务社会的能力得到明显提高。

二是较好满足了公共服务需求。各类基层社会组织根植于社区，来自于群众，了解群众需求，工作方式灵活，极大地满足了公共服务需求，弥补了政府服务的不足。天津市滨海新区新港街道社会组织联合会作为该区第一家“枢纽型”社会组织，由各类社区社会组织共同组成，自成立以来，各类社区社会组织与街道紧密合作，发挥专业优势，积极参加社区公益服务，开展了健康教育、法律维权、劳动就业、社会求助、残疾人康复、婚姻介绍等各类贴近群众的为民服务，在推进社区自治、丰富社区文化、共建和谐社区方面发挥了积极作用。南京市通过建立政府购买服务，项目的实施实现社区、社会组织、社工人才三社联动，提供了机制保障。南京市玄武区锁金村街道万家帮社区居家养老中心立足于满足社区内老年人各类服务需求，开展老年大学、养生保健、志愿服务、老年旅游、精神关爱、日间照料、老年康复等专项服务，为老年人在这里老有所学、老有所乐、身心充实创造了条件。据介绍，温州市有270余家文化艺术类社会组织，积极开展以“进校园、进社区（农村）、进企业、进机关（军营）”为内容的文艺“四进”活动，为基层群众、农村和偏远地区提供丰富多彩、生动活泼、健康向上的文化产品和文化服务，在满足人民群众日益增长的精神文化方面发挥了积极作用。

三是培育倡导了公益慈善精神。温州市慈善总会、市志愿者协会组织开展了“爱心温州·善行天下·明眸工程”、“志愿者派遣计划”等慈善活动。温州市瓯海区郭溪塘下社区公益服务中心免费为60岁以上老人理发。

温州市洞头县北岙街道的“海霞妈妈”志愿者服务队，全年无假日开展防火防盗巡查、卫生清洁、帮教、调解等项目，促进了邻里关系和睦。温州市三角洲志愿者救援队多次协助公安消防救助落水群众和遇险人员，举行防汛防洪安全演习，开展平安知识进校园等志愿服务活动，获得社会广泛赞扬。

四是加强了社会组织党建工作。“三地”在加强社会组织建设的同时，都坚持党建引领，大幅度提高了社会组织党建率，扩大了党的组织和工作在社会组织的覆盖面。在民政部门成立了社会组织党工委，结合社会组织行政管理工作，统筹社会组织党建工作。至2012年底，温州市社会组织党组织覆盖率从2011年底的22.8%提高到了80.3%，工作覆盖率达到了100%。天津市滨海新区实现了社会组织党组织和党的工作全覆盖。

三、启示及建议

社会组织是经济社会发展到一定阶段的产物。与“三地”相比，自治区还属于经济欠发达地区，社会组织改革发展也处于初级阶段，但“三地”开展社会组织建设和管理改革的经验，是他们在推进城乡一体化建设、创新社会管理实践中总结出来的，对于指导全区社会组织工作具有启示意义。

一是领导推动是社会组织改革发展的力量源泉。俗话说“老大难、老大难，老大重视就不难”。“三地”党委、政府的做法就验证了这句话。浙江省委常委、温州市委书记陈德荣多次就社会组织培育发展工作作出批示，修改相关政策文稿，召开专题研讨会推进政策制定，并倡导设立了社会工作委员会和党工委，为社会组织工作提供了坚强的组织保障。南京市委、市政府将社会组织工作纳入各级年度综合考评体系，提出时间表和路线图，促使各级民政部门把社会组织工作纳入重要议事日程，增强了抓好社会组织的责任感和紧迫感。天津市滨海新区区委、区政府领导经常过问社会组织工作，尽最大可能为加强社会组织建设提供组织和经费保证。也正是由于领导重视、亲自推动，解放了登记管理机关的思想，突破了体制机制的障碍，促进了社会组织的发展。建议把社会组织建设作为创新社会管理的关键环节，特别是作为民政部门在社会管理创新中发挥作用的重点加以谋划，进一步突出民政部门在社会建设中的骨干作用。

二是“三社联动”是社会组织改革发展的基本要求。“三地”在适应社会转型改革实践中，深刻认识到社会转型不仅仅是农业社会向工业社会转型，而是“城镇化、工业化、信息化和农业现代化”共同推进，也是

"单位人"向"社会人"、"社区人"的过渡，要求更加注重社会自治和基层群众自治，由政府控股形式向群众自治型转型。对此，他们采取"社区搭台、社会组织唱戏、社工人才主演"办法创新社会管理，促进社区、社会组织和社工人才的左右联动、上下互动一体化发展。目前自治区的社区建设、社会组织建设和社工人才建设都初具规模，缺少整合和提档。建议结合全区城乡一体化建设，将基层村委会、居委会按街道乡镇统一划分为基层社区，变成真正意义上的自治组织，提高管理效能。同时调整厅领导分工，整合民政业务，将社区、社会组织和社工人才划归一名副厅长主管，搞好顶层设计，建立工作机制，通盘谋划，形成合力，打造品牌。

三是购买服务是社会组织改革发展的关键举措。"三地"通过建立政府向社会组织购买服务制度，逐步将行业管理与协调性职能、社会事务管理与服务性职能、技术性服务职能等，通过委托、授权等方式依法转移给有资质有能力的社会组织承接，逐步实现公共服务由"政府直接提供、直接管理"转变为"政府购买社会组织服务、实施监督"，也就是由以往的"以钱养人、以人养事"转变为"费随事转、以钱养事"，既为社会组织发展拓展了空间，也促进了政府职能转变，最大限度地激发了社会活力。当前，自治区各级虽然没有建立向社会组织购买服务体制机制，但各级财政资助、支持和补贴社会组织是存在的。从社会组织"小金库"专项治理统计情况看，仅自治区本级每年用于补助社会组织的资金在1000万元以上，需要形成制度，规范管理。建议自治区尽快建立政府向社会组织购买服务制度，编制服务目录，完善审批和监管手段，把一些做不好、做不了的事让渡给社会组织。如果时机不成熟，建议成立以福利彩票公益金为主、社会募集资金为辅的社会组织发展基金会，从购买民政自身业务入手，探出一条符合自治区实际的政府向社会组织购买服务的方法和路子。

四是平台建设是社会组织改革发展的基本保障。"三地"通过建设社会组织综合服务平台，将政府向社会组织提供的资金支持、场地支持、政策支持、培训服务、信息服务、社会组织孵化和公益创投等资源加以有效整合，并通过市、县、乡镇（街道）、社区四级服务平台建设形成了立体式的社会组织服务管理组织体系，增强了服务管理效果。应该说，目前自治区一些盟市、旗县社区建设的硬件还是比较好的，有的甚至超过了学习考察的单位，但是缺少软件和人气。建议厅鼓励有条件的地方开展社会组织服务平台建设，结合社区建设，采取政府扶持、社会参与、专业运作、项目合作的方式，结合各自特点先行先试，为社会组织自我服务、自我管理及交流合作提供良好平台，使社会组织培育发展真正做到有场地、有资金、有人员、有组织。

五是强化登记管理机关能力建设是规范管理的重要保证。“三地”在培育扶持社会组织的同时，都注重强化登记管理机关的能力建设，按照“寓管理于服务”的理念，提出“一站式”服务、“全方位培育”、“规范化管理”等工作思路，都成立了集登记、年检、咨询、培训、交流、孵化于一体的社会组织服务中心，整合了行政资源，方便了服务对象。鉴于厅党组已决定成立自治区社会组织服务中心，但由于办公条件紧张，需在外租赁办公场所的实际，建议从自治区本级做起，在社会组织服务中心租赁办公场所时，可考虑与民间组织管理局合署办公，努力为社会组织提供集“办事大厅、教育培育、行政许可、培育孵化、公益创投”于一体的“一条龙”服务，提高工作质量和办事效率，打造省一级的服务管理窗口。同时，将厅成立社会组织服务中心的会议纪要印发全区民政部门，要求各地参照执行，加强各级登记管理机关的队伍建设。

关于发挥辽宁省社会组织作用的调研报告

辽宁省民间组织管理局

一、辽宁省社会组织的基本情况

近5年来，辽宁省社会组织总数每年增长近1000个，年均增长率5%左右。截至2013年末，全省社会组织总数已达到37768个，其中备案登记城乡社会组织16200个。目前，全国社会组织总数为48万个，辽宁省社会组织总数占全国社会组织总数的7.9%，列全国第七位。从注册法人登记的社会组织来看，目前排在全省前三位的分别是教育类5937个，工商业服务类4459个，科学研究类4247个。从登记备案的社会组织来看，农村备案的社会组织3920个，基本是种植养殖业等直接为农业及农村发展服务的农村专业经济协会，占95%以上。城市社区备案的社会组织12520个，以满足精神文化生活需要的文化体育类为主，也占95%以上。

二、辽宁省社会组织发挥的作用分析

改革开放以来，辽宁省社会组织建设与管理取得了很大成就，社会组织在经济、社会等各个领域均发挥着独特作用。

（一）促进地方经济发展

以行业协会商会为主体的社会组织已成为加快转变经济发展方式、促进行业可持续发展的“催化剂”、“助推器”。仅2012年，全省社会组织就争取到76亿元，用于促进企业发展。如大连市召开了银行业协会和工商经济类社会组织参加的“银企合作联席会议”，发放贷款44亿元。2011年，省本级13个异地商会，协助省政府招商引资134.5亿元。此外，截至目前，全省4316个行业协会，普遍制定了行业自律规范，促进了全省市场经济环境的改善。例如，省家具行业协会颁布了《辽宁实木家具市场规范》，被评为“2007年中国家具行业十件大事”，并应邀在美（国）芬（兰）国际论坛上发表演讲。此外，在消除贫困问题上也发挥了重要作用。仅2011年，社会组织通过“五帮”、“五送”等方式帮扶物资合计2243万元，图书4.6万余册，开展技术培训和科技咨询7.62万余人次。帮扶工作覆盖农村2万余户贫困户，使4万人受益。

（二）参与社会建设，提供公共服务

目前，全省各类社会组织作为社会建设的主体和载体之一，在增加劳动就业、提供各类社会公共服务等方面发挥着不可替代的作用。全省社会组织吸纳从业人员从2009年的15.7万人增加到2012年底的31.3万人，表现出良好的促进就业能力。近年来，随着我国政府管理体制和运行机制的转变与创新，社会组织积极承接了一部分由政府转移出的职能。例如，在辽宁省，城市社区社会组织是最常见的基层社会组织之一，其功能主要是满足居民生活需求，提供诸如物流、家政、法律咨询、观光旅游等社区服务，受到群众广泛欢迎。

（三）参与社会管理创新

社会组织为扩大群众有序参与公共事务、增强社会自治提供了有效平台，在化解社会矛盾、调节利益冲突、减少不和谐因素、维护社会稳定等多方面发挥了重要功能。一些慈善型、福利型、社会互助型社会组织，通过吸纳、利用社会慈善资金和闲散资金，开展社会救助和福利服务，倡导以人为本、追求社会至善、关心共同利益，促进社会公平正义。一些民间自治型社会组织如社区业主委员会等，通过共同协商、谈判等方式，建立有效的社会沟通机制，抵制商业侵害和各种不公正对待，维护社会成员的共同利益，满足社会成员多样性愿望，促进公众和谐相处，起到了合理表达诉求、协调矛盾、排解怨气、释放社会压力的作用，是社会问题的安全阀。

（四）活跃公共文化生活

在文化领域，城乡各种文化团体提供了丰富多彩、生动活泼、健康向上的文化产品和文化服务。到2013年全省拥有各级文化类社会组织211个，从省本级社会组织来看，截至2011年底全省共有文化类社会组织110个，均属于当年度登记社会组织中的第四大类，仅排在教育、工商和科学类之后，是辽宁省比较重要和常见的社会组织类型之一。在城市社区备案的12520个社会组织中，以满足精神文化生活需要的文化体育类也占95%以上。文化类社会组织的繁荣发展，为活跃全省公共文化与群众文化生活、建设文化强省起到了非常重要的作用。

三、辽宁省社会组织发展面临的问题

（一）社会组织发展速度较慢

从发展规模来看，发达国家每万人拥有的社会组织数量一般超过50

个，如法国为110个，日本为97个；发展中国家每万人拥有的社会组织数量一般超过10个，如阿根廷为25个，巴西为13个。而我国每万人只有3.5个社会组织，辽宁省为7.6个，处于发展中国家的水平。从就业人口来看，2012年底，辽宁省社会组织专职工作人员为31.3万人，仅占同期全省就业人口的1.29%，在经济活跃人口中所占比例较低。从经济规模来看，国外非营利组织的经济规模一般占到本国GDP的5%—10%，例如在加拿大，到21世纪初期，非营利组织对GDP的贡献已经是机动车制造业的11倍，农业的4倍多，矿、油、气开采业的2倍以上，商业零售业的1倍半。而辽宁省社会组织的经济规模总体还很小，对经济发展的贡献度还远远达不到发达国家的水平，相当一部分社会组织资金短缺、自主发展能力不强。

（二）社会组织“政社不分”现象严重，社会化、职业化水平不高

辽宁省社会组织中有党政官员兼职的约占社会组织总量的一半，“政社不分”现象依然严重。主管单位干涉人事、代管财务、代理决策等现象屡禁不止。社会组织民间化程度不高，社会组织的力量还没有完全形成，还不能摆脱对政府的依赖，尚未走上成熟的独立发展道路。此外，根据中国社会组织2009年统计数据，辽宁省社会组织从业人员中受教育程度在大专以上的只占全部从业人员的35%，在大学本科以上的仅占13%，35岁及以下的从业人员只占全部从业人员的26%，具有社会工作师和助理社会工作师等职业资格水平的从业人员只占全部从业人员的0.39%。全省社会组织从业人员的年轻化、知识化、职业化水平不高，距社会组织人才队伍建设总体需求还存在较大差距。

（三）社会组织发展不规范、运营能力不强

目前全省约有1/3的社会组织发展较好，比较活跃，能够积极发挥作用；约有1/3的社会组织缺乏活力，实力有限，仅能勉强发挥一定功能；还有1/3的社会组织实力非常弱小，甚至面临生存困境。一方面，由于政府转移职能、放权以及购买服务力度不够，社会组织的生存空间受到很大挤压。另一方面，辽宁省社会组织发展时间短，综合实力不强，很多社会组织没有明确的发展目标与自我定位，不能主动推销服务，自我管理手段落后，缺乏完善的信息公开制度、财务和人力资源管理制度等，不适应市场经济，经济自主性差，工作效率低下，欠缺服务社会、服务公众的能力。

（四）扶持社会组织发展的政策制度体系不健全

目前辽宁省促进社会组织发展的政策制度仍不完善。各部门政策整合

力度不够，有些政策还没有覆盖到社会组织；政府购买服务、转移职能等扶持社会组织的政策制度还处于探索阶段；在税收优惠、财政资助、人事管理、职称评定、社会保障等方面，没有形成长效化、制度化的扶持社会组织发展的政策制度体系。

（五）社会组织管理工作力量薄弱

截至2012年全省共有社会组织管理机构115个，工作人员为259人（编制130人），省本级编制数目前只有8人，市县（区）的力量更加薄弱，有的没有机构，没有专职工作人员。2012年度全省社会组织登记管理经费总额67.6万元，平均每个社会组织的管理经费17元，全省管理机构现有电脑64台。工作人员、经费和设备严重缺乏，信息化建设滞后，重登记、轻管理、无力监管的局面得不到解决，也较难承受直接登记实行后带来的巨大工作压力。

（六）全省各市社会组织发展不平衡现象突出

全省14个市按照社会组织发展程度可分为三个梯队，第一个梯队的大连与沈阳两市社会组织数量总和已经达到全省总数的一半，其中，大连的社会组织数量又接近沈阳的2倍。第二个梯队为鞍山、营口和本溪。其余市属于第三梯队。社会组织的高速发展往往是在经济转型、政府改革等因素影响下得以实现，省内各地区经济社会发展的不平衡也在一定程度上造成了全省社会组织发展的不平衡。

（七）法律法规制度供给严重不足

我国至今没有统一的社会组织基本法，现行法规限制多于保障，法规之间缺乏协调互补，三个重要法规颁布都在10年以上，其中《社会团体登记管理条例》、《民办非企业单位登记管理暂行条例》颁布近15年（《基金会管理条例》是2004年颁布的），至今未曾修订，与社会组织突飞猛进发展的现实严重脱节，亟待从立法方面改革完善。

四、发挥辽宁省社会组织作用的对策建议

党的十八大报告提出“加快形成政社分开、权责明确、依法自治的现代社会组织体制”。十八届三中全会则进一步提出“激发社会组织活力”。近年来，辽宁省委省政府先后出台了《辽宁省人民政府转变职能简政放权实施意见》（辽委发〔2013〕15号）、《辽宁省人民政府关于取消和下放一批行政职权项目的决定》（辽政发〔2013〕21号）等多项关于发展和规范社会组织的政策文件。本研究根据国家和辽宁省有关会议与文件精神，结

合对辽宁省社会组织调研了解的情况，提出了发挥辽宁省社会组织作用的11点建议。

（一）转变发展管理理念，厘清政府与社会组织关系

积极转变政府职能，树立“有限政府”意识，厘清政府与社会组织边界，通过确定转移清单、制订承接方案、设计机制等方式科学设计政府职能转移的运行机制和监管机制，把属于社会的职责交给社会组织等主体承担，实现职能归位。制订社会组织与行政机关脱钩改革方案，明确脱钩主体、范围、程序等内容，分类推进各类社会组织重点是行业协会在职能、机构、人员、财务等方面与行政机关脱钩，严格限制现职公务员在社会组织中兼任负责人。

（二）完善社会组织法人治理结构

明确章程在社会组织活动中的基本准则地位，保护社会组织在章程规定的范围内依法开展活动。分类制定社会组织法人治理规范，指导社会组织实行民主选举、民主决策和民主管理，引导社会组织成为权责明确、运转协调、制衡有效的法人主体。

（三）建立社会组织自律与等级评估制度

要规范用人制度，逐步建立一支思想素质好、业务水平高、作风优良的专业化队伍。对于违反章程、损害会员利益、违法违纪的社会组织，登记管理机关要依法查处，促使社会组织自我约束，遵纪守法，良性发展。对各类社会组织进行等级评估，达到一定等级的社会组织才能承担政府授权或委托的职能。对长期处于低等级的社会组织要予以淘汰。引导各类社会组织加强自身建设，提高自律性和诚信度。政府有关部门应将社会组织规范化评估的结果，作为社会组织是否可以承接政府职能的一个重要依据，将规范管理和培育扶持有机地结合起来，提高社会组织规范化水平，同时培育社会组织的优秀品牌，扩大社会组织的影响力。

（四）创新社会组织登记管理工作制度

改革“双重管理”审批登记制度。从行业协会商会和科技类社团试点开始，逐步实行四类社会组织直接登记制度。对农村专业经济技术协会及主要在社区范围内开展活动的社区社会组织，可实行登记备案双轨制，纳入监督管理。适度放开异地商会的登记和管理，允许在市级民政部门注册登记异地商会。

（五）加快重点领域社会组织发展步伐

大力发展公益慈善类社会组织，进一步优化公益慈善、志愿服务类社

会组织发展环境，下放登记审批权限，鼓励其开展特色性、专业化服务。探索一业多会，放宽行业协会商会准入条件，实现适度竞争，优胜劣汰。积极培育基层社会组织，进一步降低准入门槛、简化登记程序，健全社区、社会组织、社会工作人才“三社联动”机制。大力培育科技类、支持性社会组织，鼓励支持性社会组织为其他社会组织提供资金、人才、信息等多方面服务。

（六）为社会组织发展提供专项资金支持

推动各级政府设立社会组织发展专项资金，将社会组织发展专项资金列入财政预算，主要用于社会组织服务项目补助、等级评估、孵化基地建设、信息化管理平台建设、从业人员培训等。重点扶持一批新型行业协会、具有示范导向作用的公益服务性社会组织发展。设立社会组织奖励资金，奖励先进社会组织及其专职工作人员。

（七）建立政府向社会组织购买公共服务制度

制定政府职能转移事项目录，由政府各部门提出年度购买服务事项及要求，纳入部门年度财政预算，由同级财政支付。在先期探索实践中，可将事关民生的公益性专项资金，从政府直接操作转向购买社会组织服务，通过公开竞标，让社会组织参与。

（八）出台社会组织专职工作人员权益保障政策

落实社会组织专职工作人员与事业单位职工享受同等待遇的政策，制定适合社会组织特点的人员流动、入户、职称评定、社保、档案管理、职工招聘等具体措施，促进社会组织人才队伍的职业化、专业化建设。研究出台资源共享等其他各项优惠政策等。

（九）畅通社会组织依法参政议政渠道

建立社会组织人才参政议政平台，探索增设业界“界别”，在各级党代会、人代会和政协会议中增加“社会组织代表”，科学确定适当的名额，发挥社会组织参政议政的积极作用。建立政府部门与社会组织沟通协调机制，政府及相关部门在制定出台涉及公共管理和公共服务等领域的政府规章、公共政策、行政管理措施和行业发展规划之前，应当通过一定的方式征求和听取相关社会组织的意见和建议。

（十）充分发挥科技社团的作用

在制订科研规划和实施科技项目管理的流程中，将征求相关科技社团意见作为规定程序；在科技项目形成、管理、验收进程中，支持符合条件的科技社团参与第三方评估；在技术标准制定、经济社会发展规划咨询论证方面，建立政府颁布实施、授权科技社团组织和运行机制。鼓励科技社团参与技术职称评定、工程师资格认证、职业资格评定等科技人才评价工作，推动科技人才评价社会化进程。支持科技社团参与政府科技类奖项推荐、评审等工作，鼓励科技社团设立相关科技奖项，支持科技社团开展科技人员培训、继续教育等工作。明确科技社团的定位、职能领域和重点，确保其在承接政府职能转移工作中机会均等。

（十一）充实社会组织管理力量

登记管理机关应配备与社会组织数量、工作任务相匹配的专职工作人员，建立社会组织执法监察队伍。建议每30个社会组织配一名专职工作人员。民政部门会同公安、安全、监察、工商、审计、税务等部门建立健全联合执法机制，规范行政执法行为，提高依法行政水平。

关于充分发挥吉林省社会组织在突出发展民营经济中作用的调查报告

吉林省民间组织管理局

为贯彻落实省委、省政府《关于突出发展民营经济的意见》精神，充分发挥社会组织在促进民营经济发展中的作用，省委政策研究室与省民政厅以在促进民营经济发展中具有代表性的行业协会商会为主要研究对象，在长春、吉林、延边、通化以及辽宁、福建等地进行了调研和学习考察，初步掌握了近年来全省社会组织服务民营经济发展的基本情况和部分省市的先进经验，对更好地发挥社会组织作用形成了一些建议。现报告如下。

一、社会组织在促进吉林省民营经济发展中发挥着不可替代的作用

社会组织是指在民政部门依法登记注册的社会团体、民办非企业单位、基金会以及备案登记的社区社团和农村专业经济协会。目前，全省有社会组织 15335 个，其中社会团体 6071 个，基金会 62 个，民办非企业单位 4331 个，社区社团 3306 个，农村专业经济协会 1565 个，与民营经济联系紧密的行业协会商会 1360 个，拥有会员企业 10 万多个。社会组织具有民间性、自治性、公益性等特点，主要是通过为民营企业提供市场信息、加强经贸交流、促进产业升级、规范市场秩序来促进民营经济发展，其中行业协会商会的作用更为突出。

（一）招商引资，着力扩大民营经济总量

招商引资是扩大民营经济总量的重要渠道，近年来以外埠商会为代表的社会组织成为吉林省招商引资的重要力量。省广东商会自成立以来，拿出 100 多万元经费，通过“走出去”、“请进来”的方式，配合全省各级政府开展招商引资活动 100 多次，平均每年召集近千人次参加项目推介、研讨、洽谈活动，仅商会会员企业在全省投资就已超过 1000 亿元，吸纳 3 万多人就业。2013 年 5 月，该商会随吉林省招商团到江苏、浙江、上海等地招商，与当地广东商会建立了联系，商会发挥作用的范围已经超越了吉粤

两省。省浙江商会在第四、第五届东北亚博览会期间，配合两省召开了吉林、浙江经贸合作洽谈会，组织全国26个省、自治区、直辖市浙江商会的代表考察了白山市。2010年以来，该商会会员企业在全省落地的超亿元项目有16个，引进浙商投资330多亿元。据不完全统计，省级15家外埠商会2007—2012年为吉林省引进投资8255亿元，年均1376亿元，年均上缴利税160多亿元，提供了30多万个就业岗位。

（二）凝聚会员，促进民营企业抱团发展

行业协会商会将会员企业集聚起来，集中力量成规模、集中资金办大事，形成了信息互通、资金互助、优势互补的抱团发展态势。省广东商会招商引资70多亿元建设的吉林（农安）广东工业园，是农安县政府与省广东商会开发建设的中小企业孵化基地，目前入驻园区的企业已达173家，形成了集聚优势和规模效应。省川渝商会策划的环球贸易中心项目，所需资金量大，商会积极做工作，几家会员企业合伙投资20亿元，解决了该项目的资金难题。省吉商商会通过举办“吉商兴吉林，抱团谋发展”等高峰论坛，搭建政府与企业、企业与企业的沟通平台。该商会在长春南部新城投资34亿元的冠城国际项目，包括现代服务业总部区、文化创意产业总部区、生态环保产业总部区三大核心区域，将建立中小企业品牌孵化中心、科研培训中心、商务信息中心、物资装备调剂中心、物流与采购中心、金融信贷中心、物价信息中心，为民营企业提供全方位服务。

（三）融资贷款，解决民营企业资金难题

行业协会商会急企业之所急，采取与银行协商推出融资产品、成立担保公司为会员企业担保、组织会员申请联保联贷等办法，帮助企业解决资金难题。省川渝商会与建设银行、交通银行、中信银行、吉林银行、民生银行、中国银行建立了融资平台，通过银行与商会、银行与企业对接，仅2010年就为会员单位融资2.2亿元。省山西商会与长春市中小企业信用担保有限公司签署了《关于建立吉林省山西商会会员企业融资担保平台的合作协议》，省江苏商会与建行城建支行及长春市中小企业担保公司签署了中小企业融资协议，拓宽了企业融资贷款的渠道。省河南商会与中国银行、建设银行、浦发银行、民生银行共同为会员企业打造融资产品，通过会员之间联保的方式，为会员单位解决贷款2亿多元。

（四）维权自律，营造民营企业良好发展环境

行业协会商会以法律思维、运用法律武器维护会员企业的合法权益，努力为企业保驾护航。省上海商会自成立以来，为宝钢、上置集团、远东

房地产等7家会员企业维权8次，为会员企业解决困难和问题30多次。省银行业协会为了遏制个别贷款户违法违规拖欠银行债务行为，自2009年开始，在网站上公布了107家拖欠银行贷款户名单，有效遏制了逃废银行债务的行为，维护了会员权益。省河南商会聘请法律顾问，为一户会员企业挽回经济损失40万元。白城市平安镇大中兴烤烟协会，沟通协调烟草公司为会员提供技术保障，在回收烟叶时不压等、不压级；与农村信用社、农行、建行沟通，以会员烟田作抵押，为会员提供资金保障，维护了56户会员企业的利益。行业协会商会还通过开展诚信自律建设，规范行业发展，敦促会员讲求诚信。吉林省洗染行业协会，通过制定行业标准、行规行约，把本行业的企业组织起来，加强行业自律，联合开拓市场。

（五）教育培训，提升民营企业素质

各行业协会商会围绕提高民营企业自主创新能力和市场开拓能力，组织开展内容丰富、形式多样的教育培训，提升会员企业的整体素质。延边朝鲜族传统料理协会每年都从韩国聘请专家对会员企业进行培训，不断提升传统特色饮食质量和服务质量。通化市养殖技术协会成立10年来，举办各种培训班300多期、养殖技术交流会100多场，不仅提高了养殖户的技术水平，还为他们提供市场供求信息和效益分析。敦化市特色产业发展协会共有会员企业286家，主要从事食用菌、中草药、果树、蔬菜、山野菜的种植，自2009年成立以来，协会年均组织技术培训56场次，有1.6万人次参加了培训，会员企业的技术水平和收入都有了很大提高。通化市工艺美术协会与通化师范学院开展联合办学，招收松花砚设计专业学生，还组织会员企业代表到广东、安徽学习端砚、歙砚的制作设计技术，提升了松花砚的设计制作水平，增加了松花石加工企业的产品附加值。

二、制约社会组织助推民营经济发展的主要因素

虽然全省社会组织在促进民营经济发展中发挥了一定作用，但在自身建设和扶持力度等方面与发达省份相比还存在阶段性差距，主要表现如下。

（一）社会组织总量小，为民营经济服务的能力不强

目前全省与民营经济联系较紧密的行业协会商会仅有1300多家，占社会组织总数的8.9%，且大都集中在省、市两级。而辽宁省行业协会商会有3990家，占社会组织总数的19%。吉林省行业协会商会数量少，覆盖面窄，对民营经济的服务能力较弱。比如，汽车制造业是吉林省的主导产

业，但省汽车行业协会成立较晚，该行业的零配件企业长期单打独斗，影响了产业集聚优势的形成。此外，由社会组织牵头的创业孵化基地较少，基地建设投入不足，缺乏培训、融资、技术信息、市场开拓等综合性服务，孵化民营企业的功能较弱。

（二）政策扶持不够，社会组织为民营经济服务的条件不充分

吉林省至今还没有在资金、场所、人才、技术等方面比较具体、操作性强的促进社会组织发展的政策规定，对社会组织的扶持力度不够。比如，省广东商会正在筹建的吉林广东大厦，是打造商会经济的重点项目，但在土地使用、税费减免等方面却享受不到地方政府扶持城市商业综合体的政策。再比如，缺少政府向社会组织购买服务方面的政策。在招商引资工作中，行业协会商会无偿地提供服务，导致它们对长期、持续开展招商引资活动缺少内在动力。省广东商会成立以来，用于招商引资活动的经费超过100万元。2013年4月，该商会随长春市党政代表团赴深圳招商，邀请深圳、广州等地250多名企业家参加投资说明会，仅这次会议商会就花了近10万元，给商会的运营带来不小的压力。相比之下，大连市政府每年拿出2000万元用于奖励在招商引资中作出突出贡献的社会组织，对于调动它们招商引资的积极性发挥了很大作用。

（三）政府职能转移不到位，社会组织服务民营经济的功能不全

目前，社会组织为民营经济服务缺少手段，根源在于一些地方政府和职能部门没有把该给社会组织下放的权力放下来。比如，一些应由行业协会牵头组织的企业评优、资质认定以及行业标准制定等活动，有些部门还没放给行业协会来做，导致行业协会在会员企业中缺乏号召力。辽宁省在这方面取得了突破性进展，其服装行业在向国家申报专利和品牌的提名时，由行业协会自主确定，这对于加强行业自律，维护行业发展秩序，建立企业信用体系都起到了积极作用，同时也能调动行业协会的积极性，使其真正发挥政府和企业间的桥梁、纽带作用。

（四）政社不分严重，社会组织服务民营经济的独立性不强

从成立情况看，全省行业协会由政府部门牵头组建的不少，省级173个行业协会有59个是这种情况，占34.1%，吉林市占39.6%，四平市占39.3%，这些协会的负责人由主管部门任命或由主管部门提名后再选举。从机构设置上看，一些行业协会与政府部门合署办公，政府部门介入和干涉过多，使得社会组织丧失了自身的独立性。此外，还有一些党政领导干部在行业协会兼职。截至2013年6月底，全省在社会组织中兼任领导职务

的厅级干部328人，处级1085人，处级以下1689人，有的还兼任几个社会组织负责人。这就造成社会组织行政化色彩浓厚，法人自主性不强，自主发展的潜力得不到充分发挥。

（五）社会组织发育不良，为民营经济服务水平不高

一是管理水平不高。在参与社会管理的过程中，社会组织很大程度上还是依附于政府，满足于被动执行，自主运营、自主管理、自我约束、自我发展的能力还不强。二是资金来源途径单一，底气不足。许多社会组织只能靠收会费、拉赞助来维持机构的运转，难以从事相应的服务管理工作，对服务民营企业心有余而力不足。三是缺少综合监管机制。社会组织的培育发展和监督管理需要各部门通力协作、齐抓共管，而吉林省还没有建立起登记管理机关、行业主管部门以及工商、公安、安全、外事等职能部门共同参与的综合监管体系，相关部门缺乏沟通协调，不能及时研究解决社会组织发展中存在的问题。

三、发挥社会组织作用促进民营经济发展的对策建议

2012年，吉林省民营企业达到16万户，个体工商户达到99万户，民营经济增加值占全省GDP的比重首次超过一半，达到51%，占全省经济的"半壁江山"。民营经济总量的增大，各级党委、政府突出发展民营经济力度的加大，迫切需要社会组织提高承载服务民营经济发展的能力和水平。

（一）高度重视，培育、扶持社会组织发展壮大

建议以省委、省政府名义出台《关于促进新形势下社会组织健康发展的意见》，着力解决吉林省社会组织总量小、行政化色彩浓、发育不良等问题。各级党委、政府要积极推动社会组织特别是行业协会商会在促进民营经济发展中发挥积极作用。优化行业协会布局，在汽车、电子、医药、化工、节能、农产品加工等重点行业培育一批按市场化运作、与国际接轨的行业协会；对同业企业较集中、行业特色突出的区域，可组建省级行业协会；建立行业协会商会参与的政策制定征询机制，政府在出台民营经济发展战略、规划、政策、法规前，要征求行业协会商会的意见。大力培育农村专业经济协会，精心打造一批特色明显、作用突出、具有较大影响力的知名协会，带领农民致富。

（二）加快实施政社分开，激发社会组织服务民营经济的活力

按照政社分开、管办分离的原则，厘清政府和社会组织的职责权限，

推进社会组织明确职责、依法自治、发挥作用。限期实现行业协会商会与行政机关真正脱钩，现职党政领导干部一律不得在行业协会商会、基金会中兼任领导职务；社会组织与政府部门合署办公，即"一个机构，两块牌子"的，要实行分设；社会组织使用的国有资产，要明确产权归属。政府部门应尊重社会组织的法人主体地位，依法保护社会组织的财产权和合法收入，不得干预社会组织的人事、资产、财务等内部事务。

（三）加快政府职能转移，扩大社会组织服务民营经济的空间

广东省2008年出台了《关于发展和规范社会组织的意见》，将行业准入审核、行业评比、资产项目评估等职能转移给社会组织。吉林省在新一轮的政府简政放权工作中，应制定政府向社会组织转移职能的指导意见和转移事项目录，适合由社会组织提供的公共服务和解决事项，交由社会组织承担。加大政府职能转移力度，逐步将政府微观层面的事务性服务职能、部分行业管理职能、农村生产经营和农业技术服务职能等转移给社会组织，为社会组织服务民营经济让渡空间。要根据政府职能转移的情况，建立和完善政府授权、定向委托、合同管理等不同形式的运行机制，把政府转移过来的职能承担好。

（四）建立购买服务制度，为社会组织服务民营经济提供资金支持

辽宁省在2011年以省委办公厅、省政府办公厅的名义转发了《辽宁省民政厅关于发展和规范社会组织的意见》，建立了政府向社会组织购买服务制度。同年，省民政厅和财政厅联合下发了《关于印发政府购买社会组织服务实施办法的通知》，明确了政府向社会组织购买服务的范围、方式、程序。吉林省在政府向社会组织购买服务方面应有所突破。建议财政部门出台向社会组织购买服务管理办法，将购买社会组织服务经费纳入财政预算。在服务民营经济方面，逐步将招商引资、园区规划、行业标准制定、行业规范、行业统计分析、行业准入、资产项目评估、检验检测、等级评定、资格认证、专业技术职称以及执业资格评定等技术服务和行业管理职能，纳入购买服务范围，按照公开、公平、公正的原则，建立竞争择优和绩效评价机制，帮助社会组织解决资金来源问题，更好地发挥社会组织的作用。

（五）引导社会组织加强自身建设，不断提高助推民营经济发展的能力

在各级政府简政放权的新形势下，摆在社会组织面前的一个重大课题是能否把下放的权限接住、接好。加强自身建设，提升专业化、职业化水平，是目前社会组织面临的一项重要任务。要引导社会组织健全以章程为

核心的独立自主、权责明确、运转协调、制衡有效的法人治理结构，完善会员大会、理事会、监事会等工作制度，提高社会组织的规范化、制度化、民主化管理水平。把社会组织人才队伍建设纳入各地人才培养规划，加强对社会组织高层管理人员的能力培训，加强专职工作人员的岗位培训，造就一支服务素质高、管理能力强的社会组织专职工作队伍。人力资源和社会保障等部门应重视研究解决社会组织的人才引进、职称评定等问题，不断增强社会组织活力。加强对社会组织的管理，充实登记管理机关力量，按照工作任务、社会组织数量配备专业工作人员，保障工作经费，规范社会组织有序发展。

上海市民办非企业单位的发展和管理状况

上海市民政局

根据市委关于加快培育发展社会组织专项调研的要求，市民政局会同市卫生和计生委、市工商局、市财政局、市地税局、市人保局等部门，通过文献调研、数据分析、专题座谈、个别访谈等形式开展调研。本课题重点研究上海市民办非企业单位（以下简称民非单位）的发展和管理，就民非单位的现状、特点和发展趋势进行研究，分析近年来民非单位发展中的突出问题，提出民非单位培育扶持的重点领域，并就新形势下如何进一步加强培育发展和监督管理提出意见和建议。

一、上海市民非单位的发展特点和趋势分析

（一）上海市民非单位近5年的发展特点

截至2012年底，全市登记注册的民非单位共6913家，占全市社会组织总量的64.3%，广泛分布于教育、民政、文化、体育、卫生等多个领域，人员结构逐步优化，收支增长基本平衡，整体呈良性平稳上升态势（详见附图）。通过对近5年的数据进行综合分析，可以看到上海市民非单位的发展呈现以下四个特点。

1. 整体保持较快增长态势。“十五”期间全市社会组织的年均增速超过20%，“十一五”期间的年均增速近6%，近两年的年均增速则为4%左右。可见，全市社会组织总量在经历了一段快速增长期后，发展增幅逐步放缓，但民非单位总体上保持了较高的增长速率。2008—2012年，上海市民非单位共增长了1871家，增长率为37.1%，年平均增长率为6.5%（全市社会组织的年平均增长率为5.2%），无论从增长的数量还是速率上均超过了平均水平。

2. 构成情况发生变化。从行业分类统计上看，目前全市民非单位中教育类和社会服务类机构占民非单位总数的78.5%，科学研究类、工商服务类和文化体育类占比不到三成。近年来，由于上海市加大了对公益慈善、民生服务领域民非单位的培育扶持力度，促进了此类机构的快速发展。经过对比分析发现（详见附表），教育类和社会服务类在近5年的增

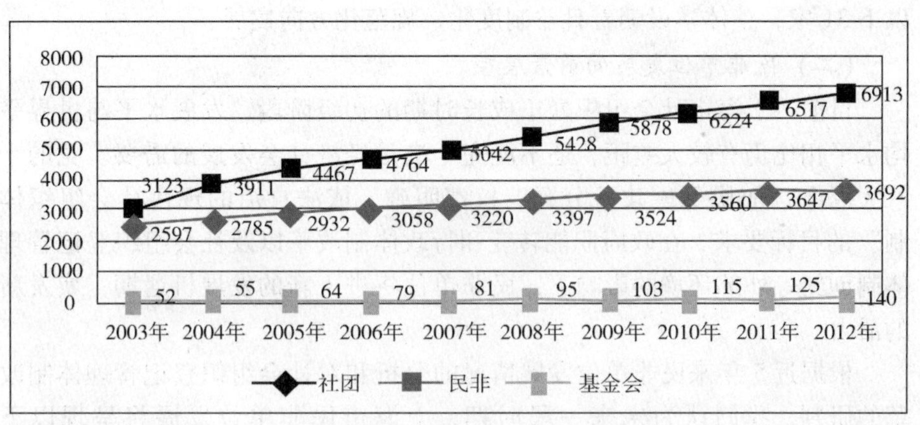

附图

长速度明显不同，教育类民非单位增长速度逐步放缓，社会服务类民非单位的增长势头则十分明显。

附表

年度 / 类别	2008		2009		2010		2011		2012	
	净增	增长率	净增	增长率	净增	增长率	净增	增长率	净增	增长率
教育类	509	20.29%	100	3.31%	54	1.73%	31	0.98%	49	1.53%
社会服务类	143	3.31%	192	12.64%	167	9.76%	153	8.15%	146	7.19%

3. 社会效益不断显现。近年来，上海市民非单位积极整合民间资源，汇集社会资本，从社会需求出发提供公共服务，在繁荣社会事业、缓解社会矛盾、拓宽就业渠道、推进政府职能转变等方面发挥了较为显著的作用，成为全市社会发展中一支不可缺少的重要力量。

在公益领域，民非单位的表现十分突出，发挥了表率作用。2012 年全市民非单位共开展公益活动项目 5774 个（比 2011 年上升 16.3%），举办各类公益活动 21.5 万次，参与福利彩票公益金招投标项目共 266 个，资金额占招投标项目总量的 80.2%。

4. 规范化程度日渐提升。根据近年来的年检数据统计，全市民非单位已基本建立理事会会议、财务管理、劳动用工、印章管理和服务承诺等制度，在年度工作报告、财务状况、筹资或接受捐赠情况信息的披露方面有了长足的进步。2011 年上海市民非单位年检合格率为 97.3%（含基本合格）；截至2012 年底，共评出 5A 级民非单位 13 家、4A 级 26 家、3A 级及以下31家，整体建设朝着日益制度化、规范化方向发展。

（二）民非单位发展的前景展望

目前，上海市社会组织处于成长时期的初级阶段，发展水平与世界平均水平相比仍有较大差距，还不能完全满足经济社会发展的需要。党的十八大提出“加快形成政社分开、权责明确、依法自治的现代社会组织体制”的目标要求。在政府职能转变和行政体制改革以及社会组织登记管理体制创新等外部环境的影响下，民非单位将进入新的发展机遇期，焕发新的活力。

根据近5年来民非单位发展情况的分析和对社会组织登记管理体制改革的研判，我们认为未来一段时期，上海市民非单位发展将呈现以下趋势。

1. 数量将保持较快增长。为更好地建设服务型政府，政府职能转变的重点将从经济领域更多地转向社会公共服务领域，实现公共服务领域的“管办分离”，推进公共服务社会化、市场化进程，为民非单位的进一步发展让渡更多空间。大量的社会事务、民生服务、公益事业将由民非单位来承接，部分事业单位在改革过程中转为民非单位，无疑将会推动全市民非单位的持续增长。

2. 呈现多元化发展趋势。社会发展日新月异，新形势下的新问题层出不穷：城市人口结构调整、老龄化、单位人向社会人过渡、服务受众人群多层化等，构成了一个庞大而多元的社会需求体。民非单位随着自身发挥作用的空间不断拓展，必将向社会服务的纵深发展，形成服务领域的多元化、服务项目的多元化和服务模式的多元化。

3. 公益性民非单位将迎来发展契机。随着城市化水平的不断提升，社区建设和社区服务需求不断增加，必将催生出大量公益性民非单位。实行直接登记后，由于降低了注册门槛，大量草根型公益组织将拥有合法身份。政府和社会对从事民生服务的公益性民非单位的关注度不断提高，培育扶持政策也将更加趋向合理化。越规范越扶持、越公益越受益，权责一致、扶管结合的社会管理理念将形成多方共识。良好的外部政策环境将促进此类民非单位健康快速成长。

二、民非单位发展和管理中存在的问题

（一）缺乏合理的分类指导，重点扶持的领域不够明确

民非单位一般是按照国民经济分类标准划分为14大类，从管理实践的

角度而言缺乏科学性和规范性，难以实现管理的精细化和有效性，最终导致在评估标准的设置、扶持政策的设计、监管制度的细化等方面无法实现“量体裁衣”。从民非单位的组成类型来看，存在不平衡性，教育类民非单位约占41%，而服务困难群体、化解社会矛盾、社区治理、生态环保等公益领域的民非单位数量不多，无法满足社会需求，重点培育发展的领域不明晰，各类扶持政策的针对性不强，分类扶持的格局尚未形成。

从行业指导来看，由于双重管理带来的责权失衡的弊端，部分业务主管单位对自身管理职责的认识不到位，专业化指导难以落实。除教育、卫生等设置行业许可的部门会对民非单位的业务发展设置专业标准并进行规范指导外，许多业务主管单位既不出台相关管理规范性文件，也不梳理现有的可供管理借鉴的政策法规，行业指导缺位现象严重。此外，由于行业职责不清或交叉，一些在新兴领域（例如自闭症、艾滋病等）提供服务的机构，难以寻求行业指导和支持，限制了此类民非单位成长发展的空间。

（二）缺乏明确的发展定位，能力建设相对不足

1. 发展规划意识淡薄。一些民非单位由于对机构属性的认识程度不高，缺少长远规划和战略思维，未能很好地带领团队研究制定符合宗旨和机构发展方向的愿景目标，只注重当前活动，得过且过，具有一定的孤立性、封闭性和盲目性，一旦外部环境变化，极易引发生存危机，从而影响到民非单位的稳定发展。

2. 内部治理能力不强。上海市民非单位的内部治理存在以下三点不足：一是理事会作为最高决策机构对管理层缺乏制约力，难以融入利益相关者角色，对决策执行进行监督和控制的动力不足；二是监事大多数由出资方派出，职责不明确，对民非单位的监管不到位，形同虚设；三是信息公开制度尚未建立，对于民非单位财务管理、项目运作等基础信息的披露不到位，使公众对于民非单位缺乏了解而无从监督，容易引发信任危机，降低了自身的社会公信力。

3. 持续发展能力欠佳。一是资金筹集能力不强。从开办资金来看，少于10万元的民非单位占总数的12%，大于60万元的也只有9.8%；从现有净资产来看，净资产为负数的民非单位共566家，占总数的8.2%。从捐赠收入来看，民非单位获得社会捐赠的金额在总收入中占比不足2%。特别是从事社区公益性服务的民非单位规模更小，成立后持续发展能力差，缺乏资源整合能力和资金募集能力。二是人才队伍建设后劲不足。由于社会对民非单位的认识不到位，民非单位的在职人员缺乏社会认可和职业发展前景，许多民非单位市场运作能力不强，财务状况堪忧，专业人员

的薪酬待遇低于同行业平均水平，加之养老保险、综合保障等制约因素，人才流失现象严重，影响了专业化程度的提升。

（三）缺乏统一的财税制度设计，培育扶持相对不足

1. 营业税设置不合理。公益性民非单位，在政府购买服务项目中，如提供非营业税条例细则规定的减免税项目，往往需要缴纳营业税，同时，营业税与机构取得收入相关，造成部分民非单位在承接公益项目后，尽管实际利润微薄，但因收入较大而要缴纳数额较大的营业税，增加了民非单位的税收负担，一定程度上限制了民非单位的生存发展。

2. 所得税免税范围有限。截至 2012 年底，上海市已有 400 余家民非单位经税务部门核准取得非营利组织免税资格。然而，非营利组织可享受的所得税免税范围较窄，根据现行政策规定，政府购买非营利组织的服务收入不在免税收入范围之内。

3. 无法享受公益性捐赠的税收优惠政策。根据现行政策规定，个人和企业只有通过取得公益性捐赠税前扣除资格的公益性社会团体进行捐赠才准予在一定比例内税前扣除。《关于公益性捐赠税前扣除有关问题的通知》（财税〔2008〕160 号）对“公益性社会团体”的概念进行缩小解释，排除了民非单位，导致公众向公益性民非单位的捐赠无法获得税前抵扣，限制了此类组织获得社会捐赠的机会。

4. 政府购买服务机制有待完善。2012 年上海市民非单位收入中来自于政府的资金约占 18.5%，低于世界非营利组织此项收入的平均水平，与加拿大和香港地区的发展水平更是相去甚远。目前，全市政府购买服务的体制机制需要进一步健全，不同地区、不同行业向民非单位购买服务的力度和范围存在一定差异，认识不统一，发展不均衡，在实际操作中缺乏规范有序的机制保证，容易出现定向购买、“内部化”倾向，定价随意性大、管理成本估算不合理、项目评估监管不到位等问题。

三、民非单位培育发展和监督管理的对策建议

（一）明确重点培育扶持的民非单位类型

《国务院机构改革和职能转变方案》提出要“重点培育、优先发展行业协会商会类、科技类、公益慈善类、城乡社区服务类社会组织”。经过梳理，这几类机构占到全市民非单位总数的九成以上。根据本文前段中对上海市民非单位发展特点和趋势的分析，提出以下应重点培育扶持的领域。

1. 社会服务类。社会服务类民非单位，主要是指从社会需求出发，体现非营利性宗旨，在服务困难群体、服务科技创新或服务文化繁荣等领域提供公共服务的民非单位。

在服务困难群体方面，要重点关注以困难群体和特殊群体为主要服务对象，以提供基本生活保障和重建社会关系为主要工作内容的服务机构，其业务领域主要集中在扶贫、济困、养老、助残、救孤、赈灾等与满足人的基本生理需求和安全需求息息相关的领域，是对政府托底保障的补充。例如，上海伙伴聚家养老服务社，基于社会需求发展康复计划、聆听计划、聚家生活服务等服务项目，创新为老服务方式；上海艺途无障碍工作室针对脑部残疾人群绘画潜能开发课程和艺术展览，给喜爱绘画的残疾人展示自己、培养兴趣的机会，起到辅助康复的功能。

在服务科技创新领域，要重点关注从事科学研究、成果转化、现代农业技术以及为中小企业发展提供专业科技服务的机构。目前全市有科技研发和产业中介机构近200家、农产品研究机构28家、农业服务中心47家。例如，上海市影像医学研究所参与国家"十一五"科技支撑计划课题"常见恶性肿瘤介入治疗方法规范化的比较研究和中远期疗效评估"；上海蓝莓研究所承担了市科委重点科技攻关项目和课题研究，完成35个引进品种的定植，建立种质资源圃和种源基地，提供种苗、技术咨询和培训。

在服务文化繁荣领域，要重点关注以民办艺术团体、社区文化活动中心为代表的坚持公益导向，积极服务社会，传承传统文化，发展海派艺术的机构等。上海市民非单位中共有民办艺术团体61家，社区文化活动中心42家。例如，上海小主人木偶剧团由热衷木偶艺术的退休老同志组建，他们克服各种困难，深入幼儿园、托儿所为小朋友进行公益演出。

2. 社会管理类。在社会管理类民非单位中，尤其关注以优化公共管理为目标、以社区为基本平台、以社会工作为主要方法的民非单位。其业务领域包括化解社会矛盾、社区自治共治、外来人口融入、城市安全防范等，此类机构在表达社情民意、协同社会管理、促进社区和谐等方面发挥着不可替代的作用。例如，上海公益社工师事务所开展"知心妈妈"项目，化解信访突出矛盾；上海久牵志愿者服务社关注来沪务工人员子女的课余生活，开设了免费的音乐、美术及学习辅导，免除务工人员后顾之忧；虹口区新家园建设与合作事务所参与住宅小区综合管理，化解处理了多起小区综合管理方面的矛盾和信访件，得到业主的认可和好评。

3. 支持型机构。支持型民非单位，是指专门为其他社会组织提供服务和支持的一类特殊的机构。根据其支持的内容，又可分为能力支持、人力支持、综合服务支持等。例如，浦东非营利组织发展中心成功运作“公益孵化器”，为初创期的民非单位提供能力建设服务；长寿路街道社会组织服务中心搭建枢纽式管理平台，承接政府转移职能，积极培育孵化各类社会组织参与和谐社区建设。

综上所述，在民非单位的培育发展中，要秉持分类指导、分类管理的原则，突出不同民非单位的特点，用多元化的手段和方法加以扶持引导。

（二）进一步完善财税扶持政策

1. 落实和推动财税优惠政策。一是扩大税收优惠种类和范围。积极争取国家政策支持，逐步建立统一、合理的民非单位税收政策体系。探索对重点培育扶持的民非单位所涉及的社会公益项目和社会服务免征营业税，对政府购买服务取得的收入免征所得税；对于公益性民非单位上交的税收形成的地方财力部分，市、区两级财税部门可采取项目扶持形式对社会组织予以补贴。二是优化民非单位税收优惠资格认定条件和程序。对于民非单位免税资格的认定，可借鉴国外经验，将组织宗旨或开展活动的性质作为考虑因素，结合机构特点、运作方式、募资渠道等特征制定差异化的优惠政策。同时，适当扩大公益性捐赠税前扣除资格认定范围，考虑将重点培育发展的民非单位纳入其中。三是建立民非单位税收优惠和监管相结合的联动机制。对享受政策优惠的民非单位实施财务信息的全面监管，并对免税资格进行定期和不定期的考核，建立退出机制，实现常态化监管。

2. 完善政府购买服务。一是推进政府职能转变。深化行政体制改革，对政府部门承担的职能进行梳理和分解，将可由民非单位承担的事务性工作和公共服务转移给民非单位，更好地发挥社会力量在公共事务协同管理中的作用。二是推进平台建设。建立健全政府购买社会组织服务的相关制度和配套政策，整合各级政府购买服务的资源，协调各区域间发展的不均衡。既要有侧重，向重点扶持的民非单位倾斜，把有限的财政经费用到最需要的地方，打破行政壁垒；又要有竞争，采取公开招标的方式进行，给各类民非单位公平公正、公开透明地获得政府资助的机会，引导有序竞争，激发机构活力。三是严格执行规范和程序，健全监管制度。根据实际需求确定项目内容，按照规范管理要求签订购买合同，并按时、按质、按量履行，提高资金的公益产出和社会效益，降低受助机构的依附性，切实加强过程监管，建立由购买方、服务对象及第三方组成的综合性评审机制进行项目验收、资金审计和全面考评。

（三）完善社会组织登记管理制度改革后的民非单位综合监管体系

1. 引导民非单位自律诚信，强化自我监督。自律诚信是民非单位生存和发展的基石，要引导民非单位充分认识自律诚信的重要意义，建设以宗旨为引领的诚信文化，在制度约束的基础上完善内部治理结构。首先要完善以章程为核心的内部管理制度，将章程的酝酿及修订过程作为民非单位厘清发展思路、实现自我发展的必经成长阶段。其次要在规范章程的基础上形成多元主体共同参与，理事会、监事会和执行团队明确职责和权利，分立制衡、有机互动的内部治理格局。最后是要完善民非单位的财务和捐赠管理、人事管理、重大事项报告、涉外活动等内部规章制度，通过制度规范加强自律诚信建设。

2. 加强政府管理部门的依法行政，规范行政监督。有效的行政监管是确保民非单位良性运作，落实各项扶持措施的重要保证，各相关部门要在权责明确的基础上，对民非单位实施动态的、日常的、持续的监督。登记管理机关要进一步提高年度检查、规范化建设评估等基础工作的针对性和有效性，加强对民非单位关于章程内容的执行、内部治理、财务管理等方面的监管。实行直接登记后，原有的业务主管单位将作为行业主管部门继续发挥监管职能，按照各自职责制定本行业的活动指南和管理服务规范，加强业务指导和行业管理。要探索建立各相关部门联合执法体系，充分利用现有四级预警网络，加大对民非单位的过程监督，增强执法的有效性和威慑力，切实做好名存实亡民非单位的查处工作。

3. 建立基于信息公开的公众监督体系，完善社会监督。信息公开应作为一项制度持续推进，统一规范。从内容来看，民非单位的信息公开包括组织基本信息、资产来源及使用、捐赠接受及使用、收费标准、服务承诺、薪酬制度、年度报告、审计报告等；从方式来看，应探索建立面向全市的民非单位公共信息平台，便于社会公众查询；从监督主体来看，要赋予媒体、捐赠方、服务对象、社会公众知情权和监督权，完善投诉举报机制，发挥多元监督主体的作用；从监管要求来看，应将信息公开情况作为民非单位的法定义务，将信息公开执行情况与扶持政策挂钩，督促民非单位自觉、及时、客观、全面地发布信息，促进民非单位健康有序发展。在信息公开的基础上，积极推进民非单位信用体系建设，探索建立社会组织法人单位信息库，实现信息整合和共享。

上海市社会组织发挥作用情况

上海市社会团体管理局

随着社会组织的不断发展和成长，社会组织在推动经济发展、促进政府职能转变、加快社会事业发展等方面的作用日益显现。概括起来，主要有以下几个方面。

一、服务经济发展

一是行业协会积极发挥服务企业、规范行业、发展产业作用。全市行业协会普遍参与行业发展规划、行业标准的制定，全市80%以上的行业协会制定了行规行约或行业争端解决规则，超过60%的示范合同文本由行业协会与工商部门联合制定，行业协会已经成为市场经济体系中不可或缺的重要力量。二是推动科技创新，增强经济竞争力。上海科技成果转化促进会向中小企业征集发展过程中的技术难题并公开招标，组织高校和科研院所进行突破，至今招标896项。促进会还组织专家评审、鉴定、点评项目1030项，推介项目376项。三是服务新农村建设，促进城乡协调发展。上海多家服务“三农”的社会组织，发挥技术、信息、资金等优势，通过“协会+企业（农场）+农户”等运作模式，在推动农业生产的组织化、标准化、市场化等方面发挥积极作用。四是开展涉外活动，推动国际交流合作。据2012年度检查数据统计，全市参检社会组织共开展国际合作项目211个，组织或参加国际会议358次，对于上海“四个中心”建设起到积极推动作用。

二、促进民生保障和社会事业发展

一是积极从事公益服务，满足群众多样化需求。上海社会组织广泛开展残疾扶助、居家养老、帮困救助、便民服务、外来务工人员子女教育等各类公益活动。据2012年度检查数据统计，全市参检社会组织共开展公益活动项目1.45万个，举办各类公益活动29.17万次。二是服务流动人口，推进基本公共服务均等化。普陀区桃浦镇桃苑村新上海人服务中心为流动人员提供就业指导、教育培训、计生服务、法律咨询、互助基金、物业管理等服务，先后帮助来自26个省市的1200多名务工人员及家属适应、融入上海。三是尊重生命，关爱特殊人群。上海浦东手牵手生命关爱发展中心开展“守护·天使”临终关怀项目，3年里累计为2000多人次的癌症末期及临终期病人和家庭提供关怀服务，促进上海市卫生局明确三级甲等以上医院增设临终关怀科。

三、维护社会和谐稳定

一是化解社会矛盾，促进社会和谐。近年来，上海在建立社区矫正、禁毒和社区青少年事务管理社工机构的基础上，积极探索推进社会组织参与化解社会矛盾。虹口区梁惠英调节工作室在成立短短两年的时间里，解答群众各类法律咨询1250批，调解动拆迁家庭内部矛盾142件，达成自觉搬迁协议119件，成功率达到84%。上海公益社工师事务所受浦东新区政府委托，创新开展社工介入信访矛盾化解的“维稳妈妈”项目，有效减少了“非访”，获得国家信访总局认可。二是参与社区治理，激活基层活力。浦东塘桥物业服务社运用社区共同体成员协商的方法，签署互换车位协议，错时停车，较好解决了停车难问题。闵行区宠物协会针对不文明养狗现象，在社区成立文明养宠志愿者指导站，签订文明养犬公约，做到文明养狗。

四、促进政府职能转变

一是承接政府转移的职能。闸北区临汾路街道社区事务工作站承接街道委托的事务性工作，使居委会工作从135项减少到66项，每年为街道节省工作经费30多万元。静安区社会帮教志愿者协会承接对区内刑释解教人员的帮教工作，使全区800多名帮教对象的重新违法犯罪率保持在0.59%以下，150多名矫正对象无一重新犯罪。二是协助政府应对危机。社会组织运用丰富的组织网络和灵活的运作机制，成为政府应对公共危机的重要帮手。静安区“11·15”特大火灾发生以后，静安社会组织在参与现场救援、受灾家庭安置以及心理疏导等方面发挥了积极作用。三是推动政府决策的科学化。上海市出租汽车暨汽车租赁行业协会在油价高涨的情况下，积极反映会员呼声，促成了“油价运价联动机制”。上海华夏社会发展研究院3年时间里先后完成中央文明委委托的2011版《全国文明城市测评体系》、《全国“文明网站”测评标准》、《全国志愿服务工作测评体系》，为政府制定政策提供了参考。

五、舒缓就业压力

一是直接提供就业机会。社会组织的就业弹性较大。目前本市社会组织就业人数占全市就业人数的比例约为1.64%。2004—2012年，社会组织从业人员规模从12.5万扩大到18.16万，直接吸纳了近6万人就业。二是动员会员单位吸纳就业、稳定就业，间接发掘了大量就业机会。上海市人才服务行业协会从2012年10月起，组织295家会员单位开展“人才服务进校园”高校毕业生就业促进活动，发布42687个针对应届毕业生的招聘岗位，提供2157个见习及实习岗位。三是开展就业创业指导培训，提升人员就业创业能力。上海市普陀区通过民办培训学校培训失业下岗人员，通过再就业促进协会发动会员单位提供再就业岗位，通过民办职业介绍所介绍，近3年实现再就业达15000多人。

六、提供党建工作载体

各种社会组织把不同利益需求的“社会人”组织起来，为“支部建在连上”提供了组织载体，通过加强这些组织的党建工作，有效实现党对“社会人”的领导，扩大党执政的社会基础。静安区“两新”组织促进中心建立的“白领驿家”，打破传统的单位、行业、区域党建形式，形成“若干个活动党支部、8个板块党总支、白领驿家党委”金字塔形的社会组织党建工作结构，联系起4万余名会员，服务白领累计20万人次。市经济团体联合会、市商业联合会组建成立枢纽式党委，努力破解社会组织党建难题。市市政公路行业协会建立行业党委，将党建工作有效延伸到会员单位。

加快江苏社会组织改革发展的对策研究

江苏省社会组织管理局

一、江苏社会组织发展的特色与经验

近年来，江苏省民政厅坚持培育发展和管理监督并重的理念，采取多种措施积极推动社会组织健康有序发展。全省社会组织的数量快速增长，结构不断优化，据统计，截至2013年9月底，江苏共注册登记各类社会组织50258个，其中社会团体23721个，民办非企业单位26106个，基金会431个，登记备案基层社会组织66379个，平均每万人拥有社会组织数达6.3个（按登记备案总数计算达14.6个）。从总体上看，江苏省推动社会组织发展主要从管理和培育两方面着手，采取了以下重点措施。

（一）顶层设计与制度配套

一是在制度层面加强地方立法。2010年1月，省人大颁布了《江苏省慈善事业促进条例》，在全国率先完成慈善立法，规范了慈善事业和慈善组织发展。2011年，省人大又颁布了《江苏省行业协会条例》，界定了行业协会的职责，将政府职能转移、社会组织评估等创新管理措施纳入法规内容，明确规定实行政府购买行业协会服务制度，推动了行业协会改革发展，充分体现了江苏在立法层面对于社会组织发展的支持。

二是出台了相关配套政策。省委省政府在立法设计的前提下，逐步出台了各项配套政策，实现江苏社会组织发展的规范化与制度化。2011年，江苏出台了《关于实施社会管理创新工程切实加强群众工作的意见》，提出实施“社会组织培育管理行动计划”，将社会组织建设纳入社会管理创新系统工程进行部署。2012年，省委省政府又出台了《关于进一步加强新时期民政工作的意见》，提出了推进社会组织管理体制改革、健全政府购买社会组织服务机制、设立社会组织孵化基地、开展社会组织公益创投实验等一系列创新措施。2013年，为推进政府职能转型，完善政府购买服务工作，省政府办公厅下发了《关于推进政府购买公共服务工作指导意见的通知》（苏政办发〔2013〕175号），明确了政府购买公共服务工作重点领域，采取政府购买服务等方式；省民政厅联合省财政厅出台了《关于推进政府向社会组织购买公共服务的实施意见》，进一步推动政府向社会组织购买服务，充分调动了社会组织参与公共事务和公共管理的积极性。

（二）创新登记与结构优化

一是试行直接登记。根据中央关于社会组织体制改革的精神，江苏南京、苏州等地区率先试行了社会组织直接登记。2013 年，省民政厅下发了《关于对四类社会组织试行直接登记的通知》，对行业协会商会类、科技类、公益慈善类和城乡社区服务类社会组织试行直接登记，同时引入竞争机制，鼓励各地探索行业协会一业多会。试行直接登记以来，全省共新增社会组织 2955 个，其中社会团体 858 家，基金会 129 家，民办非企业单位 1968 家。

二是下放登记权限。2010 年，省民政厅出台了《江苏省异地商会登记管理暂行办法》，明确将异地商会登记审批权限下放到县（市、区）一级，确保异地商会规范发展；2013 年，省民政厅下发了《关于下放基金会登记管理权限的通知》，决定自 2014 年 1 月 1 日起，将基金会登记审批权限由省民政厅下放至各设区市、县（市、区）民政局，进一步推进了公益慈善组织快速发展。

三是提升管理效能。自 2005 年起，江苏在全省范围实行了基层社会组织登记备案双轨制，对尚不具备登记条件的基层社会组织给予备案，有效激发了基层社会组织的发展活力。2013 年，针对当前社会组织登记管理中的热点难点问题，省民政厅根据党的群众路线教育实践活动精神，制定了《关于改进社会组织登记管理服务的若干措施》，进一步明确降低城乡社区社会组织登记门槛、简化城乡社区社会组织登记程序、缩短审批时限等多项措施提升登记管理效能，并充分利用网络平台，开辟社会组织登记管理网上服务渠道，展现出江苏社会组织管理的网络化与智能化。

（三）积极引导与长效发展

一是加强能力培训。近两年来，在依托中央财政培训示范项目基础上，江苏积极落实配套资金，每年针对社会组织负责人、登记管理机关工作人员组织 3—4 期专题培训班，有效提升全省社会组织从业人员的能力水平，大力推动社会组织工作人员专业化、职业化建设；苏州市实施了“社会组织 CEO 能力提升‘双百工程’”，努力造就一批社会组织专职秘书长和职业经理人，并吸纳更多的专业社会工作人才参与社会组织工作。

二是建立培育扶持（孵化）基地。自 2010 年起，鼓励各地采用多种方式建立社会组织培育扶持（孵化）基地，对初创期、萌芽期社会组织予以资金、项目、人才、场所等多元化扶持。南京市在全省最早建立孵化基地“爱德社会组织培育中心”，目前市、区两级社会组织孵化基地基本全覆盖，浦口区泰山街道、栖霞区西岗街道等还建立了街道级孵化基地。目前，全省各地已建、在建各类社会组织孵化基地133个，比2012年底增长1倍，已培育各类社会组织1573个，共投入资金8086万元。“江苏省在全省普遍建立社会组织培育扶持基地”被评为2011年度全国社会组织十件大事之一。

三是开展公益创投。各地积极争取财政资金或福彩公益金支持，通过购买社会组织服务的方式，打造社会组织服务品牌。2012年，省民政厅落实500万元福彩公益金，开展了首届全省社区公益服务创投试验，组织专家评审团遴选优质项目94个，给予其资金扶持和有针对性的能力建设服务，省级福彩公益金作为种子基金，带动地方财政和社区投入配套资金2102.965万元，项目直接受益人达16.4万余人，得到了《中国社会报》等媒体的高度评价。2013年，省级福彩公益金数额提升至1000万元，全省社会组织中开展2013年社区公益服务创投大赛，共有125个项目通过评审立项并获得资金扶持。目前，社区公益服务创投工作在全省范围内全面、深入推进，“苏州市首届公益创投活动”带动各市（区）实施“微创投”，两年来，全市两级共投入3715万元福利彩票公益金，实施了358个公益项目，南京、无锡、南通、扬州、淮安等多个地区也积极开展公益创投活动，实现了培育社会组织、提供社会服务的双重目标，得到了社会组织的强烈支持和社会公众的广泛认可。据统计，2013年全省各级设立社会组织扶持资金合计7963万元。

四是全面推行社会组织等级评估。江苏自2009年起开始试行社会组织等级评估，并于2010年出台了《江苏省社会组织评估管理办法》，制定了一系列评估指标，在全省范围内全面推行社会组织评估制度。截至2013年上半年，全省各级共有1188家社会组织获得评估等级，其中5A级社会组织共67家，起到了良好的示范引领作用，有力推动了全省社会组织标准化、规范化建设。

二、江苏社会组织发展面临的障碍

（一）行政法规相对滞后

目前，《社会团体登记管理条例》和《民办非企业单位登记管理暂行条例》是1998年前后制定的，《基金会条例》是2004年制定或修订的，严重滞后于经济社会发展，尤其是滞后于经济发达和改革开放先行地区的形势。登记管理机关和其他相关部门间的职责分工不明确，许多登记和监督的实体性条款缺乏可操作性，对境外非政府组织以及网络社团等新兴组织缺乏登记管理依据，导致很多社会组织在注册登记和实际运行中许多问题“无法可依”。

（二）审批制度不健全

根据现行法规，所有社会组织注册登记前必须经业务主管单位前置审批，但业务主管单位审批依据法规各不相同，执行标准各有差异，仅有少数几类社会组织（如教育类民非）的业务主管单位有相应审查与管理办法，大量涉及工商服务业、农村及农业发展、生态环境、法律、宗教、国际及涉外组织等社会组织均无相应的业务审查与管理办法。同时，大量跨行业、跨专业的社会组织难以找到对应的业务主管单位，目前，江苏已对行业协会商会类、公益慈善类、科技类和城乡社区服务类社会组织试行直接登记，但由于缺乏明确的法规和操作性规定，对这四类社会组织的类型界定还不够清晰，在实际操作中仍然存在不少困难。

（三）政社不分导致社会组织对于行政资源的依赖性过大

目前在江苏的管理现实中，许多社会组织或多或少都具有政府背景，依赖政府资源的支持，而草根社会组织的发展供养不足，这在客观上造成了许多“社会性”社会组织经费不足，而官办社会组织政社难分。这些大量的具有行政色彩的社会组织对人、财、物缺乏自主支配权，缺乏自律自治和民主管理能力，同时也缺乏社会责任感和自我管理意识，缺乏自我组织资源、自主进行活动、自发接受监督的能力。这些社会组织自成立之初社会性就很低，也并没有认真思考如何与行政资源脱钩断奶——成为真正的社会组织，对行政资源长期的过度依赖直接导致其从根本上丧失了“社会性”。这一问题的连锁反应就是政府资源一旦撤出，社会组织就成为空壳一个，难以承担起联系政府与社会、参与社会治理与公共服务的重任。

（四）社会组织发展缺乏鼓励性政策

政府对于社会组织的发展缺乏明确的鼓励性政策，激发社会组织活力的手段还不够多元。一方面，社会组织尤其是民办非企业单位的税收优惠政策严重缺乏，大量的民办非企业单位的服务性收入既要缴5.65%的营业税、还要缴相应的所得税。尤其是公益性社会组织接受政府财政经费购买服务和“以奖代补”的收入也仍被征税。社会组织目前执行的《民间非营利组织会计制度》实施至今已有9年，但税务登记系统仍然没有“民间非营利组织”或“社会组织”分类，社会组织只得改按“企业会计制度”

才能报税。另一方面，各级财政对社会组织投入远远满足不了社会组织发展乃至社会服务需求，省级至今尚未设立社会组织发展专项资金，福彩公益金支持的公益创投活动也刚刚起步，资助金额也相对较低。财政资金的匮乏使得大量社会组织难以通过公平竞争的方式获得生存发展的机会，也难以撬动社会资源的持续投入。

（五）社会组织登记管理人员队伍严重缺乏

从省级情况看，江苏省民政厅社会组织管理局现有人员编制仅10名，其中一线工作人员仅7人，与之相对比，北京150人、天津55人、上海80人、广东33人、山东23人，均远远高于江苏省配比。而各市、县（市、区）登记管理机构更是事多人少，全省各级从事社会组织管理工作人员编制数仅188人（其中专职人员只有102人），平均每人管理的社会组织达418家。大多数县（市、区）1人兼管多项业务，对社会组织管理疲于应付，甚至达不到行政处罚法中要有两名以上执法人员的要求，在完成登记、年检等基础工作的同时，难以做好执法监察以及培育管理创新工作。还有很多地区借调和临时聘用其他人员开展相关工作，这些人员根本不具备执法资格，无法开展任何执法工作。从总体上看，江苏现有机构和人员状况已远不能满足社会组织改革发展的新形势、新任务要求。

三、推进江苏社会组织改革发展的政策建议

（一）改革登记管理制度，推进社会组织社会化

1. 简化登记程序，实行直接登记。认真贯彻落实党的十八届三中全会精神，除政治法律类、宗教类等其他社会组织以及境外非政府组织在江苏代表机构外，其他各类社会组织按照分级负责的原则，由各级人民政府民政部门实行直接登记。登记管理机关、行业主管部门及相关职能部门在各自职责范围内依法对社会组织进行业务指导和管理服务：民政部门依法履行登记、备案、年检、监督、执法等管理服务职能，指导社会组织信息公开和社会评估，建立健全服务窗口和平台，会同有关部门提供人才、党建、外事等指导服务。行业主管部门负责对社会组织的业务指导和行业监管，制定活动准则、行为规范，通过项目委托、购买服务和政策扶持，引导社会组织健康发展。发展改革、财政、税务、人力资源社会保障、公安、金融、审计等综合职能部门要依照法律法规和有关规定，负责社会组织的相关管理服务。

2. 下放管理权限，完善双重负责登记管理制度。因地制宜，在继续实

行城乡基层社会组织登记和备案并行的双轨制基础上，探索建立城乡社区枢纽（联合）型社会组织，增强社区自治服务功能。政治法律类、宗教类等其他社会组织，继续实行登记管理机关和业务主管单位双重负责的登记管理制度。成立上述社会组织，须经业务主管单位审核同意，然后向登记管理机关申请登记。业务主管单位负责做好成立前的审查、年检初审和日常监管，规范财务管理、对外交往、论坛研讨、换届选举等重大活动。登记管理机关依法履行登记管理和监督检查等职责。

3. 实行政社分开，推进自主办会。支持社会组织依法按章、独立自主开展活动，切实解决行政化倾向严重等问题。政府及部门、企事业单位要从职能、机构、工作人员、资产和财务等方面与社会组织脱钩，实行政社、社企分开。社会组织应设独立办公场所，不得与行政机关合署办公。依法登记的社会组织必须设立独立账户，不得与行政机关会计合账或实行财务集中管理。现职公务员一律不得兼任基金会、民办非企业单位和行业协会商会负责人，已兼职的应限期辞去公务员或辞去社会组织职务。严格限制现职公务员在其他类别社会组织兼任负责人，因特殊情况需兼任的，按照干部管理权限从严审批，并且兼职不得超过 1 个，不得领取报酬。社会组织的理事长（会长）、秘书长、法定代表人不得兼任其他社会组织负责人。对离退休公务员在社会组织中担任负责人进行规范。

4. 建立境外非政府组织登记管理制度。境外非政府组织在江苏代表机构实行双重管理。境外非政府组织在江苏申请成立代表机构，应经确定的业务主管单位审核同意，向省级民政部门申请登记。未设立代表机构的境外非政府组织在江苏活动，必须与符合条件的境内法人单位以合作项目的形式进行，签订书面合作协议，合作项目应由境内法人单位报相关主管部门批准、同级登记管理机关备案，未经批准、登记的一律不得实施。建立境外非政府组织项目、资金、人员等管理制度，保障其正当交往与合作。对于省内成立的社会组织，也要建立社会组织外事管理制度，依法规范社会组织开展对外合作和接受境外捐赠等涉外活动。

（二）实施培育扶持计划，创新社会组织培育发展政策

1. 完善落实社会组织税收优惠政策。落实国家对社会组织的各项税收优惠政策，将国家对公益性社会组织的免税政策扩大到民办非企业单位，对社会组织接受政府购买服务收入免征所得税，对基金会保值增值收入减免所得税。社会组织从事服务活动中取得的符合免税范围的收入，按规定免征营业税和企业所得税。免征非营利性科研机构、老年服务机构、医疗机构自用房产、土地的房产税、城镇土地使用税。完善公益性社会组织捐

赠税前扣除政策，公益性社会组织自成立登记之日起即可申报公益性税前扣除资格，相关部门确定后，企业通过该社会组织，用于公益事业的捐赠支出，在年度利润总额12%的以内部分，准予在计算应纳税所得额时扣除；公民将其所得中捐赠该社会组织的部分按照国家规定从应纳税所得中扣除。鼓励金融机构为符合条件的社会组织提供信贷支持，拓宽社会组织筹资渠道。

2. 建立健全财政资金扶持政策。省、市、县三级财政设立社会组织培育发展专项资金，主要用于社会组织服务社会项目补助、社会组织评估、社会组织孵化中心或创业基地建设、社会组织信息化管理平台建设、社会组织从业人员培训，以及对社会贡献突出的社会组织奖励等。省级财政每年安排社会组织培育发展专项资金不低于5000万元，同时，在省福彩公益金中设立公益创投资金，每年不低于3000万元。建立与经济社会发展相适应的社会组织投入增长机制。推动各地开展公益创投活动，培育社会组织公益服务项目品牌。发挥财政扶持杠杆效应，引导社会资金向社会组织有效流入。

3. 加快推进政府购买社会组织服务进程。在加大财政支持力度的基础上，通过合规与合理优化购买公共服务机制提高财政资金使用效率。结合政府机构改革和行政审批制度改革，积极推进政府职能转变，向社会组织开放更多的公共资源和领域。各级各部门要认真梳理转移职能，凡适合社会组织承担的服务事项，都可以通过委托、承包、采购等方式交给社会组织承担。编制部门牵头制定政府向社会组织转移职能目录。财政部门牵头制定政府向社会组织购买服务的办法和购买服务目录，建立健全以项目为导向的政府购买社会组织服务制度。民政部门牵头制定有资格承接政府转移职能和购买服务的社会组织目录。政府部门向社会组织购买服务的费用应当列入部门年度预算。积极探索服务外包、公益创投等新路径，提高公共服务绩效。

4. 强化优势、重点培育五类社会组织。按照党的十八届三中全会的部署，江苏要大力发展五类社会组织。一是对于公益慈善类社会组织。认真贯彻《江苏省慈善事业促进条例》，鼓励公益慈善类社会组织创新服务方式，提供多样化、多层次的公共服务。允许公益慈善、志愿服务类社会团体名称使用字号。允许民办非企业单位以其服务品牌在其活动区域内形成连锁服务，其各个服务点可以使用同一字号、商标及服务集团标识。鼓励有条件的民办非企业单位申请注册服务商标，依法维护自身合法权益。引导并支持企事业单位、其他组织和公民成立公益慈善类社会组织，鼓励其拓展资金募集渠道、扩大公益性支出，实现社会化、专业化和项目化运作。二是加快行业协会商会改革发展。放宽行业协会商会准入条件，探索一业多会，允许按国民经济行业分类的小类标准设立行业协会，允许同一行业按产业链各个环节、经营方式和服务类型设立行业协会，适度竞争，优胜劣汰。以新兴行业、支柱产业、优势产业为重点，着力培育管理规范、机制健全、社会公信力强的行业协会商会。三是加大科技类社会组织扶持力度。充分发挥科技类社会组织专家荟萃的特点和优势，鼓励和引导科技类社会组织积极开展学术研究，普及科学知识，推进理论创新，推动科技进步。支持科技类社会组织承办相关领域内学术交流、咨询培训、标准制定、项目论证、技术鉴定、资格认证、科技成果评价、人才评价、人才培养等重要事项。四是积极培育城乡社区服务类社会组织。大力发展城乡社区服务性、公益性、互助性社会组织，继续实行登记备案双轨制。城乡社区社会组织办公场所、人员、注册资金等成立条件由各地自行设立。建立健全以社区为平台、社会组织为载体、社会工作人才为支撑的“三社联动”机制，鼓励社会工作人才利用社区资源领办社会组织，引导城乡社区社会组织专业化运作、多元化发展。五是探索建立联合型、支持型社会组织。允许同类型、同行业、同地域的社会组织成立自律性联合组织，进行自律管理和自我服务。支持有关人民团体和联合型社会组织发挥桥梁纽带、培育扶持和自律规范等作用，在自主自愿基础上，团结联系相关社会组织，进行协调指导、示范带动和综合服务。同时，按照目前采取的“政府支持、民间兴办、专业管理”的创建模式，继续加强社会组织培育扶持基地（培育中心、创业基地、孵化基地等）建设，鼓励这类支持型社会组织为社会组织提供资金、人才、能力、信息等综合性培育和服务平台。

5. 加大“示范典型”推广力度，把优秀公益创投项目的正能量效应最大化。一方面，在现有社会组织公益创投经验的基础上，增强项目审批程序的公平性，注重项目的多样化、专业化。另一方面更应避免为了创投而创投的误区，而是把侧重点放在找到优质、可复制的好项目上，然后将孵化出炉的优质项目在全省进行大力推广，采用标准化集约化发展思路，优先发展强强联合的社会组织培育基地，通过发达地区转移成熟项目的方式扶持欠发达地区发展基层服务类社会组织基地，使得公益创投项目的效益最大化。在项目推广过程中，还要引导社会组织树立品牌意识，提高品牌辨识度和社会知晓度，加强对社会组织品牌的保护。

（三）实施能力提升计划，完善社会组织监督体系

1. 加强社会组织人才队伍建设，健全社会组织内部管理制度。省级率先建立社会组织人才库，构建从业人员培训体系，规范开展从业人员培训，提高从业人员的整体素质，重点加强社会组织从业人员的执业规范和执业纪律的培训考核，探索建立社会组织职业经理人制度和从业人员持证上岗制度。抓紧制定社会组织从业人员的工资、福利、职称评定、劳动保障等制度，每年对1000名省级社会组织从业人员开展培训，加快社会组织从业人员的专业化、职业化进程。指导社会组织健全权责明晰、运转协调、制衡有效的法人治理结构，完善财务、人事、活动、决策等各项内部制度。规范用人制度，完善保障和激励机制，实行劳动合同制度，保障工作人员合法权益；建立健全财务决策、管理和监督制度，鼓励大中规模的社会组织引入外部审计机制，并将审计结果向理事会、会员大会以及社会公布；推行民主选举、民主管理、民主决策和民主监督，在社会团体中推行差额选举试点，在社会团体和民办非企业单位中探索建立监事会制度。

2. 强化社会监督，完善社会组织诚信自律机制。对社会组织最有效的监管是社会监督、行政监管以及社会组织自律三者的有机统一。因此必须畅通社会监督渠道，完善社会公众投诉举报机制，提升新闻媒体对社会组织的关注程度和监督力度。建立第三方对社会组织的监督机制。保障捐赠人、受益人、社会公众对社会组织机构、人员、活动、财产等信息的知情权，实现对社会组织透明有效监督。在此过程中，下大力气规范社会组织财务行为。贯彻财政部《民间非营利组织会计制度》，指导社会组织健全会计核算制度和财务管理制度。全省统一制定会费、接受捐赠、财务结算等社会组织专用票据，加强票据申领、换发、核销管理。完善社会组织年度审计和负责人离任审计制度，登记管理机关和相关部门根据职责分工，加强社会组织财务监督。完善社会组织财务信息公开披露制度，健全社会查询、监督和举报机制。努力打造社会组织公信力工程，建立健全社会组织规范运作、诚信执业、信息公开、公平竞争、奖励惩戒、自律保障等机制。重点健全社会组织信息披露机制，打造统一规范、严格透明的信息披露网络平台，将信息披露贯穿于社会组织自律、社会监督和行政监管，确保社会组织透明、高效、规范运行和健康可持续发展。

3. 全面开展社会组织评估，引入竞争机制、强化退出机制。激发组织活力需引入适度竞争机制。鼓励培养与退出淘汰并举，必须明确建立健全可操作性的社会组织退出机制。对社会组织的违法违规行为依法追究责任。对社会组织出现完成宗旨、自行解散、合并分立、无法按照章程规定

的宗旨继续开展活动等情形的，应在进行财产清算后，办理注销手续。对活动不正常、运作能力弱和社会认可度低的社会组织，应引导其合并或注销。对不符合设立条件、弄虚作假取得登记的，组织机构不健全、管理混乱、超过一年未开展活动、符合注销条件但不办理注销手续的，连续两年或累计三年未年检的，连续两年年检不合格或连续三年年检基本合格的社会组织，实行有序退出。按照政府指导、社会参与、独立运作的总体要求，建立社会组织评估指标体系，完善公开、公平、公正的评估制度，形成组织健全、程序完备、操作规范、运转协调的评估工作机制，充分发挥评估的导向、激励和约束作用，将评估结果作为政府向社会组织转移职能、购买服务的重要依据和条件，对达到3A以上等级的社会组织，优先作为转移职能和购买服务的对象。

4. 加强社会组织党建工作，发挥社会组织参政议政作用。加强对社会组织党建工作的领导，逐步理顺社会组织党建管理体制，落实党建工作责任制。进一步落实“双报双推”制度，即在社会组织登记申报时推动建立党组织，年检年报时推动党组织发挥作用，提高社会组织中党的组织和党的工作覆盖率。健全社会组织党风廉政建设体系，充分发挥社会组织党组织的战斗堡垒作用和党员的先锋模范作用。支持工会、共青团、妇联等人民团体在社会组织开展工作。各级政府及相关部门应加强与社会组织的信息沟通，在制定政策、实施重大决策等过程中，注重广泛听取社会组织的意见和建议，提高社会组织对公共事务的参与度。党的代表大会、人民代表大会可适当安排社会组织代表，在政协界别适当增加社会组织系统的政协委员。

5. 充实登记管理力量，确保对社会组织的有效监管。统筹和系统解决社会组织登记管理机关的机构和编制问题，形成自上而下、相对独立、统筹协调、力量匹配的社会组织管理机关。按照工作任务、社会组织数量建立专门机构，配备专职工作人员，保障工作经费。加强行政执法力量，省、市、县建立社会组织执法监察队伍，保障执法经费和执法装备。同时，要建立覆盖全省的社会组织管理信息化平台，在部门、地区之间逐步实现信息共享。

加强现代社会组织党建工作

浙江省民间组织管理局

社会组织是现代社会的基础架构，是文明进步的重要标志。中国共产党第十八次全国代表大会明确提出“加快形成政社分开、权责明确、依法自治的现代社会组织体制”，十八届二中全会全面部署“改革社会组织管理制度”，三中全会突出强调“激发社会组织活力”，党中央的决策要求迅速转化为政策举措，社会组织建设改革不断加速。社会组织整体发展面临着新的形势和要求，社会组织党建工作也迫切需要进行深入的思考、谋划和调整。

一、近年来社会组织党建工作的回顾探讨

社会组织是《中国共产党章程》规定建立党的基层组织的一个类别。作为社会组织改革发展工作体系中具有引领牵头地位的重要组成部分之一，党建工作越来越受到重视和支持。特别是在学习实践和创先争优活动当中，按照党中央的决策部署，社会组织作为一个专门的类别，整体纳入全国性的党员学习教育活动，这在党的历史上还是首次。近年来，各地各部门做了大量积极的创新和探索，有力推动了社会组织党建工作格局的提升和发展。多角度地对这些创新探索的回顾探讨，将有助于进一步健全完善社会组织党建工作体制机制，做实党建工作成效。

（一）关于党组织设置方式

独立设置党的基层组织应当是最基本的形式。除此以外，社会组织党组织的设置方式还包括联合的、挂靠的、派驻的、临时的等，目前联合型等占了社会组织党组织总数的大部分。这些方式打开了社会组织党建的工作思路，有效扩大了社会组织党组织的覆盖面，但以此设立的社会组织党组织却先天发育不良。如，某联合党支部由分别来自5个社团的6名党员联合组成，很难开展具有实质意义的活动，作用十分有限。调研发现：从个体来看，新的社会组织党组织增设的同时，往往并没有同时发展出新的党员；从整体来看，社会组织党组织增加的数量，也往往超过了社会组织中新发展党员的数量。通常，新的党组织要在有新的党员出现时予以设

置。两者增长数量的反差，说明设置党组织的积极性超过了发展党员的积极性，这在短期内有其合理性，却不能成为常规情况下的合理现象。“为党建而党建”的做法有害无益，党组织的设置依据和方式需要作深入的思考和研究，以防止社会组织党建工作流于形式。

（二）关于兼职党员在社会组织党组织中的活动方式

由于专职党员数量的普遍不足，能否把社会组织中大量存在的兼职党员纳入社会组织党组织的成员范围，往往成为制约社会组织党组织成立的关键条件。但这带来了这些兼职党员如何协调参与原所属单位和社会组织党组织的组织生活问题；或者是，原所属单位和社会组织党组织面临如何协调处理他们的党籍挂靠和教育管理问题。“一方隶属、多方活动”，即组织关系在一个单位，同时参加两个或更多党组织的组织生活，成为解决上述问题的基本方案。这个方案的意图重在更好地发挥党员在社会组织中的作用，而不苛求组织关系是否在社会组织党组织中。但我们必须要看到的是，多方管理涉及的主体增多，协调难度也将相应变大，它需要原所属单位、兼职党员个人和社会组织都十分清楚地认识、准确地执行各自与此相关的定位、关系和职责。否则，在未能如愿实现发挥兼职党员在社会组织中的作用的同时，还可能会削弱原所属单位的教育和管理。然而，目前党的政策法规层面上还缺乏对社会组织党建“一方隶属、多方活动”模式的具体规则。

（三）关于社会组织党组织隶属关系状况

隶属关系，本质上是一种行政上的上下级关系。社会组织党组织的上级党组织没有统一的归属，现实中既有业务主管单位党组织，也有登记管理机关党组织，既有属于“块”的属地基层党委，也有属于“条”的如行业党委包括枢纽型社会组织党委，等等。体制内的党建工作，都是以上下级关系为基础，建立起党组织之间的隶属关系，中间存在着人事、财务等具有制约性的强关系纽带。社会组织党建工作在逻辑上也需要推动建立党组织之间的隶属关系，但两者在人事、财务等方面仅存在弱关系纽带甚至没有。这导致了社会组织党组织在构建隶属关系上的困难局面，也造成了隶属关系实际状况的多元现象。实践中的一些创新做法，比如以枢纽型社会组织党委来承担兜底功能，负责将找不到上级党组织的社会组织党组织统一挂靠进来，就容易在解决老问题的同时也带来新的问题，势必面临下级社会组织党组织数量过多、指导幅度过宽的困境。如衢州市社会组织促进会党委现已经挂靠了 17 个党支部，数量趋于饱和甚至超过多数的市级行政机关。进一步地理顺、强化和优化社会组织党组织的隶属关系，亟待作深入调查和研究。

（四）关于社会组织党建工作目标设置

对于社会组织党建工作目标的探讨，必须要明确的是：在社会组织中建立党的基层组织，从来就不是社会组织党建工作的全部内容，也不是社会组织党建工作的必选目标。近年来一些基层单位的社会组织党建工作，仍不时有见到所谓社会组织党组织覆盖面要达到或者竟然已经达到了100%的论述，其高度覆盖的程度不合常理。不分类别、范围，无论条件、基础，所有的社会组织都要或者都能建立党的基层组织吗？事实上是难以达到这样的程度的，党章无此规定，中央也没有作过这样的要求。出现这样的一些论述，其原因或者是缺少对社会组织近距离的观察，缺乏深切的了解；或者是仅仅凭着对党建工作的盲目热情，忽视了客观规律。工作目标是指挥棒，对社会组织党建工作目标的设置，一定要遵循客观规律，回归科学轨道。

这些创新和探索拓宽了工作思路，丰富了政策体系，也有力地提升了社会组织党建工作的整体面貌，总体上无疑是十分积极有益的。但这些手段在短期内集中运用，也使少数社会组织党组织呈现出了一定程度的虚拟性、脆弱化特征，反映了社会组织党建工作迄今仍然存在的难点和不足。完善社会组织党建工作机制，提升社会组织党建工作成效，无疑要对这些问题进行深入的分析和探讨。

二、社会组织领域党建特殊性的简要分析

社会组织党建与传统领域党建的区别，其核心差异主要在于社会组织党建主要属于体制外党建的范畴。社会组织的特殊性，既塑造了社会组织党建工作的特殊性，也构成了社会组织党建工作的主要难点和重要价值。

（一）组织结构松散

社会组织是公民实现其结社权的组织载体。作为基本公民政治权利之一，“入会自愿、退会自由”等是社会组织组建和运作所要遵循的基本原则。在这些原则框架的限制下，社会组织对其成员十分缺乏强的和硬的约束，这成为社会组织结构松散的重要根源。同时，由于当前我国社会组织仍处于发展的初期阶段，社会组织整体缺乏原生的、内在的凝聚力，也使得社会组织在很大程度上表现出了弱小、松散、多变和脆弱的显著特征。通过年检等日常工作也能够发现，为数不少的社会组织不能有效开展工

作，甚至极少数已经机构涣散、名存实亡。

（二）联系影响广泛

虽然自身大多发育不全、规模尚小，但社会组织却天生地长袖善舞，联系千家万户，影响十分广泛。从社团来看，其会员少则近百，多达数万甚至数十万、上百万；从民办非企业单位来看，许多民办学校学生众多，不断吐故纳新，对家长有着很深刻和直接的影响；基金会虽然数量不多，但也通过募捐和资助等高度社会化的行为，也对外界产生重大影响。党和政府与人民群众之间一切的联系和沟通，通过社会组织这个纽带和桥梁，能够展现出很强的整合和放大效果。这正是党和政府强调“社会协同、公众参与”的理论依据。从党建工作来看，社会组织党建工作做得好，也将带动和促进其会员、成员等相关主体的党建工作。如行业协会商会党建出色，必将示范和引领相关行业的非公企业的党建工作。此时，非公企业与社会组织这“两新”组织的党建能够实现积极良好的互动和提高。

（三）价值理念多元

纯理论地看，存在一种不同的价值理念，就可以有一个相应的团体，价值理念的不同正是催生各式各样、差异显著的社会组织的思想根源。从社会组织的不同类别来看，既有自觉服从和服务于党和政府中心任务的类别，包括直接研究党建工作的各类团体，如党建工作研究会、“两新”组织党务工作者协会等；也有以各自信仰为依托而发展起来的团体，如佛教、道教、伊斯兰教等宗教团体；还包括包含了境外因素的团体，如台资企业协会、外资企业协会等。丰富多元的价值理念，是社会组织对社会的重要贡献，这使得社会既充满活力又和谐稳定有了最基本的保证。拓展社会组织涉及领域，保持其价值理念的丰富性，更好地为社会建设服务，也是社会组织各项工作的重要内容和价值所在。

（四）体制机制仍有欠缺

社会组织党建工作历来受到高度重视和大力支持。全国层面上，早在1998 年 2 月，中央组织部、民政部就研究出台了《关于在社会团体中建立党组织有关问题的通知》；地方层面上，从浙江来看，《中共浙江省委关于加强新社团组织党建工作的意见（试行）》于 2002 年 12 月印发实施。近年来，特别是学习实践和创先争优活动开展以来，从中央到地方都集中出台了一批与社会组织党建工作相关的政策意见，细化了社会组织党建工作的目标要求，丰富了社会组织党建工作的体制机制。但从整体上来看，特别是与现实的需求相比，社会组织党建工作的体制机制仍有较大的欠缺，主要表现在：缺乏社会组织党组织的科学和权威定位，缺少具体负责社会组织党建的专责机构，没有针对性强的社会组织党建工作的专门方法，社会组织党建工作目标设置的科学性、合理性有待提升，等等。

与社会组织相似，非公企业也属于体制外机构，两者存在着许多共通之处。但是一家非公企业可以在共同经济利益的主导下同时容纳多种价值、理念甚至信仰的异质人群，哪怕出资人、企业主本身是个虔诚的宗教徒；而一个社会组织却显然无法做到，原因是许多社会组织之所以成为一个社会组织，正是因为它本身在价值、理念甚至信仰上的独特性。因而，虽然同属体制外党建的重要范畴，社会组织党建的复杂性、多元化和难度远远超过了非公企业。

三、在现代社会组织体制中加强党建工作的思考

党的十八大要求加快形成现代社会组织体制，同时也明确要求加强社会组织党建工作。社会组织党组织应当是党在社会组织领域全部工作和战斗力的基础，是团结带领群众贯彻党的理论和路线方针政策、落实党的任务、推动事业发展的政治核心和战斗堡垒。党建工作无疑是现代社会组织体制的重要组成部分，社会组织发展已经进入了现代社会组织体制建设的历史新时期，党建工作的体制机制同样需要作出相应的充实和调整。

（一）坚定理想信念，推动社会组织党建科学发展

推动社会组织党建科学发展，必须要对社会组织的特殊性、复杂性、不可或缺性等特点有深入和准确的了解，在牢固的基础上积极探索和开创社会组织党建工作新思路。一是要牢固树立理想信念。党的根本宗旨是全心全意为人民服务，广大社会组织也在各自的领域和行业内为会员服务、为社会服务，两者所追求的价值目标是有一致性的。做好社会组织党建工作，既有利于实践党的群众路线，也有利于通过社会组织更好地实践为人民服务的根本宗旨。二是要科学设定工作目标。要站在促进社会健康转型和培育现代社会结构的高度来深化认识，重视和关注社会组织的实际情况。社会组织党建不能片面追求数据和覆盖面，应当回归党章的要求本位，以一定的要求和条件为标准，坚持以应建尽建为组织覆盖的目标，以全面开展为工作覆盖的目标。要努力将原有非独立型党组织实体化、独立化，要更加重视和支持在社会组织中发展新的党员。三是要重视内在的示范引领。相互的借鉴交流更胜于外来的督导推动，要强化与非公企业联系密切的渠道优势，突出党建相关社会组织的专业优势，发挥枢纽型社会组织的平台优势，共同为社会组织党建工作服务。

（二）大力培育扶持，夯实社会组织党建工作基础

提升社会组织运作发展的能力，有利于夯实基础，促进社会组织党组织的发展，提升党建工作整体水平。这既要依靠社会组织的不懈努力，更需要党和政府施以援手，优化环境。培育扶持社会组织发展，党委、政府及相关部门要深入贯彻中央精神，充分发挥各自优势，各司其职，各尽所能：一是重视和关心社会组织在党建经费、场地、人员以及党员发展等方面的特殊性和困难点，从党务口给予切实的帮助和指导；二是评选和表彰先进社会组织党组织和党务工作者，树立先进典型，积极引导示范；三是倡导和支持在党代表、人大代表和政协委员中增设社会组织界别并逐步取得适当比例，提高政治待遇；四是推广普及组建党务工作者协会、社会组织促进会和社会组织发展基金会等枢纽型组织，更广泛地搭建起社会组织（包括其党组织）合作、交流、共同提高的良好平台。

（三）充实机构队伍，有效承担社会组织党建指导职责

队伍建设始终是解决社会组织党建“实体不实，长效不长”问题的关键所在。民政部也多次强调要“积极探索成立省级社会组织党工委，明确并落实社会组织党建责任主体”，要“建立健全党委领导、组织部门抓总、社会组织党工委牵头、业务主管单位负责、社会组织党组织具体落实的社会组织党建工作机制”。现状方面，从宏观指导机构的角度来看，建立“两新”工委体系是浙江首创，且已被实践证明是行之有效的有益做法，要予以完善和优化。以“两新”工委为主、非公企业党建指导机构和社会组织党建指导机构为辅，构成了推动全省“两新”组织党建的工作整体，每个部分都应成为“有机构、有班子、有队伍、有经费、有制度”的实体。从微观隶属部门的角度来看，社会组织直接登记明确写入中央文件，并在包括浙江在内的多个省份成为现实，社会组织党组织的上级党组织将不可避免地更多依赖登记管理机关等相关主体，仿照教育工委等既有模式、依托民政部门成立社会组织工委成为当务之急。在率先全面开展直接登记工作的民政综合改革试验区温州，中共温州市民政局社会组织联合委员会（隶属市委“两新”工委）于2013年初成立，县区全面跟进，工作有力推进，为全省带了个好头。

社会组织党建工作，归根结底是为了推动、促进和引导社会组织健康有序发展。党建与自建是一个相辅相成、不可分割的有机整体，党建要引领自建，自建要服务于党建。展望社会组织党建工作，党要通过它在社会组织中的基层组织，贴近社会组织，给予社会组织更多更积极的关注、支

持和帮助，创造社会组织健康有序发展的良好环境，使社会组织在自身发展中更加有方向、有依靠、有干劲、有地位。社会组织也要自觉加强党建、为党和政府服务、为社会建设服务，不断提升社会组织党组织的先进性和纯洁性，全面做到让党放心、让群众满意、让社会进步、让中国圆梦！

江干区构建六大体系　推进社会组织发展

浙江省杭州市江干区

杭州市江干区位于杭州东部，面积110平方公里，下辖4街4镇，有136个社区、4个村，常住人口78.33万，其中户籍人口36.28万，外来人口42.05万。为深入贯彻党的十八大和十八届三中全会会议精神，江干区积极探索社会组织建设，确立了“抓试点、筑平台、出政策、建中心、促党建”的工作思路，构建了“六大体系”助力社会组织发展，被评为首届中国浙江全面小康十大社会治理创新奖，《中国改革报》、《中国社会报》、《浙江日报》等近20家媒体进行了专题报道，国家行政学院、中国人民大学、中国社科院等10余家教学研究机构前来调研指导。截至2013年末，全区社会组织总数1240家，其中登记社会组织262家（社会团体86家，民办非企业单位176家），备案社区社会组织978家。

一、构建组织领导体系，把“责任”保障到位

江干区委、区政府高度重视社会组织建设工作，将社会组织发展列入建设国内一流现代化中心区的总体规划中，通过全区行政事业单位“三定”方案，在民政局挂牌设立“社会组织科”，落实专职工作人员。成立区促进社会组织发展领导小组，由区分管领导任组长，36家成员单位职责分工明确，建立工作机制。各街道（镇）成立相应的工作小组，落实人员，强化保障，健全了全区社会组织建设组织领导体系。

二、构建政策引导体系，把“扶持”落实到位

出台《关于促进社会组织培育发展》及8个配套文件，形成一套涵盖社会组织登记备案、培育孵化、监督管理、购买服务等各个方面的政策体系。区财政每年拿出500万元社会组织培育发展资金，用于社会组织服务平台、购买公益服务项目、培育孵化、引进和培养专业人才以及对优秀社会组织奖励；鼓励社会组织参政议政，在全省率先推出社会组织参与政府评价，即每年选100家社会组织作为单独界别纳入政府工作社会评价体系，保障社会组织对政府工作的参与权、知情权和监督权。

三、构建综合服务体系，把“服务”提供到位

建立“一网二中心”的综合服务体系。搭建“杭州市江干区社会组织网”，设立社会组织动态披露、政策导航、党建园地、公益项目、评估系统、互动交流六大服务平台，适时公开各类动态信息，便于社会组织了解查询。

建立江干区社会组织服务中心，着力打造集培育扶持、公益创投、信息服务、培训交流等多功能于一体的社会组织公共服务平台，目前已成功培育“少不了帮帮团”、“民意调查工作室”等12家社会组织。由政府出资200万元，成立杭州市首家社会组织发展基金会——“杭州市江干促进社会组织发展基金会”，为社会组织项目创投等提供资金支持。

建立街道（镇）社区社会组织服务中心，承担辖区社区社会组织的备案及培育孵化。其中，凯旋街道社区社会组织服务中心——“凯益荟”是杭州市首家社会组织服务中心。

四、构建监督管理体系，把“监管”实施到位

制定《江干区社区社会组织备案管理暂行办法》，规范社区社会组织备案，促进社区社会组织发展，培育了蒲公英家园、生生学堂、“诗韵”人家诗社、好妈妈之家等一批特色显著的社区社会组织。

创新评估载体。建立社会组织网络评估系统，公开各类社会组织评估指标体系，便于社会组织开展自查自评。强化激励奖励和评估成果应用，对获得杭州市社会组织信用评估等级3A、4A、5A的社会组织，分别给予3万、5万、10万元的奖励。2013年全区社会组织累计评估率达到81%，获得3A以上等级的社会组织有15家。

五、构建公益服务体系，让“公众”参与到位

促进公众参与，形成共同治理，是社会组织的使命之一。江干区社会组织正逐步形成布局结构合理、公众参与广泛、服务优质高效的特色公益服务体系。社会组织活跃在基层，在扶老、助残、为弱、帮困以及行业发展等领域发挥着重要作用。一些社会组织也积极承担起政府委托的项目，如夕阳红居家养老服务中心、心连心居家养老服务中心等社会组织承担起全区3万余位70周岁以上老人的居家养老服务，在一定程度上减轻了政府压力，促进了政府转型。2013年，江干区政府向社会组织购买服务达6000余万元。江干区知名企业——滨江房产集团出资2000万元，注册成立

“浙江省杭州滨江阳光公益基金会”，为江干社会组织培育和公益事业发展提供资金扶持和项目运作，形成以社管社、以社孵社、以社助社、政社联动的良性局面。

六、构建党建工作体系，把“引领”贯彻到位

充分考虑社会组织特点，按照“扩大覆盖、规范管理、争创特色、发挥作用”的思路，推出“1234”新社会组织党建工作模式，即一体化格局、双隶属覆盖、三纳入管理、四平台服务，对社会组织党建工作实施动态管理、标准化建设。目前全区社会组织有党委3个，党总支7个，党支部53个，基本实现党的组织和工作全覆盖。

创新社会组织管理　服务美好安徽建设

安徽省民间组织管理局

近年来，在省委省政府的坚强领导、各级各部门的大力支持和社会各界的热情参与下，省民政厅积极谋划、主动作为，一手抓积极引导发展，一手抓依法严格管理，初步建立了层次有别、分类指导、精简实用、富于创新的社会组织政策体系，初步形成了布局合理、结构优化、功能完备、充满活力的社会组织发展体系，初步健全了登记审批、年度检查、等级评估、执法监察四位一体的社会组织监管体系。

一、发展现状

截至2012年底，全省依法登记的社会组织已达19419个，按组织类型分，社会团体11291个，民办非企业单位8076个，基金会52个；按登记层级分，省级1147个，市级5257个，县（市、区）级13015个。另外，全省还备案城乡基层社会组织4160个。与“十一五”末相比，社会组织总数增长了1.19倍，年均增长12.5%，呈现出较快增长的态势。

全省直接为经济建设服务的行业协会商会共3586个，在提供政策咨询、加强行业自律、促进行业发展、维护企业合法权益等方面发挥了重要作用，促进了经济发展。全省1994个学术性社团、4144个专业性社团，充分发挥自身优势，为繁荣先进文化，推进科技进步，促进各项社会事业发展作出了积极的贡献。据统计，2011年全省自然科学类学术团体共举办国内外学术会议900多个，参加人员12.9万人次，发表学术论文10413篇，反映科技工作者建议70多项，为561个企业提供了各种形式的科技服务973项，实现总效益50.37亿元，节约资金8.5亿元。全省336家公益慈善类社团和52家基金会接受或募集社会捐助，主要从事扶贫、赈灾、助学、扶老、助残等慈善事业，推进了全省民间慈善公益事业的健康发展，仅基金会年直接用于公益事业的支出就达1.13亿元。全省8076个民办非企业单位，覆盖了教育、科技、文化、卫生、体育、环保、民政、职业培训和法律服务等各个方面，成为民办社会事业的主要载体，利用社会资源提供了大量的公共服务。全省4299个农村专业经济协会在10大农业产业和21个优势农业产业带，组织和带动120多万农户兴业增收。全省4005个社区社会组织，涵盖公益服务、社会事务、文体健身、慈善救助、法律维权等各项社区服务，成为配合社区党组织和居民自治组织的重要协同力量，在社区建设、管理和服务中发挥了不可替代的协同作用。

据统计，全省社会团体拥有团体会员78.1万个、个人会员493.9万个，成为党和政府联系人民群众的桥梁和纽带；全省各类社会组织拥有总资产约313.8亿元，年总收入约160.1亿元，服务社会年总支出约112.4亿元，成为扩大公共服务、促进经济发展不可或缺的重要力量；全省各类社会组织聘用专职工作人员、从业人员11.4万人，成为扩大社会就业的重要载体。

二、存在问题

（一）社会组织发展空间不足

党的十八大提出，“加快形成党委领导、政府负责、社会协同、公众参与、法治保障的社会管理体制”。社会组织作为“社会协同”的重要主体和“公众参与”的重要平台，是党和政府实施社会管理的辅助力量，也是实现社会自治的有效载体。但是当前的全能政府管理体制，一些重社会管控、轻社会自治的惯性思维，限制了社会组织生存与发展的空间。而一些重要的社会管理领域存在管理的真空，例如有关行业企业、从业人员的信用管理制度，由于涉及面极其广泛，政府没有也不可能进行有效监管，且没有将有关监管职能明确授予相关的行业自律组织，致使一些重要的社会管理职能长期“缺位”，给社会管理带来了极大的风险和隐患，应引起高度重视。

（二）社会组织培育政策不健全

政府对社会组织的财政支持十分有限，政府及其事业单位垄断了绝大部分财政资源，没有建立以契约式公共服务为特点的公共服务购买机制。据统计，2011年，省直77个社会组织业务主管（指导）单位，仅有11个单位向社会组织转移了部分微观管理和服务职能，3个单位建立了向社会组织购买服务机制，9个单位实施了资助、奖励社会组织的政策。此外，社会组织税收优惠政策还不完善，社会组织孵化基地建设与广东、江苏等地相比进展缓慢。

（三）社会组织行政化倾向严重

党的十八大提出，“加快形成政社分开、权责明确、依法自治的现代社会组织体制”，“政社分开”是现代社会组织的基本特征。但是现实情况是党政领导干部在社会组织兼职过多过滥，造成社会组织行政化倾向严重，据统计，仅在职省管干部目前就有318人在241个省属社会团体兼任领导职务，占省属社会团体总数的27.9%，处级干部在社团兼职数量更多。行政化倾向问题，使社会组织不能成为权责明确、依法自治的现代社会组织，制约了社会组织健康发展和发挥作用。

（四）社会组织自身能力不强

社会组织自律自治能力的欠缺也是阻碍其成长并承担社会责任的一个主要障碍。从省属社会组织2011年年检情况来看，基本合格的社会组织为243个，占总数的24.4%，不合格的社会组织42个，占总数的4.2%，相当一部分社会组织建设质量不高，能力不强，发挥作用不明显。从全省来看，一些社会组织不同程度地存在内部管理制度不健全、运作不规范、财务管理混乱、领导班子不团结等问题，少数社会组织违规违章的现象还时有发生。这些无疑影响了社会组织自身能力的发挥，难以承担参与社会管理的重任。

（五）社会组织党建体制不顺

目前，全省社会组织已建党组织1694个，仅占社会组织总数的8.7%，而且党建工作推行难度很大。主要原因是社会组织党建管理体制不顺，社会组织登记管理等业务工作在民政部门，而党建工作在组织部门（省非公企业和社会组织党工委设在省委组织部），造成社会组织党建工作民政部门管不好、管不了。

（六）社会组织管理服务力量薄弱

2000年机构改革时，全省登记的社会组织只有4000多个，当时全省社会组织登记管理工作人员定编109人。现在，全省登记的社会组织已将近2万个，但社会组织登记管理工作人员基本维持在13年前的状况，特别是70%以上的县（市、区）至今还没有专设社会组织登记管理机构，没有专职干部和工作经费。同时，社会组织涉外活动监管、社会组织党建、评估等工作任务逐年增加。登记管理力量与快速发展的社会组织数量和逐年增加的工作任务严重不相适应，造成各级登记管理机关处于疲于应付的状态。

三、对策建议

为贯彻落实党的十八大、十八届二中全会精神和国务院机构改革与职能转变方案，加快形成政社分开、权责明确、依法自治的现代社会组织体制，促进社会组织健康有序发展，提出以下政策建议。

（一）改革管理制度，为社会组织发展松绑

推进直接登记。除政治法律类、宗教类社会组织和境外非政府组织在皖代表机构等，其他各类社会组织按照分级负责的原则，由各级人民政府民政部门实行直接登记；登记管理机关、行业主管部门及相关职能部门在各自职责范围内依法对社会组织进行业务指导和管理服务。

下放管理权限。下放非公募基金会和异地商会登记管理权限，由市级以上人民政府民政部门直接登记。经市人民政府同意，市人民政府民政部门可委托外来投资企业较多的县级人民政府民政部门登记管理异地商会。实行城乡基层社会组织登记和备案并行的双轨制。

实行政社分开。行业协会商会和工商经济类的联合性社会团体，一般只吸收企业会员，秘书长可通过聘任或向社会公开招聘等方式产生；现职公务员和具有行政管理职能的事业单位工作人员不得在行业协会商会、工商经济类的联合性社会团体、民办非企业单位和基金会兼任领导职务。政府及部门、企事业单位要从职能、机构、工作人员、资产和财务等方面与社会组织脱钩，实行政社分开，切实解决社会组织行政化问题。

创新管理方式。鼓励同类型、同行业、同领域、同地域的社会组织成立自律性联合组织，进行自律管理和服务。民政部门可根据需要，授权有关人民团体和自律性联合组织作为社会组织的业务联系单位，进行协调指导、示范带动和综合服务，发挥其团结联系相关社会组织的桥梁纽带作用。

（二）完善培育政策，为社会组织发展加油

推进政府职能转移。深化行政管理体制改革，推进政府职能转变，将政府部门不应行使和可由社会组织承担的事务性管理工作、适合由社会组织提供的公共服务、社会组织通过自律能够解决的事项，转移给社会组织，更好地发挥社会力量在公共事务管理中的作用，为社会组织成长拓展空间。

建立购买服务机制。借鉴广东等地政府购买社会组织服务的经验，总结省内铜陵等地的实践探索，研究制定省一级政府购买服务的范围、标准、运作和监管制度，建立公正、透明、规范的工作机制，将购买服务经费纳入经常性财政预算，为社会组织服务社会提供稳定的资金来源。

加大财税支持力度。公平对待社会组织兴办社会事业和提供公共服务，建立公共财政对社会组织的资助、补贴和奖励机制；建立和落实统一、合理、普惠的社会组织税收优惠政策体系；鼓励金融机构为符合条件的社会组织提供信贷支持；推进各级社会组织扶持发展孵化基地建设，为初创期间的社会组织提供人力、物力和财力支持。完善福彩公益金资助社会组织开展公益服务等扶持政策，各地每年可从福彩公益金中安排资金资助基层社会组织开展公益服务活动。

发挥参政议政作用。将社会组织纳入党委和政府主导的社会管理体系，党的代表大会、人民代表大会可适当安排社会组织代表，在人民政协增加“社会组织”界别。各级政府及相关部门应加强与社会组织的信息沟通，在制定政策、实施重大决策等过程中，注重广泛听取社会组织的意见和建议，提高社会组织对公共事务的参与度。

（三）提升建设水平，为社会组织发展充电

优化结构布局。民政部门应编制社会组织设立指引，鼓励发展公益慈善组织、学术组织、社会服务组织、新兴产业行业协会等。对行业性、专业性、自然科学学术性社会团体，可突破“一业一会”或适当细化分类设置，通过适度竞争提高服务质量。

优化内部治理。引导各类社会组织加强自身建设，建立健全以章程为核心的独立自主、权责明确、运转协调、有效制衡的法人治理结构。完善会员（会员代表）大会、理事会、监事会制度，实行决策、执行、监督分立。积极推行会长（理事长）兼任法定代表人、秘书长持证上岗制度，每个社会组织必须配备与其业务相适应的专职工作人员。合理确定理事会、常务理事会规模和负责人数量，逐步推行差额提名和无记名投票表决的选举方式。

优化人才队伍。将社会组织人才纳入人才培养的统一规划，加大社会组织专业人才培育和引进力度，促进社会组织人才队伍职业化、专业化和年轻化。鼓励社会组织根据工作需要聘用持有职业水平证书的专业人才。按照国家有关规定，推动解决社会组织专职人员社会保险问题。

（四）依法加强监管，为社会组织发展引路

加强管理监督。完善法律监督、政府监督、社会监督和自我监督相结合的监管体系。加强登记审查，提高年检实效。加强社会组织负责人和资产管理，加强社会组织涉外活动和境外非政府组织在皖活动管理。建立和完善退出机制，对违反法律法规和国家相关政策的社会组织及时予以查处，情节严重的，依法撤销登记。

推进等级评估。按照政府指导、社会参与、独立运作的总体要求，建立社会组织评估指标体系，完善公开、公平、公正的评估制度，形成组织健全、程序完备、操作规范、运转协调的评估工作机制，发挥评估的导向、激励和约束作用，促进社会组织健康发展。

改进党建工作。理顺社会组织党建管理体制，依托民政部门建立社会组织党工委，作为同级党委的派出机构，负责指导社会组织党建工作。完善党组织设置方式，提高社会组织中党的组织覆盖和工作覆盖。充分发挥社会组织党组织的政治引领、保证监督、战斗堡垒作用和党员的先锋模范作用。支持工会、共青团、妇联等人民团体在社会组织开展工作。

完善管理体制。进一步发挥各级党委领导下的社会组织管理工作领导小组的作用，切实加强对社会组织管理工作的领导。建立健全民政、财政、公安、司法行政、审计、税务、物价、质监、外事、金融等部门信息共享、齐抓共管的联动工作机制，形成各司其职、协调配合的工作局面。加强社会组织登记管理机关建设，建立相对独立、统一协调、力量匹配的社会组织登记管理机构，按社会组织数量和工作任务编配专职工作人员，保障工作经费。加强社会组织执法的人员、经费和设备保障。提高登记管理队伍的素质能力，改进服务工作，提升管理效能。

安徽省社会组织发挥积极作用情况

安徽省民间组织管理局

动员社会组织持续开展“四服务四促进”主题实践活动，主动服务美好安徽建设，建立了一批美好乡村建设联系点。动员社会组织积极开展公益、慈善、拥军专项活动，1个社会组织被评为“双拥模范单位”，1名社会组织负责人被评为“双拥先进个人”。

据统计，2012年全省自然科学类社团反映科技工作者建议80多项，为600多个企业提供了各种形式的科技服务近1000项，实现总效益近60亿元。全省376个公益慈善类社团和74个基金会接受或募集社会捐助，主要从事扶贫、赈灾、助学、扶老、助残等慈善事业，推进了安徽省民间慈善公益事业的健康发展，仅基金会直接用于公益事业的年支出就达1.43亿元。全省9490个民办非企业单位，覆盖了教育、科技、文化、卫生、体育、环保、民政、职业培训和法律服务等各个方面，成为民办社会事业的主要载体，利用社会资源提供了大量的公共服务。全省4084个农村专业经济协会在10大农业产业和21个优势农业产业带，组织和带动120多万农户兴业增收。全省4806个社区社会组织，涵盖公益服务、社会事务、文体健身、慈善救助、法律维权等各项社区服务，成为配合社区党组织和居民自治组织的重要协同力量，在社区建设、管理和服务中发挥了不可替代的协同作用。

全省社会团体拥有团体会员80多万个、个人会员500多万人，已成为党和政府联系人民群众的桥梁和纽带；全省各类社会组织拥有总资产300多亿元，服务社会年总支出100多亿元，已成为扩大公共服务、促进经济发展不可或缺的重要力量；全省各类社会组织聘用专职工作人员、从业人员13万多人，已成为扩大社会就业的重要载体。

关于进一步加强福建省社会组织建设与管理工作的建议

福建省民间组织管理局

社会组织是指由自然人、法人和其他组织为满足社会需要或部分社会成员需要而依法注册登记设立的非营利性组织，包括社会团体、民办非企业单位和基金会。社会组织具有非营利性、民间性、社会性、志愿性、组织性等特点，有别于政府组织和企业组织，在经济社会活动中发挥服务、沟通、协调、监督、维权、自律等作用，成为联系劳动者、居民、公民与政府和社会的纽带，是我国经济社会发展中一支不容忽视的力量。

党的十八大提出“加快形成政社分开、权责明确、依法自治的现代社会组织体制”的宏伟蓝图，十八届二中全会又提出了“改革社会组织管理制度”的战略部署，昭示着社会组织蓬勃发展的春天已经来临。福建省委、省政府始终高度重视社会组织建设和管理工作，坚持培育发展和监督管理并重的方针，着力在体制机制改革、发展空间拓展、作用效能提升等方面不断创新探索。2013 年 5 月，省委办公厅、省政府办公厅制定下发了《关于进一步培育发展和规范管理社会组织的意见》（以下简称《意见》），各地及有关部门按照《意见》要求，也陆续出台一系列政策措施，开展了行业协会行业自律与诚信创建、民办非企业单位塑造品牌与服务社会等活动，为社会组织营造了良好的政策保障环境，全省社会组织呈现出蓬勃发展的局面。

为了进一步推动福建省社会组织健康发展，促进规范化建设，加快形成“党委领导、政府负责、社会协同、公众参与、法治保障”的社会管理体制，民盟福建省委会成立课题组，针对全省各级党委和政府在贯彻落实《意见》过程中遇到的困难和问题，开展专题调研，现将调研情况及提出的意见和建议汇报如下。

一、福建省社会组织发展概况

近年来，随着经济体制改革、社会结构转型和政府职能转变的不断深化，全省社会组织数量稳步增长，已遍布全省城乡，涉及教育、科技、卫生、劳动、民政、工商、农业、体育、环境保护、法律服务等经济社会生活的各个领域，门类日益齐全，布局趋于合理，功能逐步拓展，成为社会管理的重要主体和支撑点。据统计，截至2012年底，全省经民政部门登记的社会组织共有18603个（省本级1453个，市级3780个，县级13370个），比上年增长9.5%。其中，社会团体12298个；民办非企业单位6168个，民办学校所占比例最大，另有科技、体育、文化、社会福利等民办机构；基金会137个（公募基金会21个，非公募型基金会116个）。近年来，全省非公募基金会发展较快，主要分布在沿海发达地区，多由海外华侨华人和民营企业家捐资设立。基金会净资产总额达19.9亿元，基金会数量和资产都处在全国前列。若按照活动领域划分，全省社会组织中，经济类5770个（含行业协会2020个），占31%；科学研究类1525个，占8.2%；社会事业类4192个（含城乡社区社会组织2100个），占22.5%；公益慈善类2868个，占15.4%；综合类4248个（含法律类181个，宗教类413个），占22.9%。

从2010年起，在全省范围开展了行业协会与行政主管部门脱钩工作。目前，全省2020个行业协会全部与行政主管部门实现了职能分开、机构分设、财产分置；有1990个行业协会与行政主管部门实现了人员分离；还有30个行业协会未完成脱钩任务。据了解，省本级共有20个社会组织有编制；有46名省级领导兼任社团领导职务，其中现职7人、未办理离退休手续的7人、离退休的32人；有178名现职厅级领导兼任社团领导职务。2012年，在全省开展了社会组织评估工作，评估结果中优秀（5A级）的占10%；良好（4A级）的占30%；合格（3A级）的占55%；不合格的占5%。

二、当前社会组织发展与管理中存在的主要困难和问题

虽然全省社会组织总体保持良好的发展态势，但仍处于初级阶段，社会组织整体素质和能力还有待提升，社会组织管理体制机制还有待完善，特别是随着经济社会形势的发展变化，社会组织管理任务加重、难度加大，受各种因素制约，当前在进一步培育发展和规范管理社会组织工作方面仍然面临不少困难和问题，主要有以下几个方面。

（一）社会组织法规体系不够健全

一是立法层次不高。目前，对社会组织管理的法规多以条例或暂行条例等形式出现，以法律形式出现的极少。二是内容不够完善。对社会组织

管理的法规或规章主要以程序性规范为主，实体性规范明显不足，在税收优惠、财政资助、人事管理、社会保险等方面缺乏健全的政策规定。三是法规修订相对滞后。比如说《社会团体登记管理条例》、《民办非企业单位管理暂行条例》颁布于1998年，《基金会管理条例》颁布于2004年，一些具体条款已经不能适应当前社会组织发展和管理的需要。

（二）社会组织监管机制有待完善

目前，个别社会组织行为不规范、信用缺失、营私逐利乃至违法乱纪问题仍然时有发生。由于信息沟通渠道不够畅通，对非法社会组织和社会组织违法违规行为预防不够周全、发现不够及时、反应不够灵敏，往往是在群众反映、媒体曝光后才有所察觉、有所行动。一些业务主管单位没有认真履行职责，对所属社会组织监管责任意识不强，处置不够得力。因此，在新形势下的社会组织监管工作中，各级各有关部门的协调联动机制亟待进一步强化。

（三）社会组织管理工作力量明显薄弱

目前，从各级登记管理机关来看，仍然不同程度地存在“重登记、轻管理”的问题，其客观上的主要原因是管理人员少、工作压力大。据统计，全省县级以上民政部门现有社会组织管理工作人员仅130人（其中全省专职人员仅43人、兼职人员87人），人均管理143个社会组织，还要应对大量的非法社会组织。由于人少事多、力量严重不足，社会组织管理工作往往处于粗放状态。特别是县级民政部门，办事人员身兼数职、任务繁杂，单单面对社会组织咨询、登记、年检等常规工作已是疲于奔命，更谈不上实施有效监管。反观广东、上海、北京等20多个省市已经先后组建社会组织（或民间组织）管理局，改业务主管单位为业务指导单位，由登记机关统一对社会组织实行监督管理。比如深圳市民间组织管理局为局级单位，独立法人，有28个人员编制，内设4个处；青岛市民间组织管理局为副局级，有30个人员编制，内设3个处；而在福建省，省级登记管理机关为省民政厅民间组织管理局（对外称福建省民间组织管理局，为正处级机构），配备工作人员8人，工作人员总数在全国各省（自治区、直辖市）中最少。因此，福建省社会组织管理机构和人员配备状况已经明显不适应当前社会组织快速发展、监管任务日益加重的客观趋势。在实行社会组织直接登记后，这个问题将暴露得更加突出。

（四）社会团体行政化问题仍然存在

由于历史原因，有相当部分社团是由政府行业主管部门转变而来，或由政府部门直接或间接组建的，在经费来源、人员编制、办公场所、组织功能上都有浓厚的“官办”色彩。从现实来看，也有相当部分社团的领导职务由党政机关领导干部兼任或离退休领导干部担任，这些社团与政府有着千丝万缕的联系，其行为或多或少带有行政化倾向。政社不分的问题，使协会的独立性和自主性难以保障。正如前文所述，虽然行业协会与行政主管部门脱钩工作从2010年起开展后取得一定成效，但是社会团体行政化问题仍然存在，个别厅局或行业协会以种种理由，强烈要求行政领导继续兼任行业协会会长。据统计，在省本级社团中，就有185名现职厅以上干部兼任社团领导职务。

(五) 推进政府职能转移和购买服务的力度有待进一步加大

政府购买社会组织公共服务是政府履行职能的一种形式，在我国部分省市如北京、上海、天津、河北等都有较成功的运作经验，对推动政府职能转变具有重要意义，也意味着社会管理公共服务领域的重大变革。但是福建省在政府购买社会组织服务方面的扶持政策不尽完善，各项政策规定得不到有效落实，政府没有厘清与社会组织特别是行业协会的职能边界，没有将微观管理行业的职能授权或委托行业协会承担，依然掌控行业发展，用政策和行政手段直接管控企业行为，政府职能转变的滞后影响了社会组织参与社会公共服务工作的发展，导致社会组织无法真正发挥自身在经济发展中的作用。

(六) 社会组织党建工作难度较大

由于社会组织党建工作起步时间不长，是基层党建工作的薄弱环节，不少部门和单位领导对社会组织党建工作重要性认识不足，存在“组织难、把握难、指导难、协调难、管理难”的情况；一些党员存在雇佣思想，对在社会组织中建立党组织、开展活动积极性不高。据统计，福建省社会组织党组织覆盖率明显偏低，在18603个社会组织中，仅建立党组织793个，党组织覆盖率仅为4.26%。在目前的行政管理框架下，党组织管理模式也较多，既有隶属业务主管部门、行业协会、专业工作委员会的，也有隶属街道社区管理的，加上社会组织具有种类繁多、领域广泛、规模不一、组织松散的特点，因此社会组织党建工作难度较大，管理体制有待进一步理顺。

(七) 社会组织自身建设亟待加强

目前，社会组织的经费来源结构严重不均衡，社会团体的主要收入来源为会费，还有举办培训、研讨、行业评比、咨询、发行刊物等业务活动的创收，其收入来源比较稳定；基金会收入主要是财政拨款、社会捐赠和基金会资产的孳息收入，其收入来源也相对稳定；最为困难的是民办非企业单位，它们得不到政府补贴，社会捐赠也少，主要靠业务收入维持，而这部分收入资金少、不稳定，且业务收入（包括接受政府的购买服务收入）都要缴纳各项税费，导致它们资金严重紧张，生存困难。由于相当一部分社会组织自我发展能力不足，对优秀人才缺乏吸引力和凝聚力，造成目前社会组织专职人员少、素质不高、年龄偏大的现状，严重影响了社会组织的能力建设。同时，由于部分社会组织服务企业、反映诉求、规范行为的工作无法正常开展，运作不规范，内部管理制度不完善，自律机制不健全，也影响了社会组织的社会公信力。

三、加强福建省社会组织建设与管理工作的对策建议

（一）建立完善社会组织工作领导协调机制

根据人事变动和工作需要，建议调整充实省民间组织管理工作领导小组成员，进一步明确各成员单位的职责。在此基础上，建立由组织、编制、经贸、监察、公安、民政、财政、外事、税务等各相关部门组成的社会组织工作联席会议制度，定期召开会议，通报情况，统筹解决社会组织发展和监管的问题，建立社会组织工作长效协调机制。

（二）建立社会组织综合管理服务体系

目前已启动福建省社会组织直接登记，取消业务主管单位。为了确保社会组织健康有序发展，建议建立登记管理机关、行业主管部门和相关职能部门各司其职、协调配合的综合管理服务体系，明确民政、财政、审计、经贸委、国税、地税、公安、人民银行福州中心支行等部门的具体职责，健全与信息披露、财税扶持等相适应的社会监督体系，对直接登记的社会组织加强管理和服务。

（三）充实社会组织登记管理力量

实行社会组织直接登记，给登记管理机关带来了前所未有的挑战。实行直接登记，新旧制度并存，新老问题交织，既要解决存量问题，又要应对增量压力；既要厘清各部门职责，又要处理好各层级关系；既要依法做好本级社会组织登记管理，又要从全局上指导好系统工作。实行直接登记后，原来由各部门承担的业务主管单位监管职责全部由登记管理机关承担，随着登记管理职责的大幅度增加和协调难度的进一步加大，人员编制和工作任务不相适应的矛盾更加凸显。目前，各省（自治区、直辖市）都

高度重视社会组织登记管理机构建设，北京、上海、天津、广东、安徽、山东、重庆、湖南等省（市）已将民间组织管理局升格为副厅级机构，或将局长高配为副厅级，并大幅增加行政编制。因此，根据社会组织直接登记和职能调整的要求，福建省也迫切需要建立相对独立、统一协调、力量匹配的社会组织登记管理机关。为此，建议参考兄弟省市做法，提高省民间组织管理局规格，充实相应的编制和人员，在管理局中设立相关处室，提升管理服务能力。

（四）加强社会组织的党建工作

加强社会组织党的建设是当前党建工作热点，也是确保社会组织健康有序发展的重要举措。目前，全国有广东、山东、宁夏、河南、新疆、青海、天津、湖南、辽宁等省（自治区、直辖市）在民政部门成立了同级党委派出的社会组织党工委，负责社会组织的党建工作。因此，建议在省民政厅设立省委派出的社会组织党工委，党工委书记由民政厅主要领导担任，增设专职副书记，并配备相应的工作人员，统一管理社会组织党建工作。同时，在社会组织和党员数量较多的业务指导单位、枢纽型社会组织设立基层党委；在社会组织中设立党支部（党员人数较少的可设立联合党支部），形成层级清楚、责任明确、关系顺畅、管理直接、便于落实的社会组织党建工作管理体制。

（五）建立和完善政府向社会组织转移职能和购买服务机制

要进一步加快政府职能转变，拓展社会组织发挥作用的空间，推动政府将微观层面的事务性服务职能、部分行业管理职能、城市社区公共服务职能、农村生产技术服务职能、社会慈善和社会公益等职能转移给社会组织，使社会多样化需求得到进一步满足。制定政府购买公共服务和建立新型政社合作关系系列政策、文件，出台购买公共服务的综合或单项性政策，逐步建立购买服务机制。大力探索不同领域的政府购买服务范围，制定政府部门向社会组织转移职能目录，如在行业管理领域，促进政府将决策咨询、标准制定、咨询服务、项目评审、专业人员培训、行业统计与调查、资质资格的考核、展览展销、行业自律、价格协调和行业性集体谈判、反倾销中的应诉和调查等职能转移给行业协会、商会；在学术领域，将技术标准制定、成果鉴定、研究规划、课题设置、研究经费发放、学术评价等职能转移给学术性社会组织；在人力资源领域，将职业道德规范、职业培训和继续教育、制定从业标准、组织从业资格考试、专业技术职务职称评审等职能转移给职业及从业者社会组织。

（六）加大对社会组织的政策扶持力度

要健全社会组织分类指导体制，对市、县两级社会组织以支持和扶持为主，对社区社会组织以培育和发展为主，对草根类社会组织以引导和规范为主。要着力推动和落实社会组织（特别是公益慈善类组织）的税收优惠政策，健全社会组织财税扶持减免配套政策，减轻需要重点扶持的社会组织的税收负担，扩大社会组织的税收优惠种类和范围。加大政策创新力度，逐步建立政策扶持和社会组织发展壮大相结合的运作机制。探索建立社会组织孵化基地，配套相应的社会组织发展基金，实行专款专用，建立公共财政对社会组织提供服务的资助和奖励机制，对有必要成立、有发展前景，但是有资金困难的社会组织予以必要的资助，同时着力解决它们在发展中遇到的突出问题。要引导和创造条件让社会组织有序参与政策制定、决策决议，鼓励和支持社会组织依法参政议政，切实提升社会组织的政治地位和参与社会管理的水平。

（七）加强社会组织自身建设

社会组织要努力加强自我管理，坚持诚信与自律，不断增强自身实力，主动承担社会责任，通过有效的诚信服务争取政府的支持和公众的信任，为自身发展创造有利条件。要加快推进社会组织在机构、人事、资产、财务等方面与政府脱钩，减少社会组织行政化色彩。要完善运作机制，健全权责明确、协调运转、有效制衡的法人治理结构，健全议事、选举、经营、监督、财务、人事等各项制度。要提高财务管理能力，建立和完善财务决策、执行、监督机制，保证财务活动规范、高效。要加强班子建设，提高理事会的领导能力和决策水平，推行管理层职业化和专业化。要加强人才队伍建设，规范用人制度，完善社会保障，充分调动从业人员的积极性和主动性。同时，要完善社会监督和自律机制，建立和规范社会组织信息公开的机制和方式。要完善社会公众投诉举报机制，畅通新闻媒体、社会公众和会员监督社会组织渠道。要建立健全激励机制，积极营造有序竞争、优胜劣汰的氛围，以竞争激发社会组织发展壮大的活力，以竞争倒逼社会组织完善治理结构、提升服务绩效。

（八）加强社会组织规范化管理

福建省社会组织发展还处于初级阶段，仍存在各式各样的问题，坚持依法行政，加强规范化管理显得十分重要。一要规范社会组织行政执法，进一步健全执法查处的主体、程序、监督、处罚等有关规定和法律文书。完善执法程序，依法维护社会组织合法权益，对社会组织违法违规活动和非法组织坚决予以查处，树立法律权威。二要健全监管机制，逐步由重入口登记向兼重准入和日常管理转变，改进和加强以年检为主要内容的依法管理。三要改进监管方式，在依法监管的基础上，引入社会监督，充分发挥新闻媒体的舆论监督作用；拓展政府监管方式，健全和推进社会组织评估体系建设，促进社会组织能力建设和诚信建设。

吉安市吉州区文山街道社会组织培育与参与社会治理创新调查

江西省民间组织管理局

党的十八大指出，完善“党委领导、政府负责、社会协同、公众参与”的社会管理格局，必须引导社会组织健康有序发展，充分发挥群众参与社会管理的基础作用。近年来，吉安市吉州区文山街道的工作实践提供了一个基层社区社会组织培育、参与社会治理的成功范例。课题组先后前往文山街道的仓口、仁山坪、西苑和平安里等社区，通过实地考察、座谈交流、问卷调查等方式，总结其社会治理创新经验，力图为江西省其他地区乃至中西部欠发达省份的社会治理创新工作提供启迪。

一、文山街道的旧貌新颜

文山地处吉安市吉州区老城中心，面积0.99平方公里，总人口约3.5万人。长期以来，由于体制机制等方面的原因，街道和社区基础设施薄弱、资源匮乏，棚户区改建任务繁重，中低收入人口众多。社区管理和服务一直处于严重滞后的状态，街道和社区工作疲于应付。经反复研究，街道办明确了工作抓手——加快培育新型社会组织，推进社会治理创新。

社会治理创新实践，使文山街道发生了翻天覆地的变化。2011年和2012年，文山街道连续两年荣获绩效考核综合先进单位和多个单项奖；在吉州区对所辖街道考核的17项工作中，文山街道2011年总成绩排位第二，2012年名列第一。2011年，吉安市民政局在文山街道召开了全市“三社联动”现场推进会；2012年，省民政厅在文山街道召开了全省“三社联动”现场推进会。

如今，漫步文山街道，路面干净整洁，邻里和睦友善，所见一派怡然自得的生活图景。有三个案例让课题组印象十分深刻：

——2012年的棚户区改造，文山街道要落实将近200户的拆迁动员。政府动员了一年多未取得明显效果，委托给社会组织后，居民在短短一个多月时间内就全部签署了拆迁协议，无人上访，更无钉子户，棚户改造工程顺利推进。

——文山街道的平安里社区曾是市汽运公司的住宅小区，2004 年企业改制后小区无组织、无物业，到处脏乱差。2010 年，平安夕阳红老年人协会、阳光爱心社、小区业主委员会三个社区社会组织先后成立，协助街办对小区进行了统一规划管理，平安里社区现在秩序井然、其乐融融。

——文山街道的居民陈亚兵夫妇因不满 2007 年市里的拆迁安置而成为老上访户，陈亚兵还患有抑郁症。他多次扬言要到北京上访，还要到市政府自焚，曾两度被公安机关采取强制措施。是街道的社区社会组织在思想上帮助他、在生活中关心他——红杜鹃家政服务中心为其提供就业平台，动员老两口参加政府购买的社区家政服务。陈亚兵夫妇很珍惜社区的关爱，尽心尽力投入工作，还经常免费为社区居民修灯接电，得到了邻里的交口称赞，陈亚兵的抑郁症也痊愈了。

在调研过程中，课题组向文山街道的居民随机发放了相关调查问卷 100 份，收回有效问卷 96 份，居民对社区社会组织功能的了解接近 97%，对社区的影响率接近 94%。

二、文山街道社会治理的创新之路

（一）“1 + 8 + X”：社区社会组织培育新模式

“1”指成立一个街道社区社会组织培育指导中心；“8”指根据街道各社区资源特色、城建发展规划等情况，合理布局、重点培育 8 类具有居民需求共性的核心带动枢纽型社区社会组织；“X”指各楼院小区在枢纽型社区社会组织的辐射带动下，培育发展若干个具有楼院小区个性特色的社区社会组织。

——合理布局，重点培育。街道根据居民的健身、就业、精神文化等多种需求和社区的人员、场地等资源状况，对原有零星、松散的群众组织和志愿者队伍等草根组织进行了整合，全部纳入登记或备案管理。

——项目带动，整合资源。社区社会组织建立后，文山街道采取民办公助的方式，由街道党政领导与社会组织一起，跑社区共建单位、辖区单位，共筹措资金 778.5 万元，争取无偿用房 1600 余平方米，全部用于社会组织建设。吉州区利用福利彩票公益金和其他服务项目资金，设立了“公益项目创投基金”120 万元，文山街道成功申办了 10 余项。

——一居一中心，一品一特色。社区社会组织建立之后，各司其职，一个社区一个中心、一个社区一种特色，交互服务、相辅而行。西苑社区义工服务中心下辖的七彩义工之家，为居民提供义务巡逻、扶贫帮困等服务。服务中心承接了许多过去由街道和社区承担的事务，促进了街道和社区职能的转变，完善了社区服务平台。

调查问卷结果显示，对社区社会组织为居民所做的服务，76%的居民选择了“很好”，21.9%选择了“一般”；对社区社会组织未来的发展，87.5%的居民选择了“很认可，希望社区以后能有更多的社会组织成立”。由此可见，“1+8+X”社区社会组织新模式在居民中间受到了广泛好评。

（二）“三社联动”：以社区为平台，以社会组织为载体，以社区志愿者为骨干

以社区为平台，强调把服务中心建在社区一级，服务到基层。以社会组织为载体，是指通过社会组织把居民聚集起来，在骨干力量的带动下，从而发挥组织的服务作用，成为社区管理与服务的好帮手。以社区志愿者为骨干，在老党员和热心人中发掘和培养骨干，继而采取“宣传鼓动”与“典型带动”相结合的方式壮大队伍。红杜鹃家政服务中心的负责人宣春华就是刚退休即被再请出山的骨干。她曾任新村社区的主任，老党员，群众工作经验足、人脉广、威望高。街道邀请她参与家政服务中心的筹备，如今她已经成为该中心的“当家人”，2012年还被评为了吉州区十大服务标兵。

调查问卷结果显示，92.7%的居民表示自己参加了社区社会组织：自实行“三社联动”机制以来，71.9%的居民选择了幸福指数“有很大提升”，21.9%选择了“可以”。由此可见，“三社联动”机制的实行，效果显著、广受认可，基本达到了“街道社区搭台、社会组织唱戏、居民广泛参与”的效果。

（三）“三位一体”：党组织+服务中心+社会组织

文山街道十分注重发挥党组织的引领作用，街道社区社会组织中共有党员160名，社区社会组织培育指导中心成立了党总支，下有7个支部，党建工作基本实现了全覆盖。这些党支部均设于文山街道8大服务中心各自所依托的主要社区社会组织中，具有坚强的“党旗引领方向，组织凝聚力量”的战斗堡垒作用。

73岁的平安夕阳红协会党支部书记刘胜珍说，过去的党支部只管党员，如今的党支部既要管党员，又要管居民，还要管好服务中心。党支部已然成为一个综合性组织——既管党又管民还管事，党支部是人民群众的贴心人。

三、文山街道社会治理创新的基本经验

（一）坚持高位推动

文山街道社会治理创新之路，最重要的推力源自各级党委和政府的高度重视。2011 年 6 月，吉安市委市政府把加强和创新社会管理确立为全市重大而紧迫的战略任务；同年 11 月，吉州区开始着手“人文社区、温馨家园”创建工作，并提出要努力争创全国创新社会管理示范区的工作目标；文山街道认真贯彻落实市、区有关精神，切实加强便民服务体系建设，深入推进社区居民自治，努力培育社会组织撬动民间力量，积极促进社区建设和创新社会管理。

（二）坚持党建引领

文山街道积极探索“党组织 + 服务中心 + 社会组织”三位一体建设，充分发挥党组织对社会组织发展的重要引领作用。街道结合基层工作实际，成立党建工作领导机构，负责社会组织党建工作的指导和协调，同时，不断探索和总结社会组织党建工作特色，规范制度要求，构建符合社会组织特点、富有时代特征的社会组织党建工作体系。

（三）坚持政府主导

文山街道充分发挥政府在社会组织培育和社会治理创新的主导性作用，制订社区社会组织体系建设规划，成立培育指导中心，积极为社会组织准入创造条件，坚持以公益为主，按需针对性地培育社会组织，为了促进社会组织更好的发展，街道努力抓好资源整合，加大经费投入，大力推进政府购买社会组织的有关服务；不断加大宣传力度，营造良好的社会组织培育成长环境，广泛动员社会各界投入到社会治理创新实践中去。

（四）坚持服务群众

文山街道实行的“1 + 8 + X”社区社会组织培育模式与“三社联动”工作机制，始终坚持把服务社区群众作为出发点和落脚点。从社会治理矛盾突出的问题着手，因地制宜、合理布局，重点培育具有居民需求共性和小区个性特色的社区社会组织，并把扶持发展公益组织作为首选重点，在场地和资金方面对养老服务、慈善募捐、义工服务等组织进行了重点扶持，最大范围地惠及基层群众。

（五）坚持民办公助

民办公助是文山街道社会组织培育工作的一大特色。具体来说，一是努力为社会组织发展创造条件，搭建社会组织发展平台，包括场所的争

取、资金的筹措、建设的实施等；二是不断开拓思路，积极向上争资，充分吸纳社会资本，形成政府、居民、社会“三方共建、三方互促”的社区社会组织建设工作格局；三是采取项目助推的方式，开展公益创投活动，从人力和财力上鼓励和支持社会组织发展；四是逐步建立社会组织评估激励机制，充分调动社会组织及其成员提供公共服务的积极性。

四、亟待解决的几个问题

通过调研，课题组发现，基层社会组织培育和社会治理创新工作还存在着不少困难和问题，概括起来主要有以下几个方面：一是对社会组织的认识还不够全面，社会组织“可有可无”论、社会治理创新中的“装饰”或“点缀”论仍不同程度地存在；二是社会组织管理体制不顺、力量薄弱，存在比较突出的多头管理、职能交叉现象；三是缺乏相关的政策扶持，在社会组织承接政府转移职能、财政资助、税收优惠等方面没有作出具体的规定；四是社会组织工作人才严重缺乏，基层社工队伍也不稳定。

为了加快江西省社会组织培育与发展，全面提高社会治理科学化水平，课题组认为，亟须从以下几个方面进行努力。

（一）切实提高思想认识

各级党委、政府要真正树立社会共治理念，把培育社会组织作为社会治理创新的重中之重，在思想上接受社会组织，在政策上支持社会组织，在体制上吸纳社会组织，引导社会组织在党和政府希望、人民群众需要的领域充分发挥积极作用。

（二）加快理顺管理体制

当前，基层社会建设工作普遍存在多头管理、分散管理的现象，难以形成有效合力。因此，一要加强对社会建设的领导，建立省一级的社会建设管理协调机构，强化对全省社会建设和管理工作的统一协调和管理；二要加强对社会组织的服务与管理，切实加强登记管理机关的自身建设，不断充实社会组织的管理力量；三要建立健全统一登记、各司其职、协调配合、分级负责、依法监管的社会组织管理体制；四要加强对社会组织监管，完善社会组织监管体系建设，建立健全社会组织运行的评估检查和监督治理机制。

（三）不断加大政策扶持

一要制定社会组织建设的地方性法规，使各项工作有法可依、有法必依，为促进社会组织参与社会治理奠定坚实的法治基础；二要适当降低社会组织准入门槛，按照“放开一大片，限制一小部分”的原则，放宽登记条件，推进备案管理，最大限度推进各类社会组织的发展；三要制定出台政府向社会组织转移职能和购买公共服务的意见，把社会可以做好的工作交给社会；四要加大公共财政投入力度，建立非营利优惠税收和社会捐赠制度，通过购买服务、项目委托、资金补助、无偿或低价使用公共资源等多种方式，鼓励支持社会组织健康发展。

（四）大力加强人才建设

大力推进社会组织专业人才建设，着力解决当前社会组织人才“短板”问题。具体来说，一要不断加大社会工作人才的培养力度，引导更多的社会优秀人才和高校毕业生到社会组织建功立业，着力解决“引得进”的问题；二要不断通过社会组织工作人员的薪酬待遇，着力解决“留得住”的问题；三要逐步提高社会组织人才的社会地位和政治待遇，各级党代表、人大代表、政协委员吸收一定比例的社会组织代表，相关行政部门和群团组织要加大使用优秀社会工作者专业人才的力度，着力解决“用得好”的问题；四要努力壮大社会组织志愿者队伍，广泛宣传志愿者优秀代表和先进事迹典型，动员和吸引更多的志愿者参与到社会公益事业中去。

河南省社会组织培育与管理调查与思考

河南省民间组织管理局

随着改革开放的不断深入和市场经济的发展，河南省各类社会组织如雨后春笋般涌现，类型数量不断增多，活动领域日益扩大，社会影响持续提高。在推进政府职能转变、完善市场经济体制、促进社会管理创新、加强精神文明建设等方面发挥着越来越重要的作用，成为构建和谐社会，助推中原经济区建设的一支重要力量。

一、河南省社会组织发展现状及影响力

（一）社会组织发展现状

近几年，随着全省经济社会不断发展，特别是中原经济区建设作为国家发展战略以后，全省社会组织迎来了新的发展机遇期，其数量、规模和影响力日益显现，截至2011年底，全省各级民政部门共注册登记各类社会组织21561个〔其中，省级1763个，市级7239个，县（市、区）级12559个；社会团体11642个，民办非企业单位9856个，基金会63个〕，占全国总数的4.3%。

（二）对全省经济社会发展的影响作用

1. 直接创造社会资本，促进经济增长。其产品主要集中在第三产业，它所提供的社会最终产品的价值构成了社会总产品价值的一部分。全省社会组织总资产约430多亿元，净资产约220多亿元，年度总收入约120多亿元，总支出约110多亿元，从业人员19.6万多人（不包括兼职人员）。

2. 协助政府加强行业管理，架起政府与企业的桥。在所调查的1481个行业协会中，参与行业管理的有1111个。其中法律法规授权的71个，约占4.8%；政府部门授权的192个，约占13.0%；申请政府批准的有211个，约占14.2%；会员代表大会通过决议的637个，约占43.0%。受法律法规授权的如省注册会计师协会，具有的职能有负责行业管理监督、业务培训、注册会计师注册及考核等；受政府部门委托的如省旅游协会，具有

A 级景区评定、星级酒店评定、旅游城市评定、旅游示范点评定的职能；由会员代表大会决议通过的如省家用电器维修协会，具有对全省范围内家用电器维修站、点进行资质评定和价格指导的职能；有 848 个行业协会为本行业制定了行规行约。如省银行业协会、省报业协会、省保险业协会、省洗涤业协会、省家电维修协会等。全省各类行业协会商会，每年举办和召开各种论坛、技术交流、座谈会 5058 次，开展咨询项目 13892 个，完成调研项目 1031 个，列入政府决策项目 342 个。有 667 个行业协会参与了行业标准的制定工作，有 448 个行业协会参与了行业统计工作，有 353 个行业协会参与了资质评审工作。2011 年举办各类展会 467 个，直接拉动经济效益 500 亿元以上，为社会各个领域、各个行业培训从业人员达 500 多万人次。省民营经济维权发展促进会共处理会员单位维权案件年均 30 多件。省酒店业商会积极与政府有关部门进行协商，取得谅解，及时解决了餐饮业不合理水价问题。

3. 开展公益活动，和谐人际关系，促进社会稳定。据不完全统计，目前省 49 个基金会，截至 2011 年底总资产达 33.4 亿元，年收入 12.6 亿元，年公益支出 2.9 亿元。省慈善总会 2011 年全年募集慈善款物 19248 万元，救助困难群众 5 万多人。省助残济困总会 5 年来，在全省开展“曙光行动”，筹措投入资金约 2 亿元。帮扶救助残疾人达 23 万余人，真正起到了“康复一人、幸福一家、温暖一片”的效果。引起了中央有关领导及省委、省政府的高度重视和全社会的广泛关注及赞扬，中央五大媒体和省内主流媒体都做了主题采访。中央政治局常委李长春批示：“助残济困，值得弘扬，可发消息以推动之。”卢展工书记给张世军会长的指示：感谢您及助残济困总会同志们所做的所有工作，不仅是为残疾人事业提供了重要的社会支撑，更重要的是在全社会弘扬了一种高尚情操和美德。全省第一家商会调解组织“商事调解委员会”在河南省豫东商会成立，前后共进行民事调解 300 余次，为国家和个人挽回经济损失上亿元，避免重大民事、刑事等事件的发生，为化解社会矛盾，维护社会和谐稳定作出了突出贡献。《河南日报》报道了此事，省民间组织管理局在省管社会组织中推广了这一经验。

4. 整合行业资源，促进产业升级，提高行业效益。目前，省属 12 家异地商会在豫人员已达 800 多万人，会员企业 1.8 万多家，在豫总投资 12200 多亿元，上缴利税近 1500 亿元，创造就业岗位 180 万多个。2011 年 5 月，在省民间组织管理局注册登记的山东、山西、浙江、湖北、安徽、江苏、江西、川渝、湖南、福建、上海、河北等 12 家异地商会，“借中原经济区建设之势，聚天下之财为河南服务”，发起成立了“河南省九商联盟集团”，签下了河南省2012年重点项目——舞钢市新能源新材料高科技产业园项目，该项目总投资120亿元。项目全部建成达产后，年产值可达200亿元，年均实现利税在20亿元以上，届时舞钢市将成为世界上最大的不锈钢复合材料生产基地。河南省房地产商会为打造河南省“旗舰”牌房地产企业，由建业、正商等16家河南主流房地产企业共同发起成立了“河南地产商会投资股份有限公司”，是目前中国首例注册资本最多的房地产企业联合体。公司总注册资金12亿元，计划年投资规模在150亿元以上。山东商会在两个月的短时间内集资2亿多元，于2011年注册成立了“鲁商投资集团”。河南省川渝商会2011年注册成立了“河南省川渝商会联盟投资有限公司”，投资166亿元签订了“河南新乡市原阳家具工业园”项目。河南省江西商会也于去年组建成立了“赣商投资集团”等。各类社会组织配合省、市政府组织外省及国外企业到河南省考察，发挥桥梁纽带作用，牵线搭桥，引进技术与资金，在2011年全省招商引资活动中为河南省引进省外及国外资金1000多亿元。

5. 促进教育卫生等公益事业发展与繁荣。2011年，河南省各级各类民办学校10497所，在校生总数374.02万人。尤其是黄河科技学院、郑州大学西亚斯国际学院、郑州大学升达经贸管理学院等民办大学已在河南省乃至全国产生较大的影响。全省各级各类民办医院350多所，占全省医院总数的28.8%，占全国民营医院的4.46%。民营医院编制床位13800多张。卫生技术人员总数19200人，占全省卫生技术人员总数的9.5%。在省民间组织管理局注册登记的“河南省生物工程技术研究中心”，作为社会组织中的一员，该中心致力于生物工程和制药方向研究，先后研制成SARS病毒、艾滋病、乙型肝炎、丙型肝炎、戊型肝炎、梅毒检测试剂等诸多重要成果。其中教授级高工2名，教授1名，研究员1名；博士6人。中心近年来已完成科研项目38项，获市级以上科研成果奖20项，承担科研项目10项。以科技创新为支点，为建设中原经济区作出更大贡献。省国学文化促进会成立一年来，举办“论坛”、“讲坛”25场次，开展“国学进万家”等活动，共计35万人参加了活动，达到了意想不到的效果，产生了非常好的社会效益和社会影响。

二、河南省社会组织登记管理工作情况

（一）登记审批工作基本走上了制度化、规范化的轨道

一是认真抓好登记审批工作。全省各级民政部门严格依照“三个条

例”的规定依法办理社会组织登记，通过对社会组织的宗旨、业务范围、负责人、注册资金、住所及章程等严格审查，切实把好了登记审批关。二是认真抓好社会组织清理整顿工作。根据党中央、国务院的要求和民政部的部署，对所有社会组织普遍进行了检查、清理，重点对所有基金会进行了财务审计，对气功类社团进行了专项清理整顿，对社团分支机构进行了重新登记，撤销、注销经常不开展活动、多年不参加年检和整合业务相近或相似的社会组织，社会组织结构得到进一步优化，整体素质明显提高。三是各地通过开设行政服务大厅、建立行政服务网站和制定《社会组织办事指南》，完善并公开审批程序，实行“一次性告知”、“一站式办公”和“一条龙服务”，切实转变了作风，提高了办事效率。

（二）监督管理工作基本走上了经常化、法制化的轨道

一是加强和改进了社会组织年检工作。全省各级登记管理机关把强化年度检查作为加强对社会组织监督管理的重要手段，采取准备到位、强化沟通、多措并举等方式，区分不同类别，把握重点环节，服务周到细致，确保了社会组织年度检查工作高效、高质、到位，社会组织年检率逐年提高。截至目前，全省社会组织年检率已达到85%以上。二是加强了对社会组织的日常监督和指导。全省各级登记管理机关常年利用业余时间深入社会组织调查研究，积极主动参加社会组织开展的筹备、换届、年会等活动，及时了解掌握了社会组织的活动情况，进行面对面服务，针对性开展指导工作。三是抓好对非法、违法社会组织的查处工作。会同公安、安全、审计、税务、物价等部门，依法取缔了非法社会组织，及时查处违法违纪社会组织，促进了社会组织健康发展。

（三）法规制度建设取得一定进步

随着国务院“三个条例”的颁布实施，十几年来，全省社会组织建设和管理事业取得了较大成绩，社会组织得到较快的发展，为确保和促进全省社会组织规范、健康发展，有关社会组织法规制度建设也取得一定进步，自2001年起省政府及政府部门联合颁布了《河南省〈社会团体登记管理条例〉实施办法》、《关于行业协会商会改革与发展的实施意见》、《关于加强民间组织税务登记及发票管理有关问题的通知》、《关于加强全省社团组织规范化建设的意见》、《关于做好农村专业经济协会培育发展和登记管理工作的指导意见》、《河南省社会团体和民办非企业单位收费管理试行办法》、《关于加强民间组织党的建设和人事劳动保障管理工作的通知》、《关于社会组织重大活动报告的通知》等30多件法规制度，对河南

省社会组织的登记管理和规范发展起到了较好的法规政策保障。各市也都结合本地实际制定出台了一些管理办法和政策。

（四）社会组织登记管理队伍自身建设得到一定加强

经过全省各级民政部门的共同努力，社会组织登记管理机构建设得到一定加强，1998年省民政厅成立了民间组织管理局，2009年对外称“河南省民间组织管理局”，并加挂“河南省民间组织执法监察局”。所有省辖市和一些县（市、区）也相继成立了相应机构，配备了人员，改善了办公条件。郑州市民间组织管理办公室，已编配人员40多名，升格为副局级单位。开封市民间组织管理局增加了人员编制，高规格配备领导成员。周口市将周口市民政局民间组织管理科更名为“周口市社会组织管理局”，为该地区社会组织的登记管理工作奠定了较好的基础，促进了该地区社会组织管理与建设事业的发展。同时，省、市通过多渠道、多层次组织业务培训，大大提高了民管干部的业务素质和工作水平。

三、社会组织登记管理所面临的体制性障碍

社会组织管理体制以“三个条例”为基本框架与其他法规共同构成。社会组织管理所面临的体制性障碍，制约着社会组织的发展，影响着河南省行政体制改革的不断深入和市场经济体制的不断完善，主要体现在以下几个方面。

（一）高门槛限制了社会组织的发展

双重管理体制通过双重负责、双重把关的审批制度为社会组织获得合法身份设置了障碍。按照“三个条例”的规定，社会组织的成立登记有很多限制条件，需要具备一定数量的注册资金和最低限度的人数、单位要求，须经其业务主管单位审查同意等。这些条件导致大量社会组织无法登记，不能获得法人资格。一类是规模和业务范围较小的草根性社会组织，另一类是因业务主管单位不清跨行业或跨产业的社会组织。还有即使业务主管单位明确，但有时政府部门不愿做业务主管单位，同样也是找不到业务主管单位的社会组织。据调查统计，目前全省有近20万个没有按条例规定登记注册而开展活动的各类社会组织和200多个境外组织在河南省境内开展活动。如此庞大的群体游离于政府的监管之外，对国家安全造成了潜在的危害。这种状况说明采取“一刀切”式的登记管理制度是不合理的，势必造成大量“非法人”但却有“正当性”或“合理性”草根性社会组织存在；而把大量具有“正当性”或“合理性”的社会组织视为“非

法”，并排斥在管理范围之外，也将导致社会组织监督管理的覆盖面不全。广东省东莞市的“坤叔事件”就足以说明这个问题，此事件经媒体报道后，引起广东省委省政府的高度重视，也加快了广东省社会组织管理体制改革创新的步伐。

（二）权力与责任不明确

“三个条例”对登记管理机关和业务主管单位的社会组织管理职责都作出了规定，但这些管理职责存在明显不足。

一是管理职责规定原则性过强，可操作性不足。登记管理机关的日常监督管理包括哪些方面，可以动用什么样的监督管理措施，条例并没有作出具有操作性的回答。管理部门在实际工作中，没有刚性的依据和明确的标准，尤其对社会组织是否“适应社会需要”方面，业务主管单位和登记管理机关自由裁量权很大。由此，双重负责便简化为一种政治把关和责任共担的分权机制。无论是登记管理机关还是业务主管单位，首要的目标是如何减低政治风险和规避责任，社会组织的发展则被置于次要目标上。

二是管理职责交叉和模糊地带较多。“三个条例”虽然对登记管理机关和业务主管单位的管理职责进行了分工，但在社会组织的筹备、审查、申请登记和年度检查、违规查处等职责方面都有重复之处。导致业务主管单位和登记管理机关审查内容重叠，这不仅是制度资源和政府执政资源的浪费，往往还会削弱其管理服务能力。制度设计的初衷是实行双重审核和双重负责的“双保险”机制，但实践证明监管职责的交叉重复易于导致相互推卸责任，出现监管漏洞。

三是管理部门的权责不统一。就登记管理机关而言，条例虽然赋予其对社会组织进行监督、检查、查处违法行为、给予警告、责令改正、撤销登记或取缔等责任，但实际上却缺乏政策法规规定的有效的、操作性强的管理手段和处罚措施，这种监督管理就显得苍白无力，对社会组织不具有警示性和震慑力，对非法人社会组织的取缔更显得力不从心。2003 年巩义市某民办幼儿园院墙倒坍砸死 7 名幼儿事件，郑州市民管科、巩义市民政局负责人均受到处理，此事在民政系统和社会各界引起强烈反响。同样，与其他行业和领域内的年度检查工作相比，多少年来河南省社会组织的年检率不高的问题不能得到解决，恐怕这是一个重要的原因。业务主管单位虽然有很大的管理权力，也有相应的管理手段，但却没有相应的责任要求。省管社会组织将近有 100 个业务主管单位，管理着 1700 多个社会组织，其中仅有 30 多个业务主管单位指定有一个业务部门（处、室）统一协调管理所属社会组织，而大部分业务主管单位根据其业务范围分散到各个业务处室。当业务主管单位的管理服务导致社会组织的活动偏离了组织目标时，并没有关于业务主管单位应承担何种责任的规定。

（三）监督管理机制不健全

“三个条例”都强调政府监管、社会组织自律和社会监督有机结合的重要性，但实际监管效果并不理想。就政府管理部门而言，登记管理机关的主要问题是力量严重不足，目前完成“双重管理”体制下的登记注册、年度检查就已疲于应对了，哪有力量进行调研考察、监督管理以及考核评价数量庞大、性质各异的社会组织。目前有业务主管单位帮助登记管理机关进行初审把关，若取消业务主管单位，实施直接登记，登记管理机关力量薄弱的问题就更加突出了。据统计，在河南省18个省辖市级的登记管理机构中，有3名以上专职人员的仅7个，大部分只有2人，有的还只有1人。在全省159个县（市、区）中，有76个县（市、区）未设社会组织登记管理机构（与其他业务合署办公），有70个县（市、区）民政部门没编配社会组织登记管理的专职人员。全省除郑州市本级设有社会组织执法科外，省本级及其余省辖市和所有县（市、区）均无社会组织专门执法机构和专职执法人员。省民间组织管理局为民政厅内设局，现有人员仅11人，负责全省社会组织登记管理工作政策法规的贯彻落实，指导和监督全省社会组织的登记管理工作；一个厅内设处室面对100多个厅级以上业务主管单位，负责登记注册省管社会组织和对现有的1700多个省管社会组织实施监督管理，其状况可想而知。

就业务主管单位而言，不能很好地履行监督管理职能也有许多主客观原因，具体表现为与政府职能转移相关的社会组织大多是由其业务主管单位主导或直接创办。在调查的1481个行业协会中，由政府部门主导或直接创办的有1211个，约占总数的81.8%，党政领导干部兼任行业协会秘书长以上领导职务的有2143个，约占总数的23.5%，甚至与相应的政府职能部门合署办公，“一个机构，两块牌子”。与政府职能转移无关但有收入（包括捐赠收入和营业收入）的社会组织，业务主管单位往往积极监管并提供“保护”。与政府职能转移无关又无收入或收入勉强维持自身存活的社会组织，业务主管单位往往采取“多一事不如少一事”的态度，尽可能地回避政治风险。这种局面使业务主管单位的监督管理与登记管理机关之间的协同管理难以实现。

就社会监督而言，社会公众尚未充分了解和认可社会组织存在的目的和作用，监督意识淡漠；社会组织自身活动不透明、不公开，媒体监督渠道不畅；河南省目前还未建设全省统一的社会组织信息系统，还缺少独立的社会组织评估机构，对社会组织难以实现社会监督和绩效评估。

（四）管理与服务缺乏动力机制

现行社会组织管理体制之所以不能完全发挥应有的作用，除了体制本身的缺陷外，更重要的原因还有社会组织管理体制在运行过程中缺乏动力机制。社会组织的发展壮大体现了自发性和自觉性，政府的培育扶持、管理服务是滞后的，往往是社会组织的规模、作用显现出来以后，在某一地区、某一领域产生积极的经济和社会效益后，或者是政府职能必须转移了，社会组织才逐步走入人们的视野，才引起政府部门、党政领导的重视。此时，政府部门、相关领导就会相当积极地、超乎寻常地提出要求、发出指令成立这协会、那商会等。长此以往，如果不将社会组织发展与地方政府的经济社会发展相联系，与政绩考核相挂钩，仅凭民政部门去推动是无法实现的，因为民政部门根本没有权力指挥或命令其他职能部门（何况登记管理部门仅仅是民政部门下设的二级单位），更没有力量推动政府职能的转变、移交或委托，也无法要求政府部门向社会组织购买服务。民政部门对社会组织管理服务也成了无足轻重的事情，只要不给地方政府带来“麻烦”即可。同时，业务主管单位的动力也不足，因为政府职能转移没有明确的“时间表”，政府部门转移哪些职能？如何转移？政府部门要向社会组织购买哪些服务，如何购买服务，等等，目前都还没有形成完善的政策法规体系。业务主管单位出于部门利益的考虑也不可能主动把有限职能转移、委托给社会组织，不可能主动去资助社会组织，也没有积极性向社会组织购买服务。对社会组织的管理与服务也就成了“操持”社会组织的活动，变成社会组织为业务主管单位提供行业统计、行业规划、行业调研等免费服务。西方发达国家的社会组织最大的经费来源是通过政府的资助和政府向社会组织购买服务，占到总收入的59%。而省内各级政府对社会组织的资金投入是非常有限的，章程规定中经费来源的第一项“政府资助”很难实现，社会捐资又受各种因素的限制也难以投入其中，许多社会组织只能依靠收取会费和有限的服务性收益来维持机构的正常运转，导致经费来源单一、薄弱，办公场所和设施简陋，福利待遇低，很难招聘或吸引到有专业知识的工作人员，甚至生存都成问题，无法全面履行职能，很难从事相应的社会服务工作。

（五）法律法规制度建设滞后

社会组织虽是和机关、企业、事业单位并列的四大法人组织之一，但社会组织与机关、企业、事业单位相比，法人主体资格难以得到保障。一是社会组织法律法规规格低、立法层次低。确定社会组织地位、性质、权利义务以及法人资格的最高法律条文就“三个条例”即《社会团体登记管理条例》、《民办非企业单位登记管理暂行条例》和《基金会管理条例》。与其他领域或行业法律法规不对等、不衔接，在注册登记过程中登记管理机关有时出现尴尬局面。在国际上对非营利性组织没有立法的国家为数也不多，有的国家有多部法律条文规定和确定了非营利性组织的性质、地位、权利、义务和优惠政策。二是法律法规条文“超稳定”15 年不变。我国政治经济社会发展已进入高增长期、社会转型期、矛盾突发期，政治体制、经济体制与15 年之前相比已发生很大的变化，小政府大社会已见雏形。社会组织现状与15 年之前相比也不能同日而语，数量、规模、作用及影响力都发生了很大的变化。但是，目前社会组织的注册登记、监督管理等还是依据 1998 年国务院颁布的“三个条例”，有些条款已不适应形势发展的需要，制约着社会组织的监督管理和健康发展。三是现有的条例及政策规定线条粗、原则性强，可操作性不强。登记管理机关在注册登记、监督管理过程中很多情况无法可依，只能是“摸着石头过河”，边登记边摸索，要么请示国家局，要么参照其他省有没有登记，在管理服务中因法规政策问题导致管理人员腰杆也不那么硬。四是针对不同类别、不同层次社会组织缺少相应的具体登记管理办法，影响了社会组织的分类登记和监督管理。五是在涉外社会组织管理方面缺少相应的登记管理办法，导致了涉外社会组织登记管理工作无法开展，对境外非政府组织在豫活动情况和全省社会组织涉外活动情况难以掌握、疏于管理。六是在社会组织工资福利、职称评定、税收减免、社会保障、土地征用、信贷等方面缺少系统配套的扶持政策，影响了社会组织的发展。

总之，我国现行社会组织管理体制导致政府未把社会组织放在应有的位置上，不能保证和推动社会组织作为“社会的器官”发挥应有的功能和作用，难以促进社会组织健康有序发展。

四、创新社会组织管理体制对策与建议

近年来，中央领导多次指示，要求各级党委、政府积极推动社会组织管理体制的创新，落实社会组织新的管理体制，推动社会组织创新发展。为改革社会组织管理体制提供了尚方宝剑，为推动社会组织健康发展提供了源泉和力量，为实际工作厘清了思路，指明了方向。

（一）改革创新登记注册办法

改革创新登记注册办法，对社会组织实行直接登记是党中央国务院明确交给民政部门的任务，是党中央国务院从深化改革开放，加强和创新社会管理的高度作出的重大决策，是加强和创新社会管理的重大举措。中央首次明确提出建立统一登记、各司其职、协调配合、分级负责、依法监管的社会组织管理体制。“十二五”规划纲要、《加强和创新社会管理的意见》也对社会管理新的管理体制予以肯定。温家宝总理在第十三次民政工作会议上明确提出，要加快推进社会组织登记管理改革，促进社会组织依法、健康、规范的发展，简化登记程序，实行民政部门直接登记。广东省人大2006年就出台了《行业协会管理条例》，2013年4月份广东省委省政府又出台了《关于进一步培育发展和规范管理社会组织的方案》。同时，北京、上海、天津、安徽等省市对社会组织管理体制改革都作了大胆的尝试。为此，河南省自2012年7月1日起，对工商经济类、公益慈善类、社会福利类、社会服务类的社会组织按照民政部门业务主管和登记注册一体化来进行直接登记。通过调查研究、总结经验，在逐步完善政策、加强管理服务力量基础上，研究制订河南省委省政府《关于进一步培育发展和规范管理社会组织的方案》，从2014年7月1日起，放宽准入门槛，简化登记程序，申请成立全省性社会组织，除特别规定、特殊领域，法律法规规定需要前置审批外，社会组织的业务主管单位均改为业务指导单位，直接到登记管理机关申请成立。探索将非公募基金会登记管理权限从省下放至地级以上市民政部门。基层社区社会组织由县（市、区）民政部门直接登记，以街道办事处、镇政府作为业务指导单位；对以社区、村为活动范围的组织，免予登记，报县（市、区）民政部门备案，研究出台《河南省基层社会组织登记管理办法》。加强与国外及港澳台地区社会组织交流合作，明确社会组织外事活动准则，规范境内外社会组织项目合作。适时出台河南省涉外社会组织登记管理办法，开展涉外社会组织的登记管理工作。根据社会组织管理体制改革创新，及时研究社会组织党组织建设问题，在党委组织部门的指导下，研究出台新形势下河南省社会组织党组织建设指导意见。

（二）加强社会组织管理机构自身建设

河南省地处中部，交通便利，对外交流广泛，中原经济区建设确定为国家发展战略，国际性的经济文化交流活动频繁，河南省社会组织的涉外活动和境外非政府组织在河南省的活动增多，社会管理工作任务加重，国家安全形势更加严峻，给社会组织的登记管理工作提出了更高的要求。社会组织管理体制改革以后，原来由 100 多个业务主管单位去完成的初审和协助管理等工作，直接由登记管理机关来承担。2 万多个社会组织的党组织建设任务也要由登记管理机关来审批、指导和帮助。就 1700 多个全省性社会组织来说，若是 40% 的社会组织都要建立党支部，那么省民间组织管理局就要审批、指导和帮助建设 600 多个社会组织党支部，其任务量可想而知。但是，就登记管理机构而言，机构规格低、编制人员与国家要求和兄弟省市相比有较大差距，远不能满足实际工作的需要。民政部领导早在 2007 年就提出“省级登记管理机关设立专门执法机构、大中城市有专门执法队伍、市县一级有执法人员”的要求，2009 年 5 月，《关于印发河南省民政厅主要职责内设机构和人员编制规定的通知》（豫政办〔2009〕87 号）规定：河南省民政厅民间组织管理局加挂民间组织执法监察局牌子，对外称河南省民间组织管理局。为此，一是针对目前社会组织管理与服务的形势与任务，各级人民政府应当在民政部门建立相对独立、与社会组织管理工作相适应的登记管理机构。完善与社会组织管理服务工作任务相适应的人、财、物等基本条件。二是抓住省政府同意民政厅民间组织管理局加挂“河南省民间组织管理局”和“河南省民间组织执法监察局”牌子的机遇，尽快组建专门的执法机构，充实执法人员、添置执法装备、争取执法经费。三是加强社会组织管理服务“窗口”建设，建立“一站式”审批制度。加强登记管理机关人员队伍建设，完善培训制度，提高机关人员素质，推广持证上岗，创新服务理念，提高服务能力。

（三）推进行业协会商会改革

坚持市场化运作的原则。通过改革创新，实现行业协会商会依法设立、职能到位、自我管理、规范发展的市场化运作模式，确立行业协会商会的独立法人地位，充分发挥行业协会商会的积极作用。按照市场化原则规范运作行业协会商会，消除行业协会商会行政化倾向，完成政社分开。人员分离，现任公职人员不得在行业协会商会兼任职务；机构分设，不得与政府部门合署办公，具有独立的办公场所和专职工作人员；职能分离，依法赋予行业协会商会职能，建立政府向行业协会商会购买服务制度；资产分开。按照《民间非营利组织会计制度》的要求，建立完善的财务管理制度，单独开设银行账户，配备专门的财会人员，明晰行业协会商会资产。

建立健全法人治理结构和各项内部管理制度，规范行业协会商会行为。放宽准入条件，打破垄断，允许一业多会适度竞争，允许按国民经济行业分类的小类标准设立行业协会商会，允许按产业链各个环节、经营方式和服务类型设立行业协会商会，允许不同所有制经济组织组建行业协会商会，允许合并和分拆组建行业协会商会，允许行业协会商会吸纳持有个体工商户经营执照的非法人经济组织为会员。

（四）创新管理服务体制

1. 实现登记管理体制科学化。随着形势和任务的不断变化，社会组织的健康发展需要科学的管理体制与之相适应。因此，应根据社会组织发展的需要，依据登记管理机关和业务指导单位所承担的任务，研究制定权责一致、可操作性强、科学合理的社会组织登记管理机关实施细则和社会组织业务主导单位实施细则。建立和完善民政、公安、财政、审计、税务、物价、质监等相关职能部门和银行金融机构各司其职、各负其责、信息共享、协同监督、齐抓共管的联合监管机制。

2. 实施分类管理服务。社会组织种类繁多、业务复杂、涉及领域宽泛，实施直接登记后，登记管理机关面临管理服务的难题更大，为此，要根据社会组织宗旨和业务范围实施分类管理服务。对行业协会商会等工商经济类社会组织侧重于维持市场经济秩序的监管，对学术性和社科研究类社会组织侧重于舆论导向的监管，对社会服务类社会组织侧重于提高服务质量的监管，对公益慈善类社会组织侧重于资金筹集使用情况的监管，对基层社会组织和群众生活类社会组织侧重于引导和服务。

3. 实现登记管理信息化。组建全省统一制式的社会组织管理服务信息中心，建立社会组织数据库系统、数据传输系统和网上办公系统，实现网上进行登记审批、社会组织信息公开、年度检查等功能。建立社会组织信息披露平台，实现信息共享和社会监督。建立社会组织信用信息动态记录、社会评价、诚信公示和失信惩戒等信用管理制度，将社会组织公益服务和遵纪守法情况纳入社会诚信管理体系。提高对社会组织的管理服务效能，加强对全省社会组织的监管力度。按照国家局的要求和部署，到2016年，完成对全省社会组织的评估工作，及时向社会公告社会组织评估信息。

4. 建立社会组织管理应急响应机制。社会组织常被称为“双刃剑”，培育扶持和监督管理政策落实得好，它们将朝着健康规范的方向发展，对我国政治经济社会等方面就会产生积极的作用和影响，成为推动经济社会发展的动力，反之，将会影响经济社会的稳定，而且容易产生联动、复制效应，成为阻碍经济社会发展的不良因素。因此，要建立健全分类管理、分级负责、属地为主的应急响应体制，对社会组织及非法人社会组织开展活动可能引发的重大社会安全事件的处理，形成统一指挥、反应灵敏、协调有序、运转高效的应急响应机制，制订包括总预案、专门预案、部门预案在内的整个应急预案体系，实现社会预警、社会动员、快速反应、应急处置的整体联动，有效应对因社会组织而引发的社会安全事件，提高社会组织管理中的危机管理和抗风险能力。

（五）推动社会组织法制建设

1. 加强立法建设。结合机构改革大幅度调整我国非营利机构的登记管理格局，解决社会组织法律法规滞后问题。建议国家对社会组织的性质、管理、登记从法律上进行重新明确，建议出台实体法社会组织法，清理有关与社会组织登记管理法律法规相违背的法规条文。针对不同类型的社会组织，建议尽快给社会团体、民办事业单位和基金会立法。因为在我国一些单个的人民团体就有自己的法律，如红十字会有红十字会法、工会有工会法、残联有残疾人保障法以及 2006 年 10 月国家还为农民专业合作社专门颁布了农民专业合作社法等，从目前社会组织在我国经济社会生活中的地位、作用和影响力来看，为社会组织立法已刻不容缓。

2. 加强政策制度建设。随着适应社会主义市场经济要求的公共财政框架的建立，政府财力开始主要用于社会公共需要和社会保障方面，应积极推广广东、上海、北京、河北等省市政府向社会组织购买服务的经验，在各级政府中强化向社会组织购买服务的理念，建立政府职能转移和购买服务政策制度。通过政府投入或部门投入，购买社会组织服务，激活民间力量，使政府资金得到“放大”或“倍增”效应，提高行政效率，降低行政成本，使社会组织形成有效的吸纳社会资源的社会化运作机制。

完善社会组织政策支持。国家应专门为社会组织开列税种，进一步完善公益性捐赠税前扣除和减免税等优惠政策，对社会组织开办的公益项目，要加大政策扶持力度，如税收优惠、贷款贴息或者低息小额贷款等扶持政策。建立社会组织专职工作人员劳动用工制度、专业培训制度。完善人员流动招聘、户籍管理、档案管理、职称评定、福利权益保障等具体政策措施。提高社会组织专职人员的社会保障水平，稳定社会组织专职工作人员队伍，提升社会组织服务能力。

3. 创新培育扶持机制。社会组织管理服务工作坚持培育扶持与监督管理相结合的原则，我国社会组织的发展现状尚处在初级阶段，培育扶持显得尤为重要，因此建议在省和地级以上市政府部门实施社会组织扶持发展专项计划，建立孵化基地。拓宽社会组织筹资渠道，支持和引导民间力量为初创期社会组织提供人力、物力和财力支持，鼓励金融机构在风险可控前提下为符合条件的社会组织提供信贷。省、市、县（市、区）设立孵育专项资金，资金的使用采取申请制，采取分类扶持方式对符合申请条件的社会组织给予补助。2012 年，中央财政安排 2 亿元专项资金，用于支持社会组织参与社会服务。参照中央做法自 2013 年起，由省财政部门安排相应的专项资金，用于支持社会组织参与社会服务。

发展经济型社会组织为全面建成小康社会出力

湖南省民间组织管理局

党的十八大报告首次提出“现代社会组织”的概念，要求“加快形成政社分开、权责明确、依法自治的现代社会组织体制”，将现代社会组织体制与社会管理体制、基本公共服务体系、社会管理机制并列起来，作为社会建设和社会体制改革的四大重要目标，意义重大、影响深远。而作为在现代社会组织体系中占有重要权重的经济型社会组织又能直接为全面建成小康社会添砖加瓦、贡献力量。本文主要就如何认真总结和推动经济型社会组织体系发展作些深入细致探讨。

一、湖南社会组织基本概况

近年来，湖南以科学发展观为指导，按照“培育扶持、分类指导、完善机制、规范管理”的工作原则，着力完善政策，加大培育力度，促进行业协会稳步发展。截至 2012 年 6 月底，全省社会组织总量达 18955 个，其中社团 11240 个，民非 7567 个，基金会 148 个。社会组织总数是 2002 年的 2.9 倍。如果加上在各级民政部门备案的和没有登记的草根类，全省社会组织总数不下 3 万家，而且目前仍以每年 10% 左右的速度在发展，远远高于全国社会组织增长率。在各类社会团体中，行业协会商会是参与经济发展最为紧密的经济类社会组织。现在全省现有行业协会商会 3943 个，占全省 11240 个社团的 35%。省本级社会组织 1217 个，其中行业协会 249 个，占省本级 808 个社团的 30.8%，覆盖农业、林业、交通、机械、轻工、建筑、科技、金融证券、信息服务业等诸多领域，涉及 100 多个大小行业，拥有会员 200 多万人，专职从业人员 20 多万人。

二、经济型社会组织在国民经济和社会发展中的作用

实践证明，湖南省社会组织尤其是经济型社会组织在经济社会发展中作用重大，贡献突出。它们或通过直接创造 GDP，或通过带动投资、拉动

消费，或通过招商引资、创造就业等成为市场经济中不可或缺的一部分，为服务湖南经济，优化经济发展环境，助推湖南“四化两型”建设、全面建成小康社会作出了积极而有效的贡献。具体来说，湖南经济类社会组织在国民经济和社会发展中的作用突出表现如下。

（一）成为政府职能转变的重要载体

伴随市场经济的建立和政府机构改革的推进，湖南省部分经济类协会承接了政府转移的部分职能，促进了政府部门行政效率的提高和“大社会、小政府”的建设。省交通运输厅自2004年起将道路客货运输企业经营资质由交通部门评审改为由省市交通行业协会评定。长沙市交通行业协会根据长沙市交通局委托承担了长沙市交通发展“十一五”规划的编制工作。各市州的证券业协会、银行业协会、保险行业协会、电力行业协会基本承担了省证监局、银监局、保监局和湖南电监办在各市州的主要管理任务。省房地产业协会、省收藏协会等协会还设立了司法鉴定中心，具有房屋、文物等方面的鉴定职能。省质量技术监督局在特种设备审批中，由省特种设备协会组织专家事先进行图纸审查，提高了图纸审查的专业水平。

（二）成为服务行业的有效组织形式

经济类社会组织从促进行业发展出发，加强对会员的培训指导，组织会展招商，提供咨询服务，并规范会员行为，协调会员关系，健全各项自律性管理制度，制定并组织实施行业职业道德准则，大力推动行业诚信建设，建立完善行业自律性管理约束机制，规范了市场秩序，维护了公平竞争的市场环境。省保险行业协会制定了《湖南省保险从业人员违规行为管理暂行办法》，对违反自律公约的行为进行检查，采取业内通报、扣罚违约金、取消从业资格等自律措施，抑制了保险公司的不正当竞争行为。省汽车轮胎用品饰品行业商会在成立后即起草行业标准《汽车用品服务企业星级评定准则》并获得省质监局评审通过，成为全国汽车用品行业第一个地方标准，促使汽车用品这个“微细”行业朝着企业规范化、市场竞争有序化方向发展。

（三）成为反映诉求的畅通渠道

经济型社会组织发挥熟悉行业情况、了解会员诉求等方面的优势，及时向党委、政府和有关部门报告行业信息、提供咨询意见、提出政策立法建议等，不仅反映了行业与会员的呼声，而且为党委、政府提供了准确的一手决策信息，发挥了智囊团、思想库的作用。长沙市化工协会向长沙市主要领导写出的《关于长沙市化学品经营环境、仓库建设等问题的情况反映及建议》，得到肯定并迅速形成了政府决策。衡阳市房地产业协会关心企业需求，制发《企业诉求调查表》对企业存在的困难、对房产局或其他职能部门的建议和意见等问题进行调查，并及时向有关部门反映，使行业诉求得到及时表达。省茶叶协会、省休闲农业协会等一批行业协会积极向政府建言献策，对推动湖南省黑茶、休闲农业等产业的发展作出了杰出贡献。

（四）成为联系群众的桥梁纽带

一是会员与会员之间的纽带。省直私营企业协会、怀化市卷烟经营者协会等行业协会，在会员有喜事时，协会都去祝贺；会员遇到困难时，协会都去慰问。长沙市台湾同胞投资企业协会专门成立体育组负责组织各类体育活动，增强了会员的归属感，会员感觉协会就如娘家。二是本行业与相关行业的桥梁。如省浙江商会、省个体私营企业协会等许多协会都与银行联合举办融资洽谈会，促进了资金的融通。三是本地与外地的桥梁。长沙市温州商会把沟通温州与长沙两市的经济信息联系作为经常性工作，多次参与湖南省有关市县区到温州招商引资，并与全国160多个温州商会建立了信息网，还与湖南省几十个异地商会建立经常性信息交流，促进了各地的联系。长沙市台湾同胞投资企业协会积极协助各区县市举办招商活动，日渐成为对台招商引资的新窗口。四是会员与社会的桥梁。经济类社会组织将组织企业参与公益活动作为重要职责，并积极为会员单位的公益活动牵线搭桥，向社会宣传了公益理念，提升了会员的社会责任意识。湖南省浙江商会在商会中宣传这样一种理念：企业家的第一目标是成为一个优秀的企业家，第二目标是成为社会活动家，最高目标、最高境界是成为社会慈善家。在这种理念指引下，省浙江商会成立以来，通过商会组织的慈善捐款达1500多万元，经济类社会组织已经成为推动社会公益事业发展的一支重要力量。

（五）成为农村建设的有力助手

湖南省众多农村专业经济协会，以直接服务“三农”为目的，通过组织农民进行生产经营，引导农民进行产业结构调整，架起农民与市场的桥梁，促进了农业增产、农民增收、农村发展，已经成为建设现代农业、推进农村改革发展的一支重要力量。据对全省农村专业经济协会的调查统计，近年来协会为农户提供的技术服务达42万人次，为农户提供的信息服务达33万人次，为农户代购生产资料和代销农产品的营销额达70多亿元，共有会员46万多个，带动农户130多万户，促进协会会员增加收入3亿多元，在服务农民、促进农业发展方面具有不可代替的作用。桃江县竹业协会率领8500多个农户，依托竹林资源优势，一手抓资源培育，一手抓产业开发，使产业规模不断扩大，产品档次不断提升，竹产业成为县域经济的主导产业，占全县GDP的1/3。湘潭县养猪协会为了使会员所养生猪达到外贸出口的要求，举办科学养猪讲座，建立农户质量联保机制，获得了国家出入境商品检验检疫证。怀化市麻阳柑橘协会注册“麻阳柑橘”，商标供农户使用，提高了农户柑橘的市场价格。怀化市农机协会鼓励农机大户转租田地，对达到100亩以上的种田大户予以奖励，引导农机大户变为种田大户，促进了土地的流转。

（六）成为维护社会稳定的重要力量

经济类社会组织是其会员的利益代言人和维护人。随着社会主义市场经济不断发育完善，湖南省众多经济类社会组织的维权意识显著增强，面对企业遭遇的各种纠纷，积极出面斡旋、谈判，甚至参与诉讼仲裁，使问题得到合理解决，起到了止纷息争的作用。如湖南省各级房地产协会争取当地的仲裁委员会在协会设立了仲裁联络处，出现纠纷由仲裁委员会依法裁决，协会选派专家为仲裁员参加裁决，既能使纠纷得到依法及时解决，又有效维护了会员的权益。

三、制约经济型社会组织发展的主要因素

经济型社会组织在服务经济、优化环境方面尽管作用突出，但由于受到各方面条件的制约，自身发展面临诸多难题，影响了其在优化湖南经济发展环境中作用的充分发挥。

（一）社会共识有待营造

一些地方和部门在理解经济型社会组织的地位、作用问题上存在偏差，对经济型社会组织的发展规律认识不足，对新形势下经济型社会组织发展的意义、发展趋势以及功能作用认识不到位，还没有把经济型社会组织真正纳入经济社会发展的总体布局，没有把经济型社会组织培育发展工作纳入议事日程。有的把行业协会看成是机关或部门的内设机构或代管机构，有的把行业协会看成安置闲散人员的机构，部分行业协会存在政会不分的现象。且部分行业、单位和社会大众对经济型社会组织的地位、作用也缺乏共识。

（二）管理模式有待转变

目前对社会组织实行登记管理部门和业务主管单位双重管理的体制设

计，造成社会组织进入的门槛过高，使许多具有“合理性”的组织无法取得“合法性”外衣而游离在制度保护之外。现行的“双重管理体制”重心偏于约束和管制，多头管理，职能交叉，存在衔接上的空白；业务主管部门、民政部门之间监督管理职责权限有时尚不十分明确，对社会组织的监督管理缺乏操作性，无有效的衡量和追究手段。民间组织管理部门由于自身的编制紧缺、业务水平不高等因素，尚不可能对经济型社会组织进行更深入、更科学的指导和监管，在一定程度上也阻碍了经济型社会组织的发展，阻碍了经济型社会组织功能的发挥。

（三）职能转换有待加快

国务院办公厅《关于加快推进行业协会商会改革和发展的若干意见》（国办发〔2007〕36号）文件明确规定：“各级人民政府及其部门要进一步转变职能，把适宜于行业协会行使的职能委托或转移给行业协会。”但目前政府职能转换缓慢，同时在转换过程中因涉及利益格局的调整，赋予社会组织职能的大小和多少，更多还是取决于政府部门的意志。一些本来应由社会组织来承担的职能，如行业调查、制订行业规划、行业统计、行业准入的意见咨询、资质鉴定的质量认证、项目评估、展会活动等，仍由职能部门组织，造成经济型社会组织职能难以落实到位，作用空间受到限制。

（四）组织资源有待改善

中共中央多次提出，行业协会、商会等经济型社会组织要肩负起“规范行为、提供服务、反映诉求”三大任务。但从调查的情况来看，大多数的经济型社会组织从经费、组织机构到人员素质等方面都存在问题，制约了这些社会组织自身发展，更谈不上发挥肩负“三大任务”的作用。有的社会组织规章制度不完善，行业管理规范也是各自为政，有些甚至只有不规范的口头规定，或虽有完善的制度，但由于专职人员过少、财力不足等原因，其目标和宗旨难以有效实现；有的社会组织从政府部门中脱胎出来，其机构、人员、设施等大都来源于政府，主要领导大多由政府部门的领导或政府机关改革分流出来的官员担任，形成与政府部门千丝万缕的联系，导致对政府的依赖性较强，自治程度较低，无论从章程的制定、人事权、日常决策权，还是内部运行机制、激励机制、监督机制等方面，都带有明显的行政化倾向；有的社会组织工作人员未经过专业训练、素质不高，具备公共管理知识和宏观协调能力的高素质专业人员短缺。

（五）沟通渠道有待畅通

表现为政府与社会组织之间缺乏直接沟通的平台，社会组织反映业内情况有时得不到行政管理部门的受理；党委、人大、政府、政协和有关部门的会议，行业没有自己的一席之地，缺少话语权。社会组织在税收优惠、财政资助、人事管理、社会保险等方面缺乏健全的政策规定，有的仍然面临注册难、定位难、信任难、参与难、监管难、吸引人才资金难等困惑。

四、经济型社会组织与经济发展环境创新之我见

由于存在着诸多制约发展的瓶颈，湖南省经济型社会组织管理如果只是进行某些表面上的修订和补充，显然已不能满足现代社会发展和人民群众结社愿望的要求，迫切需要一场大规模、全方位的大变革、大创新方能适应整个社会管理创新的需求，方能适应湖南社会组织相较于全国先进省份的“弯道超车”，也方能适应社会组织迫切渴望的新一轮管理体制改革的呼声。

——创新社会组织培育发展环境。社会组织建设是国家现代化建设的重要组成部分，社会组织管理创新是整个社会管理创新的重要课题。各级党委、政府要从战略高度、全局高度充分认识社会组织在国民经济和社会发展中的地位和作用，重视和支持社会组织。

一是推动政府向社会组织转移相关职能。可借鉴和仿效那些已很成功已有经验的兄弟省市做法，将可由社会组织承担的具体社会事务、微观经济调节职能以及专业服务职能转移或委托给具有相应能力的社会组织特别是经济类社会组织承担，从而一方面减少行政成本、提高行政效率，另一方面将这些辅助职能让渡给经济类社会组织，解决政府、市场、社会相互越位、错位、缺位的问题，让市场更好地发挥作用，让社会更好地自主治理。对此，中央领导早有认识。2012 年 11 月 26 日，李克强在会见防艾民间组织负责人时说：“经济发展要更多地发挥市场作用，而社会发展就要更好地发挥好社会的力量。”他指出：“很多事情都靠政府包办，办不了，也不一定能办好。我们应该更加鼓励发挥好民间社会组织的作用，通过社会体制的改革来加强社会建设。”

二是推进政府向社会组织购买公共服务。目前“花钱买服务”已成为许多国家的通行做法，也是政府扶持社会组织发展的重要方式和手段。许多地方政府出于对社会组织的同情和理解，或多或少地给予了一定的财政资助，但这充其量只属于一种基于道义的“人道关怀”，随着领导认知水准的参差和人事变迁的影响，社会组织需要长期“输血式关心”、“制度性关怀”的境况依然没得到改善。其实，对那些统计与调查、行业标准制

定、专业技术认定、职称评审等基本能力，社会组织均已具备，而且由于它们触角延伸的深度和广度都较政府职能部门具有优势，所以它们完成的速度、质量及信誉度毫不逊色于政府。政府应该按照《中华人民共和国政府采购法》等有关法律法规和政策规定，在指导和出台购买服务的指导思想、基本原则、实施范围的基础上，对那些具备资质的社会组织大胆赋予重任，同时，要加强对政府购买服务进行调研论证，出台相应政策，规范购买服务的项目，建立购买服务平等的合同契约关系，将购买服务纳入公共预算，完善严格的评估监督体系，使政府购买社会组织公共服务经常化、常规化、制度化，逐步实现公共服务由"政府直接提供、直接管理"变为"政府购买服务、实施评估监督"的方式。

三是争取地方财政设立经济类社会组织专项发展基金。据学者对34个国家的研究，各国政府的财政支持，已经达到社会组织总收入的34%，发达国家社会组织来源于政府的收入达到48%。随着社会经济的快速发展，国家和地方财政完全有能力扶持和帮助包括社会组织在内的特定人群，使人民群众直接受益。2012年财政部拿出2亿元支持社会组织参与社会服务项目。湖南批准的3个项目，直接受益对象上万人，取得了很好的效果。如果省内各级政府财政能仿效中央财政设立相应社会组织专项发展基金，那对全省各级社会组织特别是处于初创阶段的经济型社会组织无疑会起到"雪中送炭"作用。

四是创建社会组织孵化机制。许多经济型社会组织在萌芽期和初创期，由于在专业知识、能力和财力等方面的欠缺，迫切需要政府或相关部门的扶持和帮助，手把手教他们怎样创办社会组织、运作社会组织并使之成长壮大。这个过程，我们叫作孵化过程。整个过程是按照"政府支持、民间运作、专业团队管理、政府和公众监督、社会组织受益"的孵化模式，面向社会组织提供活动场所、能力建设和信息服务，对进入孵化基地的社会组织进行多方面的帮助，对初创时期的经济类社会组织提供关键性的支持，扶助这些公益组织逐渐成长。这既需要政府的政策性支持，也需要政府的财政性支持。当下，许多"先行先试"的省份都是从本级福彩公益金中拿出专项基金对此进行扶助。湖南省2012年开了本省先河，省本级安排了200万元福彩公益金以项目的形式进行了相应扶助，但力度还应该加大。目前，长沙市本级及部分县市区也设立了孵化基金，创办了孵化园。长沙市本级社会组织孵化园目前已孵化出园10多家初创社会组织。

五是制定和完善配套政策。近年来，民政部和有关部门从财政、税收、社会保障等方面出台了一系列扶持社会组织发展的配套政策，初步建立了以民政部门的年检、评估为依托的民政、财政、税收三部门相互配合的社会组织税收优惠和监管体制。湖南省本级和部分市州如长沙、常德、衡阳等地也分别以党委、政府的名义出台了相应的地方政策措施。但整体来看，大方针具备，操作层面不完备。一则没有出台相应的操作细则，使上面的政策流于形式；二则没有延伸到社会组织的人事、劳资和社会保障等方面。下一步，要完善配套扶持政策。重点制定并完善对社会组织尤其是公益慈善类社会组织的税收优惠政策。出台专项鼓励到社会组织就业的政策，支持社会组织开展各种就业培训，充分挖掘社会组织促进就业的潜力。加强领导班子建设，建立社会组织稳定的工作人员队伍，推行社会团体和基金会秘书长持证上岗制度，逐步实现工作人员的职业化、专业化。

——创新社会组织登记模式。登记管理体制不完善是当前制约我国社会组织发展的主要屏障。在这方面，湖南省要做的工作还很多。

一是探索直接登记新模式。业务主管和登记管理分开的“双重管理”登记管理模式是我国现阶段社会组织登记管理的运作方式。在过去，这种模式对于发展和完善社会组织、规范运作社会组织均起到了很大的作用。但随着社会环境的变迁，尤其是人民群众结社愿望的日趋强烈以及政府职能的转换，这种模式越来越不利于社会组织的发展，从某种意义上来说还严重约束了社会组织。党的十八大报告将“现代社会组织体制”的建设，作为社会建设和社会体制改革的一个重要组成部分，意味着接下来需要重新构建政府与社会组织的关系，重新构建社会组织规范发展的法律体系，废除“双重管理”这个改革障碍，实现社会组织直接登记。变“依附”为平等的合作、伙伴关系，激发社会组织的活力。目前，湖南省长沙、常德等地在全省率先对公益慈善类、社会福利类、社会公益类和工商登记类社会组织直接登记。下一步，要好好总结全省试点市州的经验，借鉴广东等省份的做法，出台相应政策甚至地方性法规，进一步完备操作层面，力争使试点扩面或全面开花，从而促进湖南省社会组织登记管理体制逐步由重入口登记向兼重准入和日常管理转变，由重行政控制向依法发展方向转变。

二是对社区（乡镇）类经济型社会组织实行备案管理。社区（乡镇）类经济型社会组织是最植根于群众、最为群众所喜欢又最能服务群众的基层社会组织。过去，由于开办资金、活动场地、会员人数甚至规章制度等不符合相关法律法规要求，这类基层草根社会组织得不到政府层面的认可，登记注册不了而游离于“合法组织”之外。目前，全省经民政部门登记备案的农村专业经济协会有2113个，城市社区社会组织有3186个。为适应公共管理和服务重心下移，要大胆探索实行由县市区民政部门统一备案，由街道办事处（乡镇政府）作为业务指导单位并履行指导监管职责的备案管理制度，并适当放宽准入条件，降低登记门槛，简化程序。要贯彻落实好《湖南省民政厅关于做好社区民间组织登记管理和培育发展工作的通知》（湘民民发〔2007〕6 号）精神，对成立社区社会组织的活动资金降低到 3000 元，并且“要重点扶持发展公益性、服务性社区民间组织，特别是为社区老年人、少年儿童、残疾人和下岗失业人员服务的社区民间组织，逐步引导社区民间组织成为社区服务的主体力量”。要积极制定和落实扶持政策，在场所、经费等方面对城乡社区社会组织予以支持，发挥它们在拓展社区服务，推进社区自治，加快新农村建设，促进城乡和谐发展中的积极作用，使得大量活跃于社区（乡镇），为基层群众服务但又暂不具备法人条件的社区社会组织能够取得合法地位并进入政府的管理视野。逐步实现国家《社区服务体系建设规划（2011—2015 年）》要求的“到 2015 年末每个社区拥有 5 个以上的社区社会组织”。

三是推进行业协会商会改革。国务院办公厅《关于加快推进行业协会商会改革和发展的若干意见》（国办发〔2007〕36 号），就拓展行业协会的职能，改革行业协会的体制机制和相关扶持政策作了规定。《湖南省行业协会管理办法》（2005 年，省政府令第 201 号），要求“各级人民政府应当将行业协会的发展纳入本地区社会经济发展规划，加快政府职能转变，将行业协会能够自律管理的事务逐步转移由行业协会承担，支持和保障行业协会独立开展活动”，“各级人民政府应当鼓励和支持行业依法组建协会，促进、扶持行业协会健康发展”、“企业和其他经济组织应当积极发起组建、加入行业协会，认真履行会员职责，并在资金、人员、办公条件等方面为行业协会提供支持”。当前，除了要贯彻落实国办和省政府令外，对于行业协会商会，主要是要加大力度推行“五脱钩”，即行业协会商会在职能、机构、人员、财务和办公场地等方面与政府部门完全脱离，使行业协会商会完全具有“民间性”和“自主性”。对于异地商会，在规范其发展的同时，要大胆探索异地商会登记管理权限下放的方式方法。

四是推行社会组织等级评估。为进一步强化社会组织自律规范和发展意识，促进社会组织制度和能力建设，加快建立各类社会组织优胜劣汰的准入和退出机制，提高社会公信力。近年来，民政部门在对社会组织实行年检监督的同时，逐步开展了对社会组织的等级评估。社会组织评估，是按照一定的程序，根据相关指标体系，对社会组织进行全面、综合的分析和评价。对社会组织规范化建设而言，评估将有力促进社会组织加大内部治理力度，健全组织机构，完善相关制度，促进规范运作。从对社会组织科学化管理而言，评估有助于业务主管单位和登记管理机关更感性、更直观、更全面地了解和掌握社会组织的特点，因而可以根据社会组织的实际情况有针对性地制定政策，改进工作，分类指导。从对社会组织大众化服务而言，评估有助于加强公众与社会组织的沟通，使社会公众对社会组织的了解度加深，认识更加全面，评估更为客观，社会公信力将有显著提高。同时，评估还为政府转移职能、社会参与和支持提供了可供选择的对象。在评估过程中，要强化中央、省、市（州）和县（市、区）多级联动的组织领导力量，要出台操作明细的综合配套文件，要建立职能具体的评估服务机构。在评估中还要完善科学有效的评估工作方法，做到“三个结合”、“三个注重”：主观评估和客观评估相结合，更加注重客观评估；定性评估和定量评估相结合，更加注重定量评估；静态评估和动态评估相结合，更加注重动态评估。要通过灵活多样的评估方式，科学高效的评估方法，不断提高评估质量和信誉，取信于社会组织和社会公众。

五是引入适度竞争机制。在政会分开的前提下，要大胆改革，突破“一业一会”的经济型社会组织垄断格局，根据行业、产品和经营方式适当细分社会组织，允许经济类社会组织的适度竞争，打破原有的依靠行政公权力影响“戴市场的帽子、拿政府的鞭子、坐行业的轿子、收企业的票子”行政化色彩浓厚的“官办社会组织”垄断社会资源的局面。通过竞争，适者生存，实行优胜劣汰，将社会资源集中到那些具有生存优势又符合时代要求的真正民间性社会组织上来。目前，广东、安徽等省已开展这类创新举措。

六是采取各种措施鼓励和支持经济型组织参与公共事务管理。第一，政策导向要从过去单纯注重监督管理转到监督管理与积极扶持发展上来。要主动研究解决经济类社会组织发展中遇到的新情况、新问题，探索促进经济类社会组织健康发展的新途径。关注经济类社会组织发展动态，注意总结吸收国内外经济类社会组织发展的有益经验，研究发展与管理规律。开展多种形式的宣传表彰活动，加大对优秀经济类社会组织的宣传，扩大经济类社会组织的社会认知度和社会公信力，为经济类社会组织的发展创造良好的社会舆论环境。第二，要确定扶持的重点领域。以助推“四化两型”为重点扶持经济类社会组织加快发展。服务新型工业化，积极发展装备制造、钢铁有色、卷烟制造、电子信息、新材料、生物医药、食品加工、石油化工、建筑材料、造纸工业等湖南省优势产业领域的经济类社会组织；服务农业产业化，积极发展粮食、生猪、烤烟、茶叶、淡水产品等湖南省优势农业领域的经济类社会组织；服务“两型社会”建设，积极发展高新科技、环保节能等领域的经济类社会组织；服务外向型经济，积极发展商会和对外招商、经济合作等领域的经济类社会组织。第三，调整经济类社会组织税收政策。加强对全省经济类社会组织税收政策的研究，尽快出台实施地方性的税收优惠政策，进一步扩大对经济类社会组织的税收优惠范围，从以所得税优惠为主扩大到所得税、营业税、财产税等多种税种优惠并行。第四，加强经济类社会组织人才队伍建设。完善经济类社会组织专职工作人员的资格认证、工资福利待遇、职称晋升、档案管理、合同管理和社工招聘等政策措施，优化经济类社会组织人才发展环境，稳定和壮大经济类社会组织人才队伍。加强经济类社会组织负责人能力建设，着重提升他们的职业声望和业务素养，增强他们的管理能力，推进他们的职业化进程。第五，按照经济类社会组织的发育状况分配一定比例的党代表、人大代表、政协委员名额，从经济类社会组织中选拔优秀人才到党政部门担任领导职务，充分发挥经济类社会组织在参政议政中的重要作用，增强经济类社会组织从业人员的职业自豪感和职业威望感，以利于经济类社会组织更好更快地为全面建成小康社会而献智出力。

推进社会组织评估体系建设的实践与思考

广西壮族自治区民间组织管理局

时下，在全国新一轮的行政体制改革推进中，社会组织评估作为一种崭新的社会组织监管机制，逐渐被人们认识并寄予新的期望。正如每个新生事物的出现都有它的历史必然性一样，社会组织评估是民政部门适应政府职能向公共服务转变的内在要求，以“优化发展环境，促进社会组织规范发展”为出发点，在法定检查之外而采取的一种行政监管手段，也是民政部门创新社会组织服务管理、与时俱进的合理选择。

一、推进社会组织评估体制建设的必要性分析

社会组织评估是指对社会组织履行职能、完成任务、服务社会、发展状况、实绩和效果进行综合评价，这是在新形势下加强社会组织监督管理的重要措施，是对政府行政管理的重要补充，推进社会组织评估体系建设，势在必行。

（一）推进社会组织评估是促进社会组织科学发展的迫切需要

近年来，随着社会经济的发展，尤其是中国－东盟贸易博览会永久落户南宁，全区社会组织得到了蓬勃发展，初步形成了门类齐全、覆盖广泛的社会组织体系，并且在服务经济社会发展中发挥了极其重要的作用。但是，由于体制、机制等方面的原因，社会组织本身还存在组织建设不健全、内部治理不规范、社会公信力不高、服务能力不够等问题，亟须加以引导与规范。对社会公众而言，对社会组织的情况依然缺乏了解，缺乏透明的内部治理结构、组织效率、社会公信力等使得社会组织发展呈现出良莠不齐、鱼龙混杂的局面，严重影响了社会组织的整体形象和健康发展。而要解决这些问题，一个关键性的要素就是建立社会组织评估机制，通过制度性的评估，引导社会组织自我完善、自我规范，促进社会组织责任、效率与社会公信度的提高。

（二）推进社会组织评估是改进社会组织监管的现实需要

目前，全区民政部门对社会组织的管理，一是靠年度检查，二是靠对违规违法行为的查处。前者是依法例行检查，后者由于全区各级登记管理力量薄弱，监管力量不足，严重制约了执法的有效实施。近年来，全区社会组织的种类和数量都有很大发展，截至 2012 年底，全区依法登记的社会组织达 14924 个，其中社会团体 10024 个，民办非企业单位 4869 个，基金会 31 个；还有近 2 万个备案的城乡基层社会组织，且每年社会组织数量以 10% 的速度递增。与此不相适应的是：各级登记管理机关的工作人员并没有相应增加，全区 14 个市、109 个县（市、区）加上自治区本级，只有 86 名社会组织专职管理工作人员，各地登记机关管理人员与繁重的工作任务不相适应的问题日益突出，53% 的县无专门机构，监管工作举步维艰。

（三）推进社会组织评估体系建设是适应新形势、新机制的需要

当前，社会组织建设与管理正处于改革、建设与发展的关键时期。党的十八大提出加快形成政社分开、权责明确、依法自治的现代社会组织体制，全国“两会”审议通过的《国务院机构改革和职能转变方案》，以政府职能转变为核心，对社会组织管理制度改革作出重大部署，其核心要义是加快培育社会组织等主体，力推政府职能转移，构建和完善多元的社会管理制度和机制。社会组织评估作为促进社会组织规范发展、推进政府职能向社会公共服务转变的一种新机制，寓监管和服务于一体，正是适应新形势新要求的重要举措，需要大力推进。

二、推进组织评估体系建设的探索与实践

2012 年以来，广西以创新社会管理为契机，积极探索构建社会组织评估新机制，初步建立了一套切实可行的社会组织评估体系，形成了以“建立一套指标体系、两类组织试点先行，组建三级机构、实行四举并促”为特点的广西“一二三四”评估体系建设模式。

（一）建立一套指标体系

在借鉴全国性社会组织评估指标和兄弟省份有关社会组织评估指标的基础上，按照分类评估、分类制定的原则，结合广西实际，分别制定了《广西行业协会商会评估评分细则》、《广西自然科学类学术社团评估评分细则》、《广西基金会评估评分细则》，细化和量化了各类评估指标，并多次组织有关专家、主管部门、社会组织代表共同研究决定，为做好评估工作树立了标杆。

（二）两类组织试点先行

本着“先易后难、分类推进”的原则，首选基金会和自然科技类学术社团作为社会组织评估试点，这主要基于两方面原因：一是基金会数量少，易发动，且属于社会组织中最能体现社会关爱精神、自身运作较为复杂、公众关注度最强、社会期望值最高的一类组织；二是科技类社团基础较好，领导重视，积极性高，且属在全国范围较早开展评估研究的行业，有经验可借鉴。通过试点先行，以点带面，继而将评估推广至行业协会、商会、民办非企业其他类别的社会组织。

（三）组建三级机构

采取多方联合的组织模式，组建三级评估机构。一是成立评估委员会。评估委员会由民政部门、业务主管单位有关负责人、社会组织代表组成，主要负责组织和指导全区社会组织评估工作。评估委员会下设办公室，具体负责评估日常管理。二是成立评估复核委员会。由自治区民政厅纪检、审计、财务、行政审批等部门负责人组成，主要负责评估结果的复核和对举报的裁定工作。三是引入第三方评估机构。采用政府购买方式，委托广西资产评估协会组织9家社会评估机构的30多名专家，对参评社会组织进行先期的评估，在此基础上形成初评报告呈评估委员会审定，从而确保评估组织的严密性和公正性。

（四）实行四举并促

注重多措并举，分类推进。一是出台指导性文件。先后下发了《开展全区性自然科学类学术社团基金会评估试点工作的通知》、《关于开展全区行业协会评估工作的通知》、《广西自然科学类学术团体、基金会、行业协会评估评分指标》等一系列文件、明确评估目标任务，评估范围、基本程序、时间安排等具体要求。二是加强宣传引导。通过广西民间组织信息网、《广西社会组织》、《广西日报》等媒体，广泛宣传社会组织评估相关政策及开展评估工作的目的、意义，同时与业务主管（指导）部门密切配合，周密部署，共同宣传发动，引导社会组织积极参与。三是召开启动大会。召开了全区社会组织评估启动大会，全面部署评估工作。自治区民政厅和自治区科协分管领导出席会议并作动员讲话。四是举办培训。通过培训促进当事人全面了解评估申报办法、组织方式、评估程序、指标解读等，达成共识，形成了浓厚的活动氛围。

三、社会组织评估体系建设面临的困难和问题

尽管广西社会组织评估体系建设取得了一定成效，但体系建设仍处于

探索起步阶段，面临的困难和问题依然很多，突出表现如下。

一是社会组织评估法律定位不足。虽然目前民政部制定了《社会组织评估管理办法》（以下简称《办法》）、自治区民政厅下发了涉及自然科学类社团、行业协会、商会、基金会、民办非企业单位多类组织的一系列评估指标文件，但《办法》及地方实施文件，只停留在规章层面，对社会组织评估的管理地位、经费来源、评估手段、结果效力、评估主体所承担的义务等均未明确界定，使得社会组织评估整个过程始终处于执法的法律边缘。如在评估实地考察中，评估专家往往对社会组织不协查感到无能为力，各地评估经费常因缺乏法规依据而无法落实，导致工作无法开展，社会组织评估的刚性不足。

二是评估指标存在一定局限性。部分指标适用性窄。如“代表本行业反倾销、反补贴和保障措施的应诉”、“行业性集体谈判”评分项，多数行业协会以服务会员、服务社会为基本职能，仅有少数商会才能在此项目得分。又如学术团体中的“保值增值”评分更适用于基金会，受组织形式和运转方式的限制，多数学术团体难以在此方面有所作为；有的指标难以考量。涉及“理事评价、工作人员评价、服务对象评价”等，目前主要由参评单位按照评估机构发放的调查表提供，缺乏有效数据证明，得到的评价难免有失客观，影响了评估的实效。

三是评估程序不完善、系统性不够。缺乏严格规范的反馈、督促程序，部分参评组织反映具体项目得分、扣分没有得到及时反馈，无法针对评估情况及时作出申诉或拾遗补阙；各环节工作并非“环环相扣”，而是“各自为政”，对于评估后续跟踪、成果转化等问题是否为评估有机组成，不够明晰，有待进一步规范、完善。

四是评估专业性不够。一方面，已有的社会组织评估评审委员会专业性、广泛性不够。评审委员以管理者居多，均为一人多岗，日常管理事务较多，工作精力和时间难以集中，造成评估意见的质量不稳定。另一方面，评估分析手段单一，仅仅停留在社会组织评估报送资料上，审核评析质量不高，有的评估人员不熟悉社会组织管理业务，发现深层次问题的能力不强，评估与日常管理的联动性不强。

五是评估覆盖面小。由于受经济、体制等方面的制约，广西社会组织评估仅局限在自治区本级开展，各市、县（市、区）仍为空白。自治区本级参评的 77 家社会组织，只占符合参评条件家数的 12%。

六是评估结果缺乏配套的激励政策。由于社会组织评估方兴未艾，广西出台的与评估相应的政策微乎其微，且局限于部门文件，在政府层面，与评估结果相挂钩的政府职能转移、购买服务等政策还存在盲点。现行的公益性社团捐赠税前扣除资格认定，虽然将获得评估3A以上等级的社会组织列为前置审批条件之一，但在实际操作中却难以落实，形同虚设。社会组织评估还停留在评估本身，“有无评估等级、评估等级无论高低”区别不大。

四、深入推进社会组织评估体系建设的对策思考

评估体系建设涉及评估指标、程序、组织、运转方式、结果运用等多个环节，需要针对存在的问题采取相应措施，促进各环节的有效结合、协调衔接。

（一）提升法律地位，促进评估体系建设法制化

社会组织评估的规范有序推进，前提是完善相关制度设计，使评估运作的合法性建立在以制度性的正当性和组织的公共性基础上，加之其本身具有多元性、社会性、专业性等特点，在推进过程中又有许多新矛盾与问题产生，凡此种种导致社会组织评估体系建设的复杂性，需要从立法层面引导、扶持、规范，而不是仅寄希望于民政部门的牵头。因此建议：其一，可结合当前《社会团体登记管理条例》和《民办非企业单位登记管理暂行条例》、《基金会管理条例》的修订，在条例中增加有关评估内容，作为评估体系建设的总依据；其二，积极创制地方社会组织评估法规，从立法层面对评估实施主体、对象、范围、程序、等级管理、经费落实等进行规范，切实解决经费保障、结果效力、收集获得信息等制约社会组织评估发展的突出主题，为推进社会组织评估可持续发展提供良好的法治环境。

（二）合理设定指标，促进评估指标体系科学化

评估指标的选择和设计，是社会组织评估体系建设的核心所在，建立一套科学、合理、可操作的评估指标体系，应遵循以下几点：一是全面性。指标设定要反映各类社会组织本质及其整体情况，诸如基础条件、内部治理、工作绩效和社会评价等方面的指标都必须涉及，尤其是体现社会组织宗旨使命的指标。二是规范性。指标内容要突出社会组织规范化建设的要求，涵盖落实相关法规条例、章程范本、信息披露、承诺服务、重大活动事项等规范化要求，强化依法自治、完善法人内部治理结构。三是适用性。指标的设定要切合实际，避免机械照搬。对于经实践检验80%以上单位不认可的指标，必须删除；不同类别的社会组织指标的权重分值也应有所不同。四是发展性。随着社会组织发展，指标设定也要与时俱进，应

当朝向更高档次的、开放性的、结果性的指标转化，以利于加快形成政社分开、权责明确、依法自治的现代社会组织体制。

（三）规范流程、操作，促进评估程序规范化

社会组织评估作为社会组织管理的重要内容，必须有严密的程序和规范的操作。要突出“三规范”：一是规范评估文书。按照合法、规范、科学重用的原则，设计评估各环节的规范文书，使各类社会组织评估行为得到统一和规范。二是规范评估程序。在严格执行《办法》所规定的基本程序基础上，结合实际，制定切实可行的评估规程，将评估信息采集、评估对象选定、评估分析、评估核实、评估处理、归档等管理内容制度化、程序化。三是规范操作。涉及两个层面：首先是在具体评估操作层面，要注重及时反馈，将书面审查、现场评估以及异议的研定等及时反馈给参评单位，说明理由，接受申辩和质询，涉及重大问题无法把握的，可提交评估委员会办公室进行审议，确保各种意见得到充分表达，增强评估透明度、公正性。其次是在组织方式层面，要推行第三方评估机制。

（四）加强评估机构队伍建设，促进评估工作专业化

社会组织评估是一项专业性、操作性要求很高的工作，需要有健全的组织机构和一支高素质的专业队伍。为此建议：一要建立评估专家库。增加从事税务、会计、法律等方面的社会影响力大、社会公信力强的专家作为提名，随机备选满足评估需要。二要健全对评估人员经常性培训机制。特别是强化各项评估应用指标的分析，与参评组织约谈技巧等系统培训，不断提高评估人员的综合素质和评估能力。三是定期交流评估经验。注重各阶段评估工作的总结交流，定期组织评估人员进行案例评析，逐项分析评估方法、过程和结果，总结好的评估方案，取长补短、提高评估人员的战斗力。

（五）加快信息化建设，促进评估管理信息化

鉴于目前社会组织评估尚处于探索起步阶段，研究开发专门的评估软件条件尚不具备，建议借助民政部门正在研究开发的社会组织信息软件，加载评估内容模板，实现“一数一源，一源多用”。可考虑分设社会组织版和机关版，机关版重点在于基本数据的统计、分析，按管理权限处理、审阅。社会组织版由社会组织将本组织涉及负责人备案、会员发展、变更事项、季度财务报表、理事会、会员代表大会议程、动态信息等基本情况录入或扫描，定期将相关数据邮件打包，导入各级机关版。组织评估时可借助这一信息平台，提取相关信息，并对信息进行加工、梳理、归类、整

合，开展同行业横向比对分析、时间段纵向比对分析、对照实地评估情况，改变以往评估与日常管理脱节的现象，应用信息化手段对社会组织“海量”信息“去伪存真”。

（六）完善机制，加大评估结果运用，促进评估效能最大化

评估结果能否合理运用，直接影响到评估效果的好与坏。目前，广西社会组织评估覆盖面小、社会组织参与积极性不高，一个重要原因就是缺乏资金保障和与评估结果相应的激励机制。因此，必须致力在政策、机制、措施上保障和促进评估结果的运用与推广。一要落实经费。这是推进社会组织评估体系建设的前提。经费不落实，评估工作就无法拓展，就如同无水之源、无木之根。要争取财政支持，创立制度性的财政保障机制，把社会组织评估经费纳入常规财政预算，并随着评估工作量的增加而逐年递增，为社会组织评估提供有力保障。二要建立健全评估激励机制。这是确保评估体系建设可持续性发展的关键。要结合新一轮的行政机构改革，以推进政府职能转移为核心，积极争取政府相关部门的支持，在政府转移委托职能、购买社会组织服务、资金扶持、财税优惠、评选先进等方面向评估等级较高的社会组织倾斜。三要加强宣传、扩大社会影响。通过报刊、广播、电视、网络等媒体，多层次、全方位地宣传开展社会组织评估的意义及评估范围、基本程序、操作方法等，让社会组织看到评与不评的区别、等级高低不一样。重点向社会推介一批获得3A以上评估等级的社会组织，引起社会公众的关注，为政府、为社会对社会组织的支持提供参考依据，营造参与评估、支持社会组织发展的社会氛围。

三亚市社会组织党建工作研究

海南省民间组织管理局

党的十八大强调："加大非公有制经济组织、社会组织党建工作力度，全面推进各领域基层党建工作，扩大党组织和党的工作覆盖面，充分发挥推动发展、服务群众、凝聚人心、促进和谐的作用。"省社会组织党工委要求："符合成立党组织条件的社会组织全部建立党组织，不具备条件建立党组织条件的，通过选派党建指导员，或采取联合建、挂靠建等方式建立党组织，努力扩大党组织覆盖面。"市委组织部提出："社会组织要创新党组织设置形式，不断扩大社会组织覆盖面。"根据十八大精神和省委市委党建工作要求，充分发挥市民政局在管理、督促、指导和服务社会组织中的桥梁纽带作用，逐步增强党对社会组织的影响力和渗透力，不断扩大党在社会组织的工作覆盖面，提高社会组织党建工作的整体水平。

一、三亚市社会组织党建工作现状

（一）党组织情况

截至2013年底，在全市依法登记注册的社会组织共有246个。其中，社会团体104个，民办非企业单位142个，从业人员2300多人，专职人员883人。社会组织现有党支部12个，占全市社会组织数量的5%左右。

（二）党员情况

全市社会组织现有320名党员，占社会组织从业人员数的36.2%。在246个社会组织中，业务主管单位为市教育局的占了87个，其中党员22名。有3个党员以上的社会组织12个，社会组织中党员人数不足3人的单位有6个，党员共9名。

二、三亚市社会组织党建工作存在问题分析

（一）党组织覆盖面小

全市社会组织成员涉及各个系统和行业，党员的党组织隶属关系复

杂，在社会组织已建立的党支部中，有的隶属于业务主管单位，有的隶属于市社工委，多数党员不主动、不愿意将组织关系转入社会组织，党员教育管理和监督处于松散状态。一些社会组织由于规模小、从业人员少、专职人员无党员等原因，不具备单独建立党组织的条件；一些具备条件的社会组织因党员关系不能及时迁移，或本人不愿迁移，无法及时建立党支部，导致党组织的覆盖依然有空白点。主要原因有几个方面，一是个别社会组织负责人认为社会组织是独立的民间组织，性质特殊，人员复杂，开展党建工作难度大，存在畏难心理。二是有的党员属兼职或者聘用，党组织关系在原单位，认为在哪过组织生活都一样，没必要再参与社会组织的党组织活动，把组织关系转过来意义不大。三是社会组织中的负责人对党建工作缺乏理解和支持，担心党组织建立后，党组织活动过多，会影响单位的正常工作。四是在社会组织任职的退休返聘党员，因在原单位享受有相应的待遇，大多数不愿意转出组织关系。五是一些社会组织暂时无法建立党组织，党员的组织关系无法转入，致使部分党员长期游离于党组织之外。

（二）党建工作难以形成合力

在当前管理体制下，有的社会组织属于业务主管单位管理，有的属于登记管理机关管理，还有的属于社区和其他单位管理，这种交叉重叠且又缺乏工作协调机制的管理形式，给党组织的建立带来困难，出现“大家都在管，谁也管不好”的尴尬局面。三亚市虽然成立了社会组织党工委，但是由于社会组织党建工作的管理体制不完善，相关的制度还没有健全，同时又缺乏相应的协调机制，使得社会组织的党员参加党的业务学习和培训交流少，了解党建工作新内容、新要求、新思路的机会不多，难于凝聚各基层党组织的向心力和战斗力。

（三）党组织活动开展困难

1. 党员流动性较大。由于社会组织的人员流动性大，党员的组织关系难以迁移，不同组织隶属关系的党员集聚在一起，给党建工作带来许多困扰，同时也增加了对社会组织党员管理的难度。

2. 组织活动难开展。社会组织源于民间，缺乏监管，自身又存在结构松散的特点，多数社会组织的党支部在组织建设、运转方式和发挥作用方面还不能适应党的工作需要，其党建工作常常受到缺人才、少经费、无场所等诸多因素的制约，加上又没有健全的组织生活制度，党组织在开展正常的组织活动方面比较困难，综合其原因，一是有的业务主管单位对其管辖的社会组织党建工作重视不够，尚未认识到党建工作对社会组织的重要核心作用，没有认真加以指导；二是社会组织党建工作没有成熟的经验可以借鉴，只能是边学习、边摸索；三是部分社会组织党支部的职责不明确，在发挥核心作用方面不到位；四是党的工作部门也存在各自为政的现象，没有形成一个强有力的联动机制，造成党的基层组织工作难以开展。

三、加强社会组织党建工作的对策与思路

为进一步规范社会组织党建工作，三亚市社会组织党工委应建立和完善社会组织党建工作联席会议制度，在各社会组织中加强沟通、协调、督促和指导，共同推进社会组织的党建工作。

（一）建立和完善党建工作机制

一是各社会组织的业务主管单位在党建工作方面要明确职责，有专人负责；二是各社会组织业务主管单位的党组织要加强分类指导，根据社会组织的实际情况，因地制宜指导其开展形式多样的党务活动；三是在社会组织工作的党员，不能或不愿意转入党组织关系的，可采取过双重组织生活的办法，使党员的组织生活有保证；四是发挥市社工委党建工作指导员的作用，指导社会组织积极开展党务活动，进一步加强党员和党组织的沟通与联系，协助社会组织做好党建工作。

（二）依托登记机关抓好党组织建设

在加强社会组织党建工作中，市民政局作为登记管理机关应着重把好“两关”。一是要把好入口关，即社会组织履行登记时，首先要指导和督促有条件的社会组织建立党的组织；二是要把好“年检关”，社会组织在履行年度检查时要有党组织的活动情况，同时将社会组织的自律与诚信建设作为党建工作的突破口，为社会组织党建工作打好基础。

（三）结合行业特点推进党建工作

1. 抓组建。在社会组织中，凡有3名以上正式党员的，应全部单独建立党组织。正式党员不足3名的，按照“行业相近、地域相邻、便于开展党的活动、便于党员管理教育”的原则，采取联合组建的方式建立党组织，让所有社会组织党员“安家”，做到“哪里有党员，哪里就有党组织”。通过建立社会组织党支部，认真做好党组织关系转接等日常管理工作，积极加强与属地党组织的联系，建立定期交流通报、及时召开联席会议等管理机制，加强对社会组织中松散型党员的管理。

2. 抓覆盖。社会组织党工委具体做好指导、协调、督促工作，认

真摸清社会组织党组织和党员的情况，对暂无党员或不具备建立党组织条件的社会组织，应积极指导其按照有关规定组建工会、共青团组织，同时帮助做好培养入党积极分子和发展党员工作，确保党的工作覆盖到所有依法登记的社会组织。市民政局作为登记单位，应把好关口，通过建立“登记申报、年检年报”制度，督促社会组织落实党建工作；各业务主管单位，尤其是主管社会组织较多的相关部门、单位，要重视社会组织的党建工作，进一步提高社会组织基层党组织建设的覆盖面。

3. 抓协调。一是明确责任主体。在市委统一领导下，社会组织党工委要认真履行牵头责任，负责制定市社会组织党的建设工作规划，加强分类指导并做好检查、督促和落实工作。二是各业务主管单位，要切实履行主管职责，通过本部门单位的党组织抓好所主管的社会组织党建工作。三是建立和完善社会组织党建工作联席会议制度，定期研究和协商解决社会组织党建工作中的重点难点问题，定期报告社会组织党组织的组建和活动开展情况，并在市委统一领导下，由市委组织部和社会组织党工委以及业务主管单位的党组织具体负责，形成上下联动、左右协调、相互支持、齐抓共管的社会组织党建工作新格局。

4. 抓保障。一是活动经费保障。社会组织党建工作经费要纳入市财政年度预算安排，社会组织党员交纳的党费要全额返还，并从市留存的党费中每年安排一定额度预算，下拨给社会组织党组织作为活动经费。同时，对社会组织党组织负责人，条件允许的要给予适当补助。二是工作人员保障。可采取向社会公开招聘党员大学生的方式，充实党建指导员队伍，加强社会组织党工委的党建工作指导员队伍建设，强化教育培训，不断提高其的工作能力和水平。三是活动场所保障。通过单独设立、与行政办公场所合建合用、共建共享等方式，确保社会组织党建活动场所，力争做到90%以上社会组织的党组织达到“六个有”标准，即有牌匾、有党旗、有党员活动室、有资料档案柜、有电教设备、有宣传阵地。

5. 抓活动。以开展创建达标党支部、示范党支部为目标的“双创”活动为抓手，推动社会组织党组织建设逐步制度化、规范化、科学化，提升社会组织党建工作水平，增强党组织的凝聚力和战斗力。通过开展创建“达标党支部、示范党支部”活动，打造一批坚强的支部班子；建立一套完善的工作制度；培养一支高素质的党员队伍；建立一批叫得响、过得硬的坚强战斗堡垒。达标党支部的标准是“班子坚强、活动经常、作用明显”。示范党支部的标准是“班子坚强有力、基础工作扎实、活动丰富新颖、党员素质提升、作用发挥突出、业主员工认同”。各社会组织党支部成立后首先要积极开展“达标党支部”创建工作，等到条件成熟、积累到一定工作经验和改善相应的工作条件后，再积极开展创建“示范党支部”的活动，把三亚社会组织的党建工作提高到一个新的水平。

社会组织登记管理体制改革研究

重庆市民间组织管理局

一、重庆市社会组织发展和管理现状

（一）重庆市社会组织发展现状

近年来特别是重庆直辖以来，全市社会组织稳步发展，遍布全市城乡，涉及社会生活各个领域，基本形成了门类齐全、层次不同、覆盖广泛的社会组织格局。社会组织在促进经济发展、繁荣社会事业、参与公共管理、开展公益活动和扩大对外交往等方面都显示出越来越重要的作用，已成为党和政府联系人民群众的桥梁和纽带，成为全市社会建设的生力军。截至2013年9月底，全市登记在册的社会组织总量达到12874个。其中，市级登记在册的社会组织1306个；区县社会组织为11568个。从社会组织的分类看，共有社会团体6624个、民办非企业单位6205个、基金会45个。此外，全市还有备案在册的城乡社区草根社会组织1347个。全市社会组织总资产达80亿元，从业人员近13万。近3年，全市社会组织发展迅速，年均递增14.6%，社会团体和基金会数量呈稳步增长态势，作为社会服务机构主体的民办非企业单位以其在社会公共服务方面独有的优势发展迅猛，2012年同比增长27.41%，远远超过平均增幅。

据2012年的统计数据显示，全市社会组织中涵盖教育、文化、卫生、体育、环境保护等领域的公益慈善类组织5529个，占社会组织总数的46.5%；社会服务类组织1774个，占社会组织总数的14.9%；行业协会商会1412个，占总数的12%；科技类社会组织503个，占总数的4.2%。

（二）重庆市社会组织管理现状

近年来，重庆市立足社会管理创新，充分发挥民政在社会建设和管理中的骨干作用，成体系、成建制、成规模培育发展社会组织。

——率先实现党政机关与行业性社团脱钩。计划经济体制背景下诞生的社会组织，存在严重的“政社不分”现象，大量部门党政领导干部在社会组织中任职兼职，造成了社会组织行政化倾向重、对主管部门依附性强的弊端。为了加强党风廉政建设和切实转变政府职能，充分发挥社会团体和各类民间组织在社会建设与管理中的积极作用，重庆在全国率先开展了党政机关与行业协会脱钩改革和党政机关与社会团体政社分离改革。从2005年8月到2008年3月，按照市委办公厅和市政府办公厅印发的《关于党政机关与行业协会脱钩的意见》（渝委办发〔2005〕159号）和《关于加强和改进社会团体管理工作意见》（渝委办发〔2007〕14号）文件精神，在全市开展了党政机关与社会团体在人员、资金、住所、利益和职能5个方面脱钩分离的改革工作。据统计，全市共有3215个行业性社团完成了改革目标，共清理4832名党政机关干部担任的社团领导职务（其中省部级干部10名、地厅级干部507名、县处级干部2605名、科级干部1710名）；共清理社团占有国有资产5788.83万元（其中依法收回国有资产5486.47万元，经批准由社团继续管理和使用的国有资产285.86万元）；退回机关占用社团资产16.5万元；共从机关账户中分离出社团账户791个，分离办公场所701个，剥离出由社团行使的行政管理职能17项。通过这次改革整顿，较好地解决了行业性社团组织长期存在的发展不规范、作用发挥差和“政社不分”的问题，进一步明确界定了行政职能和社团职能。

——社会组织法人治理逐步规范。本着“科学布局、优化结构、提高质量”的原则，实施重点培育和优先发展全市经济社会建设亟须的、符合市场经济要求的行业性社团的战略，大力加强行业性社团的能力建设，从制度上促进其依法和依章程开展活动。制定出台了《重庆市行业协会法人治理基本制度（示范文本）》（渝民发〔2011〕169号）、《重庆市基金会基本制度示范文本》（渝民发〔2012〕81号），为强化法人治理的构建和规范行业协会、基金会发展建设确立了具体的政策依据。目前，全市社会组织普遍建立了以“章程”为核心、以各项规章为支撑的内部管理系列制度，社会组织的法人治理结构初步形成，民主选举、民主决策、民主管理和民主监督的机制不断优化。

——社会组织评估工作有序推进。为切实提升社会组织服务能力和管理水平，按照民政部《社会组织评估管理办法》（民政部第39号令）规定，组建了社会组织评估委员会、复核委员会和专家库，制定完善了《重庆市全市性社会组织评估实施办法》及各类评估指标，对全市社会组织实施评估。评估工作分三步走，第一步从2011年起，在基金会中开展评估试点，到2013年实现全市基金会评估工作全覆盖，参评率达100%；第二步从2012年起，在总结基金会评估工作经验的基础上，对全市行业协会开展评估，并委托市科协开展学术性社会团体评估，同时启动专业性、联合性、公益慈善类社会组织的评估办法草拟工作；第三步从2013年起，实现对全市社会组织评估工作的全覆盖。

——社会组织分类指导日趋完善。为规范异地商会登记管理，自2011年5月起，对全市已登记的异地商会开展深入调研，经广泛征求各方意见，2013年10月制定出台了《重庆市异地商会管理暂行办法》。通过开展创建全国社会组织建设创新示范区活动，推进各区县社会组织建设改革创新，培养和塑造一批先进典型示范区，引导和促进社会组织健康有序发展。引导全市行业协会开展以健全自律规约、推进信息公开、开展诚信服务、加强规范化建设为主要内容的行业自律与诚信创建活动，进一步加强行业协会行业自律与诚信建设，提升行业协会的社会形象，增强行业协会的社会公信力，扩大行业协会的社会影响。以“塑造品牌，服务社会”为主线，开展民办非企业单位服务能力和社会公信力建设，使其更好地发挥在小康社会建设中的积极作用。

——社会组织直接登记先行先试。按照十二届全国人大一次会议审议通过的《国务院机构改革和职能转变方案》提出的对四类社会组织直接登记的要求，在市级和条件成熟的区县（自治县）先行先试，对行业协会商会类、科技类、公益慈善类和城乡社区服务类社会组织实行民政部门直接登记。目前，市级直接登记的社会组织有17家，各区县登记管理机关结合草根社会组织备案制的推进，对农村专业经济协会、稻草援助中心等556家社会组织，探索实行了无业务主管单位直接登记服务，较好地适应了各地培育扶持社会组织的实际需要。

（三）制约重庆市社会组织发展的因素

——社会组织资源缺乏统筹。社会组织是社会资源接纳、组合、整理以及再生使用的载体。民政部提出“在依法登记的基础上，丰富种类、壮大实力，鼓励有序竞争，推动社会组织全面协调发展，形成门类齐全、覆盖城乡、涉及社会生活各个领域的社会组织体系。根据社会组织的不同种类、不同特点和不同作用，围绕人民群众迫切需要，突出重点、分类发展”。这对于如何整合利用好社会资源具有重要的指导意义。但是，在实际工作中，由于政府部门职能划分过细，在社会组织实行的“双重”管理体制中，业务主管单位职能难免形成交叉，致使社会组织的设立环境缺乏资源统筹，在一定程度上影响了社会组织的培育发展。同时，随着政府职能转变由浅入深、从面上到具体地推进，要让政府放弃习以为常的强势地位和手中的部分职权，主动整合社会组织发展所需要的各种社会资源，艰难程度前所未有，这在很大程度上阻碍了社会组织健康发展。

——社会组织法规严重滞后。社会组织登记管理的相应法规在国家层面已严重不适应社会组织发展需要，现行的社团、民非、基金会三个条例立法层次较低，对社会组织的设立、性质、地位、作用及职能等没有进一步明确和规范；在社会组织中人员编制、工资福利、社会保障、税收减免等方面缺少系统配套的政策，限制了社会组织的生存和发展空间，部分社会组织维持正常活动已是举步维艰；行政执法缺少相应流程和标准化的法规依据和强制手段；少数社会组织法制观念淡薄，有的内部管理制度不完善，自律机制不健全；个别社会组织违规运作，背离成立之初的宗旨和章程进行非法活动，造成了社会不良影响。

——社会组织专业能力匮乏。据统计数据显示，全市1500多个行业协会商会联系着会员单位7万多家，全市2000多个学术性社会团体联系专家学者30多万人，全市社会组织从业人员近13万人，然而，如此庞大的社会组织从业人员群体，面对的却是几乎空白的人才队伍建设。本科及以上人员只占24.1%，具有职业资格水平的社会工作师不到1%。

——政府购买服务推进缓慢。2012年以来，中央财政每年安排2亿元专项资金用于购买社会组织参与公共服务，全市先后有31家社会组织获得中央财政资金资助1017万元，通过项目的实施，广大社会组织在进一步树立社会服务意识，挖掘社会服务潜力，发挥社会服务优势，提升社会服务水平，展示社会服务作用，发挥示范效应，为保障和改善民生，推进社会主义和谐社会建设等方面作出了积极贡献。但不可否认的是全市政府购买服务推进缓慢，目前仅有少数部门在部分业务领域开展了临时性购买服务事项，但在市级层面尚未制定出台政府购买服务实施办法，缺乏政府购买社会组织服务的有效机制。

——机构人员配备与工作任务不相适应。重庆是我国最年轻的直辖市，社会组织登记管理机关机构建设、人员编制、专项经费等状况与培育发展数量庞大的社会组织队伍和履行监管职能的要求极不适应。目前市民政局民间组织管理局仅有12名行政人员，远少于北京88名、天津58名、上海88名人员编制（重庆社会组织12874家、北京7993家、天津4235家、上海10730家），京、津、沪均设置副厅级登记管理机构。特别是市区县（自治县）登记管理机关普遍未设立专门机构（仅有万州、涪陵、黔江3个区在民政局设立了民间组织管理科）和配备专职工作人员。由于管理力量与工作任务严重失调，致使全市社会组织登记管理，特别是监督管理工作相对滞后，完全不适应社会组织快速发展和登记管理体制改革的需要。

二、登记管理体制改革与创新

2011年，全国人大通过的《国民经济和社会发展第十二个五年规划纲要》被看作是为社会组织登记管理体制改革“破冰”，它明确提出了社会组织登记管理体制改革方向：统一登记、各司其职、协调配合、分级负责、依法监管。同年，中央下发了《关于加强和创新社会管理的意见》（以下简称《意见》），《意见》明确建立新的社会组织登记管理体制，即除法律法规规定有前置性审批外的社会组织可直接到民政部门登记。2013年3月10日，备受各方关注的新一轮国务院机构改革方案提交全国人大审议。方案提出改革社会组织管理制度：一是逐步推进行业协会商会与行政机关脱钩，转变行政化倾向，增强自主性和活力，强化行业自律，使其真正成为提供服务、反映诉求、规范行为的主体。探索一业多会，引入竞争机制。二是重点培育、优先发展行业协会商会类、科技类、公益慈善类、城乡社区服务类社会组织。成立这些社会组织，直接向民政部门依法申请登记，不再需要业务主管单位审查同意。民政部门要依法加强登记审查和监督管理，切实履行责任。三是坚持积极引导发展、严格依法管理的原则，促进社会组织健康有序发展。完善相关法律法规，建立健全统一登记、各司其职、协调配合、分级负责、依法监管的社会组织管理体制，健全社会组织管理制度，推动社会组织完善内部治理结构。

社会组织管理制度的改革，开启了现代社会组织发展的新篇章，让饱受质疑的“双重管理体制”很快将成为历史，我国社会组织将拥有一个更为宽松的成长环境，也即将迎来蓬勃发展的春天。改革后，必然使社会组织从以往经济社会发展的“边缘角色”，转向社会舞台的中心。但新旧制度并存，新老问题交织，各方利益纠结，可以说，改革后续问题也是不容忽视和小觑的。

——管理职责将面临重大调整。按照方案任务分工要求，2013年12月底前，民政部将会同国务院法制办完成《社会团体登记管理条例》等相关法规的修订工作，修订后的条例将进一步明确登记管理机关、行业主管部门以及相关职能部门的职责。一方面原有的社会组织登记审查职责、监督管理职责、执法监察职责、信息管理职责和社会组织党的建设的指导职责将会加强；另一方面，同时还会新增社会组织管理工作综合协调职责、涉外社会组织登记管理职责、境外非政府组织登记管理职责和社会组织建设和服务指导职责，对社会组织登记管理机关来说，将面临巨大的挑战。

——登记管理力量将严重不足。登记体制改革后，从工作任务来看，由于登记“门槛”的降低，社会组织前来咨询、申请登记的数量大量增加，必定会带来规范管理和执法监察工作量的增加。据了解，国务院改革方案关于直接登记的消息公布后，民政部登记服务大厅电话咨询和到现场申请数量增至平时的3倍。既要解决存量问题，又要应对增量压力，而以目前全市社会组织登记管理工作机构设置和人员配备情况来看，要对全市1万多社会组织实施登记管理，其工作力量是远远不够的。

——监管协调难度必然增大。随着登记管理责任和协调难度的加大，如何提升社会组织能力，以有效承接政府转移出来的职能；如何做好对政治法律类、宗教类和境外非政府组织在华代表机构的甄别和法定前置审批条件的认定；如何建立健全社会组织管理体制和运作机制；如何完善各部门各司其职、协调配合、齐抓共管的综合体制机制等一系列问题是登记管理部门亟须破解的难题，也需要从事监督管理的人员具有较高的理论水平和妥善处理复杂问题的能力。同时，既要厘清各部门职责，又要处理好各层级关系，既要依法做好本级社会组织登记管理，又要从全局上指导好系统工作，矛盾叠加，情况复杂，困难加重。

——人才队伍执业能力将面临考验。登记管理体制改革后，社会组织能否很好地应对竞争环境中生存与发展的机遇和挑战，人才是关键。2013年10月14—18日，民政部、人力资源和社会保障部在京联合举办了全国行业协会商会领军人才高级研修班，首次将社会组织人才培训纳入国家专业技术人才知识更新工程，这无疑释放出了今后社会组织在领导、管理和运作方面要走职业化、专业化道路的信号。相对于沿海城市，重庆市社会组织先天不足、动力不足、活力不足，其核心在于普遍缺少专业人才，在资源动员能力、组织管理能力、协调互动能力、危机应对能力，特别是与所在领域的各种公共服务相关的专业能力等方面，都存在较大差距。

——政府购买服务力度不会明显增大。截至目前，新一届政府取消和下放的行政审批事项已达221项，这虽然为社会组织的发展腾挪出巨大的空间，但是在实践中，购买服务的项目大都没有进行充分的需求评估，而是政府根据地区发展水平和转移职能的要求，考虑自身的中心工作和财力水平而编制的项目类别，导致了购买服务的供给与需求出现错位。同时缘于政府对社会组织的社会控制需求高于其通过社会组织获取资源的需求，在政府购买服务试点经验教训尚未深入总结，有关配套制度和监管手段还未完善的前提下，政府向社会组织购买服务宜摒弃跃进式思维，不宜推进过急已成为共识。

——公权让渡可能导致行业协会功能异化。2010年，“新书销售不低于8.5折”的规定经三家协会商定出炉；2011年，浙江富阳造纸业被发改委认定串通定价；2012年，上海黄金饰品行业协会及5家金店因垄断被罚上千万元……粉墨登场的行业协会正不断催生形形色色的垄断“创新”。作为市场经济的重要组成部分，行业协会是连接政府和企业的纽带，然而行业协会立法依然是空白。取消业务主管部门，将购买服务置于公平竞争之下，难免有些官方或半官方社会组织凭借与政府的“天然联系”或更能满足购买服务“资格要求”的优势，与政府职能部门进行“勾兑”，暗地里搞“灰色交易”，甚至诱导职能部门搞权力寻租，一旦获得政府让渡出的公权，便戴上“二政府”的帽子“念歪经”，如果相应的约束和监管机制跟不上，这些社会组织就有可能会乱作为。

三、应对登记管理体制改革后续问题的对策措施

（一）厘清思路，转变观念，发展与创新并驾齐驱

一是正确认识登记管理体制改革的特殊性。社会组织整体实力不断提升，已成为政府职能转移的主要承接者，社会政策的重要执行者和社会服务的重要提供者，成为我国社会主义现代化建设不可或缺的力量。如果引导得好，社会组织就可以成为政府的人才库和智囊团，成为政府有力的帮手；反之社会组织就有可能成为影响社会稳定，造成社会矛盾的消极力量。因此，社会组织这把“双刃剑”决定了社会组织登记管理体制改革的重要性和特殊性，必须把握好社会组织登记管理体制改革的正确方向，引导培育社会组织良性健康发展。

二是要处理好几个关系。明确民政部门负责社会组织发展和管理的统筹协调、政策制定、宏观指导，依法履行登记、年度检查、日常监管、执法查处等职能，指导社会组织信息公开和社会评估，为直接登记的社会组织提供党建指导和人才服务；行业主管部门负责制定社会组织在本行业的活动指导和管理服务规范，通过转移职能、项目委托、资金扶持、购买服务、发布信息等方式引导社会组织健康发展，发挥作用；相关职能部门负责依照法律法规和有关规定，负责社会组织相关专项事务的管理服务。

三是规范政府和社会组织的关系，确立社会组织作为社会建设的主体地位，建立政社分开、责权明确、依法自治的现代社会组织体制。在新的社会组织登记管理体制下，政府首先要变革传统管理理念，摒弃管控、管制思想，树立多元治理、共建共享的治理理念。在社会建设大框架下整合

社区、社会组织、社会工作人才三方资源，以社管社、以社孵社、以社助社，发挥社会组织在社区建设、养老服务、社会组织党建等工作领域的优势，推动社会组织走向社会舞台的前方。

（二）统一协调，上下联动，宽进与严管有效衔接

一是建立各级政府层面的社会组织管理协调机制，明确民政部门、综合监管部门和行业主管部门的职责，分别按照自己的职能对社会组织进行管理和监督，把该管的管好管住，不该管的放手放权，真正形成“统一登记、各司其职、协调配合、分级负责、依法监管”的登记管理体制。

二是多部门联动，形成对社会组织的横向管理合力。首先，加强信息平台建设，实现登记管理部门与财政、税务等综合职能部门的信息联网，从技术层面保障政府有关部门之间的信息沟通，便于相关部门对所有登记注册的社会组织及时查询了解，进行全面管理。其次，把民政部门实行的登记、年度检查、执法、评估的情况和社会各方面对社会组织的反映、评价及时反映在信息平台上，以利于社会组织接受全方位的社会监督，各职能部门共同促进社会组织健康有序发展，发挥积极作用。最后，建立完善多部门联合执法机制，加大各业务指导部门在执法方面与社会组织登记管理部门的配合力度，当社会组织登记管理部门发现有非法社会组织或社会组织从事非法活动时，要求相关部门联合执法的诉求能得到实现。

三是加强基层力量，形成社会组织纵向管理体系。根据社会组织登记管理体制改革的需要，建立健全各级民政登记管理机构，调整充实与工作任务相适应的专职工作人员。建立社区社会组织联络员制度、打造社区社会组织管理和服务综合平台，由街道（乡镇）负责本辖区内社会组织管理、指导、培育、服务和预警工作，实现其对社区社会组织备案申报、党建管理、扶持培育等综合管理，对发现的问题及时处理，并上报区县社会组织登记管理部门。

（三）简政放权，购买服务，扶持与调控有机统一

一是尽快推动政府职能向创造良好发展环境、提供优质公共服务、维护社会公平正义转变。社会组织直接登记，不能止于一路绿灯得到一个“名分”，要推动社会组织发展，还应该实施相关配套改革，政府应把行业管理与协调、社会事务管理与服务、技术服务与市场监督等职能放权于社会组织，实施税收优惠政策，加强对社会组织从业人员综合素质和业务能力的培养，在人、财、物上为社会组织创造更有利的生存和发展环境及良性竞争条件。

二是建立制度化的公共财政支持社会组织发展的政策体系。按照独立、平等、公开透明的原则，建立以政府购买服务为主的公共财政支持社会组织的激励扶持机制。明确政府购买服务的具体事项和标的，制定并公开政府各部门可向社会组织购买服务的具体事项和时间表，按照突出重点、分类实施的原则，在工商经济类、社会福利类、公益慈善类、社区社会组织等重点发展领域的优先扶持项目中进行试点。同时，规范政府购买服务流程，搭建政府购买服务的项目管理信息系统，由该系统完成项目申报、项目审核、项目立项、项目招标、项目投标、开标评标、发布招标结果公告、质疑、项目许可批复、签订合同、项目实施监督与验收等一系列程序，实现政府购买服务的公开性、透明性、便捷性。

三是构建科学合理的社会组织结构布局。根据社会组织提供社会管理和公共服务的数量、质量、绩效水平以及服务创新性等情况，建立竞争性的政府购买机制，从而引导和扶持一批支持型、枢纽型社会组织，使其成为政府之外的培育和管理社会组织的重要力量；根据社会组织业务活动的公益性比重等情况，开展评估工作，并根据评估结果对社会组织予以奖励和资助，以此加快培育公益慈善类、社会服务类社会组织的步伐，增加公益组织供给数量，同时提高现有公益性社会组织的服务水平和能力；结合实施重庆五大功能区域建设的战略规划，有针对性地培育发展重点领域的社会组织。

（四）完善立法，优化环境，自律与他律紧密结合

一是以完善法规政策为重点，优化社会组织发展环境。当前，国家层面对社会组织登记管理相关法规建设严重滞后，为了很好引导社会组织依法自治，推动社会组织完善内部治理结构，当务之急是要做好《社会团体管理条例》修订出台的相关衔接工作。一方面要做好政策解读和相关配套政策措施的落地，另一方面要抓紧出台重庆市关于社会组织登记管理、行业协会管理、执法监察等政策法规，推动社会组织在法制的轨道上良性运转。特别是加快行业协会的立法，目前我国还没有专门统一的行业协会立法，尽管许多省市出台了关于行业协会的地方性法规或规章，但往往只侧重于程序性规定，在实际实施中存在很大随意性。因此，要加快政策法规的制定步伐，构建一个以国家法律法规为基础，以地方性法规为核心，以政府规章为配套，以规范性文件为补充的政策法规体系，为社会组织创造良好的法制环境。

二是加强社会舆论监督，净化社会组织发展生态环境。大众传媒作为现代社会公共领域的内在组成部分，是传达公共事务和公共政策的信息平

台，监测社会环境既是其使命，也是其功能的体现。当下的社会组织还存在着身份模糊、组织构架不清晰、信息不公开、运作不透明等问题，有的社会组织还深陷信任和监督困境，强化社会舆论监督，建立媒体监督员制度，通过媒体传播的广泛性和公开性，使社会组织的各种违法违规行为“曝光”、对各种贪污腐败的行为进行揭露，使媒体成为社会组织发展的“啄木鸟”和“护理师”。

三是推进社会组织信用制度建设，强化社会组织公信力的自我管理。诚信度和社会公信力不高是当前一些社会组织存在的主要问题。因此，必须在完善政府和社会相结合的监管体系的同时，着眼于提高社会组织公信力，明确社会组织的社会责任，促进社会组织行业自律，推动社会组织健康有序发展。不断完善评估制度，利用好评估效能，引导各类社会组织建立社会责任体系，发布社会责任报告，推动建立社会组织自律机制，搭建信息管理平台，进行信息披露和信息公开，实现自我监督与社会监督有机结合，增强社会组织运作透明度和社会公信力。

加强和创新云南社会组织管理研究

云南省民间组织管理局

随着云南经济社会的快速发展，社会组织数量也在逐年增加，截至2012年底，全省社会组织数量已达14598家。社会组织已成为推动云南科学发展、和谐发展、跨越发展、参与社会建设与管理、承接部分公共服务职能的重要力量。但也存在着社会组织发展不足、管理不规范、发展不平衡、公信力不高等问题，需通过政府正确引导，积极培育发展，使之成为云南社会稳定、民族和谐、全面建成小康社会的重要建设力量。

一、加强和创新社会组织管理的重要意义

（一）加强和创新社会组织管理有利于推进政府职能转变

党的十七届二中全会和十八大报告均提出深化改革要以转变政府职能为核心，建立新型社会管理体制格局。社会建设动力来源于社会建设主体在社会建设领域中对资源和机会的公平合理配置，政府、市场、社会作为社会建设的主体，在社会建设领域中对资源和机会的配置严重失衡，社会活力不足。作为社会主体的社会组织资源被“全能型”政府过多挤占，也无法与培育30多年有实力的市场主体（企业）争夺一席生存之地，社会组织已成为社会建设主体的“最短板”。在社会矛盾凸显期，政府的治理结构、职能必须作出调整，让渡权力，释放空间，该给市场的给市场，该给社会的要还给社会，可以有效缓解公权力干预带来的社会矛盾和风险，有助于提升政府公信力，改善政府形象。

（二）加强和创新社会组织管理有利于深化社会建设管理

十八大报告提出要“加快形成政社分开、权责明确、依法自治的现代社会组织体制”。秦光荣书记在中共云南省委九届四次全体会议上明确提出要“针对政府在社会建设和管理中管得过多、管得过宽、管得过细的突出问题，加快培育经济类、慈善类、公益类、服务类社会组织，切实把能够由社会组织做的事情，通过政府委托、公助民办、购买服务等方式，交给社会组织，提高社会资源利用效率和公共服务质量”。当前政府需要围

绕新时期社会组织建设与管理的重大任务，通过政策调整、法律规范、经济引导与市场竞争的手段，为社会组织的发展和在社会管理中发挥重要作用提供必要的条件，使社会组织成为丰富社会信息，提供公益资源，改善党群关系，促进社会建设的有益补充。

（三）加强和创新社会组织管理有利于现代社会组织体制建设

社会组织是社会建设的主体，既是承接政府转移职能、提供公共服务、创新社会管理的主体，也是补充、丰富政府基本公共服务、满足社会公众需求的关键行动者。只有建立起与社会主义经济、政治、文化、生态文明体制相适应的现代社会组织体制，才能为解决各种社会矛盾和社会冲突，为加强社会建设奠定牢固的基础。加快推进现代社会组织体制建设，有利于完善市场经济体制；有利于改进公共服务供给方式，更好地保障和改善民生；有利于深化行政管理体制改革，促进政府职能转变；有利于充分发挥人民主人翁精神，增强社会自治；有利于创新党的群众工作方式和载体，密切党和群众的血肉联系，巩固党的执政基础；有利于充分发挥地缘优势、生态优势、民族文化多元优势，开创一条欠发达地区加强社会建设新路子。

（四）加强和创新社会组织管理有利于促进公益慈善事业发展

近年来，云南各类公益慈善组织的总量增长迅速，公益慈善事业的发展进一步激发了社会公众对公益的热情。大力发展公益慈善事业，通过社会财富第三次分配，对分配调节进行必要的补充，对解决我国当前存在的社会贫富差距拉大、环境、教育、卫生、养老等问题具有重要意义。

二、云南省社会组织管理现状

（一）社会组织管理现状

1. 创制立法稳步推进。近年，云南陆续出台了一系列社会组织管理法规和政策。2008 年省民政厅出台《云南省城乡基层社区社会组织登记管理指导意见》，将广泛分布、积极活动于城乡社区的社会组织纳入登记管理体制。2009 年省民政厅与省招商合作局联合印发《云南省异地商会登记管理办法》，将异地商会登记管理权限下放至州市。2010 年省委办公厅、省政府办公厅印发《云南省规范境外非政府组织活动暂行规定》，将境外非政府组织在滇活动纳入制度化监管体系。2011 年省政府出台《云南省社会组织评估管理办法》，规范促进了社会组织评估工作。2012 年省人大通过《云南省行业协会条例》，行业协会登记管理权限下放至县、实行直接登记。

2. 监督手段日趋完善。不断改进创新监管方式和手段，以年度检查、评估、信息公开、行政约谈、行政处罚、党建为手段，加强对社会组织资金运作、活动开展、内部管理和社会影响的监督，监督管理的规范化水平不断提高。年检程序逐步规范、年检要求更加严格、施行便民增效网上年检，全省应检已检率均在93%以上，年检合格率占参检总数97%以上；评估逐步推开，2009年首次对12个基金会进行评估，2012年对45个行业协会商会进行评估，2013年对58个基金会省级公益性社会团体和学术性社会团体评估；2010年以来对全省233个社会组织进行了行政处罚，所有处罚实现了无行政诉讼和行政复议“双零”效果。

3. 严格执行重大事项报告制度，统一信息披露，规范和督促社会组织依法依规活动。对社会组织换届、年会、重大学术活动等实行事前报备，年均对百余家社会组织换届等重大事项进行事前和现场指导和规范。按照信息公布要求，对基金会及享受公益捐赠税前扣除资格社团信息披露进行规范，统一内容、统一格式、统一平台、统一采集信息规范，对相关信息进行统一公告，树立社会组织公信力。

4. 开展专项活动推动社会组织监管。政府购买社会组织服务工作进展顺利，省民政厅积极探索建立了福彩公益金资助社会组织制度，2009年以来共安排省福彩公益金2690万元资助社会组织开展活动。2012年以来40个社会组织获得“中央财政支持社会组织参与社会服务项目”资金1217万元，为政府购买社会组织服务从申报到监管方面作了有益探索。扎实开展党建活动，在社会组织中开展深入学习实践科学发展观活动和创先争优活动。同时，抓好源头党建，登记时具备建党组织条件的要求及时成立党组织，将党建情况列为年检重要内容。

5. 境外非政府组织监管更加规范。2010年实施的《云南省规范境外非政府组织活动暂行规定》对境外社会组织采取备案制。通过“组织身份备案”、“项目合作备案”和业务指导单位具体指导，对境外社会组织在滇开展活动主体资格进行确认，明确民政厅是全省境外社会组织备案管理部门，规范了备案程序和备案材料格式及要求。目前建立了加强境外社会组织在滇活动管理工作联席会议制度，并将昆明、德宏、丽江、怒江、迪庆五州市作为省“对境外社会组织活动管理观察点”。

（二）云南省社会组织发展及管理存在的主要困难

1. 认识不到位。地方党委、政府及其工作部门对新形势下加强社会组织建设的重大意义认识不到位，对政府职能和社会组织功能定位不准；社会组织自身进取精神不足，自主意识淡化、行政依附性强；社会对社会组织认识不全面、信任度不高、认同感不强，参与和支持热情不高。

2. 行政化倾向严重。全省除行业协会商会外的社会团体，有约70%以上的社会团体是由党政部门主导成立，不少社会组织主要负责人由党政部门任命，会员主要由同一系统公职人员组成，不具备社会组织的社会性、自愿性、民主性、自治性等特征，难以独立自主发展。

3. 扶持力度不够。资金投入不足，政府职能转移滞后，税收、土地等优惠政策有待完善。

4. 社会组织自我发展能力差。社会组织结构不合理，地区发展不平衡，人员流动性大、专业化水平低，极大地限制了社会组织自身发展。

5. 登记管理机关能力建设亟待加强。全省仅有64个专职社会组织登记管理人员编制，其中省级17个，州（市）、县（市、区）30个，16个州（市）中12个设立民间组织管理科、配备有1—2名专职人员，129个县（市、区）有17个区配备有专职人员，与社会组织体制改革加强监管的要求矛盾极为突出。

6. 法规政策不健全，政策环境有待完善。

三、加强和创新社会组织管理的对策建议

（一）加强组织领导和登记管理机关能力建设

1. 成立领导小组。建议成立云南省社会组织工作领导小组，由省委书记担任组长，省政府分管领导担任副组长，相关部门领导作为领导小组成员，办公室设在省民政厅，负责统筹、规划、协调社会组织改革和发展工作。

2. 建立联席会议制度。建立由党委、政府分管领导牵头，相关部门和人民团体负责人参与的培育发展社会组织联席会议，及时研究协调重大问题，督促工作落实。

3. 扩充编制。建立健全各级登记管理机构，调整充实与工作任务相适应的专职工作人员。实现各级登记管理机关有执法人员、执法经费和执法装备。

4. 加大人员能力建设。定期对全省社会组织负责人、登记管理机关工作人员进行培训，提升登记管理机关工作和服务能力。

（二）完善财税扶持政策

1. 逐步建立公共财政扶持社会组织机制。省、市、县三级设立社会组

织培育发展专项资金，重点扶持经济社会发展急需、优先培育的各类社会组织，对符合申请条件的社会组织给予补助。

2. 建立社会组织培育孵化基地。省级、有条件的市、县要建立社会组织培育孵化基地，制订扶持发展专项规划。

3. 制定税收优惠政策。凡是省级政府税政权限内的税收政策一律实行倾斜，允许减免的一律减免。

4. 充分保障社会组织管理专项经费。将社会组织登记管理经费和执法经费、社会组织评估经费纳入财政预算，保障工作经费。

（三）大力培育扶持发展社会组织

1. 建立健全政府购买社会组织服务制度。建议由省委办公厅、省政府办公厅印发《关于加快转变政府职能深化行政审批制度改革的意见》，省政府办公厅印发《政府向社会组织购买服务暂行办法》，省财政厅印发社会组织购买服务目录，并根据目录调整部门预算，安排购买服务经费，省民政厅明确承接政府职能转移和购买服务的社会组织目录，省编委印发《政府向社会转移职能工作方案》等。

2. 制定财政扶持社会组织政策。逐步建立公共财政扶持社会组织发展机制，省、市、县级财政部门每年要安排一定比例资金，设立各级社会组织发展基金。

3. 建立社会组织示范园区。省级建设社会组织示范园区，按照组织类别集中管理，相关部门提供“一站式”公共服务，打造成集社会组织入驻孵化、从业人员培训、项目合作交流、政府购买服务招投标等于一体的社会组织建设发展基地。

4. 保障社会组织从业人员权益。研究制定从业人员权益保障政策，督促社会组织建立完善从业人员劳动用工制度和招聘、管理、晋升、福利等具体措施，鼓励社会组织建立从业人员养老年金制度。

5. 建立公益慈善项目库。相关职能部门根据事业发展需要，精心编制教育、卫生、扶贫、养老、救助、环保等领域的公益慈善项目形成公益慈善项目库。

（四）完善社会组织退出机制

1. 规范社会组织执法行为。

2. 制定社会组织约谈和行政处罚办法。

3. 规范社会组织退出标准。

4. 完善社会组织退出程序。

政府购买社会组织服务，陕西在行动

陕西省民间组织管理局

近日，国务院总理李克强主持召开国务院常务会议，研究推进政府向社会力量购买公共服务，提出了凡是社会能办好的，尽可能交给社会力量承担，加快形成改善公共服务的合力，有效解决一些领域公共服务产品短缺、质量和效率不高等问题，使群众得到更多便利和实惠。社会组织作为政府和企业之外的承担社会管理和公共服务的非营利组织，是社会力量的重要组成部分。政府向社会组织购买社会服务，既是政府职能转变的重要举措，也是实现“小政府、大社会”的社会管理目标的必然要求。当前全国大部分地方均对政府购买服务进行了探索，会议的召开，为政府购买公共服务明确了方向与要求，也将有力地促进陕西省各地公共服务的发展。

随着近几年陕西省经济迅速发展，社会建设也同步推进，2012 年全省人均 GDP 突破 6000 美元，达到 38557 元人民币，首次超过了全国平均水平，全省社会组织也从 2000 年的 4380 家发展到如今的 20486 家，从业人员超过 50 万人，2005—2009 年期间社会组织增长率超过了全国平均水平，也超过了广东、上海这些发达地区，陕西也是全国民非登记数量最多的省份之一，社会组织发展的速度越来越快，在经济社会发展中的作用逐步扩大、加强，在公共服务领域承担的功能越来越重要。同时，政府积极推进社会管理体制改革创新，政府向社会组织转移职能的范围、步伐、力度加大加快。过程中认识到，社会组织的运行机制能够把市场机制和社会自治力量有机结合起来，解决市场和政府的双重失灵，更是通过参与公共服务供给等方式，从而拓宽了公共服务的范围和内涵。

第一，社会组织能够以灵活的供给方式来满足不同层次、不同方面的公共服务需求。社会组织在组织体制、组织结构以及活动方式上有很大的弹性，这样就有利于其根据不同地区、不同领域的条件变化及时作出调整，具有很强的适应性。加之有些社会组织规模小，活动反应快，比国家具有更大的灵活性，因而可以有效填补政府和市场的公共服务真空地带。

第二，社会组织能够及时有效地满足公共服务的多样化与异质性要求。政府作为公共利益的实现者，面向的是所有社会成员，其行为必须具有普遍性，所提供的公共物品和服务也趋向于适应普遍性的要求。同时，近年来社会发展和社会结构日趋复杂化，整个社会的价值观也越来越多元化，不同的人群有不同的公共服务需求和评价标准，这种复杂性致使政府基于均等的公共服务供给难以满足各类群体的多元需求。因而，在政府为公共服务供给感到力不从心的时候，社会却对公共服务并不买账，双方的利益与价值分歧增加了政府与社会之间的紧张关系。而作为一支重要的社会自治力量，社会组织本身就代表不同的社会群体，因此有广泛的网络资源，可以照顾到社会的方方面面，能够针对特殊群体的特殊需要提供有针对性的服务。特别是在捕捉社会服务需求的变化信息方面，比政府和市场主体更灵敏、更直接，从而使公众的多元需求得到最大意义上的满足。

2012 年，中央财政首次向全国社会组织参与社会服务的项目予以资金支持，其中陕西省 15 个项目获得 486 万元资金支持。截至 2012 年底，这 15 个项目均已保质保量完成，全省共有 3616 人获得直接资助，1 万多个家庭、3 万多人的生活受到良性改善。2013 年，第二批 21 个社会组织参与社会服务的项目与政府签约实施，共获得中央财政 591 万元资金支持，涉及社区、养老、医保、救灾救助四大类。从全国来看，陕西立项数量位居全国第二、立项资金位居全国第三，陕西省财政也将配套相应的资金，支持社会组织参与社会服务项目，按突出民生，面向民众，面向基层的原则向在扎根基层、服务基层，在特定领域有重大示范作用或者重大社会影响的社会组织倾斜资金和政策。

中央财政的购买项目服务，加快了陕西省政府购买服务工作和扶持培育社会组织工作的步伐，也带动了各地区各部门的政策实践。2013 年 3 月，省民政厅颁布《陕西省社会组织评估管理暂行办法（试行）》，将按照组织类型的不同，对社会组织实行分类评估，获得 3A 以上评估等级的社会组织，可以优先接受政府职能转移和获得政府购买服务。2013 年 5 月，陕西首个社会组织发展培育中心在西安市碑林区正式启动，该中心由中央财政资金支持 25 万元，碑林区政府为孵化平台注入配套资金 30 万元，为空巢老人关怀、脑瘫儿童康复等入驻的社会组织提供项目指导和经费援助，促进社会组织在内部管理、项目管理、服务社会等方面的能力提升。同时，注册成立了陕西公益社会组织促进中心，注重培养支持性社会组织，使其在孵化基层社区服务性社会组织并为其发展提供支持方面，发挥更大的作用。这些举措与实践，对全省社会组织的能力建设，提升社会组织服务社会的能力，具有重要意义。

经过多年的努力，陕西省社会组织已基本形成以服务社会发展为核心，与经济社会发展水平相适应的组织体系，基本具备了承接政府购买的基础。但是，也应看到社会组织自身发展中的问题，一是社会组织总量不足且不均衡，2009 年底，全省平均每万人拥有 2.92 个社会组织，低于全国每万人拥有 2.95 个社会组织的平均水平。同时，省内的发展也不平衡，如安康市平均每万人拥有 6.53 个社会组织，而商洛市平均每万人拥有 1.24 个社会组织，相差之大，可见一斑。二是社会组织独立性、自主性不够，官办色彩浓厚，许多社会组织尤其是社会团体仍具有浓厚的官办色彩，行政化现象依然存在，不能有效为社会各界提供公共服务的需求。三是政策扶持力度不强。公共财政对社会组织发展的支持力度不大，在政府向社会组织购买服务、税收优惠、财政资金支持等方面，还有很大的潜力和空间可挖，互助性、慈善和公益类社会组织建设缺乏良好的社会政策环境，发展后劲不足。除此之外，现行法律法规滞后，政府购买社会组织服务尚未形成多部门联动的工作机制，仅靠民政部门主要推进的现实问题，都需要进一步研究和探讨。

实际上，政府购买社会组织服务的大幕才刚刚拉开，接下来的行动仍然任重而道远，站在新的起点上，要借助中央财政购买服务的契机，按照先易后难、由点到面，以需求为导向，以群众满意为准则，根据全省经济社会发展状况，稳步推进开展政府购买公共服务的工作，重点做好以下几项工作。

第一，培育和壮大社会组织，逐步提高公共服务能力。一定数量、规模和具备较强专业能力的社会组织是政府购买服务的前提。因此，有计划有步骤地扶持培育社会组织，抓紧孵化基地建设，加大资金扶持力度，提高社会组织服务能力，从而使政府购买服务具备一定的条件。

第二，逐步完善政府向社会购买服务的政策机制。建立多部门联动的工作机制，制定政府购买服务指导性目录，明确购买服务的种类、性质和内容，逐步规范程序，杜绝“暗箱购买”，使群众享受到丰富优质高效的公共服务。

第三，坚持做好购买服务项目的评估，组织研发符合项目实际的评估指标体系，建立多元化的评估专家库，并加大评估结果的应用，作为后续购买的依据。

第四，加强与创新对社会组织的管理。继续推进“去行政化”增强社会组织独立性，全面落实社会组织等级评估、社会组织年度检查、严格社会组织财务审计，同时，各级政府也应该转变社会管理的观念，在政府购买服务的过程中，与社会组织发展和维持良性的互动，促进全省社会组织得到健康发展。

甘肃省加快形成现代社会组织体制促进社会组织健康有序发展调研报告

甘肃省民间组织管理局

根据民政部通知要求，甘肃省民间组织管理局认真组织开展了社会组织管理改革调研，并于4月召集部分市州登记管理机关进行了座谈。现将有关情况报告如下。

一、基本情况

近年来，甘肃省社会组织管理工作得到了民政部精心指导和大力支持。省委省政府高度重视，出台了《关于加强和创新社会管理工作的实施意见》（甘发〔2011〕15号），省委组织部下发了《关于进一步加强社会组织党建工作深化创先争优活动的通知》（甘组通字〔2011〕19号），对加强社会组织党建提出了明确要求。省政府下发了《甘肃省加强社会组织执法监察工作意见》（甘政办发〔2010〕205号）。2012年，省财政列支的省级社会组织管理经费达到310万元（执法监察70万元、党建100万元、评估100万元、日常管理40万元）。民政部门作为登记管理机关，坚持培育发展和监督管理并重的方针，积极培育，依法监管，狠抓社会组织功能和作用的发挥，为促进全省经济社会发展作出了积极贡献。截至2012年底全省社会组织总数为11320个。按种类分，社会团体8688个，民办非企业单位2602个，基金会30个；按层级分，省属社会组织808个，市县两级所属社会组织10512个。

（一）加快推进社会组织直接登记

按照“统一登记、各司其职、协调配合、分级负责、依法监管”的原则，2012年下半年探索开展了省属社会组织直接登记业务，截至目前直接登记成立了29家。直接登记的社会组织包括了社会团体、民办非企业单位和基金会。下一步将进一步加大直接登记力度，除国家法律法规规定需前置行政审批的和涉及政治、民族宗教、涉外等情况复杂类型外，其他各类社会组织均推行直接登记。对原有“双重管理体制”下的社会组织分批

"转轨"，第一批先从社会组织提出要求、业务主管单位同意的开始，成熟一个调整一个，逐步改业务主管单位为业务指导部门。同时，探索一业多会登记，鼓励适度竞争。

（二）加强党建，促进社会组织服务作用的发挥

在创先争优活动中省委依托省民政厅成立了全省社会组织创先争优领导小组，办公室设在民管局。按照省委组织部的部署和要求，开展了以下工作。

一是创新社会组织党建方式，探索提出了"专兼职工作人员达到3名以上正式党员的必须建立党支部，不足3人的建立联合党支部，没有党员的由业务主管单位选派党建指导员帮助发展党员建立党组织"党建新思路，努力提高社会组织党建率，全省社会组织党组织整体组建率由活动前的5.3%提高到目前的54%。

二是采取多种措施：建立业务主管单位领导包点联系制度，要求业务主管单位根据所属社会组织数量，确定一定数量的社会组织作为创先争优活动示范点，由党组成员包点联系，以点促面；省民政厅以省社会组织创先争优领导小组名义先后两次与省属各业务主管单位签订了党建目标责任书，要求所属社会组织党组织组建率达到50%以上。对省直部门工作滞后的，由厅领导带队上门研究督办；指导本厅业务主管的9家社会组织率先设立党组织，市、县两级民政局也按照省厅的做法和要求，带头组建各自业务主管的社会组织党组织，起到了示范引领作用；结合年检推行"双报双推"工作，登记管理机关和业务主管单位严把审批关和年检关，要求社会组织在成立登记时报告党员情况，在年检时报告党组织建设和党员活动情况，推动社会组织及时建立党的组织，推动党组织和党员活动正常开展。

三是进一步理顺了社会组织党建工作管理体制，截至目前，12个市州、63个县（市、区）已成立了社会组织党工委，定西还依托乡镇（街道）民政工作站建立了社会组织党建工作指导站。2012年，省民政厅党组已向省委组织部上报了关于成立省级社会组织党工委的请示。

四是努力促进社会组织服务作用的发挥，结合社会组织创先争优活动和基层组织建设年活动，在社会组织中广泛开展"坚持诚信服务，争创一流业绩"主题活动，确定"学法规，讲诚信，作表率"为争创内容，在党组织引领下广大社会组织发挥自身优势，紧扣民生主题，深入企业、乡村、社区，办了一大批实事好事。静宁县农业新技术推广协会积极探索"支部+协会+农户"模式，通过引进推广国内外苹果先进栽培技术，培

训农民种植，建立标准化生产基地，推动产业化发展，2012 年底果品销售收入 6800 万元，会员年户均增收 2500 元。民乐县三堡镇彭庄村农民用水者协会完善管理制度，民主决策，明确水权，优化配置，协调纠纷，使每亩地每年比协会成立前节约 100 立方米水，全村每年能节约 10 万立方米水，提高灌溉面积近 300 亩，促进了本村农业的发展。

按照部里的部署，当前正在积极组织开展“创建全国社会组织建设创新示范区”、“行业协会加强自律、诚信、服务”和“民办非企业单位塑造品牌与服务社会”三项活动，要争取使社会组织发挥更好的服务作用。

（三）严格执法，加强对社会组织的监管

省政府出台了《甘肃省加强社会组织执法监察工作意见》，建立了社会组织执法监察联席会议制度，由省政府分管民政的副省长担任总召集人，省政府分管秘书长和省民政厅厅长担任副召集人，省发改委等 15 个相关协同部门分管负责人为成员，明确了协同部门责任分工。联席会议办公室设在省民政厅，负责处理协调执法监察具体业务工作，分管副厅长兼任办公室主任。督导各市州也出台了社会组织执法监察方面的文件。从 2011 年起，省财政每年列支省级专项执法经费 70 万元，保证了执法监察工作的正常开展。通过加大执法监察力度，完善了法律监督、政府监督、社会监督、自我监督相结合的社会组织监管体系。

一是严格成立、变更、注撤销、年检等登记管理程序，完善了综合执法监察机制，提高了监管效力。

二是加强清理规范工作，对内部管理混乱、违规违纪行为突出和名存实亡的社会组织进行清理规范，2011—2012 年省、市、县三级共撤销注销 1187 家（其中省级 228 家），初步建立了查处退出机制。

三是加大执法检查的宣传力度，定期开展集中执法活动，打击和查处社会组织违法行为，取缔非法社会组织。近两年重点指导兰州市民政局在省政府驻地开展集中执法检查活动，查处了一批非法社会组织和社会组织违法行为。通过执法监察，有效遏制了个别社会团体强行收费、乱收费、部分民办学校医院管理服务质量差、未经登记的社会组织非法活动以及个别社会组织开展封建迷信活动等突出问题，也促使大批“草根”社会组织依法办理登记手续，规范了社会组织运行，提高了社会组织整体质量。

（四）以评促建，推进社会组织规范化建设

2011 年 9 月省民政厅成立了省社会组织评估委员会和评估复核委员会，制订了实施方案，修订细化了评估标准，正式启动了省属社会组织评估工作。争取省财政2012年起每年列支省属社会组织评估经费100万元，同时督促各市州启动社会组织评估工作，截至2012年底全省总计评估社会组织766家，占全省社会组织总数的7%。其中省级223家，占省属社会组织总数的28%。通过评估工作，促进了社会组织规范化建设，激发了社会组织履行社会责任的积极性，也为下一步筛选社会组织承接政府转移职能提供了依据。2013年，要求市州全年评估社会组织数量要达到本级登记社会组织总数的5%以上，86个县区出台实施方案、启动评估工作。

二、问题分析和建议

为了认真贯彻落实国务院机构改革和职能转变方案中关于“改革社会组织管理制度，加快形成政社分开、权责明确、依法自治的现代社会组织体制，其中行业协会商会要与行政机关脱钩，自主开展活动，并且引入竞争机制，探索发展一业多会，对四大类社会组织：行业协会商会类、科技类、公益慈善类、城乡社区服务类组织实行民政部门直接登记，不再由业务主管单位审查同意”的要求，在认真分析研究全省社会组织存在问题的基础上，提出如下推进改革的措施和建议。

一是建议在国家层面尽快出台直接登记及其配套政策。明确“统一登记、各司其职、协调配合、分级负责、依法监管”原则下业务指导部门和其他部门的职责，制订直接登记的方案，统一直接登记的条件、程序和具体要求。特别对与直接登记原则精神不符的政策文件应及时废止或作出修改，比如《民政部关于国务院授权全国工商联作为全国性社会团体业务主管单位有关问题的通知》（民发〔2009〕78号）和甘肃省省委、省政府《关于加强和改进新形势下工商联工作的实施意见》中有关工商联作为行业商会业务主管单位的要求，在实际操作中难以实施，造成工商联与政府相关部门之间工作不易衔接。这一要求与直接登记的规定精神也不符。要贯彻党的十八大精神和《国务院机构改革和职能转变方案》，建议从民政部明确解决办法。

二是建议中央尽快出台扶持社会组织发展的文件。现行政策、制度对社会组织尤其是民办非企业单位存在政策性差异，民办机构不能享受与公办机构同等的权利，比如民办学校、医院技术人员职称评定（晋升）难，科研成果评定难，等等。由于登记管理机关力量薄弱，存在“只顾低头拉车，无暇抬头看路”的问题，对政策研究制定不够，导致社会组织培育发展措施不完善，没有设立财政支持社会组织专项资金，没有出台政府向社会组织购买服务的政策，社会组织的劳动保障制度落实不力，税收优惠政策也不完善。建议国家相关部门出台相关政策文件，把社会组织整体上纳入国家经济社会发展规划，鼓励、支持社会组织加快发展，同时带动地方各级完善促进社会组织发展的政策措施。支持社会组织承接政府转移职能，建议中央出台政府转移职能的具体方案。明确机构编制、财政、民政和有关部门在政府转移职能当中的相关职责，细化社会组织承接转移职能的条件、方式、程序。

三是建议中央财政加大列支扶持社会组织发展专项资金额度。从去年开始，中央财政列支专项资金 2 亿元支持社会组织参与社会服务，但是相对于社会组织的发展水平和社会的需要，现有列支量远远不够。建议进一步加大中央财政资金对西部省区支持力度，支持更多有热情有能力的社会组织参与社会服务。另外，申请在国家层面明确从福利彩票公益金中用于支持社会组织发展的经费比例，财政部、民政部出台文件明确要求地方各级列入财政预算。

四是建议加强社会组织登记管理机关机构建设。第一，中央成立全国社会组织管理领导小组，带动各级党委、政府成立社会组织管理领导小组。省级社会组织管理领导小组组长由省委分管领导担任，副组长由省政府分管领导和民政厅长担任，办公室设在省民政厅，省委组织部、省编办、发改、财政、税务、教育、公安、审计、监察、人社、编委、工商、质监、新闻出版、外事等部门分管负责人为领导小组成员，研究解决社会组织发展中的重要问题。第二，升格国家和地方各级民间组织管理局。社会组织管理是社会管理的重要组成部分；近年来社会组织发展速度很快，对管理力量提出了更高的要求；已经开展的直接登记工作使登记管理机关的业务量大大增加；现已成立的社会组织党工委级别都比同级的登记管理机关高，不相匹配。登记管理机关工作力量薄弱的矛盾突出，目前省民管局总共只有 10 名工作人员，市州民管局人数在 1—12 人之间，县级民政局大多数没有专职工作人员。为了更好地实施管理，建议国家民间组织管理局升格为副部级，省级民间组织管理局由正处级升格为副厅级并增加编制。在省级设置 6 个处：社会团体登记管理处、民办非企业单位登记管理处、基金会登记管理处、涉外社会组织管理处、党建处、信息综合处。工作人员按省级社会组织每 100 家需要 10 人计算，目前省级需要 100 人左右，其中执法监察局编制为 30 人，其他各处均需 10 人以上。同时落实已经在省民间组织管理局加挂牌子的执法监察局（处级）的人员编制。市县两级均按照当地社会组织数量，参照确定相应的机构和编制。

五是建议建立健全党建管理体制。中央出台党建方面的文件，成立全国社会组织党工委，带动地方各级全面设立社会组织党工委，落实社会组织党建工作经费财政保障机制。

六是建议支持社会组织代表参政议政。近年来，社会组织发展迅速，日益成为不容忽视的社会新生力量，但目前没有作为一个界别在人大代表、政协委员和工青妇代表中占有一席之地，缺乏社会组织代表的话语权。建议中央出台相关文件，在各级人大、政协和工青妇中增加“社会组织”界别。

七是建议民政部出台文件规范社会组织机构设置、内部治理结构。近年来，社团领导职数设置过多、领导人超龄不退、随意性大的问题愈加突出，影响到社团的民主决策、换届和规范运行。为此，对新成立的社会组织尽量限定理事、常务理事以及领导人的比例和职数，但由于现行文件规定缺乏刚性，落实难度较大。为此，建议部里制定和完善社会组织机构设置的规定。完善内部管理制度，健全法人治理结构，规范领导职数、任职资格、年龄、年限和产生程序。

八是支持甘肃省加强执法监察设施建设和社会组织管理信息化平台建设。为全省省市县三级配备执法车辆等执法设备，提供信息化平台设备购置经费，开发相关应用软件。

加强和创新社会组织党建工作的若干思考

宁夏回族自治区社会组织工委
宁夏回族自治区民政厅

社会组织是社会发展的重要组成部分，是党和政府联系群众的桥梁和纽带，是促进经济发展、社会和谐的积极力量。加强和创新社会组织党建工作是全面提高党的建设科学化水平重要组成部分，是当前党建工作面临的一个新课题，是一项系统工程。党的十八大报告指出："要落实党建工作责任制，强化农村社区党组织建设，加大非公有制经济组织、社会组织党建工作力度，全面推进各领域基层党建工作，扩大党组织和党的工作覆盖面，充分发挥推动发展、服务群众、凝聚人心、促进和谐的作用，以党的组织建设带动其他各类基层组织建设。"这是党为顺应形势发展，巩固党的执政基础而作出的重大决策。这不仅提出了新时期社会组织党建工作的目标、方向与要求，也指出了做好社会组织党建工作的方法措施。面对新形势、新任务、新使命，加强和创新社会组织党建工作，有利于党的路线、方针、政策在社会组织的贯彻落实，有利于扩大党的工作覆盖面和影响力、渗透力，有利于发挥社会组织党组织的重要作用，有利于保证社会组织的健康有序发展。

近年来，自治区各级党组织认真贯彻落实党中央关于加强社会组织党建工作的一系列指示要求，认真探索社会组织党建工作的新思路、新途径，大力推进党建工作管理体制、运行方式、作用发挥和工作方法创新，切实加强服务型党组织建设，积极营造推进社会组织党建工作的良好环境，取得了初步成效。但是，当前社会组织党建工作的总体情况与中央要求和社会组织迅速发展的新形势比较，还存在相当大的差距。社会组织党建工作起步时间不长，存在不少空白点，思想认识不够清晰，管理体制不够顺畅，组织基础不够牢固，工作方式有待创新，党组织作用发挥不够明显，党员管理比较松散，"有党员无组织，有组织无活动，有活动无质量"的状况依然存在，相对滞后于机关、国企、城市社区等领域的党建工作，是基层党建工作的一个薄弱环节，需要各级组织部门深入研究社会组织的内在特点和发展规律，积极探索适应社会组织特点和规律的新路子，创造性地开展工作，不断加强社会组织党建工作。

一、深化思想认识，增强社会组织党建工作的主动性

社会组织是党和群众工作的重要阵地。在社会组织成立党组织，开展党建工作，离不开各级党组织、管理部门、社会组织成员及党员的支持，做好其思想工作与统一认识相当重要。各级党组织和相关部门要从全局和战略的高度，深刻认识加强社会组织党建工作的重要意义，树立强烈的责任意识，充分发挥党的政治优势和组织优势，从行业规范、人才支持、环境优化等方面为社会组织提供政策支持，在服务社会组织平稳较快发展中，推进社会组织党建工作。加强沟通协调，通过领导联系、参加学习、专题会议等方式方法，认真做好社会组织负责人的思想工作，使其充分认识到党建也是生产力，能够促进社会组织各项工作更好更快的发展，切实转变观念、消除顾虑，从思想和行动上实现“要我建”到“我要建”的转变，以此来扩大服务型党组织建设的影响力。充分利用各种宣传媒体，大张旗鼓地宣传党组织在社会组织发展中的地位和作用，宣传社会组织中党建工作先进典型和模范党员，积极营造有利于社会组织党建工作的浓厚舆论氛围，推动社会组织党建工作深入发展。

二、创新管理体制，巩固社会组织党建工作的基础

科学的领导机制是开展社会组织党建工作的重要前提。社会组织党建工作任务重、难度大、要求高、政策性强。加强社会组织党建工作的规范化管理，对于促进社会组织健康发展、巩固共建工作影响力具有十分重要的意义。各级党委要把社会组织中党建工作作为重要组成部分，列入议事日程，切实加强政治领导。组织部门和社会组织党工委要在党委的领导下，发挥牵头协调的作用，督促指导主管单位和属地党组织抓好社会组织党建工作。业务主管单位要按照“谁主管、谁负责”的原则，切实履行好对社会组织中党建工作日常管理工作的职责。属地党组织要对辖区内的社会组织党建工作负起管理职责，对于一些对应性不强的社会组织和暂时没有主管单位或主管单位不明确的社会组织属地党组织要实行“兜底管理”，主动负起责任，加强与这些单位的沟通联系、做好服务、加强指导。要适时出台加强社会组织党建工作的指导性法规，逐步把社会组织党建工作纳入规范化、制度化、法制化的轨道中。要进一步健全社会组织党建工作联席会议制度，定期对社会组织党建工作研究部署、指导协调和督促检查，形成社会组织党建工作的强大合力。

三、创新组织设置，扩大社会组织党建工作的覆盖面

进一步扩大党的组织覆盖和工作覆盖，以“消除空白点、扩大覆盖面、增强有效性”为方向，探索更加务实管用的模式设置基层党组织。凡在专职人员中有 3 名以上正式党员的，要全部单独建立党组织。在专职人员中有 2 名正式党员的，可选派 1 名党建工作联络员，或与兼职工作人员党员、流动党员，单独建立党组织。在专职人员中只有 1 名正式党员的，可采取多种联建方式建立党支部，规模较小的行业协会等社会组织可与业务主管单位党组织联建；驻地在社区的社会组织可与社区党组织联建；按照“行业相近、地域相邻”的原则，可采取地域相近联建或产业相通联建；地域上未超出本行政村的农村专业经济协会、互助社、农村专业经济合作社可与村支部联建。地域上未超出本行政村的农民用水协会等农村专业经济组织可与村支部共建。探索推广“复合式”党组织模式，将流动党员、退休党员纳入社会组织党组织建设范畴。新成立的社会组织，符合上述条件的，要同步建立党组织。对不具备建立党组织条件的社会组织，由业务主管单位或社会组织党工委下派党建工作指导员，指导社会组织先行建立工会、共青团、妇联组织、功能党小组等，进一步扩大党的工作覆盖，为建立党组织创造条件。

四、创新作用发挥，增强社会组织党建工作的影响力

要体现出社会组织党建工作的价值，必须着眼于更好地服务当前国家工作大局、服务群众、服务社会，充分发挥社会组织党组织的战斗堡垒作用和党员的先锋模范作用，充分发挥社会组织党组织的政治优势、组织优势和密切联系群众的优势。立足不同类型社会组织特点，适应新的形势任务，积极探索党组织参与社会组织规划决策、服务经营发展的途径和形式，充分发挥党员在技术攻关、职工权益保障、协调解决难题中的关键作用，推动社会组织又好又快发展。积极开展“党员承诺”、“争先创优”等活动，设立“党员责任区”、“党员示范岗”，引导和组织党员在本职岗位和急难险重的任务中勇挑重担，树立党的威信，实现党建与社会组织的良性互动发展。认真做好社会组织党员发展工作，注重把社会组织的中层以上管理人员、技术骨干和一线优秀员工作为重点培养对象，特别是要做好非党员业主中的优秀分子的入党工作。把关心和维护从业人员合法权益作为社会组织党建工作的一项重要任务，密切联系群众，做好群众工作，不断增强党建工作的政治影响力、凝聚力和战斗力。

五、创新激励机制，增强社会组织党建工作的实效

社会组织党建工作地位重要，大有可为，必须加快跟进，尤其要抓紧时间制定一套具有指导性和可操作性的规章制度，使党建工作有章可循、有规可依，逐步纳入制度化、规范化的轨道。加大对社会组织党务干部的培训、培养和选拔使用力度，挑选社会组织中的优秀党员担任社会组织党组织负责人或从事党务工作。各级各部门在评先选优、职称评定、推荐党代表、人大代表和政协委员时，要统筹考虑社会组织的从业人员及党务工作者，进一步调动他们创业和开展党务工作的积极性。建立健全党务工作人员岗位补贴制度，科学设岗，考绩定酬，保证党务工作人员的相对稳定。加大对基层党组织经费的支持力度，通过下拨党费、党费返还、财政补贴等形式，给社会组织党组织下拨一定的党费，并积极协调社会赞助，逐步形成以财政拨款、党费为辅、社会各类资金来源和社会组织自身为补充的党建经费保障体系，保证党组织开展活动的基本经费。业务主管部门和属地管理党组织要积极协调，为社会组织党组织解决办公、活动场地问题，确保有基本阵地。

六、鼓励探索创新，拓展社会组织党建工作的途径

实践表明，基层党建面临的情况更加复杂，但是也更具有创造性，面对社会组织这一新领域的党建工作，需要在探索中不断前进。因此，要鼓励基层党委和各级组织部门在现有的制度框架内，结合当地的实际情况大胆探索社会组织党建工作的新途径。要适应社会经济发展多元化的要求，经常深入一线，全面掌握社会组织党建工作的第一手资料，及时解决社会组织和党组织遇到的现实难题和困难。如果条件允许，要组建一支党建研究专家队伍，针对社会组织基层党建工作中面临的亟待解决的难点、热点和重点问题开展理论研讨，通过深化研究，形成一批紧密结合实际的社会组织党建工作的研究成果，指导实践、服务基层、推动工作。要定期开展社会组织党建情况的汇报与交流工作，了解交流社会组织党建工作的新情况、新问题、新经验，及时总结工作经验，并将成熟的党建工作模式纳入社会组织党建工作的制度化渠道，不断提升社会组织党建工作的水平，推进社会组织健康有序发展。

提升社会管理水平　激发社会组织活力

大连市民间组织管理局

党的十八大指出要加快形成政社分开、权责明确、依法自治的现代社会组织体制，十八届三中全会指出要激发社会组织活力。在国家政策的指引下，大连城市经济不断发展，社会转型不断加快，社会组织逐步兴起，影响作用日益扩大，大连市委、市政府高度重视社会组织的发展和管理，明确提出各项对社会组织的培育、规范和管理的政策，鼓励、引导社会组织有序参与社会事务，大连市社会组织体制改革和发展已经走向了健康和规范的良性轨道。

一、大连市社会组织发展现状

（一）总体数量

近年来，大连市社会组织数量每年递增，平均增幅达20%，截至2013年12月底，大连市登记备案的社会组织总数已达到10758家，对比2004年的2152家翻了两番多。仅从登记备案的社会组织数量看，平均540人拥有一个社会组织。

（二）种类分布

按照社会组织登记备案的种类划分，可分为社会团体、基金会和民办非企业单位。截至2013年10月，全市有登记备案的社会团体2336家，民办非企业单位8422家，基金会15家（目前，在省民政厅登记）。按照社会组织业务性质划分，可分为行业协会商会类、自然科学类、公益慈善类、城乡社区服务类、政治法律类、文体类以及其他专业类社会组织。截至2013年10月，全市登记备案行业协会商会332家，自然科学类154家，公益慈善类36家，城乡社区服务类1897家，政治法律类43家，文体类5153家，其他专业类3143家。

可以看出：大连市社会组织中，民办非企业单位数量较多，近年增幅较大；社会团体数量基本持平，增长较为稳定；基金会数量较少，发展变化不大。文体类社会组织数量庞大，行业协会商会、自然科学类和城乡社区服务类社会组织居中，公益慈善类社会组织数量较少。

（三）运行情况

据统计，全市社会组织中约有1240家组织长期没有活动，处于勉强维持组织运行的无活力状态，占全市社会组织总数的11.5%左右。

二、大连市社会组织存在问题及原因分析

（一）官办色彩浓厚，独立自主性欠缺

目前，全市登记的社会组织，尤其是社会团体仍存在“官办、官管、官运作”的现象，造成政府在社会和经济管理方面陷入“管得过宽、管得过细、管得过死”的局面，当社会组织出现问题，政府难辞其咎，变成第一责任人。究其原因，主要是政府与市场、政府与社会事务管理的界线划分不清，未发挥市场配置资源的基础性作用，将政府的行政命令和行政管理方式强加于社会组织；同时，社会组织力量薄弱，自主意识不强，寄希望于政府的扶持与资助，不愿离开政府“怀抱”，因此，社会组织普遍缺乏长久的生命力和持续的创新力。

（二）治理结构不合理，发展动力欠缺

2012年采取自愿参评的方式对111家社团进行了专业等级评估，仅有5家社团达到5A级，占申报参评总数的4%，3A级以下社团64家，占申报参评总数的60%。据统计，目前，全市登记社会组织中聘请专职工作人员的占42%，其中具有社会组织专业工作经验的占10%；设立监事会和选举产生监事长的占5%；召开会员大会和理事会采取差额、投票、不记名选举方式的占1%。深入分析产生上述问题的原因，一是缺乏对社会组织管理的顶层设计，政策法规不健全、不具体，对社会组织政策引导不足；二是多数社会组织内部法人治理结构混乱，决策、执行、监督权力模糊不清，民主决策流于形式，无法调动广大会员的积极性和能动性，影响社会组织进一步发展。

（三）类型分布不均衡，服务领域欠缺

目前，全市基金会和公益慈善组织数量较少、发展缓慢，这些组织往往面向基层百姓和困难群众提供大量便民利民服务，弥补了那些政府无暇管、经营性组织不愿意管的社会事务空缺。但是，由于社会组织登记门槛较高、管理权限下放不到位、保障和监督体制缺失等原因，造成这类社会组织要么找不到业务主管单位而无法注册，要么成立后拥有巨大资源却无人监管。同时，文体娱乐类、行业协会和商会类社会组织数量较多，但目

前，大部分此类型的组织刻意追求名称和业务领域的广泛性，没有依据行业、专业领域细分，缺少专业化、精细化的社会组织。

三、对大连市社会组织发展方向的几点思考

（一）准确把握政府角色，积极推进职能转移

1. 降低准入条件。目前，我国出台的关于社会组织方面的规范性文件主要有《社会团体登记管理条例》、《民办非企业单位登记管理暂行条例》和《基金会管理条例》，三个条例中关于双重管理体制等规定已无法适应目前社会组织的发展趋势，民政部正在着手修改三个条例，要进一步确定直接登记、一业多会等登记原则，明确法律责任、降低门槛、缩短登记流程等事项。但三个条例均属国务院行政法规，目前缺少人大通过的专门针对社会组织的法律。随着三个条例的修改，就必须呼吁社会组织方面的法律法规的出台，原因在于专门法律没有推出，社会组织各项建设就不会真正放开，社会组织就不会有真正的大发展。

2. 推行政社分开。目前，国家正加速推进机构改革，尤其是职能改革，将不属于政府职能的事务型管理工作和可以由社会提供的公共服务以适当的方式交给社会组织承担。限期实现行业协会商会与行政机关真正脱钩，引入竞争机制，探索一业多会，以改变行业协会商会行政化倾向，增强其自主性和活力。当这些改革真正地将政府职能全部释放到社会时，政府购买服务才能真正实现。民政部门应依法履行登记、备案、年检、监督、执法等管理服务职能；行业主管部门将对社会组织的业务指导和行业监管，制定活动准则、行为规范，通过项目委托、购买服务和政策扶持，引导社会组织健康发展。

3. 加强监督服务。政府应转变角色，从设置严格的准入门槛转为规范活动和市场监督，形成相关部门联合执法机制，提高依法行政水平，依法查处社会组织的违法违规行为。创新监管模式，可将监管与年检、评估、培训等工作融合，研究制定登记、年检、评估等政策规定，使社会组织对照标准自我督促，逐步形成法律监督、政府监督、社会监督、自我监督相结合的监管体系。同时，改进管理方式，在管理中体现服务，在服务中实施管理，提高行政管理机关对社会组织的服务水平。可为社会组织提供法律、宣传、人才、资金、财务、税收等方面的服务，制定相应优惠政策，搭建政府与社会组织、社会与社会组织、社会组织与社会组织的信息沟通平台。

（二）明确社会组织独立性，提高参与社会管理能力

1. 要明确社会组织独立法人地位。在基本法律和其他配套法律法规框架下，社会组织具有独立自主、权责明确的法人主体地位，应实现自我管理、自我服务、自我教育、自我发展。按照政社分开、管办分离的原则，各类社会组织重点是行业协会商会在职能、机构、人员、财务等方面与行政机关脱钩，不再束缚于行政管理的框架下。社会组织依照法律法规和章程要自主选举理事会、监事会和负责人，独立承担法律责任，探索适合本组织的运转协调、制衡有效的管理模式和治理结构，努力服务会员，积极参与社会事务，充分发挥便民利民作用，打造成为真正提供社会服务、参与社会管理的社会组织。

2. 要完善社会组织法人治理结构。当前，完善法人治理结构是社会组织面临的首要任务，也是登记管理机关面临的重要课题。一是应健全以章程为核心的法人治理模式。章程是一个社会组织的“宪法”，在章程中应明确会员大会（会员代表大会）、理事会、监事会等制度，实行决策、执行、监督权分立。二是规范民主选举制度。社会组织尤其是社会团体，是会员共同意志的集合体，而不是某一个或几个负责人的利益体。在社会组织中应推行差额选举，制定民主决策和管理工作规则，确保社会组织在其核准的业务范围内开展活动。三是建立负责人管理制度。规范主要负责人的任职条件、产生程序、任职年限、责任追究等事项。实行法定代表人离任审计制度，法定代表人应对在任期间的工作和活动负责，完善资金管理制度和社会组织终止后的剩余财产依法清算制度。

3. 要拓宽社会组织专业化服务领域。大连市社会组织的发展还处于初始阶段，一些社会组织规模较小，可持续发展能力不足，服务领域有限，急需政府给予扶持和引导政策。引导社会组织积极主动参与社会管理、社会服务和公益慈善事业，尤其是参与到企业不愿参与又涉及民生利益的领域，树立服务意识，拓宽服务领域，发挥服务优势，强化服务功能，提升服务水平。通过专业人才培养、政府购买服务、典型示范带动、建立专家咨询机制等方式，打造一批专业化、能力高、服务优的社会组织品牌，以此带动全市社会组织能力建设。建议将社会组织人才纳入人才培养的统一规划，完善社会组织人事、财务、税收、评估等方面的政策。

（三）优化发展环境，激发社会组织活力

1. 积极稳妥推进政府购买服务。推进政府职能转变，将政府的事务型管理工作和可以由社会提供的公共服务以适当的方式交给各级社会组织承

担。通过培训、评估等工作培育一批具备完善的法人治理结构、健全的规章制度、良好的社会公信力以及较强的公益项目运营管理和社会工作专业服务能力的社会组织。及早制定全市政府购买社会组织服务工作的实施办法，建立社会工作服务项目库和社会组织信息库。引导社会组织参与社会事务的方向，实现行政职能和社会力量的有效结合与良性互动。

2. 坚持分类管理和重点扶持。重点培育、优先发展行业协会商会类、公益慈善类、科技类和城乡社区社会组织。根据各类社会组织功能特点，统筹兼顾、突出重点、分类施策、分类监管。在行业协会商会领域，不应追求大而全，而应做专做精，探索一业多会，推动行业协会商会强化行业自律、行业管理、行业服务和交流合作。在城乡社区服务类社会组织领域，应加大政府扶持力度，通过奖励、引导性资金和政府购买服务等方式，鼓励社区帮扶、环境保护、纠纷协调等类型的社会组织参与到社区服务中去。在公益慈善类社会组织领域，应确定开展公益活动的要求和规模，完善慈善捐助的公示和监管，承接非公募基金会审批管理权限，引导社会力量有效进入公益慈善领域。

3. 加强社会组织公信力建设。通过多种渠道，宣传发布社会组织在经济社会发展、回应人民需求方面所作的贡献，增强社会公信力和影响力，打造公益品牌，提升自身形象，使百姓加深对各类社会组织的了解，愿意向社会组织寻求帮助和服务，认识到社会组织对其日常生活所起的重大作用，让社会组织发挥正能量，为社会组织进一步参与社会管理、提供公共服务创造了良好的氛围。加强全市社会组织信息化建设程度，在统一的社会组织信息化建设项目框架下，建立社会组织监管信息平台，逐步实现社会组织日常管理、登记审批、信息发布等事项电子化操作，实行社会组织信息公开，充分发掘社会组织资源整合能力，展示社会组织发展建设风采，为各社会组织搭建信息沟通和交流合作平台。

创新管理 发挥功能 加快推进大连社会组织规范发展

大连市民间组织管理局

2013 年是社会组织发展进程中具有里程碑意义的一年。党的十八届三中全会从国家治理的理念出发，围绕“创新社会治理体制”的新命题，对社会组织改革发展进行了专章部署，要求“激发社会组织活力”。大连市围绕社会建设和社会体制改革的总体要求，不断加强和创新社会管理，完善社会组织管理体制，积极推动和促进社会组织健康有序发展。全市社会组织实现数量快速增长，自我发展能力加强，运行质量显著提高，服务功能日趋完善，作用发挥越来越大。

一、加大资金支持，逐步建立政府购买服务制度

为进一步培育和引导社会组织，创新公共服务供给方式，提高财政资金使用效率，更好地发挥社会组织参与社会服务的作用，大连市认真落实国务院办公厅《关于政府向社会力量购买服务的指导意见》，实现行政职能和社会力量的有效结合与良性互动，逐步建立政府购买服务制度，大力扶持社会组织发展。利用中央财政支持社会组织参与社会服务项目之机，以项目为抓手，开展“和谐邻里”项目，共对 70 余个社会组织给予资金扶持。鼓励其在法律心理调节、生活服务、医疗保健和文娱艺术领域开展直接服务百姓的活动。连续两年获得 5 个项目共计 190 万元的资金资助，同时，各区市县加大对社会组织购买服务力度，相继出台政策文件，对社会组织给予资金扶持，2013 年，市区两级政府累计投入近 3000 万元。市民政局每年从福彩公益金中拿出 200 万元，建立社会组织培育扶持发展资金，推动社会组织健康有序发展。

二、构建沟通平台，异地商会异军突起

2009 年初全市仅有大连黑龙江商会、大连温州商会、大连安徽商会 3 家异地商会，通过几年的培育扶持，现已成立大连沧州商会、大连延边商

会等21家异地商会，并继续加大对异地商会的培育和管理。一方面，严格按照省民政厅出台的《辽宁省异地商会登记管理办法》的规定审批登记新的异地商会。另一方面，通过召开异地商会联席会议、负责人与财务人员培训、搭建银企合作平台和异地商会与国税部门沟通平台等项措施，培育异地商会规范、有序发展，近年来，各异地商会为大连市招商引资的成绩斐然，为大连市经济发展注入了新的活力，作出了巨大贡献。

三、勇担社会责任，公益慈善类社会组织力促社会和谐

大连市坚持以群众需求为导向，实行政府鼓励、社会参与、民间自愿的方针，遵循培育发展与规范管理并重的原则，鼓励发展公益慈善类社会组织。对于涉及社会福利、社会救助等类型的公益慈善类社会组织，民政部门承担起了业务主管单位的职能。组织成立和运作的初期在办公场地、启动资金、项目开展等方面给予了公益慈善类社会组织必要的支持。大连市公益慈善类社会组织强化自身建设、自主运作、自我发展，切实履行社会责任，在改善国计民生方面发挥了重要作用。大连市孤独症脑瘫康复指导中心自成立以来，利用其自身的组织优势广泛开展了扶贫、助医等慈善项目，先后为百余名自闭症儿童进行康复治疗，并借助中央财政支持项目为70余名困难家庭患病儿童提供免费康复治疗。志愿服务类社会组织在树立良好道德风尚，净化社会风气方面发挥了重要作用，据不完全统计，全市目前有慈善义工、青年志愿者、环保志愿者等各级各类志愿者队伍850余支，建立志愿者服务基地、志愿者（义工）服务站230多个，注册登记志愿者90余万人。慈善公益类社会组织在活动中以及参与的社会公益实践活动中彰显了社会功能，是和谐社会建设的重要力量。

大连市多措并举、狠抓落实，积极创新社会组织服务管理模式，探索建立了社会组织管理体制，有力促进了全市社会组织蓬勃发展。下一步，结合党的十八届三中全会决定中提出的“激发社会组织活力，正确处理政府和社会关系，加快政社分开、推进社会组织明确责权、依法自治、发挥作用”总目标，准确把握中央对社会组织的一系列新思想、新理论、新要求，紧密结合近年来大连市社会组织发展实践，进一步加强顶层设计，构建现代社会组织体制下的法规制度，全面推进社会组织改革大发展。

加快青岛市社会组织建设和发展的对策和建议

青岛市民间组织管理局

为认真贯彻落实市委、市政府关于加强社会组织建设，激发社会活力，营造良好社会环境的要求，更好地"寻标、对标、达标、夺标、创标"，近期，市民管局组织有关人员赴广东、上海、广州、深圳进行了专题学习考察。这些省市不断解放思想，积极改革创新，大胆探索实践，社会组织发展从部门的具体工作转为党委、政府的顶层设计、从政策措施的单一突破转为体制机制的整体构建、从局部领域的碎片式发展转为全社会的共同推进。呈现出社会组织活力充分迸发、社会协同作用显著增强、社会服务管理水平全面提升的良性发展态势，为新一轮城市改革发展营造了良好的社会环境，激发了强大的社会活力。

一、青岛市社会组织发展的基本情况

近年来，青岛市社会组织发展迅速，在数量、结构、分布和作用上都有同步提高，初步形成了遍布城乡、门类齐全、层次不同、覆盖广泛的社会组织体系，社会组织在参与服务社会、促进社会公平、维护社会稳定等方面发挥了重要作用。而且具有可持续发展的深厚潜力和广大空间。截至2013年6月底，全市社会组织已发展到11154家，其中社会团体1556家，民办非企业单位4302家，备案制社会组织5296家。近年来，青岛市社会组织建设和发展的主要做法如下。

（一）改革社会组织登记管理体制

根据民政部的工作部署，对行业协会商会类、科技类、公益慈善类、城乡社区服务类社会组织，实施由民政部门实行直接登记；加快政社分开的改革进程，推动社会组织与行政机关脱钩；降低社会组织准入门槛，简化程序，提高审批服务效率；引入竞争机制，探索实施"一业多会"；下放社会组织登记管理权限，开展非公募基金会登记。

完善社会组织法人治理结构，建立社会组织有序承接公共服务的方式和渠道。建立社会组织评估指标体系，完善公开、公平、公正的评估制度，形成组织健全、程序完备、操作规范、运转协调的评估工作机制；开展政府购买社会组织服务的资质认定工作，编制社会组织具备政府购买服务资质的目录；开展社会组织法人治理结构改革，健全理事会、监事会、会员代表大会等内部组织体系和治理结构，完善自律自治机制，提高社会组织的公信力。

创新服务管理模式，健全综合监管机制，提升社会组织服务管理水平。完善统一登记、各司其职、协调配合、分级负责、依法监管的社会组织管理体制；将社会组织培育发展和规范管理列入党委、政府社会建设绩效考核内容，建立全市社会组织联席会议制度，形成了齐抓共管的格局；在街道（镇）建立社区社会组织支持中心、成立社区社会组织联合会，对社区社会组织实施枢纽式管理和服务，建立社区社会组织枢纽式服务模式；加强社会组织党建工作，提高社会组织党组织覆盖率。

（二）创新社会组织建设工作思路

发挥政府在配置社会资源方面的主导作用，通过完善政策、资金扶持、购买服务等方面的引导，不断优化社会组织发展软环境，推进社会组织发展。2009 年青岛市委、市政府在《关于加快推进城乡和谐社区建设的意见》中明确提出，“到 2012 年，每个社区要有 10 个以上的社会组织、2 个以上以政府委托或购买服务等方式扶持的社会组织公益性服务项目”。另外，通过市政府规范性文件的形式，鼓励社会力量积极兴办社会组织，社会组织在行业、领域实现了“非禁即入”，大大拓展了社会组织的发展空间。

发挥市场在配置社会资源方面的基础性作用，引入了“公益创投”、“社会硅谷”、“孵化基地”等市场经济的概念。以项目为带动，引导社会组织在社区养老、社区医疗、慈善救助等公益性领域，主动开展服务，拓展发展空间。2010 年首次财政列支社会组织发展专项资金，实行对社会组织支持由“输血”方式向“造血”方式的转变。2013 年福利彩票公益金列支 300 万元，对全市 30 个社会组织公益项目进行了资助。

发挥社会公益、社会互益的非市场机制在配置社会资源方面的调节作用，把基层社会组织在社区的分布及功能发挥与现代城市的网格化管理密切配套。通过建立基层社会组织网络体系，把社区各种组织有机地联系起来，形成一个相互影响、相互促进，联动发展的社区组织群。并通过网络联动的方式先后开展了“关注民生　服务社会”等社会活动。

(三）加快社会组织建设和发展步伐

为使社会组织的发展更好地满足居民物质生活和精神生活需要，按照“政府引导、服务民生、突出特色”的方针，加快社会组织建设步伐。

在政府引导方面，通过降低门槛、优化结构等手段，引导社会组织规范有序的发展。青岛市是全国较早提出并实施社会组织“备案制”的城市之一。在社会组织管理方面，进一步完善了“统一登记（备案）、双重审查管理、三级指导监督”的一体化管理体系，提高了管理效能。在准入领域上大胆突破原有的政策限制，对一些有别于传统型的社会组织给予积极扶持。如“新市民家园”、“永安民建消防队”等一批现代服务型的社会组织应运而生。

在服务民生方面，积极引导社会组织贴近居民需求，开展服务活动。如“市南区你我青少年健康服务中心”对全市上万名青年开展生殖健康教育项目，成为岛城青少年的健康家园；流亭街道“爱心幼儿园”成为全省第一家完全面向外来务工人员子女入托的幼儿园，为外来务工人员解决了大难题；胶州李哥庄永安民建消防队是全省第一个社会力量举办的民间消防队伍，破解了农村乡镇消防的现实问题；莱西东庄头村老年协会开展的“以为促养、养为结合”的项目，被《中国老年报》誉为“老年协会的一面旗帜”、“新型老人的人生模式”。

在突出特色方面，积极鼓励各区市大胆探索，因地制宜，打造品牌，形成了各具特色的发展模式。如市南区围绕“康乐型、生态型、文明型、和谐型”社区建设目标，建立了“小陈热线”等10余个“现代服务型”社会组织；市北区以家政服务项目为抓手，在社区普遍建立了“为民服务代理站”等“便民型”的社会组织；四方区通过建立同乐会、养老互助点，调动了居民参与热情，扩大了居民参与范围，促进了“参与型”服务组织的建设；李沧区以协调服务项目为抓手，在各社区建立协调理事会，形成自我管理的协调机制，健全了社区治理结构；黄岛区在社区配套建立“六加一”社会组织模式；崂山区在城市社区建立“为民服务代理站”，在村改居社区建立“公共服务中心”。城阳区按照每个社区建立“一中心二会三站四队”模式，促进了城郊社会组织的统筹发展。

（四）发挥社会组织的积极作用

近年来，青岛市结合实际，重视培育发展，动员社会组织在参与社会管理和公共服务等方面，发挥着越来越广泛的作用。

组织居民参与，实现共建共享。市北区4951栋居民楼成立了1911个

"一长八员"楼院协管会，构建了以楼院为单元的社区组织动员新体系，涌现了"社区帮您办"、"有事大家办"、"天天亲情日"、"社区儿童家园"等一批社会组织服务品牌；四方区以"相识相助，邻里同乐"为主题的19个"好邻居同乐会"，为社区居民搭建起邻里相识、相知的互助平台，其中南山社区居民参与率达到70%以上。

化解社会矛盾，促进社会稳定。李沧区馨苑社区协调理事会以协调为抓手，使社区各类组织携手合作，资源共享，社区环境优美，管理有序，文化活动丰富多彩；市南区湛山街道在10个社区分别建立了"社区议事园"，把议事权交给群众，知情权亮给群众，监督权赋予群众，激发了居民参政议政的热情。一年来，"社区议事园"汇集居民提出的各种合理化建议100多条上报政府部门，件件得以落实，解决各种矛盾50余起，及时处理了上访苗头30多起。

满足社会需求，提供公共服务。市南八大湖和谐社区促进会依托驻区单位，组建了14个服务社和12支义工队伍，共为群众办实事4000多件、为失业人员送岗位700多人次、结对帮扶独居老人60人，很好地方便了居民群众；"新市民之家"针对在青岛打工的新市民，开展政策咨询、法律咨询、社区交流等服务。开办以来，开展法律咨询、图书借阅、健康咨询、职业咨询等服务174场次，受惠人数84300多人次。中央电视台、《人民日报》、新华社等多家媒体先后对其多次报道。

推动政府职能转变，参与公共管理。崂山区在城市社区建立"代理型"社会服务中心7家，较好解决了居委会负担过重、社区服务不到位的问题。另外，该区在4个村改居社区建立公共事务管理协会，形成了"社区居委会+公共事务管理协会+股份制有限公司"的新型社区建设模式，进一步理顺了社区各类组织关系，提高了社区管理服务效能。市北区辽宁路登北社区居委会成立了"社区服务联合会"，创新建立了"2+X"社区服务机制，实现了政府管理与群众自治的有效衔接和良性互动。

近年来，在社会组织建设和发挥作用方面进行了大胆探索，取得了一些进展，一些工作走在了全国的前列，但由于种种原因，青岛市社会组织发展整体水平与先进省市相比差距较大。主要表现在各级领导干部认识不够到位，党委、政府缺乏顶层设计，改革措施和政策不配套，社会组织服务社会能力不强、水平不高，政府管理监督制度不健全等。

二、加快社会组织发展的对策和建议

学习借鉴先进省市的经验做法，应该把加快社会组织发展作为青岛城市社会转型升级的重要内容和路径选择，突出社会组织作为社会建设的主体地位，不断激发社会组织的发展活力，不断提高社会组织服务经济社会的能力，为建设宜居幸福的现代化国际城市营造良好的社会环境。

（一）进一步解放思想、提高认识、深化改革、勇于实践，创造性地开展工作，推动社会组织实现又好又快发展

广东、上海、广州、深圳等省市社会组织蓬勃发展的实践证明，认识定位的高度、思想解放的程度决定着改革发展的深度和工作推进的力度。这些省市坚持以解放思想为先导，将中央推进社会建设、社会组织发展的决策部署与本地实际紧密结合，勇于改革创新、敢于突破陈规、善于总结经验，用全新的理念、思路和举措不断为社会组织发展注入新的活力。加快全市社会组织发展，首先要更新观念、创新思维、解放思想、实事求是，进一步提高各级党委、政府特别是领导干部的思想认识，切实扭转有的领导和部门对社会组织“不放心、不动心、不用心”的片面认识；其次，要突出社会组织在社会建设中的主体地位，充分发挥社会组织的重要作用，把社会组织发展与转变政府职能、深化事业单位分类改革、创新社会管理等方面改革紧密结合，加快推进政府部门、事业单位向社会组织转移职能，开放更多的公共资源和领域，降低服务成本，提高服务效率和质量；最后，要紧紧抓住历史机遇期，跳出青岛看青岛、瞄准先进争一流，把加快社会组织发展摆上各级党委、政府重要的议事日程，力争用3—5年的时间努力形成社会组织管理新模式，构建社会组织党建新格局，开创社会组织发展新局面。

（二）加强全市性顶层设计和统筹规划，制定加快社会组织发展和改革创新的路线图和时间表，分步骤、有重点地推进实施

把社会组织发展切实纳入全市社会建设的总体布局中进行顶层设计，在加强和创新社会管理中进行系统研究，在新型社会治理结构的改革构建中进行整体部署，切实做到“动真的、来实的”。建议，市分管领导牵头，相关职能部门和专家学者参加，尽快研究制定《加快青岛市社会组织发展的实施意见》，明确发展定位、指导思想、目标任务、工作重点和推进步骤，制定出台重大政策措施。在此基础上，明确责任部门和工作分工，围绕加快建设服务型政府、社会组织直接登记、政府购买服务、社会组织孵化器建设、社会工作人才队伍、社会组织监管评估、行业协会“去行政化”改革等方面出台配套文件，全方位、系统化推进社会组织改革发展。要突出工作重点，在培育发展社会组织、规范发展行业协会、加快养老公益类社会组织发展、壮大慈善公益类社会组织等方面加大工作力度，培育

一批独立运作、专业规范的示范性社会组织。尽快召开全市社会建设工作大会，对加快社会组织发展、加强和创新社会管理等相关工作进行整体部署和推进。

（三）完善社会组织法人治理结构，健全综合监管机制，提高社会组织权威性和公信力

2013 年，要在全市选择重点行业协会和其他类社会组织推进法人治理结构改革，健全理事会、监事会、会员代表大会等内部组织体系和治理结构，完善自律自治机制。市民政局牵头，会同市财政局、市发改委、市工商局、市公安局等部门建立全市社会组织政务信息平台，将登记审批、日常监管、税务稽查、违法审查、信息披露、公共服务、行政处罚等环节纳入信息化、科学化管理轨道。健全社会组织分类评估制度，建立评估结果与奖励、惩罚相结合的工作机制，并作为政府购买服务、公共财政扶持、政策优惠等方面的重要参考标准和依据。尽快理顺社会组织党建工作体制机制，建立健全社会组织党工委—社会组织行业党委（枢纽型社会组织党组织）—社会组织党组织三级管理体制，抓紧推进“建组织、扩覆盖”工作，积极发挥社会组织党组织的政治保证作用。

（四）坚持分类指导、重点突破、试点先行，形成有序推进社会组织发展的工作格局

明确各部门工作职能，建立相关工作制度，定期研究解决工作中遇到的实际问题，形成民政部门牵头、各职能部门齐抓共管的工作运行机制。按照“整体设计、试点带动、稳步推进”的原则，2013 年在全市选择 2—3 个区（市）开展社会组织综合改革试点，选择 10 个街道、社区、行业协会进行专项改革试点，选择若干不同类型的社会组织进行专项改革试点，重点围绕开展直接登记、培育社会组织、建立政府购买服务制度、社区组织孵化器、行业协会去行政化改革等内容进行试点，成熟一个、推广一个、巩固一个，以点带面，带动全市社会组织健康发展。加强对社会工作重大问题的调查研究，依托在青高校专业力量，邀请国内外专家研究解决在推进社会组织发展中遇到的重大问题，形成专家意见供领导决策参考。根据研究成果及时制定改革性、推进性工作意见和措施，形成梯次推动社会组织发展的工作格局。

推进社会组织工作管理创新的思考
——以厦门为例

厦门市民间组织管理局

当前，社会组织登记管理机关要以党的十八大精神为指导，优化对社会组织的服务，围绕加强和创新社会组织管理，以改革发展为动力，以完善法规政策为重点，以分类指导为抓手，以开展主题活动为依托，以健全监管体系为保障，把创新管理贯穿到为社会组织服务的全过程，充分发挥社会组织在经济社会发展中的积极作用，加快形成现代社会组织体制，推动社会组织健康有序发展。

一、以完善法规政策为重点，优化社会组织发展环境

一是要努力形成一个完整的社会组织政策法规体系。当前，从整体上看，厦门市社会组织的政策法规体系尚不健全、不配套、不完善。为此，必须充分运用厦门的立法权，加快政策法规的制定步伐，构建一个以国家法律法规为基础，以地方性法规为核心，以政府规章为配套，以规范性文件为补充的政策法规体系，为社会组织创造良好的法制环境。

当前国家社会组织登记管理相关条例已经滞后，根据厦门市的情况看，有必要先行先试，抓紧出台《厦门市社会团体登记管理暂行办法》、《厦门市民办非企业单位登记管理暂行办法》、《厦门市行业协会管理暂行规定》、《厦门市社会组织执法监察暂行规定》、《厦门市关于加快行业协会改革与发展的意见》等政策法规，推动社会组织在法制的轨道上良性运转。

二是要推动出台政府购买社会组织服务的政策措施。厦门市民政局、发改委、财政局等部门应加强沟通，探讨推动政府向社会组织转移职能的方式，要学习借鉴先进省市的经验做法，推动厦门市出台政府购买社会组织服务的政策措施，建立健全购买服务机制、政府资助及奖励机制，促进社会组织向社会提供优质服务。政府购买服务主要应面向在市、区两级民政部门登记，且评估等级在3A以上的各类社会组织，购买范围

应涉及卫生、就业、社会保障、法律、文化、养老等方面的公共服务。

三是要推动出台社会组织财税、人力资源保障政策。厦门市财政、税务、人力资源等部门应就财政扶持、税收优惠、财务管理、从业人员社会保障等问题进行调研，争取出台相关政策，为社会组织的培育发展创造良好的外部环境。在财政方面，对新成立的社会组织特别是行业协会应给予一定的开办经费扶助；对招收当年度的应届大学毕业生的社会组织，财政应给予一定的资金补贴；政府部门还可委托调研课题给社会组织，并拨给相应调研经费。在税务方面，对社会组织主要是社团组织的收入，应减免其营业税、所得税等税收，使社团的收入更多地投入于公益事业。在人力资源方面，社会组织专职工作人员应参照事业单位标准，享受相应工资待遇和养老保险、医疗保险、住房公积金等社会保障待遇。

二、以强化分类指导为抓手，完善社会组织培育发展体系

一是要选择重点加以培育。要重点培育、优先发展行业协会商会类、科技类、公益慈善类、城乡社区服务类社会组织。严格控制政治类、宗教类社会组织。2013 年底全市社会组织应当争取达到 2400 家，比 2012 年底的 2290 家增加 110 家，今后每年都应按比例予以递增。

二是要引入竞争机制。要积极开展竞争，探索一业多会，推动行业协会商会“去行政化”，强化行业自律，发挥其沟通企业与政府的作用。在引入竞争机制中，要坚持“扶持一批、发展一批、成功一批”的原则，对于在行业中起到龙头作用、有发展前景的行业协会商会，应积极从各方面予以扶持，助其做大做强。要积极兴办各类民办非企业单位，2013 年底，全市民办非企业单位应争取达到 970 个，比 2012 年底的 890 个增加 80 个。

三是要积极支持台湾社团在厦设立代表机构。要在现有 4 个台湾社团在厦代表机构挂牌设立、34 个代表机构正在咨询或筹办设立的基础上，积极支持台湾经济、教育、科技、文化、卫生、环保、体育、慈善等领域的民间非营利组织在厦门设立代表机构，争取到 2013 年底凡符合登记条件的台湾社团全部在厦设立代表机构。

四是要实施社会组织孵化培育工程。厦门市民政局要与有关部门探讨设立国家级“社区、社团、社工培育发展促进中心”的申请立项事宜，规划建设 3500 平方米以上，可容纳 15 个左右的社会组织孵化园区，重点孵化涉台的工商经济、社会福利、公益慈善类社会组织。

五是要全面开展直接登记。要创新登记管理体制，从 2013 年第三季度

开始，对行业协会商会类、科技类、公益慈善类、城乡社区服务类的社会组织要开展直接登记工作。2013 年备案登记的社区社会组织要争取在 2012 年底 390 个的基础上，新增 100 个。要继续做好省民政厅授权的公募和非公募基金会的登记管理工作。要建立农村专业经济协会登记备案双轨制，发展农村经济。

三、以开展主题活动为依托，发挥社会组织积极作用

一是要积极开展创建“全国社会组织建设创新示范区”活动。要在全市社会组织中树立善于创新、具有引领意义的社会组织典型和标杆，开展比学赶帮超，不断提高社会组织建设水平和服务能力，努力创建示范区。

二是要开展行业协会行业自律与诚信创建活动。要在行业协会中深入开展自律与诚信活动，以此推动行业的健康发展，要积极探索社会组织促进社会民主协商的途径和方式。

三是要开展民办非企业单位塑造品牌活动。要在民办非企业单位中深入开展“内强素质、外树形象”的塑造品牌和服务社会活动，引导其实施公开承诺，为社会提供优质公共服务。

四是要积极开展党建活动。要加大社会组织党组织组建力度，逐步实现社会组织党的组织和党建工作全覆盖，形成党委统一领导，组织部门牵头，民政部门指导和督导，相关职能部门具体负责、相互配合、齐抓共管的党建工作机制。

四、以健全监管体系为保障，推进社会组织健康有序发展

一是要及时查处违法违规行为。要立足于依法行政、规范执法，加强社会组织执法监察工作，对长期不参加年检或年检不合格的，要依法作出相应处理。要及时查处社会组织的违法违规行为，坚决取缔非法组织。

二是要加强部门协调配合。厦门市民政局应继续加强与相关政府职能部门和厦门市社会组织管理工作领导小组成员单位的协调联动，落实统一登记、各司其职、协调配合、分级负责、依法监管的社会组织管理体制。市、区两级应建立社会组织管理工作领导小组办公室联席会议制度和重大事项及时报告制度。

三是要继续开展社会组织等级评估。要继续搞好社会组织等级评估，制定科学的评估指标，建立“政府指导、社会参与、独立运作”的社会组织评估体系和社会监督机制，到 2013 年底，全市凡成立两年以上的社会组

织评估率应达到60%以上。

四是要制定社会组织行为规范和活动准则。要引导社会组织制定行为规范和活动准则，建立民主自治、运行有序、权责明确、制衡有效的法人治理机制，要完善社会组织年检和档案管理制度，年检率应达到90%以上。

·附　录·

一、2013 年中国社会组织发展统计数据

社会组织总表

地　区	单位数	年末职工人数		受教育程度情况		职业资格水平情况	
			女性	大学专科	大学本科及以上	助理社会工作师	社会工作师
全国合计	547,245	6,365,813	1,880,817	1,225,017	816,422	13,399	8,561
部本级	2,190	30,769	13,241	818	22,348	703	1,439
北京市	8,560	119,336	47,079	28,719	48,973	1,059	859
天津市	4,516	42,573	18,833	12,877	16,908	107	52
河北省	16,530	248,136	65,881	43,172	31,853	574	690
山西省	11,611	144,909	40,286	35,706	19,131	130	73
内蒙古自治区	10,685	80,051	24,944	26,075	9,431	1	3
辽宁省	19,494	217,509	57,810	35,842	33,415	157	126
吉林省	9,193	94,821	17,393	17,232	4,374	493	97
黑龙江省	12,672	173,745	65,848	30,989	11,570	187	116
上海市	11,626	158,334	37,242	41,001	14,143	406	198
江苏省	56,234	429,104	126,770	94,840	71,844	1,925	704
浙江省	36,426	350,782	103,275	91,518	54,444	269	345
安徽省	20,705	206,418	54,939	47,380	24,803	465	123
福建省	19,372	253,138	49,584	27,906	22,457	457	220
江西省	13,375	183,682	53,988	22,780	8,266	531	115
山东省	38,976	324,154	73,330	92,714	64,156	479	237
河南省	23,577	197,277	57,666	42,981	27,895	332	85
湖北省	25,778	265,404	99,215	71,664	24,612	229	172
湖南省	21,663	215,004	69,931	54,375	26,657	292	134
广东省	41,317	509,316	220,638	115,891	80,724	1,713	1,461
广西壮族自治区	17,370	309,735	61,079	37,215	26,218	192	453
海南省	4,338	39,414	16,159	5,079	5,642	2	0
重庆市	13,154	132,323	52,179	28,591	31,255	644	191
四川省	35,050	510,475	144,547	83,036	63,920	1,018	480
贵州省	8,295	148,577	34,909	16,577	9,077	249	24
云南省	16,954	379,387	131,954	38,698	21,605	443	69
西藏自治区	589	9,529	3,395	585	174	0	0
陕西省	17,360	252,911	51,448	29,175	12,346	70	18
甘肃省	13,335	190,626	42,148	22,466	9,846	118	23
青海省	3,039	18,285	4,289	2,001	603	60	6
宁夏回族自治区	4,002	36,150	11,035	7,253	4,313	6	6
新疆维吾尔自治区	9,259	93,939	29,782	19,861	13,419	88	42

单位:人

年龄结构情况				建立党组织的社会组织	社会组织中中共党员人数	志愿服务	
35岁及以下	36岁至45岁	46岁至55岁	56岁及以上			志愿者服务人次数	志愿服务时间
2,159,462	2,306,546	1,266,764	633,041	83,066	826,756	411,467	1,225,910.0
8,855	10,543	6,294	5,077	1,143	18,293	0	0.0
36,498	38,437	24,794	19,607	1,179	29,942	0	0.0
11,387	15,370	10,399	5,417	1,952	8,007	700	1,950.0
91,163	100,501	42,100	14,372	5,074	40,464	6,506	23,563.0
50,283	47,012	30,444	17,170	1,047	14,770	1,666	4,854.0
27,948	27,833	16,586	7,684	1,416	9,886	160	480.0
58,374	70,594	43,636	44,905	2,433	25,464	6,206	14,364.0
31,534	38,986	18,085	6,216	300	5,778	0	0.0
75,958	53,682	33,009	11,096	880	5,583	31	100.0
38,862	73,815	31,423	14,234	4,896	37,735	40	120.0
126,039	155,140	105,153	42,772	3,363	60,250	61,045	162,872.0
119,953	128,983	61,181	40,665	5,947	50,193	46,521	138,327.0
65,499	73,653	46,808	20,458	2,964	30,231	38,264	100,930.0
58,185	68,391	72,641	53,921	2,127	18,011	0	0.0
61,693	77,822	33,375	10,792	2,180	19,177	10	50.0
114,225	128,981	60,838	20,110	12,356	83,966	98,551	277,792.0
85,157	73,432	26,641	12,047	3,794	25,047	52	178.0
113,132	84,740	46,706	20,826	4,158	35,654	344	1,014.0
82,634	76,943	39,204	16,223	2,617	33,770	97,633	327,088.0
260,776	139,692	77,152	31,696	1,320	21,875	34,368	108,750.0
81,429	119,323	74,690	34,293	953	40,983	0	0.0
15,394	17,402	4,461	2,157	318	8,070	300	1,000.0
49,393	41,615	23,210	18,105	928	18,136	12,142	41,252.0
189,054	178,048	74,227	69,146	5,800	65,614	305	944.0
39,340	69,502	27,877	11,858	2,502	19,634	1,693	4,602.0
111,885	147,624	79,987	39,891	2,183	26,339	8	18.0
3,698	3,638	1,643	550	124	628	0	0.0
68,731	84,650	79,052	20,478	1,333	17,765	4,365	14,223.0
37,398	101,915	40,527	10,786	4,400	25,552	243	499.0
4,908	7,470	4,549	1,358	1,091	4,027	0	0.0
7,423	13,143	10,925	4,659	699	5,156	62	180.0
32,654	37,666	19,147	4,472	1,589	20,756	252	760.0

续表 1

地　区	行政执法	行政处罚数	并处没收违法经营额/违法所得	并处罚款
全国合计	3,117	3,071	0	3
部本级	0	0	0	0
北京市	10	6	0	0
天津市	0	0	0	0
河北省	659	659	0	0
山西省	75	75	0	0
内蒙古自治区	50	50	0	0
辽宁省	20	20	0	0
吉林省	0	0	0	0
黑龙江省	0	0	0	0
上海市	7	7	0	0
江苏省	115	112	0	0
浙江省	77	77	0	0
安徽省	6	6	0	0
福建省	16	16	0	0
江西省	0	0	0	0
山东省	1,268	1,252	0	0
河南省	1	1	0	0
湖北省	147	124	0	2
湖南省	12	12	0	0
广东省	177	177	0	0
广西壮族自治区	0	0	0	0
海南省	0	0	0	0
重庆市	143	143	0	0
四川省	201	201	0	0
贵州省	42	42	0	0
云南省	0	0	0	0
西藏自治区	2	2	0	1
陕西省	0	0	0	0
甘肃省	0	0	0	0
青海省	0	0	0	0
宁夏回族自治区	2	2	0	0
新疆维吾尔自治区	87	87	0	0

单位:万元

(1) 警告	(2) 限期(责令)停止活动	(3) 撤销登记	取缔非法社会组织	并处没收非法财产
652	86	2,333	46	1
0	0	0	0	0
6	0	0	4	0
0	0	0	0	0
0	0	659	0	0
3	1	71	0	0
0	0	50	0	0
15	0	5	0	0
0	0	0	0	0
0	0	0	0	0
0	0	7	0	0
31	21	60	3	0
8	0	69	0	0
0	0	6	0	0
0	0	16	0	0
0	0	0	0	0
517	44	691	16	1
0	0	1	0	0
3	0	121	23	0
0	0	12	0	0
67	6	104	0	0
0	0	0	0	0
0	0	0	0	0
0	6	137	0	0
0	0	201	0	0
0	0	42	0	0
0	0	0	0	0
2	0	0	0	0
0	0	0	0	0
0	0	0	0	0
0	0	0	0	0
0	0	2	0	0
0	8	79	0	0

续表 2

地 区	增加值合计	执行行政事业单位会计制度				
		固定资产原价	上年结转和结余	本年收入合计	本年支出合计	收支结余
全国合计	5,710,883.6	230,469.3	21,577.4	360,143.7	76,056.5	1,053.5
部本级	148,802.1	0.0	0.0	0.0	0.0	0.0
北京市	287,562.2	0.0	0.0	0.0	0.0	0.0
天津市	32,546.9	0.0	0.0	0.0	0.0	0.0
河北省	239,174.1	1,799.5	3.0	1,567.2	1,223.8	0.0
山西省	112,846.4	3,415.0	66.7	1,471.7	1,205.9	1.3
内蒙古自治区	35,088.6	3,698.3	4.6	3,952.5	3,952.5	0.0
辽宁省	207,461.0	1,012.2	0.0	434.0	394.0	0.0
吉林省	22,072.3	476.8	15.0	1,601.1	861.9	0.0
黑龙江省	92,366.0	1,146.9	4.0	262,598.4	394.3	0.0
上海市	403,723.4	0.0	0.0	0.0	0.0	0.0
江苏省	713,867.8	143,359.3	18,560.9	46,089.7	35,979.1	60.0
浙江省	330,414.7	0.0	0.0	0.0	0.0	0.0
安徽省	181,080.9	10.5	0.0	670.1	667.1	0.0
福建省	95,246.2	6,443.0	11.5	4,094.4	1,962.3	145.0
江西省	206,152.2	8,917.2	0.0	961.0	929.5	0.0
山东省	518,698.4	0.0	0.0	0.0	0.0	0.0
河南省	76,583.0	3,463.3	0.0	1,922.4	1,501.2	0.0
湖北省	184,390.8	1,039.0	0.0	742.6	517.9	0.0
湖南省	129,462.3	8,773.1	1,495.4	7,157.1	7,469.7	834.3
广东省	904,692.3	7,899.0	251.4	8,951.4	5,623.5	0.0
广西壮族自治区	58,645.2	2,949.8	14.8	586.6	460.6	0.0
海南省	17,610.1	699.0	0.0	417.0	457.0	0.0
重庆市	115,484.3	7,698.2	9.0	4,828.0	4,837.0	0.0
四川省	212,085.2	2,684.7	0.0	2,189.8	1,130.5	0.0
贵州省	40,302.6	2,918.0	267.0	2,280.3	2,271.7	2.9
云南省	164,806.2	6,366.2	189.5	1,940.7	1,277.5	0.0
西藏自治区	1,085.5	1,920.5	0.0	0.2	0.2	0.0
陕西省	76,311.2	0.0	0.0	0.0	0.0	0.0
甘肃省	45,982.9	7,875.9	128.8	3,145.3	1,990.4	10.0
青海省	4,693.8	0.0	0.0	0.0	0.0	0.0
宁夏回族自治区	16,965.4	433.3	130.0	621.4	175.4	0.0
新疆维吾尔自治区	34,679.5	5,470.6	425.8	1,920.8	773.5	0.0

单位:万元

行政事业单位增加值	执行民间非营利组织单位会计制度				
	固定资产原价	上年结余	本年收入合计	本年费用合计	民间非营利组织单位增加值
66,022.1	14,735,831.8	5,849,439.7	18,488,799.5	16,676,894.8	5,644,861.5
0.0	675,289.8	0.0	3,630,930.1	2,959,197.2	148,802.1
0.0	1,035,071.1	1,319,475.5	1,439,173.1	1,238,546.0	287,562.2
0.0	74,740.6	16,982.6	168,214.3	100,320.7	32,546.9
558.5	735,125.3	446,412.3	318,846.6	372,619.5	238,615.6
1,108.5	343,629.8	9,745.6	176,707.8	150,721.8	111,737.9
2,216.9	62,424.0	246.0	64,577.9	62,454.3	32,871.7
737.4	444,999.3	10,898.1	460,308.4	377,149.2	206,723.6
418.0	16,406.4	765.3	27,381.3	31,683.6	21,654.3
504.4	79,815.7	1,133.6	23,604.0	191,452.9	91,861.6
0.0	304,476.4	926,833.0	2,098,117.7	1,782,808.4	403,723.4
37,274.6	1,925,742.4	1,279,229.9	2,429,315.5	1,976,692.2	676,593.2
0.0	1,311,890.5	852,353.9	1,387,000.0	1,231,631.2	330,414.7
588.7	616,896.1	8,427.9	401,078.6	394,717.5	180,492.2
257.7	260,971.9	90,306.0	149,637.3	172,632.6	94,988.5
558.2	275,940.4	5,670.6	211,320.7	897,563.1	205,594.0
0.0	543,997.4	5,400.0	745,280.8	741,489.5	518,698.4
570.6	288,938.0	44,980.7	208,884.3	132,060.6	76,012.4
97.7	500,607.2	5,244.4	457,645.4	398,528.7	184,293.1
6,680.3	316,300.7	64,084.0	251,416.9	260,465.2	122,782.0
1,627.7	2,037,326.2	242,540.2	2,154,566.6	1,554,550.6	903,064.6
365.8	307,006.7	51,830.0	206,878.5	82,514.5	58,279.4
46.0	89,404.8	207.6	24,201.3	24,290.0	17,564.1
5,445.2	441,685.4	189,611.2	356,446.4	319,356.4	110,039.1
1,175.2	632,380.6	17,187.6	599,281.0	605,937.6	210,910.0
1,614.5	235,492.0	2,909.7	76,684.2	60,051.1	38,688.1
627.7	457,987.4	202,416.5	205,037.2	260,321.1	164,178.5
76.8	4,039.7	12,474.1	2,465.0	2,114.3	1,008.7
0.0	482,990.3	5,110.7	51,205.0	126,645.1	76,311.2
2,044.7	73,134.4	12,139.8	53,811.0	60,834.2	43,938.2
0.0	24,248.9	966.1	25,244.9	19,132.2	4,693.8
333.1	46,387.2	21,412.2	33,234.7	39,605.8	16,632.3
1,093.8	90,485.2	2,444.6	50,303.0	48,807.7	33,585.7

地　区	单位数	年末职工人数		受教育程度情况		职业资格
			女性	大学专科	大学本科及以上	助理社会工作师
全国合计	289,026	3,531,635	795,902	517,856	324,012	5,437
部本级	1,908	27,578	11,872	0	21,637	703
北京市	3,573	34,641	10,513	7,700	19,349	265
天津市	2,156	8,728	2,817	2,207	3,223	11
河北省	9,536	132,639	18,252	14,809	11,374	354
山西省	6,789	83,050	18,107	18,194	10,759	33
内蒙古自治区	6,697	50,769	13,681	17,272	5,892	0
辽宁省	8,859	117,187	15,935	15,319	10,101	76
吉林省	5,785	74,447	10,448	11,029	2,604	378
黑龙江省	5,683	130,183	52,168	18,677	7,967	142
上海市	3,791	35,071	5,926	5,048	2,839	246
江苏省	26,164	167,189	42,466	43,671	21,774	871
浙江省	18,108	137,504	29,913	39,468	19,327	101
安徽省	11,671	103,731	15,352	15,961	7,921	162
福建省	12,787	186,007	22,943	16,503	7,780	157
江西省	7,783	102,116	20,342	13,700	3,999	21
山东省	17,807	139,221	26,766	35,927	27,818	166
河南省	10,896	74,908	18,384	11,370	5,811	120
湖北省	11,564	134,916	48,246	27,588	7,074	11
湖南省	11,498	117,506	28,949	23,157	11,777	88
广东省	19,000	153,018	48,766	34,321	20,168	218
广西壮族自治区	10,940	241,025	30,800	21,181	15,923	83
海南省	2,155	15,791	4,352	1,842	1,028	0
重庆市	6,693	46,713	7,977	6,971	6,518	245
四川省	18,866	328,001	72,996	35,470	37,305	531
贵州省	5,141	111,874	20,740	7,875	3,446	168
云南省	11,595	322,333	103,514	28,209	11,331	91
西藏自治区	560	9,389	3,358	511	147	0
陕西省	9,623	173,947	26,696	13,124	3,990	29
甘肃省	10,206	163,808	36,201	13,226	6,065	69
青海省	2,022	13,916	2,919	1,315	321	33
宁夏回族自治区	2,958	29,880	8,006	5,507	1,758	2
新疆维吾尔自治区	6,212	64,549	16,497	10,704	6,986	63

团体

单位:人

水平情况	年龄结构情况				志愿服务	
社会工作师	35 岁及以下	36 岁至 45 岁	46 岁至 55 岁	56 岁及以上	志愿者服务人次数	志愿服务时间
3,556	925,218	1,305,050	837,113	464,254	196,107	591,896.0
1,439	7,722	9,652	5,516	4,688	0	0.0
85	5,339	9,144	10,138	10,020	0	0.0
6	2,146	3,117	1,965	1,500	500	1,500.0
122	46,210	55,419	22,145	8,865	2,260	6,780.0
22	18,278	29,533	21,916	13,323	1,603	4,809.0
0	15,229	17,901	11,793	5,846	160	480.0
47	18,248	37,604	23,651	37,684	256	768.0
19	24,984	29,215	15,628	4,620	0	0.0
53	61,979	37,362	22,862	7,980	31	100.0
75	6,565	16,875	7,107	4,524	40	120.0
229	34,396	57,461	48,759	26,573	34,215	100,305.0
257	32,540	57,447	35,366	12,151	36,314	108,942.0
29	22,156	37,948	29,714	13,913	9,725	29,175.0
18	27,047	48,596	60,942	49,422	0	0.0
25	29,645	40,545	23,915	8,011	10	50.0
85	42,732	53,903	29,641	12,945	40,609	121,827.0
26	27,635	29,340	12,129	5,804	0	0.0
3	61,942	35,685	23,315	13,974	78	231.0
52	34,874	42,712	27,333	12,587	50,889	152,667.0
281	38,346	48,623	44,051	21,998	9,758	35,129.0
405	49,506	93,952	64,921	32,646	0	0.0
0	5,669	6,500	2,518	1,104	300	1,000.0
79	9,449	13,412	11,789	12,063	4,999	14,997.0
105	102,830	111,982	52,303	60,886	290	870.0
9	21,429	58,178	22,396	9,871	361	1,083.0
36	82,474	127,820	73,874	38,165	0	0.0
0	3,632	3,587	1,628	542	0	0.0
15	36,343	54,783	67,523	15,298	3,424	10,484.0
10	28,318	92,841	33,944	8,705	213	369.0
1	3,082	5,787	4,000	1,047	0	0.0
3	5,073	10,686	9,917	4,204	62	180.0
20	19,400	27,440	14,414	3,295	10	30.0

续表 1

地区	社会组织负责人		按活动区域分		
		女性	中央级社团	省级社团	地级社团
全国合计	610,260	100,266	1,908	26,685	71,922
部本级	22,583	0	1,908	0	0
北京市	24,263	4,751	0	1,383	0
天津市	4,334	982	0	926	0
河北省	14,331	1,949	0	818	2,656
山西省	8,558	791	0	948	2,087
内蒙古自治区	12,169	2,956	0	726	1,888
辽宁省	13,044	1,996	0	803	3,325
吉林省	7,285	985	0	726	1,917
黑龙江省	9,253	1,157	0	998	2,196
上海市	21,800	3,957	0	1,164	0
江苏省	41,805	6,573	0	956	5,556
浙江省	36,913	7,697	0	1,030	4,349
安徽省	16,864	1,937	0	936	3,546
福建省	15,299	2,336	0	912	2,894
江西省	11,780	2,104	0	731	2,252
山东省	53,232	10,575	0	907	5,236
河南省	16,304	3,158	0	1,051	3,896
湖北省	31,991	5,014	0	901	3,249
湖南省	24,271	3,398	0	852	3,644
广东省	46,879	15,300	0	1,394	6,905
广西壮族自治区	17,247	2,141	0	789	2,306
海南省	3,547	741	0	761	324
重庆市	22,077	3,616	0	909	0
四川省	36,017	5,728	0	1,107	4,023
贵州省	30,959	1,367	0	663	1,120
云南省	17,528	2,288	0	816	2,510
西藏自治区	1,040	111	0	188	146
陕西省	16,082	2,581	0	851	1,787
甘肃省	13,438	2,152	0	569	1,616
青海省	2,182	256	0	515	417
宁夏回族自治区	4,087	199	0	598	580
新疆维吾尔自治区	13,098	1,470	0	757	1,497

单位:人、个

县级社团	建立党组织的社会组织	社会组织职工中中共党员人数	其中:当年新增单位数	其中:当年年检单位数	行业性社团
188,511	52,533	513,562	28,658	115,034	38,088
0	1,017	16,350	41	1,750	397
2,190	674	17,053	219	2,369	144
1,230	1,170	4,097	172	1,431	244
6,062	3,351	25,793	624	3,371	1,627
3,754	545	9,447	544	3,296	759
4,083	905	6,421	910	3,838	1,880
4,731	903	14,075	420	2,815	1,503
3,142	262	4,452	233	370	207
2,489	643	3,998	267	125	345
2,627	1,925	13,856	155	3,165	312
19,652	1,967	26,692	4,941	9,250	3,396
12,729	3,736	25,882	1,852	11,507	1,640
7,189	2,052	17,206	961	6,929	1,323
8,981	1,602	15,033	1,040	3,192	2,073
4,800	1,597	8,094	531	1,753	314
11,664	7,599	46,063	1,905	15,464	7,113
5,949	2,742	13,941	764	1,860	901
7,414	1,862	15,803	828	7,818	1,142
7,002	2,138	26,557	789	4,322	1,723
10,701	713	11,588	3,252	4,626	1,593
7,845	697	35,686	1,537	1,714	683
1,070	167	6,642	149	885	425
5,784	418	7,550	643	4,473	876
13,736	4,048	48,469	1,298	5,448	2,333
3,358	1,780	13,958	481	1,517	881
8,269	1,068	21,464	976	2,964	919
226	123	625	13	271	195
6,985	948	11,975	562	4,119	750
8,021	3,355	20,661	2,056	774	380
1,090	707	2,594	49	687	399
1,780	519	3,863	151	705	267
3,958	1,300	17,674	295	2,226	1,344

续表2

地区	增加值合计	执行行政事业单位会计制度				
		固定资产原价	上年结转和结余	本年收入合计	本年支出合计	经营支出
全国合计	17,399	6,636	11,753	9,953	41,777	27,115
部本级	51	3	30	14	18	41
北京市	303	63	152	159	398	336
天津市	125	25	156	138	227	144
河北省	629	135	289	461	1,356	884
山西省	457	110	346	188	1,130	860
内蒙古自治区	410	163	290	154	879	587
辽宁省	415	128	1,062	450	1,166	674
吉林省	302	102	221	189	1,440	541
黑龙江省	291	93	314	262	1,029	735
上海市	640	44	156	193	529	288
江苏省	1,433	437	921	745	5,714	2,544
浙江省	1,264	316	844	582	1,915	1,662
安徽省	693	250	328	401	1,727	1,154
福建省	465	366	664	377	1,966	1,431
江西省	283	189	410	433	1,163	728
山东省	1,435	364	502	522	2,452	1,826
河南省	877	368	551	407	1,314	1,257
湖北省	911	232	384	471	1,474	1,072
湖南省	791	406	536	426	2,198	1,009
广东省	1,287	229	664	455	3,186	2,105
广西壮族自治区	608	111	231	217	1,443	554
海南省	274	21	62	56	123	279
重庆市	454	103	247	174	638	553
四川省	833	678	909	862	2,919	1,633
贵州省	164	110	115	149	598	533
云南省	370	235	298	461	1,304	1,130
西藏自治区	28	25	27	28	107	40
陕西省	532	113	227	220	950	1,135
甘肃省	253	897	211	261	1,201	686
青海省	76	55	154	177	221	181
宁夏回族自治区	174	82	252	84	205	156
新疆维吾尔自治区	571	183	200	237	787	357

单位:人

按行业分类

体育	法律	工商业服务	宗教	农业及农村发展	职业及从业组织	国际及涉外组织	其他
17,869	3,264	31,031	4,801	58,825	19,743	481	38,379
16	4	1,531	4	9	2	27	158
218	52	489	42	658	164	0	539
93	30	207	23	157	177	19	635
559	119	1,048	189	1,805	624	15	1,423
567	110	662	88	740	410	9	1,112
371	52	769	68	1,543	221	5	1,185
497	135	568	139	1,435	828	23	1,339
283	103	271	74	1,082	252	14	911
357	84	435	75	966	591	1	450
340	37	683	70	60	246	12	493
3,179	304	2,534	370	2,971	1,562	0	3,450
1,342	219	3,090	350	1,494	2,029	55	2,946
746	148	1,039	178	2,964	887	17	1,139
761	140	1,273	270	1,751	952	55	2,316
585	126	681	160	1,329	612	12	1,072
916	172	1,905	224	5,068	1,307	34	1,080
570	171	1,332	287	1,866	690	13	1,193
701	161	1,409	192	1,797	769	0	1,991
519	146	1,060	220	1,705	1,108	40	1,334
1,430	99	3,176	273	1,424	1,086	31	3,555
333	46	646	95	4,742	481	14	1,419
159	5	355	12	435	99	5	270
358	46	712	94	2,135	397	5	777
1,133	206	1,242	353	4,345	1,595	14	2,144
297	54	517	117	1,262	455	1	769
540	165	942	306	3,281	610	21	1,932
11	9	24	10	112	6	0	133
336	52	796	170	4,089	395	7	601
206	63	395	156	4,227	841	5	804
76	71	156	60	407	43	2	343
100	43	141	36	1,185	77	0	423
270	92	943	96	1,781	227	25	443

续表 3

地　区	行政执法	行政处罚数	并处没收违法经营额/违法所得	并处罚款
全国合计	2,173	2,152	0	3
部本级	0	0	0	0
北京市	8	4	0	0
天津市	0	0	0	0
河北省	278	278	0	0
山西省	41	41	0	0
内蒙古自治区	50	50	0	0
辽宁省	5	5	0	0
吉林省	0	0	0	0
黑龙江省	0	0	0	0
上海市	2	2	0	0
江苏省	45	45	0	0
浙江省	25	25	0	0
安徽省	5	5	0	0
福建省	12	12	0	0
江西省	0	0	0	0
山东省	1,253	1,237	0	0
河南省	1	1	0	0
湖北省	55	54	0	2
湖南省	3	3	0	0
广东省	86	86	0	0
广西壮族自治区	0	0	0	0
海南省	0	0	0	0
重庆市	49	49	0	0
四川省	125	125	0	0
贵州省	41	41	0	0
云南省	0	0	0	0
西藏自治区	2	2	0	1
陕西省	0	0	0	0
甘肃省	0	0	0	0
青海省	0	0	0	0
宁夏回族自治区	2	2	0	0
新疆维吾尔自治区	85	85	0	0

单位:人、个

(1) 警告	(2) 限期(责令)停止活动	(3) 撤销登记	取缔非法社会组织	并处没收非法财产
589	70	1,493	21	1
0	0	0	0	0
4	0	0	4	0
0	0	0	0	0
0	0	278	0	0
3	1	37	0	0
0	0	50	0	0
0	0	5	0	0
0	0	0	0	0
0	0	0	0	0
0	0	2	0	0
14	7	24	0	0
5	0	20	0	0
0	0	5	0	0
0	0	12	0	0
0	0	0	0	0
516	44	677	16	1
0	0	1	0	0
3	0	51	1	0
0	0	3	0	0
42	6	38	0	0
0	0	0	0	0
0	0	0	0	0
0	4	45	0	0
0	0	125	0	0
0	0	41	0	0
0	0	0	0	0
2	0	0	0	0
0	0	0	0	0
0	0	0	0	0
0	0	0	0	0
0	0	2	0	0
0	8	77	0	0

续表 4

地 区	增加值合计	执行行政事业			
		固定资产原价	上年结转和结余	本年收入合计	本年支出合计
全国合计	1,555,010.2	230,469.3	360,143.7	21,577.4	76,056.5
部本级	136,437.2	0.0	0.0	0.0	0.0
北京市	33,356.6	0.0	0.0	0.0	0.0
天津市	7,086.4	0.0	0.0	0.0	0.0
河北省	36,575.0	1,799.5	1,567.2	3.0	1,223.8
山西省	42,604.3	3,415.0	1,471.7	66.7	1,205.9
内蒙古自治区	12,267.3	3,698.3	3,952.5	4.6	3,952.5
辽宁省	45,811.4	1,012.2	434.0	0.0	394.0
吉林省	12,301.5	476.8	1,601.1	15.0	861.9
黑龙江省	24,860.6	1,146.9	262,598.4	4.0	394.3
上海市	46,569.7	0.0	0.0	0.0	0.0
江苏省	158,849.5	143,359.3	46,089.7	18,560.9	35,979.1
浙江省	116,942.6	0.0	0.0	0.0	0.0
安徽省	60,932.5	10.5	670.1	0.0	667.1
福建省	26,907.5	6,443.0	4,094.4	11.5	1,962.3
江西省	53,942.0	8,917.2	961.0	0.0	929.5
山东省	150,776.8	0.0	0.0	0.0	0.0
河南省	16,312.1	3,463.3	1,922.4	0.0	1,501.2
湖北省	46,675.6	1,039.0	742.6	0.0	517.9
湖南省	36,514.4	8,773.1	7,157.1	1,495.4	7,469.7
广东省	281,240.2	7,899.0	8,951.4	251.4	5,623.5
广西壮族自治区	20,662.8	2,949.8	586.6	14.8	460.6
海南省	9,662.7	699.0	417.0	0.0	457.0
重庆市	14,990.7	7,698.2	4,828.0	9.0	4,837.0
四川省	42,404.7	2,684.7	2,189.8	0.0	1,130.5
贵州省	15,754.7	2,918.0	2,280.3	267.0	2,271.7
云南省	31,339.1	6,366.2	1,940.7	189.5	1,277.5
西藏自治区	122.8	1,920.5	0.2	0.0	0.2
陕西省	30,023.0	0.0	0.0	0.0	0.0
甘肃省	26,966.8	7,875.9	3,145.3	128.8	1,990.4
青海省	3,439.3	0.0	0.0	0.0	0.0
宁夏回族自治区	5,420.3	433.3	621.4	130.0	175.4
新疆维吾尔自治区	7,260.0	5,470.6	1,920.8	425.8	773.5

单位会计制度		执行民间非营利组织单位会计制度				
经营支出	行政事业单位增加值	固定资产原价	上年结余	本年收入合计	本年费用合计	社会组织单位增加值
1,053.5	66,022.1	3,027,358.1	1,824,520.3	4,948,958.3	5,029,077.3	1,488,988.1
0.0	0.0	595,493.3	0.0	1,571,865.8	1,187,410.6	136,437.2
0.0	0.0	191,941.6	431,069.8	263,075.0	263,716.0	33,356.6
0.0	0.0	13,622.8	425.8	35,200.4	18,249.9	7,086.4
0.0	558.5	65,216.0	383,382.2	68,711.6	65,564.8	36,016.5
1.3	1,108.5	73,426.8	4,637.5	62,119.3	57,934.7	41,495.8
0.0	2,216.9	18,164.8	109.0	24,257.3	23,614.7	10,050.4
0.0	737.4	74,726.2	1,945.6	112,611.6	102,826.0	45,074.0
0.0	418.0	9,426.6	31.0	14,276.9	17,676.4	11,883.5
0.0	504.4	16,299.6	747.0	6,954.8	38,212.2	24,356.2
0.0	0.0	57,790.9	378,191.4	431,105.6	367,298.9	46,569.7
60.0	37,274.6	597,180.2	9,492.6	367,434.8	371,564.3	121,574.9
0.0	0.0	138,575.8	368,180.3	350,666.0	308,199.3	116,942.6
0.0	588.7	118,774.7	2,555.7	100,159.3	94,130.4	60,343.8
145.0	257.7	22,285.0	74,053.1	62,736.1	72,495.5	26,649.8
0.0	558.2	71,332.3	829.1	31,989.7	683,824.3	53,383.8
0.0	0.0	119,081.9	4,928.0	225,210.5	220,979.1	150,776.8
0.0	570.6	35,740.8	5,275.9	33,705.6	30,483.3	15,741.5
0.0	97.7	61,752.6	1,105.2	130,340.8	131,526.5	46,577.9
834.3	6,680.3	50,111.0	454.6	54,102.1	48,159.5	29,834.1
0.0	1,627.7	129,935.4	110,910.2	588,923.7	464,677.9	279,612.5
0.0	365.8	161,972.9	7,486.4	22,465.9	24,598.4	20,297.0
0.0	46.0	10,912.4	99.8	10,775.6	13,441.5	9,616.7
0.0	5,445.2	43,503.4	12,159.2	71,346.5	63,249.3	9,545.5
0.0	1,175.2	97,960.3	5,919.3	140,534.8	169,737.9	41,229.5
2.9	1,614.5	80,455.4	707.3	43,442.5	23,148.6	14,140.2
0.0	627.7	56,049.8	16,097.6	34,194.0	48,092.8	30,711.4
0.0	76.8	3,322.5	132.0	89.0	76.5	46.0
0.0	0.0	43,465.6	543.8	16,769.9	49,297.7	30,023.0
10.0	2,044.7	33,684.8	47.5	34,129.0	34,638.3	24,922.1
0.0	0.0	10,003.5	753.0	21,556.6	15,597.4	3,439.3
0.0	333.1	10,228.4	0.0	6,832.8	7,741.7	5,087.2
0.0	1,093.8	14,920.8	2,250.4	11,374.8	10,912.9	6,166.2

基　金

单位名称	单位数	年末职工人数		受教育程度情况		职业资格
			女性	大学专科	大学本科及以上	助理社会工作师
全国合计	3,549	18,646	5,202	4,740	4,217	151
部本级	216	1,732	554	450	485	0
北京市	275	2,301	1,081	345	1,156	0
天津市	56	345	154	115	212	0
河北省	49	271	103	85	164	1
山西省	55	132	58	85	47	0
内蒙古自治区	91	373	125	306	56	0
辽宁省	63	536	142	245	126	25
吉林省	66	103	23	0	0	0
黑龙江省	66	156	0	0	0	0
上海市	152	1,071	159	750	196	0
江苏省	444	1,356	376	0	0	0
浙江省	326	799	319	369	0	0
安徽省	71	194	24	23	37	3
福建省	141	945	123	0	11	9
江西省	45	233	51	134	74	0
山东省	86	276	70	158	80	7
河南省	98	382	44	228	152	0
湖北省	73	658	132	230	296	0
湖南省	174	582	28	0	0	0
广东省	434	2,498	755	109	239	0
广西壮族自治区	37	355	138	64	19	1
海南省	46	163	20	75	88	0
重庆市	47	456	198	112	86	9
四川省	109	875	253	318	95	62
贵州省	32	203	5	94	34	17
云南省	62	192	75	57	135	12
西藏自治区	10	52	10	41	8	0
陕西省	79	492	21	16	33	0
甘肃省	40	409	28	147	94	5
青海省	22	45	10	12	8	0
宁夏回族自治区	51	257	117	83	171	0
新疆维吾尔自治区	33	204	6	89	115	0

会

单位:人

水平情况	年龄结构情况				志愿服务	
社会工作师	35 岁及以下	36 岁至 45 岁	46 岁至 55 岁	56 岁及以上	志愿者服务人次数	志愿服务时间
78	5,566	4,844	5,253	2,983	1,419	9,786.0
0	554	450	485	243	0	0.0
10	704	538	510	549	0	0.0
0	115	108	75	47	0	0.0
4	98	73	53	47	0	0.0
2	18	15	28	71	48	0.0
0	135	92	59	87	0	0.0
6	135	102	238	61	0	0.0
0	89	14	0	0	0	0.0
5	0	0	156	0	0	0.0
23	302	308	259	202	0	0.0
0	498	226	443	189	0	0.0
0	370	285	102	42	0	0.0
0	10	37	61	86	116	231.0
0	105	241	296	303	0	0.0
0	48	169	16	0	0	0.0
2	156	120	0	0	0	0.0
0	29	16	151	186	0	0.0
0	145	250	184	79	0	0.0
0	16	27	427	112	0	0.0
0	925	389	936	248	0	0.0
1	67	123	138	27	0	0.0
0	131	21	6	5	0	0.0
5	102	172	78	104	1,255	9,555.0
5	374	383	78	40	0	0.0
0	61	62	72	8	0	0.0
3	42	66	53	31	0	0.0
0	12	31	7	2	0	0.0
0	109	137	134	112	0	0.0
12	83	126	117	83	0	0.0
0	15	24	6	0	0	0.0
0	66	130	42	19	0	0.0
0	52	109	43	0	0	0.0

续表 1

单位名称	社会组织负责人数		按性质分	
		女性	公募基金会	非公募基金会
全国合计	7,331	1,429	1,378	2,137
部本级	777	7	90	92
北京市	699	189	41	234
天津市	201	39	19	37
河北省	72	25	9	40
山西省	55	2	23	32
内蒙古自治区	96	24	91	0
辽宁省	70	12	41	22
吉林省	66	12	23	43
黑龙江省	56	19	34	32
上海市	646	175	51	101
江苏省	444	94	149	295
浙江省	317	48	134	192
安徽省	87	0	23	48
福建省	151	3	31	110
江西省	124	22	17	28
山东省	64	12	36	50
河南省	206	52	37	61
湖北省	532	105	21	52
湖南省	271	21	102	72
广东省	1,118	425	112	322
广西壮族自治区	351	20	18	19
海南省	135	0	15	31
重庆市	47	18	27	20
四川省	109	20	52	57
贵州省	63	13	29	3
云南省	62	8	34	28
西藏自治区	25	8	8	2
陕西省	318	35	30	49
甘肃省	47	7	24	16
青海省	22	5	12	10
宁夏回族自治区	51	8	25	26
新疆维吾尔自治区	49	1	20	13

单位:人、个

涉外基金会	境外基金代表机构	建立党组织的社会组织	社会组织职工中中共党员人数	当年登记单位数	当年年检单位数
8	26	604	6,937	491	1,628
8	26	90	1,581	16	162
0	0	21	916	62	207
0	0	55	174	2	54
0	0	43	150	12	0
0	0	1	16	8	0
0	0	10	60	0	0
0	0	46	150	0	0
0	0	7	21	6	0
0	0	0	0	8	0
0	0	35	576	12	127
0	0	0	865	29	444
0	0	9	348	61	264
0	0	32	126	13	7
0	0	133	410	9	1
0	0	2	15	14	44
0	0	31	132	10	76
0	0	2	228	22	0
0	0	6	188	9	60
0	0	3	363	21	0
0	0	0	13	100	0
0	0	22	71	6	1
0	0	0	123	7	27
0	0	8	111	8	39
0	0	0	0	21	0
0	0	0	3	3	0
0	0	9	43	4	0
0	0	0	0	0	0
0	0	18	54	7	71
0	0	16	74	11	0
0	0	0	0	0	0
0	0	0	2	9	41
0	0	5	124	1	3

续表 2

单位名称	社会组织					
	科技与研究	生态环境	教育	卫生	社会服务	文化
全国合计	82	46	1,052	130	1,140	213
部本级	0	0	2	0	0	0
北京市	21	8	55	18	109	46
天津市	2	0	23	2	16	8
河北省	1	0	7	1	1	0
山西省	0	0	21	0	26	8
内蒙古自治区	0	2	25	46	1	3
辽宁省	0	0	10	4	10	6
吉林省	0	2	18	1	40	1
黑龙江省	2	4	15	2	33	2
上海市	8	6	44	9	57	15
江苏省	3	1	135	6	145	14
浙江省	7	0	140	5	106	11
安徽省	3	3	21	0	20	5
福建省	0	1	76	5	55	2
江西省	2	1	20	0	17	1
山东省	4	2	29	3	12	5
河南省	0	0	16	0	0	6
湖北省	0	3	35	1	20	5
湖南省	3	0	104	0	40	7
广东省	16	1	105	17	252	35
广西壮族自治区	0	0	7	1	25	0
海南省	1	2	18	2	6	6
重庆市	1	0	16	2	20	3
四川省	4	0	50	2	14	4
贵州省	0	0	1	0	29	0
云南省	0	6	16	1	28	3
西藏自治区	0	1	2	0	1	3
陕西省	1	0	14	2	4	11
甘肃省	2	3	15	0	13	3
青海省	0	0	3	0	0	0
宁夏回族自治区	1	0	8	0	37	0
新疆维吾尔自治区	0	0	1	0	3	0

单位:人、个

按行业分类							
体育	法律	工商业服务	宗教	农业及农村发展	职业及从业组织	国际及涉外组织	其他
33	39	243	21	43	26	4	477
1	0	208	0	0	0	2	3
4	3	0	0	2	0	0	9
2	0	0	0	0	0	0	3
0	0	0	3	0	0	0	36
0	0	0	0	0	0	0	0
0	0	0	0	0	0	0	14
1	0	20	0	0	0	0	12
0	3	1	0	0	0	0	0
2	1	1	1	1	1	0	1
1	0	8	0	0	2	0	2
3	3	1	1	22	4	0	106
3	0	0	2	9	0	0	43
1	1	1	0	0	7	0	9
0	0	2	0	0	0	0	0
1	2	0	1	0	0	0	0
1	14	0	0	1	0	0	15
2	0	0	0	0	0	0	74
1	3	0	1	2	0	0	2
2	0	0	5	1	11	1	0
4	0	0	0	0	0	0	4
0	0	0	0	1	0	0	3
0	4	1	3	1	0	0	2
0	1	0	2	0	0	0	2
1	2	0	0	1	1	0	30
1	0	0	0	0	0	0	1
0	1	0	0	0	0	1	6
2	0	0	0	0	0	0	1
0	1	0	1	1	0	0	44
0	0	0	1	1	0	0	2
0	0	0	0	0	0	0	19
0	0	0	0	0	0	0	5
0	0	0	0	0	0	0	29

续表 3

地　区	行政执法	行政处罚数	并处没收违法经营额/违法所得	并处罚款
全国合计	4	4	0	0
部本级	0	0	0	0
北京市	2	2	0	0
天津市	0	0	0	0
河北省	0	0	0	0
山西省	0	0	0	0
内蒙古自治区	0	0	0	0
辽宁省	0	0	0	0
吉林省	0	0	0	0
黑龙江省	0	0	0	0
上海市	0	0	0	0
江苏省	0	0	0	0
浙江省	0	0	0	0
安徽省	0	0	0	0
福建省	0	0	0	0
江西省	0	0	0	0
山东省	2	2	0	0
河南省	0	0	0	0
湖北省	0	0	0	0
湖南省	0	0	0	0
广东省	0	0	0	0
广西壮族自治区	0	0	0	0
海南省	0	0	0	0
重庆市	0	0	0	0
四川省	0	0	0	0
贵州省	0	0	0	0
云南省	0	0	0	0
西藏自治区	0	0	0	0
陕西省	0	0	0	0
甘肃省	0	0	0	0
青海省	0	0	0	0
宁夏回族自治区	0	0	0	0
新疆维吾尔自治区	0	0	0	0

单位：人、个

(1) 警告	(2) 限期(责令)停止活动	(3) 撤销登记	取缔非法社会组织	
				并处没收非法财产
3	0	1	0	0
0	0	0	0	0
2	0	0	0	0
0	0	0	0	0
0	0	0	0	0
0	0	0	0	0
0	0	0	0	0
0	0	0	0	0
0	0	0	0	0
0	0	0	0	0
0	0	0	0	0
0	0	0	0	0
0	0	0	0	0
0	0	0	0	0
0	0	0	0	0
0	0	0	0	0
1	0	1	0	0
0	0	0	0	0
0	0	0	0	0
0	0	0	0	0
0	0	0	0	0
0	0	0	0	0
0	0	0	0	0
0	0	0	0	0
0	0	0	0	0
0	0	0	0	0
0	0	0	0	0
0	0	0	0	0
0	0	0	0	0
0	0	0	0	0
0	0	0	0	0
0	0	0	0	0
0	0	0	0	0

续表 4

地　区	增加值合计	执行民间非营利组织单位会计制度				
		固定资产原价	上年结余	本年收入合计	本年费用合计	社会组织单位增加值
全国合计	161,847.8	143,447.4	1,592,356.2	3,636,553.8	2,343,626.8	161,847.8
部本级	2.0	52,709.6	0.0	1,974,986.9	1,686,346.1	2.0
北京市	30,457.1	8,976.1	242,258.8	177,032.4	35,876.5	30,457.1
天津市	243.7	2,963.6	10,606.5	1,688.4	637.5	243.7
河北省	339.0	1,427.9	14,836.5	14,654.3	708.6	339.0
山西省	375.0	1,100.0	0.0	14,000.0	600.0	375.0
内蒙古自治区	5,390.1	381.0	0.0	10,521.0	8,018.0	5,390.1
辽宁省	7,798.6	1,110.0	0.0	25,074.6	19,995.2	7,798.6
吉林省	62.0	328.7	0.0	0.0	1,007.9	62.0
黑龙江省	388.5	260.0	0.0	250.0	572.0	388.5
上海市	48,419.9	0.0	0.0	182,397.9	75,946.2	48,419.9
江苏省	22,075.0	0.0	1,226,854.0	519,804.0	28,817.0	22,075.0
浙江省	843.1	7,188.0	64,053.0	285,663.4	240,043.6	843.1
安徽省	206.8	1,462.0	0.0	1,373.0	394.0	206.8
福建省	21,000.0	27,370.0	0.0	29,313.0	25,909.0	21,000.0
江西省	8,024.8	715.0	0.0	10,988.0	8,930.4	8,024.8
山东省	379.7	364.2	0.0	2,855.1	2,509.5	379.7
河南省	69.3	126.0	35.0	132.0	150.0	69.3
湖北省	5,650.0	492.0	0.0	50,484.4	28,323.7	5,650.0
湖南省	0.0	0.0	0.0	0.0	0.0	0.0
广东省	2,819.1	7,770.0	1.0	286,728.8	141,765.8	2,819.1
广西壮族自治区	21.3	141.6	4.9	54.8	22.8	21.3
海南省	255.0	0.0	0.0	1,890.0	255.0	255.0
重庆市	3,661.1	112.8	50.2	13,191.2	6,605.0	3,661.1
四川省	26.4	0.0	0.0	0.0	26.4	26.4
贵州省	200.7	361.2	0.0	0.0	365.9	200.7
云南省	1,100.0	0.0	0.0	15,910.0	13,270.0	1,100.0
西藏自治区	825.6	632.0	11,854.6	2,100.3	1,789.2	825.6
陕西省	48.5	1,340.0	0.0	1,237.0	928.0	48.5
甘肃省	374.4	100.4	7,300.7	1,008.3	808.1	374.4
青海省	13.3	4,250.0	0.0	1,152.0	865.0	13.3
宁夏回族自治区	747.8	12,325.3	14,501.0	12,023.0	12,100.4	747.8
新疆维吾尔自治区	30.0	9,440.0	0.0	40.0	40.0	30.0

民办非企业单位

地区	单位数	年末职工人数		受教育程度情况		职业资格
			女性	大学专科	大学本科及以上	助理社会工作师
全国合计	254,670	2,815,532	1,079,713	702,421	488,193	7,811
部本级	66	1,459	815	368	226	0
北京市	4,712	82,394	35,485	20,674	28,468	794
天津市	2,304	33,500	15,862	10,555	13,473	96
河北省	6,945	115,226	47,526	28,278	20,315	219
山西省	4,767	61,727	22,121	17,427	8,325	97
内蒙古自治区	3,897	28,909	11,138	8,497	3,483	1
辽宁省	10,572	99,786	41,733	20,278	23,188	56
吉林省	3,342	20,271	6,922	6,203	1,770	115
黑龙江省	6,923	43,406	13,680	12,312	3,603	45
上海市	7,683	122,192	31,157	35,203	11,108	160
江苏省	29,626	260,559	83,928	51,169	50,070	1,054
浙江省	17,992	212,479	73,043	51,681	35,117	168
安徽省	8,963	102,493	39,563	31,396	16,845	300
福建省	6,444	66,186	26,518	11,403	14,666	291
江西省	5,547	81,333	33,595	8,946	4,193	510
山东省	21,083	184,657	46,494	56,629	36,258	306
河南省	12,583	121,987	39,238	31,383	21,932	212
湖北省	14,141	129,830	50,837	43,846	17,242	218
湖南省	9,991	96,916	40,954	31,218	14,880	204
广东省	21,883	353,800	171,117	81,461	60,317	1,495
广西壮族自治区	6,393	68,355	30,141	15,970	10,276	108
海南省	2,137	23,460	11,787	3,162	4,526	2
重庆市	6,414	85,154	44,004	21,508	24,651	390
四川省	16,075	181,599	71,298	47,248	26,520	425
贵州省	3,122	36,500	14,164	8,608	5,597	64
云南省	5,297	56,862	28,365	10,432	10,139	340
西藏自治区	19	88	27	33	19	0
陕西省	7,658	78,472	24,731	16,035	8,323	41
甘肃省	3,089	26,409	5,919	9,093	3,687	44
青海省	995	4,324	1,360	674	274	27
宁夏回族自治区	993	6,013	2,912	1,663	2,384	4
新疆维吾尔自治区	3,014	29,186	13,279	9,068	6,318	25

单位:人

水平情况	年龄结构情况				志愿服务	
社会工作师	35 岁及以下	36 岁至 45 岁	46 岁至 55 岁	56 岁及以上	志愿者服务人次数	志愿服务时间
4,927	1,228,678	996,652	424,398	165,804	213,941	624,228.0
0	579	441	293	146	0	0.0
764	30,455	28,755	14,146	9,038	0	0.0
46	9,126	12,145	8,359	3,870	200	450.0
564	44,855	45,009	19,902	5,460	4,246	16,783.0
49	31,987	17,464	8,500	3,776	15	45.0
3	12,584	9,840	4,734	1,751	0	0.0
73	39,991	32,888	19,747	7,160	5,950	13,596.0
78	6,461	9,757	2,457	1,596	0	0.0
58	13,979	16,320	9,991	3,116	0	0.0
100	31,995	56,632	24,057	9,508	0	0.0
475	91,145	97,453	55,951	16,010	26,830	62,567.0
88	87,043	71,251	25,713	28,472	10,207	29,385.0
94	43,333	35,668	17,033	6,459	28,423	71,524.0
202	31,033	19,554	11,403	4,196	0	0.0
90	32,000	37,108	9,444	2,781	0	0.0
150	71,337	74,958	31,197	7,165	57,942	155,965.0
59	57,493	44,076	14,361	6,057	52	178.0
169	51,045	48,805	23,207	6,773	266	783.0
82	47,744	34,204	11,444	3,524	46,744	174,421.0
1,180	221,505	90,680	32,165	9,450	24,610	73,621.0
47	31,856	25,248	9,631	1,620	0	0.0
0	9,594	10,881	1,937	1,048	0	0.0
107	39,842	28,031	11,343	5,938	5,888	16,700.0
370	85,850	65,683	21,846	8,220	15	74.0
15	17,850	11,262	5,409	1,979	1,332	3,519.0
30	29,369	19,738	6,060	1,695	8	18.0
0	54	20	8	6	0	0.0
3	32,279	29,730	11,395	5,068	941	3,739.0
1	8,997	8,948	6,466	1,998	30	130.0
5	1,811	1,659	543	311	0	0.0
3	2,284	2,327	966	436	0	0.0
22	13,202	10,117	4,690	1,177	242	730.0

续表 1

地区	民间组织负责人数		按性质分	
		女性	法人	合伙
全国合计	376,670	125,797	194,827	6,951
部本级	196	0	64	1
北京市	14,482	6,642	4,178	15
天津市	3,615	1,579	2,218	11
河北省	8,407	2,007	4,112	317
山西省	5,647	1,353	4,278	115
内蒙古自治区	5,332	1,638	2,465	171
辽宁省	10,184	3,628	7,721	232
吉林省	3,937	1,522	1,909	15
黑龙江省	7,837	2,581	3,620	179
上海市	18,947	8,535	7,614	41
江苏省	37,164	10,012	24,967	794
浙江省	24,983	9,927	14,368	657
安徽省	12,081	3,463	6,155	489
福建省	7,335	2,387	5,317	302
江西省	9,787	3,320	3,504	211
山东省	48,898	13,919	15,696	437
河南省	16,124	5,650	8,948	319
湖北省	21,933	5,929	11,367	456
湖南省	16,195	5,168	6,529	346
广东省	27,115	10,092	19,420	110
广西壮族自治区	8,869	2,274	4,049	169
海南省	1,842	814	1,840	30
重庆市	13,910	5,783	5,529	91
四川省	22,188	8,071	12,261	553
贵州省	4,146	1,365	1,537	197
云南省	5,779	1,973	3,552	144
西藏自治区	21	6	7	3
陕西省	10,026	3,443	5,072	209
甘肃省	4,499	1,175	2,089	198
青海省	981	105	842	23
宁夏回族自治区	1,039	267	783	82
新疆维吾尔自治区	3,171	1,169	2,816	34

单位:人、个

个体	建立党组织的社会组织	社会组织职工中中共党员人数	当年登记单位数	当年年检单位数
52,892	29,929	306,257	40,605	104,847
1	36	362	13	45
519	484	11,973	365	3,095
75	727	3,736	216	763
2,516	1,680	14,521	989	2,260
374	501	5,307	578	1,410
1,261	501	3,405	839	1,826
2,619	1,484	11,239	980	4,095
1,418	31	1,305	278	288
3,124	237	1,585	433	548
28	2,936	23,303	910	6,096
3,865	1,396	32,693	8,984	9,044
2,967	2,202	23,963	3,420	10,172
2,319	880	12,899	1,261	4,992
825	392	2,568	596	2,120
1,832	581	11,068	904	906
4,950	4,726	37,771	2,733	17,928
3,316	1,050	10,878	2,886	2,410
2,318	2,290	19,663	1,155	9,053
3,116	476	6,850	2,026	5,257
2,353	607	10,274	3,235	4,555
2,175	234	5,226	1,755	928
267	151	1,305	362	546
794	502	10,475	937	3,921
3,261	1,752	17,145	2,126	6,645
1,388	722	5,673	571	1,019
1,601	1,106	4,832	735	957
9	1	3	4	6
2,377	367	5,736	525	2,475
802	1,029	4,817	380	297
130	384	1,433	69	183
128	180	1,291	80	149
164	284	2,958	260	858

续表 2

地　区						社会组织
	科技与研究	生态环境	教育	卫生	社会服务	文化
全国合计	13,729	377	145,210	21,234	36,698	11,694
部本级	15	0	5	2	14	13
北京市	262	4	2,988	300	558	217
天津市	33	1	990	166	328	98
河北省	516	11	3,662	1,403	629	194
山西省	450	7	2,786	312	439	257
内蒙古自治区	302	6	2,430	235	422	148
辽宁省	321	14	5,959	1,711	1,290	263
吉林省	130	0	2,119	136	661	93
黑龙江省	589	2	4,612	189	891	156
上海市	324	8	3,248	144	2,395	355
江苏省	723	14	8,066	2,206	13,743	1,433
浙江省	1,143	17	11,062	755	2,364	956
安徽省	444	7	5,284	1,604	855	263
福建省	375	10	4,731	282	243	309
江西省	229	2	3,994	484	318	177
山东省	3,185	15	8,616	2,874	2,101	1,635
河南省	893	77	7,462	1,208	972	632
湖北省	569	94	5,709	1,103	2,076	1,109
湖南省	357	12	7,701	684	509	351
广东省	834	29	15,355	581	2,032	1,055
广西壮族自治区	180	4	5,318	176	252	120
海南省	128	3	1,368	282	79	121
重庆市	113	0	4,728	81	852	74
四川省	429	6	11,616	1,738	961	408
贵州省	145	1	2,240	304	150	69
云南省	121	3	4,094	358	195	128
西藏自治区	1	0	9	0	0	3
陕西省	389	21	4,450	1,275	596	474
甘肃省	348	12	1,636	297	187	262
青海省	17	0	611	51	38	97
宁夏回族自治区	54	7	518	38	111	76
新疆维吾尔自治区	110	0	1,843	255	437	148

单位：人、个

按行业分类							
体育	法律	工商业服务	宗教	农业及农村发展	职业及从业组织	国际及涉外组织	其他
10,353	511	2,335	94	1,617	1,162	4	9,652
0	1	9	0	0	0	0	7
293	24	13	0	5	5	0	43
236	2	7	0	1	377	0	65
250	7	44	4	39	22	0	174
195	20	67	5	22	23	0	184
105	4	28	21	14	8	0	174
378	6	52	17	13	195	0	353
152	3	11	2	6	7	0	22
285	7	15	3	8	16	0	150
502	29	208	0	49	31	4	386
1,555	40	392	5	395	62	0	992
759	55	158	1	21	28	0	673
286	1	84	5	7	6	0	117
318	4	57	2	6	17	0	90
177	3	12	0	17	7	0	127
1,288	144	304	4	59	49	0	809
748	14	83	3	3	13	0	475
297	54	196	3	675	93	0	2,163
153	2	67	6	34	7	0	108
644	11	173	3	8	45	0	1,113
256	1	20	0	1	6	0	59
53	0	21	0	1	43	0	38
253	1	29	0	78	8	0	197
310	27	82	3	56	18	0	421
118	3	11	0	11	5	0	65
219	4	26	3	6	8	0	132
0	0	0	0	0	0	0	6
177	31	90	1	13	8	0	133
93	11	43	3	68	32	0	97
27	0	1	0	1	2	0	150
77	0	27	0	0	5	0	80
149	2	5	0	0	16	0	49

续表 3

地　区	行政执法	行政处罚数		
			并处没收违法经营额/违法所得	并处罚款
全国合计	940	915	0	0
部本级	0	0	0	0
北京市	0	0	0	0
天津市	0	0	0	0
河北省	381	381	0	0
山西省	34	34	0	0
内蒙古自治区	0	0	0	0
辽宁省	15	15	0	0
吉林省	0	0	0	0
黑龙江省	0	0	0	0
上海市	5	5	0	0
江苏省	70	67	0	0
浙江省	52	52	0	0
安徽省	1	1	0	0
福建省	4	4	0	0
江西省	0	0	0	0
山东省	13	13	0	0
河南省	0	0	0	0
湖北省	92	70	0	0
湖南省	9	9	0	0
广东省	91	91	0	0
广西壮族自治区	0	0	0	0
海南省	0	0	0	0
重庆市	94	94	0	0
四川省	76	76	0	0
贵州省	1	1	0	0
云南省	0	0	0	0
西藏自治区	0	0	0	0
陕西省	0	0	0	0
甘肃省	0	0	0	0
青海省	0	0	0	0
宁夏回族自治区	0	0	0	0
新疆维吾尔自治区	2	2	0	0

单位：人、个

(1) 警告	(2) 限期(责令)停止活动	(3) 撤销登记	取缔非法社会组织	
				并处没收非法财产
60	16	839	25	0
0	0	0	0	0
0	0	0	0	0
0	0	0	0	0
0	0	381	0	0
0	0	34	0	0
0	0	0	0	0
15	0	0	0	0
0	0	0	0	0
0	0	0	0	0
0	0	5	0	0
17	14	36	3	0
3	0	49	0	0
0	0	1	0	0
0	0	4	0	0
0	0	0	0	0
0	0	13	0	0
0	0	0	0	0
0	0	70	22	0
0	0	9	0	0
25	0	66	0	0
0	0	0	0	0
0	0	0	0	0
0	2	92	0	0
0	0	76	0	0
0	0	1	0	0
0	0	0	0	0
0	0	0	0	0
0	0	0	0	0
0	0	0	0	0
0	0	0	0	0
0	0	0	0	0
0	0	2	0	0

续表 4

地区	增加值合计	执行民间非营利组织单位会计制度				
		固定资产原价	上年结余	本年收入合计	本年费用合计	民间非营利组织单位增加值
全国合计	3,994,025.6	11,565,026.3	2,432,563.2	9,903,287.4	9,304,190.7	3,994,025.6
部本级	12,362.9	27,086.9	0.0	84,077.4	85,440.5	12,362.9
北京市	223,748.5	834,153.4	646,146.9	999,065.7	938,953.5	223,748.5
天津市	25,216.8	58,154.2	5,950.3	131,325.5	81,433.3	25,216.8
河北省	202,260.1	668,481.4	48,193.6	235,480.7	306,346.1	202,260.1
山西省	69,867.1	269,103.0	5,108.1	100,588.5	92,187.1	69,867.1
内蒙古自治区	17,431.2	43,878.2	137.0	29,799.6	30,821.6	17,431.2
辽宁省	153,851.0	369,163.1	8,952.5	322,622.2	254,328.0	153,851.0
吉林省	9,708.8	6,651.1	734.3	13,104.4	12,999.3	9,708.8
黑龙江省	67,116.9	63,256.1	386.6	16,399.2	152,668.7	67,116.9
上海市	308,733.8	246,685.5	548,641.6	1,484,614.2	1,339,563.3	308,733.8
江苏省	532,943.3	1,328,562.2	42,883.3	1,542,076.7	1,576,310.9	532,943.3
浙江省	212,629.0	1,166,126.7	420,120.6	750,670.6	683,388.3	212,629.0
安徽省	119,941.6	496,659.4	5,872.2	299,546.3	300,193.1	119,941.6
福建省	47,338.7	211,316.9	16,252.9	57,588.2	74,228.1	47,338.7
江西省	144,185.4	203,893.1	4,841.5	168,343.0	204,808.4	144,185.4
山东省	367,541.9	424,551.3	472.0	517,215.2	518,000.9	367,541.9
河南省	60,201.6	253,071.2	39,669.8	175,046.7	101,427.3	60,201.6
湖北省	132,065.2	438,362.6	4,139.2	276,820.2	238,678.5	132,065.2
湖南省	92,947.9	266,189.7	63,629.4	197,314.8	212,305.7	92,947.9
广东省	620,633.0	1,899,620.8	131,629.0	1,278,914.1	948,106.9	620,633.0
广西壮族自治区	37,961.1	144,892.2	44,338.7	184,357.8	57,893.3	37,961.1
海南省	7,692.4	78,492.4	107.8	11,535.7	10,593.5	7,692.4
重庆市	96,832.5	398,069.2	177,401.8	271,908.7	249,502.1	96,832.5
四川省	169,654.1	534,420.3	11,268.3	458,746.2	436,173.3	169,654.1
贵州省	24,347.2	154,675.4	2,202.4	33,241.7	36,536.6	24,347.2
云南省	132,367.1	401,937.6	186,318.9	154,933.2	198,958.3	132,367.1
西藏自治区	137.1	85.2	487.5	275.7	248.6	137.1
陕西省	46,239.7	438,184.7	4,566.9	33,198.1	76,419.4	46,239.7
甘肃省	18,641.7	39,349.2	4,791.6	18,673.7	25,387.8	18,641.7
青海省	1,241.2	9,995.4	213.1	2,536.3	2,669.8	1,241.2
宁夏回族自治区	10,797.3	23,833.5	6,911.2	14,378.9	19,763.7	10,797.3
新疆维吾尔自治区	27,389.5	66,124.4	194.2	38,888.2	37,854.8	27,389.5

二、社会组织历年统计资料

单位:人

年份	社会组织合计	社会团体	基金会	民办非企业单位
1978 年				
1979 年				
1980 年				
1981 年				
1982 年				
1983 年				
1984 年				
1985 年				
1986 年				
1987 年				
1988 年	4,446	4,446		
1989 年	4,544	4,544		
1990 年	10,855	10,855		
1991 年	82,814	82,814		
1992 年	154,502	154,502		
1993 年	167,506	167,506		
1994 年	174,060	174,060		
1995 年	180,583	180,583		
1996 年	184,821	184,821		
1997 年	181,318	181,318		
1998 年	165,600	165,600		
1999 年	136,764	136,764		5,901
2000 年	130,668	130,668		22,654
2001 年	128,805	128,805		82,134
2002 年	133,297	133,297		111,212
2003 年	142,121	141,167	954	124,491
2004 年	154,251	153,359	892	135,181
2005 年	172,125	171,150	975	147,637
2006 年	354,393	191,946	1,144	161,303
2007 年	386,916	211,661	1,340	173,915
2008 年	413,660	229,681	1,597	182,382
2009 年	431,069	238,747	1,843	190,479
2010 年	445,631	245,256	2,200	198,175
2011 年	461,971	254,969	2,614	204,388
2012 年	499,268	271,131	3,029	225,108
2013 年	547,245	289,026	3,549	254,670

注:2001 年以前的基金会含在社会团体内。

三、2013年社会组织十件大事

2013年，我国社会组织改革创新成果丰硕，为更好地盘点年度社会组织发展情况，民政部民间组织管理局、清华大学NGO研究所、北京大学非营利组织法研究中心、国家行政学院社会与文化教研部、《中国社会报》、《中国社会组织》杂志、中国社会组织促进会等7家单位，按照“突出重要性、注重导向性、兼顾全面性”的原则，评选出2013年社会组织十件大事。

一、中央对改革社会组织管理制度作出重大部署

党的十八届二中全会和十二届全国人大一次会议通过《国务院机构改革和职能转变方案》对改革社会组织管理制度作出重大部署，主要任务包括，推进行业协会商会与行政机关脱钩，对行业协会商会类、科技类、公益慈善类、城乡社区服务类社会组织实行直接登记，完善相关法律法规，健全社会组织管理制度，推动社会组织完善内部治理结构。目前，制定社会组织改革综合性文件、行业协会商会与行政机关脱钩、修订相关法律法规等工作有序推进，直接登记工作初见成效，各级民政部门直接登记了19000多个社会组织。

二、党的十八届三中全会强调“激发社会组织活力”

《中共中央关于全面深化改革若干重大问题的决定》设专章强调“激发社会组织活力”，同时还在经济、政治、文化、教育、卫生、党建等12个方面对发挥社会组织作用提出明确要求。2013年国务院下发的关于发展养老服务业、健康服务业等多个意见中，都强调引导社会组织参与其中。激发社会组织活力，创新社会治理体制，已成为推进国家治理体系和治理能力现代化的重要举措。

三、国务院出台政府向社会力量购买服务指导意见

9月26日，国务院办公厅下发《关于政府向社会力量购买服务的指导意见》，对政府向社会组织，以及企业、机构等社会力量购买服务作出系统安排和全面部署，填补了我国政府购买服务政策领域的空白。依法在民政部门登记成立或经国务院批准免予登记的社会组织成为购买服务重要承接主体。这是新一届政府对进一步转变政府职能、改善公共服务作出的重大部署，对于优化社会组织发展环境、更好发挥社会组织积极作用具有重要意义。

四、社会组织登记管理简政放权

11月8日，国务院下发《关于取消和下放一批行政审批项目的决定》，

12月7日，下发《关于修改部分行政法规的决定》，取消了法律规定自批准之日起即具有法人资格的社会团体及其设立分支机构、代表机构备案，取消了全国性社会团体分支机构、代表机构的设立登记、变更登记和注销登记，取消了商务部对在华外国商会的前置审批，并对《外国商会管理暂行规定》作了相应修改。与此同时，全国多个省份下延了非公募基金会和异地商会的登记管理权限。以简政放权为核心的社会组织登记管理改革在中央和地方次第展开、稳步推进。

五、国务院领导专题调研社会组织工作

7月8—11日，国务委员王勇一行赴广东省深圳市和上海市专题调研社会组织工作。这是近年来，国务院领导同志就社会组织工作进行的一次重要专题调研。他强调，社会组织已经成为中国特色社会主义事业的重要建设者，要认真贯彻落实党的十八大精神，从加强顶层设计、深化体制改革、优化发展环境、强化监督管理、加强党的建设等方面积极推进社会组织改革发展，加快形成政社分开、权责明确、依法自治的现代社会组织体制，引导社会组织健康有序发展。

六、社会组织逐步纳入国家社会信用体系建设

2013年，社会组织纳入国家社会信用体系建设范畴，地方率先启动，9月20日，浙江省下发了《关于加强社会组织信用体系建设的通知》，9月26日，上海市下发了《社会组织信用信息记录、共享和使用管理暂行办法》，登记、年检、评估、执法等情况成为评价社会组织信用状况的重要信息。同时，社会组织建设创新示范、行业协会自律与诚信创建、民办非企业单位塑造品牌与服务社会等活动在全国深入开展，社会组织评估工作全面推进，符合条件的全国性社会组织累计评估率达到70%，社会组织诚信建设得到加强，信用环境进一步优化。

七、云南等地积极推进社会组织改革创新

8月23日，云南省委、省政府出台了《关于大力培育发展社会组织加快推进现代社会组织体制建设的意见》，同时出台一系列配套政策，在此之前，民政部、云南省政府于7月18日共同举办了“推进社会建设创新社会组织”座谈会，民政部部长李立国，云南省委书记秦光荣出席会议并讲话。云南省在政府退出公益慈善募捐市场、地方性税收减免、政府购买服务等方面的政策具有创新性。与此同时，安徽、福建、大连、宁波、厦门等地党委、政府也纷纷出台推进社会组织改革创新的综合性文件，落实中央精神、全面深化社会组织改革的氛围日趋浓厚。

八、芦山震灾捐赠新规推动社会组织发挥积极作用

4月20日，四川雅安芦山地震发生后，民政部及时发布《关于四川芦山7.0级强烈地震抗震救灾捐赠活动的公告》，不指定救灾捐赠接收主体，提倡通过依法登记、有救灾宗旨的公益慈善组织和灾区民政部门进行捐赠，为社会组织参与救灾和灾后重建服务畅通了渠道，同时强化信息公开，加强监督管理，提高捐赠使用的透明度。四川省雅安市成立了全国首个抗震救灾社会组织和志愿者服务中心，对接社会组织公益项目493个，涉及资金11.46亿元，社会组织成为抗震救灾的重要力量。此举是构建政府与社会组织联合救灾机制的新探索，整合救灾资源、拓宽救灾渠道，在救灾领域建立了政社互动互补的新格局。

九、社会组织人才培训首次纳入国家专业技术人才知识更新工程

5月17日，人力资源和社会保障部办公厅印发《专业技术人才知识更新工程2013年高级研修项目计划》，据此，10月14日，民政部、人力资源和社会保障部联合举办首届全国行业协会商会领军人才高级研修班，社会组织人才培训首次纳入国家专业技术人才知识更新工程，这是加强社会组织人才队伍建设的重要举措。7月15日，人力资源和社会保障部、民政部联合下发了《关于鼓励社会团体、基金会和民办非企业单位建立企业年金有关问题的通知》，该政策出台对稳定社会组织人才队伍，提高其社会保障水平具有重要意义。

十、《中国社会组织》杂志创刊

2013年1月，《中国社会组织》杂志正式创刊。该杂志是民政部主管、中国社会组织促进会主办、面向全国各类社会组织的唯一专业性杂志。至此，以中国社会组织网、中国基金会网、《中国社会组织》杂志，“两网一刊”为主渠道，以社会组织舆情专报、社会组织理论政策选编等为补充，平面媒介与网络媒介相结合的社会组织宣传平台初步建立，形成了与社会大众主流媒体良性互动，与社会组织、社会公众、相关行业、新闻媒体、专家学者、政府部门相互沟通的信息交流格局，传递了社会组织正能量，优化了社会组织舆论环境。

图书在版编目（CIP）数据

中国社会组织年鉴．2014／《中国社会组织年鉴》编委会编．—北京：中国社会出版社，2014.9
ISBN 978－7－5087－4855－9

Ⅰ.①中…　Ⅱ.①中…　Ⅲ.①社会团体—中国—2014—年鉴　Ⅳ.①C232－54

中国版本图书馆 CIP 数据核字（2014）第 207490 号

书　　名： 中国社会组织年鉴 2014
编　　者：《中国社会组织年鉴》编委会

出 版 人： 浦善新
终 审 人： 李威海
责任编辑： 朱永玲　陈贵红　　**责任校对：** 朱文静

出版发行： 中国社会出版社　邮政编码：100032
通联方法： 北京市西城区二龙路甲 33 号
电　　话： 编辑室：（010）58124828
销售部：（010）58124848
传　真：（010）58124870
网　　址： www. shcbs. com. cn
中国社会出版社官方旗舰店
经　　销： 各地新华书店

印刷装订： 中国电影出版社印刷厂
开　　本： 170mm×240mm　1/16
印　　张： 44
字　　数： 761 千字
版　　次： 2014 年 9 月第 1 版
印　　次： 2014 年 9 月第 1 次印刷
定　　价： 158.00 元